Le dernier mot de Dieu

Une étude sur l'épître aux Hébreux

Derek Prince

ISBN 978-1-78263-089-0

Originally published in English as a series of audio messages under the title "God's Last Word", a study of the Epistle to the Hebrews.

Traduit avec permission de Derek Prince Ministries International USA, P.O. Box 19501, Charlotte, North Carolina 28219-9501, USA.

Droits d'auteur traduction July 2012 DPM International. Tous droits réservés.

Traduit par Myriam Graffe.

Aucun extrait de cette publication ne peut être reproduit ou transmis sous une forme quelconque, que ce soit par des moyens électroniques ou mécaniques, y compris la photocopie, l'enregistrement ou tout stockage ou report de données sans la permission écrite de l'éditeur.

Sauf autre indication, les citations bibliques de cette publication sont tirées de la traduction Louis Segond "Nouvelle Edition".

Publié par Derek Prince Ministries France, 2012.

Dépôt légal: 3e trimestre 2012.

Couverture faite par Damien Baslé, www.damienbasle.com

Ce livre a été fait à partir d'une série de 23 messages audio de Derek Prince. A part quelques petites adaptations, et pour conserver au mieux le style vivant et dynamique, le texte a été laissé comme le frère Prince l'a prêché lors des ces réunions.

Imprimé en France.

Pour tout renseignement:

DEREK PRINCE MINISTRIES FRANCE

9, Route d'Oupia, B.P.31, 34210 Olonzac FRANCE

tél. (33) 04 68 91 38 72 fax (33) 04 68 91 38 63

E-mail info@derekprince.fr * www.derekprince.fr

Le dernier mot de Dieu

Introduction

Pour commencer cette première session, j'aimerais vous expliquer de quelle manière je vais vous apporter mon enseignement et comment vous pouvez en retirer le meilleur bénéfice. Certains d'entre vous considèrent peut-être cette explication comme une option, que cela n'a pas grande importance. Je me risquerais cependant à dire qu'il pourrait être en quelque sorte l'instruction le plus profitable que vous ayez jamais reçu à ce sujet, parce qu'il explique comment étudier la parole de Dieu.

Je vais donc vous expliquer maintenant comment nous allons procéder pour étudier et comment vous pouvez vraiment en bénéficier. En ce qui concerne ma méthode d'enseignement tout d'abord, je vais traduire directement à partir du texte grec du Nouveau Testament. J'ai eu le privilège d'apprendre le grec depuis l'âge de dix ans, ce qui remonte à loin maintenant. Je vais procéder ainsi afin de vous donner une signification des textes d'origine la plus réelle et la plus précise possible. En ce qui concerne mon enseignement même, je vous suggère de suivre tout d'abord dans la version Segond, mais si voulez un complément, alors je vous conseille soit la version Darby, soit la version Nouvelle Bible Segond. Vous pouvez utiliser une autre version, mais vous risquez d'être perdus si je lis dans une version et vous étudiez dans une autre. Mon élocution ne sera pas excellente étant donné que j'essaierai autant que possible de garder l'ordre d'origine et de vous le transmettre tel quel. Nous pourrons vérifier ensuite avec les autres versions comment je m'en sors.

C'est une méthode que ma femme Ruth et moi-même avons développée. Je dirais que nous l'avons fait accidentellement, en ce sens que nous ne l'avons pas prévu, mais je lui ai dit, "Et si je lisais la version grecque du texte pendant que tu suis avec les deux versions anglaises?" Cela nous est arrivé alors que nous faisions quelques jours de jeûne et prière, et sans raison particulière, j'ai pris l'épître aux Hébreux. Dieu se révéla de manière exceptionnelle. C'est comme s'il nous arrêtait et nous montrait l'endroit exact où il nous attendait à ce moment-là. Et en effet, nous avons passé presque deux journées entières à étudier ensemble l'épître aux Hébreux, de la même manière que je vais le faire avec vous maintenant. Je lisais à partir de la version grecque d'origine et Ruth me suivait avec les deux autres versions. Nous avons échangé nos impressions et il nous semblait qu'à travers cette étude, Dieu nous dévoilait la vérité d'une manière vraiment étonnante. Plus tard, nous avons décidé de le faire également avec la Bible en hébreu dans l'Ancien Testament et là encore nous avons été bénis, mais nous n'allons pas aborder ce sujet ce soir.

La version Darby est beaucoup plus proche du texte d'origine que la version Segond, mais à dire vrai, je la trouve assez pénible à lire. Mais il faut reconnaître que c'est une version très précise, un travail remarquable. J'attache une grande importance à suivre un seul et même mot tout au long des Ecritures. Mais pour pouvoir le faire, il faut avoir accès au texte d'origine. Ce que je reproche à presque toutes ces traductions, c'est de traduire fréquemment un même mot dans le texte d'origine par différents mots anglais, alors que cela n'est pas nécessaire. Parfois, c'est inévitable. C'est pour cette raison qu'il est très difficile pour une personne qui n'a pas accès à la langue d'origine de savoir où apparaît un même mot. A mon avis, l'une des principales manières de suivre le fil conducteur d'une certaine vérité à travers les Ecritures, c'est de prendre un mot-clé et de le noter partout où il apparaît. C'est ce que nous allons faire maintenant et je pense que vous allez comprendre comment cela fonctionne. J'aimerais vous encourager, si vous êtes comme ça, à suivre cette méthode, car c'est une manière très édifiante d'étudier personnellement la Bible. Vous découvrirez ainsi des vérités dont vous n'aviez pas connaissance avant.[1]

Je dois dire qu'il existe globalement deux sortes de personnes dans le monde. Ceux qui aiment analyser les choses et ceux qui n'aiment pas le faire. Je me situe sans aucun doute dans la première classe. J'aime la grammaire, par exemple. Je ne vais pas vous demander combien d'entre vous aiment la grammaire, mais cela concerne une minorité de gens. Il y a pourtant des personnes ici qui aiment vraiment la grammaire. Ceux-là sont sur la même longueur d'onde que moi. Pour ma part, je trouve cela fascinant. J'ai étudié peut-être dix langues, voire plus, et j'aime pénétrer la structure d'une langue. Je pense qu'en agissant ainsi, on peut mieux comprendre les pensées des gens qui pratiquent cette langue.

Mais il n'en va pas de même pour tout le monde. C'est pourquoi je vous en parle très simplement, certain que le Saint-Esprit vous viendra en aide.

Comme je l'ai déjà mentionné, notre étude se fera principalement de manière analytique. Nous analyserons la parole de Dieu. J'aimerais souligner qu'il existe de nombreuses autres façons d'étudier la Parole, celle-ci n'est ni la seule ni nécessairement la meilleure. Mais, je crois par expérience qu'elle peut être une aide précieuse. Nous allons donc procéder de la façon suivante: nous allons lire le texte, je veux dire, je vais le lire tout en le traduisant, m'arrêtant

---

[1] Ces messages ont été donnés dans les années '80. Maintenant, avec toutes les aides informatiques qui sont à notre disposition, cela est devenu d'autant plus facile, n.d.t.

sur les mots pouvant avoir deux ou trois différentes significations afin de trouver la plus appropriée dans ce contexte précis.

Tout en avançant dans la lecture, nous allons nous poser ces deux questions: premièrement, que dit ce passage? Que dit-il réellement? Et deuxièmement, comment je peux, comment nous pouvons le mettre en pratique? Je n'étudie jamais la Bible sans motif pratique, et je pense que ce serait mauvais de ne pas en avoir. Je ne crois pas que l'on puisse résumer la Bible à un simple objet d'étude intellectuelle abstraite. Je crois plutôt que son but premier est d'être pratique. Je pense que Dieu m'a béni et aidé en ce sens que mes études et mes enseignements ont toujours eu une motivation d'ordre pratique. Dans un premier temps, je désire que sa Parole fasse en moi ce qui est nécessaire. En second lieu, je désire que ce que j'enseigne fasse également son œuvre dans les personnes qui m'écoutent. J'ai confiance que ces deux méthodes ou ces deux aspects opéreront dans les coeurs tout au long de notre étude. Je suis certain que les changements nécessaires se feront en moi. Je ne suis pas un produit fini, j'en ai pleinement conscience. Il n'y a aucun produit fini parmi nous. Nous sommes toujours en cours de fabrication. Et nous devons nous approcher de sa parole avec humilité, disant, "Seigneur, utilise cette parole qui vient de toi pour changer en moi ce qui est nécessaire".

Ensuite, tout en parcourant le texte d'Hébreux – puisque c'est notre principal sujet d'étude – je ferai régulièrement référence à des passages se rapportant au texte. La plupart d'entre vous ont probablement une Bible avec des annotations dans la marge. Ces annotations sont utiles, même si aucun de ces systèmes d'annotations n'est vraiment parfait. Lorsque je suis venu au Seigneur en mille neuf cent quarante et un, je me suis trouvé peu de temps après dans les déserts d'Afrique du Nord, seul pendant trois ans, sans pasteur et sans Eglise. Et la plupart du temps sans aucune communion chrétienne. Mon unique compagnon était ma Bible. Je vivais par elle et à travers elle. C'était la version King James, la seule que je connaissais alors. Les annotations dans la marge étaient de nature assez libérales. Mais bien qu'étant imparfaites, elles m'étaient d'une grande aide. Ce que je faisais, essentiellement, c'est que je lisais la Bible et ensuite je regardais les annotations. J'en suis arrivé à la conclusion que la Bible est le meilleur commentaire de la Bible. S'il y a une question soulevée dans la Bible, il y a toujours une réponse à un autre endroit de la Bible. La réponse est là, il vous suffit de la trouver.

Lorsque nous prendrons des passages de l'Ancien Testament, je vous propose de les considérer comme porteurs d'une révélation. Nous ne nous occuperons pas des passages historiques de l'Ancien Testament, je veux dire des récits historiques. En revanche, nous analyserons les passages que j'appellerai "révélateurs". Je m'efforcerai de les partager en deux catégories: les prédictions prophétiques, ce sont des passages de l'Ancien Testament qui prédisent des choses encore à venir au moment où ils ont été écrits, et ce que j'appelle les apparences ou les ombres, des vérités de l'Ancien Testament dissimulées sous forme d'images, de symboles. Ces mots et d'autres mots similaires sont utilisés dans l'épître aux Hébreux, ainsi que nous le verrons plus tard. Pour anticiper, je vous donnerai simplement un exemple: lorsque nous aurons terminé d'étudier le chapitre 2 dans Hébreux, j'ai l'intention de prendre dans l'Ancien Testament une description du vêtement du grand sacrificateur. En effet, il ne vous est pas possible de comprendre grand-chose du livre d'Hébreux tant que vous n'avez pas fait le rapprochement avec le grand sacrificateur mentionné dans l'Ancien Testament. En étudiant le vêtement du grand sacrificateur, nous aborderons ce que nous pourrions appeler la typologie. Par exemple, toutes les couleurs du vêtement ont une signification. Tous les ustensiles également. L'emplacement de chaque objet sur le corps a aussi une signification. En fait, ils révèlent la plus belle vérité, celle qui, en définitive, nous conduit à Jésus-Christ. C'est ce que j'entends par apparences ou ombres.

Puis, comme je l'ai déjà mentionné, à mesure que nous avancerons, je choisirai des mots-clés. En fait, je les ai déjà sélectionnés, comme vous pourrez bientôt le voir. Ce sont des mots-clés qui, à mon sens, représentent des thèmes significatifs en rapport avec cette épître.

J'ai fait beaucoup de travail pour vous. J'ai retenu treize mots et j'ai trouvé tous les passages où chacun de ces mots apparaît. J'en ai fait une liste et j'ai compté le nombre de fois où chaque mot apparaît. En y regardant de plus près, cela nous apprend vraiment beaucoup sur ce livre. J'ai beaucoup travaillé à ce sujet, mais ça a été très enrichissant. Grâce à cette étude, ma propre compréhension de la structure de ce livre s'est infiniment accrue.

Ensuite, nous essaierons de voir comment ces parcelles de vérités, chacune représentée par un mot-clé, sont toutes imbriquées dans l'entière structure de la révélation.

Je crois nécessaire de rappeler encore une fois qu'il n'est pas possible de faire cette étude de manière satisfaisante à moins d'avoir accès au texte d'origine, parce qu'un même mot dans le texte d'origine est souvent traduit par deux ou trois, voire quatre mots différents. Cela ne signifie pas que vous devez être à tout prix capable de lire le grec ou l'hébreu. En effet, il existe deux concordances très répandues, où l'on trouve les mots de ces textes d'origine. L'une est "Young's", l'autre "Strong's". Je préfère utiliser la version "Young's". J'y suis habitué et je m'y retrouve facilement. Tous les différents mots grecs ou hébreux qui sont traduits par un mot quelconque y sont listés. Et si vous regardez au bon endroit à la fin, vous trouverez pour un mot donné tous les autres mots par lequel il a été traduit. Donc avec un peu plus de travail encore, vous pouvez retrouver n'importe quel mot d'origine dans la version "King James". Je parle de la version "King James" parce que les deux concordances "Young's" et "Strong's" sont basées sur cette version. Mais si vous le désirez, vous pouvez le transférer à une autre traduction en lisant simplement les deux passages côte à côte.[2]

Pour vous donner un exemple, que je crois assez explicite, il existe trois mots grecs importants, généralement traduits par "vie" dans le Nouveau Testament. Pourtant leurs significations sont très différentes. L'un des mots est *bios*, pour peu qu'on puisse l'écrire en lettres françaises, à partir duquel nous obtenons le mot français *biologie* – bien qu'il n'y ait aucun rapport avec *bios*. Le mot *bios* signifie la vie naturelle, physique, matérielle. Jésus a dit que la vie de l'homme [*bios*] ne réside pas dans la quantité de choses qu'il possède.

Le mot suivant est *zoe*, à partir duquel nous obtenons le mot français *zoologie* – bien qu'il n'y ait là non plus aucun rapport avec *zoe*, c'est uniquement pour montrer qu'il y a un lien. Le mot *zoe* signifie avant tout la vie divine. Cela implique que c'est une vie que l'on ne peut recevoir à part de Dieu. Celui qui croit au fils a la vie. Ce n'est pas *bios*, c'est *zoe*. Vous pouvez avoir *bios* sans croire, mais pas *zoe*. C'est une différence très importante.

Le troisième mot fréquemment traduit par "vie" est le mot grec *psuche*, à partir duquel nous obtenons le mot français *psychologie*. Là encore, il n'y a pas beaucoup de rapport avec *psuche*, mais cela montre simplement qu'il y a un lien. Le mot *psuche* ou *psyche* signifie l'âme. Sa signification est totalement différente de celle de *bios* et *zoe*. Jésus a dit, "Il n'y a pas de plus grand amour que de donner son *âme* pour ses amis". Et bien, nous devrions nous donner nos âmes les uns pour les autres.

J'ai un message à ce sujet. Si je ne fais pas attention, je vais commencer à vous le partager, mais je n'en ai pas l'intention. Je veux simplement faire remarquer à quel point il peut être utile de rechercher la signification première d'un mot traduit. Vous n'avez pas besoin d'apprendre le grec ou l'hébreu pour le faire. Il vous faut simplement être prêts à travailler, c'est absolument essentiel. Vous ne pouvez le faire sans une certaine quantité de travail.

L'étape suivante dans ma méthode de travail sera de vous montrer les caractéristiques structurales de cette épître. Je pense que ce sera plus clair lorsque nous nous pencherons sur l'introduction dans un petit moment. En

---

[2] En français, il existe aussi la version de la Bible Segond, avec les numéros 'Strong'. Encore, avec les aides informatiques de nos jours (par exemple la 'Bible Online', éditions CLE, www.editionscle.com), cela est devenu accessible à tout le monde avec un ordinateur, n.d.t.)

amenant simplement les choses de manière systématique, vous prendrez conscience du fait que cette épître a une structure vraiment bien définie.

J'aime la musique, mais je n'ai aucun don musical. J'aime la musique de Bach, des gens de ce style et de cette époque. Il m'arrive d'acheter ce genre de disques et de lire au dos de la pochette l'analyse d'un musicien confirmé et toutes les choses dont il parle: tons, demi-tons, demi-octaves et d'autres encore. Je n'ai qu'une vague idée de ce dont il parle. Pourtant j'aime la musique. Mais comme je n'identifie pas les choses – pour être tout à fait honnête, je dois dire que j'ai du mal à faire la différence entre une flûte et une harpe. Je veux dire, je n'y connais pas grand-chose. Et ne pouvant identifier ces choses dans la musique, je ne peux pas non plus les analyser. Par contre, en ce qui concerne le langage, je pense que Dieu m'a donné un don. En réalité, mon ambition secrète serait d'être capable d'enseigner la Bible comme Bach a écrit sa musique. Si j'étais capable de le faire, je me dirais que j'y suis arrivé. J'ai conscience d'avoir encore du chemin à parcourir.

Maintenant, l'un des points intéressants que l'on remarque en analysant l'épître aux Hébreux en particulier, c'est que l'on arrive à un nombre extraordinaire de choses qui se produisent par sept. Vous n'avez pas à travailler à ce sujet, vous n'avez pas à essayer de le faire apparaître, cela vient tout seul. Et quelqu'un a dit – je ne sais pas qui c'était – c'est la signature du Saint-Esprit sur la Bible. Je crois qu'aucun esprit humain, même doté d'un ordinateur, n'aurait jamais pu parvenir à un tel résultat. C'est surnaturel. C'est l'une des grandes caractéristiques surnaturelles de la parole de Dieu.

Nous arrivons au dernier et peut-être au point le plus important de cette introduction explicative, c'est-à-dire à ce que l'on attend de l'étudiant. Autrement dit, de vous. Vous êtes l'étudiant. Je vais vous expliquer ce point à partir d'un passage de la Bible. Prenez Proverbes 2:1-5. Fait étrange, c'est l'un des passages que nous avons lu, Ruth et moi, alors que je lisais l'hébreu, et une fois encore, nous en sommes difficilement sortis. C'est vraiment fascinant. J'aimerais vous démontrer que la méthode de travail ou les conditions nécessaires pour étudier cette épître sont magnifiquement exposées dans les cinq premiers versets de Proverbes 2. Remarquez que c'est Dieu qui parle à Salomon et qui lui dit "Mon fils". Et en hébreu, ces mots impliquent 'ma fille'. Dieu vous parle donc de sa Parole comme à son enfant. Et le mot suivant est "si", ce qui indique une condition. Et il y a quatre versets, et chacun d'eux a deux conditions liées l'une à l'autre. Quatre fois deux font huit. Ce qui vous fait huit conditions pour recevoir ce que Dieu a en réserve pour vous dans sa Parole. Mais elles vont par paires. Quatre paires de conditions, une dans chacun des quatre premiers versets.
Mon fils, si tu reçois mes paroles, et si tu gardes avec toi mes préceptes…

C'est la première paire de conditions. Numéro deux:

... si tu rends ton oreille attentive à la sagesse, et si tu inclines ton cœur à l'intelligence...

C'est la deuxième. Numéro trois:

... oui, si tu appelles la sagesse, et si tu élèves ta voix vers l'intelligence...

C'est la troisième paire. Quatrième:

... si tu la cherches comme l'argent, si tu la poursuis comme un trésor...

Ce sont là les conditions. Quatre paires de conditions. Ensuite, il y a une récompense au verset 5:

Alors tu comprendras la crainte de l'éternel, et tu trouveras la connaissance de Dieu.

Regardez brièvement aux idées clés contenues dans chaque verset et mettez-les en pratique pour vous-même. Verset 1, les deux mots-clés sont "reçois" et "gardes". Prenez-les et gardez-les comme les choses les plus précieuses que vous possédez. Commencez par recevoir. Ayez un coeur et un esprit réceptifs. Dans Jacques 1, il est écrit "recevez avec douceur la parole qui a été plantée en vous, et qui peut sauver vos âmes". Elle vous sauvera si vous la recevez. Mais si vous ne la recevez pas, elle ne vous apportera rien.

Je pense que personne n'est ainsi, mais vous pourriez être assis ici comme une bouteille fermée par un bouchon. Je pourrais verser et verser, mais vous ne recevriez rien à cause du bouchon. Donc s'il y a un bouchon, retirez-le tout de suite. Enlevez-le. Que pourrait être le bouchon? Un préjugé, une idée préconçue, du cynisme. Ce qui m'a récemment marqué, c'est à quel point il est dangereux de s'asseoir sur la chaise du méprisant. Et vous savez, j'ai rencontré de nombreuses personnes dans les Eglises à peu de choses près assises sur la chaise du méprisant. Elles ont été aigries par une quelconque expérience, quelqu'un les a déçues, et en fait, elles ont débranché Dieu. C'est une manière moderne pour dire la même chose: elles ne sont pas réceptives. Jacques dit qu'il faut de la douceur pour recevoir. Recevez avec douceur la parole qui a été plantée en vous.

Ne recherchez pas seulement ce qui vous convient. En fait, ce serait mieux si vous recherchiez ce qui ne vous convient pas. Il arrive que nous lisions quelque chose que nous n'aimons pas et nous passons rapidement ce passage. Ce n'est pas la marche à suivre. C'est plutôt l'inverse. Si quelque chose vous choque, et que vous vous dîtes que ce n'est pas tout à fait ce que Dieu voulait dire, c'est justement la chose à laquelle vous devez être attentifs.

Donc, "si tu reçois mes paroles, et si tu gardes avec toi mes préceptes". Les commandements de Dieu ne nous sont pas donnés pour nous créer des problèmes. Comme il est appréciable de savoir que Dieu ne donne pas tous ces nombreux commandements uniquement dans le but de nous rendre la vie difficile. Tous les commandements de Dieu sont destinés à notre bien. Mais nous vivons à une époque où les gens n'aiment pas les commandements. L'attitude presque endémique d'aujourd'hui est: "Je ne veux voir personne me dire ce que je dois faire." Mais si c'est votre cas, votre attitude devra changer, vous devrez apprécier comme précieux les commandements de Dieu. "Seigneur, merci de me dire de ne pas rejeter un tel ou tel commandement. Je sais que tu l'as dit parce que tu prends soin de moi". N'essayez pas d'effacer le tableau. Fixez votre regard sur lui.

Le second verset, "rends ton oreille attentive à la sagesse". Encore un point très difficile pour les occidentaux de notre époque, si vous voulez mon avis. Très peu de personnes aujourd'hui ont l'habitude de vraiment assister à quelque chose. J'ai vu tellement d'adolescents faisant leurs devoirs à la table de la cuisine avec un œil sur la télévision. Je dois vous dire franchement que cela me rendrait dingue. Je ne pourrais pas le faire. Et je ne peux pas croire qu'une personne agissant ainsi puisse retirer le meilleur que ce soit de la télévision ou de ses devoirs. Je dirais qu'une telle personne n'obtiendrait que le pire des deux. Et si on lui donne un 7/20, c'est probablement qu'elle l'a mérité!

Et pourtant, c'est typique. Nous entrons dans un endroit, et il y a de la musique de fond. Ça ne concerne que moi, mais je préfère soit écouter la musique, soit écouter ce que les gens me disent. Je n'ai pas envie d'essayer d'écouter les deux en même temps. Si vous mettez de la musique de fond lorsque je suis chez vous, j'essaierai vraiment d'être poli, mais vous n'en entendrez pas chez moi. Si je vous parle, je ne veux pas que vous soyez en même temps en train d'essayer de saisir ce qui passe sur la chaîne hi-fi.

Rends ton oreille attentive. Puis incline ton coeur à l'intelligence. Savez-vous ce que signifie incliner? Dans ce passage, la Nouvelle Version Américaine Standard aurait dû utiliser un autre mot. La plupart des gens aujourd'hui ne savent pas vraiment ce que ce mot signifie. Il veut dire se pencher. Et que veut dire pencher votre cœur? Cela signifie s'humilier. Dîtes, "Seigneur, je ne connais pas tout cela. J'ai beaucoup à apprendre. Enseigne-moi".

Le troisième verset, "si tu appelles la sagesse, et si tu élèves ta voix vers l'intelligence". Ce sont des mots très forts. Ils signifient prier avec ferveur pour avoir l'intelligence et la sagesse. C'est une chose à inclure. La prière sincère. Non pas une prière ici à cette conférence, mais chez vous avant de venir. Pendant que vous méditez ce que nous avons étudié ensemble. Elevez votre voix vers Dieu et dîtes "Seigneur, donne-moi de l'intelligence. Eclaire-moi, car ce n'est pas facile pour moi".

Quatrième verset, "si tu la cherches comme l'argent, si tu la poursuis comme un trésor". Je trouve cette image semblable à la parabole de Jésus parlant du trésor caché dans un champ. Si vous voulez trouver ce trésor, il vous faudra probablement creuser une bonne partie du champ. Vous ne savez peut-être pas où il se trouve. Creuser est un travail très difficile. Pour illustrer le mot creuser, je me suis servi d'une concordance afin de prendre le mot d'origine. Il vous faut connaître vraiment ce qui est à votre disposition. Dieu vous offre ses trésors. Vous savez, Jésus a dit ne jetez pas vos perles devant les pourceaux, ne donnez pas les choses saintes aux chiens. Dieu ne le fait pas. J'ai noté une chose concernant le Saint-Esprit, je peux préparer un même message issu d'un même texte, utilisez les mêmes notes et le prêcher en deux endroits différents. A l'un des endroits, je ne peux m'arrêter, il n'y a aucune limite, ça n'arrête pas de sortir de moi. Je me crois alors un formidable prédicateur! Et puis, je vais à l'autre endroit, avec exactement la même préparation, et c'est comme si je devais pousser quelque chose jusqu'au sommet d'une colline. Mais j'ai appris une chose, c'est que la différence ne vient pas de moi, elle vient des gens. Lorsque les gens sont réellement ouverts, réceptifs, réactifs, il n'y a tout simplement aucune limite à ce que le Saint-Esprit donne. Mais s'ils ont l'air de s'ennuyer, s'ils se sentent supérieurs, s'ils sont cyniques et qu'ils pensent avoir déjà entendu tout cela, et que de toutes façons nous allons manquer le dernier spectacle si nous restons plus longtemps – le Saint-Esprit ne leur donne rien. Pourquoi devrait-il? Gardez-en mémoire qu'en dernier recours, ce n'est pas de moi que vous allez recevoir quelque chose, mais du Saint-Esprit.

J'aimerais vous partager ceci: j'ai eu le privilège de bénéficier d'une éducation très élaborée et prolongée, terminant par étudier la philosophie, la logique, etc. La plupart d'entre vous n'auront jamais ce genre d'éducation, et même si c'était le cas, vous n'apprécieriez pas. Mais de par mon expérience, je peux vous affirmer que le meilleur moyen d'entraîner votre esprit, c'est d'étudier la Bible. C'est le livre le plus logique de la terre. Aucun autre livre ne peut se comparer à la Bible. Et si vous entraînez votre esprit à découvrir ce que la Bible dit de manière ordonnée et systématique, vous le développerez. Vous deviendrez pointus. Vous ne serez peut-être pas très forts à l'école ou au lycée, mais vous obtiendrez exactement ce que Dieu promet ici. Vous obtiendrez l'intelligence, la sagesse et ces mots ont différentes significations.

La date de l'écrit est très importante parce qu'elle concorde avec l'un des événements historiques les plus marquants de l'ère chrétienne. Combien de personnes connaissent la date de la destruction de Jérusalem et du temple par les Romains? En soixante-dix après J.C.. Cette information est très importante ici, parce que nous voyons dans l'épître que l'auteur parle du ministère lévitique et des sacrifices comme ayant toujours lieu, ce qui signifie que ces écrits datent d'avant soixante-dix après J.C.. Il y a plusieurs théories concernant la date exacte, mais elles ne sont pas importantes pour nous. Il est suffisant de savoir que ce fut entre soixante quatre et soixante huit après J.C. comme je l'ai indiqué, avant la destruction du temple et en conséquence avant la fin du ministère lévitique, des sacrifices, etc.

J'ai écrit ici, comparer avec Hébreux 9:1-10. Prenons Hébreux 9 dans la version Segond afin que vous puissiez voir pourquoi je dis ça. Versets 1–10, nous n'allons pas tout lire. Les premiers versets expliquent ce que j'appellerais la typologie de l'aménagement du tabernacle: le lieu saint, le saint des saints, les différents composants du tabernacle. Puis dans les versets 6 et suivants, les mots concernant le ministère du sacrificateur lévitique sont écrits au présent.

Or, ces choses étant ainsi disposées, les sacrificateurs qui font le service entrent en tout temps dans la première partie du tabernacle...

Vous notez que c'est écrit au présent.

…. et dans la seconde le souverain sacrificateur seul entre une fois par an...

Et au verset 9:

... c'est un symbole pour le temps présent; il signifie que les dons et sacrifices présentés ne peuvent rendrent parfait sous le rapport de la conscience celui qui rend ce culte...

Donc, tout au long de ce passage concernant le ministère lévitique et les sacrifices, le présent continu est utilisé indiquant que ces pratiques perduraient et que par conséquent ces textes on été écrits avant la destruction du temple en soixante-dix après J.C. lorsque tout ça s'est arrêté et, à ce jour, n'a jamais été remis en place.

J'aimerais juste mentionner pour ceux qui ne le savent pas que cette date soixante-dix après J.C. est l'une des dates les plus cruciales en égard à l'œuvre de Dieu pour son peuple. Elle a marqué la destruction totale de Jérusalem, la complète destruction du temple, la fin de l'adoration sacerdotale et de tous les sacrifices. Comme vous le savez probablement, Dieu avait dit à Israël qu'il y avait un seul endroit où les sacrifices seraient acceptés, c'est ce que nous appelons aujourd'hui l'esplanade du temple où se trouvent maintenant deux mosquées musulmanes et où aucun Juif n'a droit d'accès. Aussi longtemps que cette situation durera, je pense qu'il est correct de dire qu'il paraît inconcevable que le peuple juif reprenne les sacrifices de sang de ce type-là. Il est donc possible que ce soit la date la plus décisive jusqu'à notre siècle présent où je dirais que les deux dates clés sont mille neuf cent quarante huit lorsque l'Etat d'Israël a été proclamé et mille neuf cent soixante sept lorsque le peuple juif a repris le contrôle politique de cet endroit précis où le temple se tenait auparavant. Bien qu'ayant le contrôle gouvernemental, ils n'ont cependant toujours pas d'accès à cet endroit précis.

L'auteur de cette épître est tout simplement incertain. On a suggéré les suivants: Paul, Barnabas, Apollos, Philippe. Elle a toujours été traditionnellement attribuée à Paul et c'est pour cette raison d'ailleurs qu'elle a été incluse dans le canon du Nouveau Testament. Il n'y a cependant aucune preuve totalement convaincante que Paul en était l'auteur. C'est une possibilité, tout comme il est possible qu'il ne le fût pas. Martin Luther a suggéré que c'était Apollos, et je ne dis pas que c'est correct, mais c'est ce que j'appellerais une conjecture intéressante. Pour autant, je n'ai pas l'intention de passer du temps sur ce sujet car comme je l'ai déjà indiqué, mon désir est d'en venir aux points de cette épître qui ont quelque chose de pratique à nous apporter pour notre vie chrétienne.

Ensuite, il est important de garder à l'esprit que cette épître s'adresse à des chrétiens juifs. Malheureusement, cette expression soulève des objections de nos jours. De nombreux Juifs disent qu'il n'est pas possible qu'un Juif soit chrétien. Alors, les Juifs qui croient en Jésus, et merci Seigneur ils sont nombreux, utilisent d'autres expressions telles que les croyants juifs ou les chrétiens hébreux afin d'éviter cette expression controversée. Mais de toute manière gardez à l'esprit que c'est au peuple juif que s'adresse cette épître. C'est très important.

Nous sommes tellement habitués à considérer le Nouveau Testament d'un point de vue païen ou non juif que nous négligeons le fait que quatre épîtres du Nouveau Testament ont été écrites soit exclusivement, soit principalement pour le peuple juif. Hébreux, Jacques et les deux épîtres de Pierre. En fait, même les traductions du Nouveau Testament que nous utilisons, les deux que j'ai recommandées, sont incorrectes lorsqu'elles traduisent l'introduction de 1 Pierre, parce qu'il est écrit que l'épître s'adresse au peuple de la Diaspora. Combien d'entre vous savent ce qu'est la Diaspora? La Diaspora est le mot technique juif pour parler du peuple juif dispersé à l'étranger, en dehors du pays d'Israël. Donc notre traduction ne transmet pas le fait que cette épître s'adressait en premier lieu au peuple juif. Après tout, Pierre était l'apôtre de la circoncision, du peuple juif.

Je pense que c'est particulièrement important en rapport avec Hébreux à cause de son contenu. Laissez-moi ajouter simplement qu'il est suggéré que cette épître était adressée à une communauté de maison, ce que nous appelons une Eglise de maison. Quelque chose de très commun dans les premiers siècles de l'Evangile parce qu'en terme de synagogues, les Juifs étaient essentiellement habitués à de petits bâtiments, à de petits rassemblements de personnes. Là où nous vivions à Jérusalem récemment, il y avait peut-être une demi-douzaine de synagogues. Mais vous ne pouviez savoir qu'elles étaient là, parce qu'elles se trouvaient au-dessus d'un magasin ou dans l'appartement d'un immeuble, avec tout juste peut-être deux pièces ou un étage transformées en une synagogue. Et peut-être pas plus de trente ou cinquante personnes rassemblées. Il est donc très facile d'intégrer dans ce contexte cette idée d'une petite communauté de croyants se retrouvant ensemble.

On a suggéré que cette communauté se trouvait peut-être en Palestine ou en Alexandrie ou à Rome. Mais ces trois possibilités montrent clairement que personne ne sait vraiment. Je ne pense pas que nous ayons besoin de le savoir. Par contre, ce qui est important, c'est de connaître les origines de ces gens. Dans toute l'épître, il est supposé qu'ils avaient une bonne connaissance de l'Ancien Testament, des rites, des pratiques, des lois du temple et de la vie des Juifs.

C'était, en ce temps de l'histoire, le peuple possédant les plus grands privilèges et les plus grandes opportunités spirituels. Ils étaient loin devant les peuples aux origines non juives qui n'avaient jamais touché une Bible ou les parchemins de la loi, et qui devaient découvrir qui étaient Moïse, Josué, David. Je suis allé dans des pays où il faut commencer par approcher de telles personnes, qui n'ont jamais entendu parler de Moïse, de David ou de Josué – de personne. Et peut-être jamais entendu parler de Jésus. Mais ce peuple avait depuis son origine une très bonne connaissance de Dieu, de sa Parole et de ses conditions et principes. J'aimerais prendre un passage dans Romains 9:4-5. Paul parle de ses parents selon la chair au verset précédent. Il dit qu'il éprouve un grand fardeau pour eux. Puis dans les deux versets, 4 et 5, il parle de toutes les bénédictions qu'ils ont reçues et qu'aucun autre peuple sur la terre n'a reçues. Il dit:

... qui sont les Israélites, à qui appartiennent...

Et ensuite il établit une liste des choses qui appartiennent aux Israélites. Alors que je lis le texte, vous serez peut-être tenté de compter, je veux en quelque sorte vous entraîner à prendre l'habitude de compter.

... à qui appartiennent l'adoption, la gloire, les alliances, la loi, le culte, les promesses, et les patriarches...

Sept choses, vous êtes d'accord? Et ensuite l'apogée:

... et de qui est issu le Christ [le Messie], *selon la chair...*

C'est la huitième. Sept plus Jésus. Donc en un sens, ils avaient tout reçu. Ils avaient une bonne longueur d'avance sur tous les autres.

Maintenant, dix-neuf siècles et plus après cela, à qui est-ce que ça s'applique? Plus au peuple juif, mais aux chrétiens, aux personnes comme la plupart d'entre nous – pas nous tous – dont l'arrière-plan est de culture chrétienne, qui sont habituées au mot Eglise, qui savent ce qu'est un hymne, qui savent ce qu'est une prière. Il y a probablement très peu de personnes ici qui ne pourraient citer les paroles de "Grâce infinie" ou quelques-uns des bons vieux hymnes d'Eglises. Le concept de péché nous est familier. Je me demande s'il vous est jamais venu à l'idée que les personnes qui ne connaissent pas la Bible, ne savent pas ce qu'est le péché. L'une des choses qui m'a frappé lorsque j'étais en Afrique orientale, c'est que les tribus africaines n'avaient aucun mot pour dire merci, dans aucun de leurs dialectes. Cela vient essentiellement de la Bible. Les personnes qui n'ont pas de Bible ne savent pas ce que c'est que d'être reconnaissant.

Donc, ce que l'auteur dit aux croyants hébreux dix-neuf siècles en arrière convient aujourd'hui particulièrement à des personnes ayant une culture et un arrière-plan chrétiens. Les rôles sont inversés. Nous sommes le peuple qui a tout reçu, qui a eu tous les privilèges, toutes les opportunités, qui a été bénis bien plus que tous les autres groupes de personnes où que ce soit sur la terre. Et en lisant ces mots que nous allons étudier, adressés au peuple juif, je veux que vous vous mettiez en quelque sorte à leur place. Car, comme vous pourrez le voir, cette épître est empreinte de réprimandes et d'avertissements parce qu'ils n'ont pas utilisé à leur avantage ces privilèges. A un moment, il dit: vous, qui depuis longtemps devriez être des maîtres, vous avez encore besoin qu'on vous enseigne les principes élémentaires des oracles de Dieu. C'était une réprimande. Mais ce serait vrai pour quatre-vingt pourcent des personnes se disant chrétiennes aujourd'hui. Alors que nous devrions être prêts à enseigner d'autres personnes, nous avons encore besoin d'être enseignés sur les principes élémentaires de la parole de Dieu. C'est pourquoi j'ai présenté une étude sur les fondements[3] il y a environ dix-sept ans, parce que j'ai vu qu'une multitude de personnes qui pensaient être chrétiennes, n'avaient aucune connaissance des vérités élémentaires de la Bible. J'ai cherché à combler ce besoin.

L'une des choses les plus dangereuses que vous puissiez jamais dire c'est: "nous avons tout reçu." J'aimerais vous poser quelques questions. Tout

---

[3] La série des fondements de la foi, vol. 1, 2 et 3, n.d.t.

d'abord, si vous avez tout reçu, où est-ce? Pourquoi ne le voit-on pas? Deuxièmement, si vous avez tout reçu, vous êtes redevables sur la totalité. On demandera beaucoup à qui l'on a beaucoup donné.

En fait, je me souviens avoir entendu une fois quelqu'un dire que 'nous avons tout reçu'. Le souvenir est encore très vif dans ma mémoire. C'était dans une petite Eglise pentecôtiste sur l'île de Fionie, dans la ville d'Odense, d'où est originaire Hans Christian Anderson. Il y a avait à peu près quinze personnes réunies dans une petite pièce et il y avait cette veuve d'un certain âge. Elle était pauvre, malade, et pas très heureuse. Et nous parlions de nous les pentecôtistes et des autres. Et nous ne disions rien de vraiment bien sur les autres. Je me souviens qu'elle dit alors en danois – et je comprends le danois – "Nous avons tout reçu". Je l'ai regardé et j'ai pensé, Seigneur, *si c'est tout, ce n'est pas beaucoup*! Je ne veux en aucun cas me moquer d'elle, je suis sûr qu'elle est auprès du Seigneur maintenant. Mais, je n'ai jamais oublié à quel point nous pouvons nous tromper nous-même. Nous avons tout reçu. Laissez-moi vous poser à nouveau ces deux questions. Si nous avons tout reçu, où est-ce? Et deuxièmement, rappelez-vous que vous êtes redevables de tout.

Je ne veux pas que vous vous asseyez là étudiant tout ceci en vous disant que c'était pour le people juif de cette époque-là, parce que vraiment s'il y a une épître d'actualité pour le genre de personnes que nous sommes la plupart d'entre nous, c'est celle-là.

Je me souviens que lorsque j'étais jeune prédicateur, je me moquais des gens qui vont à l'Eglise – ce que je ne referais plus du tout aujourd'hui – ce qui est facile, tout le monde peut se moquer des gens qui vont à l'Eglise. Je veux dire, on n'a pas besoin d'être très intelligent pour le faire. Critiquer l'Eglise ne signifie pas du tout que vous êtes le moins du monde intelligent. Je parlais des gens religieux. Et le Saint-Esprit me parla pendant que je me moquais de ces personnes et me disait "Souviens-toi que tu es une personne religieuse, et tu en es une depuis bien longtemps maintenant". Ce fut un choc. J'ai pensé, j'en suis une. Vous voyez, avant de connaître le Seigneur, je ne voulais surtout pas devenir religieux. Je regardais les personnes religieuses et je pensais Dieu sait ce qu'ils trouvent dans tout ça, mais je n'en veux pas. Mais en fait, nous sommes pour la plupart des personnes religieuses. Gardez cela à l'esprit.

Selon moi, il ne fait aucun doute que la révélation caractéristique de cette épître c'est Jésus-Christ, comme notre souverain sacrificateur. Je ne connais aucun autre livre dans le Nouveau Testament qui traite de ce sujet. C'est sous-entendu dans Apocalypse, mais à part Hébreux, je ne connais aucun autre livre qui aborde ce thème. C'est un fait surprenant. Si le livre d'Hébreux n'était pas là, nous n'aurions aucune connaissance du sacerdoce de Jésus-Christ.

Nous pourrons également remarquer, plus tard dans cette étude, que l'enseignement concernant le souverain sacerdoce de Jésus-Christ ainsi que le sacerdoce de Melchisédek est basé sur environ quatre versets de l'Ancien Testament. Deux versets dans Genèse 18 et deux dans Psaume 110. Et pourtant, c'est de ces quelques versets que sort cette formidable révélation. Ne pensez jamais qu'un sujet est sans importance simplement parce qu'il n'en est question que dans deux versets de la Bible. Il peut être extrêmement important.

J'aimerais rajouter à ce sujet que quatre-vingt dix pour cent de ce que nous allons étudier fait partie du domaine de l'invisible. Cela n'appartient pas au monde dans lequel nous vivons. Et nous ne pouvons le découvrir autrement que par révélation. La science ne peut vous l'apprendre, la raison ne peut le comprendre. Si Dieu n'avait pas choisi de nous le révéler, nous n'aurions jamais pu le savoir. J'aimerais donc qu'au fur et à mesure que vous avancez, vous vous mettiez en tête, que vous devrez recevoir la révélation par la foi. Vous n'auriez pas d'autre chose pour le vérifier. Nous allons découvrir le dessin de l'adoration céleste, nous allons découvrir de quelle manière opère notre souverain sacrificateur dans les cieux. Et plus particulièrement, si nous ne connaissons pas les passages de l'Ancien Testament se rapportant à Aaron en tant que souverain sacrificateur, nous n'avons alors vraiment aucun point de référence. L'une des vérités vitales à ce propos est que sans souverain sacrificateur, nous ne pouvons approcher Dieu. En aucune façon. Cela n'est pas permis. Et pourtant, je pense que la plupart n'entre nous n'ont pour ainsi dire jamais conscience de notre totale dépendance envers notre souverain sacrificateur, qui seul peut nous permettre de nous approcher de Dieu.

Dans deux ou trois sessions, nous étudierons le ministère d'un sacrificateur: à quoi sert un sacrificateur. Comme je l'ai indiqué, nous jetterons un œil dans l'Ancien Testament sur le personnage de Aaron en tant que souverain sacrificateur parce qu'il vous faut prendre l'Ancien Testament pour découvrir la signification du Nouveau Testament. C'est merveilleux.

Laissez-moi illustrer ce point grâce à une autre chose qui m'a frappé. La description de la mort de Jésus sur la croix dans les évangiles, son récit historique, est étonnamment courte. En fait, elle se résume en quatre mots: ils l'ont crucifié. Aucun détail par rapport au sang, ni concernant ses angoisses ou très, très peu. Aucun auteur moderne n'aurait jamais présenté cet événement aussi crucial avec si peu de mots. Mais si vous prenez à nouveau l'Ancien Testament et lisez quelques-uns des psaumes messianiques comme Psaume 22, Psaume 69, et aussi en Esaïe 50, vous trouverez une présentation de ce qui se passait dans la conscience intérieure de Jésus pendant qu'il était sur la croix. Il vous faut donc prendre l'Ancien Testament pour compléter les simples affirmations du Nouveau Testament.

J'aimerais dire que le principal thème pratique est révélé par quelques mots récurrents, auxquels nous reviendrons un peu plus tard. Il y en a trois en particulier: héritage, repos et perfection. En pratique, ce livre est destiné à vous faire prendre possession de votre héritage. Et dans votre héritage, vous trouverez le repos et à partir de là vous aboutirez à la perfection ou à la maturité. C'est vers ce but que vous pousse cette épître. Je suppose que la plupart d'entre vous ont rarement approfondi ce sujet.

Pour résumer le but de cette épître, j'ai simplement pris le passage de Hébreux 6:18, nous devrions peut-être le prendre. Nous ne commencerons pas tout au début, mais nous prendrons directement au milieu d'une phrase.

... afin que par deux choses immuables, dans lesquelles il est impossible que Dieu mente, nous trouvions un puissant encouragement...

J'ai choisi ce passage car j'ai senti que c'était vraiment le résultat auquel l'auteur voulait que le peuple de Dieu parvienne, que nous trouvions un puissant encouragement. Le mot grec traduit par encouragement est le même mot utilisé dans Jean 14 lorsque Jésus parle du consolateur. Savez-vous que les catholiques romains l'appellent le paraclet? C'est en fait le mot grec: paracletos. Et le verbe, paracleo, a deux significations proches que j'exprimerai ainsi: encourager et exhorter. Si vous êtes découragés, vous avez besoin qu'on vous encourage. Si vous devenez paresseux et indifférent, vous avez besoin qu'on vous exhorte. Ces deux significations sont inclues dans ce seul mot. Donc, le Saint-Esprit, le consolateur est l'"encourageur" et l'"exhortateur". Il agit exactement selon vos besoins du moment.

Si je demandais combien de personnes ici ce soir ont besoin, soit qu'on leur encourage, soit qu'on les exhorte, j'imagine que beaucoup d'entre vous lèveraient la main. Et bien je crois que ces études vont le faire.

J'en arrive aux mots-clés qui sont pour moi très intéressants. J'espère qu'ils le seront pour vous aussi. J'ai choisi le premier mot, c'est-à-dire **souverain sacrificateur**, et ensuite, nous avons 12 mots, liés en quelque sorte les uns aux autres, que j'ai divisé en quatre groupes de trois. Numéro un, **souverain sacrificateur**. Celui-ci est tout seul.

Ensuite, trois mots très liés. **Promesse**, **serment** et **alliance**. Ces mots sont liés au souverain sacrificateur parce que seul un souverain sacrificateur peut garantir ou assumer l'accomplissement de la promesse, du serment et de l'alliance. Sans souverain sacrificateur, il n'y a aucune garantie. Prenons le passage de Hébreux 8:6:

Mais maintenant il [c'est-à-dire Jésus] *a obtenu un ministère d'autant supérieur qu'il est le médiateur d'une alliance plus excellente, qui a été établie sur de meilleures promesses.*

Vous remarquez les deux mots alliance et promesse dans ce même verset. Mais vous voyez qu'ils requièrent un médiateur, quelqu'un qui les fasse fonctionner pour nous. Sans médiateur, ils ne sont d'aucune utilité. Nous commençons donc avec le souverain sacrificateur, le médiateur. Ce sont les choses pour lesquels il est le médiateur: la promesse, le serment et l'alliance.

Et lorsque nous prenons le mot alliance, nous découvrons dans les Ecritures qu'une alliance n'est d'aucune utilité si aucun sacrifice n'est offert. Et un sacrifice nécessite l'aspersion du sang. Laissez-moi vous raconter comment j'ai découvert ça parce que c'est un bon exemple des bénéfices de cette méthode analytique.

En mille neuf cent quarante cinq – ce qui remonte à très loin pour nous tous, et certains d'entre vous n'étaient même pas conçus en ce temps-là – j'étais à Jérusalem sur le Mont des Oliviers travaillant dans un hôpital militaire britannique. Je décidai de commencer à étudier la Bible en Hébreux. Je me suis procuré une Bible en Hébreux, quelques grammaires et autres choses, puis j'ai commencé. J'ai commencé par lire le livre de la Genèse. Je pense avoir eu une incitation du Saint-Esprit, car tout en avançant dans ma lecture, je décidai de surligner trois mots. L'un en bleu, un autre en vert et un dernier en rouge. Je recommande cette façon de faire comme étant une très bonne méthode pour étudier la Bible. J'ai souligné alliance, en Hébreux *"bereeth"*, en bleu, sacrifice en vert et aspersion du sang en rouge. Je ne sais pas ce qui a mis ces trois mots ensemble dans mon esprit. Savez-vous ce que j'ai découvert alors que j'avançais dans ma lecture de la Bible? Partout où j'avais le bleu, j'avais le vert. Et partout où j'avais le vert, j'avais le rouge. Une alliance n'est effective qu'avec un sacrifice. Et un sacrifice n'est effectif qu'avec une aspersion de sang. Donc vous voyez, j'ai compris l'une des vérités les plus importantes de la Bible simplement à travers cette méthode de recherche personnelle. Je n'avais aucun parti pris en commençant. Donc ici, nous trouvons cette vérité, puisque nous avons une alliance, nous devons avoir une offrande, un sacrifice et du sang.

Les trois suivants indiquent la réponse que l'on attend de nous pour bénéficier de ce qui a été dit. **Foi**, **espoir** et **confession**. Je pense que nous comprenons globalement de quoi il s'agit. Vous verrez que la confession est l'un des thèmes dominants de cette épître. J'expliquerai plus profondément ce qu'est la confession quand nous y viendrons.

Et ensuite dans 11, 12 et 13, nous entrons dans notre objectif. Où allons-nous? Je pense qu'il n'y a rien de plus frustrant pour la plupart des gens que de ne pas savoir où vous allez – ce qui est pourtant le cas de la majeure partie de l'Eglise chrétienne. Bien, cette épître a un objectif défini vers lequel nous nous dirigeons.

C'est notre héritage. Dans notre héritage – et nulle part ailleurs – il y a du repos. Et lorsque nous entrons dans notre repos dans notre héritage, nous arrivons à la perfection ou à la maturité. Voilà les objectifs. Si l'épître fait son travail en nous, au moment où nous terminerons, elle nous aura rapprochés de ces objectifs.

Maintenant, il y a d'autres aspects particuliers dans cette épître que je voudrais vous faire remarquer. L'un d'eux concerne les passages relatifs aux avertissements solennels. Je dirais que ce livre du Nouveau Testament contient plus d'avertissements solennels que tous les autres livres, et ce sont des avertissements très, très sérieux. Je pense que cela a à faire avec les personnes à qui l'épître était destinée. N'imaginez pas que parce que vous avez tout reçu, vous êtes en sécurité. Au contraire, plus vous en savez, plus il vous en sera demandé. C'est l'essence même de l'épître.

J'ai noté ici cinq passages qui contiennent des avertissements solennels. Et pour chacun d'eux, j'ai noté ce contre quoi il nous avertissait. Lisons la liste.

Le premier est la négligence, le second l'incrédulité, le troisième l'apostasie ou le fait d'être rétrograde, le quatrième est continuer de pécher délibérément, le cinquième est être privé de la grâce de Dieu. Je pense qu'ils se trouvent en réalité dans un ordre logique. Si nous commençons par négliger, nous finirons par ne plus croire. L'incroyance nous conduira à l'apostasie et l'apostasie nous entraînera à continuer de pécher délibérément. L'épître dit que si on en arrive là, il n'y a plus de sacrifice pour le péché, c'est la fin. La tragédie dans tout cela, sera d'avoir connu la grâce de Dieu et de s'en trouver privé.

Je pense que cette épître tente tout autant que n'importe quel autre passage dans le Nouveau Testament de corriger cette vision de la grâce très inexacte et désordonnée que l'on trouve parmi tant de fondamentalistes et d'évangéliques aujourd'hui, transformant presque la grâce en une autorisation pour vivre de la manière qu'il vous plaît. C'est totalement en opposition avec ce que cette épître enseigne.

Ensuite, il y a des passages qui donnent une application positive et pratique. Ce qui est intéressant à propos de ces passages, c'est qu'ils sont plutôt brefs, mais pourtant très importants. C'est intéressant qu'ils soient brefs car cela nous montre que la majeure partie de cette épître est révélatrice et il n'y a que des petites pauses pour nous donner une application pratique. Nous allons être initiés à la vérité d'une façon que nous ne pourrions jamais découvrir autrement. Ensuite, nous serons éclairés sur la manière dont la vérité affectera notre vie. J'ai trouvé sept passages d'application pratique. J'en ai fait une liste que nous lirons tout simplement, c'est en quelque sorte un résumé personnel des choses que cette épître nous demande ou nous recommande de faire.

Tout d'abord, accès à Dieu avec confiance. Deuxièmement, avancer vers la maturité ou la perfection. 'Avancer vers' est une expression clé. Troisièmement, le besoin de zèle, de foi et de patience. Quatrièmement, une exhortation à se rapprocher, à tenir ferme, à s'assembler et à s'encourager. Je pense qu'encourager est un autre mot-clé. Cinquièmement, se souvenir et endurer. Endurer est aussi un autre mot-clé. Sixièmement, continuer, endurer la discipline, être fort, rechercher la paix et la sainteté. Et ensuite, le dernier passage qui se trouve principalement dans le dernier chapitre, chapitre 13, où nous sommes exhortés à l'amour, à la sainteté, à la soumission et à la prière.

Ensuite, il y a sept passages empreints de comparaison et de contraste. Dans chacun de ces passages, l'idée principale est que Jésus et la Nouvelle Alliance sont infiniment supérieurs à ce qui a été offert à Israël sous l'Ancienne Alliance. Vous voyez, le danger était qu'ils s'installaient dans son ancienne forme religieuse et ne recevaient donc pas la pleine gloire de la révélation de Jésus-Christ. Je dirais que le danger pour ces gens était qu'ils reculaient tout simplement dans une religion sans foi vivante. Si je devais le résumer d'une quelconque façon, je dirais que c'étaient des gens religieux, mais sans vie, sans foi. Parce qu'ils reculaient dans une religion, ils ne pouvaient plus voir l'unicité et la suprématie de Jésus. Ils étaient prêts de se contenter plus ou moins aux choses sur le niveau des anges ou de Moïse. Vous voyez, ils avaient perdu la vision de ce que Dieu leur avait offert.

Encore une fois, cela me semble tellement applicable à la majorité des chrétiens. Pardonnez-moi de parler ainsi, mais je me souviens lorsque j'étais enfant et que j'allais à l'église anglicane en Grande-Bretagne, j'écoutais tous ces magnifiques mots formulés dans le livre de prières anglican, et ils sont aussi beaux et aussi vibrants qu'aucun autre mot que vous puissiez trouver ailleurs. Mais alors que j'écoutais les gens et que je les prononçais moi-même, je pensais: "Qui croit vraiment cela?" Nous le disons tous, mais nous ne pensons pas ce que nous disons, personne ne sait ce que cela signifie. Je me souviens avoir pensé en moi-même que si l'une des dames présentes dans l'Église laissait tomber, en sortant, un mouchoir en dentelle et que quelqu'un courrait après elle pour le lui rendre, elle serait bien plus enthousiaste qu'on lui rende son mouchoir en dentelle qu'elle ne l'était en formulant toutes ces choses qu'elle disait croire à propos de Jésus. J'en ai conclu que ce n'était pas réel. C'est juste pour la forme, une manière de faire les choses. Il n'y avait plus de vie dans ces mots.

C'était le danger que courraient ces gens. Je peux vous dire qu'il ne faut pas beaucoup de temps pour que ça arrive. Ça peut venir en l'espace de deux ans. En fait, ça peut même arriver en moins de temps. Mais vous pouvez glisser d'un bord à l'autre en moins de deux ans.

Prenons les sept points de contraste. J'ai fait une liste de comparaisons entre inférieur et supérieur. Tout d'abord, les anges. Ils sont inférieurs à Jésus. La majeure partie des cinq premiers chapitres est nécessaire pour établir cette vérité. Deuxièmement, Moïse est inférieur à Jésus. Un point difficile à accepter pour les Juifs. Troisièmement, le sacerdoce lévitique est inférieur au sacerdoce de Melchisédek. Quatrièmement, l'Ancienne Alliance est inférieure à la Nouvelle Alliance. Cinquièmement, le tabernacle de Moïse est inférieur au tabernacle céleste. Sixièmement, les sacrifices lévitiques sont inférieurs au sacrifice de Jésus. Et septièmement, le Mont Sinaï est inférieur au Mont Sion. Donc vous pouvez parcourir cette liste si vous le souhaitez et les repérer dans l'épître.

Maintenant, un autre aspect intéressant de la structure dans l'épître aux Hébreux est qu'il y a douze passages où l'auteur a écrit "Faisons quelque chose".[4] C'est intéressant parce que cette expression "faisons" indique deux choses. Tout d'abord, cela indique une décision. Ensuite, cela indique une décision commune. Cette épître nous montre à maintes reprises que nous ne pouvons faire les choses chacun pour soi. Nous devons avancer avec nos frères chrétiens. Là encore, cette vérité corrige une mauvaise attitude parmi certains milieux chrétiens aujourd'hui où il n'est question que de 'Jésus et moi'. Ce n'est pas correct. Ce n'est pas "je ferai", c'est "faisons". C'est vraiment intéressant de s'attarder sur ces douze "faisons". Je pense que si vous les étudiez, ils vous apprendront bien des choses concernant les gens à qui ils étaient adressés.

Tout d'abord, étonnant, **craignons**. Ne présumez pas, ne prenez pas pour garantie que vous n'êtes pas concernés simplement parce que vous savez tout à propos de tout.

Numéro deux, **soyons vigilants**. Pas paresseux. Je suis attristé de voir que la paresse est si peu réprouvée parmi les chrétiens. A ce que j'ai pu constater,

---

[4] Comme nous allons voir, de par la nature de la langue française, cela ne se trouve pas dans notre traduction. Par exemple, quand l'anglais dit: "let us fear", le français dit simplement "craignons". Mais il reste cependant qu'il y a douze de tels passages. (n.d.t.)

la paresse est bien plus condamnée dans la Bible que l'ivresse. Peu d'entre nous toléreraient l'ivresse, cependant beaucoup tolèrent la paresse.

Numéro trois, **retenons fermement notre profession.** N'abandonnons pas.

Numéro quatre, **approchons-nous avec assurance du trône de la grâce.** Nous avons un privilège, utilisons-le.

Numéro cinq, **tendons à ce qui est mature** ou parfait. Encore une fois, c'est une expression clé. Avançons, tendons, allons de l'avant.

Numéro six, **approchons-nous du Saint des Saints.** Si vous étudiez le contexte, c'est ce que ça signifie.

Numéro sept, **retenons fermement la profession de notre espérance.** C'est l'expression qui est répétée. Retenons fermement.

Numéro huit, **veillons les uns sur les autres.** Encore une fois, nous ne pouvons être centrés sur nous-mêmes, nous devons veiller sur nos frères chrétiens.

Numéro neuf, **courons avec persévérance.** Un autre mot-clé, persévérance.

Numéro dix, **montrons notre reconnaissance** ou soyons reconnaissants.

Onze, **sortons pour aller à lui** [Jésus], hors du camp.
Et numéro douze, **offrons un sacrifice de louange.**

Ce sont les douze décisions collectives que nous devons prendre.

Maintenant, en conclusion, je voudrais examiner la liste de mots suivante. Je dois dire que j'en suis plutôt fier. Jetons un coup d'œil à cette liste de mots et à leurs annotations. Vous pensez peut-être que c'est un peu ennuyeux, mais je crois que si vous vous y plongez, vous trouverez cela révélateur. Le premier mot – et ils sont pris dans le même ordre que nous les avons listé – c'est *souverain sacrificateur*. Il apparaît en tout dix-huit fois. C'est intéressant de noter l'endroit où ils apparaissent en premier. La première apparition est dans le deuxième chapitre. Il est également intéressant de noter que cela continue jusqu'au dernier chapitre, c'est-à-dire le 13. Et on le trouve tout au long de l'épître.

Le mot suivant est *promesse* et il apparaît seize fois. La première fois au chapitre 4. Ensuite, on le trouve presque tout au long de l'épître.

Le mot suivant est *jurer* ou *serment*. Ce sont deux mots différents mais comme il s'agit d'un verbe et d'un nom relatif à la même idée, je les ai mis ensemble. Ils apparaissent treize fois, et principalement dans la première moitié de l'épître.

Alliance apparaît seize fois, essentiellement dans la seconde partie de l'épître et ce jusqu'au dernier chapitre.

Offrir ou *offrande* apparaît vingt-sept fois. Offrir est un verbe, offrande est un nom, mais ils sont semblables. Ils n'apparaissent qu'au chapitre 5, puis on les trouve jusqu'à la fin.

Sacrifice – qui est proche d'offrande – apparaît quinze fois. Il apparaît au même endroit qu'offrande et on le trouve jusqu'à la fin.

Septième, *sang*. Il apparaît vingt et un fois, à partir du chapitre 9 seulement, mais ensuite, on le trouve très fréquemment.

Ensuite, le plus commun de tous les mots-clés: *foi* ou *fidèle*. Il apparaît trente-huit fois. Je ferai remarquer, lorsque nous y arriverons, qu'il y a un adjectif fidèle, un verbe croire et un nom foi. En français, le verbe a une forme différente de l'adjectif et du nom. Ce n'est pas le cas en grec. Voici un exemple précis de mots très proches dans la langue d'origine, mais qui, une fois traduits en français, ne laissent plus voir cette parenté.

Vous savez tous bien sûr dans quel chapitre le mot 'foi' apparaît le plus souvent, n'est-ce pas? Hébreux 11. Voyez-vous, la foi est vraiment l'antidote contre la religion, l'antidote contre l'abandon, l'antidote contre le découragement. La foi. Que jamais nous ne nous croyions assez intelligents pour penser que nous pouvons faire sans la foi, parce que nous ne le pouvons pas. Sans la foi, c'est impossible de plaire à Dieu. Et ce n'est pas bon d'essayer. Je pense que ces gens essayaient de plaire à Dieu, mais sans la foi.

Ensuite, *confesser* ou *confession*. J'ai écris en dessous entre parenthèses 'confiance'. En fait, c'est un mot différent. Je l'expliquerai lorsque nous y viendrons. Mais le mot grec pour confiance était à la base un mot politique signifiant la 'liberté d'expression'. C'est donc une confiance qui est exprimée en paroles. C'est pourquoi je l'ai mis ici avec 'confesser' et 'confession'. J'ai mis ce mot entre parenthèses pour que vous voyiez que ces annotations sont en parenthèses. Pouvez-vous le voir? Ils apparaissent ensemble huit fois, chacun d'eux quatre fois.

Ensuite, héritier, hériter et héritage. Il y a deux noms et un verbe, mais à la base, ils proviennent tous du même mot. Ils apparaissent dix fois. Je dirais que c'est le premier mot qui nous frappe. Il apparaît dans le deuxième verset. Quand nous y viendrons, j'essaierai de vous montrer à quel point il est significatif.

Les deux derniers mots. D'abord, *repos*, qui apparaît douze fois. Mais ce qui est intéressant, c'est qu'il n'apparaît que dans deux chapitres. Chapitres 3 et 4. En fait, il apparaît seulement deux fois dans le chapitre 3, puis dix fois dans le chapitre 4. S'il y a un point auquel Dieu m'a rendu attentif alors que je préparais cette étude, c'est le thème du repos. Je suis certain que le Seigneur me permettra de le partager avec vous.

En définitive, un mot traduit de différentes façons, mais qui est le même à l'origine. Parfait, perfection, mature, maturité. Ils proviennent tous du même mot grec 'teleiotes'. La racine de ce mot est le mot *telos* qui signifie 'la fin'. 'Teleiotes' veut dire 'parfait'. Vous arrivez à la fin. Si je devais résumer ce que tout ceci est censé faire pour nous, ce serait le mot.

Perfection. Le but est de nous amener à la perfection, à l'achèvement, à la maturité, à la fin de notre course.

Le dernier mot de Dieu

Deuxième message

Hébreux 1:1-14

Nous allons tout d'abord revoir brièvement ce que nous avons étudié la dernière fois. J'avais commencé par vous expliquer comment nous allions procéder. Il est très important pour vous de savoir que je vais lire à partir du Nouveau Testament en grec et que j'improviserai la traduction au fur et à mesure. Nous allons prendre beaucoup de temps, donc si je dis quelque chose qui vous trouble, nous reviendrons sur ce point. Notre méthode de travail sera analytique et j'ai dit que le plus important dans cette étude est ce que l'on attend de l'étudiant. J'espère que vous vous souvenez de tout cela. J'ai pris cinq versets dans le deuxième chapitre de Proverbes qui expliquent comment recevoir la parole de Dieu. J'ai dit au verset 1: recevez et gardez les préceptes de Dieu. Verset 2: soyez attentifs et réceptifs. Débarrassez-vous de vos préjugés et de vos idées préconçues. Verset 3: priez avec ferveur. La Bible dit élevez votre voix. Verset 4: recherchez et étudiez. Cherchez le trésor caché. Et enfin au verset 5, la promesse du discernement et de la connaissance.

Reprenons aussi rapidement certaines chose de la partie intitulée Introduction. Je ne vais pas tout reprendre, nous allons juste revoir certains points importants. Concernant la date, nous mentionnerons simplement que l'écrit date d'avant la destruction du temple en 70 après J.C., ce qui signifie que les services du temple et les sacrifices lévitiques avaient toujours lieu. Nous ne nous embarrasserons pas à nouveau de la question de l'auteur, c'était adressé aux chrétiens juifs. J'ai fait remarquer qu'ils se trouvaient en ce temps-là dans la même position que les chrétiens aujourd'hui. Ils avaient les origines des Ecritures, ils savaient comment Dieu opère, ils avaient ses lois, ses commandements. Ils avaient un avantage conséquent sur les autres peuples de l'époque. L'une des leçons les plus sérieuses que nous donne l'épître aux Hébreux, c'est qu'ils ne profitaient pas de ce que Dieu avait mis à leur disposition et ils couraient le danger d'être délaissés.

Je pense que la véritable source de leur problème venait du fait qu'ils ne vivaient pas une foi quotidienne active. Leur religion était devenue une façon de vivre pour eux et ils ne savaient apprécier tout ce qui leur était offert dans l'Evangile et dans la révélation de Jésus-Christ.

Si quelqu'un commence à mettre Jésus sur le même niveau que n'importe quelle autre personne et à quelque moment que ce soit, alors cette personne est en danger. C'est ce qu'ils commençaient à faire. Ils commençaient à penser que Jésus et Moïse se trouvaient au même niveau, et ils commençaient à penser que Jésus était au même niveau que les anges. C'est toujours un signe de danger. Si nous acceptons la révélation des Ecritures, Jésus est absolument et totalement unique et suprême. Le Saint-Esprit n'approuvera jamais une autre relation ou une autre attitude envers Jésus.

Ensuite, j'ai dit que la révélation caractéristique de cette épître que nous étudions, c'est Jésus en tant que souverain sacrificateur. Je ne connais aucun autre passage dans le Nouveau Testament qui mentionne cette révélation. Voyez-vous, dans un sacrifice, il y a deux facteurs. Il y a la victime qui est sacrifiée, et il y a le sacrificateur qui fait le sacrifice. La plupart des épîtres et des écrits du Nouveau Testament nous montrent Jésus comme la victime sacrifiée, mais seul Hébreux nous le montre comme étant le sacrificateur qui sacrifie la victime, laquelle est son propre corps.

J'ai suggéré comme thème principal les mots récurrents suivants: héritage, repos et perfection. Ce thème nous impose un objectif.

J'ai simplement suggéré comme but que nous trouvions un puissant encouragement. Et ce mot traduit par 'encourager' signifie aussi bien exhorter que remonter le moral. Si vous êtes déprimés, Dieu vous remonte le moral. Si vous êtes paresseux ou indifférent, Dieu vous exhorte. C'est un seul et même mot. C'est aussi un titre pour le Saint-Esprit. Il y a le mot paraclet qui est toujours utilisé, je crois, par les catholiques romains. Cela vient directement du même verbe. Donc, le Saint-Esprit, le Paraclet, est "celui qui exhorte" et le "remonteur de moral".

Ensuite, nous avons vu les mots-clés. J'en avais compté 13, avec en premier souverain sacrificateur, puis j'avais regroupé les suivants en quatre groupes de trois mots allant ensemble. Le premier groupe de trois: promesse, serment et alliance. Ils dépendent tous du ministère du souverain sacrificateur qui les valide. Le groupe suivant: offrande, sacrifice et sang, lesquels sont nécessaires pour établir l'alliance. Le troisième groupe: foi, espoir et confession, requis de notre part comme une réponse pour recevoir ce qui est disponible dans l'alliance. Et enfin, comme je l'ai déjà dit, héritage, repos et perfection, les objectifs vers lesquels nous devrions tendre.

J'ai ensuite fait remarquer qu'il y a cinq passages contenant des avertissements très, très solennels dans cette épître. Je ne connais pas d'autres passages dans le Nouveau Testament, qui soient comparables quant à la solennité, à la fermeté et à la récurrence de ces avertissements. Je pense qu'ils sont devenus nécessaires à cause de la situation que j'ai décrite. Ces gens croyaient tout avoir reçu et ils devenaient négligents et indifférents.

Les choses contre lesquelles nous sommes mis en garde sont significatives. Je pense que l'ordre est également significatif. Premièrement, négligence. C'est par là que ça commence. Deuxièmement, incrédulité. Troisièmement, apostasie: devenir rétrograde. Quatrièmement, continuer délibérément de pécher. Et cinquièmement, être privé de la grâce de Dieu. Je vous rappelle que si vous commencez par négliger, et si le Saint-Esprit ne vous arrête pas, vous vous verrez prendre le même chemin.

Ensuite, j'ai relevé sept passages nous donnant une application positive et pratique. Nous ne les reprendrons pas. Ce n'est pas le thème principal de cette épître. Le thème principal de cette épître est la révélation des réalités célestes qui ne peuvent être comprises autrement que par révélation. C'est uniquement par révélation, la révélation contenue dans les Ecritures, que nous connaîtrons les mystères de cette épître.

Et ensuite, il y a sept passages contrastant et comparant deux choses: ce qui est inférieur à ce qui est supérieur. Nous les mentionnerons rapidement, car ainsi votre esprit enclenchera la bonne vitesse. La première comparaison concerne Jésus et les anges. La seconde se fait entre Moïse et Jésus. Voyez-vous, ils étaient déjà en danger lorsque cette instruction leur fut donnée. La troisième se fait entre le sacerdoce lévitique et celui de Melchisédek. La quatrième concerne l'Ancienne et la Nouvelle Alliance. La cinquième a trait au tabernacle de Moïse et au tabernacle céleste. La sixième concerne les sacrifices lévitiques et le sacrifice de Jésus. La septième se fait entre le Mont Sinaï et le Mont Sion.

Ensuite, il y a douze passages commençant par "faisons", ce qui est plutôt remarquable. Comme je l'ai souligné, dans chaque cas, le "faisons" indique premièrement une décision, et deuxièmement une décision commune, non pas de celles que l'on prend tout seul, mais une décision que l'on prend en commun avec nos frères et sœurs chrétiens. D'ailleurs, le premier "faisons" est de manière significative un craignons. Je pense que les avertissements montrent pourquoi le premier "faisons" est **craignons**.

Ensuite, vous trouverez ci-dessous toutes les références aux passages dans lesquels ces mots apparaissent ensemble, avec le nombre de fois où ils apparaissent. Si vous jetez un œil là-dessus et que vous vous en imprégnez, je pense que vous aurez alors une bonne représentation de la structure de cette épître.

Liste de mots

1. **Souverain sacrificateu**
2:17
3:1
4:14
4:15
5:1
5:5
5:10
6:20
7:26
7:27
7:28
8:1
8:3
9:7
9:11
9:25
10:21
13:11
18 fois

2. **Promesse**
4:1
6:12
6:13
6:15
6:17
7:6
8:6
9:15
10:23
10:36
11:9
11:11
11:13
11:33
11:39
12:26
16 fois

3. **Jurer/serment**
3:11
3:18
4:3
6:13 (2)
6:16 (2)
6:17
7:20 (2)
7:21 (2)
7:28
13 fois

4. **Alliance**
7:22
8:6
8:8
8:9 (2)
8:10
9:4 (2)
9:15 (2)
9:16
9:17
9:20
10:16
10:29
13:20
16 fois

5. **Offrir/offrande**
5:1
5:3
5:7
7:27 (2)
8:3 (2) 10:11
8:4
9:7
9:9
9:14
9:25
9:28
10:1
10:2
10:5
10:8 (2) 8:3
10:10
9:23
10:12
10:14
10:18
11:4
11:17 (2)
13:15
27 fois

6. **Sacrifice**
5:1   11:4
7:27   13:15
13:16
9:9   15 fois
9:26
10:1
10:5
10:8
10:11
10:12
10:26

7. **Sang**
9:7
9:12 (2)
9:13
9:14
9:18
9:19

8. **Foi/fidèle**
3:2
3:5
4:2
4:3
6:1
6:12

9. **Espérance**
11:17
11:20
11:21
11:22
11:23
11:24
3:6
6:11
6:18
7:19
10:23
5 fois

9:20	10:22	11:27
9:21	10:23	11:28
9:22 (2)	10:38	11:29
9:25	10:39	11:30
10:4	11:1	11:31
10:19	11:3	11:33
10:29	11:4	11:39
11:28	11:5	12:2
12:4	11:6 (2)	<u>13:7</u>
12:24	11:7 (2)	38 fois
13:11	11:8	
13:12	11:9	
<u>13:20</u>	11:11 (2)	
21 fois	11:13	

10. **<u>Confesser/confession</u>**
    <u>(Confiance)</u>
    3:1
    (3:6)
    4:14
    (4:16)
    (10:19)
    10:23
    (10:35)
    <u>13:15</u>
    8 fois
    4 + (4) fois

11. **<u>Héritier/hériter</u>**
    <u>Héritage</u>
    1:2
    1:4
    1:14
    6:12
    6:17
    9:15
    11:7
    11:8
    11:9
    <u>12:17</u>
    10 fois

12. **<u>Repos</u>**
    3:11
    3:18
    4:1
    4:3 (2)
    4:4
    4:5
    4:8
    4:9
    4:10 (2)
    <u>4:11</u>
    12 fois

13. **<u>Parfait/ Perfection</u>**
    <u>Mature/maturité</u>

2:10	9:11
5:9	10:1
5:14	10:14
6:1	11:40
7:11	12:2
7:19	<u>12:23</u>
7:28	14 fois
9:9	

Prenons par exemple le mot 'alliance'. Il n'apparaît qu'au chapitre 7, n'est-ce pas? Mais ensuite, il apparaît 16 fois dans les chapitres restants. Donc, si vous êtes intéressés par ce que l'épître a à dire au sujet de l'alliance, c'est là qu'il vous faudra regarder.

Le premier à apparaître parmi tous ces mots est le mot 'héritier', qui apparaît au chapitre 1:2, ce qui, en un sens, nous positionne dans une certaine direction. Nous nous dirigeons vers un héritage.

Nous allons maintenant commencer par le chapitre 1.

A présent, je vais faire quelque chose que je n'ai encore jamais fait avant. C'est une première positive. Je vais commencer par lire le texte grec, puis je traduirai au fur et à mesure. Je vais le faire de manière assez littérale.

En de nombreux endroits et en de nombreuses manières dans le passé, Dieu, ayant parlé aux pères dans les prophètes, à la fin de ces jours nous parla dans un Fils.

C'est l'introduction du message entier. Si nous revenons au premier verset, Dieu parla en de nombreux endroits et à plusieurs reprises. Il ne donna pas toute la vérité en une seule fois, il parla de plusieurs manières. Parfois, c'était juste des prédictions, parfois c'était des typologies, parfois des paraboles et parfois les prophètes devaient en quelque sorte manifester les vérités et jouer le rôle de ce qu'ils représentaient. Le message de Dieu vint de différentes façons. Nous disions 'par' les prophètes, mais en fait le texte dit 'dans' les prophètes. C'est de cette manière qu'il parla aux pères.

Maintenant, 'à la fin de ces jours'. Je suis certain qu'il est écrit dans votre traduction "dans ces derniers jours". Nous ne pouvons pas vraiment changer le texte parce que la formulation que j'ai utilisée n'a pas beaucoup de sens. Mais c'est en fait ce que le texte dit littéralement. "A la fin de ces jours, Dieu nous parla dans un Fils". Réfléchissons un moment à "ces derniers jours". Cela vous surprend peut-être, parce que ça s'est passé il y a 2000 ans environ. Pourtant selon le calcul du Nouveau Testament, les derniers jours étaient déjà arrivés au jour de la Pentecôte, puisque rappelez-vous, Pierre s'étant levé dit, "Vous voulez savoir ce qu'il se passe. C'est ici ce qui a été dit par le prophète Joël, "dans les derniers jours, dit Dieu, je répandrai de mon Esprit".

Prenez un autre passage dans cette épître 9, verset 26. Un passage vraiment remarquable. Hébreux 9:26, je commence au milieu du verset.

... autrement, il aurait été nécessaire qu'il souffre [maintenant je commence au début du verset] plusieurs fois à partir de la création du monde; mais maintenant une fois pour toutes, à la fin des siècles, il a paru pour enlever le péché par son sacrifice.

Remarquez "maintenant à la fin des siècles". Ou bien, ce que cela signifie aussi: 'lorsque tous les siècles viendront ensemble à leur apogée.' Donc, lorsque Jésus apparut – il y a approximativement deux mille ans – on était alors à la fin des siècles. Dieu conduisait toutes choses vers l'apogée.

Il nous faut garder à l'esprit ce qui est dit dans 2 Pierre, qu'un jour avec le Seigneur est mille ans. Et mille ans sont comme un jour. Et il est question du retour du Seigneur dans ce passage. Donc, d'après ce calcul, environ deux jours se sont écoulés. Vous voyez, nous ne comptons pas forcément comme il faut.

Mais il est très important de garder à l'esprit que nous en sommes à la fin. Je ne fais cependant aucune prédiction sur le temps qu'il nous reste encore parce que ça ajouterait une pointe d'urgence à ce que Dieu dit.

Revenons au chapitre 1, "dans ces derniers jours il nous parla dans son Fils". Le titre que j'ai choisi pour cette série de messages s'intitulait 'Le dernier mot de Dieu'. Non pas pour indiquer que l'épître aux Hébreux est le dernier mot de Dieu, mais plutôt que Jésus est le dernier mot de Dieu. Et si nous n'entendons pas Jésus, croyez-moi, il ne reste rien d'autre à entendre. Vous pourriez avoir manqué certains prophètes et rattrapez vos lacunes en entendant Jésus, mais si vous manquez Jésus, il ne vous reste rien à entendre. C'est le dernier mot de Dieu. C'est pour cette raison que cette épître est à ce point solennelle et importante. Il y a comme une note de solennité dès la première phrase d'introduction et ce, tout au long de l'épître.

J'ai traduit la dernière partie du verset 2, "Dieu parla dans un Fils". Plusieurs traductions disent "dans *son* Fils". Mais par exemple dans 'la Bible Martin', vous remarquerez que "son" est entre parenthèses. Savez-vous pourquoi? Parce que ce mot n'est pas présent dans le texte d'origine. Ce sont les traducteurs qui l'ont rajouté. Donc en fait, Dieu parla *dans* un Fils. Vous allez peut-être vous demander ce que signifie cette expression? Je pense que ça veut dire que c'est une chose de parler par les prophètes et que c'en est une autre de parler dans un Fils. C'est une manière différente de s'exprimer. Bien sûr, c'était son Fils, son seul Fils bien-aimé, Jésus-Christ. Mais il est dit qu'en ce temps-là il avait parlé par les prophètes, et que maintenant il parle de la façon Fils. Le commentaire d'Andrew Murray utilise cette expression. C'est une autre manière de venir à nous. Ainsi, il n'est pas mis sur le même plan que les prophètes. Jésus était un prophète, mais il était bien plus qu'un prophète. Vous verrez que l'épître tout entière met l'accent sur l'unicité de Jésus.

Nous avons une description de ce Fils aux versets 2-4. La division du verset est un peu étrange, je n'aurais jamais mis une petite partie de la description dans le verset 2 pour continuer ensuite. Mais quoiqu'il en soit, ils ne m'ont pas consulté lorsqu'ils l'ont fait ainsi. Je dois vous dire, bien sûr je suis certain que vous en avez conscience, que la division du texte en versets ne se trouve pas dans le texte d'origine. C'était un Anglais qui l'a rajoutée au 17ième siècle, je pense. C'est une présentation de la Bible vraiment extraordinaire parce que vous pouvez vous référer à n'importe quelle partie de la Bible dans un nombre minimum de mots, mais certaines divisions de versets sont très étranges.

Une autre chose intéressante, c'est qu'il n'y a pas de ponctuation dans le texte d'origine. Il n'y a aucun point final, aucune virgule, aucune majuscule. C'est tel quel. A vous de faire le repérage. C'est pour ça qu'un certain nombre de traductions diffèrent quant au point final – ce qui est légitime.

Jésus nous est décrit ici comme étant le Fils éternel de Dieu. Il est important de noter que Jésus est décrit dans sa nature éternelle. Il a été manifesté dans l'histoire humaine en tant que Jésus de Nazareth, mais il est éternellement le Fils de Dieu. Il n'est pas devenu le Fils de Dieu au moment de sa naissance par la vierge Marie. Il a été manifesté dans l'histoire. Esaïe 9 nous dit "un enfant nous est né, un fils nous est donné". Il est né petit enfant, mais il a été donné en tant que Fils éternel. Et c'est à ce Fils éternel que nous regardons ici.

Maintenant, il y a sept affirmations faites au sujet de Jésus dans ce passage. Je pense que vous serez intéressés et peut-être interpellés de voir combien de fois les choses apparaissent par sept dans cette épître. Presque tout ce qui a de l'importance se produit par sept. Donc voici sept affirmations concernant le Fils éternel de Dieu. Nous sommes presque à la fin du verset 2.

... qu'il a établi héritier de toutes choses...

C'est l'affirmation numéro un. Jésus est héritier de toutes choses. Toutes choses prendront fin avec Jésus. Il héritera de l'univers.

Numéro deux: *... par lequel il a aussi créé les éons [ou les siècles].* La traduction Segond dit 'monde', mais par exemple la traduction Semeur dit 'univers'. L'univers est mieux à mon sens. Mais la chose intéressante à ce propos, c'est que la plupart d'entre vous avez entendu parler du mot éon, n'est-ce pas? C'est une mesure de temps ou je suppose que vous diriez une mesure. C'est le mot utilisé ici. Je veux être clair. Ce mot signifie l'univers, mais l'auteur d'Hébreux a anticipé de bien des années la théorie de la relativité. Lorsqu'il décrit l'univers, il le fait d'un point de vue plutôt temporel que spatial. Il a fait les siècles. Il a mis en marche les siècles. Les deux sont corrects. Comme vous le savez tous, le temps et l'espace ne peuvent être séparés. Vous ne pouvez en spécifier un sans introduire l'autre. Il est intéressant de voir que c'était déjà implicite ici. C'est donc la seconde affirmation, "par lui Dieu a créé les siècles".

Laissez-moi vous faire remarquer que l'ordre semble illogique parce que l'héritier vient à la fin et le créateur est au début. Pourtant il l'appelle en premier l'héritier et ensuite il dit le créateur, celui qui a fait l'univers. La raison en est que toute l'épître d'Hébreux est tournée vers le futur et non vers le passé. Le but de cette épître, c'est de nous conduire vers notre héritage. Donc le premier trait caractéristique que l'on remarque n'est pas le fait que dans le passé Jésus créa l'univers, mais bien plutôt que dans le futur tout se terminera par lui. Il est l'héritier et toutes choses, nous y compris, tendent vers lui. C'est là que se trouve notre héritage.

Nous commençons maintenant le verset 3. Troisième affirmation:

Qui étant...

Je pense qu'ils utilisent le mot éclat, ou rayonnement. Eclat est un très bon mot, mais plutôt rare.

... de sa gloire...

Rayonnement est un bon mot, dans un sens. Il vient du mot grec qui veut dire rayons. Jésus est le rayonnement de la gloire de Dieu.

... et l'exacte représentation de sa substance...

Le mot traduit par "exacte représentation" est normalement utilisé pour parler d'une chevalière et de l'empreinte qu'elle produit dans la cire, ladite empreinte représentant exactement l'empreinte du métal sur l'anneau. Ce qu'il veut dire, c'est que Jésus se manifeste de façon exacte pour que nous puissions voir la nature invisible de Dieu le Père.

Le mot traduit – Je devrais plutôt regarder à votre traduction – par 'l'éclat de sa gloire', l'exacte représentation de sa nature. Je n'ai pas de problème avec le mot nature, mais ce n'est pas le mot le plus explicite. Le mot d'origine signifie ce qui se trouve en-dessous de quelque chose d'autre et le garde élevé. Il est intéressant de noter que dans Hébreux 11, le même mot d'origine est traduit par 'assurance' (anglais: substance'). "La foi est l'assurance des choses que l'on espère". Donc, lorsque vous espérez quelque chose, sous vos espoirs (si vous êtes chrétiens), il y a votre foi. Votre foi donne de l'assurance à vos espoirs.

Je vous dis cela afin que vous voyiez ici que Dieu le Père est la substance démontrée en Jésus comme sa propre gloire. J'espère que vous comprenez cela. C'est la quatrième affirmation.

La cinquième affirmation, toujours au verset 3:

... il porte toutes choses par la parole de sa puissance...

Pour 'porter', on peut dire aussi 'supporter' ou 'soutenir'.

Regardons maintenant aux cinq affirmations. Numéro un, il est l'héritier de toutes choses. Numéro deux, l'univers a été créé par lui. Numéro trois, Il est l'éclat de la gloire du Père. Numéro quatre, il est l'exacte représentation de la nature du Père. Et numéro cinq, il soutient toutes choses par la parole de sa puissance.

Arrêtons-nous un moment pour réfléchir à quel point il est stupide d'essayer d'élever qui que ce soit dans l'univers au niveau de Jésus. Boudha, Mahatma Gandhi... C'est absolument ridicule. Seuls les gens ignorant la vérité sur Jésus peuvent agir de la sorte. Affirmer de tels propos dénonce une totale ignorance sur la personne de Jésus.

Ce sont cinq des sept affirmations. Il y en a deux de plus. Je les ai séparées parce que les cinq premières dépeignent Jésus dans sa nature éternelle et divine, alors que les deux dernières, la six et la sept, parlent de son œuvre rédemptrice. Continuons avec la sixième affirmation:

Il a fait la purification des péchés...

Ou a pourvu à la purification des péchés. C'est presque à la fin du verset 3. Et la dernière affirmation:

... il s'est assis à la droite de la majesté dans les hauts lieux...

Il a purifié nos péchés par son sacrifice sur la croix. Et souvenez-vous, 1 Jean dit qu'il est la propitiation pour nos péchés, et non seulement pour nos péchés, mais pour les péchés du monde entier. Par son sacrifice sur la croix, Jésus a réglé, une fois pour toutes, le problème du péché dans l'univers. Lorsque Dieu aura mis en œuvre ce qu'il a planifié, le péché sera totalement éliminé pour toujours. Le péché ne laissera aucune tâche. La purification aura été totale.

Ensuite, il dit "il s'assit à la droite de la Majesté dans les hauts lieux". L'un des thèmes de cette épître est que Jésus, après s'être sacrifié, s'assit. Ce fait est accentué. En effet, si vous prenez plus loin dans les derniers chapitres, au chapitre 10 je crois, il est comparé avec les sacrificateurs lévitiques qui ne s'asseyaient jamais. Ils restaient debout offrant souvent les mêmes sacrifices qui ne pouvaient jamais enlever le péché. Pourquoi restaient-ils debout? Parce que leur travail n'était pas terminé. Pourquoi Jésus s'est assis? Parce qu'il n'aura plus jamais à refaire son sacrifice. Voyez-vous, l'auteur insiste sur ce point.

Revenons à ces sept affirmations. Je veux les imprimer dans votre esprit.

Numéro un, il est l'héritier de toutes choses.
Numéro deux, l'univers a été créé par lui.
Numéro trois, il est l'éclat de la gloire de Dieu.
Numéro quatre, il est l'exacte représentation de Dieu ou de sa substance.
Numéro cinq, il soutient toutes choses par la parole de sa puissance.
Et ensuite, les deux affirmations relatives à son oeuvre rédemptrice –
Numéro six: il a fait la purification des péchés et:
Numéro sept: après avoir tout accompli, il s'assit à la droite de la Majesté en haut.

Notez que les cinq premières affirmations décrivent sa nature éternelle. Les affirmations six et sept décrivent son œuvre rédemptrice.

Maintenant, tout en bas, j'ai écrit ce que j'appelle la parabole du soleil. C'est pour moi une illustration très belle et très frappante de ce que nous appelons la trinité. Le mot trinité n'apparaît pas dans les Ecritures. Je préfère dire la Divinité ou la trinité de Dieu, dans laquelle se trouvent trois personnes mais un seul Dieu. Je n'ai aucun problème avec ce fait. Je ne sais pas si cela pose un problème pour d'autres personnes. C'est juste que j'y suis habitué, c'est ainsi. Ça aurait pu être autrement, mais ça ne l'est pas. Je trouve cette vérité tout au long de la Bible, dès le premier verset de la Genèse.

Mais cette petite parabole est liée au soleil. La substance du soleil correspond à Dieu le Père. Personne n'a jamais vu la substance du soleil. Sa consistance reste en fait un mystère. L'éclat visible, c'est Jésus-Christ, le Fils de Dieu. Et les rayons qui apportent cette clarté jusqu'à nos yeux représentent le Saint-Esprit. S'il n'y avait pas de rayons, il n'y aurait aucune révélation. C'est tellement typique du Saint-Esprit. Il est toujours discret, vous ne pensez pas à lui. Mais il est essentiel. Donc, le Père est la substance, Jésus est la clarté, le Saint-Esprit est celui qui la convoie vers nos yeux, tels les rayons de la lumière.

Nous allons faire un petit détour et examiner une affirmation similaire à propos de Jésus dans Colossiens 1. Je crois que vous serez impressionnés par le parallélisme entre l'affirmation dans Colossiens et celle d'Hébreux. C'est plutôt extraordinaire. Prenons Colossiens 1:13, à la fin du verset, il est écrit:

... il nous a transféré dans le royaume du Fils de son amour [c'est Jésus-Christ], en qui nous avons la rédemption, le pardon de nos péchés...

Bien, je vous ai fait prendre ce passage simplement pour que vous voyiez que c'est de Jésus qu'il est question. Ensuite, en référence à Jésus, nous avons les affirmations commençant au verset 15. Il y a sept affirmations le concernant. Numéro un:

Il est l'image du Dieu invisible...

Combien d'entre vous savent ce qu'est une icône? Vous savez, on les trouvait à l'origine dans les églises orthodoxes grecques, les églises orthodoxes orientales. C'est le mot utilisé ici, icône. Jésus est l'icône de Dieu le Père, l'image de Dieu le Père. C'est quelque chose d'essentiellement visible. D'après moi, Dieu nous interdit de faire des images de lui-même parce qu'il a sa propre image et que nous ne pouvons l'améliorer. Jésus est la ressemblance visible de Dieu. Nous n'avons besoin d'aucun substitut. C'est l'affirmation numéro un, il est l'image du Dieu invisible.

Numéro deux:

... il est le premier-né avant toute création...

C'est la version Prince. Ce serait très compliqué de vous expliquer pourquoi je crois que c'est cela ce que ça signifie, mais c'est ce que je crois. Il n'est pas le premier-né de toute la création, mais le premier-né avant toute création. Quoiqu'il en soit, il y a une différence évidente entre créé et né. Jésus a été de toute éternité engendré du Père, si vous voulez utiliser le mot technique. Nous ne pouvons comprendre cela. Il n'a pas été créé. C'est là la très grande erreur des Témoins de Jéhovah. Ils enseignent que Jésus est un être créé. Il n'a pas été créé, il est éternel, divin. Toutes choses ont été créées en lui (ou à travers lui). Nous allons donc reprendre le verset 15, il est le premier-né avant toute création. Vous me suivez?

L'affirmation numéro trois concerne le verset 16 tout entier:

En lui, toutes choses furent créées...

En lui ou à travers lui. Vous pouvez utiliser les deux mots. Vient ensuite une liste de toutes les choses visibles et invisibles, et les invisibles sont les trônes, les dominations, les autorités et puissances, etcetera. Mais ces détails ne nous sont pas nécessaires. La fin du verset dit:

toutes choses sont créées par lui et pour lui.
Il est le commencement, il est la fin.

Et ensuite l'affirmation suivante:

Il est avant toutes choses…

Il existe éternellement. Il n'est jamais devenu, il est. Et l'affirmation suivante:

... toutes choses tiennent ensemble en lui.

Vous voyez à quel point ces affirmations sont proches de celles d'Hébreux?

Revenons sur ces cinq affirmations.

Numéro un, il est l'image du Dieu invisible.
Numéro deux, il est le premier-né avant toute création.
Numéro trois, toutes choses furent créées par ou en lui.
Numéro quatre, il existe éternellement.
Et numéro cinq, toutes choses tiennent ensemble en lui.

Encore une fois nous nous arrêtons après les cinq premières affirmations parce qu'elles concernent son statut d'être éternel. Les deux affirmations suivantes concernent son œuvre rédemptrice. Numéro six, nous en sommes maintenant au verset 18:

Il est la tête du corps, l'Eglise...

C'est la sixième affirmation. Il est la tête du corps, l'Eglise. Et la dernière affirmation:

... il est le commencement, le premier-né d'entre les morts.

Il est donc deux fois le premier-né. D'abord, le premier-né avant toute création et ensuite le premier-né d'entre les morts. Je voudrais vous faire remarquer quelque chose. Il est la tête du corps, affirmation numéro six. Il est le premier-né d'entre les morts, numéro sept. Lors d'une naissance naturelle, la tête précède le reste du corps. Dans la résurrection, Jésus précède le corps. Il est le premier-né d'entre les morts. Lorsque la tête sort, c'est un signe indéniable que le corps va suivre. Donc, sa résurrection est la garantie de notre résurrection.

Revenons rapidement sur ces affirmations. Cinq affirmations concernant sa nature éternelle.

Numéro un, il est l'image du Dieu invisible.
Numéro deux, il est le premier-né avant toute création. Né, non pas créé.
Numéro trois, toutes choses furent créées par ou en lui.
Numéro quatre, il existe éternellement avant toutes choses.
Numéro cinq, toutes choses tiennent ensemble en lui.

Et enfin les deux affirmations relatives à son oeuvre rédemptrice:

Il est la tête du corps qui est l'Eglise et le premier-né d'entre les morts. Afin qu'en toutes choses, il ait la première place.

Dans l'ordre d'origine, il est le premier-né avant toute création. Dans la nouvelle création, le nouvel ordre, il est, par la résurrection, le premier-né d'entre les morts.

Nous allons maintenant continuer avec Hébreux 1:4. C'est la première des sept comparaisons contenues dans ce passage. Cette fois-ci, c'est une comparaison entre Jésus et les anges. L'auteur entreprend de montrer à quel point Jésus est unique et suprême, et dans une catégorie totalement différente, et à un niveau totalement différent de celui de tous les anges. Nous revenons donc à Hébreux 1:4 qui n'est ni dans cette version – ni probablement dans la vôtre – le commencement d'une nouvelle phrase, mais simplement la fin de la précédente. Les versets précédents présentaient ces sept points concernant Jésus, le dernier étant qu'il s'assit à la droite de la Majesté en haut. Il est écrit ensuite:

... étant devenu à ce point supérieur aux anges qu'il a hérité d'un nom plus excellent que le leur.

Si nous voulons savoir à quel point Jésus est plus excellent que les anges, nous devons savoir à quel point son nom est excellent. Je pense que le passage le plus évident à prendre est Philippiens 2. En fait, vous pourriez tout aussi bien commencer par prendre Ephésiens 1, là où il est écrit au verset 21:

Dieu a exalté Jésus au-dessus de toute règle et autorité et puissance et domination, et de tout nom qui est nommé non seulement dans ce siècle, mais aussi dans celui à venir.

Donc, il est bien au-dessus de tout nom et dans Philippiens 2:9, il est écrit:

C'est pourquoi aussi Dieu l'a souverainement exalté, et lui a donné le nom qui est au-dessus de tout nom...

Non pas "un" nom mais "le" nom. Le nom qui est au-dessus de tout nom.

... afin qu'au nom de Jésus tout genou fléchisse, les choses dans le ciel, les choses sur la terre, les choses sous la terre, et toute langue confesse que Jésus-Christ est Seigneur, à la gloire de Dieu le Père.

Donc son nom est entièrement suprême. A son nom, tous les êtres créés fléchiront et confesseront qu'il est Seigneur.

Alors que nous voyons ici combien son nom est supérieur, en revenant à Hébreux 1, nous voyons combien il est lui-même supérieur à tous les autres.

La fin d'Hébreux 1:4 nous donne une affirmation intéressante. Il est dit *d'autant supérieur qu'il a hérité un nom qui est plus excellent que le leur.* Avez-vous remarqué cela? Je vous fais part de ma compréhension de ce passage. Je ne peux pas dire que je suis certain d'avoir raison, mais c'est plutôt une expression étrange, *il a hérité un nom plus excellent.* Philippiens dit *Dieu lui donna [ou lui accorda] le nom qui est au-dessus de tout nom.* Dans le passage de Philippiens que nous venons de prendre, il est écrit, *c'est pourquoi aussi Dieu l'a souverainement exalté.* Ce que je comprends par là, c'est que Jésus a gagné son exaltation. Il a pris possession de son héritage de plein droit parce qu'il avait rempli les conditions. Quelles étaient les conditions? Il s'est humilié au point le plus bas. Alors Dieu l'a élevé au plus haut rang.

Vous voyez, ces deux passages de Philippiens d'une part et ici dans Hébreux d'autre part montrent que ce n'est pas par caprice que Dieu lui a accordé ce nom, c'était la juste récompense pour ce qu'il avait fait. Parce qu'il s'est humilié plus que tous les autres, il est exalté au-dessus de tous. Il a reçu son nom par héritage. Remarquez encore une fois le thème de l'héritage qui se trouve ici dès les premiers versets. Ce qui suggère, à mon avis, que pour entrer dans notre héritage, nous devons remplir les mêmes conditions que Jésus.

Nous trouvons à présent dans les versets suivants sept passages de l'Ancien Testament révélant l'unicité et la suprématie du Fils éternel. Vous comprenez, ces mots étaient destinés aux gens pour qui l'Ancien Testament avait autorité, mais qui n'avaient probablement pas encore accès à la majeure partie du Nouveau Testament. Alors l'auteur retourne à l'Ancien Testament et sélectionne sept passages et montre dans chacun d'eux à quel point Jésus est le référent et comment ses passages décrivent son élévation bien au-dessus de tous les autres, les anges y compris. C'est un passage qui nous aide vraiment à comprendre comment nous, en tant que croyants en Jésus et au Nouveau Testament, nous devons interpréter l'Ancien. Cela exige un réel exercice mental. Croyez-moi, ce n'est pas simple du tout. Nous allons le faire de manière méticuleuse.

Le seul passage se trouve au verset 5 de l'épître. Nous allons le prendre. En fait, il y a deux passages cités dans le verset 5. Je traduis maintenant le verset 5.

Car auquel des anges a-t-il jamais dit...

Ce qui veut dire, Dieu le Père a-t-il jamais dit. Voici maintenant la première citation:

Tu es mon Fils, je t'ai engendré aujourd'hui.

C'est un passage du Psaume 2. Nous allons donc maintenant prendre Psaume 2 et l'examiner. Le verset en question est Psaume 2:7.

Je publierai le décret; L'Eternel m'a dit: tu es mon Fils! Je t'ai engendré aujourd'hui.

Ce que l'auteur d'Hébreux veut dire, c'est que Dieu n'a jamais dit ça aux anges. Ce qui le place immédiatement dans une catégorie totalement différente de celle des anges.

Ce second psaume est ce que l'on appelle un psaume messianique. Autrement dit, ce psaume a pour thème le Messie. Je pense que c'est important que nous prenions rapidement le psaume tout entier afin d'étudier sa structure. C'est un exemple tellement clair de la manière dont le Messie est présenté dans les prophéties et les personnages de l'Ancien Testament. Ce psaume présente quelqu'un qui est quatre choses. Numéro un, l'oint du Seigneur. Oint est la traduction française pour Messie, ou *mashiach*, le terme hébreu qui signifie oint. Clarifions cela tout de suite. Le mot hébreu est *mashiach*, le mot grec est *Cristos* et le mot français oint. A chaque fois que nous parlons de Jésus-Christ, que nous le sachions ou non, nous disons Jésus le Messie. *Cristos* est l'équivalent grec du mot hébreu *mashiach*. Et ils veulent tous deux dire 'oint'.

Le psaume présente quelqu'un qui est l'oint du Seigneur. Verset 2:

Les rois de la terre se soulèvent, et les princes se liguent avec eux contre l'Eternel et contre son oint...

Ce passage est cité dans Actes 4 par les apôtres lorsqu'on leur avait interdit de continuer de prêcher au nom de Jésus.

Le psaume révèle ensuite quelqu'un qui est le roi du Seigneur. Verset 6: *Car c'est moi qui ai oint mon roi sur Sion...*

Il est donc l'oint du Seigneur appelé par lui "mon roi".

Ensuite il est le Fils du Seigneur. Verset 7:

Il m'a dit; Tu es mon Fils! Je t'ai engendré aujourd'hui.

Ici, le mot hébreu utilisé pour fils est *ben*, ce qui est le terme courant. Mais à la fin du verset 12, il est dit aux rois et aux princes:

Rendez hommage au Fils...

Le terme hébreu est *bar*, un autre mot pour fils. Et dans certaines expressions, ce mot était habituellement utilisé comme un titre du Messie.

Reprenons le psaume dans sa totalité parce qu'il est entièrement centré sur Jésus. Le psaume prédit sept choses en relation avec le Messie. Tout d'abord, il prédit le rejet du Messie par les princes de la terre. C'est aux versets 2-3. Les rois de la terre et les princes se liguent ensemble contre le Seigneur et contre son oint. Ils déclarent "Brisons leurs liens et délivrons-nous de leur chaînes". Nous ne voulons pas être tenus par les exigences de Dieu.

Deuxièmement, il prédit la colère du Seigneur envers ces princes. Versets 4-5:

Celui qui siège dans les cieux rit, le Seigneur se moque d'eux. Puis il leur parle dans sa colère et il les épouvante dans sa fureur...

C'est effrayant de voir que cette attitude produit la colère et la fureur de Dieu.

Troisièmement, il prédit que le Messie sera oint en tant que roi de Sion. Verset 6: *C'est moi qui ai oint mon roi Sur Sion, ma montagne sainte!* C'est de la Sion céleste qu'il est question, selon moi. C'était bien sûr la pratique courante d'oindre chaque nouveau roi d'Israël. Je comprends par là qu'il y a eu une cérémonie céleste d'onction pour Jésus. C'est ainsi que je le comprends.

Numéro quatre, il prédit que le Seigneur reconnaîtra le Messie comme son Fils. Voyez-vous, au verset 6, le Seigneur, Dieu le Père, parle. Il dit:

Car c'est moi qui ai oint mon roi sur Sion, ma montagne sainte.

Verset 7, c'est le Fils qui parle, non plus le Père. Il dit:

Je publierai le décret; L'Eternel [le Père] m'a dit: Tu es mon Fils! Je t'ai engendré aujourd'hui.

Quel jour était-ce? De quel événement s'agit-il? C'est exact, de la résurrection. A nouveau engendré d'entre les morts. Donc, comme nous l'avons vu dans Colossiens, Jésus est deux fois le premier-né. Le premier-né avant toute création et le premier-né d'entre les morts. Il me semble clair qu'il s'agit là de la résurrection. Le commencement d'un ordre nouveau, d'une nouvelle création, de la tête. Nous avons vu tout cela dans Colossiens 1.

Donc la quatrième prédiction de Psaume 2 est que Dieu le Père reconnaît le Messie comme étant son Fils à travers la résurrection. Nous ne retournons pas vers l'éternité, nous sommes en marche vers la rédemption.

La cinquième prédiction, le Messie est affermi prince sur toute la terre. Versets 8-9, le Père dit:

Demande-moi, et je te donnerai certainement les nations en héritage, et les extrémités de la terre seront ta possession. Tu règneras sur eux avec une verge de fer.

Le mot traduit par 'régner' est le même mot que celui utilisé pour parler d'un berger. Le mot 'verge' se réfère à un berger, mais au lieu d'avoir un bâton en bois, il aura une verge de fer, ce qui indique la sévérité du jugement.

La sixième prédiction avertit les princes de la terre de se soumettre au Messie avant que le jugement ne tombe sur eux. C'est ce que nous pouvons lire aux versets 10-12.

Et maintenant, rois, conduisez-vous avec sagesse; Juges de la terre, recevez instruction; adorez l'Eternel [ou servez l'Eternel] avec révérence [ou avec crainte], et réjouissez-vous avec tremblement. Rendez hommage au Fils [ou baisez le Fils, soyez réconciliés avec le Fils], de peur qu'il ne s'irrite et que vous ne périssiez dans votre voie. Car sa colère est prompte à s'enflammer...

En ce qui me concerne, je prends ce passage comme un message pour les dirigeants de la terre aujourd'hui. Vous n'avez plus beaucoup de temps pour faire la paix avec le Fils.

Remarquez la combinaison de deux choses dans Psaume 2:11. Adorez le Seigneur avec révérence, réjouissez-vous avec tremblement. Je pense toujours que c'est le bon équilibre. Vous vous réjouissez, mais vous tremblez également. Ce n'est pas un simple tremblement, c'est une peur servile. Ce n'est pas seulement de la réjouissance, c'est de la présomption. Mais, c'est de la réjouissance avec tremblement.

Et enfin, la septième prédiction de Psaume 2, la dernière ligne:

Heureux tous ceux qui se confient en lui!

Ou qui lui font confiance. Il y a donc une promesse de bénédictions pour tous ceux qui font confiance au Messie.

Laissez-moi reprendre rapidement ces sept prédictions. Vous avez remarqué à nouveau le nombre sept. Voici donc les choses prédites. 1) rejet du Messie par les dirigeants de la terre. 2) la colère du Seigneur envers ces dirigeants. 3) le Messie est oint en tant que roi sur Sion. 4) le Seigneur reconnaît le Messie comme son Fils par la résurrection. 5) le Messie est affermi pour régner sur la terre entière. 6) un avertissement pour les dirigeants de la terre de se soumettre au Messie avant que le jugement ne tombe sur eux. Et 7) une promesse de bénédictions pour tous ceux qui placent leur confiance dans le Messie.

Je veux croire que vous êtes tous bénis. C'est l'une des voies afin de se qualifier pour être béni.

Nous allons maintenant reprendre Hébreux 1:5, la seconde partie du verset, la deuxième citation de l'Ancien Testament.

Je serai pour lui comme un Père, et il sera pour moi comme un Fils.

Remarquez l'accent mis sur cette double relation Père/Fils. Cette citation est prise de 2 Samuel 7, nous allons prendre ce passage. 2 Samuel 7, nous commencerons à lire au verset 12. C'est un message pour le roi David, qui lui est envoyé du Seigneur par le prophète Nathan. C'est un message prophétique.

Quand tes jours seront accomplis et que tu seras couché avec tes pères, j'élèverai ton descendant [littéralement ta semence] *après toi, celui qui sera sorti de toi, et j'établirai son royaume. Il bâtira une maison pour mon nom, et j'établirai pour toujours le trône de son royaume. Je serai un père pour lui et il sera un fils pour moi...*

N'allons pas plus loin. Cette prophétie s'est en partie réalisée à travers Salomon mais pas entièrement. Regardons au verset 13. *"Il bâtira une maison pour moi"*. C'est ce qu'a fait Salomon. Par contre, *"J'établirai pour toujours le trône de son royaume"*, ça ne s'est pas accompli avec Salomon. C'est un des nombreux exemples dans la Bible où un être humain apparaît comme une préfiguration de Jésus – mais une préfiguration incomplète. Vous obtenez donc une certaine vérité, mais elle n'est pas totalement accomplie, il faut attendre Jésus pour la réalisation finale. C'est une manière très fréquente de présenter une vérité prophétique dans l'Ancien Testament.

Mais revenons maintenant à Hébreux 1, la seconde partie du verset 5, l'auteur dit Dieu n'a jamais dit aux anges: *"Je serai ton Père, tu seras mon Fils"*. C'est donc sa deuxième occasion de montrer combien Jésus est incommensurablement supérieur aux anges.

La suivante risque de vous ennuyer. C'est au verset 6, je la lirai d'abord et ensuite nous verrons pourquoi c'est ennuyeux. Hébreux 1:6.

Et lorsqu'il introduit de nouveau dans le monde le premier-né, il dit...

Il fait référence au retour de Jésus. Non pas à sa première venue, mais lorsqu'il revient à nouveau dans le monde. Il dit:

... que tous les anges de Dieu l'adorent.

Où est-ce qu'il en est question de cela? La réponse est dans Deutéronome 32:43. Mais avant de prendre ce passage, laissez-moi vous avertir, vous ne trouverez pas ce texte! Nous allons prendre Deutéronome 32:43 tel que nous l'avons.

Réjouissez-vous, nations, avec son peuple; car il vengera le sang de ses serviteurs, et se vengera de ses adversaires, et expiera son pays et son peuple.

Maintenant, il n'est nullement question d'anges qui l'adorent. Quelle en est l'explication? L'explication est que l'auteur d'Hébreux fait une citation, et ce n'est pas à partir du texte hébreu qu'il cite habituellement, mais à partir du texte grec. Combien d'entre vous savent qu'il existe une traduction grecque appelée Septante? Ainsi appelée parce qu'en théorie, elle a été traduite par 70 personnes, lesquelles sont toutes arrivées à la même traduction. C'est un mythe, je ne crois pas en cette théorie. Mais c'est ce que dit la légende. Il y avait peut-être 70 personnes, mais elles ne sont pas toutes arrivées chacune de leur côté à la même traduction.

Cette traduction a été faite en Egypte, entre le 2ième et le 1^{ière} siècle avant J.C. Elle était habituellement utilisée dans la plus grande partie du monde ancien où les gens ne connaissaient pas l'hébreu, tout comme vous qui lisez habituellement une traduction anglaise pour la simple raison que vous ne pouvez lire la version originale en hébreu. Mais, le texte que les traducteurs de la Septante ont utilisé n'était pas identique au texte hébreu standard d'aujourd'hui. Le texte hébreu actuel standard est appelé le texte Masoretic. Ce qui signifie celui qui a été donné de main en main par tradition. Et je pense qu'aux environs du 9ième siècle de l'ère chrétienne, ou au 8ième siècle, il a été normalisé par les rabbis. Et il n'a jamais été modifié depuis. Ils ont ainsi sorti ce que vous pourriez appeler leur version autorisée.

Cependant, il est assez intéressant de noter que d'autres textes hébreux ont émergé depuis, lesquels sont à certains égards davantage en accord avec la Septante qu'avec le texte hébreu Masoretic. Tout d'abord les Rouleaux de la Mer Morte dont personne n'avait connaissance jusqu'en 1947. Mais comme vous le savez probablement, il y a dans les Rouleaux de la Mer Morte tout un texte entier d'Esaïe en grande partie en accord avec le texte hébreu que nous possédons, avec seulement quelques différences. Dans d'autres parties, en particulier dans Jérémie, dans 1 et 2 Samuel, et quelques autres parties encore, il y a un certain nombre de passages dans ces textes alternatifs qui ne sont pas inclus dans le texte Masoretic, d'où nous détenons la base de notre traduction.

Si vous utilisez la *Bible Jérusalem*, il est fait assez fréquemment référence aux Rouleaux de la Mer Morte et à d'autres versions.

La traduction Septante, dont j'ai un exemplaire, donne une version beaucoup plus longue pour ce verset que celle que nous avons ici. J'ai noté la partie supplémentaire grecque et je vais vous la lire. *"Réjouissez-vous, O cieux, avec lui, et que tous les fils de Dieu l'adorent. Réjouissez-vous, O nations, avec son peuple, et que tous les anges de Dieu lui donnent de la force [ou gloire]"*. Donc, si vous prenez ce texte et que vous mettiez chaque pièce ensemble, vous obtenez la déclaration citée ici "que tous les anges de Dieu l'adorent". J'espère que vous n'êtes pas perdus. Je ne suis pas responsable de la situation, j'essaie juste de la décrire!

Presque toutes les citations notées dans Hébreux sont tirées de la Septante, et non du texte Masoretic. Ce qui, en un sens, était naturel pour quelqu'un écrivant en grec. C'est comme si vous écriviez une lettre à quelqu'un et que vous expliquiez votre compréhension du salut, vous prendriez des textes de la Bible française, non pas de la Bible en hébreu. C'est en quelque sorte la même chose.

Je dirai que globalement la version Septante n'est pas une très bonne traduction. C'est mon opinion personnelle.

Revenons à Hébreux 1:6 et acceptons cette citation comme faisant partie de l'Ecriture, *"que tous les anges de Dieu l'adorent"*. Nous remarquons que c'est quelque chose qui doit se produire lorsque Dieu introduira le premier-né [c'est-à-dire Jésus] dans le monde à la fin de ce siècle. Il est ordonné aux anges de l'adorer. Il est clairement prouvé qu'il est supérieur aux anges parce que les anges l'adorent. Dans les Ecritures, personne d'autre que Dieu ne peut être adoré. Ce qui établit donc sa divinité et sa suprématie au-dessus des anges.

Je n'ai pas l'intention de passer plus de temps là-dessus, j'espère que nous en avons terminé avec ce passage plutôt ennuyeux.

Nous en sommes maintenant au verset 7.

Mais aux anges, il dit, Qui fait ses anges esprits, et ses ministres une flamme de feu.

Ce passage est tiré de Psaume 104:4. C'est un passage introductif du psaume décrivant la gloire et la majesté de Dieu. Il est dit au verset 4:

Il fait des vents ses messagers, Des flammes de feu ses serviteurs.

C'est la traduction que j'ai ici. Je ne l'aime pas vraiment. Je dois vous dire que je pense que la bonne vieille version Darby est meilleure, elle dit:

Il fait ses anges des esprits, et ses serviteurs des flammes de feu. (Darby)

En tous les cas, ce qu'il dit c'est que les anges sont des serviteurs. D'accord? Je suis certain d'avoir laissé une question sans réponse dans les esprits de certains d'entre vous. Le mot 'vent' en hébreu est *ruach*, et c'est le même mot que pour esprit. A vous donc de déterminer de quelle façon il faut le traduire. En ce qui me concerne, je pense qu'il est bien plus intelligent de le traduire par "fait ses anges esprits" que par "les vents ses messagers". "Des flammes de feu ses serviteurs". J'espère que vous comprenez que le point important est que les anges sont des serviteurs. Ce qui prouve donc qu'ils ne sont pas au même niveau que Jésus.

Continuons avec les versets 8-9. Il y a là encore un message important. Hébreux 1:8:

Au Fils [vous devez rajouter "il dit"], t*on trône, O Dieu, est d'éternité en éternité...*

Littéralement pour les siècles des siècles. Ou un siècle fait de siècles. C'est un concept fantastique, n'est-ce pas? Pas uniquement un siècle fait d'années, mais un siècle fait de siècles faits d'années.

Ton trône, O Dieu, est pour les siècles des siècles, et le sceptre de la justice est le sceptre de ton royaume. Tu as aimé la justice et haï l'anarchie; pour cette raison, O Dieu, ton Dieu t'a oint avec l'huile de réjouissance sur tes compagnons [ou collègues].

Je vais le dire à nouveau.

Ton trône, O Dieu...

Et remarquez que c'est à Dieu qu'on s'adresse.

... est d'éternité en éternité, et le sceptre de droiture est le sceptre de ton royaume. Tu as aimé la justice et haï l'anarchie [ils disent probablement iniquité]*; pour cette raison, O Dieu, ton Dieu t'a oint avec l'huile de réjouissance sur tes collègues.*

Ce que je veux vous faire remarquer c'est qu'il est question de deux personnes dans ces versets, toutes deux appelées Dieu. C'est l'Ancien Testament. Prenons Psaume 45:7-8. Je n'ai jamais essayé de le faire avant, c'est assez difficile. J'espère que vous me suivez. Si vous prenez le début du Psaume 45, vous verrez qu'il s'agit d'un thème de louange et d'adoration du roi.

Mon cœur déborde avec un bon thème; j'adresse mes versets au roi...

Il s'agit donc du Messie, le roi Messie, qui est le thème de ce psaume. Et nous n'allons pas prendre les autres versets, tant que nous n'avons pas pris ceux cités, c'est-à-dire versets 7-8.

Ton trône, O Dieu, est d'éternité en éternité; un sceptre de droiture est le sceptre de ton royaume. Tu as aimé la justice, et haï la méchanceté; c'est pourquoi Dieu, ton Dieu, t'a oint avec l'huile de joie sur tes collègues.

Certaines traductions françaises ne sont pas tout à fait d'accord avec la manière dont c'est traduit par l'auteur d'Hébreux. Par exemple la version Darby traduit le verset 8 du Psaume 45 par "… c'est pourquoi O Dieu, ton Dieu, t'a oint". Alors que cette traduction dit "… c'est pourquoi Dieu, ton Dieu, t'a oint". Mais cela ne fait aucune différence parce qu'au verset 7, la personne à qui l'on s'adresse est appelée "O Dieu". Vous me suivez? Donc quelque soit la manière dont vous le traduisez – et n'importe quelle traduction est parfaitement possible – vous parvenez à ce résultat: il s'agit de deux personnes, chacune des deux appelées dans l'Ancien Testament Dieu. Et le mot hébreu utilisé ici est *Elohim*, ce qui est le mot normal pour le seul vrai Dieu. Mais, comme je l'ai expliqué à ceux qui m'ont écouté auparavant, c'est une forme plurielle. *Im* est la fin plurielle. Vous avez donc vraiment tout le mystère de la trinité contenu dans ce seul mot *Elohim*. Mais voyez-vous, le roi qui est oint est appelé Dieu. Et c'est Dieu qui oint le roi. Donc quelle que soit la manière dont on y regarde, vous arrivez à quelque chose de très remarquable. Il y a deux personnes distinctes, chacune d'elles mentionnées comme étant Dieu. Et l'une d'elles est le roi qui va régner avec le sceptre de justice.

Ce passage accentue la divinité du Messie. Au début, c'est sa filiation qui avait été accentuée, mais maintenant, il est question de sa divinité. Et j'ai fait les remarques suivantes. Tout d'abord, la personne à qui l'on s'adresse est Dieu lui-même. En hébreu: *elohim*. Deuxièmement, il est roi et il a un royaume. Troisièmement, il est entièrement dévoué à la justice. Il aime la justice et il hait l'anarchie. Quatrièmement, c'est la raison pour laquelle Dieu l'oint comme Messie. Encore une fois, le Messie a mérité sa position. Elle ne lui a pas été accordée sur un coup de tête ou par favoritisme, il a été oint à cause de son dévouement total et absolu en la justice. Il a aimé la justice et haï l'anarchie. C'est pour cette raison que Dieu l'a oint ou l'a fait Messie. Et cinquièmement, il a des collègues [ou compagnons] qui sont également oints mais pas au même degré. Je pense que je vais vous laisser méditer là-dessus, l'Ancien Testament nous présente ici de façon vraiment très claire Jésus en tant que Messie et ses disciples.

Continuons avec Hébreux 1:10-12 maintenant. C'est la sixième Ecriture. J'espère que je ne vous embrouille pas trop. La sixième Ecriture, et elle est longue. Commençant au verset 10:

Et...

Autrement dit, voici une nouvelle citation.

Au commencement, O Seigneur, tu as fondé la terre, et les cieux sont les œuvres de tes mains; ils périront, mais tu resteras; et ils vieilliront tous comme un vêtement, et comme une cape [ou un manteau] tu les enrouleras; et comme un vêtement ils seront changés. Mais tu es le même, et tes années ne finiront jamais...

"Ne finiront point". Ce qui signifie vraiment ne jamais s'épuiser. C'est donc le passage suivant, tiré de Psaume 102:25-27. Je vais vous avouer que pendant de nombreuses années, j'ai eu du mal à comprendre comment l'auteur d'Hébreux avait pu inclure ce passage ici. Prenons le Psaume 102:25-27.

Tu as anciennement fondé la terre, Et les cieux sont l'ouvrage de tes mains. Ils périront, mais tu subsisteras; Ils s'useront tous comme un vêtement; Tu les changeras comme un habit, et ils seront changés. Mais toi, tu restes le même, Et tes années ne finiront point.

Maintenant le "tu" s'adresse apparemment à Dieu le créateur. Peut-être vous n'avez aucun problème avec cela et je ne veux pas que vous commenciez à en avoir un. Mon problème était de savoir en quoi est-ce que ce passage fait référence au Messie? Excepté pour la raison que le Nouveau Testament enseigne que toutes choses ont été créées par lui. Mais ce n'est pas un argument pour les gens qui ne connaissent que l'Ancien Testament. Cela ne marchera donc pas. Vous voyez ce que je veux dire? J'ai donc passé beaucoup de temps à étudier ce psaume et je suis arrivé à une conclusion. Si vous reprenez le début du psaume, le psalmiste est dans le désarroi et en profonde dépression. Tout est allé de travers et il dit au verset 7 de façon plutôt pathétique:

Je ressemble au pélican de l'étendue sauvage; je suis devenu comme un hibou des lieux incultes. Je suis devenu comme un oiseau solitaire sur un toit de maison.

Puis il continue en parlant de ses ennemies et il dit au verset 12:

Je me fane comme l'herbe.

Puis il se tourne vers le Seigneur et le ton change. Il lève les yeux vers le Seigneur et par la foi dit au verset 13:

Mais toi, O Seigneur, tu demeures éternellement; et ton nom pour toutes les générations. Tu surgiras et auras compassion sur Sion; car c'est le moment d'être bienveillant envers elle, car le moment convenu est arrivé. Certainement tes serviteurs trouvent plaisir dans leurs pierres, et ont pitié de sa poussière. Alors les nations craindront le nom de l'Eternel, et tous les rois de la terre ta gloire.

Dieu va intervenir à travers le Messie pour le compte de Sion d'une façon qui donnera gloire à son nom et toutes les nations le verront. C'est cela le thème.

Maintenant verset 17,

Car l'Eternel construira Sion, il apparaîtra dans sa gloire.

L'un des grands indicateurs montrant que l'Eternel se prépare à apparaître dans sa gloire est qu'il est en train de construire Sion.

Donc ici, il est question du Seigneur, le Messie, construisant Sion et apparaissant dans sa gloire. Il ne peut s'agir de Dieu le Père. Vous suivez mon raisonnement? Donc, c'est une fois arrivé à cette conclusion que je peux comprendre maintenant pourquoi l'auteur d'Hébreux dit que ce passage s'adressait au Messie.

Dans le passé tu as fondé la terre; et les cieux sont l'œuvre de tes mains.

Ce n'est pas à Dieu le Père qu'il s'adresse, c'est au Seigneur qui apparaîtra après avoir construit Sion. Vous me suivez? Si ce passage ne vous a jamais posé de problème, vous n'apprécierez probablement pas l'explication. Mais vous pouvez méditer là-dessus. Ça a été un réel problème pour moi, parce que je pouvais voir l'application exacte de tous les autres passages cités mais celui-ci me posait problème.

Nous continuons avec Hébreux 1:13, c'est-à-dire la septième citation de l'Ancien Testament. Remarquez que nous avons encore le chiffre sept. Je n'ai rien fait pour le faire apparaître, c'est simplement venu comme ça.

Mais auquel des anges a-t-il jamais dit, Assieds-toi à ma droite, jusqu'à ce que je fasse de tes ennemies un repose-pied pour tes pieds?

Ce passage est tiré du Psaume 110. Prenons un moment le psaume 110. Verset 1:

Parole de l'Eternel à mon Seigneur: Assieds-toi à ma droite, Jusqu'à ce que je fasse de tes ennemis ton marchepied.

L'Eternel est Dieu qui est "mon Seigneur". Mais plutôt que d'essayer d'expliquer cela moi-même, j'utiliserai les mots de Jésus. Ce passage est cité dans les trois évangiles synoptiques: Matthieu, Marc et Luc. Il est également mentionné par l'apôtre Pierre au jour de la Pentecôte dans Actes 2:34-35. Prenons uniquement Matthieu 22 car Jésus lui-même fait face aux Pharisiens concernant l'interprétation de ce passage. Matthieu 22, commençant au verset 41:

Maintenant comme les pharisiens étaient rassemblés, Jésus leur posa une question, disant, Que pensez-vous du Christ...

Le Messie. Si vous voulez comprendre ce qui est vraiment insinué ici, vous devez employer le mot Messie ici.

... que pensez-vous du Messie, de qui est-il le fils? Ils lui dirent, Le fils de David...

En ce temps là, c'est ce que tout le monde croyait. Ce qui est correct, bien sûr.

Et Jésus leur dit: Comment donc David, animé par l'Esprit, l'appelle-t-il Seigneur, lorsqu'il dit: Le Seigneur a dit à mon Seigneur: Assieds-toi à ma droite, Jusqu'à ce que je fasse de tes ennemis ton marchepied?

Voyez-vous tout le monde était d'accord sur le fait qu'il s'agissait d'une image du Messie, mais ce que les Pharisiens n'avaient jamais perçus, c'est que bien qu'étant le fils de David, David parlait de lui comme de mon Seigneur. Comment est-ce possible? C'est la question.

Verset 45, Jésus continue de les interroger.

Si donc David l'appelle Seigneur, comment est-il son fils?

Il ne dit pas qu'il n'est pas son fils, mais il dit de quelle sorte de fils est-il pour que son père l'appelle "mon Seigneur". Et personne ne donne de réponse.

Nul ne put lui répondre un mot. Et, depuis ce jour, personne n'osa plus lui proposer des questions.

Ce passage, Psaume 110:1, apparaît de manière assez intéressante dans trois évangiles synoptiques, ce qui fait trois fois; une fois dans Actes, ce qui fait quatre fois; ici dans Hébreux 1, ce qui fait cinq fois; et je pense deux fois encore dans Hébreux. C'est donc presque certainement le verset de l'Ancien Testament le plus cité dans le Nouveau – ce qui est intéressant.

Nous nous en sortons bien, je ne croyais pas possible d'en venir à la fin de ce chapitre 1, il reste un dernier verset. Verset 14 du chapitre 1. Le verset 13 disait: "… auquel de ces anges a-t-il jamais dit, Assieds-toi à ma droite?" Et puis au verset 14, il est écrit:

Ne sont-ils pas tous des esprits au service de Dieu, envoyés pour exercer un ministère en faveur de ceux qui doivent hériter du salut?

Encore une fois ce passage fait ressortir le contraste. Les anges sont des serviteurs, le Messie est le Fils de Dieu. Il est le roi, il est Dieu lui-même. Vous voyez, ces passages cités ici font ressortir qu'il est le roi, le Messie, le Fils de Dieu et Dieu. Ces affirmations ne sont vraies pour aucun des anges.

Félicitations à vous tous, nous avons terminé le premier chapitre!

Le dernier mot de Dieu

Troisième message

Hébreux 2:1-18

Lors de notre précédente étude, nous avons parcouru Hébreux 1. Il ne m'est pas possible de vous récapituler tous les détails, mais laissez-moi simplement vous rappeler brièvement que ce chapitre commence avec sept présentations du Seigneur Jésus-Christ dans sa nature éternelle, divine et dans son œuvre rédemptrice. En outre, le thème principal du reste du chapitre est d'établir, à partir des Ecritures de l'Ancien Testament, l'unicité et la suprématie absolues de Jésus sur tous les êtres créés et, plus particulièrement dans ces versets, sur tous les anges. Il y a sept citations successives tirées de l'Ancien Testament, qui montrent toutes d'une manière ou d'une autre la suprématie de Jésus sur les anges.

J'ai dit dans l'introduction que l'un des problèmes des personnes à qui cette épître était adressée était qu'elles perdaient leur vision de Jésus. Leur chrétienté courrait le danger de devenir une simple religion et non plus une foi vivante, et elles perdaient leur véritable perception de Jésus. Un certain nombre de passages dans cette épître ont pour but d'insister de diverses façons sur l'unicité et la suprématie absolues de Jésus.

J'ai également fait remarquer que nous sommes confrontés à ce même genre de problème dans l'Eglise d'aujourd'hui. J'ose dire qu'il y a des millions de personnes fréquentant une l'église qui n'ont jamais eu de réelle révélation de Jésus. Ma propre femme qui est ici ce soir a été élevée – je mentionnerai deux dénominations, non pas pour critiquer – tout d'abord dans une église luthérienne et ensuite dans une église méthodiste. Mais elle a atteint puis passé l'adolescence sans avoir jamais eu de révélation personnelle de Jésus. Elle avait en quelque sorte l'impression que Jésus et Martin Luther étaient plus ou moins sur le même niveau.

Je ne dis pas cela pour critiquer quelque dénomination que ce soit, mais il existe aujourd'hui des millions de chrétiens qui considèrent en quelque sorte Jésus comme un excellent enseignant, un homme exceptionnel. Ils parleront de Jésus et Socrate, ou de Jésus et Bouddha, ou de Jésus et Mahatma Gandhi, ou de Jésus et quelque autre gourou ayant dernièrement émergé. Toutes sortes d'affirmations de ce genre montrent que de telles personnes n'ont vraiment pas compris qui Jésus est véritablement.

Et je dirais que dans un certain sens, il n'existe pas de message plus important dans cette épître que cette révélation de Jésus. Si vous saisissez vraiment cette révélation de Jésus, vous ne pourrez plus jamais vous trouver englués dans quelque culte que ce soit, cette vérité en éliminerait toute éventualité.

Nous allons maintenant continuer avec le chapitre 2 et je vais procéder de la même manière que précédemment. C'est-à-dire que je traduirai au fur et à mesure que je lirai le texte grec, tout en comparant lorsque c'est nécessaire avec notre traduction. Nous commençons donc maintenant avec Hébreux 2 par ce que j'appelle le passage sur l'avertissement solennel. Dans l'introduction, j'avais fait remarquer parmi d'autres points qu'il y a dans cette épître cinq passages successifs d'avertissement solennel contre les terribles dangers spirituels auxquels sont confrontés les chrétiens. Je ne connais aucune autre partie du Nouveau Testament – ou même de la Bible entière – qui contienne des avertissements solennels aussi récurrents. Et j'ai confiance que d'une manière ou d'une autre, le Saint-Esprit rendra chacun de ces avertissements très authentiques et très personnels pour chacun d'entre nous, moi y compris. J'ai confiance que personne ici n'aura cette attitude de dire "ceci ne me concerne pas et ne pourrait vraiment pas me concerner". Si c'est ce que vous pensez, alors c'est que vous êtes vraiment en danger. Voici donc le premier avertissement au chapitre 2, versets 1-4.

Pour cette raison nous devrions donner la plus sérieuse attention aux choses que nous avons entendues, de peur de nous égarer...

Il existe de nombreuses manières de traduire ce mot "s'égarer". C'est le mot qui est suivi par le plus grand nombre de traducteurs et de dictionnaires. Vous remarquerez que s'égarer peut se produire graduellement et imperceptiblement, non pas à cause d'une chose qu'une personne fait mais plutôt à cause d'une chose qu'une personne ne fait pas. Et plus loin au chapitre 6 de cette épître, l'auteur fait référence à une ancre de l'âme. Je pense qu'il pourrait être utile de rassembler ces deux concepts. Il y a un danger de s'égarer. Cette analogie fait d'abord penser à un bateau. L'un des grands remèdes face à ce danger, c'est d'utiliser l'ancre fournie par Dieu pour nous maintenir en sécurité.

Ce premier avertissement met tout d'abord en garde contre le fait d'ignorer ou de négliger le message de Dieu en Jésus. Ce n'est pas contre le fait d'être ouvertement méchant ou rebelle, mais plutôt contre le fait de ne pas être suffisamment attentifs à ce que Dieu dit. Plus le message est important, plus le fait de l'ignorer rend coupable. Et à ce propos, l'auteur fait remarquer que même ceux qui ignoraient le message donné par l'intermédiaire de Moïse étaient punis de mort. Tout ceci implique que si nous négligeons ce message beaucoup plus sérieux et important, nous ne pouvons espérer en réchapper avec une punition moins importante.

Aux versets 3-4, l'auteur continue en donnant trois raisons pour lesquelles le message est si important et si urgent. Je vais traduire ces versets et ensuite nous regarderons brièvement l'essence de ce qui est dit.

Car si le mot prononcé par les anges était ferme, et si toute transgression et désobéissance recevaient une juste récompense de châtiment.

Permettez-moi de m'arrêter ici pour vous faire remarquer que le mot que j'ai traduit par "désobéissance" signifie littéralement "mal entendre". Je pense que c'est important. Je suis certain que ceux d'entre vous qui sont, de par leur travail, habilités à surveiller les autres, qu'il s'agisse d'une surveillance spirituelle ou d'une surveillance dans les affaires ou lors d'une opération de fabrication, je suis certain que si vous y réfléchissez, vous réaliserez que le plus grand problème que vous rencontrez est que vous donnez des instructions aux gens, mais qu'ils n'entendent pas vraiment ce que vous dîtes. En conséquence de quoi, ils ne font pas ce que vous leur avez demandé. Je pense que c'est ce dont l'auteur parle ici. Dieu dit quelque chose, mais nous n'écoutons pas vraiment ce qu'il dit. En conséquence de quoi, nous le ne faisons pas.

Certains textes de l'Ancien Testament insinuent qu'entendre la voix du Seigneur implique l'obéissance. Par exemple, dans Deutéronome 28, que nous n'avons pas besoin de prendre, il est dit "si vous prêtez l'oreille avec diligence à la voix du Seigneur votre Dieu". Mais les traductions modernes donnent plutôt "si vous obéissez au Seigneur votre Dieu". Le fait de prêter l'oreille ou d'écouter implique donc l'obéissance. Et vous retrouvez cette implication dans de nombreuses langues, par exemple dans la langue Swahilie utilisée en Afrique Orientale, une personne répondrait peut-être à une autre qui la reprend pour avoir désobéi "Je ne t'ai pas entendu, bwana". Ce qui signifie, "Je n'ai pas fait ce que tu m'as demandé".

Ma conclusion sur l'étude de ce thème présent dans toute la Bible est qu'au bout du compte, notre destinée est établie d'après notre propension à bien écouter. Si nous n'apprenons pas à écouter Dieu, nous ne parviendrons pas à lui obéir. Laissez-moi donc reprendre ce passage et vous donner la signification littérale.

Car si le mot prononcé par les anges est devenu ferme, et si toute transgression...

Ce qui signifie franchir une ligne connue. Dieu établit une ligne et si vous la franchissez, c'est une transgression. Le mot transgression a une racine latine qui signifie enjamber quelque chose. Une transgression est donc un acte délibéré allant à l'encontre d'un commandement ou d'une règle connu.

Cependant l'autre mot traduit par désobéissance signifie vraiment littéralement mal entendre. Vous n'entendez pas. Alors, vous essayer de vous justifier en disant "Dieu, je ne t'ai pas compris". Mais je crois que si vous pouviez entendre la réponse de Dieu, elle serait "c'est ton problème". Tu n'as pas appris à écouter.

... si toute transgression et mauvais entendement [ou désobéissance] recevaient une récompense de châtiment juste et adaptée.

Laissez-moi vous faire remarquer que la justice implique deux choses très peu comprises dans notre société contemporaine. La justice réclame une récompense pour le juste. Et lorsque nous sommes justes, nous sommes certainement tous disposés à réclamer nos récompenses. Mais de la même manière, la justice réclame la punition pour le méchant. Voilà quelque chose que nous mettons sous silence dans notre société contemporaine. En fait, la majeure partie de la prétendue justice criminelle aujourd'hui consiste à mieux traiter le criminel que la victime. C'est une très mauvaise application de la véritable justice. Vous laissez vos clés dans votre voiture, quelqu'un vole votre voiture et les autorités sont plus sévères envers vous qui avez laissé vos clés dans la voiture qu'envers la personne qui a volé la voiture. C'est ridicule. Mais c'est en quelque sorte l'attitude que nous rencontrons aujourd'hui.

Bien, nous continuons avec le verset 3 du chapitre 2 qui commence avec un 'comment'. Sur la base de ce qui a été dit précédemment, 'comment'.

Comment échapperons-nous si nous avons négligé un si grand salut?

Nous voyons à présent pourquoi ce salut est si grand. Trois raisons nous sont données, permettez-moi de vous les traduire et vous les expliquer.

Ce qui à son origine [ou lorsqu'il reçut son commencement] *était annoncé par le Seigneur...*

J'aime rajouter "lui-même". Le message vînt en premier lieu par l'intermédiaire du Seigneur. Non pas par les anges ni par un serviteur humain, mais par le Seigneur.

... et nous a été confirmé par ceux qui l'ont entendu...

Ce n'est pas un témoignage de troisième main que nous avons, mais un témoignage de première main.

... Dieu les appuyant aussi témoins, avec des signes et des merveilles et divers miracles et divisions du Saint-Esprit selon sa propre volonté.

En fait, l'expression "divisions du Saint-Esprit" n'est pas correcte en français et je crois que les traductions disent plutôt "dons partagés selon la volonté de Dieu". Je vous donne simplement la signification littérale d'origine.

Nous voyons maintenant les trois raisons pour lesquelles ce message est exclusivement important. Tout d'abord, parce qu'il a été premièrement annoncé par le Seigneur lui-même. Deuxièmement, parce qu'il a été confirmé par des témoins contemporains qui l'entendirent personnellement. Troisièmement, parce qu'il a été et est surnaturellement attesté par Dieu par l'intermédiaire du Saint-Esprit.

Ce sont donc les trois raisons qui placent ce message de Dieu à un niveau plus élevé que tout autre message. Premièrement, annoncé par le Seigneur. Deuxièmement, confirmé par les personnes qui étaient des témoins contemporains présents lorsqu'il a été annoncé et réalisé. Et troisièmement, Dieu lui-même témoigne surnaturellement de sa vérité et de son importance.

Nous continuons maintenant avec le verset 5 du chapitre 2.

Car ce ne sont pas aux anges qu'il [c'est-à-dire Dieu] *a assujetti le monde à venir, concernant celui dont nous parlons.*

Le mot anges est placé en premier, et nous retrouvons à nouveau cet accent sur la suprématie de Jésus sur les anges. Ce n'est donc pas aux anges qu'il [Dieu] a assujetti l'ordre du monde. Ce mot est normalement utilisé pour le monde civilisé ou peuplé. Et je suppose qu'il a toujours la même signification, bien qu'il ne s'agisse pas de ce siècle, mais du siècle à venir. "Concernant celui dont nous parlons". Il vous faut noter que l'accent dans Hébreux porte sur en avant, en haut, dans le futur, dans un siècle nouveau. Et il ne s'agit pas d'une utopie comme les gens ont tendance à le dire, car pour nous ce siècle a déjà commencé. Nous trouvons plus loin l'expression "ceux qui ont goûté les puissances du siècle à venir". Et je crois que ce siècle est mis à notre disposition par l'intermédiaire du Saint-Esprit. Donc bien que nous parlions principalement d'un siècle futur, il ne s'agit pas complètement de futur pour nous, car nous avons déjà goûté à sa puissance.

Il est important de voir cependant que l'épître aux Hébreux est toujours portée vers l'avant. Ce qui nous ramène aux mots-clés tels que 'héritier', 'héritage', 'perfection' ou 'achèvement' ou 'maturité'. Vous ne pourrez vraiment comprendre Hébreux si vous ne voyez pas cette récurrence vers l'avant tout au long de l'épître.

Il vous faut également garder constamment à l'esprit que tout ceci implique un royaume céleste invisible que nous ne pouvons connaître que par révélation. L'esprit humain n'a pas d'autre moyen que la révélation pour accéder à cette connaissance. Il est donc important de ne laisser à aucun moment l'incrédulité nous voler la vérité ni notre esprit charnel interférer avec ce qui nous est donné par révélation. Vous verrez qu'il s'agit d'un des avertissements les plus sérieux de l'épître, l'avertissement contre l'incrédulité.

Nous en sommes maintenant aux versets 6 à 8, dans lesquels nous trouvons une nouvelle citation de l'Ancien Testament, Psaume 8. Nous avons chanté une partie de ce psaume ce soir dans le cantique tiré de Psaume 8. Je ne sais pas si le frère qui a conduit la louange avait regardé auparavant au chapitre 2, mais il a choisi deux chants vraiment très appropriés. Le premier était "Eternel, notre Seigneur, que ton nom est magnifique", tiré du verset d'introduction du Psaume 8. Mais le suivant était "Je vois le Seigneur". Nous verrons à la fin de ce chapitre la déclaration "mais nous voyons Jésus couronné avec gloire et honneur".

Regardons maintenant à cette citation du Psaume 8. Vous voudrez peut-être prendre Psaume 8, tout en gardant un doigt sur Hébreux. Certaines personnes se sont plaintes que lorsque j'enseigne la Bible, elles ont besoin de plus de doigts qu'elles n'en ont. Je n'y suis pour rien. Psaume 8:

Car quelqu'un a attesté quelque part disant...

Je pense que c'est plutôt chic de la part de l'auteur d'Hébreux d'indiquer ici qu'il ne peut se rappeler avec exactitude la référence, mais il sait que c'est quelque part! Donc si jamais vous vous trouvez un jour dans cette situation, sachez que d'autres s'y sont trouvés avant vous.

Quelqu'un a attesté quelque part...

Gardez à l'esprit que ces personnes n'avaient pas sur elles une Bible de poche partout où elles allaient! Elles devaient donc se fier davantage à leur mémoire que nous. Quelqu'un a attesté quelque part. Le *quelqu'un* était David et le *quelque part* se trouvait dans Psaume 8. C'est la traduction en Hébreux. Comme je l'ai fait remarquer, l'auteur d'Hébreux ne prend généralement pas ses textes de l'Ancien Testament dans le texte d'origine hébreu, mais dans la traduction grecque de l'hébreu d'origine, connue sous la version Septante. On y trouve parfois des différences significatives. Il ne m'est pas possible d'en donner toutes les raisons. En fait, je suis même certain de ne pas toutes les connaître, je le fais simplement remarquer.

Voici la citation de Psaume 8:5-7.

Qu'est l'homme, pour que tu t'en souviennes [ou ne l'oublie pas]*? Ou le fils de l'homme, pour que tu le visites?*

Certes, le mot "visiter" est du vieux français, mais c'est une meilleure traduction que n'importe quelle autre traduction moderne que j'ai pu trouver. Ce mot signifie regarder dans sa vie, le surveiller, savoir ce qu'il fait. Dieu nous surveille toujours consciencieusement. Si l'on devait prendre un mot moderne, je pense que ce serait surveiller, ou observer mais ce n'est évidemment pas le genre d'expression que vous voulez utiliser dans une traduction de la Bible. Ce n'est pas de mon devoir de vous donner une traduction, j'essaie juste de vous partager les pensées qui y sont contenues. Commençant au verset 7:

Tu l'as fait de peu inférieur aux anges...

Ou on peut très bien le traduire aussi par "tu l'as fait pour un peu de temps inférieur aux anges". A vous de choisir.

Tu l'as couronné avec gloire et honneur, tu as soumis toutes choses sous ses pieds.

Nous devrions maintenant prendre Psaume 8, je prends la version Segond. Il existe de nombreuses façons de traduire correctement le Psaume 8. Psaume 8, nous ne prendrons que les versets cités dans Hébreux. Verset 5:

Qu'est-ce que l'homme, pour que tu te souviennes de lui? Et le fils de l'homme, pour que tu prennes garde à lui? Tu l'as fait de peu inférieur à Dieu, et tu l'as couronné de gloire et de magnificence.

En fait, là où l'auteur d'Hébreux dit "tu l'as fait de peu inférieur aux anges", le traducteur de la version Segond dans Psaume 8 dit, "tu l'as fait de peu inférieur à Dieu".

Tout ceci vous déconcerte peut-être, mais il y a là une bonne raison à cela, pour peu que vous me permettiez de vous la donner. Le mot traduit ici de l'hébreu est *Elohim*. Combien d'entre vous ont entendu ce mot quelque part auparavant? *Elohim* est une forme plurielle. C'est le mot de base en hébreu pour dire le seul vrai Dieu. Il apparaît en Genèse 1, "au commencement Dieu créa les cieux et la terre...". Et à cet endroit précis dans Genèse 1:1, nous avons un paradoxe avec *Elohim* au pluriel suivi du mot "créa" qui est singulier. Voici donc déjà un indice par rapport au mystère de Dieu qui contient à la fois unité et pluralité.

Dans l'Ancien Testament, le même mot *Elohim* est utilisé aussi bien pour les anges que pour les juges. Vous trouverez plusieurs passages où ce mot est traduit par juges et d'autres où il est traduit par anges. La signification de racine de ce mot est 'pouvoir' et 'autorité'. Et les juges ont pouvoir et autorité, parce qu'ils sont les représentants de Dieu interprétant sa loi. D'une certaine manière, cela devrait nous donner un sentiment de respect envers le rôle d'un juge. Dans un certain sens, ça revient à prendre la place de Dieu. Et malheur à vous si vous prenez la place de Dieu sans y avoir été invité, selon ce que dit Jacques. Ne vous jugez pas les uns les autres, car le juge est à la porte." Lorsqu'il entre dans la salle d'audience, que l'on ne vous trouve pas assis sur sa chaise, parce que vous serez expulsés. Pourtant, un juge, s'il agit sur l'autorité divine, est en quelque sorte assis sur le siège de Dieu. C'est pourquoi le mot *Elohim* est parfois utilisé pour parler des juges humains.

Il est également utilisé pour parler des anges, parce qu'ils ont une puissance surnaturelle et qu'ils sont les messagers et les agents de l'autorité de Dieu. Il est donc légitime de trouver la traduction au verset 5 du Psaume 8, "tu l'as fait de peu inférieur à Dieu". Cependant, il paraît évident que l'auteur d'Hébreux ne l'a pas compris de cette façon. Et il dit anges. Plusieurs traductions disent 'anges'. Mon opinion personnelle est que le terme le plus proche de la signification, c'est 'les anges'. C'est certainement ce qui est dit dans Hébreux 2. Il n'y a pas de doute par rapport à la signification de ce mot. Le terme grec est '*aggelos'*, ce qui signifie tout d'abord un messager, et ensuite un ange, parce que les anges sont les messagers de Dieu.

Continuons avec Psaume 8:6, puis retournons à Hébreux 2. Prenons maintenant Psaume 8:7.

Tu lui as donné la domination sur les œuvres de tes mains, tu as tout mis sous ses pieds.

Nous n'avons pas besoin d'aller plus loin.

Revenons maintenant à Hébreux 2. Nous remarquons, tout d'abord, l'expression "Fils de l'homme", qui est en fait le titre que se donne souvent Jésus dans les Evangiles en parlant de lui-même. Je pense qu'il apparaît plus de quarante fois dans les Evangiles, comme le titre utilisé par Jésus pour parler de lui-même. Il s'ensuit trois étapes successives où Dieu passe un accord avec le Seigneur Jésus. Numéro un, il a été fait légèrement inférieur aux anges. Numéro deux, il a été couronné avec gloire et honneur. Et numéro trois, toutes choses ont été mises sous ses pieds.

Continuons à présent avec Hébreux 2:8-9 – je vais lire la version Segond pendant un moment sinon vous allez être perdus.
Tu as mis toutes choses sous ses pieds. En effet, en lui soumettant toutes choses, Dieu n'a rien laissé qui ne lui fût soumis. Cependant, nous ne voyons pas encore maintenant que toutes choses lui soient soumises. Mais celui qui a été abaissé pour un peu de temps au-dessous des anges, Jésus, nous le voyons couronné de gloire et d'honneur à cause de la mort qu'il a soufferte, afin que, par la grâce de Dieu, il souffrît la mort pour tous.

Dans ces versets donc, l'auteur d'Hébreux fait remarquer que les étapes une et deux ont déjà été accomplies. Jésus a déjà été abaissé au-dessous des anges et il a déjà été couronné après la mort et la résurrection avec gloire et honneur. Mais la troisième phase n'a pas encore été entièrement accomplie. Nous ne voyons pas encore toutes choses soumises sous ses pieds. Mais souvenez-vous que Dieu lui a dit, "assieds-toi à ma droite jusqu'à ce que je fasse de tes ennemis ton repose-pied".

Continuons maintenant avec le verset 10, et je vais lire à nouveau à partir du grec.

Car il était approprié pour lui, pour qui sont toutes choses, et par qui sont toutes choses...

Permettez-moi de m'arrêter un instant pour faire remarquer que dans le texte grec, il n'y a aucun verbe, ni 'est' ni 'sont'. C'est une chose qui n'est pas vraiment permise en grec, mais que l'on accepte en hébreu. L'hébreu n'a pas de verbe pour 'est' ou 'sont'. C'est implicite. Par exemple, "Je suis professeur d'hébreu" se dit "Je professeur". Le verbe 'suis' n'est pas rajouté. Il est professeur, est il professeur. Ceci indique que l'auteur a écrit en grec mais pensait en hébreu. Vous saisissez? Il existe de nombreux autres exemples similaires. Dans les écrits de Paul également. Ce qui veut dire que les auteurs de ces épîtres, tout en utilisant le grec, continuaient, lorsque vous touchez le fond de leurs pensées, à réfléchir en hébreu.

Car il était approprié pour lui, pour qui étaient toutes choses, et par qui étaient toutes choses, en amenant plusieurs fils à la gloire, de faire le capitaine de leur salut [le dirigeant, le commandant, notre traduction dit, 'l'auteur' ou 'Prince' de leur salut] *parfait à travers les souffrances.*

Je vous fais remarquer qu'apparaît ici pour la première fois l'un des mots de notre thème, il s'agit du mot "parfait, perfection, mature, maturité". Gardons à l'esprit que ce même mot a toutes ces significations. Et remarquez que ce mot est lié à la souffrance. Il a été rendu parfait par les souffrances. J'aimerais vous suggérer qu'il est impossible d'outrepasser la souffrance pour parvenir à la perfection où à la maturité. Quiconque essaie de vous persuader du contraire vous trompe. Je suis certain que notre esprit naturel souhaiterait qu'il en soit autrement, mais ce n'est pas le cas.

Bien, nous avons trois parties dans ce verset. Tout d'abord, celui pour qui étaient toutes choses, et par qui étaient toutes choses. C'est Dieu le Père. Deuxièmement, nous avons le capitaine, le commandant, l'auteur du salut qui est Jésus-Christ le Fils. Et ensuite, nous avons plusieurs fils. Ce sont les fils qui sont venus à Dieu le Père à travers le sacrifice de Jésus son fils.

J'aimerais maintenant vous montrer que le mot traduit ici par *auteur* ou *prince* est – laissez-moi vous le donner en grec, c'est *archegos*. La racine de ce mot signifie commencer ou gouverner ou autorité. Les deux ne sont en finalité pas éloignés puisque celui qui vient au commencement est celui qui gouverne et a autorité. Cependant, vous verrez combien il est difficile de trouver en français un mot pour le traduire. La version Nouvelle Bible Segond dit 'pionnier', ce qui n'est pas mal.

Quoiqu'il en soit, permettez-moi de vous montrer deux endroits dans le livre des Actes où ce mot est traduit de manière différente. Prenons un moment Actes 3:15. Pierre parle au peuple juif à Jérusalem et dit:

Vous avez fait mourir le prince de la vie.

C'est le même mot: le prince, l'auteur, le commandant.

Et dans Actes 5:31, je pense qu'il s'agit à nouveau de Pierre, lorsqu'il dit:

Dieu l'a élevé par sa droite comme Prince et Sauveur.

Le même mot.

J'ai eu alors le vif désir de rajouter cette expression plutôt mystérieuse "comparez avec le commandant des chars israéliens", commandant étant le mot correspondant. On dit à propos du commandant des chars israéliens qu'il ne dit pas à ses troupes, "Avance", mais, "Suis-moi". Il est le dirigeant, l'auteur et le capitaine. Je pense que c'est une magnifique image de Jésus. Il ne nous a pas dit, "Avance, vas-y et débrouilles-toi avec le diable". Il a dit, "Suis-moi. Je suis passé le premier, tu peux me suivre". Ce faisant, il est devenu un modèle pour nous.

Prenons également 1 Pierre 2:21. C'est l'un de ces versets que notre esprit naturel souhaiterait ne pas voir figurer dans la Bible.

Et c'est à cela que vous avez été appelés, parce que Christ aussi a souffert pour vous, vous laissant un exemple, afin que vous suiviez ses traces.
Suivre quoi? Et bien oui, la souffrance.

Cela fait partie de notre appel. Notre appel ne se résume pas uniquement à cela, mais si vous laissez ce point de côté, tôt ou tard, vous vous sentirez frustrés ou déçus parce que vous aurez commencé avec une fausse idée de ce qui est requis pour parvenir à la maturité ou à la perfection. C'est le chemin que Jésus a dû suivre, et c'est le chemin à suivre pour vous et moi.

Reprenons maintenant Hébreux 2:11:

Car celui qui sanctifie et ceux qui sont sanctifiés [ceux qui sont en train d'être sanctifiés] *sont tous issus d'un seul...*

Il est assez intéressant de noter qu'il n'y a pas de verbe "sont" ici. C'est la première fois que je le remarque. Voici à nouveau une forme hébraïque avec des mots grecs.

Car celui qui sanctifie [ou rend saint] *et ceux qui sont sanctifiés* [du présent continu] *sont tous issus d'un seul.*

Arrêtons-nous un instant et regardons les trois parties de ce verset. Celui qui sanctifie, c'est Jésus. Ceux qui sont sanctifiés, ce sont les autres fils, les nombreux fils. Celui en qui ils prennent tous leur source, c'est Dieu le Père. Vous avez donc trois parties. Dieu le Père, qui est à l'origine de tout. Jésus le Fils, qui sanctifie, le sanctificateur. Souvenez-vous que c'est un de ces titres tout comme sauveur ou guérisseur ou baptiseur, sanctificateur est un titre. Et les nombreux fils sont ceux en train d'être sanctifiés. Le but final de Dieu concerne les autres fils. Puisque le Père nous appelle fils, Jésus nous appelle frères. Jésus laisse toujours l'initiative au Père. Revenons à la fin du verset 11:

... pour cette raison, Il [Jésus] *n'a pas honte de nous appeler frères...*

Pourquoi n'a t'il pas honte? Parce que le Père n'a pas honte de nous appeler fils. C'est un très beau principe. Jésus n'a jamais pris l'initiative à la place du Père. Il ne nous a appelés frères qu'après que le Père nous ait appelés fils. Et une fois que le Père nous a appelés fils, il n'avait pas d'autre alternative que de nous appeler frères. Ce qui est vrai pour vous et moi. Si Dieu appelle quelqu'un son enfant, vous devez appeler cette personne un frère ou une sœur. Vous n'avez pas le choix. Vous pouvez penser que Dieu fait un choix étrange, mais vous ne pouvez pas aller à l'encontre de sa décision.

Etre sanctifié fait partie du processus de salut. Hébreux 10:14:

Car par une seule offrande, il a amené à la perfection pour toujours ceux qui sont sanctifiés.

Remarquez que l'offrande a lieu une fois pour toute, elle est parfaite, totale et n'a jamais besoin d'être répétée ou complétée. Mais le processus de sanctification est continu. Donc par une offrande il a rendu parfait ceux qui sont en train d'être sanctifiés. Nous devrions tous être concernés. Nous devrions tous être dans le processus de sanctification.

Je vais lire Hébreux 2:12 et 13 de la même manière que j'ai lu les autres passages et ensuite nous ferons quelques commentaires là-dessus. Il vous faut prendre vraiment à la fin du verset 12, "pour cette raison, il [Jésus] n'a pas honte de les appeler [les croyants] frères, disant...". Prenons maintenant les citations de l'Ancien Testament. La première citation est tirée du Psaume 22:23. Je le lirai tel qu'il est ici dans le texte grec, ensuite nous le prendrons dans l'Ancien Testament.

Je déclarerai ton nom à mes frères, au milieu de l'église je te chanterai des louanges.

Nous n'irons pas plus loin pour le moment.

Prenons maintenant Psaume 22:23.

Je publierai ton nom parmi mes frères, je te célèbrerai au milieu de l'assemblée.

Il nous faut maintenant trouver qui est le "Je" dont il est question ici. Le Psaume 22 est l'un des psaumes les plus largement acceptés comme un Psaume messianique. Autrement dit, c'est une prédiction du Messie. Et bien qu'il soit présenté à la première personne et que les mots aient été prononcés par David, ils ne s'accomplissent que dans le Messie, dans le Seigneur Jésus-Christ. Si nous regardons aux versets précédents, nous trouverons une image très vive de la crucifixion de Jésus. Peut-être plus vive que dans n'importe quel autre passage de l'Ancien Testament. Et plusieurs de ces versets sont en fait cités dans les passages du Nouveau Testament en rapport avec la crucifixion. Prenons pour commencer Psaume 22:2:

Mon Dieu! mon Dieu! pourquoi m'as-tu abandonné?

Ces mots sont en fait ceux que Jésus a prononcés sur la croix. Ils sont cités en araméen dans l'un des évangiles, "*Lama, lama sabachthani.*" Vous avez probablement déjà vu ces mots. Pourquoi, oh pourquoi m'as-tu abandonné.

Nous n'avons pas le temps de lire tous ces versets maintenant, mais au verset 9, les personnes qui regardent et secouent la tête disent – et je préfère la traduction marginale:

Il s'est consacré à l'Eternel, il le délivrera.

À nouveau, nous retrouvons ces mots dans les bouches des Pharisiens et des prêtres qui étaient présents au moment de la crucifixion. Verset 10:

Oui, tu m'as fait sortir du sein maternel, tu m'as mis en sûreté sur les mamelles de ma mère.

C'est l'un des divers passages où le Messie parle prophétiquement de sa naissance via une mère humaine, mais ne parle pas d'un père humain. Il existe un certain nombre de passages similaires.

Et ensuite une image de la crucifixion elle-même commençant au Psaume 22:12:

Ne t'éloigne pas de moi quand la détresse est proche, quand personne ne vient à mon secours. De nombreux taureaux sont autour de moi... [verset 14], *ils ouvrent contre moi leur gueule, semblables au lion qui déchire et rugit. Je suis comme de l'eau qui s'écoule, et tous les os se séparent...*

Nombreux sont ceux qui pensent que ces versets se sont littéralement accomplis lors de la crucifixion. Verset 16:

Ma force se dessèche comme l'argile, [et à la fin du verset] *tu me réduis à la poussière de la mort. Car des chiens m'environnent, une bande de scélérats rôdent autour de moi, ils ont percé mes mains et mes pieds.* [cité deux fois dans le Nouveau Testament. Et ensuite au verset 19] *Ils se partagent mes vêtements, ils tirent au sort ma tunique.*

Ce passage est également cité dans le Nouveau Testament en rapport avec la crucifixion. Je vous fais part de tout ceci pour vous montrer que le "Je" qui parle ici est celui qui a été crucifié et est ensuite ressuscité, tout ceci a été accompli par Jésus.

Reprenons à nouveau le verset 23 et voyons ce qui y est implicite. Il dit:

Je publierai ton nom parmi mes frères, je te célèbrerai au milieu de l'assemblée.

Reprenez maintenant Hébreux 2:12 et vous trouvez la version du Nouveau Testament:
J'annoncerai ton nom à mes frères, je te célèbrerai au milieu de l'assemblée.

Le mot traduit par assemblée est le mot grec *ekklesia*, normalement traduit par église. Je préfère donc donner ici la traduction "Au milieu de l'église, je te chanterai des louanges". Nous voyons donc que les frères en question sont les croyants qui viennent au Père par Jésus. L'église est constituée de ces frères et au milieu de ces frères, Jésus fait deux choses: il annonce le nom du Père et il chante des louanges au Père. C'est l'église dans sa totalité, l'église qui s'étend du ciel à la terre.

Il nous faut comprendre que Jésus est au milieu de l'église. Lorsque nous louons, il nous conduit dans notre louange au Père. Mais je pense que la phrase "J'annoncerai ton nom" est d'une certaine manière encore plus significative. C'est-à-dire le nom du Père "à mes frères".

J'aimerais simplement prendre deux ou trois passages dans le Nouveau Testament, dans l'évangile de Jean, qui insistent sur cette phrase, qui, je pense, n'est pas vraiment claire pour la plupart d'entre nous. A savoir que Jésus va annoncer le nom du Père à ses frères au milieu de l'église. J'aimerais vous soumettre une pensée qui m'est souvent venue à l'esprit ces deux dernières années, mais que je n'ai jamais totalement approfondie. Le nom du Père est la révélation ultime du Nouveau Testament. C'est vers cette révélation que nous nous dirigeons. J'imagine que le Saint-Esprit va insister avec puissance sur ce point dans les années à venir. Je crois que c'est là le point culminant de la révélation du Nouveau Testament, la révélation de Dieu le Père par son nom, qui est 'Père'.

Prenons ces trois passages dans l'évangile de Jean. Jean 14:6-9. Je ne reviendrai pas sur le contexte, je suis certain que ces passages vous sont familiers pour la plupart d'entre vous. Jean 14:6-9:

Jésus lui dit: Je suis le chemin, la vérité, et la vie. Nul ne vient au Père que par moi.

Nous disons souvent que Jésus est le chemin mais nous négligeons le fait qu'un chemin est inutile s'il ne mène à rien. Où conduit ce chemin? Jésus nous répond. Nul ne vient au Père que par moi. Je suis donc le chemin pour aller au Père.

Si vous me connaissiez, vous connaîtriez aussi mon Père. Et dès maintenant, vous le connaissez, et vous l'avez vu. Philippe lui dit: Seigneur, montre-nous le Père, et cela nous suffit.

Philippe dit, nous ne te comprenons pas et nous n'avons pas vu le Père. Nous ne le connaissons pas.

Jésus lui dit: Il y a si longtemps que je suis avec vous, et tu ne m'as pas connu, Philippe! Celui qui m'a vu a vu le Père; comment dis-tu: Montre-nous le Père?

Autrement dit, la révélation finale qui nous vient par Jésus, c'est la révélation du Père. Si nous avons véritablement vu Jésus, nous avons vu le Père. Dans un autre passage du Nouveau Testament, il nous est dit que "personne ne connaît le fils, si ce n'est le Père; personne non plus ne connaît le Père, si ce n'est le fils et celui à qui le fils veut le révéler". C'est l'une des raisons pour lesquelles Jésus est le dernier mot parce que seul le Fils peut nous apporter l'ultime révélation, c'est-à-dire le Père. Vous vous souvenez qu'au tout début de cette épître, Jésus nous a été présenté comme étant le Fils.

Si le fait que Dieu ait envoyé Jésus ne nous apporte pas la révélation du Père, c'est qu'en un certain sens, nous avons manqué le but suprême de Dieu.

Prenons maintenant Jean 17:6-9. Jésus est en train de prier le Père et dit:

J'ai fait connaître ton nom aux hommes que tu m'as donnés du milieu du monde. Ils étaient à toi, et tu me les as donnés; et ils ont gardé ta parole. Maintenant ils ont connu que tout ce que tu m'as donné vient de toi.

C'est ce que Jésus a toujours voulu qu'ils sachent. Je ne suis pas la source, je suis le chenal. Le Père est la source.

Car je leur ai donné les paroles que tu m'as données; et ils les ont reçues, et ils ont vraiment connu que je suis sorti de toi, et ils ont cru que tu m'as envoyé. C'est pour eux que je prie. Je ne prie pas pour le monde, mais pour ceux que tu m'as donnés, parce qu'ils sont à toi.

Tout l'accent et la portée de ces versets sont tournés vers le Père qui est la source et le but ultime. Tout est venu du Père, et tout est destiné à nous ramener au Père. Mais au verset 6, Jésus dit, "J'ai fait connaître ton nom aux hommes que tu m'as donnés".

Je suppose qu'il est possible que vous ne voyiez pas les choses de la même manière que moi. Je serais tenté de dire comme Bob Mumford, "Qu'y puis-je si j'ai raison!" Mais personnellement, je n'ai aucun doute sur le fait que le nom Jésus a manifesté est le nom sacré 'Père'. C'est l'ultime révélation.

Vous devriez peut-être garder un doigt sur Jean 17 parce que nous n'en avons pas encore terminé avec ce passage, ainsi qu'un autre doigt sur Hébreux 2 et prendre maintenant Ephésiens 3:14-15. Paul dit:

À cause de cela, je fléchis les genoux devant le Père, de qui toute famille dans les cieux et sur la terre tire son nom.

Vous devez savoir que le mot grec pour père est *pater*, le mot grec traduit ici par famille est *patria*, directement formé à partir du mot *pater*. Cette traduction dit, "Je fléchis les genoux devant le Père, de qui toute famille dans les cieux et sur la terre tire son nom". Dans la marge, il est écrit "la famille toute entière dans les cieux et sur la terre". Une autre version qui est plus proche de l'originale donne "toute parenté dans les cieux et sur la terre tire son nom". En fin de compte, une famille est une parenté puisque le père est l'initiateur et la source de vie d'une famille. Aucun mouvement de libération de la femme ne peut changer ce fait biologique. L'ultime source de la vie de la famille est le père. Et dans la terminologie du Nouveau Testament, une famille est nommée d'après un père.

Mais le Père ultime, de qui toute famille et toute parenté tire son nom est Dieu le Père. Voyez-vous, il y a une perpétuelle accentuation sur le nom Père.

Si vous lisez dans Jean 17, vous trouveriez, probablement à votre grande déception, que le mot "nom" est omis en plusieurs endroits. A la place de votre nom, il est simplement écrit, 'toi'. Vous vous trouverez peut-être indignés à cause de cela, et je pense que vous pouvez l'être. Mais j'aimerais vous faire remarquer qu'il y a une raison à cela. En hébreu, comme vous le savez peut-être, le peuple juif n'a pas prononcé depuis de très nombreux siècles le nom sacré que nous appelons par erreur Jehovah, ce qui était probablement quelque chose comme Yahweh. Normalement, un Juif religieux ne prononcera jamais ce mot, il est trop sacré pour être prononcé. Alors ils ont deux substituts assez courants. L'un est *adonai*, que nous traduirions en français par "l'Eternel", bien que, fait intéressant, ce soit une forme plurielle. Nous n'aborderons pas ce point. L'autre est '*hashem*', qui veut dire en hébreu "le nom". C'est probablement le terme le plus courant que les Juifs religieux utilisent pour faire référence à Dieu, "le nom".

Par exemple, lorsque le Consul Général israélien est venu ici il y a quelque temps, je lui ai cité Psaume 128, "l'Eternel te bénira de Sion". Mais ce n'est pas écrit "l'Eternel" en hébreu, il est écrit,*?eve-are-rech-ih-ha hashem mits Zion?*, ce qui veut dire "Que le nom te bénisse de Sion". Autrement dit, dans la pensée hébraïque, le nom est, en un sens, l'Eternel. Donc la révélation du nom est la révélation de l'Eternel. Autrement dit, le nom a beaucoup plus de signification que nous ne l'apprécions d'un point de vue non-hébreu.

Donc en parlant de révéler le nom 'Jésus', il ne parle pas simplement d'étymologie, mais de la nature et de l'identité la plus profonde de Dieu.

Prenons maintenant la fin de Jean 17, aux versets 25 et 26.

Père juste, le monde ne t'a point connu; mais moi je t'ai connu, et ceux-ci ont connu que tu m'as envoyé...

Remarquez que son but final est toujours qu'ils reconnaissent le Père comme étant la source.

Je leur ai fait connaître ton nom...

La suite est stupéfiante si vous pouvez le voir.

... et je le leur ferai connaître.

Autrement dit, la révélation n'est pas encore complète. Il leur reste encore des choses à apprendre sur le nom du Père. Et tout ceci est fait dans un but:

Afin que l'amour dont tu m'as aimé soit en eux, et que je sois en eux.

Autrement dit, il y a une dimension d'amour que nous ne pouvons expérimenter tant que nous ne sommes pas complètement entrés dans la révélation du Père, parce que l'amour du Père est l'amour ultime bien au-delà de tout autre amour.

Et en entrant dans la révélation de son nom, nous nous ouvrons à la pleine expérience de son amour. C'est le but du Seigneur Jésus pour son Eglise.

Revenons maintenant à Hébreux 2:12 et observons ce qui est implicite. Gardez à l'esprit que l'auteur d'Hébreux fait remarquer ici que l'image d'une relation père/famille se trouve dans l'Ancien Testament, mais n'est mise au grand jour que dans le Nouveau. Lisons à nouveau la citation:

Je proclamerai ton nom à mes frères; au milieu de l'église je te chanterai des louanges.

Je me demande si vous voyez les choses comme moi. Il veut dire, en d'autres termes, que la pleine révélation du nom du Père doit encore être donnée à l'église. À la fin de sa prière dans Jean 17, Jésus dit "Je leur ai fait connaître ton nom, et je le leur ferai connaître". J'en suis arrivé à croire que c'est l'ultime révélation sans laquelle nous ne pouvons être achevés, sans laquelle l'église ne peut être achevée, sans laquelle les objectifs de Dieu ne peuvent être achevés.

Reprenons Hébreux 2, nous avons vu le verset 12, nous allons maintenant prendre le verset 13, où se trouve une autre citation de l'Ancien Testament.

Et encore j'aurai eu confiance en lui.

Ce n'est pas du bon français, mais c'est ce qui est dit. Je me trouverai dans la situation d'avoir mis ma confiance en lui. C'est le futur antérieur. Qu'est-ce que cela signifie? Cela veut dire que j'ai mis ma confiance en lui, sans hésitation, sans changement d'avis, sans aucun doute. J'ai définitivement, une fois pour toute et pour toujours mis ma confiance en lui.

On retrouve en quelque sorte la même forme dans Matthieu 18:18, lorsque Jésus dit "Tout ce que vous lierez sur la terre sera lié dans le ciel". Il s'agit ici du futur avec un participe passé, si vous voulez les termes grammaticaux.

Autrement dit, lorsque ayant rempli les conditions, nous lions une chose sur la terre, à partir de ce moment, cette chose est également liée dans les cieux. C'est un fait très appuyé. C'est parfaitement établi. Voilà une décision parfaitement établie: "J'aurai mis ma confiance en lui". À partir de maintenant, il ne se trouvera aucune situation ou circonstance dans laquelle je n'aurai pas confiance dans le Seigneur. Voilà une bonne décision à prendre.

Remarquez que c'est Jésus qui l'a fait le premier. Toujours dans Hébreux 2:13:

Et encore, voici, moi et les enfants que Dieu m'a donnés.

Il nous faut retourner à la source qui se trouve en Esaïe 8. Pendant que vous cherchez Esaïe, permettez-moi de suggérer quelque chose à tous ceux qui, parmi vous, sont vraiment studieux et sérieux, c'est, si le cœur vous en dit, de lire toute l'épître et de compter toutes les citations prises dans l'Ancien Testament. C'est un travail assez conséquent et parfois les citations ne contiennent qu'un ou deux, voire trois mots. Je suppose qu'il y en a plus de cinquante. Ce serait intéressant. Si j'ai le temps, je le ferai moi-même, mais je ne suis pas certain d'avoir le temps maintenant. Mais pour ceux d'entre vous qui souhaiteraient exercer leur cerveau et, dans un sens, se plonger davantage dans le sujet, c'est un bon moyen de le faire.

Nous sommes maintenant à Esaïe 8, et nous commencerons au verset 16. *Enveloppe cet oracle, scelle cette révélation* [ou cet enseignement] *parmi mes disciples. J'espère en l'Eternel, qui cache sa face à la maison de Jacob; je place en lui ma confiance.*

Là où la traduction dit "je place en lui ma confiance", l'auteur d'Hébreux dit "Je mettrai ma confiance en lui". Tout d'abord, il nous faut remarquer que le temps utilisé en hébreu dans Esaïe 8:17 est le passé simple. 'J'ai eu espérance en lui'. C'est la première signification de ce mot, 'J'ai eu espérance en lui'. Mais si vous espérez en quelqu'un, c'est que vous avez mis votre confiance en lui. C'est écrit dans le passé simple parce que d'après la traduction grecque, c'est une décision ferme. C'est donc très intéressant. J'ai peur que ce soit légèrement difficile à partager, mais la version grecque dit "J'aurais mis ma confiance en lui", d'accord?

Dans la plupart des versions françaises d'Esaïe 8:17, vous y trouverez le mot 'confiance'. Esaïe 8:17:

Je m'attendrai à l'Eternel qui cache sa face à la maison de Jacob; je mettrai ma confiance en lui.

C'est juste pour faire remarquer qu'il existe différentes possibilités de traduire un mot et une phrase donnés. Quoiqu'il en soit, l'auteur d'Hébreux accentue la signification 'confiance'.

Poursuivons dans Esaïe 8:

Voici, moi et les enfants que l'Eternel m'a donnés, nous sommes des signes et des présages en Israël, de la part de l'Eternel des armées, qui habite sur la montagne de Sion.

Donc l'auteur d'Hébreux cite à la fois une partie du verset 17 d'Esaïe 8 et une partie du verset 18. Est-ce que vous me suivez? Je ne sais pas s'il est possible de suivre ce que je dis parce que c'est implicite, mais je ne connais pas d'autre moyen de le rendre simple. Il n'y a aucune garantie pour que tout soit simple dans la Bible. Vous le saviez?

Continuons notre commentaire d'Esaïe 8:17-18. Je pense, pour ma part, que ces versets représentent Jésus accompagné des autres enfants que le Père lui a donnés pour frères. Vous le voyez? "Moi et les enfants que tu m'as donnés". Donc lorsque Jésus pria dans Jean 17 "ceux que tu m'as donnés", son esprit était probablement dans Esaïe 8:18, vous voyez? Dieu le Père lui donna les enfants du Père pour être ses frères.

D'accord? Il dit donc "Moi et les enfants que tu m'as donnés", et ensuite il dit "nous sommes des signes et des présages en Israël".

Bien, si vous prenez le passage entier d'Esaïe 8, commençant au verset 11 – que nous avons besoin de lire rapidement.

Ainsi m'a parlé l'Eternel, quand sa main me saisit, et qu'il m'avertit de ne pas marcher dans la voie de ce peuple [c-a-d Israël]*: n'appelez pas conjuration tout ce que ce peuple appelle conjuration; ne craignez pas ce qu'il craint, et ne soyez pas effrayés. C'est l'Eternel des armées que vous devez sanctifier, c'est lui que vous devez craindre et redouter. Et il sera un sanctuaire, mais aussi une pierre d'achoppement, un rocher de scandales pour les deux maisons d'Israël, un filet et un piège pour les habitants de Jérusalem. Plusieurs trébucheront; ils tomberont et se briseront, ils seront enlacés et pris.* [Ensuite, il est dit] *Enveloppe cet oracle, scelle cette révélation, parmi mes disciples.*

L'arrière-plan dans Esaïe 8:11-18 montre trois phases successives. Tout d'abord, Israël dans son ensemble est aliéné de l'Eternel. Esaïe dit ne pensez pas comme ils pensent, n'appelez pas une conspiration ce qu'ils appellent conspiration, ne craignez pas ce qu'ils craignent. Autrement dit, Israël dans son ensemble est prophétiquement dépeinte à ce moment-là comme aliéné de l'Eternel.

Il est dit ensuite, l'Eternel sera un sanctuaire pour ceux qui se confient en lui et lui obéissent, mais une pierre d'achoppement pour ceux qui désobéissent. Tout dépend donc de notre attitude face au Seigneur, selon que nous le considérons comme un sanctuaire ou une pierre d'achoppement.

Par rapport à ce passage, ce serait bien que vous gardiez un doigt sur Esaïe 8, un autre sur Hébreux 2 et que vous preniez également 1 Pierre 2:6-8.

Car il est dit dans l'Ecriture: Voici, je mets en Sion une pierre angulaire, [et cette citation est tirée d'Esaïe 28] *choisie, précieuse; et celui qui croit en elle ne sera point confus.* [verset 7] *L'honneur est donc pour vous, qui croyez. Mais pour les incrédules, la pierre qu'ont rejetée ceux qui bâtissaient est devenue la principale de l'angle,* [verset 8] *et une pierre d'achoppement et un rocher de scandale. Ils s'y heurtent pour n'avoir pas cru à la parole, et c'est à cela qu'ils sont destinés.*

Pierre monte donc à nouveau le Seigneur Jésus comme étant soit une pierre précieuse soit une pierre d'achoppement. Et il dit, en effet, que pour la majorité des Israélites à ce moment-là, il est une pierre d'achoppement, ils trébuchent sur lui.

Reprenons un instant Esaïe 8, verset 14.
Et il sera un sanctuaire [pour ceux qui croient, ses disciples]*, mais aussi une pierre d'achoppement, un rocher de scandale pour les deux maisons d'Israël, un filet et un piège pour les habitants de Jérusalem.*
C'est une déclaration prophétique vraiment grave puisqu'elle s'est

accomplie en 70 après J.C.. Tous les habitants juifs de Jérusalem ont été pris au filet et piégés. Jérusalem a été capturée, les Juifs ont été tués.

Regardons le troisième aspect de cette situation prédit par Esaïe. L'enseignement du Seigneur n'est révélé qu'à un petit groupe de disciples qui deviennent ses enfants et des signes pour Israël. Si vous méditez là-dessus, vous verrez quelle proportion de ce qui est écrit dans ces affirmations a déjà été accomplie et quelle proportion est en train de s'accomplir maintenant. Je me suis méticuleusement plongé là-dedans, l'une des raisons étant que cela vous montre comment vous devriez approcher les prophéties de l'Ancien Testament. C'est souvent très condensé et il est possible de trouver trois ou quatre aspects différents de la vérité. C'est comme un test pour savoir si on est capable d'analyser un texte pour en retirer la vérité.

Revenons maintenant à Hébreux 2:14-15. Vous pouvez libérer vos doigts de tous les autres endroits!

Puisque donc les enfants prennent part au sang et à la chair...

Toutes les traductions françaises disent toujours la chair et le sang parce que c'est contraire à l'usage de faire l'inverse. Mais la version grecque renverse l'ordre, c'est le sang et la chair. Je pense que logiquement le sang vient en premier puisque c'est la marque distinctive de notre corps. Il contient du sang. C'est juste une opinion partagée par de nombreux enseignants de la Bible, à la résurrection, le corps contiendra une chair glorifiée, mais pas de sang. C'est ce que je crois. Ce pourrait être faux, mais c'est la marque distinctive de l'humanité dans sa condition actuelle, c'est du sang et de la chair.

Puisque donc les enfants ont pris part au sang et à la chair, il y a de même également pris part.

C'est-à-dire au sang et à la chair. Il a revêtu une nature humaine, en d'autres termes, un corps physique humain.

Afin que par la mort il puisse rendre impuissant celui qui avait [ou a] *la puissance de la mort, c'est-à-dire le diable; et délivrer* [ou libérer] *ceux qui par peur de la mort ont été leur vie durant sujets à l'esclavage.*

C'est clair? Les versets 14 et 15 affirment l'identification complète de Jésus avec l'humanité. Et ils montrent également la double œuvre de sa mort. Tout d'abord, défaire le diable de sa puissance. Deuxièmement, délivrer l'humanité de l'esclavage de la peur de la mort.

Je vous propose l'un de mes passages préférés, 1 Jean 3:8, comme

Ecriture confirmant le premier point; défaire le diable de sa puissance,

Le Fils de Dieu a paru afin de détruire les œuvres du diable.

Le deuxième objectif: délivrer l'humanité de l'esclavage de la peur de la mort. Nous devons affronter cette réalité et être honnêtes par rapport à ce fait dans nos vies. Tant que nous avons peur de mourir, nous sommes des esclaves potentiels. N'est-ce pas vrai? Quiconque peut nous effrayer de la mort, peut nous amener à faire ce qu'il veut que nous fassions. C'est une pensée très grave. Le passage que j'ai noté ici se trouve dans Apocalypse 12:11, nous n'avons pas besoin de le prendre, car je suis certain que beaucoup d'entre vous le connaissent.

Ils l'ont vaincu [le diable] *à cause du sang de l'agneau et à cause de la parole de leur témoignage, et ils n'ont pas aimé leur vie jusqu'à craindre la mort.*

Autrement dit, rester en vie n'était pas la priorité numéro un. La priorité numéro un était de faire la volonté de Dieu. Que cela signifie vivre ou mourir était un problème secondaire. Seules les personnes ayant un tel engagement peuvent vaincre le diable. Les outils sont là dans le sang et le témoignage. Mais la qualité de la personne est déterminée par son attitude face à la vie ou la mort. C'est l'ultime décision.

Revenons maintenant à Hébreux 2:16:

Car en effet il n'aide pas les anges, mais il aide la semence d'Abraham.

On peut traduire cette phrase par "il ne prend pas la nature des anges". C'est ainsi qu'elle est traduite dans la version anglaise 'King James' et c'est une version possible. Mais prenons la phrase "il n'aide pas les anges, mais il aide la semence d'Abraham". Cette interprétation apporte un accomplissement de la prophétie d'Esaïe 41. Prenons un instant ce chapitre. C'est ce que l'on pourrait appeler une référence dissimulée de l'Ancien Testament. Esaïe 41:8-10. L'Eternel parle à travers le prophète à Israël.

Mais toi, Israël, mon serviteur, Jacob, que j'ai choisi, race d'Abraham que j'ai aimé! [en hébreu, il est dit la semence d'Abraham que j'ai aimé] *Toi, que j'ai pris aux extrémités de la terre, et que j'ai appelé d'une contrée lointaine, à qui j'ai dit: Tu es mon serviteur, je te choisis et ne te rejette point! Ne crains rien, car je suis avec toi; ne promène pas des regards inquiets, car je suis ton Dieu; je te fortifie, je viens à ton secours.*

Voyez-vous, c'est la promesse envers la semence d'Abraham qui s'est accomplie lorsque Jésus a revêtu une nature humaine.

Revenant à Hébreux 2, je veux terminer ce chapitre pendant cette session. Versets 17-18:

C'est pourquoi il fut obligé de devenir comme ses frères en toutes choses, afin qu'il puisse devenir un souverain sacrificateur miséricordieux et fidèle dans les choses appartenant à Dieu, et ainsi faire la propitiation pour les péchés du peuple. Car ayant été tenté dans les choses qu'il a lui-même souffertes, il est capable d'aider ceux qui sont tentés.

C'est la première apparition du souverain sacrificateur, l'un des thèmes les plus importants. Et ensuite, l'auteur montre trois conséquences de l'identification de Jésus avec la semence ou la descendance d'Abraham, trois buts pour lesquels cette identification était nécessaire. Tout d'abord, qu'il devienne un souverain sacrificateur miséricordieux et fidèle. Il lui fallait descendre au niveau des gens qu'il représentait en tant que souverain sacrificateur.

Deuxièmement, à travers cela, il était à même de faire l'expiation de leurs péchés. Plus loin en Hébreux 10, nous verrons qu'il dit "Seigneur, je viens pour faire ta volonté; un corps que tu as préparé pour moi". Et ensuite il est dit que par le sacrifice de ce corps, nous avons été sanctifiés. Il était donc nécessaire pour Jésus d'avoir un corps de chair et de sang pour pouvoir offrir ce corps comme un sacrifice pour la propitiation des péchés du peuple.

Le troisième but pour lui étant de pouvoir s'identifier à ses frères et ainsi les aider. Il sait ce que ça implique d'être un être humain. Nous ne pouvons jamais lui dire, "Seigneur, tu ne comprends pas". Il répond, "Si, je comprends, je suis passé exactement par là, j'ai subi les mêmes tentations que toi".

Permettez-moi de vous faire remarquer la phrase finale. Ce chapitre, le chapitre 2, à partir du verset 6 jusqu'à la fin insiste sur la totale identification de Jésus avec l'humanité. C'est le point principal de ces versets.

Bien, dans notre prochaine session, nous traiterons de l'annexe au chapitre 2 qui est l'image du souverain sacrificateur dans l'Ancien Testament. Et je vous recommande fortement de lire pendant cette semaine Exode 28. C'est par là que nous commencerons notre prochaine session, avec l'image du souverain sacrificateur dans l'Ancien Testament. Tant que vous n'aurez pas compris l'image du souverain sacrificateur dans l'Ancien Testament, vous ne pourrez pas comprendre ce qui est impliqué dans le fait que Jésus soit devenu un souverain sacrificateur.

Le dernier mot de Dieu

Quatrième message

Annexe – Hébreux 2

Lors de notre précédente étude, nous sommes allés jusqu'à la fin du chapitre 2 d'Hébreux, et je vous propose de regarder à nouveau rapidement aux derniers mots de ce chapitre. C'est dans Hébreux 2:17-18 que le terme souverain sacrificateur, qui est un mot-clé dans la révélation qui nous est dévoilée, apparaît pour la première fois. J'ai fait remarquer la dernière fois que ce passage clôturant le chapitre 2 montre trois critères d'après lesquels Jésus est qualifié pour nous aider en tant que souverain sacrificateur. Et à partir du verset 6 de ce chapitre 2 et jusqu'à la fin, nous voyons également que l'auteur insiste sur l'identification complète de Jésus avec l'humanité.

Maintenant, pour commencer notre session, je vous propose d'approfondir ce thème du souverain sacrificateur. J'ai conscience que c'est pour la grande majorité des gens quelque chose de tout à fait nouveau pour leur système de pensée religieuse. Ceux d'entre nous qui ont lu l'Ancien Testament – ce qui n'est pas nécessairement notre cas à tous – ont lu des passages concernant le souverain sacrificateur. Il est également mentionné dans le Nouveau Testament, mais à part l'épître aux Hébreux, il est mentionné que de manière historique, comme étant le dirigeant religieux, et en un sens, le dirigeant séculier du peuple juif au temps de Jésus. Et la majeure partie de ce qui est dit à son sujet ne lui est pas très favorable.

Pourtant, le grand sacerdoce de Jésus est, comme je vous l'ai dit, le thème central de cette épître. Et vous ne pouvez pleinement l'apprécier tant que vous n'ayez pas compris certaines notions relatives au grand sacrificateur; quelles étaient ses fonctions et pourquoi il était à ce point important. Pour cela, il vous faut en fait retourner dans l'Ancien Testament. Il y a de nombreux écrits concernant le souverain sacrificateur dans l'Ancien Testament, et d'après moi les deux principaux livres sont ceux d'Exode et de Lévitique. Nous ne pouvons aborder tous ces passages, mais j'en ai choisi un qui présente le souverain sacrificateur de manière probablement aussi profonde que n'importe quel autre passage de la Bible. C'est dans Exode 28.

Mais avant de prendre ce passage, vous trouverez une référence dans Hébreux 5:1. Prenons un instant ce passage. Cette référence a pour but de définir les fonctions d'un sacrificateur. Celles-ci sont extrêmement importantes. Si l'on vous demandait quelles sont les fonctions d'un sacrificateur, je me demande si vous seriez à même de donner une réponse claire ou biblique. Et pourtant, une grande partie de l'Ecriture est liée à ce thème. Ces fonctions sont spécifiées dans Hébreux 5:1, je vais traduire de manière improvisée.

Car tout souverain sacrificateur pris parmi les hommes est nommé pour les hommes dans les choses appartenant à Dieu, afin qu'il puisse offrir des dons et des sacrifices pour les péchés ...

Le mot sacrifice est le mot-clé que l'on trouve toujours associé au sacrificateur. Dans la Bible, seul un sacrificateur était fondamentalement qualifié pour offrir un sacrifice. Dans le livre de 1 Samuel, nous voyons que le Roi Saül perdit son royaume parce qu'il avait enfreint ce règlement, usurpé la place d'un sacrificateur et offert un sacrifice.

L'autre devoir d'un sacrificateur est d'offrir des dons. Il est très important de comprendre que dans le plan de Dieu, il ne peut y avoir aucune base de relation constante avec Dieu sans deux choses: un sacrificateur et une alliance. Dieu n'entretient aucune relation de façon permanente avec un être humain sans ces deux conditions: un sacrificateur et une alliance. Si vous avez une relation constante avec Dieu, ce que je crois que vous avez, que vous en ayez conscience ou non – et je suis presque certain que vous n'en avez pas conscience – votre relation est basée sur le fait d'avoir un sacrificateur et une alliance. Sans ces deux conditions, Dieu n'entretiendra aucune relation permanente avec qui que ce soit. Une transaction temporaire est possible, mais pas une relation permanente.

La toute première fonction d'un sacrificateur est d'offrir des sacrifices pour les péchés des hommes, car tant que le problème du péché n'est pas résolu, personne ne peut avoir accès à Dieu. La barrière entre Dieu et l'homme est le péché. Le seul remède au péché est un sacrifice convenu par Dieu.

Par conséquent, pour qu'une personne ait accès à Dieu, le problème du péché doit être réglé par le biais d'un sacrifice. La seule personne autorisée à offrir un sacrifice est un sacrificateur. Nous sommes donc entièrement dépendants d'un sacrificateur pour accéder à Dieu.

L'autre fonction d'un sacrificateur mentionnée ici est de recevoir des dons de la part des hommes pour offrir à Dieu. Nous vivons dans une culture démocratique telle que nous pouvons à peine concevoir qu'il ne soit pas possible pour aucun d'entre nous de monter vers Dieu et de dire, "Hé Dieu, j'ai dix euros pour ton projet". Ce n'est pas permis. Nous avons besoin d'un sacrificateur pour présenter notre don à Dieu. Autrement, nous ne pouvons pas faire de dons à Dieu. Nous sommes donc dépendants d'un sacrificateur pour ces deux choses essentielles, l'offrande d'un sacrifice et la présentation de dons.

Nous devons aussi prendre pendant quelques instants Hébreux 8:4-5, car ce passage nous apporte un autre principe relatif aux ordonnances sacerdotales dans l'Ancien Testament. Au sujet des sacrificateurs selon l'ordre lévitique, il est dit ce qui suit:

S'il [Jésus] était sur la terre, il ne serait même pas un sacrificateur, parce qu'il y a déjà ces sacrificateurs qui offrent des dons selon la loi; qui servent dans [ou simplement servent] une copie ou une ombre des choses célestes, comme Moïse avait été averti alors qu'il était sur le point de construire le tabernacle; car, Veilles, dit-il, à ce que tu fasses toutes choses selon le dessin qui t'a été montré sur la montagne.

Donc, lorsque Moïse fut sur le point de construire le tabernacle, le dernier mot d'instruction qu'il reçut fut: "Veilles à faire toutes choses dans ce tabernacle terrestre selon le dessin qui t'a été montré sur la montagne".

Bien, nous retournerons, je l'espère en temps voulu dans Hébreux 8, je veux donc simplement faire ressortir les deux points suivants concernant le sacrificateur. Tout d'abord, un sacrificateur est essentiel pour une relation permanente avec Dieu, et il a deux fonctions principales: offrir des sacrifices pour les péchés et présenter les dons des hommes à Dieu.

Deuxièmement, le sacrificateur lévitique décrit dans la Loi de Moïse servait dans un tabernacle qui était une copie et une ombre du tabernacle céleste. Il ne s'agissait pas de l'original. Le véritable tabernacle est dans les cieux. Lorsque nous aborderons le chapitre 8, nous étudierons ce point de manière plus approfondie.

Je dis cela parce qu'en regardant la description du souverain sacrificateur que nous allons maintenant étudier dans Exode 28, j'aimerais que vous preniez conscience que tout le texte nous apprend d'une manière ou d'une autre certaines choses concernant le sacerdoce céleste. Ce qui revient, en un sens, à être capable d'interpréter une langue ou un ensemble de symboles. Il ressort de l'Ancien Testament un symbolisme vraiment défini, qui, si nous pouvons le comprendre, nous révèle des réalités au niveau céleste.

Prenons Exode 28. Ce chapitre décrit les vêtements que le souverain sacrificateur devait porter. C'est pour moi une image vraiment très frappante et très belle. J'espère pouvoir vous communiquer cette même impression. Comme quelques-uns d'entre vous savent, d'après mon propre témoignage, j'ai commencé à étudier tout seul la Bible et j'ai probablement passé quatre ou cinq ans dans les déserts d'Afrique du Nord à lire la Bible sans prédicateur ni église. Une fois que le Saint-Esprit est entré dans ma vie, je n'ai jamais vraiment ressenti de manque de clarté au sujet du symbolisme de ces passages. Je n'ai jamais étudié de livres, je l'ai simplement fait comme ça. Je ne suis pas en train de dire que j'ai raison, je dis simplement que je ne peux le voir que de cette seule manière. Et j'espère que je pourrai vous le transmettre, parce que c'est vraiment très riche.

Chose étonnante, lorsque je lis et étudie ce que l'Ancien Testament dit au sujet du tabernacle, cela produit en moi un désir pour Dieu et pour la sainteté plus grand qu'aucun autre passage de la Bible ne me donne. Ce qui peut paraître plutôt étrange, et pourtant c'est vrai. Et je crois que c'est le but recherché. Tout ce que je lis est à ce point saisissant que cela me donne la nostalgie du ciel.

Nous allons prendre maintenant Exode 28:1.

Fais approcher de toi Aaron, ton frère, et ses fils, et prends-les parmi les enfants d'Israël pour les consacrer à mon service dans le sacerdoce: Aaron et les fils d'Aaron, Nadab, Abihu, Eléazar et Ithamar.

Le terme "consacrer à mon service dans le sacerdoce" est un seul verbe en hébreu,*'kahan'*. Combien d'entre vous ont déjà entendu le nom Cohen? Cohen est le mot hébreu pour sacrificateur. C'est de là que vient ce verbe. En théorie, tous ceux qui s'appellent Cohen sont des descendants d'Aaron. Et ils ont aujourd'hui des obligations particulières au sein du peuple juif. Si vous vous appelez Cohen, ou un autre dérivé, ou une autre forme de ce mot, vous n'êtes à ce jour toujours pas autorisés à épouser une femme divorcée en Israël. Il existe donc certaines règlementations qui perdurent depuis l'époque de Moïse. Je connais une femme qui a eu de gros problèmes parce qu'elle voulait épouser un homme divorcé et qu'elle s'appelait Cohen. En ce qui me concerne, je suis plutôt fier de dire que parmi mes filles adoptives j'ai trois Cohen et une Katz. Katz est juste une autre forme de Cohen. C'est Cohenzedek, sacrificateur de justice.

Nous en arrivons maintenant aux vêtements qui doivent être fabriqués. Versets 2-4.

Tu feras à Aaron, ton frère, des vêtements sacrés, pour marquer sa dignité et pour lui servir de parure.

Trois mots importants ici: sacrés, dignité et parure; l'essence même du thème tout entier.

Tu parleras à tous ceux qui sont habile ...

Je pense qu'il est écrit dans la marge que l'on peut dire aussi "sages de cœur". J'aimerais vous faire remarquer que dans la Bible, le travail artisanal est la sagesse. C'est un travail devenu tellement dégradant dans notre culture contemporaine, et pourtant dans la Bible, ce sont les sages qui sont les travailleurs artisanaux.

... à qui j'ai donné un esprit plein d'intelligence...

Pour faire quoi? Non pas des sermons, mais des vêtements. N'est-ce pas passionnant!

... à qui j'ai donné un esprit plein d'intelligence; et ils feront les vêtements d'Aaron, afin qu'il soit consacré et qu'il exerce mon sacerdoce.

Le verset 4 nous donne une liste des vêtements.

Voici les vêtements qu'ils feront: un pectoral [également traduit par poche ventrale], un éphod, une robe, une tunique brodée, une tiare (d'autres versions disent turban) et une ceinture...

Ce qui fait six vêtements. Permettez-moi de les énumérer à nouveau. Numéro un, un pectoral. Numéro deux, un éphod. Numéro trois, une robe. Numéro quatre, une tunique. Numéro cinq, une tiare. Vous savez ce qu'est une tiare, elle se met sur la tête. Et numéro six, une ceinture.

Mon instinct me dit immédiatement que cette liste n'est pas complète. Pourquoi? Parce qu'il doit y en avoir sept, exact. La septième est là de façon très claire. Nous allons voir les versets 36-37 de ce chapitre 28:

Tu feras une lame d'or pur, et tu y graveras, comme on grave un cachet: Sainteté à l'Eternel. **[qodesh-Yahvé]** *Tu l'attacheras avec un cordon bleu sur la tiare, sur le devant de la tiare.*

Sa parure n'était donc pas complète avec les six vêtements. Sur la tiare, il devait y avoir cette lame d'or pur attachée avec un cordon bleu et la lame d'or pur proclamait "Sainteté à l'Eternel".

Revenons maintenant au verset 5 qui nous donne les matériaux.

Ils emploieront de l'or, des étoffes teintes en bleu, en pourpre, en cramoisi, et de fin lin.

Il y a cinq matériaux de base. Et j'ai écrit ici ce que je crois être la signification symbolique de ces matériaux. Le premier est le métal, l'or. Il est intéressant de noter que dans notre société contemporaine, l'or ne perd jamais de sa valeur. Vous pouvez toujours acheter une maison avec la même quantité d'or que celle avec laquelle vous auriez acheté une maison il y a trente ou quarante ans. Vous ne pouvez en dire autant à propos du dollar, mais avec l'or vous pouvez. La valeur de l'or n'a pas changé. L'or représente, d'après moi, la nature de Dieu, sa divinité, à laquelle est liée sa sainteté.

Il existe deux autres principaux métaux qui ne sont pas mentionnés ici, dont il est pourtant fréquemment question. L'argent et le cuivre [ou le cuivre jaune]. Et je n'ai aucun doute quant à leurs significations symboliques. L'argent représente la rédemption, et le cuivre jaune ou le cuivre représente le jugement. Il est intéressant de noter au sujet du temple construit par Salomon, que personne ne pouvait peser ou mesurer tout le cuivre qu'il contenait. Et les Ecritures disent que les jugements de Dieu dépassent toute mesure. Personne ne peut peser les jugements de Dieu. C'est juste une application possible de ce symbolisme.

Le bleu est céleste. Tout le monde sait que la couleur du ciel est bleue!

Avançons un peu plus loin, et nous reviendrons ensuite sur le pourpre. Le matériau suivant est le cramoisi, la couleur du sang, la couleur de l'humanité. Il vous faut garder à l'esprit que le nom du premier homme était Adam. Le mot hébreu pour la terre est *adama* et le mot hébreu pour le sang est *dam*. Donc en plein milieu du mot Adam, nous avons le mot sang.

Bien entendu, vous pouvez avancer diverses théories – et je n'essaie jamais de faire pression sur les gens – mais je crois que l'élément distinctif de notre corps terrestre est qu'il contient du sang. Je me demande si notre corps de ressuscité contiendra du sang. Lorsque Jésus est apparu avec son corps de ressuscité, il a dit, "Voici ma chair et mes os", mais il n'a pas mentionné le sang. La raison, je crois, étant que l'âme de toute chair est dans le sang. Et le premier corps naturel est un corps de l'âme, un corps 'naturel', mais le second corps, celui de la résurrection, est un corps spirituel, 1 Corinthiens 15:45-47. Nous avons donc, je crois, le cramoisi: la couleur de l'humanité dans son existence terrestre.

Et bien sûr, vous n'avez pas besoin d'être un artiste pour savoir que l'on obtient du pourpre en mélangeant du bleu avec du cramoisi. Le pourpre est donc un mélange de céleste avec du terrestre. Le pourpre est également la couleur de la royauté. Dans le Nouveau Testament, le pourpre était la couleur spécifique réservée aux rois et aux empereurs. Porter le pourpre signifiait devenir empereur de Rome.

J'aimerais que vous preniez un passage qui est pour moi très parlant à ce sujet. Gardez votre doigt sur Exode 28 et prenez Jean 19:2-5.

Les soldats tressèrent une couronne d'épines qu'ils posèrent sur sa tête, et ils le revêtirent d'un manteau de pourpre; puis, s'approchant de lui, ils disaient: Salut, roi des Juifs! Et ils lui donnaient des soufflets. Pilate sortit de nouveau, et dit aux Juifs: Voici, je vous l'amène dehors, afin que vous sachiez que je ne trouve en lui aucun crime. Jésus sortit donc, portant la couronne d'épines, et le manteau de pourpre. Et Pilate leur dit: Voici l'homme.

Quelle extraordinaire déclaration! Il était l'oracle de Dieu lorsqu'il dît ces mots, tout comme le souverain sacrificateur avait été l'oracle de Dieu quand il avait dit qu'il convenait à cet homme, et non à tout le peuple, de mourir pour le peuple. Il a fait une déclaration prophétique sur la raison de la mort de Jésus. "Voici l'homme", *Ha Adam*, 'l'homme' en hébreu. Je crois que Jésus était l'homme, le seul homme à être l'homme. Il était ce que tout homme aurait dû être et ce qu'aucun homme n'est jamais devenu. Et il était la représentation d'Adam. Lorsque Adam pécha, l'Eternel maudit la terre et dit "Il te produira des épines et des ronces". Lorsque Jésus prit la malédiction de la mort sur lui, il porta la couronne d'épines et le manteau pourpre des ronces. Mais il fut également mis à part comme le Roi des Juifs. Une position très difficile à remplir, le roi des Juifs. C'était là la qualification. Il prit la malédiction, versa son sang, racheta son peuple. Et à travers cela, nous voyons le mélange du céleste et du terrestre.

Reprenons maintenant Exode 28:5, je vais avoir du mal à ne pas m'éparpiller, mais je vais essayer. Nous avons le cinquième matériau, le fin lin qui parle tout au long de la Bible de pureté et de justice. Et ce passage insiste clairement sur le fait que le lin est ficelé ou tissé. Prenons un instant Apocalypse 19:7-8.

Réjouissons-nous, soyons dans l'allégresse, et donnons lui gloire; car les noces de l'Agneau sont venues, son épouse s'est préparée, et il lui a été donné de se revêtir d'un fin lin, éclatant, pur [ou brillant et propre]; car le fin lin, ce sont les œuvres des saints.

C'est tissé, c'est travaillé. C'est une chose d'avoir la justice imputée par la foi, c'en est une autre de revêtir le fin lin de justice fabriqué par ses actes. Le fin lin représente les œuvres justes des saints. Il ne s'agit pas uniquement d'une justice imputée, c'est une justice matérialisée par des œuvres. Et c'est ce que l'épouse va porter. Vous feriez donc bien de vérifier si vous portez votre lin.

Reprenons à présent Exode 28 et énumérons à nouveau brièvement les matériaux: l'or pour la divinité et la sainteté, le bleu pour le céleste, le pourpre pour la royauté et la souffrance, le cramoisi pour le sang et l'humanité et le fin lin pour la pureté ou la justice manifestée par des actes.

Nous en arrivons maintenant au premier et au plus distinctif vêtement sacerdotal, l'éphod. Verset 6:

Ils feront l'éphod d'or, de fil bleu, pourpre et cramoisi, et de fin lin retors; il sera artistement travaillé.

On retrouve les cinq matériaux dans l'éphod. L'éphod était le vêtement spécifiquement porté par les sacrificateurs seuls. Il descendait de la poitrine jusqu'aux hanches et était maintenu par deux épaulettes qui allaient par-dessus chaque épaule. Et vous verrez que dans ce cas précis se trouvait, attaché à chaque épaulette, quelque chose de très important. Et l'attache maintenait ensemble les épaulettes.

Laissez-moi vous dire tout de suite que l'un des points principaux de ce passage est que tout est maintenu ensemble, tout fait partie de l'ensemble et rien ne peut être omis. Toutes les qualifications doivent être présentes.

L'éphod était également attaché autour de la taille par une ceinture, ce qui indique que l'éphod devait être étroitement attachée au corps du sacrificateur. Il ne devait pas flotter, il devait presque faire partie de lui. Je suis certain que ça rend l'image plus claire. Je vais continuer en lisant verset par verset.

On y fera deux épaulettes, qui le joindront par ses deux extrémités; et c'est ainsi qu'il sera joint.

Le mot-clé ici est "joint". Tout doit être d'un seul tenant. Verset 8, nous en arrivons à la ceinture.

La ceinture sera du même travail que l'éphod et fixée sur lui...

Ou en fera partie. Autrement dit, je comprends qu'elle doit lui être attachée. Ils ne sont pas séparés.

... elle sera d'or, de fil bleu, pourpre et cramoisi, et de fin lin retors [ou tissée].

Je ne sais pas pour vous, mais en ce qui me concerne, plus je lis cette liste et la répète à chaque fois, plus se forme en moi une image de beauté, de travail artisanal habile et de riche signification. J'espère simplement que le Saint-Esprit peut vous communiquer ce que j'y vois. Car c'est pour moi si riche que je pourrai rester des heures sur ce chapitre.

Versets 9-12, première utilisation des noms des tribus.

Tu prendras deux pierres d'onyx, et tu y graveras, les noms des fils d'Israël, six de leurs noms sur une pierre, et les six autres sur la seconde pierre, d'après l'ordre des naissances. Tu graveras sur les deux pierres les noms des fils d'Israël, comme on grave les pierres et les cachets; tu les entoureras de montures d'or.

Notez bien tout d'abord l'endroit où se trouvaient ces deux bijoux, dont les noms étaient gravés dessus. Ils se trouvaient sur les épaulettes maintenant les bandoulières ensemble pour qu'à chaque fois que le sacrificateur entre dans le tabernacle, il élève vers Dieu les noms des douze fils d'Israël. Dieu baissait le regard sur le sacrificateur et voyait les noms. Sa présence était un perpétuel souvenir de ces douze fils de Jacob.

Et deuxièmement, l'épaule dans la Bible est la place de la force. Il y a deux endroits empreints de force. Les reins ou la cuisse et l'épaule. Donc le souverain sacrificateur portait toujours devant Dieu les noms des peuples de Dieu individuellement sur son épaule, soutenus par sa force. Il y a deux passages que j'aime concernant l'épaule. Gardez votre doigt sur Exode 28 et prenez un instant Esaïe 9:5.

Car un enfant nous est né, un fils nous est donné, et la domination reposera sur son épaule.

C'est la place de la domination, de l'autorité et du pouvoir. Et puis il y a l'histoire de la brebis perdue dans Luc 15:5, qui est pour moi une belle marque de tendresse lorsque l'on considère qui est le berger. Il part à la recherche de sa brebis perdue dans le désert, verset 5:

Lorsqu'il l'a trouvée, il la met avec joie sur ses épaules.

Il lui donne tout son soutien et son entière sécurité.

Mais dans le passage que nous étudions, c'est sur les épaules que les noms des peuples de Dieu sont élevés devant lui.

Revenons à Exode 28:13-14.

Tu feras des montures d'or, et deux chaînettes d'or pur, que tu tresseras en forme de cordons; et tu fixeras aux montures les chaînettes ainsi tressées.

Les chaînettes tressées parlent donc à nouveau de quelque chose de travaillé et qui a une grande force. Et l'or parle à nouveau de quelque chose de divin, quelque chose que l'homme ne peut altérer. C'est établi. Et elles fixent les noms des peuples de Dieu sur l'éphod du souverain sacrificateur. Autrement dit, être souverain sacrificateur signifiait porter continuellement les noms des peuples de Dieu sur soi.

Je ne sais pas si tout ceci vous amène à vous interroger sur ce qu'est la prière d'intercession. J'imagine qu'il y a des parents ici qui peuvent comprendre ce que signifie porter les noms de leurs enfants sur leurs épaules devant Dieu. J'ai découvert que c'est une certaine responsabilité d'être parents. Combien d'entre vous ont fait cette découverte? J'ai également découvert que mes responsabilités ne prennent pas fin avec le mariage de mes enfants! Je porte toujours leurs noms sur mes épaules. En fait, depuis que j'ai épousé Ruth, je porte exactement le même nombre de noms que le souverain sacrificateur, sauf que ce ne sont pas tous des garçons.

Les deux pierres similaires indiquent une identité commune. Six sur l'une, six sur l'autre. Et notez bien que c'était l'éphod qui les maintenait ensemble. Et c'est uniquement notre souverain sacrificateur qui nous maintient ensemble. Combien d'entre vous sont d'accord avec cela?

Nous avons vu les montures d'or et les chaînettes. Mon commentaire est divin, inséparable. J'espère que vous comprenez bien que tout devait être attaché, rien ne devait être détaché, rien ne devait traîner autour, rien ne devait manquer. Tout devait être entièrement, parfaitement complet.

Versets 15-21, le pectoral. Lisons ces versets.

Tu feras le pectoral [ou la poche ventrale] du jugement.

En fait, la nouvelle version internationale dit "de prise de décisions". Nous reviendrons sur la signification de ces termes dans quelques instants.

Tu feras le pectoral du jugement, artistement travaillé; tu le feras du même travail que l'éphod, tu le feras d'or, de fil bleu, pourpre et cramoisi, et de fin lin retors.

A nouveau, les mêmes matériaux.

Il sera carré et double; sa longueur sera d'un empan, et sa largeur d'un empan.

Je suppose qu'il s'agissait d'un empan plié. Un empan mesure approximativement vingt-trois centimètres, c'est en fait la mesure de l'extrémité de votre pouce jusqu'à l'extrémité de votre petit doigt bien étiré.

Toutes les mesures de la Bible sont globalement prises à partir du corps humain. D'après les mesures britanniques, un pouce est un pouce, un pied est un pied, un empan est un empan, une coudée est la plus basse partie de votre bras allant du coude jusqu'à l'extrémité de vos doigts. Lorsqu'il est dit dans Apocalypse: *'et trouva cent quarante-quatre coudées, mesure d'homme, qui était celle de l'ange'*, cela a plus de signification que lorsque vous lisez ce passage pour la première fois, car cela nous indique qu'un ange avait en quelque sorte plus ou moins les mêmes mesures qu'un homme. Continuons, verset 17.

Tu y enchâsseras une garniture de pierres, quatre rangées de pierres: première rangée, une sardoine, une topaze, une émeraude...

Toutes ces pierres ne sont pas identifiées avec certitude.

... seconde rangée, une escarboucle, un saphir, un diamant; troisième rangée, une opale, une agate, une améthyste; quatrième rangée, une chrysolithe, un onyx, un jaspe. Ces pierres seront enchâssées dans leurs montures d'or. Il y en aura douze, d'après les noms des fils d'Israël; elles seront gravées comme des cachets, chacune avec le nom de l'une des douze tribus.

C'est une très belle image. Non seulement le sacrificateur portait les noms sur son épaule, mais il les portait sur son cœur. Sa force et son amour étaient entièrement consacrés au peuple qu'il représentait.

Nous avons ici l'individualité. Alors que sur l'épaule, il y avait six noms sur une pierre, six sur l'autre, ici il y a une pierre pour chaque nom. Et chaque nom a sa propre pierre particulière. Donc Dieu ne s'intéresse pas uniquement à l'identité commune, mais également à l'individualité. Je pense que c'est important de le noter. Mais l'individualité découle de l'identité commune.

Pour prendre simplement un exemple, j'aimerais que nous regardions un instant à Éphésiens 4:4-7. Les versets 4 à 6 établissent l'unité du corps de Christ, les sept unités de base.

Il y a un seul corps et un seul Esprit, comme aussi vous avez été appelés à une seule espérance par votre vocation; il y a un seul Seigneur, une seule foi, un seul baptême, un seul Dieu et Père de tous, qui est au-dessus de tous, et parmi tous, et en tous.

C'est l'unité de base. Mais ensuite, au verset 7, il dit:
Mais à chacun de nous la grâce a été donnée selon la mesure [individuelle spécifique] du don de Christ.

Donc à partir de l'unité, Dieu introduit l'individualité. Mais si nous inversons les choses, nous ne parviendrons jamais à l'unité par l'individualité. Nous devons commencer par l'unité pour pouvoir aboutir à l'individualité.

Continuons avec les versets 22-28.

Tu feras sur le pectoral des chaînettes d'or pur, tressées en forme de cordons. Tu feras sur le pectoral deux anneaux d'or, et tu mettras ces deux anneaux aux deux extrémités du pectoral. Tu passeras les deux cordons d'or dans les deux anneaux aux deux extrémités du pectoral; et tu arrêteras par devant les bouts des deux cordons aux deux montures placées sur les épaulettes de l'éphod. Tu feras encore deux anneaux d'or, que tu mettras aux deux extrémités du pectoral, sur le bord intérieur appliqué contre l'éphod. Et tu feras deux autres anneaux d'or, que tu mettras au bas des deux épaulettes de l'éphod, sur le devant, près de la jointure, au-dessus de la ceinture de l'éphod. On attachera le pectoral par ses anneaux aux anneaux de l'éphod avec un cordon bleu, afin que le pectoral soit au-dessus de la ceinture de l'éphod et qu'il ne puisse pas se séparer de l'éphod.

Autrement dit, lorsque le corps du sacrificateur bougeait, le pectoral ne pouvait ni se desserrer ni se défaire parce qu'il était attaché de haut en bas par des anneaux d'or accrochés avec des cordons bleus. Et au niveau des épaulettes, il était aussi attaché à l'éphod pour que le tout tienne d'une seule pièce. Je pense pour ma part que les cordons bleus parlent de ce qui est joint dans les cieux et que rien sur la terre ne peut séparer, afin que quoiqu'il se passe sur terre, notre souverain sacrificateur porte toujours nos noms sur ses épaules et chacun individuellement sur son cœur.

Autrement dit, l'image du souverain sacrificateur est l'image de quelqu'un d'entièrement dévoué au bien-être du peuple de Dieu. Entièrement dévoué à le représenter fidèlement devant Dieu.

Nous continuerons encore un peu avec les versets 29-30. Voilà un passage qui demande quelques explications.

Lorsque Aaron entrera dans le sanctuaire, il portera sur son cœur les noms des fils d'Israël, gravés sur le pectoral du jugement, pour en conserver à toujours le souvenir devant l'Eternel.

Il s'agit de l'intercession, d'une perpétuelle prière pour élever vers Dieu les noms de son peuple.
Ruth et moi avons en permanence une liste de prière des choses pour lesquelles nous prions, et il y a une partie, mais je ne dirai pas de quelle partie il s'agit, sur laquelle nous avons simplement une liste de noms. Et à chaque

fois que nous arrivons à cette partie de notre liste de prière, nous en lisons simplement les noms devant Dieu. Il y a quelque temps de cela, peut-être deux ans, nous avons ressenti le besoin d'ajouter le nom d'un certain prédicateur que nous ne connaissions pas vraiment, mais que je sentais en quelque sorte assez critique à mon égard. Nous avons simplement mentionné son nom, nous n'avons pas fait de longues prières, nous n'avons pas dit à Dieu ce qu'il devait faire. Dans les dix-huit mois qui ont suivi, nous avons été amenés à le rencontrer de la manière la plus extraordinaire, il m'a exprimé son admiration et sa loyauté envers moi, et nous sommes devenus vraiment très proches. Le seul facteur explicatif que nous avons pu trouver était simplement qu'à chaque fois que nous lisions cette liste, nous mentionnions son nom devant le Seigneur. Reprenons les versets 29 – 30. Je les lirai à nouveau. Exode 28:29-30:

Lorsque Aaron entrera dans le sanctuaire, il portera sur son cœur les noms des fils d'Israël, gravés sur le pectoral du jugement, pour en conserver à toujours le souvenir devant l'Eternel. Tu joindras au pectoral du jugement l'urim et le thummim, et ils seront sur le cœur d'Aaron lorsqu'il se présentera devant l'Eternel. Ainsi, Aaron portera constamment sur son cœur le jugement des enfants d'Israël, lorsqu'il se présentera devant l'Eternel.

Je crois nécessaire d'en dire davantage au sujet de ces deux mots hébreux urim et thummim, normalement traduits par lumière et perfection. Comme je l'ai déjà dit, la nouvelle version internationale traduit "le pectoral du jugement" par "le pectoral pour prendre des décisions", ce qui laisse à penser que peu importe ce qu'ils représentaient dans le pectoral, les deux étaient en quelque sorte utilisés pour discerner les décisions de Dieu dans certains domaines concernant les enfants d'Israël. La tradition voulait qu'il s'agisse de deux pierres, des pierres précieuses, et qu'en certaines circonstances lorsque Dieu souhaitait communiquer sa décision au peuple d'Israël par l'intermédiaire du souverain sacrificateur, l'une ou l'autre des pierres s'illuminait surnaturellement. Et en fonction de celle qui s'illuminait, cela indiquait en gros si la réponse était oui ou non.

Une autre théorie, qui me semble peu probable, prétend qu'il y avait simplement deux pierres dans la poche ventrale et qu'ils tiraient au sort avec, les utilisant plus ou moins comme des dés. Je doute que ce soit ce qui était prévu, car il me semble s'agir ici d'un domaine autrement surnaturel. Cependant, je ne connais personne qui sache avec une absolue certitude comment ces pierres fonctionnaient.

Mais nous pourrions prendre quelques instants certains exemples sur l'utilisation de l'urim et du thummim dans les Ecritures. Nous prendrons pour commencer Nombres 27:21. Voici ce que le Seigneur dit au sujet de Josué qui devait prendre la place de Moïse en tant que conducteur du peuple d'Israël:

Il [c'est-à-dire Josué] se présentera devant le sacrificateur Eléazar, qui consultera pour lui le jugement de l'urim devant l'Eternel. Ils sortiront sur l'ordre d' Eléazar et entreront sur son ordre.

Ce texte semble placer Josué à un niveau légèrement différent de celui de Moïse. Moïse entendait directement l'Eternel, il communiquait face à face avec lui. Josué, lui, devait obtenir au moins une partie de sa communication avec l'Eternel par l'intermédiaire du souverain sacrificateur en utilisant ces deux pierres. Et lorsqu'il voulait une décision, devons-nous sortir, devons-nous entrer, il devait aller vers le souverain sacrificateur. Le souverain sacrificateur priait ou faisait quelque chose avec les pierres, et celles-ci donnaient une réponse. C'est, à mon sens, plutôt évident.

Prenons également Deutéronome 33:8-10. Il est question de la bénédiction des douze tribus; de la bénédiction de Lévi, la tribu des sacrificateurs.

Sur Lévi, il dit: les thummim et les urim ont été confiés à l'homme saint [c'est-à-dire Lévi], que tu as tenté à Massa, et avec qui tu as contesté aux eaux de Mériba. Lévi dit de son père et de sa mère: je ne les ai point vus! Il ne distingue point ses frères, il ne connaît point ses enfants. Car ils observent ta parole, et ils gardent ton alliance; ils enseignent tes ordonnances à Jacob, et ta loi à Israël; ils mettent l'encens sous tes narines, et l'holocauste sur ton autel.

Ce sont les fonctions sacerdotales. Et ces fonctions sacerdotales comprenaient l'exercice, ou devrions-nous dire le discernement par l'urim et le thummim.

Il y a ensuite un exemple très clair d'une expérience vécue par David dans 1 Samuel 23. David fuyait alors devant le roi Saül qui cherchait à le capturer pour le tuer. Et un incident se produisit, versets 6-12.

Lorsque Abiathar, fils d'Achimélec, s'enfuit vers David à Keïla, il descendit ayant en main l'éphod.

C'était le fils du souverain sacrificateur tué par le roi Saül. Et il venait en tant que sacrificateur portant son élément distinctif, l'éphod.

Saül fut informé de l'arrivée de David à Keïla, et il dit: Dieu le livre entre mes mains, car il est venu s'enfermer dans une ville qui a des portes et des barres.

Je veux juste faire remarquer au passage que lorsqu'un homme s'égare, il peut s'égarer vraiment très loin. Saül se préparait à tuer David et il attribue en fait cette opportunité à Dieu. J'ai d'ailleurs remarqué que lorsque des gens religieux s'égarent vraiment, c'est Dieu qu'ils accusent de leur égarement. Il dit donc, "Dieu le livre entre mes mains". C'était juste en passant.

Et Saül convoqua tout le peuple à la guerre, afin de descendre à Keïla et d'assiéger David et ses gens. David, ayant eu connaissance du mauvais dessein que Saül projetait contre lui, il dit au sacrificateur Abiathar: Apporte l'éphod! Et David dit: Eternel, Dieu d'Israël, ton serviteur apprend que Saül veut venir à Keïla pour détruire la ville à cause de moi. Les habitants de Keïla me livreront-ils entre ses mains? Saül descendra-t-il, comme ton serviteur l'a appris? Eternel, Dieu d'Israël, daigne le révéler à ton serviteur! Et l'Eternel répondit: Il descendra.

Et la réponse à la question fut oui.

David dit encore: Les habitants de Keïla me livreront-ils, moi et mes gens, entre les mains de Saül? Et l'Eternel répondit: Ils te livreront.

Autrement dit, la réponse était oui. D'après le contexte, il apparaît que David obtenait ces réponses par Abiathar qui utilisait l'éphod. Nous remarquons que la réponse était simplement oui ou non comme sur certains tests que l'on vous donne aujourd'hui lorsqu'ils veulent que vous renouveliez votre permis de conduire. Vous répondez par oui ou par non, ou quelque chose comme ça. Bien, c'était apparemment là toute l'étendue de la communication qui ressortait de l'utilisation de l'urim et du thummim.

Nous allons prendre encore deux passages, après quoi je vous partagerai un commentaire. Les deux autres passages sont tout à fait identiques, c'est juste une répétition. Prenons Esdras 2:61-63.

Et parmi les fils des sacrificateurs...

C'est une liste généalogique des Israélites qui revinrent de Babylone.

... les fils de Habaja, les fils d'Hakkots, les fils de Barzillaï, qui avait pris pour femme une des filles de Barzibaï, le Galaadite, et fut appelé de leur nom. Ils cherchèrent leurs titres généalogiques, mais ils ne les trouvèrent point...

Ils ne pouvaient pas prouver par leur généalogie qu'ils étaient descendants de Lévi.

... On les exclut du sacerdoce [exclut de la cérémonie], et le gouverneur [c'est-à-dire Néhémie] leur dit de ne pas manger des choses très saintes jusqu'à ce qu'un sacrificateur ait consulté l'urim et le thummim.

Autrement dit, lorsque le sacrificateur, qui pouvait discerner l'urim et le thummim, viendrait, il leur donnerait une réponse pour savoir s'ils étaient ou non vraiment descendants de Lévi.

Mais à partir de ce moment-là, nous ne trouvons nulle part ailleurs dans la Bible de passages où un tel sacrificateur arrive, ce qui laisse ouvert un certain nombre de possibilités intéressantes. Je pense que de nombreux descendants juifs ne savent pas aujourd'hui à quelle tribu ils appartiennent, pourtant si je comprends correctement les prophéties de l'Ancien Testament, cela fera une différence à la fin. Et il nous faudra avoir un sacrificateur ayant la capacité de déterminer de quelle tribu nous sommes issus. Je crois que l'ultime sacrificateur est Jésus. Lorsqu'il viendra, il classera les gens par tribu et autres catégories selon ce qui sera nécessaire.

Mais entre-temps, comme ils ne pouvaient donner une réponse claire de la part de Dieu, ils ont simplement dit "nous ne pouvons vous compter comme sacrificateurs, puisque vous ne pouvez prouver votre généalogie".

Permettez-moi de faire une parenthèse intéressante sur l'importance de la généalogie. Historiquement, lorsque le temple a été détruit par les romains en 70 après JC, apparemment presque toutes les généalogies existantes autorisées ont été, d'après ce que je sais, détruites avec le temple. Ce qui amène une conséquence intéressante puisqu'un Messie doit prouver qu'il est le descendant de David, et à partir de 70 après JC, toute preuve de son appartenance à la descendance de David n'existe plus. Alors que personne ne discuta l'affirmation de Jésus puisque tout le monde savait d'où il venait. Ses parents avaient dû retourner à la ville de David pour se faire recenser parce qu'il était de la lignée de David. C'était juste une parenthèse.

Revenons à Exode 28:29-30 et permettez-moi de vous offrir une sorte de – comment dirais-je – commentaire spirituel à ce propos. Je suppose que la plupart d'entre vous êtes familiers avec ce que nous appellerions le "témoignage du Saint-Esprit". Je pense que c'est un peu comme l'urim et le thummim. Parfois il dit non, parfois il dit oui. Et je pense que lorsque nous prions pour des gens et portons leurs noms sur nos cœurs, nous devrions avoir un urim et un thummim en fonction. Lorsqu'une personne pour qui vous êtes en train de prier suit un mauvais cap, disons, la lumière rouge clignote. Lorsqu'elle suit le bon cap, c'est la lumière verte qui s'allume. C'est juste une petite illustration. Mais toutes ces choses concernant le vêtement du souverain sacrificateur correspondent à certains domaines de notre expérience spirituelle.

Continuons maintenant avec les versets 31-32:

Tu feras la robe de l'éphod entièrement d'étoffe bleue. Il y aura, au milieu, une ouverture pour la tête; et cette ouverture aura tout autour un bord tissé, comme l'ouverture d'une cotte de mailles, afin que la robe ne se déchire pas.

La robe bleue fait référence à un ministère céleste. Si vous voulez, gardez votre doigt sur ce passage et prenez un instant Hébreux 9:24.

Car Christ n'est pas entré dans un sanctuaire fait de main d'homme, en imitation du véritable, mais il est entré dans le ciel même, afin de comparaître maintenant pour nous devant la face de Dieu.

Son ministère de souverain sacrificateur se situe sur un plan céleste.

Pour en revenir à Exode 28, la robe avait une encolure tissée. Je présume qu'elle se passait par la tête. C'était probablement un vêtement entier de haut en bas, mais l'encolure était tissée de manière à ce que lorsque le sacrificateur passe la robe, elle ne se déchire pas. Nous trouvons à nouveau cette même insistance; tout devait être complet et entier, la robe ne pouvait en rien s'abîmer.

Versets 33-34. Nous arrivons maintenant aux choses qui étaient mises sur la robe.

Tu mettras autour de la bordure, en bas, des grenades de cramoisie, entremêlées de clochettes d'or: [et ensuite elles sont alternées] une clochette d'or et une grenade, une clochette d'or et une grenade, sur tout le tour de la bordure de la robe.

Nous remarquons que dans les matériaux de la grenade, nous avons à nouveau les trois couleurs: bleu, pourpre et cramoisi; le céleste et l'humain combinés. La grenade, je pense, fait référence au fruit et les clochettes à la confession. La leçon à retirer est donc la suivante: n'ayez pas de clochette si vous n'avez pas de grenade. Vous ne pouvez tout simplement pas faire tinter ici et là votre clochette, si vous ne pouvez produire du fruit.

La clochette faisait également référence à la sainteté et l'ordonnance voulait que le sacrificateur fasse tinter la clochette pendant tout le temps qu'il accomplissait ses tâches à l'intérieur du tabernacle. Et s'il ne le faisait pas, il mourrait – ce qui avertit de manière extrêmement grave que Dieu exige une sainteté continuelle. Il faut porter le perpétuel témoignage de sainteté, tinté par la clochette au bas de nos robes. Chaque mouvement que nous faisons doit être fait dans la sainteté. C'est la norme pour le sacrificateur.

Au sujet de la combinaison du cramoisi et du bleu donnant du pourpre, nous pourrions prendre un passage dans 1 Timothée 2:5.

Car il y a un seul Dieu, et aussi un seul médiateur entre Dieu et les hommes, Jésus-Christ homme.

Ceci a bien sûr été écrit bien des années après la mort et la résurrection de Jésus, pourtant il est toujours appelé l'homme. Il a donc conservé le cramoisi, si je puis m'exprimer ainsi. C'est un fait vraiment très remarquable. Je ne sais pas s'il vous est déjà venu à l'idée que lorsque Jésus est devenu homme, il ne l'est pas devenu pour trente-trois ans. C'était pour toujours. Je ne crois pas qu'il y ait de fait plus étonnant dans la Bible que celui d'avoir un homme assis à la droite de Dieu sur le trône de toute autorité. Il est Dieu – s'il vous plaît comprenez-moi bien. Il n'a jamais cessé d'être Dieu, mais il est devenu un homme, et étant devenu un homme, il est homme pour toujours. Il est la tête d'une nouvelle race, la race Dieu/homme, la race Emmanuel. La couleur est pourpre, une combinaison de bleu et de cramoisi, et il est établi pour gouverner éternellement. Ceux qui sont nés de nouveau par la mort et la résurrection de Jésus-Christ, sont nés dans cette race royale. Nous sommes rois et sacrificateurs.

Continuons avec Exode 28:35. Nous avons déjà vu ce point, mais laissez-moi lire le verset.

Aaron s'en revêtira [c'est-à-dire la robe] pour faire le service; quand il entrera dans le sanctuaire devant l'Eternel, et quand il en sortira, on entendra le son des clochettes, et il ne mourra point.

Remarquez que s'il se passait un seul instant sans sainteté, cela lui coûterait la vie. L'une des choses que ce passage nous fait bien comprendre, c'est que Dieu exige de ceux qui l'approchent une sainteté absolue.

Nous en arrivons maintenant aux versets 36-37: la lame.

Tu feras une lame d'or pur, et tu y graveras, comme on grave un cachet: Sainteté à l'Eternel. Tu l'attacheras avec un cordon bleu sur la tiare, sur le devant de la tiare.

Donc à chaque fois que le sacrificateur entrait et que Dieu le regardait d'en haut, la première chose qu'il voyait était cette lame d'or sur sa tiare déclarant sainteté à l'Eternel. Nous retrouvons à nouveau cette insistance sur la sainteté attachée ici par un cordon bleu: ce qui est établi dans les cieux ne peut être modifié ou touché sur la terre.

Le verset 38 est un verset très important.

Elle [c'est-à-dire la lame d'or] sera sur le front d'Aaron; et Aaron sera chargé [certaines traductions disent portera] des iniquités commises par les enfants d'Israël en faisant toutes leurs saintes offrandes; elle sera constamment sur son front devant l'Eternel, pour qu'il leur soit favorable.

J'aimerais lire dans la version Darby, parce que la traduction est plus claire. Donc Exode 28:38.

et elle sera sur le front d'Aaron; et Aaron portera l'iniquité des choses saintes que les fils d'Israël auront sanctifiées,

. C'est une déclaration profonde, à savoir que chaque fois que nous offrons quelque chose à Dieu, s'il se trouve une quelconque culpabilité en nous, elle doit être traitée. Dieu ne peut rien accepter de coupable. Cependant, ce n'est pas nous qui la portons, mais notre souverain sacrificateur et il peut la porter parce qu'il est lui-même entièrement saint. Permettez-moi d'en lire un peu plus.

et elle sera sur son front continuellement, pour être agréée (c'est à dire, les choses saintes sacrifiées) pour eux devant l'Eternel.

Je pense que tout ceci explique mieux que tout la raison pour laquelle nous avons un souverain sacrificateur. Parce que quelqu'un doit porter la culpabilité impliquée dans nos vies et associée à nos offrandes. Et le point sur lequel je veux insister est celui-ci: les offrandes des Israélites étaient acceptées, non pas à cause d'eux, mais à cause de la sainteté de leur souverain sacrificateur. Et il en va de même, bien sûr de façon encore plus profonde, pour nous. Nos dons sont acceptés non pas à cause de nous, mais à cause de la sainteté de notre souverain sacrificateur. Je veux croire que vous pouvez comprendre que sans souverain sacrificateur, nous ne pourrions avoir accès à Dieu, nous n'aurions aucune relation quelle qu'elle soit avec Dieu. Elle dépend entièrement de notre souverain sacrificateur.

Continuons avec le verset 39:

Tu feras la tunique de fin lin; tu feras une tiare de fin lin, et tu feras une ceinture brodée.

Remarquez que la tunique, qui était un sous-vêtement, et qui était donc invisible, était de fin lin. L'ensemble du vêtement est entièrement fait de pureté et de justice, même si c'est invisible. Donc sous le vêtement, tout était pureté, et au-dessus de la tiare, tout était sainteté. Et la ceinture maintenait l'ensemble.

Je veux croire à nouveau que vous voyez l'accent mis sur une pureté entière et une sainteté totale. Remarquez qu'il s'agissait d'une tunique tissée, que la justice n'était pas imputée, mais travaillée. C'était la justice d'une vie innocente, irréprochable et impeccable.

Verset 40:

Pour les fils d'Aaron, tu feras des tuniques, tu leur feras des ceintures, et tu leur feras des bonnets, pour marquer leur dignité et pour leur servir de parure.

Mais il y a certaines choses que les fils n'avaient pas. Ils n'avaient pas de pectoral, d'éphod ou de tiare. Ceux-ci étaient exclusivement réservés au souverain sacrificateur.

Le verset 41 est un verset vraiment complet.

Tu en revêtiras Aaron, ton frère, et ses fils avec lui. Tu les oindras, tu les consacreras, tu les sanctifieras...

Il y a quatre étapes successives. Tout d'abord, tu leur feras revêtir les vêtements. Ce sont les qualifications personnelles.

Deuxièmement, tu les oindras. C'est la grâce surnaturelle.

Troisièmement, tu les consacreras. Mais là où il est écrit en français, tu consacreras, le texte hébreu dit "tu rempliras leurs mains". Et lorsqu'ils étaient consacrés, ils apparaissaient avec sur leurs mains les sacrifices qu'ils élevaient devant Dieu. C'était la cérémonie de consécration. C'était donc l'équipement pour le service.

Et enfin, ils étaient sanctifiés, ils étaient mis à part dans leurs fonctions.

Reprenons à nouveau ces quatre étapes. La première, les vêtements étaient leurs qualifications personnelles. La seconde, l'onction était la grâce surnaturelle qui venait sur eux. La troisième, la consécration ou le remplissage de leurs mains était l'équipement pour leur service. Et la quatrième, ils étaient sanctifiés, ils étaient mis à part pour leur service.

Alors je crois que quiconque est appelé à servir le Seigneur devrait au bout du compte avoir quelque chose dans sa vie qui correspond à l'une de ces quatre phases. Il y a les qualifications personnelles, l'onction surnaturelle, l'équipement pour le service et être mis à part.

Alors que j'étais récemment en déplacement avec mes frères – Jim était l'un d'entre eux – je leur ai demandé de prier pour moi et de me mettre à part pour le ministère de Jérusalem. Je sentais en quelque sorte que je serais davantage qualifié si j'étais mis à part par mes frères. Ce fut pour moi une expérience vraiment puissante. J'ai senti que c'était la dernière étape du processus qui n'avait pas été jusque là vraiment exécutée de la manière que Dieu le souhaitait.

J'aimerais vous suggérer que si vous êtes au service du Seigneur ou que vous puissiez l'être un jour, qu'il serait bon que vous considériez ces quatre phases et que vous regardiez où vous en êtes. L'une des choses qui ressort de cette étude sur les vêtements du sacrificateur, et sur l'ensemble du tabernacle, c'est que Dieu sait exactement de quelle manière il veut que les choses soient. Il ne nous offre pas vraiment d'alternatives. Toutes les mesures, tous les matériaux, toutes les instructions sont exactes. Je ne crois pas que Dieu ait changé. Je pense que nous sommes vraiment désinvoltes. Nous avons tendance à penser que ça n'a pas grande importance si nous faisons une chose de cette manière plutôt que d'une autre. Je ne pense pas que c'est ce que Dieu dirait. Je crois vraiment que l'un des défis que lance cet enseignement est d'aligner davantage nos vies aux exigences de Dieu.

Mais ces exigences ne concernent pas la robe extérieure, elles ne concernent pas les matériaux; je pense qu'elles concernent quelque chose de plus important que cela, de plus spécifique. Vous pouvez donc considérer cette étude soit comme la relique intéressante d'une culture ancienne ou vous pouvez la laisser vous conduire à une introspection de votre âme, de votre vie. Comment est-ce que je mesure les exigences immuables de Dieu? Je pense que nous nous épargnerions beaucoup de problèmes si nous pouvions voir que les exigences de Dieu sont aussi exactes et immuables qu'elles n'ont jamais été.

Revenons sur Exode 28 et terminons le chapitre. Il reste juste une chose particulièrement frappante. Versets 42-43:

Fais-leur des caleçons de lin, pour couvrir leur nudité; ils iront depuis les reins jusqu'aux cuisses. [La nouvelle version internationale dit depuis la taille jusqu'aux cuisses] Aaron et ses fils les porteront, quand ils entreront dans la tente d'assignation, ou quand ils approcheront de l'autel, pour faire le service dans le sanctuaire; ainsi ils ne se rendront point coupables, et ne mourront point. C'est une loi perpétuelle pour Aaron et pour ses descendants après lui.

À quoi le lin fait à nouveau référence? À la pureté. L'endroit où il devait être porté accentue la pureté sexuelle. Il est intéressant de noter que personne ne sut jamais si les sacrificateurs portaient ces caleçons, à l'exception de qui?

Dieu et l'homme. Et j'aimerais vous dire qu'il y a des domaines de votre vie que seuls Dieu et vous connaissez. Mais souvenez-vous que Dieu sait. Dieu sait, mon cher frère, si tu as mis ton caleçon. Le pasteur ne va pas venir te le demander. Le Saint-Esprit le sait déjà.

Juste un dernier point à présent. Nous allons prendre quelques instants Exode 30. J'aimerais prendre le chapitre 29, mais nous avons passé plus de temps sur le 28 que je ne le pensais, alors si nous commencions le 29, jusqu'où irions-nous!

Bien, au début du chapitre 30, nous trouvons quelque chose de vraiment très important. Nous ne lirons probablement que le premier verset.

Tu feras un autel pour brûler des parfums, tu le feras de bois d'acacia.

Il devait être recouvert d'or. Qu'est-ce que les parfums ou l'encens représentent dans nos vies? Un mot et un seul est autorisé. L'adoration. Les mages apportèrent de l'or, de l'encens et de la myrrhe. Je suis sûr que vous savez que l'or est le symbole de la reconnaissance de sa divinité, l'encens celui de l'adoration et la myrrhe, le symbole de la robe pourpre de la souffrance. La myrrhe représente toujours la souffrance dans la Bible. Nous avons donc ici l'autel en or pour l'encens. L'or représente une pureté totale et l'encens représente l'adoration. Ce que je veux faire ressortir de cette remarque, c'est que tant que nous n'avons pas de sacrificateur, nous ne pouvons brûler d'encens sur l'autel. L'ordre donné est donc d'une importance capitale.

Quelle leçon pouvons-nous à nouveau en tirer? Pas de sacrificateur, pas d'adoration. Votre adoration doit d'abord passer par le sacrificateur. Si le sacrificateur n'est pas en règle, l'autel n'est d'aucune utilité.

Il y a dans Apocalypse un passage qui semble lié à celui-ci. Apocalypse 8:1-4. C'est l'introduction des sept sceaux du livre qui représente en quelque sorte l'arrière-plan d'Apocalypse.

Quand il ouvrit le septième sceau, il y eut dans le ciel un silence d'environ une demi-heure.

Il est intéressant de voir pourquoi le ciel faisait silence. Je crois que ce passage nous donne vraiment la réponse.

Et je vis les sept anges qui se tiennent devant Dieu, et sept trompettes leur furent données. Et un autre ange vint, et il se tint sur l'autel, ayant un encensoir d'or...

Que met-on dans un encensoir? De l'encens. Et que représente l'encens? L'adoration.

... on lui donna beaucoup de parfums, afin qu'il les offre, avec les prières de tous les saints, sur l'autel d'or qui est devant le trône.

Voici donc une image des prières du peuple de Dieu montant jusqu'au trône de Dieu. Et ces prières sont à l'image de la belle fumée blanche aromatique qui sort de l'encens sur l'autel d'or. Et il fallait beaucoup d'encens. Il fallait beaucoup d'adoration. Verset 4:

La fumée des parfums monta, avec les prières des saints, de la main de l'ange devant Dieu.

Car c'est l'ange qui avait les cendres et l'encens dans l'encensoir. Combien d'entre vous ont vu dans une église où est-ce qu'ils utilisent de l'encens? Ils le mettent sur une chaîne en cuivre et ils la font balancer. Et alors qu'ils la balancent, l'air dégagé vient brûler le charbon et la fumée s'élève, ce qui représente une image de l'Ancien Testament.

Verset 5:

Et l'ange prit l'encensoir, le remplit du feu de l'autel, et le jeta sur la terre. Et il y eut des voix, des coups de tonnerre, des éclairs et un tremblement de terre.

Je vais vous faire part de ma compréhension de ce passage, personne n'est obligé de l'accepter. Mais je crois que le ciel était silencieux parce que tout le monde attendait que les prières du peuple de Dieu montent de la terre. Je me sens bénis de savoir que le ciel fait silence lorsque la terre prie. Les prières devaient être offertes par cet ange, qui je crois est soit Jésus soit une figure de Jésus, avant de pouvoir être acceptées. Elles devaient recevoir l'encens de sa main. Mais, lorsque les prières montèrent, l'ange prit les cendres de l'autel et de l'encensoir et les jeta sur la terre et il y eut un tumulte.

L'une des choses qui m'a impressionné, c'est que lorsque nous prions, un tumulte vient sur la terre. Si vous regardez au Moyen-Orient aujourd'hui, je dirais que ce qui s'y passe est en partie dû aux prières du peuple de Dieu. Les prières montent, l'encens y est ajouté, l'ange prend les cendres et les jette et il n'y a plus aucune tranquillité au Moyen-Orient. Il y a des éclairs, des coups de tonnerre et des troubles. Et je ne m'attends plus à ce que les choses s'apaisent. Du moins, si mes prières ont un rapport avec ce qui s'y passe! Je dois vous dire sincèrement que je crois vraiment qu'elles ont un rapport avec ce qui s'y passe. En fait, vous avez le choix, soit vous croyez que Dieu répond aux prières, soit vous n'y croyez pas. Il n'y a vraiment pas d'autres alternatives. Si donc Dieu ne répond pas aux prières, alors ne priez pas. Mais s'il y répond, alors il faut vous attendre à ce que quelque chose se produise. C'est soit l'un, soit l'autre! Je me situe dans cette dernière catégorie. Je m'attends à ce que quelque chose arrive lorsque je prie. Je ne crois pas que ce soit de l'arrogance, je pense que c'est simplement avoir la foi.

Prenons maintenant le chapitre 3. Je suis certain que vous vous demandez quand est-ce qu'on va terminer. J'aimerais vous dire que c'est également mon cas! Je croyais vraiment que nous pourrions parcourir Exode 28 pendant la première session, mais les choses ne se sont pas déroulées ainsi.

Dans Hébreux 3, nous continuons sur le thème du souverain sacrificateur. Nous prendrons le premier verset qui est très riche.

C'est pourquoi, frères saints, qui prenez part à un appel céleste, fixez vos regards sur...

Je pense que c'est la meilleure traduction que j'ai pu trouvé. Certaines versions disent "considérez", mais c'est un mot faible. Celui-ci a une signification beaucoup plus forte, il veut dire "attachez votre attention sur".

... l'apôtre et le souverain sacrificateur de notre confession, Jésus.

Nous devons nous focaliser sur Jésus selon deux critères. D'abord, l'apôtre. Ensuite, le souverain sacrificateur. Le mot apôtre signifie quelqu'un qui est envoyé. Dans Jean 13, Jésus dit, "L'envoyé n'est pas plus grand que celui qui l'envoie". Mais le mot grec est "apôtre". Donc à chaque fois que vous voyez le mot apôtre, pensez immédiatement au mot envoyé car si quelqu'un n'est pas envoyé, alors il n'est pas un apôtre. Si vous rencontriez des apôtres, vous n'auriez pas besoin de demander qui les a envoyés. C'est un sujet très important.

Jésus était l'apôtre parce que le Père l'avait envoyé. Dans Jean 10:36:

Celui que le Père a sanctifié et envoyé dans le monde.

Et plus tard, lorsqu'il apparut à ses disciples après la résurrection, il dit, "Comme le Père m'a envoyé, moi aussi je vous envoie". Jésus est donc devenu un apôtre lorsque le Père l'a envoyé. Ses disciples devinrent des apôtres lorsqu'il les envoya. Mais quiconque n'est pas envoyé ne peut être un apôtre.

Jésus avait été envoyé pour accomplir ce que personne d'autre ne pouvait faire; pour régler le problème du péché. Il le fit par sa vie, sa mort et son sacrifice sur la croix. Et en ce sens, il était l'apôtre.

Ayant accompli son devoir, il revînt vers le Père pour représenter ceux qui avaient reçu son œuvre rédemptrice. Etant retourné auprès du Père pour nous représenter, il devînt notre souverain sacrificateur. Il est donc en premier lieu l'apôtre, et en second lieu le souverain sacrificateur.

Nous trouvons dans ce passage la première apparition du mot confession. Vous vous souvenez que c'est l'un des mots-clés que nous suivons. Le terme grec est *homologia*, qui signifie littéralement "dire la même chose que". Si vous voulez savoir ce qu'est la confession, et bien c'est ça. Le mot confession vient du verbe latin qui signifie précisément "le même, dire la même chose que". Donc pour résumer, la confession c'est dire la même chose que. Ce qui signifie que vous dîtes la même chose que ce que Dieu dit. Elle accorde vos mots à ceux de Dieu.

Jésus est le souverain sacrificateur de notre confession. C'est extrêmement important car cela signifie que s'il n'y a pas de confession, il n'y a pas non plus de souverain sacrificateur. Sa fonction de souverain sacrificateur à notre égard ne peut être effective que sur notre confession. Si nous ne disons pas avec notre bouche les mêmes choses que ce que la Bible dit à propos de nous et lui, alors nous n'avons pas de souverain sacrificateur.

Et vous verrez que cette confession est continuellement liée au souverain sacerdoce. Permettez-moi de vous donner deux autres passages. Gardez vos doigts sur Hébreux 3 et prenez Hébreux 4:14.

Puisque donc nous avons un grand souverain sacrificateur qui a traversé les cieux, Jésus, le Fils de Dieu, [que devons-nous faire?] retenons fermement notre confession.

Et ensuite dans Hébreux 10:21-23 [sans prendre le verset 22]:

Puisque nous avons un grand souverain sacrificateur sur la maison de Dieu, [que faisons-nous?] retenons fermement la confession de notre espérance sans hésitation.

Il y a une progression et elle nous en apprend beaucoup. Tout d'abord, faire la confession. Ensuite, la tenir fermement. Et enfin, la tenir fermement sans hésitation. Qu'est-ce que cela vous dit? Que ça ne va pas aller en s'arrangeant. Ce n'est pas difficile de le dire la première fois, mais c'est plutôt difficile de le dire la troisième fois.

Je crois que le Seigneur est mon guérisseur. Ce qui sonne bien dans une réunion. Mais lorsque vous vous retrouvez seul et que vous n'avez personne pour prier avec vous, qu'il fait sombre et que vous avez des douleurs à cinq endroits différents de votre corps, comment tenir ferme alors? Sans hésitation, bien sûr. Ces trois passages vous en disent donc beaucoup. Vous dîtes que c'est facile de répéter sans cesse la même chose. Essayez. Essayez et revenez me voir d'ici un an pour me dire si c'est si facile. Ce n'est pas difficile à comprendre que le diable se tient devant nos bouches pour essayer de nous empêcher de le dire. Pourquoi? Parce que si nous ne le disons pas, nous lions véritablement les mains de notre souverain sacrificateur. Il est le souverain sacrificateur de notre confession.

Vous n'êtes pas appelés à dire ce que vous pensez, vous êtes appelés à dire ce que la Bible dit. Vos mots doivent être en accord avec la parole de Dieu.

Nous devons voir encore quelques points avant de terminer. Reprenons Hébreux 3:1, où il est écrit:

Frères saints, fixez votre attention sur Jésus.

La clé vers la sainteté est la focalisation sur Jésus. À partir du moment où nos yeux quittent Jésus, la sainteté devient un problème.

Et remarquez aussi que nous sommes participants à un appel et à un service céleste. Le livre d'Hébreux est entièrement centré sur ce qui est en haut et ce qui va de l'avant. C'est pour cette raison que cette étude est si bénéfique pour vous et moi en ce moment précis, parce que beaucoup d'entre nous ont besoin d'être poussés en avant et vers le haut. Prenons ce magnifique passage de Philippiens 3:14. C'est le témoignage personnel de Paul:

Je cours vers le but, pour remporter le prix de la vocation céleste de Dieu en Jésus-Christ.

Paul avait la vision d'un appel le poussant vers le haut et il n'était jamais satisfait de rester au même niveau.

Revenons encore une fois à Hébreux 3:2:

Il était fidèle envers celui qui l'avait désigné, comme Moïse l'avait aussi été dans toute sa maison.

C'est la première fois que le mot fidèle, qui est lié au mot foi, apparaît. À eux deux, ils apparaissent 38 fois dans cette épître. J'aimerais vous faire remarquer, et c'est ainsi que je terminerai aujourd'hui, que la base de l'utilisation du mot "foi" dans la Bible vient de cette première utilisation du mot "fidèle" dans Hébreux. Il n'est pas question de ce que nous croyons, il est question de notre caractère. Il est question de quelqu'un qui s'engage.

La chrétienté évangélique a complètement changé la représentation de ce qu'est la foi. Nous avons tendance à parler en termes de doctrine, nous tenant à une certaine théologie. Nous n'y sommes pas. La foi est tout d'abord une loyauté. C'est en premier lieu un engagement, un engagement personnel envers une personne. Regardez bien ce passage, il n'était pas question de ce en quoi Moïse croyait, il était question de sa façon d'agir. Il était consacré à Dieu peu importe ce que les autres faisaient. Moïse s'y tînt, c'était son devoir, et il le mena jusqu'au bout.

Le dernier mot de Dieu

Cinquième message

Hébreux 3:2-19

Ce premier verset du chapitre 3 se concentre sur deux aspects de la personne de Jésus: l'apôtre et le souverain sacrificateur. En tant qu'apôtre, Jésus fut envoyé pour accomplir l'œuvre de la rédemption. Ayant accompli sa tâche, il est retourné auprès de Dieu en tant que souverain sacrificateur pour représenter ceux qui avaient reçu la rédemption.

Dans ce premier verset apparaît pour la première fois le mot 'confession', qui signifie littéralement 'vouloir dire la même chose'. Nous avons fait ressortir – nous n'allons pas tout reprendre – de quelle manière la confession nous lie au ministère de notre souverain sacrificateur. Il est le souverain sacrificateur de notre confession. Pas de confession, pas de souverain sacrificateur.

Dans le second verset sont évoqués pour la première fois les mots appartenant à la catégorie des termes 'foi', 'fidélité', etcetera. Croire. Et d'après le contexte, il s'agit ici davantage de notre personnalité plutôt que du credo. C'est contraire à la manière de pensée que l'on nous a inculquée, si nous venons d'un arrière-plan évangélique ou pentecôtiste ou, je dirais même, luthérien ou réformé. En gros: protestant. La réforme protestante attachait une importance particulière au fait de rester droit dans la doctrine. Il y a un bon côté à cela, mais également un côté désastreux. Et nous avons interprété la foi comme étant le fait de croire les bonnes choses. Mais, ce n'est vraiment pas là que commence la foi. La foi se trouve premièrement dans la personnalité, et non dans l'intellect. Et que ce soit en hébreu dans l'Ancien Testament ou en grec dans le Nouveau, dans les deux langues, les mots pour 'croire' et pour 'foi' indiquent d'abord et avant tout une loyauté et un engagement. Les doctrines intellectuelles auxquelles vous tenez sont secondaires. Je crois qu'une des choses que le Saint-Esprit est en train de bien nous faire comprendre, c'est que si nous n'ajustons pas notre façon de penser, nous allons manquer les véritables objectifs de Dieu.

Il y a dans la foi un contenu intellectuel, mais il est secondaire. Il n'est pas fondamental. Ce dont je parle linguistiquement, la signification du mot est mieux représentée par le terme 'fidélité' que par la 'foi'. Il y a dans le fait de parler d'un croyant 'infidèle' une réelle contradiction dans les termes, je dirai pourtant que nos églises sont remplies de tels croyants. Vous ne pouvez compter sur eux, ils ne sont pas fiables, ils ne connaissent pas la signification du mot 'engagement', pourtant ils se disent croyants. C'est en fait une utilisation incorrecte de ce mot, selon les critères bibliques.

Nous continuons maintenant avec le chapitre 3:2-6. Nous arrivons ici à la deuxième comparaison. Nous en avions initialement compté sept, je crois. C'est la deuxième. La première se situait Jésus et les anges. Celle-ci a lieu entre Jésus et Moïse. Ces comparaisons ont été données parce qu'il y avait un réel danger que ces croyants auxquels ces mots sont adressés commençaient à ne plus considérer Jésus d'une manière si différente des anges ou de Moïse.

L'une des choses remarquables en ce qui concerne les relations de Dieu avec Moïse et qui m'est devenue vraiment réelle, c'est que Dieu a dit à Moïse qu'il accomplirait de tels signes et miracles qu'Israël le craindrait et le respecterait pour toujours. Et c'est vraiment ainsi que ça s'est passé. Vous pouvez rencontrer des Juifs qui se disent athées, et pourtant ils ont du respect pour Moïse. Ces personnes courraient le risque d'abaisser presque Jésus au rang de Moïse. La seconde comparaison a donc pour but de montrer l'unicité de Jésus par rapport à Moïse et de montrer également sa suprématie.

Je pense que je vais lire ce passage, le traduisant à partir du grec. Versets 2-6. À propos de Jésus, il est dit:

Celui qui a été fidèle à celui qui l'a établi, comme Moïse l'a aussi été dans toute sa maison. Car celui-ci a été considéré digne d'une plus grande gloire que Moïse, tout comme celui qui a construit une maison a plus d'honneur que la maison. Car chaque maison est construite par quelqu'un, mais celui qui a construit [ou a préparé] toutes choses, c'est Dieu. Et Moïse, d'une part, a été fidèle [vous devez rajouter 'a été'] dans toute sa maison comme un serviteur, pour apporter un témoignage à ce qui serait dit plus tard [dans l'avenir]; mais Christ, en tant que Fils sur sa maison...

Je pense que nous allons nous arrêter là pour un moment. Il est important de noter que ce passage est tiré de Nombres 12:7. Encore un exemple sur la façon dont un court passage dans l'Ancien Testament peut être la base de quelque chose de très important dans le Nouveau. Nombres 12:7. Nous avons besoin de connaître le contexte. Miriam et Aaron avaient critiqué Moïse parce qu'il avait épousé une femme non-Israélite, à la peau[2] foncée. En conséquence de quoi, Miriam fut frappée d'une lèpre – ce qui est un avertissement vraiment sérieux quant au fait de critiquer les serviteurs du Seigneur. Et l'attitude du Seigneur est encore précisément la même aujourd'hui envers toute personne méprisante.

Donc le Seigneur descendit dans une nuée pour parler à Aaron et à Miriam, et au verset 6 il dit ceci:

Ecoutez bien mes paroles! LORSQU'il y aura parmi vous un prophète, c'est dans une vision que Moi, l'Eternel, je me révélerai à lui, c'est dans un songe que je lui parlerai. Il n'en est pas ainsi de mon serviteur Moïse. Il est fidèle dans toute ma maison...

C'est le propre témoignage du Seigneur au sujet de Moïse. Ce qui le place dans une catégorie différente du reste des dirigeants d'Israël de cette époque. Il est fidèle dans toute la maison de Dieu.

Vous savez, il peut être discutable de savoir si l'on désire vraiment être distingué par Dieu pour approbation parce que de nombreuses choses en découlent. Avez-vous en tête un autre homme qui avait été distingué par le Seigneur pour une approbation spéciale? Job, c'est exact. Et de nombreuses choses arrivèrent à Job à partir de ce moment-là. J'ai appris en tant que missionnaire travaillant à l'étranger que si vous donnez un brillant rapport de ce que Dieu a fait dans la vie de certaines personnes qui sont venues au Seigneur, toutes les forces de Satan se multiplieront contre cette personne. C'est presque injuste d'agir ainsi. En fait, je pense que certaines personnes ont été exposées à de telles pressions par des missionnaires écrivant des rapports sur leurs convertis vedettes qu'ils ont perdu leur converti. Je voulais juste mentionner ce point. J'ai dit au Seigneur que j'aimerais son approbation, mais je ne suis pas certain de pouvoir supporter tout ce que cela implique.

Voici donc la phrase en question et je veux que vous vous y arrêtiez. 'Moïse est fidèle dans toute ma maison'. Cependant, l'auteur d'Hébreux dit certes que Moïse était fidèle, mais qu'il était un serviteur dans la maison. La différence est que Christ est le Fils de la famille de cette maison. Et vous devez garder à l'esprit que le mot 'maison' tend, aussi bien en hébreu qu'en grec, à signifier premièrement une famille, et ensuite l'endroit où la famille vit. Nous avons inversé les choses et lorsque nous parlons d'une maison, nous pensons d'abord à l'endroit où les personnes vivent. Bibliquement, la maison concerne les personnes qui vivent à cet endroit. Une maison est constituée d'êtres humains, c'est une famille. On trouve les deux utilisations, mais la principale utilisation est 'famille'. C'est là l'essentiel de cette comparaison plutôt brève entre Jésus et Moïse.

Nous arrivons maintenant à un verset très remarquable et très important. Hébreux 3:6, la seconde partie du verset, que je veux étudier plus en détail. C'est l'une de ces courtes phrases que vous pourriez aisément passer sans comprendre la signification. Au sujet de Christ en tant que Fils sur sa maison [ou famille], l'auteur continue ainsi:

... ladite maison nous sommes, si nous sommes...

Et le mot pour 'si' est en quelque sorte un 'si' souligné.

... si nous tenons notre confiance [notre liberté d'expression] et la vantardise de notre espérance fermement jusqu'à la fin.

Il y a un autre mot qui apparaît ici pour la première fois. Le mot 'confiance'. Ensuite, il est écrit entre parenthèses, terme grec: *parresia*. À l'origine, ce mot avait une connotation politique. Il est particulièrement utilisé dans le grec classique au sujet de la ville d'Athènes. La ville d'Athènes était fière d'avoir ce qui est garanti par la Constitution des Etats-Unis, à savoir la liberté d'expression. Personne ne pouvait vous empêcher de dire ce que vous vouliez, du moment que vous ne transgressiez pas certaines règles de base. C'est le terme utilisé ici. Je pense qu'il est très important que vous voyiez que même si nous devons probablement le traduire par 'confiance', il s'agit d'une 'confiance exprimée par la parole'. Lorsque vous perdez votre liberté d'expression, vous perdez vos droits en tant qu'enfant de Dieu et citoyen des cieux.

Vous voyez que tous les autres mots qui l'accompagnent indiquent cette signification. La 'vantardise de l'espérance'. Est-ce mauvais de se vanter? Cela dépend. David a dit: 'Mon âme fera de l'Eternel sa vantardise'. Cette sorte de vantardise est très bonne et nous sommes loin d'en faire assez. En tant que chrétiens, je crois que nous avons une obligation de nous enorgueillir bien davantage du Seigneur que ce que nous faisons, parce que les serviteurs du diable, eux, se vantent tout le temps. L'atmosphère est remplie de vantardises impies émises par les serviteurs du diable.

Notre maintien en tant que famille de Dieu dépend de notre persévérance, de notre vantardise et de notre liberté d'expression. C'est une pensée extrêmement sérieuse. Si le diable vous fait taire et vous empêche d'exprimer votre foi et votre espérance, vous commencez alors vraiment à perdre vos droits et votre héritage en tant qu'enfant de Dieu. Je pense que certains d'entre vous vont commencer à comprendre pourquoi ils ont parfois tant de difficultés à se tenir ferme dans l'expression de leur foi. En vous empêchant d'exprimer votre foi, le diable vous dépouille de votre héritage. Et vous perdez alors vos droits.

Remarquez aussi cette expression qui apparaît plusieurs fois, 'jusqu'à la fin'. Elle accentue également la nécessité de persévérer et d'endurer. Donc, le maintien de notre position dans la famille de Dieu exige que nous conservions notre confiance, notre vantardise en Dieu jusqu'à la fin. J'ai cité un passage ici que j'aimerais que vous preniez dans Jacques 5:11.

Voici, nous disons bienheureux ceux qui ont souffert patiemment. [après] Vous avez entendu parler de la patience de Job, et vous avez vu la fin que le Seigneur lui accorda...

Le mot grec utilisé ici signifie simplement la fin. Ce que je veux faire ressortir par là, c'est que pour le Seigneur, ce qui importe c'est la fin. Et Dieu fait de nombreuses choses que nous n'apprécierons ou ne comprendrons qu'à la fin. Mais en attendant d'arriver à la fin, nous devons tenir fermement notre vantardise, notre confiance: l'expression libre et non retenue de notre foi. C'est vraiment un verset-clé. C'est donc la condition pour le maintien de notre position en tant que famille de Dieu.

Nous allons maintenant continuer avec le verset 7 du chapitre 3. Nous arrivons maintenant au second passage contenant un avertissement solennel. C'est un passage très long qui va de ce verset 7 jusqu'au verset 13 du chapitre 4. Autrement dit, il fait environ 26 versets, ce qui représente une grande partie de cette épître. Je l'ai déjà dit, mais j'aimerais le répéter à nouveau, cette épître contient plus d'avertissements solennels que n'importe quel autre écrit de la Bible que je connaisse. C'est un avertissement contre l'incrédulité. Je ne pense qu'il n'y a personne qui n'ait pas besoin de cet avertissement. Je sais qu'en ce qui me concerne, j'en ai besoin.

Il y a quelques temps de cela, Ruth et moi étions dans le ministère en Angleterre. Ce n'était pas ce que j'avais prévu, mais j'ai commencé mon enseignement en encourageant tout le monde, moi y compris, à confesser le péché de l'incrédulité, à y renoncer, à demander pardon et à affirmer sa foi. Je crois personnellement qu'il y a dans l'église d'aujourd'hui probablement autant d'incrédulité qu'il n'y en avait en Israël au temps décrit ici. Si je devais choisir, je dirais qu'il y en a même plus dans l'église d'aujourd'hui qu'il n'y en avait alors en Israël, mais c'est une simple opinion subjective.

Cet avertissement est aussi basé sur un passage de l'Ancien Testament qui se trouve dans Psaume 95:7-11. Comme il est cité dans Hébreux, nous ne prendrons pas le texte de l'Ancien Testament, je traduirai simplement cette citation. Elle va jusqu'au verset 11 du chapitre 3. Il commence par l'expression 'c'est pourquoi', ce qui n'est pas très moderne, mais il est difficile de trouver un autre terme qui donne cette signification. Je pense que les gens ne disent plus 'c'est pourquoi' autant qu'ils le faisaient. Les gens sont moins logiques, ils sortent des phrases sans se demander comment les relier les unes aux autres.

C'est pourquoi, comme le Saint-Esprit dit...

Ceci est très important parce que tout ce que nous avons ici, c'est un psaume. Il est peut-être préférable de le prendre quelques instants. Il n'y est fait aucune mention du Saint-Esprit. Gardez votre doigt sur Hébreux 3 et prenez Psaume 95. C'est au verset 6 que ce passage commence.

Venez, prosternons-nous et humilions-nous, fléchissons le genou devant l'Eternel, notre créateur! Car il est notre Dieu, et nous sommes le peuple dont il est le berger, le troupeau que sa main conduit… Oh! Si vous pouviez écouter aujourd'hui sa voix! N'endurcissez pas votre cœur...

Remarquez qu'il n'est nullement question du Saint-Esprit. Quelle leçon en tirer? La leçon est que le Saint-Esprit est l'auteur de toutes les Ecritures. C'est une déclaration très claire de la part d'un auteur du Nouveau Testament qui indique qu'ils reconnaissent le Saint-Esprit comme l'auteur des Ecritures de l'Ancien Testament.

Je vous donne un autre exemple plutôt intéressant d'un passage que vous aimerez peut-être prendre. Vous pouvez fermer le Psaume 95, récupérer votre doigt et prendre dans Matthieu 22:31-32. Jésus discute avec les Saducéens, c'était eux qui à l'origine avaient exclu le surnaturel. Ils ne croyaient pas aux anges, aux esprits ou à la résurrection des morts. Ils faisaient de leur religion une sorte de moralité purement naturaliste. Jésus les réfute en s'appuyant sur les Ecritures, sur les cinq livres de Moïse, la Torah qui représentait l'autorité incontestée pour le peuple Juif de l'époque.

Pour ce qui est de la résurrection des morts, n'avez-vous pas lu ce que Dieu vous a dit: Je suis le Dieu d'Abraham, le Dieu d'Isaac, et le Dieu de Jacob? Dieu n'est pas le Dieu des morts, mais des vivants.

Je suis désolé, mais il vous faut prendre un autre passage. Vous aurez besoin d'un autre doigt. C'est dans Exode 3:6. Il s'agit du passage où l'Eternel apparut à Moïse dans le buisson ardent. Verset 5, Dieu dit:

N'approche pas d'ici, ôte tes souliers de tes pieds... [verset 6] Et il ajouta: Je suis le Dieu de ton père, le Dieu d'Abraham, le Dieu d'Isaac et le Dieu de Jacob.

À qui l'Eternel s'adressait-il? À Moïse. Mais, lorsque Jésus cita ce passage, il dit au peuple de son époque quinze siècles plus tard, 'N'avez-vous pas lu ce que Dieu vous a dit?'. Donc vous voyez, pour Jésus, il ne s'agissait pas uniquement d'un incident historique, mais de la parole vivante de Dieu qui parlait encore avec autorité au peuple de Dieu quinze siècles plus tard. Nous voyons dans ces deux passages, dans les paroles de Jésus ainsi que dans les paroles de l'auteur d'Hébreux, que Jésus lui-même et les auteurs du Nouveau Testament considéraient tous l'Ancien Testament comme la production du

Saint-Esprit. L'autorité de Dieu le Saint-Esprit y était inscrite. Il existe de nombreux autres passages qui pourraient le confirmer, mais c'est un point à retenir lorsque nous rencontrons un certain nombre de personnes qui disent que le Nouveau Testament était inspiré, mais pas l'Ancien Testament. Ma conviction est que vous ne pouvez croire au Nouveau Testament sans croire à l'Ancien, parce que le Nouveau Testament a besoin de l'Ancien pour être vrai. C'est un sujet très important.

Revenons maintenant à Hébreux 3 pour avoir la traduction autorisée. Verset 7:

Selon ce que dit le Saint-Esprit [maintenant vient la citation]: Aujourd'hui, si vous entendez sa voix, n'endurcissez pas vos cœurs, comme lors de la révolte, au jour de la [je pense que provocation est le meilleur mot] tentation dans le désert, où vos pères me tentèrent pour m'éprouver [ou me mirent à l'essai], et ils virent mes œuvres pendant quarante ans [virent ce que je fis]. Aussi je fus irrité contre cette génération [c'est la génération des adultes qui sortirent d'Egypte sous la direction de Moïse], et je dis: Ils ont toujours un cœur qui s'égare, ils n'ont pas connu [ou ils ne connaissaient pas] mes voies. Je jurai donc dans ma colère: Ils n'entreront pas dans mon repos!

Analysons un instant les erreurs commises par Israël car nous sommes avertis de ne pas commettre les mêmes. Et on nous rappelle également que c'est le Saint-Esprit qui le dit. J'ai fait une liste des cinq erreurs successives commises par Israël. Tout d'abord, ils n'écoutèrent pas la voix de Dieu. N'écoutant pas la voix de Dieu, ils endurcirent leurs cœurs. Troisièmement, ils tentèrent Dieu. Quatrièmement, leurs cœurs s'égaraient continuellement. Et cinquièmement, ils ne connurent pas les voies de Dieu. Prenez un instant Psaume 103:7.

Il [l'Eternel] a manifesté ses voies à Moïse, ses œuvres aux enfants d'Israël.

Il y a une différence très importante entre le fait de voir les œuvres de Dieu et le fait de connaître ses voies. La seule personne à avoir eu connaissance des voies de Dieu mentionnée ici est Moïse. Tous les Israélites virent ses œuvres, mais seul Moïse les comprit. Ceux qui ne comprirent pas ses voies périrent.

Je ne veux vraiment pas être sévère. Vous seriez assez surpris si vous saviez ce qui se passe en moi en ce moment, parce que je n'ai pas l'intention d'être sévère. Mais tout ce qui se trouve sous pression en moi sort de manière plus sévère que je n'en ai l'intention. Et je pense que c'est le Saint-Esprit. J'espère que ça l'est. Je ne veux pas que ce soit moi. Mais j'aimerais vous poser une question, et personne n'est obligé d'y répondre. Pensez-vous qu'il puisse y avoir, dans le mouvement charismatique, des foules de personnes à avoir vu les œuvres de Dieu sans les avoir comprises? Dans quelle catégorie se trouveraient ces personnes? La même que ce peuple.

Vous voyez, il me semble que les charismatiques sont toujours intéressés de voir se produire des choses spectaculaires. Moi aussi. J'aime voir des choses spectaculaires arriver. Mais ça ne suffit pas. Et si c'est tout, alors vous allez manquer le but. Vous pouvez être sûrs d'une chose: vous n'entrerez pas dans le repos de Dieu.

J'aimerais faire remarquer une chose qui est devenue d'une importance capitale pour moi personnellement et qui est la véritable clé pour faire partie du peuple de Dieu: c'est d'écouter la voix de Dieu. Ceux qui n'écoutent pas la voix de Dieu la manqueront inévitablement. J'aimerais prendre simplement quelques passages qui montrent tous que c'est la condition de base et que ceci ne change pas d'un passage à l'autre. C'est la même chose tout au long de la Bible. Nous allons commencer par Exode 15:26. L'Eternel est en train de parler à Moïse.

Si vous avez besoin de guérison physique, j'aimerais vous suggérer que c'est ici la première condition pour recevoir la guérison de Dieu. J'ai passé une année entière dans des hôpitaux militaires en Egypte pendant la Seconde Guerre mondiale et je suis arrivé à la conclusion que si quelqu'un devait me guérir, je savais que ce devrait être Dieu. Je croyais la Bible. Je sentais en quelque sorte que si je pouvais la comprendre, il y avait là une guérison pour moi. J'ai étudié la Bible pour trouver comment recevoir la guérison et la conclusion à laquelle je suis arrivé après une année passée à l'hôpital, c'est que la condition biblique de base pour être guéri par Dieu, c'est d'écouter sa voix. Exode 15:26:

Si tu écoutes attentivement la voix de l'Eternel, ton Dieu, si tu fais ce qui est droit à ses yeux, si tu prêtes l'oreille à ses commandements, et si tu observes toutes ses lois, je ne te frapperai d'aucune des maladies dont j'ai frappé les Egyptiens; car je suis l'Eternel, qui te guérit.

Ou, 'je suis l'Eternel ton guérisseur', ou 'je suis l'Eternel ton médecin'. Quelle est la première condition? *Si tu écoutes attentivement la voix de l'Eternel.* Nombre d'entre vous m'ont entendu dire qu'en hébreu, on utilise deux fois le mot 'écouter'. Si tu écoutes, tu écouteras la voix de l'Eternel.

Et alors que je me trouvais dans cet hôpital et que je découvrais cela, j'ai demandé au Seigneur ce que ça signifiait d'écouter écouter. J'ai senti que le Seigneur me donnait une réponse. *Tu as deux oreilles, une à droite et une à gauche. Ecouter écouter, c'est m'écouter avec les deux oreilles.* Je vous le recommande. Nous écoutons si souvent Dieu d'une oreille et une autre voix de l'autre oreille. Cela demande toute notre attention.

Ensuite, lorsque nous écoutons, nous devons faire ce qui est droit à ses yeux. Remarquez que la condition suivante concerne à nouveau l'oreille. *Si tu prêtes l'oreille à ses commandements, et si tu observes toutes ses lois.* Sur les quatre conditions, deux font référence à l'oreille. L'oreille est la porte de la guérison pour l'être humain. De ce que vous faites avec votre oreille découlera probablement ce que vous expérimenterez dans le domaine de la guérison et de la santé.

Exode 19:5. C'est ce que l'Eternel ordonna à Moïse de dire aux enfants d'Israël, après qu'ils étaient arrivés au Mont Sinaï. Verset 5:

Maintenant, si vous écoutez ma voix, et si vous gardez mon alliance, vous m'appartiendrez entre tous les peuples, car toute la terre est à moi;

C'est très simple. Que dit Dieu? Deux choses. Obéissez à ma voix et gardez mon alliance. Et voyez-vous, si vous n'écoutez pas la voix de Dieu, vous ne pourrez pas faire les autres choses, parce que vous ne saurez pas ce qu'il faut faire.

Nous allons prendre un instant Deutéronome 28. Malheureusement, la version Segond, la nouvelle version Segond, tout comme la version Semeur ne traduisent pas cette même phrase en hébreu de la même façon – ce qui m'irrite, franchement. C'est ici dans Deutéronome 28:1 la même phrase que celle utilisée dans Exode 15:26, mais ils changent la traduction. La traduction Darby dit ici:

Et il arrivera que si tu écoutes attentivement la voix de l'Eternel, ton Dieu...

Mais si vous regardez dans la nouvelle version Segond et la version Semeur, il est dit respectivement: 'Si tu écoutes le SEIGNEUR, ton Dieu' et 'Si vous écoutez attentivement la parole de l'Eternel votre Dieu'. La version Segond a omis 'attentivement'. Mais la clé est: 'Si tu écoutes **attentivement la voix** de l'Eternel, ton Dieu'. Verset 2:

Voici toutes les bénédictions qui se répandront sur toi, lorsque tu obéiras à la voix de l'Eternel.

Il le dit deux fois. Il semble y attacher de l'importance.

C'est la clé pour toutes les bénédictions. Si vous lisez la liste des bénédictions, ce serait manquer de discernement de ne pas les vouloir. Ceci est une litote.

Quelle est la cause des malédictions qui commencent au verset 15?

Mais si tu n'obéis point [mais il est dit écoutes] à la voix de l'Eternel ... voici toutes les malédictions qui viendront sur toi.

Nous voici devant la ligne de partage. D'un côté, des bénédictions à n'en plus finir. De l'autre, des malédictions sans fin. Quelle est la ligne séparatrice? Ecouter ou ne pas écouter la voix du Seigneur.

J'aimerais que vous preniez un passage très intéressant toujours en rapport avec ce thème dans Jérémie 7:22-23. L'Eternel est à nouveau en train de parler à Israël.

Car je n'ai point parlé avec vos pères et je ne leur ai donné aucun ordre, le jour où je les ai fait sortir du pays d'Egypte, au sujet des holocaustes et des sacrifices.

Ce qui est vrai. Ce n'est arrivé qu'environ deux mois après leur libération d'Egypte. Ce n'est pas par la loi qu'ils ont été libérés d'Egypte; c'est très important de voir cela.

Mais voici l'ordre que je leur ai donné: Ecoutez ma voix, et je serai votre Dieu, et vous serez mon peuple.

Si vous voulez une affirmation simple de ce que signifie appartenir à Dieu, vous ne trouverez jamais une meilleure que celle-ci. 'Ecoutez ma voix, et je serai votre Dieu, et vous serez mon peuple'. Sans cette première condition, il ne peut y avoir de relation. 'Ecoutez ma voix, et je serai votre Dieu'.

Ensuite dans le Nouveau Testament, prenez juste un passage dans Jean 10:27. Jésus est en train de parler et il dit:

Mes brebis entendent ma voix; je les connais, et elles me suivent.

C'est pour moi l'affirmation la plus simple de ce que signifie être chrétien. Il suffit d'entendre sa voix et de le suivre. Si vous n'entendez pas sa voix, vous ne pouvez le suivre. La question n'est pas de savoir de quelle dénomination vous êtes, que vous soyez catholique ou protestant, baptiste ou presbytérien. 'Mes brebis entendent continuellement ma voix'. C'est du présent continu ou répété. 'Mes brebis entendent régulièrement ma voix, et entendant ma voix, elles me suivent'.

Je me risquerai à vous suggérer que si vous avez des problèmes spirituels ou peut-être physiques ou encore financiers, probablement que dans 50 pourcent des cas, votre véritable problème est que vous n'entendez pas la voix de Dieu. Et Dieu va probablement vous laisser dans vos problèmes jusqu'à ce que vous entendiez sa voix. Il serait donc peut-être bon d'arrêter de vous inquiéter au sujet de vos problèmes et de commencer à écouter Dieu.

Il existe un autre fait d'une importance capitale au sujet d'entendre la voix de Dieu dans Romains 10. Romains 10:17:

Ainsi la foi vient de ce qu'on entend, et ce qu'on entend vient de la parole de Christ.

Comment vient la foi? En entendant la parole de Dieu. Le terme grec pour 'parole' est *rhema*. Vous avez probablement entendu de nombreux enseignements à ce sujet. Ce mot signifie la parole directe, personnelle, vivante de Dieu. Il ne suffit pas simplement de connaître la Bible, il faut entendre la voix de Dieu.

Alors que je me trouvais dans cet hôpital militaire pendant une année entière – et croyez-moi, je ne sais pas si certains d'entre vous ont déjà passé une année entière dans un hôpital, mais le temps semble vraiment long. Alors que j'étais couché là, j'ai dit, croyant que j'étais: 'Je sais que si j'avais la foi, Dieu pourrait me guérir'. Mais la chose suivante que je me suis dite, c'était: 'Je n'ai pas la foi'. Chaque fois que je me disais cela, je me trouvais dans ce que John Bunyan appelle 'la dépouille de la détresse' ou 'la sombre vallée du désespoir'.

Un jour, alors que j'étais assis dans mon lit, le dos appuyé contre les oreillers me disant que je n'avais pas la foi, je ne savais pas que ma Bible était ouverte, mais elle était ouverte à Romains 10 et mes yeux sont tombés sur le verset 17. 'Ainsi la foi vient...'. Et ce fut comme un électrochoc, c'était comme un rayon de lumière dans l'obscurité. La foi *vient*. Si vous ne l'avez pas, vous pouvez l'obtenir. Elle vient. Comment vient-elle? En entendant la voix de Dieu. Je me suis alors mis en tête d'entendre la voix de Dieu jusqu'à ce que la foi vienne. Je suis ici ce soir pour attester que je l'ai fait et qu'elle est venue. Environ huit mois plus tard, je suis sorti de cet hôpital, ayant refusé tout autre traitement médical disant que j'allais uniquement faire confiance à Dieu. Essayez donc de le faire, surtout si vous êtes infirmier d'une unité médicale dans l'Armée britannique – c'est n'est pas une chose aisée à dire. Ils m'ont presque mis dans un hôpital psychiatrique. Réellement! Je me suis vraiment échappé de justesse. Mais j'ai écouté la voix de Dieu, la foi est venue et j'ai été guéri.

Le mot 'repos' apparaît pour la première fois dans cette épître. Et entre ce verset 11 et le verset 13 du chapitre 4, ce mot apparaît 12 fois. Le thème du repos est sans aucun doute l'un des thèmes majeurs de ce passage précis. Dans mon introduction, j'ai expliqué que l'on trouve dans Hébreux essentiellement trois mots décrivant le but ou l'objectif de nos vies: le repos, l'héritage et la perfection. J'ai également fait remarquer ici et là que le livre entier d'Hébreux a une portée vers l'avant et vers le haut, pour que nous ayons continuellement les yeux tournés vers l'objectif que Dieu veut que nous atteignions, et trois des principaux mots utilisés pour décrire cet objectif sont le repos, l'héritage et la perfection [ou la maturité ou la complétude].

Nous trouvons également ici la première utilisation du mot 'jurer', dont la forme nominale est le 'serment'. Je les compte pour un. Lorsque Dieu veut attacher une importance spécifique à quelque chose, il veut que nous sachions précisément à quel point c'est important. Donc, non seulement il le dit, mais il le confirme par un serment. Ce point est expliqué un peu plus loin dans l'épître, nous n'allons donc pas aborder ce sujet maintenant.

Alors que je discutais avec un frère il y a quelques temps de cela, il m'a partagé cette pensée plutôt intéressante que si Dieu trouve juste d'insister sur certaines choses qu'il dit – et après tout, si Dieu les dit, c'est qu'il les dit, qu'il insiste sur elles ou non – il fait un serment. Donc, en un sens, ce n'est pas par égard pour lui qu'il le fait, mais pour nous. Ce pourrait donc être juste de notre part d'attacher parfois, dans nos relations avec Dieu, une importance particulière à une chose envers laquelle nous voulons prendre un engagement. Ce frère me fit remarquer, et ce fut pour moi vraiment instructif, c'est pourquoi je vous le partage, que le moyen biblique de prendre cet engagement est de faire un vœu. Plusieurs passages des Ecritures parlent de faire des vœux à Dieu; l'essentiel de l'enseignement sur ce sujet étant 'fais un vœu et garde-le. Ne reviens pas sur ton vœu'.

Lorsque vous faites un vœu, cela revient en fait à vous lier. Et à partir de ce moment-là, il n'y a pas de possibilité de retour. Je ne suis pas en train de suggérer de commencer immédiatement à faire des vœux, mais j'ai vu sous un jour totalement nouveau l'une des raisons pour lesquelles Dieu nous laisse la possibilité de faire des vœux. C'est pour nous une façon de prendre un engagement supplémentaire, qu'il n'est pas possible de renier. Ici, l'engagement supplémentaire de Dieu, si l'on peut le formuler ainsi, se trouve dans son serment lorsqu'il jure. Et il était tellement en colère contre ce peuple que, les Ecritures nous disent: Il jura dans sa colère. Nous devons garder à l'esprit que Dieu peut se mettre en colère, et que c'est très effrayant de se trouver face à face avec la colère de Dieu. Hébreux a bien des choses à dire au sujet de la colère de Dieu. Dans ce passage, il entre vraiment en colère contre ce peuple, qui l'a tant de fois provoqué. Ils ont manqué tellement de fois ses objectifs qu'il ne dit pas simplement 'Vous n'entrerez pas dans mon repos', mais il jure 'Vous n'entrerez jamais dans mon repos'.

Continuons maintenant avec l'application de ce passage tiré de Psaume 95. Verset 12:

Veillez, frères, de peur que l'un d'entre vous n'ait un cœur mauvais d'incrédulité, se détournant du Dieu vivant.

La nouvelle version Segond dit 's'éloigner', mais le choix du mot n'est, d'après moi, pas très bon parce que le mot grec indique qu'il s'agit de quelque chose que l'on fait de son plein gré. Vous pouvez vous éloigner par accident, mais vous vous détournez par choix. C'est de ça qu'il est question. *Prenez garde, de peur que l'un d'entre vous n'ait un cœur mauvais d'incrédulité, se détournant du Dieu vivant.*

Mais exaltez-vous [encouragez-vous ou réveillez-vous] les uns les autres [ou vous-mêmes] chaque jour, pendant qu'il est dit aujourd'hui, de peur qu'aucun d'entre vous ne soit endurci par la tromperie du péché.

Une leçon essentielle: l'incrédulité est mauvaise. Ce n'est pas une faiblesse dont on peut s'excuser, mais un péché dont il faut se repentir. Le terme utilisé pour 'mauvais' est un mot assez fort. Je pense que voici l'un de nos principaux problèmes. Nous avons tendance à tolérer notre propre incrédulité. Nous pensons que c'est en quelque sorte naturel de ne pas posséder toute la foi, et ce n'est pas trop grave si je ne crois pas. Mais ce n'est pas ce que dit la Bible. Un cœur incrédule est un cœur mauvais. Et cela peut nous conduire vers de sérieux problèmes.

Une double protection nous est ici proposée contre cette erreur de céder à l'incrédulité. L'une est personnel, verset 12, 'veilles'. Fais attention pour toi-même. L'autre concerne la communauté au verset 13, 'exhortez-vous'. Et c'est à ce point important qu'il faut le faire tous les jours.

Je me demande si nous avons jamais commencé à prendre cela au sérieux. En effet, tout ceci implique une façon de vivre entre chrétiens qui permette de s'exhorter les uns les autres tous les jours. Il doit exister une quelconque relation qui rend cela possible. J'ai découvert que de nombreuses personnes n'aiment pas être exhortées. Peut-être pas vous. Mais, c'est un commandement des Ecritures. C'est, en un sens, une question de vie ou de mort. Je répète à nouveau qu'il se peut que je sois simplement en train d'exprimer ma façon de voir les choses, mais je ne le crois pas. Je pense être en train de m'exprimer de la part du Saint-Esprit lorsque je dis que Dieu prend ce sujet très au sérieux. Plus sérieusement que la plupart d'entre nous ne seraient disposés à le faire.

Continuons ensuite avec le verset 14. Notez, s'il vous plaît, avant que nous ne lisions le verset 14 que le péché est très trompeur. Si vous lisez Romains 7

– que je ne veux pas que vous preniez maintenant – la façon dont Paul y parle du péché donne l'impression qu'il s'agit de quelque chose de personnel. Il nous trompe, il prend l'avantage sur nous et nous tue. Ici, l'auteur d'Hébreux insiste à nouveau sur le fait que le péché est trompeur. Vous pensez que tout va bien, vous ne voyez aucun mal dans ce que vous faîtes. Laissez-moi vous suggérer que si vous ignorez ou résistez à l'exhortation de frères chrétiens sincères et qualifiés, c'est que quelque chose ne va pas. C'est une évidence certaine. Vous pensez peut-être que tout va bien, vous vous sentez peut-être bien, mais si vous avez cette attitude, c'est que quelque chose ne va pas.

Continuons avec le verset 14:

Car nous sommes devenus participants de Christ [gardant toujours à l'esprit que c'est aussi le Messie], si [un si très prononcé] nous tenons le commencement de notre confiance fermement jusqu'à la fin...

Qu'est-il dit ici? 'Retenions le commencement de notre assurance fermement jusqu'à la fin'. Oui, c'est assez correct. Remarquez à nouveau l'expression 'la fin'. Vous voyez à quel point tout est dirigé vers la fin. Et remarquez à nouveau que nous devons la tenir fermement. Et remarquez qu'il ne s'agit pas du mot 'liberté d'expression' ici, mais du mot qui est utilisé au début de l'épître aux Hébreux au sujet de la substance du Père. Vous vous en souvenez? Nous ferions peut-être mieux de reprendre ce passage. Hébreux 1:3, au sujet du Fils de Dieu.

Qui étant la radiance de sa gloire, et l'exacte représentation de sa substance...

Avez-vous également le mot substance ici? Votre traduction donne peut-être quelque chose d'autre. Il est question de ce qui sert de base à quelque chose d'autre. Nous avons vu tout cela, lorsque nous avons étudié ce passage. Et ce même mot est utilisé dans Hébreux 11:1:

La foi est la substance des choses espérées...

Ce qui sert de base à ce en quoi nous espérons, c'est notre foi, c'est la base. Ce qui signifie donc la base, l'assurance, la confiance. Par contre, il ne s'agit pas du mot dont nous avons parlé juste avant et qui signifie la 'liberté d'expression'. Est-ce que vous comprenez? J'espère que je ne suis pas en train de vous embrouiller. En fait, ils sont en quelque sorte tous interdépendants.

L'un des points sur lequel Hébreux insiste, c'est qu'il faut avoir la confiance. Il n'est pas bon d'être craintif ou peu enthousiaste ou presque croyant. L'auteur insiste sur une confiance forte et affirmée.

Continuons avec le verset 15:

Pendant qu'il est dit, Aujourd'hui si vous entendez sa voix, n'endurcissez pas vos cœurs comme dans la provocation.

Excusez-moi, mais nous devons retourner un peu en arrière, car nous avons passé ici un passage très important. N'allons pas plus loin que le verset 14 pour l'instant, d'accord?

Car nous sommes devenus participants de Christ, si nous tenons le commencement de notre confiance [assurance] fermement jusqu'à la fin...

C'est assez logique que je sois passé trop vite sur ce verset, car la phrase que nous avons ici est très courte. 'Nous sommes devenus participants de Christ'. Participants en Christ, ce ne sont que peu de mots, mais ils ont une telle signification. À moins de comprendre ce que ces mots impliquent, nous ne pourrons apprécier ce qui est écrit dans le chapitre suivant au sujet de notre héritage, parce que notre repos est lié à notre héritage. Je veux donc m'arrêter un moment et simplement analyser avec vous ce que signifie être participants de Christ. C'est l'une de ces phrases de la Bible, dont vous ne pouvez jamais totalement venir à bout de la signification.

J'ai pensé à sept choses dont nous sommes participants. Vous êtes sans doute surpris d'apprendre que je suis arrivé au chiffre sept. Vous pourriez en trouver davantage, je ne suis pas en train de dire que la liste est complète. J'aimerais simplement que nous parcourions ensemble cette liste quelques instants. La première chose, c'est que nous sommes participants de sa justice. Combien d'entre vous savent où apparaît pour la première fois le mot 'charisma' dans le Nouveau Testament? Je vous mets dans le secret, c'est dans Romains 5:17. Le premier don, vous savez que le mot 'charisma' signifie un 'don'. Quel est le premier don? La justice. Votre esprit naturel ne vous mènerait jamais à penser à cela, pourtant c'est logique. Tant que nous ne sommes pas devenus justes, Dieu ne peut rien faire de plus pour nous. La première chose que Dieu fait pour nous aider, c'est de nous conduire vers un lieu de justice. Romains 5:17:

Si par l'offense d'un seul [et il s'agit d'Adam], la mort a régné par lui seul, à plus forte raison ceux qui reçoivent l'abondance de la grâce et du don de la justice règneront-ils dans la vie par Jésus-Christ lui seul.

Remarquez que la justice est un don reçu par la foi en Jésus-Christ. C'est ce que nous appelons 'la justice imputée'. Mais la justice revêt un autre aspect, qui est la justice travaillée. C'est ce que nous avons vu avec le vêtement de l'épouse qui devait être tissé fil par fil. C'est de la justice travaillée. Le fin lin représente les actes justes des saints, non pas la justice reçue par la foi en

Christ qui nous fait avancer, mais la justice matérialisée par des actes.

Cependant, c'est à ce que nous appelons techniquement la justice imputée que nous avons affaire ici. Dieu reconnaît la justice en nous. C'est un don et il est extrêmement important de voir que c'est là que tout commence. Si vous ne croyez pas vraiment que vous avez été reconnus justes, vous lutterez constamment avec le problème de la culpabilité du démérité ou de l'insuffisance. Donc, lorsque nous devenons participants de Christ, nous devenons participants de sa justice. Dans 2 Corinthiens 5:21 qui est, je dois l'avouer, l'un de mes passages préférés des Ecritures, il est dit:

Celui [Jésus] qui n'a point connu le péché, il l'a fait devenir péché pour nous, afin que nous devenions en lui justice de Dieu.

Il s'agit là du formidable échange qui a eu lieu. Jésus a été fait péché portant notre état de péché, afin que nous devenions justes avec sa justice. Non pas en la méritant, mais en y croyant. C'est un don gratuit, il ne peut être gagné. Ensuite, il doit être travaillé. Mais si vous ne le recevez pas par la foi, vous n'avez rien à travailler. Vous devez commencer par la transaction de la foi. Vous avez été reconnus aussi justes que Jésus. Nombre d'entre vous ont entendu ma définition du mot 'justifié': rendu aussi juste que si je n'avais jamais péché. La justice que je possède n'a jamais péché. Il n'y a pas l'ombre d'un péché dans la justice de Jésus. Nous sommes donc devenus participants de sa justice. Ce qui va de pair avec le fait d'être participants de Christ.

Ensuite, nous sommes devenus participants de sa vie. Retournez dans Romains au chapitre 6:23. L'un des versets favoris des baptistes – et c'est un bon verset.

Car le salaire du péché, c'est la mort; mais le don gratuit de Dieu, c'est la vie éternelle en Jésus-Christ notre Seigneur.

C'est le même mot, *charisma*. Donc une fois que vous avez reçu la justice, vous avez le droit de recevoir la vie. L'ordre est très important. Dieu ne pourrait donner la vie à un pécheur qui est toujours coupable. Donc, la première chose à laquelle nous sommes participants, c'est sa justice. Mais comme nous n'étudions pas convenablement le Nouveau Testament, beaucoup d'entre nous ne parviennent jamais jusqu'à ce point. Je pense que nombre d'entre vous n'ont jamais vraiment accepté cette idée d'être devenu juste. Et vous vous trouvez en perpétuelle lutte contre la culpabilité ou le démérite ou l'insuffisance. Et vous lutterez jusqu'à ce que vous ayez pris connaissance de ce que l'Evangile enseigne. Votre problème, c'est votre ignorance.

Prenons un autre passage dans Colossiens 3:3-4:

Car vous êtes morts...

Mais en grec, il est dit 'vous mourûtes'. Ce qui est important, parce que c'est arrivé à un moment donné. Lorsque Jésus mourut, vous mourûtes. C'est un fait historique. Vous mourûtes.

... et votre vie est cachée avec Christ en Dieu.

Un endroit plutôt sécurisé, non? Qu'est-ce qui peut bien vous atteindre, là? Mais c'est une vie cachée. Si vous voulez vous montrer, vous devez sortir de votre cachette.

Quand Christ, votre vie, paraîtra, alors vous paraîtrez aussi avec lui dans la gloire.

Voici une autre de ces affirmations inexhaustibles. Christ est notre vie. C'est intarissable. Peu importe tout ce que vous pourrez en retirer, vous n'en aurez jamais terminé avec. Christ est notre vie. Nous sommes participants de sa vie.

La suivante – celle où tout le monde dit 'alléluia' – nous sommes participants de ses souffrances. Si vraiment vous ne dites pas alléluia, c'est que vous ne regardez vraiment pas les choses comme il faut. Je veux dire, nous avons une mauvaise conception de la souffrance. Il existe un petit livre qui, à mon sens, aide beaucoup à ce sujet. Je l'ai trouvé à un moment où j'en avais besoin. Bien sûr, vous pourriez croire que les prédicateurs n'ont pas besoin d'aide, mais j'ai eu besoin d'aide à ce moment-là. C'est du même auteur que *Destinés au Trône* de Paul Bilheimer. Il s'intitule *Ne gaspille pas tes douleurs*. C'est un titre plutôt saisissant et l'essentiel de ce que ce livre veut transmettre, c'est que la douleur reçue de bonne manière est une bénédiction. Elle fera pour vous des choses que rien d'autre ne pourrait faire.

Je ne sais pas si j'en suis rendu au point où en était Paul. Je me le suis souvent demandé. 'Que je le connaisse ainsi que la communion de ses souffrances'. Je dois souvent dire au Seigneur: 'Seigneur, je ne suis pas certain d'être rendu au point de pouvoir dire cela. Sois simplement patient avec moi'.

Nous allons juste prendre encore ce passage dans Romains 8:17. Ce passage parle d'un sujet bien insuffisamment prêché aujourd'hui. On ne dit presque rien sur la question de la souffrance et du renoncement à soi. Cette carence produit alors une image déséquilibrée de la vie chrétienne. Verset 16 et ensuite le 17:

L'Esprit lui-même rend témoignage à notre esprit que nous sommes enfants de Dieu. Or, si nous sommes enfants, nous sommes aussi héritiers: héritiers de Dieu, et cohéritiers avec Christ, si toutefois nous souffrons avec lui, afin d'être glorifiés avec lui.

La condition pour être glorifié, c'est la souffrance. Si nous ne voulons pas souffrir avec lui, nous ne serons pas glorifiés avec lui.

Ensuite, nous sommes participants de son royaume. Luc 22:28-30:

Vous, vous êtes ceux qui avez persévéré avec moi dans mes épreuves...

C'est la foi, vous voyez. C'est la véritable foi. Ce n'est pas d'une foi intellectuelle qu'il est question au prime abord, mais bien de persévérer avec celui qui traverse la souffrance.

... c'est pourquoi je dispose du royaume en votre faveur, comme mon Père en a disposé en ma faveur, afin que vous mangiez et buviez à ma table dans mon royaume, et que vous soyez assis sur des trônes, pour juger les douze tribus d'Israël.

Il y a une telle différence entre le diable et Jésus. Le diable est un dictateur, il domine. Jésus règne, mais il partage son royaume. 'Je vais entrer dans mon royaume et si vous persévérez avec moi, je partagerai mon royaume avec vous'. Nous partageons donc son royaume.

Ensuite, nous partageons sa gloire. Jean 17:22. Il y a de surprenantes affirmations dans ce $17^{\text{ième}}$ chapitre. Jésus est en train de parler et de prier le Père au sujet de ses disciples et il dit:

Je leur ai donné la gloire que tu m'as donnée...

Il partage donc sa gloire. N'est-ce pas merveilleux?

Et non seulement ça, mais nous partageons sa relation avec le Père. Regardons ces quelques versets dans Jean 17:26:

Je leur ai fait connaître ton nom, et je le leur ferai connaître...

C'est le nom du Père. Nous avons vu ce point dans une session précédente.

... afin que l'amour dont tu m'as aimé soit en eux, et que je sois en eux.

Autrement dit, l'amour que Dieu le Père a pour Jésus-Christ le Fils va devenir l'amour qu'il a pour nous. Il le partage avec nous.

Et enfin, la dernière affirmation: il partage la totalité de son héritage avec nous. Jean 16:14-15, il y est question du ministère du Saint-Esprit:

Il [le Saint-Esprit] me glorifiera...

Voilà une bonne façon pour vérifier si ce qui se passe vient du Saint-Esprit. Est-ce que cela glorifie Jésus?

Il me glorifiera; parce qu'il prendra de ce qui est à moi, et vous l'annoncera. Tout ce que le Père a est à moi; c'est pourquoi j'ai dit qu'il [l'Esprit] prend de ce qui est à moi, et qu'il vous l'annoncera.

C'est vraiment une très belle image. Le Père partage la totalité de son héritage avec le Fils. Donc tout ce que le Père a, le Fils l'a aussi.

Mais l'administrateur de la totalité de l'héritage est l'Esprit. Et l'Esprit nous révèle notre héritage, ce qui représente la totalité de l'héritage du Père et du Fils. Par contre sans le Saint-Esprit, nous vivrions comme des indigents plutôt que comme des enfants de roi. Seul l'Esprit nous dévoile notre héritage.

Reprenons un instant Romains 8. Romains 8:17:

Or si nous sommes enfants, nous sommes aussi héritiers: héritiers de Dieu, et cohéritiers avec Christ...

Cohéritiers. Et d'après le système légal de cette époque, je comprends que lorsque vous étiez cohéritiers, vous partagiez la totalité de l'héritage. On ne remettait pas une portion à chacun, mais tout le monde avait part à la totalité de l'héritage. Nous partageons donc la totalité de l'héritage avec Jésus parce que nous sommes enfants de Dieu. Tout ce qu'il possède est notre héritage.

Verset 32 de Romains 8:

Lui qui n'a point épargné son propre Fils, mais qui l'a livré pour nous tous, comment ne nous donnera-t-il pas aussi toutes choses avec lui?

Si Dieu était prêt à donner Jésus, alors il ne gardera rien. C'est donné volontiers. Mais c'est avec lui. Sans lui, rien. Avec lui, tout.

Et là encore nous avions noté, et nous pourrions reprendre à nouveau Hébreux 1:2, que la première affirmation faite au sujet de Jésus en tant que

Fils de Dieu concerne son héritage.

Dans ces derniers jours, Dieu nous a parlé dans son Fils, qu'il a établi héritier de toutes choses...

Donc ce 'toutes choses' correspond à l'héritage de Jésus. Nous partageons cet héritage.

Mais si nous revenons maintenant à Hébreux 3:14, tout ceci dépend d'une condition commençant par 'si'.

... si nous retenons le commencement de notre assurance fermement jusqu'à la fin.

C'est donc vraiment tout ou rien. Il n'y a rien entre les deux. Vous ne pouvez pas dire: 'Je serai une sorte de demi-chrétien et je sais que je n'obtiendrai pas tout, mais j'en aurai une petite partie'. Non, ce n'est pas vrai. Soit vous aurez tout, soit vous n'aurez rien. Il n'existe aucune option intermédiaire.

Remarquez à nouveau, comme je l'ai dit, mais il me semble que le Saint-Esprit tout autant que les Ecritures insistent sur ce point, que cela doit se faire jusqu'à la fin. Nous tenons le commencement de notre assurance jusqu'à la fin.

Continuons maintenant avec le verset 15 du chapitre 3.

Pendant qu'il est dit, Aujourd'hui si vous entendez sa voix, n'endurcissez pas vos cœurs comme lorsqu'ils me provoquèrent.

Quel est le mot souligné ici? Aujourd'hui. 'Pendant qu'il est dit aujourd'hui'. Autrement dit, il y a une certaine période décisive. Quelle est cette période? Aujourd'hui. Combien de temps dure cet aujourd'hui? Personne ne le sait. Comparez ce texte – et vous pouvez garder votre doigt sur Hébreux – avec 2 Corinthiens 6:2.

Car il est dit: Au temps favorable je t'ai exaucé, au jour du salut je t'ai secouru. Voici maintenant le temps favorable, voici maintenant le jour du salut.

Ce serait mal interprété cette citation que de dire: aujourd'hui est le jour du salut. Cela ne va peut-être pas durer la totalité d'aujourd'hui. C'est maintenant. Voici maintenant le jour du salut.

Prenez un instant Proverbes 27:1.

Ne te vante pas du lendemain, car tu ne sais pas ce qu'un jour peut enfanter.

N'est-ce pas vrai? N'est-ce pas absolument vrai? Combien de fois n'avons-nous pas commencé une journée avec dans la tête une idée sur la façon dont elle allait se dérouler? Et pourtant à la fin de la journée, il nous arrive parfois de nous dire: 'Mais comment ai-je pu me retrouver dans cette situation?'. Vous n'avez aucune garantie sur ce qui va se passer tel ou tel jour. Vous n'avez aucune garantie de voir la fin de cette journée. Mais pendant qu'il est dit 'aujourd'hui', faites attention, n'endurcissez pas vos cœurs.

Continuons maintenant avec Hébreux 3:16-19. Il est dit à la fin du verset 15: *'Lorsqu'il me provoquèrent...'* ou *'dans la provocation'*. Après quoi s'en suit une série de questions.

Car qui provoqua lorsqu'ils entendirent? N'était-ce pas tous ceux qui sortirent d'Egypte grâce à Moïse? Et contre qui était-il en colère pendant quarante ans? N'était-ce pas contre ceux qui avaient péché, dont les carcasses tombèrent dans le désert? Et à qui a-t-il juré qu'ils n'entreraient pas dans son repos, sinon à ceux qui étaient désobéissants?

'Qui désobéirent' est une meilleure traduction. Le mot qui est utilisé ici ne signifie pas vraiment 'désobéissant' – il est dit 'désobéirent', mais c'est vraiment à mi-chemin entre 'désobéirent' et 'furent incrédules'. Permettez-moi d'attendre jusqu'au chapitre suivant où nous trouvons le mot précis pour expliquer alors tout ceci plus en détail. C'est la désobéissance qui est le résultat de l'incrédulité, c'est ce que ça signifie. L'accent est donc dans un premier lieu porté non pas sur la désobéissance, mais sur l'incrédulité. À qui a-t-il juré qu'ils n'entreraient pas dans son repos, sinon à ceux – disons – qui désobéirent.

Et nous voyons qu'à cause de l'incrédulité, ils ne purent entrer. C'est purement et simplement le terme pour l'incrédulité. C'est si simple, n'est-ce pas? Ne compliquons pas les choses. N'inventons pas de termes sophistiqués pour dissimuler l'incrédulité. Si nous n'obéissons pas, la raison sera pour nous la même que pour eux: l'incrédulité.

Dans 1 Corinthiens 10, Paul fait remarquer que toutes les expériences vécues par les Israélites qui quittaient l'Egypte à travers le désert sont des modèles écrits pour nous avertir et nous instruire. 1 Corinthiens 10, commençant au verset 1.

Frères, je ne veux pas que vous ignoriez...

Souvenez-vous, la version King James disait: 'Frères, je ne veux pas que vous soyez ignorants'.

... que nos pères ont tous été sous la nuée, qu'ils ont passé au travers de la mer, qu'ils ont tous été baptisés en Moïse dans la nuée et dans la mer, qu'ils ont tous mangé le même aliment spirituel, et qu'ils ont tous bu le même breuvage spirituel, car ils buvaient à un rocher spirituel qui les suivait [ou allait avec eux], et ce rocher était Christ.

Donc Paul rappelle aux chrétiens qui n'étaient pas juifs à l'origine – c'était une église païenne – que tous nos pères endurèrent certaines expériences. Il parle des Israélites qui sortirent d'Egypte. Autrement dit, ils deviennent nos pères spirituels lorsque nous sommes greffés sur le pied d'Abraham. Ils étaient tous sous la nuée, ils traversèrent tous la mer. Paul dit que cela correspond à deux baptêmes: le baptême dans la nuée est le baptême dans l'Esprit. Le baptême dans l'eau est le baptême dans la mer. Tous vécurent ces expériences.

De plus, ils burent tous de l'Esprit et ils se nourrirent tous au rocher qui était Christ. Autrement dit, les Israélites expérimentèrent quatre choses qui correspondent à quatre de nos expériences en tant que chrétiens, qui sont: être baptisé dans l'eau, être baptisé dans l'esprit, s'abreuver du Saint-Esprit et se nourrir de Christ.

Mais ils n'ont pas réussi. Je n'aime pas les problèmes théologiques, mais je dois dire que le fait de traverser ces expériences ne garantie pas que vous les réussirez. Je ne peux lire ces mots autrement. Verset 5:

Mais la plupart d'entre eux ne furent point agréables à Dieu, puisqu'ils périrent dans le désert. Or, ces choses sont arrivées pour nous servir d'exemples, afin que nous [ne fassions pas les choses qu'ils firent] n'ayons pas de mauvais désirs, comme ils en ont eu. Ne devenez point idolâtre . , [verset 8] ne nous livrons pas à la débauche... , [verset 9] ne tentons point le Seigneur... , [verset 10] ne murmurez point...

Voici cinq choses bien précises que nous sommes avertis de ne pas faire. Examinons-les un instant. Je pense qu'il y en a cinq, mais c'est peut-être six. Numéro un, ne pas avoir de mauvais désirs. Numéro deux, ne pas être idolâtres. Numéro trois, ne pas nous livrer à la débauche. Numéro quatre, ne pas tenter ou tester le Seigneur. Numéro cinq, ne pas murmurer. Avez-vous remarqué celle-là?

J'ai prêché justement la semaine dernière sur la radio que Dieu réservait un châtiment spécial pour ceux qui murmuraient. Ils ne tombaient pas simplement malades de la façon normale, ils étaient détruits par les anges destructeurs. C'est intéressant. Et nous sommes particulièrement avertis de ne pas murmurer. Le fait de murmurer nous place dans la même catégorie que ceux qui sont idolâtres ou qui se livrent à la débauche.

Voyez-vous, tous les gens religieux ont leur petite liste de péchés acceptables. Certains sont mauvais et d'autres ne le sont pas. Rien de cela n'est basé sur la Bible. Nous confectionnons tous notre propre liste. Les choses que je ne veux pas faire sont de mauvais péchés. Les choses que je fais de temps à autre, ce sont les péchés acceptables. Ne vous y trompez pas, ce n'est pas la voie à suivre.

Verset 11:

Ces choses leur sont arrivées pour servir d'exemples, et elles ont été écrites pour notre instruction, à nous qui sommes parvenus à la fin des siècles.

Ce qui signifie que tout ceci est un avertissement pour nous. Nous arrivons ensuite à un 'ainsi'.

Ainsi donc, que celui qui croit être debout prenne garde de tomber!

Donc si certains d'entre vous se disent: 'C'est bien tout ce qu'il dit, mais cela ne pourrait m'arriver', vous êtes celui à qui s'adresse le verset 12. 'Ainsi donc, que celui qui croit être debout prenne garde de tomber!'.

Cela fait plus de 40 ans que je suis chrétien et je dois dire que je ressens aujourd'hui une plus grande – je ne sais pas quel mot utiliser. Je pense que j'utiliserai le mot 'crainte' – une plus grande crainte de mener une vie inconsciente qu'il y a 30 ans. Vous verrez lorsque nous arriverons au chapitre suivant que les premiers mots sont 'craignons'. Peut-être cela ne convient-il pas à votre théologie, pourtant c'est écrit juste là dans la Bible.

Je pense que une dernière chose, pour maintenant, que je vais pouvoir vous partager est très importante. Nous avons abordé la question d'entrer dans le repos. Vous ne pourrez jamais l'appliquer dans votre vie tant que vous n'aurez pas compris la dernière affirmation dont nous avons déjà parlé : notre repos ne se trouve que dans notre héritage. En dehors de notre héritage, il n'y a pas de repos.

Gardant à l'esprit que tout ceci est basé sur l'exemple des Israélites sortant d'Egypte et entrant dans la Terre Promise, prenons ces trois passages dans le livre de Deutéronome qui rendent tout ceci plus clair. Deutéronome 3:20. Moïse est ici en train de donner des instructions à deux tribus et demie: Ruben, Gad et la moitié de la tribu de Manassé qui avaient décidé qu'ils voulaient leur héritage à l'Est du Jourdain. Il leur dit d'accord, je vous donnerai cet héritage, mais vous devez d'abord venir vous battre avec vos frères pour le territoire se trouvant à l'Ouest. Lorsque ce sera fait, alors vous pourrez partir. Il dit donc au verset 20:

Jusqu'à ce que l'Eternel ait accordé du repos à vos frères comme à vous, et qu'ils possèdent, eux aussi, le pays que l'Eternel, votre Dieu, leur donne de l'autre côté du Jourdain.

Donc le repos vient seulement lorsque que nous possédons le pays qui est notre héritage.

Ensuite Deutéronome 12:9:

Parce que vous n'êtes point encore arrivés dans le lieu de repos [mais Hébreux dit 'dans le repos'] *et dans l'héritage que l'Eternel, votre Dieu, vous donne.*

Remarquez que le repos et l'héritage vont de pair. Pas d'héritage, pas de repos. Il n'y a pas de repos en dehors de l'héritage.

J'étais juste de retour de cinq années en Afrique Orientale et une année au Canada et j'avais emménagé à Seattle, Washington. Pour la première fois depuis environ un an et demi, Lydia et moi nous trouvions en location dans une petite maison, une construction en bois avec deux chambres. Une très humble demeure qui nous avait été louée par le président des hommes d'affaires du plein évangile de cet endroit. C'était si bon de ne plus devoir vivre dans la maison de quelqu'un d'autre que j'ai pensé: 'Seigneur, c'est merveilleux'. J'avais ma Bible ouverte devant moi, et en baissant les yeux, je vis que j'étais en train de lire Deutéronome 12:9. Dans la version King James, il est dit: 'Vous n'êtes pas encore venus dans le repos et l'héritage que l'Eternel a pour vous'. J'ai dit au Seigneur: 'C'est un endroit si agréable'. Le Seigneur me parla à nouveau, non pas à travers la Bible, mais clairement. Il me dit: 'J'ai un bien meilleur endroit pour toi'. Et partout où je suis allé depuis, je me suis toujours demandé: 'Est-ce ici le meilleur endroit?' Maintenant que nous avons une maison à Jérusalem, je pourrai vraiment croire que c'est le cas, pour ce qui est de notre vie sur terre. En tous cas, cela a rendu les choses vraiment très claires pour moi. Si vous n'êtes pas dans votre héritage, vous n'êtes pas dans le repos. Le repos et l'héritage coïncident.

Enfin un dernier passage dans Deutéronome 25:19:

Lorsque l'Eternel, ton Dieu, après t'avoir délivré de tous les ennemis qui t'entourent, t'accordera du repos dans le pays que l'Eternel, ton Dieu, te donne en héritage et en propriété...

Remarquez que le repos se trouve dans l'héritage.

Le dernier mot de Dieu

Sixième message

Hébreux 4:1-16

Nous commençons cette session aux premiers versets d'Hébreux 4. Ce passage fait partie de ceux que je vous avais indiqués comme contenant un avertissement, celui-ci étant en l'occurrence le plus long de tous. Cet avertissement commence en effet en Hébreux 3:7 et s'étend jusqu'au verset 13 du chapitre 4. Il nous avertit contre l'incrédulité. Nous n'allons pas reprendre tout ce que nous avons vu la dernière fois, mais permettez-moi tout de même de vous lire simplement les quatre derniers versets du chapitre 3, afin de nous remettre dans le contexte, puis d'avancer.

Qui furent, en effet, ceux qui se révoltèrent après avoir entendu sa voix, sinon tous ceux qui étaient sortis d'Egypte sous la conduite de Moïse? Et contre qui Dieu fut-il irrité pendant quarante ans, sinon contre ceux qui péchèrent, et dont les cadavres tombèrent dans le désert? Et à qui jura-t-il qu'ils n'entreraient pas dans son repos, sinon à ceux qui avaient désobéi?

Je vous avais fait remarquer, à ce propos, la dernière fois que ce mot "désobéir" signifie également "refuser de croire". Il associe ces deux concepts d'incrédulité et de désobéissance.

Aussi voyons-nous qu'ils ne purent y entrer à cause de leur incrédulité.

Ainsi se termine le chapitre 3. Ils ne purent entrer à cause de leur incrédulité.

Nous continuons maintenant avec le chapitre 4 et notez bien le premier mot: "donc".

Donc, craignons...

Qu'implique ce "donc" ? Ce "donc" implique que nous pourrions éventuellement commettre cette même erreur tragique, qui est de ne pas pouvoir entrer dans le repos établi par Dieu à cause de notre incrédulité. Je crois que nous n'attachons pas suffisamment d'importance au danger de l'incrédulité, tout comme je crois que nous n'accordons pas suffisamment d'importance à la nécessité de la foi. J'ai vraiment le désir d'avancer dans les choses de Dieu et de conduire les gens dans les choses de Dieu, mais parfois nous avançons tellement vite que nous nous éloignons des choses par lesquelles il est vraiment important de commencer. Je n'ai jamais le sentiment de pouvoir ignorer l'importance de la foi dans ma propre vie. J'ai toujours conscience de l'importance de la foi comme j'ai toujours conscience du danger de l'incrédulité. C'est pourquoi ce verset et ce passage me parlent tout particulièrement.

Je vais continuer en traduisant à partir du grec, m'arrêtant pour faire des commentaires lorsque c'est nécessaire. J'ai tout d'abord fait remarquer que ce passage est le premier des douze où l'auteur dit "faisons quelque chose". En fait, il y en a quatre dans ce chapitre. Le premier se trouve au tout début du chapitre. *"Donc, craignons...".* Est-ce que ces mots vous surprennent ou vous offensent? Avez-vous le sentiment que ce mot n'a pas lieu d'être? Les chrétiens n'ont pas de place pour la crainte.

J'ai vécu une expérience plutôt tragique à ce sujet. Les personnes, qui étaient, humainement parlant, responsables de ma venue au Seigneur, étaient un gentil couple de chrétiens qui habitait la ville de Yorkshire en Angleterre. Je n'étais resté que quelques semaines chez eux, après quoi l'Armée britannique m'avait envoyé à l'étranger. Lorsque je suis revenu en Angleterre en 1948-49, je suis allé leur rendre visite. Je me suis rendu compte qu'à certains égards, ils n'allaient pas bien spirituellement parlant – plus particulièrement le monsieur qui était en quelque sorte mon père dans la foi. Il avait cette conviction à laquelle il était, je pense, arrivé tout seul que la crainte n'avait plus de place dans la vie chrétienne. Il m'était difficile de discuter avec lui, étant donné qu'il était bien plus âgé que moi et que j'avais pour lui un respect et un amour véritables. Je lui ai pourtant dit: "Tout dépend de quelle crainte tu veux parler, parce que dans le Psaume 19, il est dit: "La crainte de l'Eternel est pure, elle subsiste à toujours". Cette crainte ne connaît donc jamais de fin". Ce qui est triste, c'est qu'il avait décidé de ne jamais prendre de médicaments et je trouvais que c'était un peu arrogant de sa part. J'ai fait le lien entre cette décision et cette attitude qu'il avait vis-à-vis de l'absence de place pour la crainte chez les croyants. Il développa tragiquement un diabète et dut se faire amputer d'une jambe. Il fut profondément choqué et se remit à peine de voir que sa foi ne lui avait pas apporté la guérison.

D'après mes observations, son vrai problème était qu'il ne comprenait pas qu'il existe une crainte qui a tout à fait sa place dans la vie chrétienne. Ces mots écrits ici ne s'adressent pas aux non-croyants, mais bien aux croyants chrétiens. *"Craignons".* Gardons à l'esprit qu'il n'est pas impossible de passer à côté de ce que Dieu a établi pour nous.

Nous voyons également apparaître pour la première fois dans ce verset le mot que nous suivons "promesse".

Donc, craignons de peur que, nous étant laissée là la promesse d'entrer dans son repos [c-à-d le repos de Dieu], *certains d'entre vous ne se voient en avoir été privés.*

Une promesse a deux côtés. Elle vous offre certes de bonnes choses, mais d'un autre côté, si vous ne revendiquez pas cette promesse, vous vous trouvez alors privés de quelque chose. Je pense qu'il en va ainsi pour beaucoup de choses dans la vie chrétienne. De bonnes choses sont disponibles, mais avec l'offre de ces bonnes choses, il y a toujours la possibilité de passer à côté. C'est donc pour moi un verset très important. Je ne veux pas dépasser cette crainte. Au contraire, je veux marcher dans cette crainte qui me garde très sobre et très humble. Il n'y a pas de place pour l'arrogance, pour la fierté ou pour la confiance en soi. Je pense que vous découvrirez que c'est l'une des principales leçons de ce chapitre. Le thème principal de ce chapitre, son application pratique, c'est d'entrer dans le repos de Dieu. Mais, je crois que c'est avec cette attitude que nous devons nous présenter pour pouvoir entrer dans le repos de Dieu.

Continuons avec le deuxième verset.

Car nous avons aussi été évangélisés...

La bonne nouvelle nous a été proclamée. C'est un seul verbe en grec, évangéliser.

... tout comme ils l'ont été; mais la parole d'entendement...

Vous pouvez traduire littéralement par "la parole qu'ils entendirent", mais il s'agit d'une parole d'entendement. Je ne sais pas si vous voyez où je veux en venir. C'est une parole à être entendue.

... la parole d'entendement ne les aida pas [ou ne leur profita pas], *parce qu'elle n'était pas mélangée avec la foi en ceux qui l'entendirent.*

Nous voyons ici à nouveau une importante application. La parole de Dieu est envoyée pour nous faire du bien, mais elle ne nous profite que si elle est mélangée avec suffisamment de foi pour l'entendre. La foi est le catalyseur qui déclenche les effets bénéfiques de la parole de Dieu.

Prenez si vous le voulez un instant 1 Thessaloniciens 2:13.

C'est pourquoi nous rendons continuellement grâce à Dieu [ces mots sont adressés aux chrétiens Thessaloniciens] de ce qu'en recevant la parole de Dieu, que nous vous avons fait entendre...

C'est exactement la même idée, "la parole d'entendement", la parole destinée à être entendue.

... vous l'avez reçue, non comme la parole des hommes, mais ainsi qu'elle l'est véritablement, comme la parole de Dieu, qui agit en vous qui croyez.

Donc, la condition pour que la parole de Dieu travaille en nous efficacement, accomplissant ce qu'elle est censée faire, c'est que nous y croyons. Si elle n'est pas mélangée avec la foi habitant en nous, elle ne produit pas les résultats promis.

Et la foi, à son tour, vient en entendant, comme nous l'avons vu précédemment. Donc, en un sens, l'entendement est l'essence de ce qui est attendu de notre part. Continuons maintenant avec les versets 3-5 du chapitre 4 dans Hébreux:

Car nous qui avons cru entrons dans le repos...

Ou, "sommes en train d'entrer dans le repos". Vous pouvez le traduire des deux façons. Pour certains, la première est peut-être vraie, pour d'autres c'est la seconde. Nous qui crûmes, nous entrons dans le repos ou sommes en train d'entrer dans le repos.

... comme il dit...

Et nous arrivons maintenant une fois de plus à une citation tirée du Psaume 95 qui est cité cinq ou six fois dans ce passage.

... comme je jurai dans ma colère, ils n'entreront jamais dans mon repos.

L'accent ici est mis sur "mon repos", le repos de Dieu.

Bien que les œuvres [les œuvres de Dieu] furent terminées dès la fondation du monde. Car il dit quelque part...

Et je remarque que l'auteur d'Hébreux ne donne pas toujours la référence exacte. L'avez-vous remarqué? Il dit "quelque part". Il le fait une ou deux fois.

Il dit quelque part au sujet du septième jour comme suit, Et Dieu se reposa au septième jour de toute son œuvre; et ici encore ils n'entreront jamais dans mon repos.

Analysons un peu tout ceci. Nous qui crûmes, nous entrons dans le repos. "Croire" est au passé, "entrer" est au présent. Donc, avant de pouvoir entrer, vous devez avoir crû. Croire doit être une décision établie. Vous ne pouvez pas être constamment en train de faire marche arrière et revenir à nouveau, c'est quelque chose de défini. Vous avez pris la décision, vous avez pris l'engagement. Et sur cette base, vous pouvez avancer pour entrer dans le repos. Les personnes qui sont toujours en train de faire marche arrière et de prendre à nouveau leur décision ne remplissent pas les conditions pour entrer dans le repos. Nous qui crûmes, ou avons cru, nous entrons dans le repos.

Et c'est du repos de Dieu qu'il s'agit ici. L'une des caractéristiques de Dieu, c'est qu'il aime partager ses bonnes choses avec nous. Dans l'un des psaumes, il est dit qu'il nous fait boire de la rivière de ses plaisirs. Donc Dieu partage ses plaisirs avec nous. L'un de ces plaisirs est de partager son repos avec nous. Il veut que nous entrions dans le repos dans lequel il est lui-même entré.

Pour poursuivre ce thème du repos, retournons à présent quelques instants dans l'Ancien Testament, dans Genèse 2:2:

Dieu acheva au septième jour son œuvre, qu'il avait faite; et il se reposa au septième jour de toute son œuvre, qu'il avait faite.

Le repos de Dieu est donc un arrêt après toute l'œuvre qu'il avait faite. Je suis certain qu'il y a certains aspects que je ne comprends pas totalement, mais je ne crois pas que Dieu se soit reposé précisément parce qu'il était fatigué. Son repos n'était pas la conséquence de la fatigue. C'était l'un de ses plaisirs. J'aimerais presque dire qu'il se détendit. Et si j'utilisais la phrase suivante: il s'assit pour regarder tout ce qu'il avait fait et prit le temps de l'apprécier. Combien d'entre nous prennent jamais le temps d'apprécier les choses qu'ils font ou qu'ils ont faites? C'est bien pour ceux qui le font, mais ce n'est pas un trait de caractère flagrant de la vie dans notre société. Dans notre culture contemporaine, la plupart de nous, une fois terminé quelque chose, sommes déjà occupés à en commencer une autre. Mais l'exemple de Dieu, c'est d'apprécier la chose que l'on vient de terminer. Prenez le temps de l'apprécier.

Si vous avez fondé une famille, prenez le temps de l'apprécier. Quoique ce soit que vous fassiez, c'est divin de l'apprécier, de se détendre. En fait, la capacité à se détendre est une capacité divine.

J'aimerais maintenant continuer sur ce thème en prenant Exode 20, là où sont donnés pour la première fois les Dix Commandements. Exode 20:8-11, c'est le quatrième commandement. Il est intéressant de voir que ce quatrième commandement comprend davantage de versets que tous les autres.

Souviens-toi du jour du repos, pour le sanctifier...

Par ailleurs, le jour du repos, le Sabbat vient du mot hébreu *shabbath*. Il est directement lié au mot "repos" qui se dit: *shabath*. Ne nous embarrassons pas de la lettre du milieu. Donc, le repos et le Sabbat ont en fait tous deux la même racine. Donc Dieu pris un Sabbat le septième jour et se reposa.

Souviens-toi du jour du repos, pour le sanctifier...

Ruth et moi apprécions toujours le Sabbat en Israël. L'une des choses que l'on fait lorsque l'on rencontre quelqu'un ou que l'on prend congé de quelqu'un et qu'on lui dit "À vendredi pour le déjeuner", car le Sabbat commence le vendredi soir au couché du soleil, c'est qu'on lui dit "*Shabbat shalom*" — Sabbat, la paix soit avec toi. C'est vraiment une bénédiction de dire cela. En fait, lorsqu'un vendredi arrive ici en Floride, Ruth et moi nous tournons l'un vers l'autre et nous disons "*Shabbat shalom*". C'est une expression pour laquelle les chrétiens n'ont vraiment pas d'équivalent.

Prenons donc ce passage:

Souviens-toi du jour du repos, pour le sanctifier. Tu travailleras six jours, et tu feras tout ton ouvrage [c'est aussi un ordre]. *Mais le septième jour est le jour du repos de l'Eternel, ton Dieu: tu ne feras aucun ouvrage, ni toi, ni ton fils, ni ta fille, ni ton serviteur, ni ta servante, ni ton bétail, ni l'étranger qui est dans tes portes. Car en six jours l'Eternel a fait les cieux, la terre et la mer, et tout ce qui y est contenu, et il s'est reposé le septième jour: c'est pourquoi l'Eternel a béni le jour du repos et l'a sanctifié.*

Un de mes amis qui est rabbin m'a fait remarquer que Dieu bénit le temps et le sanctifia avant de bénir l'espace. Le temps est la première chose que Dieu sanctifia. Il y a d'ailleurs un assez bel ouvrage écrit par un rabbin assez âgé qui dit que le sabbat est pour Dieu la cathédrale du temps. C'est son lieu d'adoration, de repos et de sainteté.

Israël avait donc pour ordre de respecter le sabbat parce que Dieu l'avait également respecté. Dans Deutéronome, là où l'on trouve à nouveau les Dix Commandements, une autre raison nous est donnée: parce qu'ils avaient été esclaves en Egypte et que Dieu les avait délivrés. C'était donc aussi pour commémorer leur délivrance de l'esclavage et leur possibilité de prendre du repos.

Voici un autre passage encore très significatif, dans Exode 31:16-17.

Les enfants d'Israël observeront le sabbat, en le célébrant [faisant le sabbat*], eux et leurs descendants, comme une perpétuelle alliance.*

Voilà un point intéressant, mais que nous n'avons vraiment pas le temps d'aborder. En fait, je ne suis pas certain d'être suffisamment compétent pour en parler, mais en tous cas Dieu dit qu'en ce qui concerne Israël, c'est une alliance perpétuelle. Verset 17:

Ce sera entre moi et les enfants d'Israël un signe qui devra durer à perpétuité; car en six jours l'Eternel a fait les cieux et la terre, et le septième jour il a cessé son œuvre et il s'est reposé.

Ces paroles ont été dites il y a probablement environ 3500 ans et en ce qui concerne le peuple juif dans son ensemble, ça a été vrai tout depuis. Ils ont respecté le septième jour en le sanctifiant depuis 3500 ans. C'est un assez bon record.

L'une des conséquences est que ce peuple est resté à part, car en respectant vraiment ce septième jour – non pas le dimanche, mais le septième jour – vous serez différents de la plupart des gens autour de vous.

Deuxièmement, c'est un signe perpétuel qui montre qu'ils sont le peuple du Seigneur. Le peuple qui respecte le sabbat est le peuple du Seigneur.

Je ne crois pas pour autant qu'en tant que chrétiens, nous ayons à – ou devrais-je plutôt dire, que nous devions – respecter le sabbat exactement de cette manière. Mais j'aimerais vous suggérer que le fait de pouvoir se reposer est une marque du peuple de Dieu. Ceux qui ne sont pas entrés dans le repos de Dieu ne portent pas vraiment la marque du peuple de Dieu. Je pense que ce thème du repos devrait avoir dans nos pensées une place bien plus importante que celle que la plupart d'entre nous ne lui avons jamais accordée. Depuis que j'ai préparé cette étude, Dieu s'est en fait chargé de me changer. En effet, suite à la préparation de cette étude, mon attitude toute entière a dû subir quelques ajustements très importants.

Continuons maintenant dans Hébreux 4 au verset 6.

Puisque donc il reste pour certains d'y entrer [c-à-d dans le repos de Dieu]*, et ceux à qui la bonne nouvelle avait été précédemment annoncée n'y entrèrent pas à cause de* [quoi?] *leur désobéissance* [incrédulité]*.*

J'ai expliqué ici le mot grec "incrédulité". Ce mot signifie littéralement "ne pas s'autoriser à être persuadé". C'est donc refuser ou retenir la croyance. Il est ici question de la volonté, et non de l'intellect. Le problème avec ce genre d'incrédulité ne vient donc pas de l'esprit, mais de la volonté. C'est un refus de donner son accord. Voilà donc le principal péché. Gardez votre doigt dans Hébreux et prenez un instant Jean 16. Jean 16:8-9: Jésus est en train de parler à ses disciples de la venue du Consolateur, le Saint-Esprit, et il parle de ce qu'il fera lorsqu'il viendra.

Et quand il sera venu, il convaincra le monde en ce qui concerne le péché, la justice et le jugement...

Ce sont là les trois principes de base de toute vraie religion: le péché, la justice et le jugement. L'esprit humain n'aime pas le mot "jugement", particulièrement dans la culture actuelle. C'est pourtant l'un des trois principes de base qui construit toute vraie religion. Il y a le péché, la justice et le jugement selon qu'il y ait eu péché ou justice. Verset 9:

... en ce qui concerne le péché, parce qu'ils ne croient pas en moi...

Remarquez que c'est le premier péché dont le Saint-Esprit nous convainc – celui de l'incrédulité. C'est d'ailleurs étonnant de voir comment il agit. Je me souviens qu'il y a quelques années, alors que j'enseignais la Bible à mes étudiants dans l'Est de l'Afrique, à mes étudiants africains, je me suis soudain senti poussé à parler de la foi. J'ai prêché ce que je croyais être un message positif sur la foi. L'une des mes étudiantes, une jeune femme d'une vingtaine d'années, fondit en larmes et commença à sangloter. J'étais vraiment surpris, je ne comprenais pas ce qui l'avait dérangée. Mais alors que je commençais à discuter seul à seul avec elle, je découvris que le Saint-Esprit l'avait convaincue d'incrédulité. Et cette conviction était si forte qu'elle en était en fait effondrée. C'était pour moi une petite démonstration de ce que le Saint-Esprit peut faire lorsqu'il obtient notre attention. C'était une chrétienne de confession.

Revenons à Hébreux 4:7-9, mais nous allons probablement devoir reprendre à partir du verset 6. J'espère que vous pouvez me suivre, c'est un petit peu compliqué. Mais ce n'est pas de ma faute, ce n'est pas moi qui l'ai écrit.

Puisque donc il reste pour certains d'entrer dans le repos de Dieu, et ceux à qui la bonne nouvelle avait été précédemment annoncée n'y entrèrent pas à cause de leur désobéissance [incrédulité], *et qu'il met à nouveau de côté* [ou il définit ou spécifie] *un jour, disant Aujourd'hui, par David après un temps si long ...*

David est arrivé probablement quatre ou cinq cent ans après que Dieu ait dit ces paroles aux Israélites dans le désert. Mais dans les Psaumes, David aborde à nouveau la question d'entrer dans le repos de Dieu. Autrement dit, les Israélites, à qui ce message avait été tout d'abord présenté, ne l'acceptèrent pas, et n'entrèrent donc pas dans le repos de Dieu. Mais Dieu n'abandonna pas, puisque des centaines d'années plus tard, il soulève à nouveau cette question dans le livre des Psaumes par le Saint-Esprit à travers David. Il dit:

Aujourd'hui...

Et comme je l'ai dit, c'était des centaines d'années après que les Israélites aient été dans le désert:

... si vous entendez sa voix, n'endurcissez pas vos cœurs.

Le commentaire que j'ai fait à ce sujet, c'est que l'échec de l'homme ajouté à l'activité de Satan peut retarder la réalisation du plan de Dieu, mais ils ne peuvent jamais le contrecarrer entièrement. Je pense que c'est important. Israël n'est pas entré dans le repos, mais cela ne veut pas dire que Dieu a abandonné disant que personne n'y entrerait, il a tout simplement attendu un groupe de personnes à une autre époque. J'aime ce qui est écrit ici dans Job 42:2. Gardez votre doigt dans Hébreux, je n'ai pas besoin de vous le dire. Job 42:2. Ce passage est pour moi d'un grand réconfort. Nous lirons le verset 1.

Job répondit à l'Eternel et dit...

Et il a eu besoin de 41 chapitres pour découvrir ceci:

... je reconnais que tu peux tout, et que rien ne s'oppose à tes pensées.

Le savez-vous? Vous rendez-vous compte qu'aucun plan de Dieu ne peut être contrecarré? Il peut être retardé mais en définitive, Satan ne peut contrecarrer le plan de Dieu. C'est pour moi personnellement un grand réconfort, car je crois que c'est vrai pour ma vie. Je peux rencontrer des problèmes, il peut y avoir de l'opposition, mais en définitive, le plan de Dieu dans ma vie ne peut être contrecarré. Quelle bonne nouvelle! Nous devons en être convaincus.

Voilà ce qu'il en était pour Israël. Ils échouèrent, mais Dieu dit: "D'autres personnes entreront dans mon repos. Je n'abandonne pas."

Revenons à Hébreux 4:8.

Car si Josué leur avait donné du repos, alors il ne serait pas en train de parler d'un autre jour après tout ça.

L'auteur montre donc que même si les paroles avaient d'abord été données à Moïse et à Josué, elles ne conduisirent pas le peuple de Dieu dans le repos. Mon commentaire à ce sujet est à nouveau que la génération dirigée par Moïse n'entra jamais dans la Terre Promise. La génération dirigée par Josué entra dans le pays, mais n'obéit pas complètement aux commandements de Dieu et ne put donc bénéficier ni d'une pleine possession de la terre ni d'un repos permanent. Il y a là une longue citation de Josué 23, mais nous n'allons pas prendre le passage, parce que je dois avancer. Mais l'essentiel de ce qui y est dit, c'est: "Maintenant vous êtes dans le pays. Si vous m'obéissez par-dessus tout, si vous n'avez aucune sorte de relation ou affaires avec les Cananéens, mais que vous vous séparez totalement d'eux, alors vous serez mon peuple". Mais nous savons historiquement qu'Israël ne parvint pas à remplir ces conditions, et qu'ils n'eurent donc ni la pleine possession de la terre ni le repos permanent.

Il y a là une leçon, une double leçon. Tout d'abord, en dehors de l'héritage, comme je l'ai dit la dernière fois, vous ne pouvez trouver le repos. Le repos ne se trouve que dans l'héritage. Et d'autre part, vous pouvez être dans l'héritage, mais ne pas avoir encore le repos si vous vous associez avec les Cananéens. Il y a là donc un double avertissement.

Continuons avec le chapitre 4, verset 10 – la dernière partie du verset 9:

Il reste donc un respect du sabbat pour le peuple de Dieu.

Au cas où vous seriez intéressés, le mot grec pour "respect du sabbat" est 'sabbatismos', ce qui signifie précisément "une observation du sabbat". La plupart des traductions disent "un repos de sabbat pour le peuple de Dieu", mais l'accent est mis ici sur le caractère sabbatique du repos. Verset 10:

Car celui qui est entré dans son repos [c-à-d le repos de Dieu] *s'est aussi lui-même reposé de ses propres œuvres, comme Dieu s'est reposé des siennes.*

Nous avons donc ici l'exemple de Dieu. Dieu travailla pendant six jours, puis il prit un sabbat le septième jour. Prenant le sabbat, il arrêta son œuvre. Nous entrons dans le repos de la même façon que Dieu. Comment? En cessant nos propres œuvres. C'est la clé.

Je vais consacrer la dernière partie de cette étude aux conditions d'entrée dans le repos, je vais donc maintenant avancer jusqu'à la fin de ce chapitre, puis revenir en arrière pour donner une application pratique. Je veux insister sur le point suivant: la clé pour entrer dans le repos de Dieu est de faire ce que Dieu fit, c'est-à-dire cesser nos propres œuvres.

Permettez-moi d'insister sur ce point, même si nous allons y revenir. La clé pour entrer dans le repos, c'est de se reposer de nos propres œuvres, ce qui couvre deux aspects. Tout d'abord, cela signifie ne plus faire notre propre volonté. Et ensuite, cela veut dire ne plus faire la volonté de Dieu de nos propres forces. Il s'agit ici principalement d'une décision. Si vous n'avez pas pris cette décision, je doute que vous soyez dans le repos.

Continuons avec le verset 11:

Soyons...

Et c'est le second passage avec un "faisons".

Soyons donc zélés [ou diligents]...

Dans une autre version, il est dit "Mettons donc tout en oeuvre". Ce que je préfère car cela met en évidence le fait que pour entrer dans le repos, il faut faire un effort. D'accord? Il y a là un paradoxe délibéré.

Faisons donc tous les efforts pour entrer dans ce repos, afin que personne ne tombe par le même exemple de désobéissance [ou incrédulité].

Quel est à nouveau l'avertissement? L'incrédulité.

Je ne sais pas si beaucoup d'entre vous sont d'une manière ou d'une autre proches d'amis ou de voisins juifs, mais l'un des jours les plus animés dans une maison juive est le vendredi – particulièrement pour les mères juives. Elles doivent tout préparer avant le coucher du soleil. Elles doivent laver les enfants, les habiller, mettre la table, préparer le repas, tout. Le moment le plus animé est donc juste avant le sabbat. Et je pense que l'auteur veut nous dire que nous devons être tout aussi attentifs, veillant à être fins prêts pour entrer dans notre repos.

Verset 12. Nous avons ici une approche ou un thème légèrement différent, et nous commençons par un "car". Je vais traduire le verset, puis nous y reviendrons pour l'étudier.

Car la parole de Dieu est vivante et active...

Le mot grec est celui qui nous donne "énergique" en français.

... et plus tranchante qu'aucune épée à deux tranchants, et pénètre jusqu'au partage de l'âme et de l'esprit, et des articulations et de la moelle, et est un juge [ou un quelqu'un qui discerne] *des pensées et des intentions du cœur. Et aucune créature n'est invisible devant lui, mais toutes choses sont nues et déposées nues aux yeux de celui à qui nous avons affaire.*

Je dois dire que c'est un passage très solennel. Je suis toujours étonné de la sévérité de ces mots. Lorsque je commence à prêcher à ce sujet, je suis étonné de la façon dont je sens le Saint-Esprit se servir en quelque sorte de moi pour transmettre cette sévérité.

Examinons quelques-unes de ces implications. Pourquoi est-il dit: "Car la parole de Dieu est vivante" ? Quelle en est la raison? Lorsqu'il est dit: "Soyons diligents [ou faisons tous les efforts], car la parole de Dieu est vivante?" Quelle est la connexion? La parole de Dieu pénètre chaque coin de notre être, spirituel ou physique. Si nous nous y exposons régulièrement, elle déposera nue toute partie non détectée d'incrédulité ou de désobéissance. Ne vous jugez donc pas vous-mêmes. Ne dites pas: "Pas de problèmes, je n'ai aucune inquiétude à avoir". Exposez-vous à la parole de Dieu. Laissez-la juger vos pensées et vos intentions. Ouvrez toute votre vie à la parole de Dieu.

Il est dit ensuite au verset 13, "Tout est nu et mis à nu devant les yeux de celui à qui nous avons affaire". Gardez à l'esprit à qui nous avons affaire. Est-ce le pasteur, ou votre berger? À qui avons-nous affaire? À Dieu, c'est exact. J'ai rencontré de nombreux chrétiens, dont le comportement tout entier me montrait qu'ils étaient convaincus que s'ils pouvaient me tromper, personne ne le saurait. Et je priais vraiment: "Seigneur, montre-leur que ce n'est pas vraiment à moi qu'ils ont affaire, mais à toi". Il est très facile d'arriver à cette attitude de penser: "Si je peux tromper les gens, alors je suis sorti d'affaire".

Il y a ici un mot étonnant que j'ai attentivement étudié dans le dictionnaire. "Toutes choses sont <u>mises à nues</u> devant les yeux de celui à qui nous avons affaire". C'est apparemment une métaphore de l'une ou l'autre de ces deux choses. Cela signifie soit lutter avec un lutteur en mettant votre main sous son menton de façon à pousser son menton en arrière jusqu'à ce que sa gorge soit exposée et alors la lui trancher, soit tuer quelque chose comme un poulet en le prenant à la gorge, l'exposant de façon à pouvoir ensuite la lui trancher avec votre couteau. Autrement dit, la parole de Dieu expose votre gorge. C'est une métaphore tellement frappante. C'est comme si vous essayiez de discuter avec Dieu, sachant qu'en ce qui concerne sa Parole, il est plus fort que vous. Et il vous amène au point où vous êtes justement exposés.

Ou prenez l'exemple du poulet. Le couteau est juste sous votre gorge, qu'allez-vous trouver à dire ensuite? "Je ne l'ai pas fait, Seigneur". Mais, le couteau est juste là.

Je ne sais pas si vous pouvez le voir, mais c'est tellement frappant.

Permettez-moi donc de vous donner ici mes deux citations. Réfléchissez à ce qui suit. Pendant que vous lisez votre Bible, votre Bible est également en train de vous lire. L'aviez-vous remarqué? J'ai découvert cela alors que je n'étais même pas encore croyant et que je commençais à lire la Bible en tant que philosophe. Après quelques temps, je perdis l'enthousiasme de la vie. Je sortais danser et m'endormais avant minuit. Je pensais que je me faisais vieux avant l'âge. Je n'avais même pas 25 ans à cette époque. Les choses qui m'avaient jusque là enthousiasmé et plu ne semblaient plus me satisfaire et je perdis confiance dans ma propre capacité intellectuelle. Je pensais avoir la réponse à toutes les questions et j'ai vraiment commencé à me demander ce qui n'allait pas avec moi. La vérité était que j'étais en train de lire la Bible et que la Bible me lisait. Elle me disait: "Tu n'es pas tout à fait aussi intelligent que tu penses l'être. Et ici et là se trouvent certains domaines qui le prouvent!"

Deuxièmement, soit la Bible vous éloignera du péché, soit le péché vous éloignera de la Bible. C'est en fin de compte généralement vrai. Si vous perdez l'intérêt pour votre Bible, c'est un mauvais symptôme. De plus, cela va vous conduire à de plus mauvais résultats. Si vous vous exposez à la Bible, comme le dit ici l'auteur, elle mettra à nu tous ces endroits secrets d'incrédulité, de désobéissance et d'obstination.

J'ai été étonné par certaines personnes à qui j'ai eu affaire dernièrement. J'ai été étonné par leur obstination. Je ne crois pas qu'elles en étaient elles-mêmes conscientes, parce qu'elles ne s'étaient pas exposées à la Parole pénétrante qui va droit à l'intérieur et divise âme et esprit.

Nous arrivons maintenant au premier passage d'application pratique, à savoir aux versets 14-16. Et l'essentiel de cette application est l'accès confiant à Dieu. Au verset 14, nous avons le troisième passage avec un "faisons", qui nous dit "retenons fermement notre profession". Prenons maintenant ce passage commençant au verset 14.

Ayant donc un grand souverain sacrificateur qui a traversé les cieux, Jésus le Fils de Dieu, retenons fermement notre profession.

C'est ce qui est dit. La profession que chaque chrétien doit faire.

Car nous n'avons pas un souverain sacrificateur qui ne peut compatir à nos faiblesses, mais il a été testé [ou tenté] *en toutes choses de la même manière que nous le sommes, sans péché. Approchons-nous donc* [c'est le quatrième "faisons"] *avec confiance...*

Le mot dont il s'agit ici est celui qui signifie "liberté d'expression". Vous en souvenez-vous? Autrement dit, ne laissez pas le diable vous enlever votre liberté d'expression. Ne laissez pas le diable vous rendre conscients du péché, de la culpabilité, vous rendre timides, craintifs.

Approchons-nous avec hardiesse [avec une confiance qui s'exprime librement dans ce que nous disons] *du trône de grâce, pour que nous puissions recevoir la miséricorde et trouver grâce pour avoir de l'aide quand nous en avons besoin.*

Revenons au verset qui dit, "ayant donc un grand souverain sacrificateur qui a traversé les cieux". Il est passé au-dessus de tous les autres royaumes, puissances et dirigeants. Il est exalté bien au-delà d'eux tous. "Jésus le Fils de Dieu, retenons fermement notre profession". J'ai fait remarquer que la confession est constamment liée au ministère de Jésus en tant que souverain sacrificateur. C'est par notre confession que nous activons son ministère en tant que souverain sacrificateur pour répondre à nos besoins.

Retenons fermement notre profession, car nous n'avons pas un souverain sacrificateur qui ne peut compatir à nos faiblesses, mais il a été tenté en tous points de la même manière que nous, mais sans péché.

Permettez-moi de vous faire simplement remarquer ici que Jésus peut s'identifier à toutes nos tentations. Ne lui dites jamais: "Seigneur, tu ne peux pas comprendre ce que je suis en train de traverser". Parce qu'il le peut. C'est l'une de ses qualifications pour être notre souverain sacrificateur.

Nous arrivons maintenant au 16ième verset:

Avançons-nous donc ou approchons-nous avec liberté d'expression du trône de grâce, pour pouvoir obtenir miséricorde, trouver grâce et bénéficier d'une aide lorsque nous en avons besoin.

Je suis convaincu que si Dieu nous dit dans sa parole "Approchons-nous" et que nous remplissons les conditions, alors nous obtiendrons ce pour quoi nous venons. Nous pouvons être certains d'obtenir la miséricorde et de trouver grâce quand nous venons. Je crois que le plus grand problème pour la plupart d'entre nous, c'est que nous sommes lents à reconnaître notre besoin de miséricorde et de grâce. Mais une fois que nous voyons notre besoin et que nous remplissons les conditions, alors le résultat est garanti.

Je pense particulièrement à cette expression "en temps de besoin", car je crois que l'une des choses qui nous retient c'est que lorsque la situation devient vraiment sérieuse, nous pensons qu'il n'y a plus rien à faire. Mais c'est justement à ce moment-là que Dieu dit que nous devrions venir. Donc au moment même où votre besoin se fait le plus sentir, profitez de l'invitation.

Il est question d'un trône, qui appartient bien à un roi, et le roi vers lequel nous allons n'est pas simplement "un" roi, il est "le Roi des rois", il a toute autorité et puissance, de plus il s'agit d'un trône de grâce. La grâce n'est pas méritée. Nous n'avons pas à la gagner, nous devons la recevoir par la foi. C'est là encore un très grand obstacle: "Je ne la mérite pas, je ne peux donc pas m'approcher". Mais vous n'avez pas à la mériter, vous devez en ressentir le besoin et remplir la condition. Vous ne pouvez gagner la grâce.

J'aimerais maintenant aborder la question de l'entrée dans le repos. Ainsi que je l'ai dit plus tôt, c'est un sujet que Dieu a travaillé en moi. Ce que je vais maintenant partager avec vous est le résultat de ce que Dieu a fait en moi. Il ne s'agit pas simplement de théologie ou de théorie, mais d'une expérience et je suis à 100 pourcent certain qu'elle aura un effet pratique. L'une de mes ambitions en tant qu'enseignant des Ecritures est de ne jamais rien apporter qui ne puisse être mis en pratique. J'ai toujours le désir que, d'une manière ou d'une autre, mon enseignement puisse être mis en pratique. Cela peut parfois prendre du temps, cela peut se faire de manière indirecte, mais je serais déçu si mon enseignement de la parole de Dieu n'apportait aucun résultat.

J'aimerais donc que gardiez à l'esprit que la foi est basée sur des faits. Comme vous l'avez probablement entendu, l'ordre est le suivant: fait, foi, sentiment. Ne commencez pas avec les sentiments, commencez avec les faits. Mettez votre foi en avant, et laissez les sentiments prendre soin d'eux-mêmes.

Fait numéro un – et vous serez peut-être surpris de savoir qu'il y a sept faits et que le septième fait est divisé en sept sous faits! Fait numéro un, il y a pour nous peuple de Dieu un repos convenu. Hébreux 4:9:

Alors il reste un repos de sabbat pour le peuple de Dieu.

Donc Dieu a prévu un repos de sabbat pour nous.

Numéro deux, ce repos se trouve dans notre héritage. J'ai déjà longuement parlé à ce sujet donnant des exemples tirés de Deutéronome. Quand Dieu parlait à Israël à propos du repos, c'était toujours par rapport à leur héritage. Je crois que c'est la même chose pour nous. En dehors de l'héritage, il n'y a pas de repos. Nous pourrions simplement prendre Hébreux 3:16-19.

Qui provoqua lorsqu'ils entendirent? N'était-ce pas tous ceux qui sortirent d'Egypte grâce à Moïse? Et contre qui était-il en colère pendant quarante ans? N'était-ce pas contre ceux qui avaient péché, dont les carcasses tombèrent dans le désert? Et à qui a t'il juré qu'ils n'entreraient pas dans son repos, sinon à ceux qui désobéirent [ou furent incrédules]*? Et nous voyons qu'à cause de leur incrédulité, ils ne purent entrer.*

Nous voyons ici que l'entrée dans leur héritage et l'entrée dans le repos étaient deux faits liés. Je voudrais à nouveau insister sur le fait que c'est également vrai pour nous. Nous devons découvrir ce qu'est notre héritage. Autrement, nous ne pouvons entrer dans notre repos.

J'ai aussi fait remarquer que le mot "héritage" et les mots apparentés comme "héritier", etc., font partie des concepts clé dans Hébreux et que l'épître toute entière nous conduit en définitive vers notre héritage, notre repos et notre perfection. Tout est lié. Dans l'héritage, le repos et la perfection sont possibles. En dehors de l'héritage, ni le repos ni la perfection ne sont possibles.

Troisième fait, notre héritage comprend tout ce qui nous revient de par notre relation avec Jésus. Deux versets sont notés à ce propos; Hébreux 3:6:

... ladite maison [ou famille] *nous sommes...*

C'est-à-dire, la famille de Jésus-Christ.

... si en effet nous maintenons notre confiance et la vantardise de notre espérance jusqu'à la fin.

Nous sommes donc la famille de Dieu en Christ, si nous maintenons notre confiance et vantardise jusqu'à la fin.

Puis à nouveau dans Hébreux 3:14:

Car nous sommes devenus participants de Christ, si en effet, nous tenons le commencement de notre assurance fermement jusqu'à la fin.

Nous sommes donc la famille de Dieu, nous sommes participants de Christ à la condition que nous tenions fermement. Mais c'est là notre héritage, être la famille de Dieu et participants de Christ. Et j'ai fait remarquer déjà que si nous sommes participants de Christ, il partage toutes choses avec nous, l'héritage tout entier.

Quatrième fait, cet héritage est garanti par deux choses. A: la mort de

Jésus pour nous. B: sa perpétuelle vie d'intercession pour nous. J'aimerais que vous preniez trois magnifiques passages. Romains 5:10:

Car si, lorsque nous étions ennemis, nous avons été réconciliés avec Dieu par la mort de son fils, à plus forte raison, étant réconciliés, serons-nous sauvés par sa vie.

Nous sommes donc tout d'abord réconciliés par sa mort, et ensuite sauvés par sa vie. Je trouve que dans la majeure partie des églises, il y a parfois trop d'accents mis sur la mort et pas assez sur la vie. Je pense que ceci a été particulièrement vrai par le passé en ce qui concerne l'église catholique romaine. Je pense que c'est en train de changer. Il y avait cependant toujours une image de Jésus sur la croix, mais il manquait l'étape suivante, celle d'aller de la croix à la résurrection. Pourtant Paul dit que sa mort réconcilie, et que sa vie nous sauvera.

Un autre magnifique passage dans Romains 8:34:

Qui les condamnera? [c-à-d, nous] *Christ est mort; bien plus, il est ressuscité, il est à la droite de Dieu, et il intercède pour nous.*

Il est donc à nouveau d'abord question de sa mort, mais c'est ensuite sa vie d'éternelle intercession qui garantie notre salut.

Ensuite Hébreux 7:25, après quoi nous retournerons au chapitre 4.

C'est aussi pour cela qu'il peut sauver parfaitement ceux qui s'approchent de Dieu par lui, étant toujours vivant pour intercéder en leur faveur.

Là où il est dit "parfaitement", il y a dans la marge une autre possibilité qui dit "entièrement", ce que donne la version Darby. Nous avions l'habitude de dire lorsque nous prêchions en utilisant la version King James "du plus profond du caniveau à ce qu'il y a de mieux". Je pense que certains d'entre vous ne croiraient pas que j'ai été prédicateur de rue pendant de très nombreuses années. J'ai pourtant vu dans ces rues de nombreuses personnes être sauvées du plus profond de leurs caniveaux pour parvenir à ce qu'il y a de mieux. Ce passage a donc toujours été pour moi très réel, il vit éternellement, il n'y a personne qui ne puisse être sauvé. Il n'y a aucune vie qu'il ne puisse changer.

Fait numéro cinq, le grand obstacle est l'incrédulité. Je pense qu'il nous faut à nouveau prendre ce passage. Hébreux 3:12:

Veillez donc, frères, de peur que l'un d'entre vous n'ait un cœur mauvais d'incrédulité, se détournant du Dieu vivant.

Ce passage nous est adressé à tous. Veillez de peur que l'un d'entre vous n'ait un cœur mauvais d'incrédulité.

Verset 19 du chapitre 3:

Et nous voyons qu'à cause de leur incrédulité, ils ne purent entrer.

Et chapitre 4:11:

Soyons donc diligents pour entrer dans ce repos, afin que personne ne tombe par le même exemple de désobéissance [ou incrédulité].

Je crois avoir oublier de mentionner par rapport à ce passage – quelque chose de réel – qu'il nous faut être très attentifs à l'exemple que nous suivons. L'un des dangers est de suivre le mauvais exemple. Je suis particulièrement impressionné de tous les mauvais exemples que notre culture contemporaine propose aux jeunes d'aujourd'hui; le danger pour eux de suivre le mauvais exemple est tellement grand. En fait, notre culture nous a dépouillés de la plupart de nos bons exemples, nous n'avons plus de héros, chaque héros a été déboulonné. Tout ce qui nous reste, ce sont de mauvais exemples à suivre. C'est pourtant une question vraiment importante: "Quel exemple suivons-nous?"

Et une autre question importante est de savoir quel exemple vous montrez? L'avertissement donné ici nous dit d'être attentifs à ne pas suivre le mauvais exemple d'incrédulité. Il y a deux ans de cela, je m'occupais d'un jeune homme en Israël qui étudiait l'hébreu à l'Université hébraïque dans la même classe que moi. Il était chrétien, mais l'atmosphère en Israël est totalement imprégnée d'incrédulité qu'il faut une véritable détermination pour garder sa foi. La plupart du temps, Ruth et moi n'étions pas avec les croyants, car nous devions étudier un certain nombre d'heures chaque jour à l'Université hébraïque. Avec grand regret, je regardais ce jeune homme originaire d'Angleterre suivre les mauvais exemples et, en l'espace de six semaines, je compris que les bases de sa foi avaient été enlevées et que je ne pouvais pas vraiment y changer grand chose. Ce qui s'était passé, c'est qu'il avait choisi les mauvais exemples à suivre. L'avertissement nous dit donc de vérifier l'exemple que nous suivons.

Je pense que ceux d'entre nous qui ont des adolescents à charge seront d'accord pour dire qu'ils sont constamment confrontés, particulièrement par les médias, à des exemples qui sont mauvais et destructeurs. Il n'y a plus vraiment de bons exemples à suivre pour eux. Et ceci ne vaut pas que pour les adolescents.

Sixième fait, l'offre de Dieu est pour aujourd'hui, elle est présente, urgente. Nous prendrons deux passages. Hébreux 3:15:

Aujourd'hui si vous entendez sa voix...

Et Hébreux 4:7:

Aujourd'hui si vous entendez sa voix...

Il vous serait peut-être utile de prendre ce passage et de voir combien de fois le mot "aujourd'hui" est utilisé. Je pense qu'il s'y trouve quatre ou cinq fois. Dieu dit 'aujourd'hui'. Ne le remettez pas à plus tard, ne comptez pas sur l'avenir. C'est maintenant le moment accepté.

Avec le septième fait, nous arrivons maintenant aux sept sous-faits. Les points suivants sont les principales conditions requises pour entrer dans notre repos. Je suis certain que vous pouvez les recevoir de manière très pratique. La première condition est de veiller à écouter la voix de Dieu. Hébreux 3:7, nous les avons déjà vus, mais nous allons à nouveau les reprendre.

Aujourd'hui si vous entendez sa voix...

Hébreux 3:15:

Aujourd'hui si vous entendez sa voix...

Hébreux 4:7:

Aujourd'hui si vous entendez sa voix...

Si vous n'entendez pas cela, c'est que vous n'entendez pas sa voix, parce qu'il est répété trois fois "si vous entendez sa voix".

La condition suivante est de nous reposer de nos propres œuvres. Hébreux 4:10:

Car celui qui est entré dans son [c-à-d de Dieu] *repos, s'est aussi lui-même reposé de ses propres œuvres, comme Dieu s'est reposé des siennes.*

Nous devons donc nous reposer de nos propres œuvres pour entrer dans celles de Dieu. Je pense que c'est une sorte de crise par laquelle chacun d'entre nous doit passer.

La condition ou l'exigence suivante est de nous engager à faire les œuvres que Dieu nous a attribuées. Le repos n'est pas synonyme de paresse. Prenez ce passage dans Ephésiens 2:10; c'était le passage favori de ma première femme Lydia et il a vraiment modelé le cours de sa vie.

Car nous sommes son ouvrage [son chef d'œuvre]*, ayant été créés en Jésus-Christ pour de bonnes œuvres, que Dieu a préparées d'avance, afin que nous les pratiquions.*

Les bonnes œuvres sont préparées d'avance. Dès lors que vous êtes créés en Christ Jésus, de bonnes œuvres vous sont attribuées pour que vous les pratiquiez. Vous n'avez pas à improviser. Ce que vous avez à faire, c'est de découvrir ce que Dieu a préparé et d'y entrer. Mais le véritable objectif, c'est que nous sommes créés pour de bonnes œuvres.

La condition suivante est de dépendre de la grâce et de la puissance surnaturelles de Dieu, et non de notre propre capacité. Je pense que ce sont là les deux obstacles que la plupart des gens trouvent difficiles à surmonter. Tout d'abord, cesser de faire nos propres œuvres pour faire celles de Dieu, et ensuite ne pas dépendre de nos propres efforts. Je dirai en tous cas qu'en ce qui me concerne, c'est mon plus grand problème. Dans de nombreux cas, le problème ne vient pas des grandes tâches, mais des petites. Lorsque je fais face à une tâche importante, je sais que je ne peux pas la gérer seul. Mais lorsqu'il s'agit d'une assez petite tâche, j'ai tendance à commencer à m'en charger de mes propres forces, et ensuite je me demande pourquoi ça a mal tourné.

Prenons ensemble quelques exemples. J'aimerais prendre d'abord l'exemple de Jésus dans Jean 9:4. Jésus fait là une extraordinaire déclaration. J'en ai été d'autant plus impressionné que j'étais habitué à la version Segond qui est différente. Cette version dit: *"Il faut que je fasse, tandis qu'il est jour, les oeuvres de celui qui m'a envoyé"*. Mais ce texte-ci basé sur des textes plus précis dit:

Il nous faut accomplir les oeuvres de celui qui m'a envoyé tant qu'il fait jour; (Semeur)

Dans ce texte grec, l'accent est mis sur le "nous". Il est question dans ce passage de l'homme né aveugle, et Jésus dit au verset précédent: "Ce n'est pas que lui ou ses parents aient péché; mais nous devons faire les œuvres de celui qui m'a envoyé". Autrement dit: "Ne restez pas là assis à théoriser pour savoir pourquoi cet homme est aveugle. Nous avons un travail à faire, qui est lequel?

De lui rendre la vue. Ne perdez pas tout votre temps à essayer de comprendre le problème. Venez-en à la solution."

C'est une déclaration très puissante. *"Il nous faut accomplir les oeuvres de celui qui m'a envoyé"*. Et il n'a pas dit "Je". Il s'identifie à ses disciples. Vous et moi avons un travail à faire, mettons-nous y.

Mais un peu plus loin dans Jean 14:10, parlant à ses disciples de sa relation avec le Père, il dit à Philippe (et nous ne reviendrons pas sur le contexte):

Ne crois-tu pas que je suis dans le Père, et que le Père est en moi? Les paroles que je vous dis, je ne les dis pas de moi-même [elles ne viennent pas de moi]; *et le Père qui demeure en moi, c'est lui qui fait les œuvres.*

Jésus dit donc dans Jean 9:4: *"Il nous faut accomplir les oeuvres de celui qui m'a envoyé"*, mais lorsqu'il en vient à analyser comment les mettre en place, il dit:*" Le Père qui demeure en moi, c'est lui qui fait les œuvres, et les paroles que je vous dis ne sont pas les miennes, ce sont les paroles que le Père m'a données"*. Autrement dit, Jésus dépendait totalement du Père qui était en lui pour accomplir la tâche qui lui était allouée. Il est, en un sens, pour nous le modèle parfait, comment ne pas faire les choses dans sa propre capacité.

Paul est ensuite également un exemple très frappant du même principe. Nous prendrons deux passages en rapport avec Paul. 1 Corinthiens 15:10:

Par la grâce de Dieu je suis ce que je suis, et sa grâce envers moi n'a pas été vaine; loin de là, j'ai travaillé plus qu'eux tous, non pas moi toutefois, mais la grâce de Dieu qui est avec moi.

C'est une formidable déclaration. C'est presque comme si la grâce de Dieu était quelque chose d'additionnel. Ce n'était pas uniquement que Paul avait la grâce de Dieu, mais la grâce de Dieu était avec lui. Et il dit tout d'abord: "J'ai travaillé plus dur que tout le reste". Il se corrige ensuite et dit: "Ce n'était pas vraiment moi, je ne peux en prendre le mérite. Mais c'est la grâce de Dieu qui m'a permis de travailler ainsi". S'il y a un mérite à donner, ce n'est pas d'avoir été capable de le faire. Le seul mérite que nous puissions avoir, c'est de laisser la grâce de Dieu le faire. Mais la capacité ne vient pas de nous.

Alors que j'expérimentais ceci, Ruth et moi étions partis pour quelques jours de vacances en décembre de l'année dernière, et nous étions partis extrêmement fatigués. Je ne pense pas que nous ayons jamais été plus fatigués physiquement, mentalement et spirituellement. J'ai demandé à Dieu qu'il nous parle et je m'attendais vraiment à quelque chose de prophétique. Mais cette fois, il nous parla en fait à travers cette leçon que je partage maintenant avec vous. J'aime imprimer les choses dans mon esprit, particulièrement quand je sais que je vais devoir m'exercer à faire des choses d'une certaine manière. Les trois lettres auxquelles je suis arrivé forment le mot "PAS". Cela ne vous aidera peut-être pas, mais moi, ça m'a aidé. Non par ma propre puissance, j'ai retenu la lettre "P". Non par ma propre aptitude, j'ai retenu la lettre "A". Non par ma propre sagesse, j'ai retenu la lettre "S". Donc, si vous pouvez vous en souvenir, alors ça vous aidera. Et lorsque je me raidis et que tous mes muscles spirituels se tendent, je dis P-A-S, non par ma propre puissance, non par ma propre aptitude, et non par ma propre sagesse, mais par la grâce surnaturelle de Dieu.

Je suis parvenu à apprécier le caractère surnaturel de la grâce de Dieu. Il y a quelques temps de cela un dimanche matin je prêchais un message au sujet de la grâce de Dieu. À la fin, quelqu'un s'est levé et il a dit: "Alors que Derek terminait son message, j'ai eu conscience de la grâce de Dieu venant comme dans un nuage", et l'une des images que j'avais utilisée parlait d'un nuage décrit dans le livre des Proverbes ou des Psaumes. Et il dit: "Si vous avez besoin de grâce, recevez-la dès maintenant". C'était moi le prédicateur, et je m'étais rassis parmi l'assemblée. J'ai alors pris conscience d'un point spécifique dans ma vie, pour lequel j'avais vraiment besoin de grâce. Je n'ai pas la liberté de vous dire de quoi il s'agissait, mais c'était à propos de relations. À ce moment-là, je décidai que j'avais besoin de grâce. Je ne voulais pas essayer de la gagner, je ne voulais pas essayer d'y arriver par mes propres forces, alors je décidai de me servir de la grâce de Dieu. Et cette situation et ces relations ont réellement complètement changé à partir de ce moment-là. Cela avait été une leçon vraiment importante pour moi, parce que j'avais vraiment essayé de faire les bonnes choses, mais j'essayais de mes propres forces. Par la suite, Dieu, par le Saint-Esprit, m'a fait passer très méticuleusement par tout cet enseignement.

Prenez maintenant un autre passage, dans Zacharie 4:6:

Alors il reprit et me dit: C'est ici la parole que l'Eternel adresse à Zorobabel: Ce n'est ni par la puissance ni par la force, mais c'est par mon Esprit, dit l'Eternel des armées.

Non par la puissance, non par la force, mais par mon Esprit. Vous devez mettre les "non" en premier. Vous devez mettre de côté ces choses avant de recevoir la grâce du Saint-Esprit.

J'ai regardé ces mots – je ne dis pas forcément que c'est une interprétation finale – mais j'étais intéressé par les mots "force" et "puissance" en hébreu. Il m'a semblé qu'en un certain sens, l'implication de force était matérielle et l'implication de puissance était physique. Autrement dit, ce n'est ni par nos ressources matérielles, ni par notre force personnelle. Mais lorsque vous mettez ces choses de côté, alors vous vous ouvrez au Saint-Esprit.

Vous voyez, le Saint-Esprit se fraie rarement un chemin en nous par la force. Si nous pouvons nous en sortir sans lui, alors c'est ce que nous faisons. Il ne nous pousse pas en nous disant "Tu as besoin de moi". Il attend pour être admis. Pour l'admettre, nous devons dans un certain sens dire d'abord le négatif. Non par les ressources matérielles, non par l'argent, non par les armes et non pas par aucune force de personnalité ou de volonté ou de corps; mais par l'Esprit. Voyez-vous, il y a dans l'univers un seul agent qui peut faire les choses qui ont besoin d'être faites dans les cœurs et les vies des pécheurs. Ce n'est pas l'éducation, ce n'est pas la richesse; c'est le Saint-Esprit. Il n'y a pas d'autres agents, il n'y a donc rien d'autre qui puisse produire ces résultats. Nous pouvons faire tous les gestes et toutes les activités, mais si le Saint-Esprit n'est pas avec nous, les résultats ne correspondront pas à ce qui était attendu.

J'ai pensé à ce sujet que nous avons besoin d'avoir une vision nouvelle de la conversion. Nous n'entendons pas souvent parler de la conversion aujourd'hui. Je crois en la conversion. Je crois que l'Esprit de Dieu peut totalement changer une personne pour toujours et en une seule rencontre. Savez-vous pourquoi je crois cela? Parce que ç'est ce qui m'est arrivé. Cela s'est passé il y a environ 40 ans, ce n'était pas d'un niveau très élevé intellectuellement parlant: je n'aurais pu expliquer l'Evangile, je n'aurais même pas pu dire que j'étais né de nouveau, mais le Saint-Esprit entra dans ma vie et me changea radicalement, totalement et de façon permanente. Après 40 ans, je peux me risquer à dire que c'était réel. Je n'ai jamais nourri l'idée de revenir en arrière. J'ai été découragé, j'ai eu peur, mais il n'y a jamais eu un seul moment où quoi que ce soit dans mon passé ait eu suffisamment de valeur pour me donner le désir de revenir en arrière.

Je suis conscient que tout le monde ne vit pas ce genre d'expérience, mais je vous dis quelque chose: j'aimerais que plus de personnes l'aient vécu. Je suis également enclin à croire que rien d'autre ne pourra répondre aux besoins actuels de notre pays. J'ai vu une publicité dans une revue d'actualités bien connue. Il y a juste une question sur la page qui disait: "Les Japonais sont-ils de meilleurs managers que les Américains?" Je regardais par-dessus l'épaule de Ruth qui lisait l'article et je lui ai dit: "Tu veux mon avis? Enlève le mot 'managers'". Les Japonais sont-ils meilleurs que les Américains?

Le problème des Américains dans le domaine des affaires ne vient pas de leurs techniques, mais des Américains eux-mêmes. Ils n'ont pas les personnes ayant les qualités nécessaires pour construire une bonne voiture. C'est là l'origine du problème. Ou, pour faire de nombreuses autres choses. Ils ont revu leurs critères à la baisse, ils ont pris la direction d'une obsolescence planifiée. Qui veut acheter une obsolescence planifiée quand on peut acheter de l'artisanat? Je crois que le véritable problème de base dans cette nation est qu'il n'y a pas assez de bonnes personnes. Qui va changer tout cela? Le seul qui puisse le faire est le Saint-Esprit. C'est bien que nous fassions tout ce que nous avons à faire, mais si le Saint-Esprit ne nous vient pas en aide, alors ce n'est assez. Je crois qu'il est important que nous voyions tous notre besoin du Saint-Esprit dans une dimension totalement nouvelle.

Je dois avancer. La condition suivante, fixer les bonnes priorités: l'éternel avant le temporel. Là encore, on en parle très peu dans la chrétienté d'aujourd'hui. Tout le monde a le syndrome du succès. Prospérité: posséder une Cadillac. Pourquoi une Cadillac? Je veux dire, il y a de bien meilleurs choses qu'une Cadillac. Mais les chrétiens américains d'aujourd'hui sont fortement focalisés sur le matériel. Il y a certaines bonnes raisons. Je crois que Dieu opère dans le domaine du matériel. Je crois que Dieu a pris des dispositions en ce qui concerne la prospérité. Mais je crois que si nous nous fixons de mauvaises priorités, nous n'obtiendrons pas le genre de prospérité que Dieu a prévu pour nous.

J'aimerais juste que vous preniez quelques passages mentionnés ici. Hébreux 2:5. J'aimerais simplement que vous voyiez le thème.

En effet, ce n'est pas à des anges que Dieu a soumis le monde à venir dont nous parlons...

Il est important de voir que le thème de l'épître aux Hébreux concerne le monde à venir. Ce n'est pas le thème de beaucoup de chrétiens aujourd'hui.

Ensuite, dans Hébreux 13:14:

Car nous n'avons point ici-bas de cité permanente, mais nous cherchons celle qui est à venir.

N'est-ce pas vrai? Je pense que de nombreux chrétiens aujourd'hui ont à peine conscience de la cité à venir. Et tôt ou tard, quelque chose arrivera dans leurs vies qui leur fera vraiment prendre conscience que ce n'est pas ici notre dernier lieu de repos.

Je parlais il y a quelques temps de cela avec une dame d'un certain chrétien qui venait de mourir de façon tragique dans un accident. Cette dame était membre de la même assemblée que le chrétien en question. Elle me dit: "Cet événement a complètement brisé la foi de mes enfants" [qui étaient aussi membres de l'assemblée]. Elle me dit encore: "Que dois-je leur dire?" Je lui répondis: "Enseignez-leur la souveraineté de Dieu". Je ne crois pas qu'elle en avait jamais entendu parler.

Voyez-vous, Dieu n'est pas un distributeur automatique. La foi ne va pas venir avec deux pièces. Vous les introduisez dans la fente et vous obtenez la boisson désirée. Ce n'est pas comme ça avec Dieu. Dieu ne peut être traité comme un distributeur. Nous devons avoir un sens des priorités.

Prenons rapidement ces passages. Matthieu 6:33. Ce sont les paroles de Jésus.

Cherchez premièrement le royaume et la justice de Dieu; et toutes ces choses vous seront données par-dessus.

Remarquez le mot "premièrement". Il n'y a rien de mal dans ces choses, mais elles ne doivent pas venir en premier. Cherchons premièrement le royaume de Dieu et sa justice. Les questions spirituelles d'abord, ensuite le matériel. C'est la promesse de Jésus. Je peux témoigner de la fidélité de Dieu sur de très nombreuses années, car ça a été mon expérience. Je pense pouvoir dire que par la grâce de Dieu, je n'ai systématiquement jamais cherché le matériel en premier.

Comparons ce passage avec 1 Timothée 6:9-10.

Mais ceux qui veulent s'enrichir tombent dans la tentation, dans le piège, et dans beaucoup de désirs insensés et pernicieux qui plongent les hommes dans la ruine et la perdition. Car l'amour de l'argent est une racine de tous les maux; et quelques-uns, en étant possédés, se sont égarés loin de la foi, et se sont jetés eux-mêmes dans bien des tourments.

Ce sont des paroles très dures. Ceux qui veulent devenir riches, ceux qui font de riches projets tombent dans la tentation, dans le piège, et dans beaucoup de désirs insensés et pernicieux qui plongent les hommes dans la ruine et la perdition. Je dois dire, me basant sur mes observations, que c'est vrai, je l'ai vu arriver. Il est essentiel de bien garder nos priorités.

Ensuite, maintenir une ferme confession de notre foi et de notre espérance. Nous l'avons tellement abordé qu'il n'est pas nécessaire de regarder ces références.

Ensuite la dernière condition, et c'est d'éliminer tout Canaanite restant. Reprenant l'exemple d'Israël entrant dans la Terre Promise, nous pouvons prendre un instant Josué 23:11-12:

Veillez donc attentivement sur vos âmes, afin d'aimer l'Eternel, votre Dieu. Si vous vous détournez et que vous vous attachez au reste de ces nations qui sont demeurées parmi vous, si vous vous unissez avec elles par des mariages, et si vous formez ensemble des relations... [verset 13], soyez certains que l'Eternel, votre Dieu, ne continuera pas à chasser ces nations devant vous; mais elles seront pour vous un filet et un piège, un fouet dans vos côtés et des épines dans vos yeux, jusqu'à ce que vous ayez péri de dessus ce bon pays que l'Eternel, votre Dieu, vous a donné.

Je me suis occupé de tant de personnes qui luttaient avec la présence de mauvais esprits dans leurs vies de chrétiens et vraiment, c'est une description frappante. Un fouet dans vos côtés et des épines dans vos yeux. Il n'y a rien à quoi vous puissiez penser de plus douloureux ou de plus frustrant que des épines dans vos globes oculaires. Mais Dieu dit que si vous autorisez les forces ennemies à rester dans votre héritage, elles vous priveront de votre repos.

Je vais, si vous le permettez, résumer tout ceci et vous donner une application pratique. Je pense tout d'abord que le principe est expliqué ici: à l'heure d'aujourd'hui, Dieu nous offre le repos dans la relation, et non dans la situation. Si vous dites: "Si ma situation était différente je pourrais me reposer", alors c'est que vous n'avez pas compris ce qu'est le repos. La base de notre repos à l'heure actuelle, telle que Dieu la désire pour nous maintenant, ne concerne pas notre situation physique ou matérielle, mais notre relation avec le Seigneur, nos relations les uns avec les autres dans le Corps de Christ. C'est notre héritage. C'est dans cette direction que nous devons regarder pour avoir le repos.

Entrer dans le repos, comme je l'ai déjà dit, requiert une décision ferme et personnelle. Et pour que vous ayez la possibilité de prendre cette décision, si le Saint-Esprit vous y conduit, je vais vous lire quelques phrases pour prendre, ce que je considère comme une décision nécessaire.

Je crois qu'il y a un repos convenu dans lequel Dieu désire me voir entrer.

Je reconnais que le grand obstacle est l'incrédulité. C'est pourquoi je confesse toute forme d'incrédulité comme étant un péché, et j'y renonce dans le nom de Jésus.

Je décide de me reposer de mes propres œuvres pour faire l'œuvre que Dieu a pour moi.

Pour ce faire, je ne m'appuie pas sur mes propres capacités, mais sur la grâce surnaturelle de Dieu par Jésus-Christ, mon Sauveur et Souverain Sacrificateur.

Je ne suis pas pour autant en train de demander à qui que ce soit d'apposer sa signature ici. Mais, si ce que j'ai dit vous a touchés, vous a convaincus, si vous voulez entrer comme je l'ai indiqué, je crois que la condition essentielle est de prendre une décision ferme et personnelle. Si vous souhaitez le faire, je vous suggère de copier ces phrases, de prier, et ensuite comme si vous étiez en présence de Dieu, et si vous vous sentez poussés à le faire, écrivez votre nom et datez-le. Cela ne solutionnera pas tous vos problèmes de façon définitive, mais je crois que cela vous fera passer la porte.

J'aimerais vous dire que depuis que j'ai travaillé sur ces messages, j'ai signé de mon nom et écris la date. Même si j'ai eu des problèmes (et même moi, j'en ai, vous pouvez me croire!) j'ai vu une différence dans ma vie. L'un de mes principaux problèmes est que, je suis certain que personne ne le devinerait, mais c'était ma première femme qui avait mis le doigt dessus lorsqu'elle m'avait dit: "Ton problème, c'est que tu es ton propre esclavagiste". Je n'ai pas besoin que quelqu'un m'aiguillonne, puisque je m'aiguillonne moi-même. Mais ce n'est pas le repos. C'est prendre les fonctions du Saint-Esprit. Je sais faire la différence dans ma vie, entre les fois où je dépends de la grâce de Dieu et les fois où j'agis de mes propres forces.

Je vous recommande donc cette décision. Je ne peux la faire à votre place, mais je prie que vous allez le faire vous-même.

LE DERNIER MOT DE DIEU

Septième message

Hébreux 5:1 – 6:2

Au cours de notre dernière étude, nous avons terminé le chapitre 4 d'Hébreux. Le thème principal que nous avons traité concernait l'entrée dans le repos de Dieu. Je vous avais laissé à la fin de la session quelques phrases, par lesquelles vous pouviez vous engager à prendre une décision personnelle et définitive. Je me demande – mais je ne veux pas poser la question – si certains d'entre vous s'en sont servis. Alors que Ruth et moi discutions ensemble un peu plus tôt dans la journée, et qu'elle se regardait dans le miroir comme le font parfois les femmes – non pas, bien sûr, que les femmes soient les seules à le faire! –, elle me dit: "C'est drôle, je ne semble pas fatiguée. J'ai pourtant travaillé si dur." En effet, nous avons passé de nombreuses heures à travailler sur un livre que nous devons remettre à notre éditeur à une date précise. Quand elle m'a dit: "Je ne parais pas fatiguée", je lui ai répondu: "As-tu oublié que tu es entrée dans le repos de Dieu?" Je veux donc croire qu'il en va de même pour vous, que vous êtes entrés d'une manière toute nouvelle dans le repos de Dieu. C'est une expérience réelle, c'est une réalité.

Ruth et moi nous sommes presque, mais pas tout à fait, plaints au Seigneur de ce qu'il semblait nous avoir donné tant à faire. J'avais planifié mon hiver et je pensais que j'avais juste le minimum de temps nécessaire pour chaque chose. Puis il y a eu ce livre à faire. Je savais que j'écrirais un jour ce livre, mais notre éditeur décida qu'il le voulait pour une date précise. Et, comme je pense que le contenu de ce livre est très important, j'ai accepté. En conséquence de quoi, Ruth et moi nous sommes trouvés avec une charge supplémentaire de travail. Il faut que vous sachiez que Ruth a écrit deux chapitres de ce livre. Lorsqu'il paraîtra, je vous laisserai deviner de quels chapitres il s'agit![5]

Alors que nous remettions tout ceci au Seigneur, il nous parla de façon très claire et très nette, comme il le fait parfois. Il nous disait que c'était lui qui avait organisé notre agenda, que nous étions dans sa volonté et qu'il permettait cette situation pour que nous puissions apprendre à fonctionner non par nos propres forces ou capacités, mais par ses forces et capacités surnaturelles. J'ai remarqué que dans ma marche chrétienne avec Dieu, il me confiait systématiquement des tâches qu'il savait être au-delà de mes capacités.

---

[5] Il s'agit de 'Dieu est un Faiseur de mariages', n.d.t..

Je me souviens que lorsque j'étais au Kenya, à l'Est de l'Afrique, en 1958 ou 59, je me suis retrouvé impliqué dans la construction d'un laboratoire scientifique. Il y a deux domaines dans lesquels je n'ai aucune connaissance. L'un d'eux concerne les sciences, l'autre la construction. Du fait des réglementations de l'époque au Kenya, ceux qui étaient chargés de gérer les fonds pour l'éducation n'étaient pas autorisés à construire de nouveaux bâtiments. Nous étions seulement autorisés à aménager d'anciens bâtiments. Avoir passé presque six années dans l'Armée britannique m'a rendu assez doué pour contourner les règles. Je trouvais de vieux bâtiments et les transformais en ce que je voulais qu'ils deviennent. J'ai fini par transformer ce vieux bâtiment, un ancien dortoir en ruines, en un laboratoire scientifique. Et je n'ai vraiment aucune connaissance en sciences. L'une des choses que j'ai découvertes, c'est que si vous pensez faire de la chimie, vous devez avoir une sorte de tuyau d'évacuation pour empêcher les produits d'exploser lorsqu'ils sortent. Je n'en savais rien. Heureusement que je l'ai découvert avant que la construction ne soit terminée!

L'autre domaine dans lequel je n'ai aucune connaissance, c'est la construction. J'ai dit à l'un de mes collègues missionnaires qui était là depuis longtemps et qui avait bien plus de connaissances que moi: "Je ne sais même pas faire la différence entre du sable et de la sciure". Il me répondit: "C'est pour ça que c'est à toi que le Seigneur a donné ce travail!" Et je peux vous dire que s'il existe un laboratoire scientifique pour lequel on ait prié, c'est bien celui-là.

J'en rends toute la gloire à Dieu. Environ un an après, la personne responsable au gouvernement des écoles de formation des professeurs recommandait à tous les directeurs de ces écoles de venir voir notre laboratoire. Mais ce n'était pas à cause de notre intelligence. Je me souviens que Lydia et moi nous sommes levés la nuit avant que la construction ne soit achevée, nous sommes descendus et nous avons vernis de nos propres mains toutes les surfaces des bureaux. Je vous dis ça en passant. Le principe est que Dieu vous utilisera au maximum, il vous confiera des tâches qui dépassent vos capacités.

Tout dépend, bien sûr, de savoir si vous vous êtes chargés tous seuls de la tâche à accomplir ou si c'est quelque chose que Dieu vous a confié. Mais lorsque c'est une tâche qui vient vraiment de Dieu, gardez alors à l'esprit qu'il veut vous apprendre à ne pas compter sur votre propre capacité. Voyez-vous, entrer dans le repos de Dieu n'a rien à voir avec le fait d'avoir des vacances tous les mois ou juste une semaine de cinq jours. Tout dépend essentiellement d'une chose: la foi. Pourquoi ne purent-ils pas entrer dans l'Ancien Testament? À cause de leur incrédulité.

C'est simplement un petit récapitulatif et une application des enseignements donnés sur le chapitre 4. Lorsque mon esprit part au Kenya, il m'est difficile de l'en faire revenir. L'une des choses que je faisais, c'était que je formais des enseignants pour les écoles africaines. Nous avions l'habitude de donner à nos enseignants – pour ceux d'entre vous qui ont quelques connaissances du système scolaire – les grandes lignes du plan de la leçon. Je suis sûr que certains d'entre vous savent de quoi je parle. Chaque plan de leçon se terminait par une application. Faire en sorte d'être certain que les élèves ont vraiment compris ce que vous êtes en train de leur enseigner. Ceci est donc l'application de la dernière leçon, juste au cas où vous ne vous en seriez pas rendus compte.

Nous allons maintenant aborder le chapitre 5. Je vais à nouveau commencer par traduire de façon improvisée à partir du texte grec. Nous voyons dans le premier verset que le verbe qui signifie "offrir" ou "offrande" et le mot pour "sacrifice" apparaissent pour la première fois.

Car chaque souverain sacrificateur étant pris du milieux des hommes est établi [ou ordonné] *pour les hommes dans les choses relatives à Dieu, afin qu'il offre des dons et des sacrifices pour les péchés...*

Nous avons déjà vu ce verset dans une session précédente. Nous avions parlé de l'image du souverain sacrificateur dans l'Ancien Testament. Il en est fait référence à Hébreux 5:1 ce qui nous dit que la fonction d'un sacrificateur est de donner à l'homme une relation permanente avec Dieu. Pour ce faire, il accomplit deux choses: il offre des sacrifices pour l'homme et il reçoit des dons pour Dieu.

Dans ce contexte, j'avais fait ressortir deux choses qui sont constamment mises en évidence dans Hébreux. En effet, Dieu n'entretient aucune relation permanente, continue avec l'homme si les deux conditions suivantes ne sont remplies. Tout d'abord, il faut un sacrificateur. Et deuxièmement une alliance. Sans sacrificateur et sans alliance, vous pouvez venir à Dieu dans un moment de crise ou de besoin, mais vous n'aurez jamais de relation permanente et continue avec Dieu, parce que ce sont là les conditions de base requises par Dieu, et il ne les changera pas.

Je suppose que pour la plupart d'entre vous, ceci est clair en ce qui concerne l'alliance. Mais j'imagine que c'est probablement nouveau pour la plupart d'entre vous de voir que ceci est également vrai en ce qui concerne le sacrificateur. Vous voyez, l'unique caractéristique de la révélation de l'épître aux Hébreux est qu'elle décrit Jésus comme notre Souverain Sacrificateur. La majeure partie du Nouveau Testament parle du sacrifice qui a été fait, de la victime. L'épître aux Hébreux est la seule partie du Nouveau Testament que je connaisse à décrire le sacrificateur. Or, il est impossible d'avoir une victime sans sacrificateur. Il faut un sacrificateur pour offrir une victime.

La révélation de cette épître dépasse donc en de nombreux points tout ce à quoi nous sommes familiers dans, disons, nos milieux charismatiques ou évangéliques. Et je dirais sans aucun doute dans les milieux catholiques ou liturgiques également. C'est un domaine qui, d'après mon expérience, est presque totalement ignoré par la grande majorité des chrétiens et églises d'aujourd'hui.

Nous allons maintenant reprendre Hébreux 5:1, que j'ai déjà traduit. Notez bien les deux choses dont le sacrificateur est responsable: les offrandes et les sacrifices. Sans sacrifice, on ne peut approcher Dieu. Sans sacrificateur, vous ne pouvez lui faire d'offrande. Vous ne pouvez pas simplement venir vers Dieu et glisser quelque chose dans sa main en disant: "S'il te plaît, prends ça". Ce n'est pas ainsi que l'on approche Dieu.

Continuons avec le verset 2, le souverain sacrificateur pris du milieu des hommes doit être capable – la traduction dit:

... de s'occuper avec douceur de l'ignorant et de ceux qui s'égarent, puisqu'il est lui-même entouré de faiblesse...

Je crois que les traductions modernes disent "sujet à la faiblesse", si je ne me trompe pas." atteint de tous côtés par la faiblesse" (TOB). La version Darby dit "enveloppé d'infirmité" et c'est en fait exactement ce que dit la version grecque d'origine. En ce qui concerne le mot traduit par "s'occuper avec douceur", j'ai essayé de penser à une autre façon d'expliquer sa signification. Je pense que vous pourriez dire "réagir avec douceur" ou bien "ne pas réagir excessivement". Autrement dit, lorsque l'homme s'avance vers le sacrificateur et dit: "J'ai volé", le sacrificateur est suffisamment homme pour savoir qu'il peut lui-même voler, c'est pourquoi il ne dit pas: "Eh bien, Dieu n'en aura rien à faire de toi". Il se dit: "J'aurais pu être cet homme". C'est pour cela que le sacrificateur que Dieu a établi pour nous sait ce que c'est que d'être un homme.

Je ne sais pas si en tant que parents certains d'entre vous se sont parfois montrés à ce point supérieurs à leurs enfants que ces derniers n'ont jamais pu venir vers vous pour parler de leurs problèmes. Je suis certain que ce n'est pas le cas pour tous, mais c'est une erreur que les parents commettent. Je me suis occupé de bien des jeunes qui venaient vers moi à divers moments pour être délivrés et me confesser les choses les plus horribles. Je leur ai souvent dit: "Je veux que tu saches une chose à propos de Dieu. Il ne peut jamais être choqué. Peu importe ce que tu me dis, ou ce que tu lui dis; Dieu ne sera pas choqué.

Tes parents le seront peut-être, tes amis aussi. Mais pas Dieu". C'est ce qui est mis en évidence ici. Ce genre de sacrificateur ne va pas être choqué par vos confessions les plus graves au point de ne pas vous venir en aide, pour cette simple raison qu'il peut se dire lui-même: "Je ne suis là que par la grâce de Dieu".

D'après ma propre expérience à nouveau, je peux dire en fait que plus j'avance dans le ministère, moins je suis choqué par ce que j'entends. Il y a vingt ans de cela, je n'aurais pu croire certaines choses que j'entends au sujet de certaines personnes dans les églises. J'ai découvert que l'inceste est chose commune parmi les chrétiens. Sans vouloir exagérer, je dirais que j'ai entendu des confessions d'inceste des douzaines de fois. L'homosexualité est bien plus courante dans les églises que nous ne voulons le reconnaître. Parfois parmi les responsables eux-mêmes. Si j'en avais entendu parler il y a quelques années de cela, je crois que j'aurais explosé. Aujourd'hui, je suis parvenu à voir que le péché est le péché. Il ne doit pas être toléré, mais parce que ce n'est pas à nous de condamner. Nous avons un Souverain Sacrificateur qui ne nous condamne pas.

Continuons maintenant avec la description du sacrificateur au verset 3:

Et à cause de cela [c-à-d de sa faiblesse], *il est obligé comme pour le peuple, aussi pour lui-même, d'offrir pour les péchés.*

Rajoutez le mot "sacrifice à offrir, sacrifice pour les péchés". Dans l'Ancien Testament, lorsqu'un souverain sacrificateur issu de la lignée d'Aaron devait faire des offrandes pour le péché, il commençait toujours par apporter en premier sa propre offrande avant d'apporter une offrande pour le péché du peuple. C'était un perpétuel rappel qu'il pouvait être lui-même sujet au péché.

Verset 4:

Et personne ne prend cet honneur pour lui-même, mais seulement celui appelé par Dieu, tout comme Aaron.

Un point que nous devons bien comprendre et absorber, je pense, tout particulièrement dans notre culture américaine contemporaine. De nombreuses choses concernant le ministère de Dieu ne sont pas soumises au vote. Personne ne vota pour Aaron. Dieu le choisit. Il n'a demandé d'approbation à personne, il ne l'a pas présenté au conseil d'administration; il a simplement dit qu'Aaron était le souverain sacrificateur. Et lorsque son souverain sacerdoce fut contesté par les chefs d'autres tribus, il dit: "Réglons ce problème une fois pour toutes. Dites à chaque chef de tribu d'amener son bâton dans le tabernacle et de le déposer devant l'arche". Il dit ensuite à Moïse: "Entre vingt-quatre heures plus tard et retire les bâtons". Chaque chef de tribu avait son nom sur son bâton. Lorsque Moïse entra, l'un des bâtons avait bourgeonné, fleuri et produit des amandes en l'espace de vingt-quatre heures. C'était le bâton qui avait pour nom celui que Dieu avait choisi comme souverain sacrificateur, Aaron. Dieu dit: "Fin de la discussion. Qu'il n'y ait désormais plus de dispute à ce propos".

Je pense qu'il est très important que nous apprenions, même nous chrétiens, à reconnaître aujourd'hui les choses pour lesquelles nous n'avons pas à prendre de décisions, ce qui ne nécessite pas un vote de l'assemblée. Je ne crois pas que les responsables d'une assemblée doivent être élus. Et quiconque a cette attitude a une très mauvaise compréhension de Dieu. Si un responsable se conduit mal – comme cela se produit malheureusement parfois –certains passages de l'Ecriture peuvent aider à gérer la situation. Mais la nomination vient de Dieu.

J'ai fait l'expérience d'une situation très pénible il y a environ deux ans de cela. J'ai eu affaire à un homme bien plus jeune que moi et qui était le responsable d'une assemblée qui avait été à une époque une assemblée florissante. Mais à cause de sa mauvaise conduite et de son irresponsabilité, tout était en train d'aller de travers, à commencer par sa propre vie, sa famille, sa maison et ensuite les personnes dont il était censé s'occuper. Cela faisait plusieurs années que je l'avais supervisé. J'ai finalement dû me rendre dans cette assemblée, réunir les responsables, analyser en détail les diverses choses qui avaient eu lieu et finir par dire que je ne pouvais plus superviser cette assemblée tant que cet homme en était le responsable. J'ai présenté le problème aux autres anciens. Ils n'étaient pas d'accord avec moi et prirent le parti du responsable. Environ six mois plus tard, ils changèrent d'avis.

De façon assez naturelle, je pense, je me demandais si j'avais failli dans ma responsabilité en tant que superviseur. Certaines personnes montraient de façon quelque peu détournée que cela n'aurait jamais dû arriver. Je pouvais certainement souhaiter que cela ne soit jamais arrivé. Je ne suis pas certain que j'aurais pu empêcher que ça arrive. Alors que je méditais là-dessus, une chose m'est apparue très clairement. Ce n'était pas moi qui avais établi cet homme à la tête de cette assemblée. C'était Dieu. Sans l'ombre d'un doute, Dieu l'avait fait. J'étais probablement la seule personne, humainement parlant, à pouvoir l'en retirer.

Il y a donc une grande solennité concernant la responsabilité d'une assemblée. Ne vous trompez donc pas vous-mêmes en pensant que c'est vous qui mettez des hommes à la tête du peuple de Dieu. Ce n'est pas votre décision. C'est celle de Dieu, tout comme il décida pour Aaron.

Cela ne veut pas dire qu'un responsable peut faire ce qu'il veut. Ce serait alors un dictateur. Être responsable est quelque chose à prendre très au sérieux. On demandera beaucoup à qui l'on a beaucoup donné.

Je pense qu'il est peut-être judicieux de mentionner ce soir cette anecdote qui s'est produite dans une chapelle, où la tête de l'Agneau suivait de ses yeux chacun des mouvements et chaque inclination de l'orateur. En tant que responsables, nous devons garder à l'esprit que la tête de l'Eglise observe continuellement. C'est tellement contraire à l'esprit démocratique de l'Amérique et les pays occidentaux. C'est un sujet de perpétuelle contestation. Pourquoi une telle ou telle personne est notre responsable? La réponse est parce que Dieu l'a établi en tant que notre responsable. Et si Dieu ne l'avait pas fait, nous aurions tout aussi bien pu fermer boutique.

Je pense à une autre congrégation, à présent. Il s'agit d'une troisième anecdote, mais il n'est pas nécessaire que j'en parle. Les choix de Dieu ne correspondent pas toujours aux calculs des hommes. Et, je m'en réjouis. Lorsque je suis retourné à l'Université de Cambridge à la fin de la Seconde Guerre mondiale – et lorsque j'en étais parti, je n'étais pas chrétien – certains chrétiens apprirent que je m'étais converti et me dirent: "Nous n'aurions jamais crû que ça te serait arrivé à toi!". Je leur répondis: "Heureusement que Dieu avait plus de foi que vous!"

Nous continuons avec le verset 5.

Donc aussi Christ ne s'est pas glorifié lui-même d'être devenu un souverain sacrificateur, mais celui qui lui a dit, Tu es mon Fils, je t'ai engendré aujourd'hui; comme il dit aussi à un autre endroit, Tu es un sacrificateur pour toujours dans l'ordre de Melchisédek.

Ce sont deux citations prises dans l'Ancien Testament. Nous les avons déjà étudiées parce qu'elles avaient déjà été citées au chapitre 1. Il serait peut-être bon d'y jeter un rapide coup d'œil pour les avoir devant les yeux. Psaume 2:7. C'est une image du Christ ressuscité et établi comme roi sur la céleste montagne de Sion. Il est ensuite représenté ici prophétiquement dans le psaume, où il dit:

Je publierai le décret; L'Eternel m'a dit: Tu es mon Fils! Je t'ai engendré aujourd'hui.

Nous voyons donc que c'est le Père qui reconnaît le Fils. Si vous étudiez la relation de Jésus avec le Père, vous verrez que Jésus n'a jamais pris l'initiative. C'était toujours le Père qui prenait l'initiative et Jésus qui y répondait. C'est ce qui est écrit ici. Le Père lui dit: "Tu es mon Fils! Je t'ai engendré aujourd'hui".

J'aimerais que nous prenions juste un instant une autre référence dans l'Ancien Testament au Psaume 89, un passage que nous prendrons à nouveau plus tard. Psaume 89, nous commençons au verset 25. C'est ce que l'on appelle un psaume messianique. C'est-à-dire qu'il s'agit d'une image du Messie, et Dieu parle ici du Messie. C'est un passage magnifique.

Ma fidélité et ma bonté seront avec lui, et sa force s'élèvera par mon nom. Je mettrai sa main sur la mer, et sa droite sur les fleuves.

Il va donc dominer sur le monde. Ecoutez maintenant ce qui suit.

Lui, il m'invoquera: Tu es mon père, mon Dieu et le rocher de mon salut!

Associez ce verset au Psaume 2:7, cela nous donne une conversation céleste entre le Père et le Fils. Tout d'abord, le Père dit au Fils: "Tu es mon Fils". Et ensuite, le Fils lui répond: "Tu es mon Père, mon Dieu, et le rocher de mon salut". Le point que je souhaite mettre en évidence, et qui est souligné par l'auteur d'Hébreux, c'est que c'est Dieu qui reconnaît le Fils.

Ensuite au Psaume 110:4, l'autre passage cité ici en Hébreux 5, nous avons à nouveau une image de Christ ressuscité et élevé à la droite du Père. Alors le Saint-Esprit fait cette déclaration:

L'Eternel l'a juré, et il ne s'en repentira point: Tu es sacrificateur pour toujours, à la manière de Melchisédek.

C'est à nouveau le Père qui prend la décision et établit le Fils sacrificateur.

Continuons à présent avec Hébreux 5:7, un verset très significatif.

Qui...

Il est question du Fils, du souverain sacrificateur, Jésus.

Qui dans les jours de sa chair, ayant fait monter des prières et des supplications à Celui qui pouvait le sauver hors de la mort, avec forts cris et larmes. Et ayant été entendu à cause de sa piété...

Je pense que cette traduction dit "piété", nous verrons ce mot dans quelques instants. Je ne pense pas du tout que "piété" soit une bonne traduction. Donc, dans les jours de sa chair, c'est-à-dire alors qu'il est toujours sur terre, Jésus est un sacrificateur. Mais il n'était pas un sacrificateur de la tribu de Lévi. En tant que sacrificateur, il devait avoir quelque chose à offrir car tous les sacrificateurs font des offrandes. Comme il n'était pas Lévite, il ne pouvait offrir les sacrifices lévitiques, ça n'aurait pas eu de sens. Quels étaient les sacrifices qu'il offrit dans les jours de sa chair? Prières. Il est dit "prières et supplications".

Une prière est une demande pour quelque chose, mais une supplication a une signification bien spécifique. Quand vous supplier, vous êtes suppliant, si vous connaissez ce mot. Et un suppliant demande une seule chose. Qui est laquelle? La miséricorde, tout à fait. La supplication signifie plaider pour obtenir la miséricorde.

Dans l'église orthodoxe grecque, si je ne me trompe pas, et il se trouve ici certainement quelqu'un qui s'y connaît mieux que moi, à certaines saisons ou dans certaines cérémonies ils répètent encore et toujours les mots *Kyrie eleison*. Combien d'entre vous l'ont déjà entendu? Cela signifie "Seigneur, aie miséricorde", et *Christe eleison* signifie "Christ, aie miséricorde". Il fut un temps où je réagissais contre ses paroles et je pensais que ce n'était qu'un rituel vide de sens – et en plus, je n'aime pas l'odeur de l'encens. Mais je vais vous dire quelque chose. Plus je vieillis, plus je vois combien j'ai besoin de la miséricorde de Dieu. Si je me trouve un jour à nouveau dans une église où les gens disent ces paroles, je le dirai également de tout mon cœur. Seigneur, aie miséricorde, Christ, aie miséricorde. Aie miséricorde sur moi pour que je ne devienne jamais à ce point intelligent que je n'aie plus besoin de ta miséricorde.

Jésus offrit des prières et des supplications. Comparons un instant avec Hébreux 13:15.

Par lui [c-à-d par Jésus], *offrons sans cesse à Dieu un sacrifice de louanges.*

C'est le même type de sacrifice. En tant que sacrificateurs, nous n'offrons pas du bétail, mais nous offrons un sacrifice de louanges, de prières et de supplications. Jésus est notre modèle et c'est ce qu'il offrit dans les jours de sa chair.

C'est un verset très profond. "Il les offrit à celui qui pouvait le sauver..." Je pense que la traduction dit "de la mort". C'est une traduction légitime, mais d'après ce que je comprends de la situation, ce n'est pas ce dont il s'agit. J'ai dit "à travers de la mort". Quelle est la différence? Sauver une personne de la mort signifierait la préserver de la mort. La sauver à travers de la mort veut plutôt dire la laisser mourir et la ramener ensuite à la vie. C'est de cette manière que Dieu a répondu au cri de Jésus. Il ne l'a pas empêché de mourir, mais de la mort, il l'a ramené à la vie.

Il nous faut prendre à nouveau le Psaume 89. J'aurais dû vous dire de garder le doigt dessus. Psaume 89, seulement le verset 27 puisque nous avons déjà regardé ce passage.

Lui, il m'invoquera [c'est le Père qui parle]: *Tu es mon Père, mon Dieu et le rocher de mon salut!*

C'est le Fils qui parle au Père. Comment est-ce que le Père est devenu le rocher du salut pour le Fils? Par quel acte? Un seul mot bien précis. La résurrection, c'est exact. Il l'a sauvé à travers de la mort, non pas de la mort. C'est de cette manière que le Seigneur, le Père, a répondu à la prière de Jésus.

Retournons à nouveau dans Hébreux 5:7, car nous n'avons pas terminé avec ce verset. Il est dit qu'il a été entendu et écouté, ce qui signifie accepté. Cela ne signifie pas simplement que ses prières ont été clairement entendues, mais qu'elles ont été entendues et acceptées à cause de sa piété. Je n'aime pas le mot "piété". Je vais vous montrer un autre passage dans Hébreux où le même mot est utilisé en tant que verbe. Hébreux 11:7.

C'est par la foi que Noé, divinement averti des choses qu'on ne voyait pas encore, et saisi d'une crainte respectueuse, construisit une arche pour sauver sa famille; c'est par elle qu'il condamna le monde, et devint héritier de la justice qui s'obtient par la foi.

Le même mot est traduit par "crainte respectueuse". Je pense que c'est probablement ce que vous pouvez obtenir de mieux. Non pas tant de la piété, mais une sainte crainte. Je suis impressionné de voir que Jésus était remué par la crainte du Seigneur. Si Jésus marchait dans la crainte du Seigneur, comment pouvons-nous nous en passer?

Permettez-moi de vous montrer une prophétie à ce sujet dans Esaïe 11. Gardez un doigt dans Hébreux, car nous allons y revenir avant la fin de la nuit! C'est une autre prophétie messianique. J'aimerais ne pas y passer trop de temps, mais il y a un juste point que je voudrais souligner.

Puis un rameau sortira du tronc d'Isaï, et un rejeton naîtra de ses racines.

Le rejeton du tronc d'Isaï est le Messie, Jésus.

L'Esprit de l'Eternel reposera sur lui...

Il s'agit du septuple esprit dont il est question dans Apocalypse 5. Le premier est l'Esprit du Seigneur. C'est l'Esprit qui parle à la première personne comme étant Dieu. Et ensuite, il y a six autres esprits par paires.

L'esprit de la sagesse et de la compréhension, l'esprit du conseil et de la force, l'esprit de la connaissance et de la crainte du Seigneur. Et le résultat immédiat de l'Esprit du Seigneur se reposant sur lui se trouve au verset suivant:

Et son plaisir sera la crainte de l'Eternel. (Darby)

C'est vraiment une leçon importante. S'il y a une chose qui fait, disons, particulièrement défaut parmi le peuple de Dieu aujourd'hui de manière générale, je dirai que c'est la crainte du Seigneur. C'est bien la preuve que nous ne nous laissons pas vraiment guidés ou contrôlés par le Saint-Esprit, car si c'était le Saint-Esprit qui avait le contrôle, alors notre plaisir serait dans la crainte du Seigneur.

Si cela vous intéresse un jour d'étudier ce thème, prenez une concordance et regardez tous les passages concernant la crainte du Seigneur. Vous serez étonné de son nombre, et je ne crois pas qu'il y ait quoique ce soit d'autre dans la vie d'un homme de Dieu par lequel il lui soit promis de plus grandes bénédictions que par la crainte du Seigneur. "La crainte de l'Eternel conduit à la vie; et celui qui l'a sera rassasié, et passera la nuit sans être visité d'aucun mal" (Prov. 19:23, Ost.). Même s'il n'y avait que cette seule promesse, ce serait déjà suffisant, mais c'en est seulement une parmi tant d'autres. "... celui qui l'a sera rassasié, et passera la nuit sans être visité d'aucun mal". Si vous n'êtes pas contents ou si vous êtes insatisfaits, c'est la preuve que vous n'avez pas la crainte du Seigneur.

Comment est-ce que la crainte du Seigneur se manifestait en Jésus dans ses prières? Retournons à Hébreux 5:7. Il est dit qu'il était entendu et écouté à cause de sa crainte respectueuse. Lorsqu'il est dit que Jésus priait avec grands cris et larmes, quelle scène vous vient immédiatement à l'esprit? Gethsémané, bien sûr. Nous sommes véritablement conduits vers Gethsémané. Si nous voulons savoir comment la crainte du Seigneur était exprimée dans la prière de Jésus, nous devons prendre le passage décrivant sa prière à Gethsémané, passage qui se trouve dans Matthieu 26. C'est la version la plus complète de cet événement. Commençant au verset 36, je vais lire environ neuf versets.

Là-dessus, Jésus alla avec eux dans un lieu appelé Gethsémané...

Gehtsémané signifie une presse. Le saviez-vous? Quelle sorte de presse? Une presse à olives avec laquelle on piétine les olives pour en faire ressortir une belle huile d'olives. Pour que l'huile sorte des olives, il faut qu'elles soient piétinées, c'est-à-dire déchirées, déchiquetées en petits morceaux. C'est très significatif. Le nom n'a pas été donné par hasard. Gethsémané est l'endroit où l'huile d'olive a été extraite de notre Seigneur.

Là-dessus, Jésus alla avec eux dans un lieu appelé Gethsémané, et il dit à ses disciples: Asseyez-vous ici, pendant que je m'éloignerai pour prier. Il prit avec lui Pierre et les deux fils de Zébédée, et il commença à éprouver de la tristesse et des angoisses.

C'est un épisode tellement bouleversant. Je trouve touchant qu'il ait voulu trois hommes avec lui. Quelle responsabilité d'être l'un de ces trois hommes. Ils n'ont vraiment pas été à la hauteur, ils se sont tout simplement endormis.

Il leur dit alors: Mon âme est triste jusqu'à la mort; restez ici, et veillez avec moi. Puis, ayant fait quelques pas en avant...

C'est ainsi qu'agit un chef, le saviez-vous? Il part un peu en avant.

... il se jeta sur sa face, et pria ainsi: Mon Père, s'il est possible, que cette coupe s'éloigne de moi! Toutefois, non pas ce que je veux, mais ce que tu veux. Et il vint vers les disciples, qu'il trouva endormis, et il dit à Pierre: Vous n'avez donc pu veiller une heure avec moi! Veillez et priez, afin que vous ne tombiez pas dans la tentation; l'esprit est bien disposé, mais la chair est faible. Il s'éloigna une seconde fois, et pria ainsi: Mon Père, s'il n'est pas possible que cette coupe s'éloigne sans que je la boive, que ta volonté soit faite! Il revint, et les trouva encore endormis; car leurs yeux s'étaient appesantis. Il les quitta, et, s'éloignant, il pria pour la troisième fois, répétant les mêmes paroles. Puis il alla vers ses disciples, et leur dit: Vous dormez maintenant, et vous vous reposez! Voici, l'heure est proche, et le Fils de l'homme est livré aux mains des pécheurs.

Je suis impressionné de voir que Jésus ait dû dire ces mots trois fois. Je ne pense pas que c'était une répétition inutile. Je pense que lorsqu'il l'a dit la troisième fois, il savait que tout était arrêté, il n'était plus nécessaire de le répéter à nouveau. Je me demande si vous avez jamais eu besoin de dire quelque chose à Dieu plus d'une fois? "Dieu, prends ma vie. Dieu, prends ma vie. Dieu, prends mon petit ami. Dieu, prends mon petit ami. Prends ma carrière. Prends ma carrière". Parfois, nous ne sommes pas certains que c'est ce que nous voulions vraiment dire la première fois. Ce n'est pas que Dieu n'ait pas entendu, mais plutôt que nous devions en arriver à un point où nous savons qu'il n'y a pas de retour possible.

Il a été entendu à cause de sa crainte respectueuse. Vous et moi serons également entendus si nous avons la même crainte respectueuse. Comment se manifeste cette crainte? Très simplement. Que devons-nous dire? *Non pas ma volonté, mais la tienne.*

Continuons avec le verset suivant.

Bien qu'il fût un Fils, il apprit l'obéissance par toutes les choses qu'il souffrit. Et ayant été rendu parfait, il devint la source de salut éternel pour tous ceux qui lui obéissent assidûment.

Nous verrons le verset 10 plus tard. Cela peut vous sembler étrange qu'il soit dit de Jésus qu'il ait été rendu parfait. Peut-être réagissez-vous en disant: "Je pensais que Jésus était toujours parfait". Pour autant que sa nature sans péché soit concernée, il était et est parfait. Mais il est ici question pour lui de devenir la source de salut éternel. Et en tant que source de salut éternel, il devait être rendu parfait, il devait passer par toutes ces souffrances afin d'être capable d'offrir et d'être la source de salut.

Vous comprenez que le fait d'être rendu parfait n'est pas nécessairement lié au péché, bien que s'il y ait péché, nous ne puissions être rendus parfaits sans que ce péché soit traité. Le fait que nous soyons dans le processus de perfectionnement ne signifie pas nécessairement que nous avons péché. L'autre terme pour traduire le mot "parfait" est "mature". Nous sommes conduits à la maturité, ou à la complétion, ou à l'accomplissement pour être dans le dessein éternel de Dieu exactement ce que Dieu avait décidé que nous serions. Dans ce sens, chacun d'entre nous devra passer par ce processus d'être rendu parfait, mature, complet. Jésus est le modèle, nous devons suivre ce modèle.

J'aimerais que vous notiez deux choses. Tout d'abord, ce processus implique de la souffrance. Je pense, en effet, que pour être rendue parfaite, toute personne doit passer par la souffrance. Je ne pense pas qu'il y ait un moyen de contourner la souffrance. À ce propos, je pense à nouveau qu'une grande partie de la vérité biblique qui nous est présentée aujourd'hui est fortement limitée, dans ce sens qu'elle suggère que nous n'ayons pas nécessairement besoin de souffrir. Et bien, Jésus, selon ce que je comprends, a prouvé le contraire. Il a dû souffrir. Il n'y avait pas d'autre moyen pour lui d'être rendu parfait. Je suis personnellement porté à croire que si vous devez être rendus parfaits, la souffrance fera partie du processus. Si vous voulez éviter la souffrance, j'aimerais tout d'abord dire que je doute que vous réussissiez à l'éviter. Et deuxièmement, si vous y arrivez, alors vous ne parviendrez pas à la perfection.

L'autre élément dans le processus de la perfection est l'obéissance. Il apprit l'obéissance par ce qu'il souffrit. Je vais vous dire un secret. Il n'y a qu'un moyen d'apprendre l'obéissance. Vous savez lequel c'est? Obéir, c'est exact. Je m'écoutais prêcher à la radio il y a quelques jours de cela, et je dis parfois des choses que j'ai vraiment besoin d'entendre! Je me suis entendu dire qu'il n'y a qu'un moyen pour atteindre la persévérance: c'est en persévérant. Il existe certaines vérités très simples dans la vie spirituelle que nous éviterions avec joie, mais ce n'est pas possible. Il n'y a qu'une manière pour atteindre la persévérance: c'est en persévérant. Il n'y a qu'un moyen pour atteindre la perfection: en obéissant. Il n'y a qu'un moyen pour apprendre l'obéissance: en obéissant. Jésus n'a jamais désobéi, mais il a dû apprendre ce que c'est que d'obéir.

Le point crucial de tout ce qu'il a appris est exprimé dans ce que nous lisons dans ce passage à Gethsémané. "Non pas ma volonté, mais la tienne". Je crois que c'est pour tout le monde quelque chose de très douloureux à vivre. Je parlais récemment avec un frère qui dirige une bonne communauté en Jamaïque, où je me suis rendu il y a juste un an et leur avais donné quelques conseils, et il me disait ce qu'il en était ressorti. C'était en gros assez bon. Il disait que les choses allaient bien, mais il m'a dit aussi: "Nous avons souffert à l'intérieur". Il a fait un geste quelconque en me montrant son ventre. Je savais ce qu'il voulait dire. Je me demande combien d'entre vous comprennent ce qu'il voulait dire. Quelle est l'essence même de cette souffrance? "Non pas ma volonté, mais que la tienne se fasse". Il n'y a pas d'autres moyens.

Remarquez l'insistance faite sur l'obéissance. Il apprit l'obéissance. En apprenant l'obéissance, il devint la source de salut. Mais, il est la source de salut seulement pour ceux qui lui obéissent. Il n'existe aucun moyen de passer outre l'apprentissage de l'obéissance. Le temps utilisé dans le texte grec est un temps du présent. "Pour ceux qui continuent de lui obéir."

Ceci est ensuite résumé au verset 10:

Ayant été désigné [ou adressé comme ou appelé comme] *par Dieu un souverain sacrificateur dans l'ordre de Melchisédek.*

Nous voyons donc que pour devenir un souverain sacrificateur, Jésus devait être qualifié. Ce n'était pas automatique. J'ai souligné lors de notre précédente session que cette assignation était une décision de Dieu, non d'un homme. Mais, Dieu l'a choisi parce qu'il a rempli les conditions. Cette vérité détient donc deux côtés.

Je pense que c'est un point qui a besoin d'être souligné. Jésus a dû mériter la place qu'il occupe maintenant. Il ne l'a pas obtenu parce qu'il était le fils favori. Je pense que ceci est clairement mis en évidence dans Philippiens 2. Nous avons simplement besoin de lire les versets 8 et 9. Pour obtenir le sens complet de ce passage, il nous faudrait prendre un petit peu avant le passage où il est question de l'humilité de Jésus lui-même, commençant au verset 6, mais comme je veux en venir au fait même, je ne lirai qu'à partir de la fin du verset 7.

Et il a paru comme un vrai homme, il s'est humilié lui-même, se rendant obéissant jusqu'à la mort, même jusqu'à la mort de la croix. C'est pourquoi aussi Dieu l'a souverainement élevé, et lui a donné le nom qui est au-dessus de tout nom.

Remarquez le "c'est pourquoi". Il a mérité son élévation. Il a rempli la condition. Ce n'était pas arbitraire.

De la même manière, dans ce passage de Hébreux 5 que nous étudions, il a rempli les conditions pour devenir un souverain sacrificateur dans l'ordre de Melchisédek.

Prenons maintenant le verset 11. Hébreux 5:11.

À son sujet [c-à-d Melchisédek] *nous avons beaucoup à dire, et difficile à expliquer, comme vous êtes devenus lents, ennuyeux ou paresseux dans votre entendement.*

Il est dit ici "ennuyés d'entendre", mais c'est d'un ennui spirituel qu'il s'agit. J'ai appris par expérience que dans la plupart des cas, l'arbitre de ce que les gens reçoivent d'un prédicateur est le Saint-Esprit. Laissez-moi vous expliquer. Je peux me rendre à deux conventions ou conférences ou congrégations différentes. Je peux avoir le même message, les mêmes notes. Je peux passer autant de temps dans la prière. À un endroit, je ne peux à peine dire ce que j'ai à communiquer. À l'autre endroit, je ne peux m'arrêter. Je ne cesse de parler et en même temps je me dis, "Mais comment savais-je cela?" J'en suis venu à comprendre que la différence ne vient pas de moi. La différence vient des gens. Le Saint-Esprit est jaloux des trésors de la parole de Dieu. Il ne jette pas ses perles aux cochons – même si nous essayons. C'est vraiment remarquable.

Lorsque je connais bien une congrégation, de nombreux autres facteurs entrent en jeu. Mais si je vais dans une congrégation que je ne connais pas du tout et que je leur parle deux ou trois fois, je peux dire sans trop me tromper, simplement par ce que le Saint-Esprit déverse ou pas à travers ce que je dis, si cette congrégation marche dans les bénédictions de Dieu ou non. Car, si les gens ne peuvent entendre, à quoi bon parler? J'ai dit parfois à des personnes dans ma phraséologie assez simple: "À quoi cela sert-il de verser de l'eau dans une bouteille fermée par un bouchon?" Ces personnes ne pouvaient tout simplement pas entendre. C'est ce qui leur est reproché.

Ce que je trouve vraiment frappant, c'est qu'une grande partie de cette épître est centrée sur le souverain sacerdoce de Melchisédek. Mais si vous regardez dans l'Ancien Testament, il n'y a que trois versets – disons peut-être quatre – qui parlent de Melchisédek. Trois versets dans Genèse et un dans le Psaume 110. Tout esprit charnel dirait: "C'est donc que Melchisédek n'est pas très important". Ce qui est totalement faux. Il est extrêmement important. Il est exclusivement important. Il est réellement la seule image que nous ayons décrivant le type de souverain sacrificateur qu'était Jésus. Soyez donc prudents lorsque vous lisez l'Ancien Testament.

Un autre exemple remarquable est que l'apôtre Paul a en un sens vraiment basé toute la doctrine de la justification par la foi sur une moitié de verset écrit par le prophète Habakkuk. Peut-être ne savez-vous même pas où trouver Habakkuk. Heureusement que Paul savait où le trouver, n'est-ce pas? C'est en quelque sorte un conseil sur votre façon d'approcher l'Ancien Testament.

Continuons maintenant avec Hébreux 5:12:

Car alors que maintenant vous devriez être des enseignants, vous avez à nouveau besoin que quelqu'un vous enseigne ce que sont les éléments du commencement des oracles de Dieu.

Il y a différentes manières de traduire ce passage. Je pense que je pencherai pour celle-ci:" ce que sont les éléments de base des oracles de Dieu". Il est important de savoir qu'il y a certaines vérités de base dans la Bible. Certaines vérités sont basiques et d'autres sont plus, je dirais, avancées. L'une des leçons qui ressort de ce passage est que vous ne pouvez pas vraiment parvenir à une vérité d'un degré supérieur si vous n'avez pas maîtrisé la vérité de base.

Je répète que je ne souhaite pas paraître négatif, mais de ce que je comprends de la vérité de base, et par rapport à ma vision des gens de ce pays qui se disent sauvés, je doute que dix pourcents aient compris une once de la vérité de base qui vaut la peine d'être mentionnée. Je pense que dix pourcents est même une estimation généreuse. Je ne parle pas sans expérience, car j'ai beaucoup voyagé et rencontré des gens d'arrière-plans très différents.

Ce peuple que j'ai mentionné dans l'introduction avait tous les privilèges. Ils étaient Juifs d'origine, ils connaissaient la loi de Moïse, les Dix Commandements, le service du temple, les exigences de sainteté. Mais, ils avaient stagné, ils ne faisaient tout simplement aucun progrès. Alors qu'ils auraient dû être capables d'enseigner la vérité de Dieu à d'autres, ils se retrouvaient eux-mêmes au premier niveau, ayant besoin que quelqu'un les enseigne. Où vous situez-vous? J'essaie de parler de façon à ne regarder personne en particulier. Où vous situez-vous? En savez-vous assez pour enseigner quelqu'un d'autre?

Je vais vous dire une chose qui me vient de mon expérience avec les formateurs – ce qui me met dans une bonne position. Vous ne découvrez vraiment ce que vous connaissez que lorsque vous essayez d'enseigner quelqu'un d'autre.

L'auteur d'Hébreux continue ses reproches, de très sévères réprimandes. À la fin du verset 12, il dit:

... vous êtes devenus ceux qui ont besoin de lait et non de nourriture solide. [verset 13] Car celui qui tient au lait est inexpérimenté dans la parole de justice, car il est un bébé.

Il semble très évident ici que vous pouvez être un bébé spirituel aux cheveux gris. Ou que vous connaissiez le Seigneur depuis vingt ans, mais que vous soyez encore un bébé spirituel. Ce n'est pas lié à l'âge chronologique. Continuons avec le verset 14:

Mais la nourriture solide appartient au parfait [mature, adulte – c'est le même mot], *à ceux qui à travers leur jeunesse* [ou pratique] *ont exercé leurs sens à discerner le bien du mal.*

Ce passage nous montre que pour parvenir à une parfaite compréhension spirituelle, il nous faut exercer régulièrement nos sens à distinguer le bien du mal. Il ne s'agit pas ici de nos sens physiques, mais de nos sens spirituels.

Il y a un passage dans Philippiens qui a, je pense, un rapport direct avec ce texte. Gardez un doigt dans Hébreux et prenez Philippiens 1. Je vais le traduire moi-même, parce qu'aucune des traductions que j'ai prise ne me semble rendre correctement la signification. Je ne suis pas certain de pouvoir le faire non plus, mais je vais essayer. Philippiens 1:9-11.

Et je prie ceci [quelque soit ce pourquoi il priait], *pour que votre amour abonde de plus en plus en connaissance et total discernement.*

Je ne sais pas quel mot utiliser. Laissez-moi vous dire que le mot grec est 'aisthesis', qui nous donne le mot français "esthétique". C'est le mot utilisé. Qu'est-ce qu'une personne esthétique? C'est une personne qui est très sensible à l'art ou à la musique. C'est une personne qui a entretenu sa capacité à percevoir les choses. Lorsqu'il marche dans une galerie de peinture, il repère immédiatement les peintures qui valent la peine de s'y arrêter. Ou il a tant écouté de musique qu'il est à même de discerner les morceaux de haute qualité. Je pense que vous serez d'accord sur le fait que cela ne vient pas tout de suite. Il faut de la pratique.

Continuons. Nous sommes dans Philippiens 1:10.

Pour que vous soyez purs [ou sincères ou francs] *et non la cause d'offense...*

Comment est-ce traduit dans les autres versions? "Sincères et irréprochables". "Purs et irréprochables". Bien, je ne veux pas passer trop de temps là-dessus, mais voyez-vous ce mot veut parler de quelqu'un qui n'offense personne d'autre. Vous n'êtes une source d'offense pour personne. Si vous ne cultivez pas la finesse de la perception spirituelle, alors il vous arrivera d'offenser les autres. Je suis certain que la plupart d'entre nous pouvons nous souvenir de moments dans notre vie où nous l'avons fait, où nous avons été spirituellement durs. J'entends parfois certains prédicateurs faire des blagues qui ne choquent pas, qui ne sont pas vulgaires, mais je ne crois pas qu'elles indiquent une quelconque finesse spirituelle.

Permettez-moi de vous dire que parfois les prédicateurs peuvent pratiquer l'humour d'une façon intelligente, lorsque leurs paroles leur sont données par le Saint-Esprit, et c'est alors très libérateur. Je ne suis donc pas borné.

Il peut nous arriver parfois d'avoir une attitude légaliste, dure et sévère envers une personne qui a besoin d'aide. Nous n'avons donc pas cultivé une sensibilité spirituelle. Si cela arrive, c'est que nous n'avons pas cultivé cette sensibilité spirituelle. Je dirai qu'en ce qui me concerne – et bien sûr, je ne suis pas obligé de le dire – mais je pense que je suis plus sensible à Dieu que je ne le suis envers les gens. Je connais d'autres personnes qui sont plus sensibles envers les gens qu'envers Dieu. Les deux sont nécessaires.

Continuons dans Philippiens. Je crois que le Saint-Esprit me pousse à continuer dans ma lancée.

... que vous soyez purs et irréprochables [et non la source d'offense] *jusqu'au jour de Christ; étant remplis du fruit de justice qui est par Jésus-Christ, à la gloire et à la louange de Dieu.*

L'un des points qui ressort de ce passage montre que pour être remplis du fruit de justice, nous devons cultiver cette sensibilité spirituelle.

Revenons maintenant à Hébreux 5:14:

La nourriture solide est pour ceux qui sont matures [adultes, parfaits], *ceux qui ont exercé leurs sens spirituels...*

Et le mot "exercer" vient du mot qui nous donne gymnastique en français, ou gymnase.

... par l'usage ou la pratique afin de discerner le bien du mal.

L'une des choses qui m'attriste chez les charismatiques est qu'ils peuvent se laisser duper par presque tout. Parfois, alors que je fais de mon mieux et que je leur donne le meilleur de moi-même, je suis attristé de voir qu'ils peuvent se laisser si facilement duper par une autre chose.

Un de mes amis prédicateurs – en fait, c'est lui qui sera ici demain – prêchait quelque part, et à la fin de son prêche, une charmante dame est venue le voir et lui a dit: "Monsieur, j'aime beaucoup votre prêche. Vous et Monsieur un tel êtes mes prédicateurs préférés". Et bien, si je vous donnais maintenant les noms de ces deux prédicateurs, vous verriez à quel point sa remarque était complètement incongrue. Ce qui était censé être un compliment fut reçu comme une insulte. Cette femme n'avait absolument pas entretenu son aptitude à discerner les choses spirituelles.

Les gens méritent d'être dupés. S'il existe un bon moyen de duper les gens – et cela va parler à certains d'entre vous – c'est par les offrandes. Un prédicateur peut en effet se tenir debout et, d'une voix tremblotante, décrire telle ou telle pauvre personne qui a désespérément besoin d'aide, et ce prédicateur peut dire: "Dieu m'a montré qu'il y a ici cinq personnes qui donneront chacune 1000 $". Frères et sœurs, si vous tombez dans ce panneau, c'est que vous le méritez! Mais j'en suis intérieurement malade. Il m'est parfois arrivé de vouloir me lever et sortir. Je me disais: "Comment ces personnes osent-elles jouer avec la puissance spirituelle et l'exploiter à des fins mercenaires?"

La solution est d'exercer vos sens. S'il vous arrive d'être un jour ainsi dupé, dites-vous que vous ne vous laisserez pas duper une seconde fois.

Bien. Nous continuons avec le chapitre 6. C'est une véritable victoire. Nous avons vu un chapitre tout entier en moins de deux sessions! Incroyable! Remarquez, c'était un court chapitre.

Nous sommes donc au chapitre 6, verset 1.

C'est pourquoi laissant derrière [ou partant de là] *la parole du commencement de Christ, laissons-nous avancer dans la perfection* [ou maturité]...

C'est le cinquième passage avec un "faisons". Si vous retournez aux pages 20 et 21, vous trouverez une liste de douze passages avec un "faisons quelque chose". D'accord? Et le cinquième se trouve dans Hébreux 6:1. C'est également le deuxième passage contenant une application pratique. L'application pratique recommandée ici nous amène vers la maturité ou la perfection, ce qui est en droite ligne avec le thème de cette épître.

Revenons maintenant au texte.

C'est pourquoi laissant le mot du commencement de Christ, laissons-nous avancer vers la perfection [ou maturité], *ne posant pas à nouveau le fondement de la repentance des œuvres mortes et de foi envers Dieu.*

Je vais m'arrêter ici, parce que nous allons approfondir ces six doctrines fondamentales en tant qu'unité. Laissez-moi simplement vous dire ce qu'implique ce mot "faisons". Je pense que vos traductions disent: "tendons". Mais le texte grec est à la forme passive: "Laissons-nous être poussés". Et si vous voulez avoir un passage correspondant, vous pouvez prendre dans 2 Pierre 1:21.

Car ce n'est pas par une volonté d'homme qu'une prophétie a jamais été apportée, mais c'est poussés par le Saint-Esprit que des hommes ont parlé de la part de Dieu.

Que disent vos traductions? Avancés? Portés. Bien. C'est le même mot que celui utilisé dans Hébreux 6:1. Pourquoi est-ce que je vous dis cela? Car je pense que ce passage rend plus clair l'idée que notre avancée ne dépend pas simplement de notre volonté. Nous ne pouvons avancer que si le Saint-Esprit nous pousse tout comme les gens ne peuvent prophétiser que s'ils sont poussés par le Saint-Esprit. Et comme vous le verrez, si nous avançons et si le Saint-Esprit nous y pousse, nous devons remplir une condition. Si nous ne remplissons pas cette condition, je ne pense pas que nous serons qualifiés pour avancer.

Regardons maintenant les versets 1 et 2 qui listent ces doctrines fondamentales.

... ne posant pas à nouveau le fondement de la repentance des oeuvres mortes, et de la foi envers Dieu, de l'instruction au sujet des baptêmes, de l'imposition des mains, de la résurrection des morts, et du jugement éternel.

Il y a de nombreuses années de cela, Dieu m'a fait comprendre que ce passage nous montre que la foi chrétienne a une doctrine fondamentale. A cette époque, en 1964 environ, alors que je m'engageais pour la première fois dans le mouvement charismatique, j'ai réalisé que nombre des personnes qui entraient dans le domaine de l'Esprit n'avaient pas ces fondements. J'ai donc commencé un programme radio dans lequel j'enseignais ces six doctrines fondamentales. Il se trouvait à ce moment-là chez Boeing à Seattle, Washington, une secrétaire qui n'avait pas grand-chose à faire, et qui fut autorisée par son supérieur à taper mon script, mettant ainsi au jour sept livres appelés la *Série de fondements de la foi*.[6]

Je viens juste de lire une magnifique lettre d'un jeune croyant juif d'une vingtaine d'années qui écoute mon programme radio depuis six mois, et il semble réellement un jeune homme de grand discernement, car il pense vraiment que le soleil se lève et se couche sur Derek Prince! Ou pour préciser sa pensée: "Pourquoi lire autre chose que la *Série de fondements de la foi* et *Vivre par la Foi*?" C'est vraiment une très belle lettre. Je le dis sur le ton de la plaisanterie, mais c'est l'une des lettres les plus impressionnantes que j'ai reçues de la part d'un auditeur et qui nous montre ce qu'un simple enseignement de base peut faire pour les gens.

Depuis que je suis devenu chrétien, j'ai toujours été absolument certain que si je parvenais à faire en sorte que les gens écoutent attentivement des enseignements bibliques méthodiques, ils seraient transformés. C'est ce que j'ai découvert lorsque je suis devenu chrétien quelques mois seulement avant d'entrer dans l'Armée britannique. Je suis venu au Seigneur au milieu d'une caserne de l'Armée en juillet 1941. Et en novembre de cette année-là, j'étais envoyé dans le désert de l'Afrique du Nord. J'étais le seul chrétien qui montrait un quelconque signe de vie dans mon unité toute entière, laquelle dénombrait environ 200 personnes. Et après quelques temps, je me suis dit: "Que faire à présent?" Alors je me suis dit: "Je vais commencer une étude biblique". Je n'avais jamais participé à une étude biblique, je ne savais pas comment présenter la Bible ou quoique ce soit d'autre. J'ai donc annoncé à mes camarades soldats que j'allais commencer une étude biblique. Je me suis ensuite demandé: "Par où est-ce que je commence?" J'ai toujours été de ceux qui commencent par le début, mais alors je me suis demandé au début de quoi? Je pensais que commencer par la Genèse était retourner un peu trop en arrière, alors j'ai commencé au début du Nouveau Testament dans Matthieu avec la généalogie et tout ce qui s'en suit, et nous nous sommes plongés dedans. Nous nous rencontrions en plein air, à l'abri d'un trois tonnes de l'Armée.

Mon meilleur ami à l'époque était un jeune d'homme du même âge que moi qui avait été le premier témoin de ma conversion, car s'étant réveillé au milieu de la nuit, il m'avait trouvé allongé sur le dos par terre en train de rire. C'est comme ça que je suis devenu chrétien. Ce n'est pas forcément ainsi que tout le monde devient chrétien! Il m'a fallu quelques temps avant de comprendre qu'il y avait d'autres façons de devenir chrétien! J'observais les gens. S'ils ne finissaient par terre en train de rire, je ne pouvais croire qu'ils étaient réellement sauvés.

---

[6] Maintenant disponible en trois volumes, n.d.t..

Quoiqu'il en soit, c'était un très bon ami et heureusement il n'était pas religieux. S'il avait été religieux, j'aurais rencontré des difficultés, mais son attitude était plutôt du genre: "Bien, chacun fait ce qu'il veut. Alors si c'est comme ça qu'il est, pas de problèmes, il reste pour autant mon ami".

Donc lorsque j'ai commencé cette étude biblique, il s'est joint au groupe. Et nous avons fait notre chemin laborieusement à travers les sept premiers chapitres de Matthieu. À l'étude suivante, je devais enseigner sur Matthieu 7:13 et 14, "Mais étroite est la porte, resserré le chemin qui mène à la vie, et il y en a peu qui les trouvent". Et il vint vers moi et me dit avec son accent britannique: "Derek, mon vieux, ça m'embête de te dire ça, mais je ne viendrai plus à ton étude biblique". Je lui dis: "Pourquoi?" Et il me répondit: "Parce que je sais que sinon, je vais finir par me convertir". Vous pouvez sourire, mais c'est l'une des phrases les plus tragiques que l'on m'ait jamais dite.

Des années après la guerre, je l'ai revu dans une station de métro à Londres. Lydia et moi lui avons rendu visite, et avons conduit sa femme au Seigneur. Elle est devenue et est toujours aujourd'hui une chrétienne engagée. J'ai ensuite reçu une lettre étrange de la part de mon ami. Il me disait: "Je ne sais pas ce que tu es en train de me faire, mais ne le fais pas". Ce que je faisais? Je priais pour lui. Je ne sais si j'ai eu raison ou non, mais j'ai alors arrêté de prier pour lui. Après cela, nous nous sommes perdus de vue et je ne l'ai plus revu pendant au moins 20 ans. Et un jour que j'étais ici à Fort Lauderdale, je reçus une lettre. Il avait obtenu mon adresse par le ministère d'une Assemblée de Dieu en Grande-Bretagne et m'avait écrit. Je crois que Ruth a vu la lettre. Il m'énumérait l'une des plus malheureuses listes d'échecs. C'est un homme doué, pouvant réussir dans de nombreux domaines, mais sa vie était en chute perpétuelle. Et il m'écrivait me demandant: "Pourrais-tu m'aider?" Je pris le temps de fixer un rendez-vous avec lui et le rencontrai dans un hôtel en Angleterre. Sa femme était comme une fleur qui s'épanouit lorsqu'elle me revit. Elle devint spirituellement vivante en quelques instants. Mais je ne pus aider mon ami. Je ne sais pas quelle sera la fin de son histoire. Mais à la fin de notre entrevue, après l'avoir conseillé et avoir discuté avec lui, je lui dis: "Je ne peux te dire qu'une chose. Tu as un cœur rebelle". Il me dit que j'avais raison. Sa femme me dit également que c'était vrai. C'était un homme bon, un bon mari, un bon père – mais un raté.

Je ne sais pas si j'ai jamais été plus impressionné par la gravité avec laquelle nous pouvons répondre à Dieu. Il avait eu sa chance, mais il s'était délibérément détourné de Dieu. Je veux croire que Dieu aura pitié de lui, mais je ne peux pas dire avec certitude qu'il le fera. Vous comprenez? Jésus a dit: "Nul ne vient à moi si le Père ne l'attire par le Saint-Esprit". Ne vous imaginez pas que vous pouvez vous mettre en règle avec Dieu au moment où vous le sentez, car vous ne le pouvez pas. Si Dieu ne vous y aide pas, vous ne pouvez pas même commencer.

C'est une longue interpolation, mais je pense que c'est ce que le Seigneur désire dans ce message, parce qu'il me semble que peu importe mes efforts, je finis toujours par être très sérieux. Et je pense, vraiment, que Dieu est sérieux. Le savez-vous? Je pense que Dieu est probablement plus sérieux que la plupart d'entre nous. Et ceux qui me connaissent savent que je ne suis pas vraiment une personne lourde et morose. Il y a une différence entre être morose et être sérieux.

Que faire? Vous recommander la *Série de fondements de la foi!* Je n'ai pas l'intention de voir ces six doctrines fondamentales de long en large, car elles sont réellement et sérieusement décrites dans les livres dont je vous ai parlés. Si vous ne les avez jamais lus, vous pouvez certainement les obtenir quelque part.

Commençons par voir simplement les deux premières, et ensuite, avec l'aide de Dieu, nous continuerons la liste à notre prochaine session. Quelle est la première? La repentance. Permettez-moi de vous dire que c'est inévitablement et invariablement la première étape dans l'approche de Dieu. Vous ne pouvez l'outrepasser. Vous pouvez obtenir des résultats superficiels dans la vie spirituelle sans une repentance sincère, mais cela vous rattrapera plus tard. Je pense, en tant que conseiller, que 50 pourcents des problèmes que rencontrent les gens, qu'ils soient financiers, matrimoniaux, spirituels ou démoniaques, je pense qu'ils sont liés à un manque de véritable repentance. C'est la première pierre fondamentale et elle n'a aucun substitut, il n'est pas possible de la contourner, rien ne peut la remplacer.

Qu'est-ce que la repentance? La repentance exige d'abord une décision. Il ne s'agit pas d'une émotion. J'ai vu des gens être très émus, mais ne pas vraiment se repentir. J'ai vu des gens se repentir sans montrer aucun signe visible d'émotion, même s'il existe un saint chagrin qui nous conduit à la repentance. Je l'ai vu également. La repentance n'appartient pas au domaine des émotions, mais à celui de la volonté. C'est une décision de la volonté. Le terme grec signifie "changer sa pensée". Le terme hébreu utilisé dans l'Ancien Testament signifie "faire demi-tour". C'est typique. Le grec se concentre sur l'intérieur, l'hébreu se concentre toujours sur l'aspect pratique et sur l'action. Mettez-les ensemble: la repentance signifie "changer sa pensée" et "faire demi-tour".

Vous avez suivi votre propre chemin. Vous avez pris des décisions, fixé vos propres règles, fait ce que vous aviez à faire. Vous l'avez fait peut-être dans un contexte religieux. Vous avez peut-être dit ici et là: "Dieu soit loué", mais vous ne vous êtes jamais repentis parce que vous n'avez jamais changé votre pensée. Puis voilà que vous avez des problèmes. Vous vous tournez vers un prédicateur et dites: "Chasse ce démon de moi, remets ma femme dans le droit chemin, aide-moi avec mes finances". Ce que j'ai appris, c'est que toute cette aide secondaire est vaine si elle n'est pas précédée de la repentance. Car même si l'on vous tire ainsi de vos problèmes, vous y replongerez très vite et un peu plus profondément.

Se repentir des œuvres mortes. Que sont les œuvres mortes? Je comprends par là que tout ce qui est fait sans la foi est une œuvre morte. Nous n'avons le temps de voir que Romains 14:23 ce soir.

Mais celui qui a des doutes au sujet de ce qu'il mange est condamné, parce qu'il n'agit pas par conviction. Tout ce qui n'est pas le produit d'une conviction est péché.

Ce qui ne vient pas de la foi est péché. Donc tout ce que vous faites sans la foi est une œuvre morte. C'est pourquoi il faut s'en repentir, il n'y a pas de vie en elle. La seule base pour une vie juste est la foi. Le juste vivra par la foi. Tout ce qui ne vient pas de la foi est péché. C'est pour cela que chacun doit se repentir.

Nous nous arrêterons là pour ce soir, le Seigneur aidant, nous continuerons.

LE DERNIER MOT DE DIEU

Huitième message

Hébreux 6:1 – 6:6

Nous continuons à présent dans Hébreux 6. Nous avions eu le temps de commencer ce chapitre à la fin de notre session précédente. Nous avions vu que c'était le cinquième passage avec un "faisons", lequel insiste sur la maturité ou la perfection. Si vous ne comprenez pas de quoi je veux parler, reprenez l'introduction aux pages 20 et 21, où vous trouverez 12 passages contenant un "faisons quelque chose", indiquant par là une décision commune. Les quatre premiers passages se trouvaient tous dans le chapitre 4. Le cinquième est ici au tout début du chapitre 6. Les autres suivront, et je ferai tout mon possible pour ne pas les oublier lorsque nous y viendrons. Ces "faisons" sont l'un des fils conducteurs de l'épître aux Hébreux.

Nous allons maintenant aborder le sujet des doctrines fondamentales de la foi chrétienne. Je devrais peut-être juste lire ou traduire les deux premiers versets.

C'est pourquoi laissant en arrière le mot du commencement de Christ, [ou l'enseignement de la vérité de base de Christ], *laissons-nous poussés vers la maturité* [ou la perfection], *ne posant pas à nouveau le fondement* [ensuite, l'auteur énumère six doctrines fondamentales] *de la repentance des œuvres mortes et de la foi envers Dieu* [ou en Dieu, *des instructions concernant les ablutions* [ou les baptêmes], *de l'imposition des mains, de la résurrection des morts et du jugement éternel.*

Nous allons faire un rapide résumé de la session précédente. Nous avions mentionné la première des six doctrines, à savoir la repentance des œuvres mortes. Et il me semblait que le Seigneur m'appelait à insister sur ce point. Je vous avais dit que d'après ce que j'ai pu observé, 50 pourcents des problèmes des chrétiens viennent du fait que ces personnes ne sont pas en règle avec cette première doctrine fondamentale. Il n'est, en effet, vraiment pas possible d'avancer dans la perfection ou la maturité si vous n'avez pas posé cette première doctrine fondamentale de la repentance. Je vous avais aussi dit que la repentance n'est pas une émotion ou un rituel, mais une décision. Elle peut être accompagnée ou non d'émotions. Mais le point essentiel de la repentance est bien cette décision de se détourner de la rébellion, de l'obstination, de l'autosatisfaction et de notre propre manière de vivre, pour se retourner et faire face au Dieu Tout-Puissant, et se soumettre sans réserve à ses exigences.

Le terme grec utilisé dans le Nouveau Testament pour traduire le mot "repentance" signifie en grec séculier "changer sa pensée". Vous aviez l'habitude de faire les choses de telle ou telle façon, vous changez votre pensée et vous le faites autrement. C'est en fait ainsi dans la vie. Vous aviez l'habitude de vivre d'une façon quelconque, vous changez votre pensée, et vous menez alors votre vie d'une autre façon. Vous tourniez le dos à Dieu, et maintenant vous faites demi-tour pour lui faire face.

Le terme hébreu traduit par le mot "repentance" décrit de façon très typique l'action extérieure par un retournement, un demi-tour de 180°. Rassemblez les deux significations du mot "repentance" et vous obtenez "une décision intérieure de changer de façon de vivre et de faire un demi-tour complet".

Nous avons tous besoin de nous repentir. Dans Actes 17, Paul dit aux hommes d'Athènes: *"Dieu annonce maintenant à tous les hommes, en tous lieux, qu'ils ont à se repentir"*. Ce passage ne laisse aucun lieu ni aucune personne de côté. Pourquoi avons-nous tous besoin de nous repentir? La raison se trouve dans Esaïe 53:6. *"Nous étions tous errants comme des brebis, chacun suivait sa propre voie"*. Voilà l'origine du problème de l'humanité. Et la repentance traite ce problème en en coupant la racine.

D'autres solutions peuvent traiter par exemple les branches de l'arbre ou même le tronc en l'abattant, mais seule la repentance peut s'occuper de la racine, de l'obstination tenace et de l'autosatisfaction. Et c'est seulement une fois que cette racine est enlevée que Dieu peut réellement commencer à faire son chemin dans nos vies.

J'avais parlé de la repentance des œuvres mortes et nous avions cité Romains 14:23:

Tout ce qui n'est pas le produit d'une conviction est péché.

Donc les œuvres mortes concernent tout ce qui ne provient pas d'une conviction, de la foi. Romains 1:17b nous dit:

Le juste [ou l'intègre] vivra par la foi.

Il n'existe pas d'autre base pour une vie juste que la foi. Tout ce que vous faites sans la foi ne peut être juste. Vous devriez manger avec foi, c'est ce dont Paul parle dans Romains 14. Il dit que si vous ne mangez pas avec foi, alors c'est un péché. Vous devriez dormir avec foi, parlez avec foi, pensez avec foi, jouez avec foi. À chaque fois que vous vous éloignez de la base de la foi, vous vous éloignez de la justice.

Permettez-moi de vous dire d'après mon expérience personnelle que plus vous exercez votre foi, plus vous avez la vie. Vous pouvez prendre des précautions et arranger votre vie toute entière de façon à ne jamais être menacé par quelque risque que ce soit, mais vous vivrez à moitié mort. Parfois, nous ne voulons pas des défis découlant de la foi, mais c'est se priver de la grâce de Dieu, car ce n'est qu'en répondant avec foi que nous obtenons la vie. Si vous voulez la vie, vous ne pouvez l'avoir que par la foi. Jeune ou vieux, quoique vous soyez, la vie qui vient de la foi est une vie remplie et riche.

J'ai des amis – je pourrais donner leurs noms, mais je ne le ferais pas – qui sont toujours dans l'attente d'un nouveau défi. Je pense à un ami cher, un prédicateur. Je veux dire, il n'est satisfait que lorsque Dieu le met au défi. Il ne veut pas croire Dieu pour 500$; 50 000$, c'est plus excitant.

Peut-être vous ne fonctionnez pas dans ce domaine, mais croyez-moi, si vous faites toujours les choses que vous pouvez faire, même sans Dieu, alors vous n'êtes pas vraiment vivants. Il faut vous repentir de cette manière de vivre. La sécurité pour un membre moyen d'une église est autant un péché que le fait de se droguer pour un toxicomane. Mais il est probablement plus difficile de sortir ce membre de sa sécurité.

Nous arrivons maintenant à la deuxième doctrine fondamentale. La foi envers Dieu. Il y a tant à dire au sujet de la foi, réellement, je ne vais donc pas passer de temps là-dessus parce que si je le fais, il ne me restera plus de temps pour le reste. Prenons simplement la référence du passage biblique mentionné ici, Actes 20:20-21.

Vous savez que je n'ai rien caché de ce qui vous était utile, et que je n'ai pas craint de vous prêcher et de vous enseigner publiquement et dans les maisons...

C'est une vision complète de la manière de faire pour atteindre les gens avec l'évangile.

... annonçant aux Juifs et aux Grecs la repentance envers Dieu et la foi en notre Seigneur Jésus-Christ.

C'est la base. La repentance envers Dieu et ensuite la foi en notre Seigneur Jésus-Christ. Il ne vous est vraiment pas possible de placer votre foi en Jésus-Christ si vous ne vous êtes pas premièrement repentis. Vous pouvez avoir un semblant de foi qui vous guidera, mais avec les expériences de la vie, cette foi superficielle et externe s'effondrera. Et vous vous demanderez ce qui est allé de travers avec Dieu. J'aimerais vous dire ceci: "Rien ne va jamais de travers avec Dieu. Le problème est que vous n'aviez pas posé certaines doctrines fondamentales".

La troisième doctrine fondamentale concerne les baptêmes. Certaines traductions disent les "ablutions" ou "bains rituels". La nouvelle version Segond dit: "enseignement sur les bains rituels". Et vous vous dites: "Quelle version est la meilleure?" Votre pensée fait face à un problème difficile à résoudre! La vérité à ce sujet, c'est que les deux ont raison. Voyez-vous, le mot grec contient ces deux significations. Nous n'avons pas d'équivalents en français. Si vous demandez à un Grec quelle signification donner, il vous dira: "Les deux". Je ne sais pas si je peux vous faire comprendre ce point. Avant ma conversion, mes études se portaient sur la signification des mots, c'est pourquoi c'est un thème que j'ai particulièrement à cœur.

Il existe bien d'autres exemples similaires. Il y a en russe un mot qui signifie "le monde", et aussi "la paix". Alors si vous demandez à un Russe de quelle signification il veut parler, il vous dira: "C'est ce mot que je voulais dire". Alors vous vous demandez si l'auteur d'Hébreux voulait dire "ablutions" ou "baptêmes". Il voulait dire ce qu'il a dit. Le terme grec *baptimos* signifie les deux.

Il me semble cependant évident qu'il n'avait pas en tête l'acte physique de se laver les mains comme le peuple juif faisait par exemple, ou toutes ces, disons, ablutions rituelles, puisque cette action est inclue dans les doctrines fondamentales. C'est pourquoi je pense qu'il est absolument clair qu'il s'agit de ce que nous appelons "baptême", qui provient d'ailleurs du mot grec *baptimos*. Le mot signifie littéralement plonger quelque chose dans l'eau de façon à être entièrement recouvert. Si vous recouvrez votre bras d'eau, vous baptisez votre bras. Si vous aspergez votre front d'eau, vous n'êtes pas en train de baptiser votre front. Il y a en grec un très bon mot pour dire "asperger", qui est utilisé au sujet de Moïse lorsqu'il aspergea le peuple et le livre de la loi avec le sang, mais ce n'est pas "baptiser". Si vous voulez savoir de quel mot il s'agit, c'est *rantizo*. Donc certaines personnes pratiquent le baptême, et d'autres le *rantisme*. Mais ce n'est pas correct de parler de baptême lorsqu'il n'y a pas immersion.

Prenons maintenant quelques passages des Ecritures qui seront pour nous d'utiles illustrations. Je n'en ai pas retenu beaucoup. Dans Actes 1:5, tout d'abord, Jésus s'exprime peu de temps avant d'être séparé de ses disciples:

Jean a baptisé d'eau, mais vous, dans peu de jours, vous serez baptisés du [ou dans le] *Saint-Esprit.*

Remarquez que le mot "baptisé" est utilisé deux fois dans ce verset. Il est question de deux baptêmes. L'un est le baptême d'eau fait par Jean, l'autre est le baptême appliqué uniquement par Jésus-Christ avec l'Esprit ou, de préférence, dans l'Esprit. Il est donc question de deux baptêmes qui jouent un rôle important dans le Nouveau Testament.

Puis dans Actes 2:38, Pierre dit aux personnes qui lui avaient demandé ce qu'elles devaient faire:

Repentez-vous, et que chacun de vous soit baptisé au nom de Jésus-Christ, pour le pardon de vos péchés, et vous recevrez le don du Saint-Esprit.

Nous avons ici une autre forme de baptême. Le baptême dans le nom de Jésus-Christ, le baptême d'eau. Mais pas vraiment identique au baptême de Jean, car Jean ne baptisait pas dans le nom de qui que ce soit. Ce baptême est dans le nom du Seigneur Jésus-Christ. Et Jésus lui-même a dit de baptiser dans le nom du Père, du Fils et du Saint-Esprit.

Tout ce que je veux faire ressortir, c'est que nous avons là trois formes différentes de baptêmes. Deux dans l'eau, et une dans le Saint-Esprit, jouant toutes un rôle important dans la vérité du Nouveau Testament. L'enseignement au sujet des baptêmes devrait donc sans doute les mentionner toutes.

La quatrième, l'imposition des mains. Je pense que certaines personnes seront surprises d'entendre que l'imposition des mains est considérée comme une doctrine fondamentale. Tout ce que je peux dire, c'est qu'elle figure dans la liste, donc cela résout la question – pour moi en tous cas. Deuxièmement, je pense que l'imposition des mains est quelque chose qui lie différentes choses qui ne pourraient être autrement liées. Sa véritable fonction est donc de rassembler les choses, de relier des choses qui ne seraient pas autrement reliées.

Je vous ai donné ici quelques exemples, alors prenons-les rapidement. Marc 16:17-18. Jésus leur dit d'aller prêcher l'Evangile.

Voici les miracles qui accompagneront ceux qui auront cru: en mon nom [etcetera, et ensuite il termine le verset 18 en disant] *ils imposeront les mains aux malades, et les malades seront guéris.*

Voilà donc un but de l'imposition des mains sur des personnes dans le nom de Jésus, d'apporter la guérison aux malades.

Il y a également une pratique alternative dans Jacques 5, l'onction d'huile par les anciens. Et dans Jacques 5, nous n'avons pas besoin de prendre le passage, il n'est pas vraiment question de l'imposition des mains. Il me semble d'après le contexte que le passage dans Marc parle premièrement de l'évangélisation. Aller et prêchez et ces signes vous accompagneront. Alors que le passage de Jacques 5, où il est question d'appeler les anciens de l'église, se situe dans un contexte de vie d'église. Je ne crois pas que nous devions faire une séparation ferme et hâtive, mais les deux contextes sont différents.

Nous avons ensuite un certain nombre de passages dans Actes. Actes 8:17-19. Le récit se passe en Samarie, où Philippe était descendu, après quoi les apôtres Jean et Pierre s'y rendirent pour terminer le travail que Philippe avait commencé. Je pense qu'il est intéressant de voir qu'il suffit d'un évangéliste pour commencer l'oeuvre, mais que deux apôtres soient nécessaires pour établir l'église. Actes 8:17 et versets suivants.

Alors Pierre et Jean leur imposèrent les mains [à ceux qui crurent en Samarie], *et ils reçurent le Saint-Esprit. Lorsque Simon vit que le Saint-Esprit leur était donné par l'imposition des mains des apôtres, il leur offrit de l'argent...*

Simon était un homme assez malin et il voyait comment les gens recevaient le Saint-Esprit par l'imposition des mains des apôtres. Certes, il a eu tort de leur offrir de l'argent, mais il dit:

Accordez-moi aussi ce pouvoir, afin que celui à qui j'imposerai les mains reçoive le Saint-Esprit.

L'imposition des mains a donc une autre utilité biblique: recevoir le Saint-Esprit. Nous l'avons vu faire ici dimanche matin. J'ai eu le plaisir d'imposer les mains à un jeune homme, qui a expérimenté la puissance de Dieu de façon extraordinaire. J'espère qu'il se rend compte à quel point c'était extraordinaire. Dieu est venu sur lui comme un torrent. Mais cela s'est produit après que je lui ai imposé les mains. Je n'impose pas nécessairement les mains sur les personnes qui ont besoin du baptême. Je préfère les instruire et les laisser le recevoir par elles-mêmes. Certaines personnes le recevront de cette manière, et d'autres non. J'ai vu, je pense, au moins 200 personnes environ recevoir le baptême du Saint-Esprit presque simultanément. C'était en Nouvelle-Zélande. Permettez-moi d'ajouter que nous avons reçu une lettre de Nouvelle-Zélande aujourd'hui. Tout ce qui est dit dans cette lettre, c'est Actes 16:9 où Paul a une vision d'un Macédonien qui lui disait de venir à Macédoine pour les aider. Je pense donc que c'était cela le message.

Continuons avec Actes 9:17. Cela se passe dans la ville de Damas, où Paul est arrivé après qu'il ait rencontré le Seigneur sur sa route, il ne peut plus voir, il n'a rien bu ni rien mangé. Le Seigneur dit à Ananias d'aller à sa rencontre et de prier pour lui.

Ananias sortit; et, lorsqu'il fut arrivé dans la maison, il imposa les mains à Saul, en disant: Saul, mon frère, le Seigneur Jésus, qui t'est apparu sur le chemin par lequel tu venais, m'a envoyé pour que tu recouvres la vue et que tu sois rempli du Saint-Esprit.

Remarquez les deux objectifs ici. Guérison et don du Saint-Esprit.

Dans Actes 19:6, Dieu commence une grande œuvre à Ephèse. Environ une douzaine d'hommes qui ne connaissaient que le baptême de Jean, reçoivent ensuite le baptême chrétien. À propos, remarquez la différence entre les deux. Le baptême de Jean n'est plus valide. Ensuite, Paul leur imposa les mains afin qu'ils reçoivent le Saint-Esprit et il est dit:

Lorsque Paul leur eut imposé les mains, le Saint-Esprit vint sur eux, et ils parlaient en langues et prophétisaient.

J'aimerais également vous faire remarquer deux autres passages qui ne sont pas sur la liste, vous voudrez peut-être les noter. 1 Timothée 4:14 et 5:22. Ceux-ci introduisent un but différent de l'imposition des mains. 1 Timothée 4:14:

Ne néglige pas le don qui est en toi, et qui t'a été donné par prophétie avec l'imposition des mains de l'assemblée des anciens.

Là, l'imposition des mains permettait de recevoir un don. À propos, la traduction 'Parole Vivante' dit "don spirituel", mais le mot spirituel ne s'y trouve pas. Dans Romains 1 par contre, Paul dit qu'il désire communiquer quelque don spirituel aux chrétiens à Rome, et le mot spirituel s'y trouve écrit. Mais dans 1 Timothée 4:14, il n'apparaît pas, cependant les traducteurs l'ont rajouté. Autrement dit, ils ont fait une supposition.

Je ne suis pas d'accord avec leur supposition. J'ai ma propre théorie, c'est pour cette raison que je dis cela. Je crois que le don que Timothée a reçu par l'imposition des mains de Paul et des anciens était le don d'apostolat. Vous n'êtes pas obligé de me croire, mais si j'avais le temps je pourrais vous montrer de nombreux passages des Ecritures qui, je crois, justifient ma théorie. Je ne crois pas que cela puisse être prouvé, c'est une déduction.

Quoiqu'il en soit, c'est biblique de communiquer des dons par l'imposition des mains, que ce soit des dons du Saint-Esprit ou d'autres dons. Remarquez que dans ce cas, il y avait une prophétie. Voici comment je vois les choses: Paul devait être à Lystra qui était, je pense, l'église à laquelle appartenait Timothée. Les anciens de l'église ont dû dire à Paul que c'était un bon jeune homme. Paul s'est senti poussé à demander à ce qu'il voyage avec lui. Et ils furent d'accord, mais ils voulaient d'abord prier pour lui. Alors Paul et les anciens lui imposèrent les mains et une prophétie fut reçue. Qui sait ce qu'était cette prophétie, mais je pense qu'elle contenait le mot apôtre. Cependant, Timothée n'a jamais vraiment eu l'occasion d'avoir la grosse tête parce que de nombreux événements lui sont arrivés le faisant rester humble.

Maintenant, si vous voulez bien prendre 1 Timothée 1 également, verset 18.

La recommandation que je t'adresse, Timothée, mon enfant, selon les prophéties faites précédemment à ton sujet, c'est que, d'après elles, tu combattes le bon combat...

Vous voyez, pour moi ça se tient. Lorsqu'ils imposèrent les mains à Timothée et prièrent pour lui, une prophétie lui vint exposant en quelque sorte le ministère et l'appel futurs de Timothée. Maintenant Timothée a une position plutôt difficile, il a de lourdes responsabilités. Paul l'avertit donc de ne pas céder à l'esprit de timidité et il lui dit de se souvenir des prophéties qu'il reçut lorsqu'ils lui avaient imposé les mains. Assume ces prophéties. C'est ce que j'ai dans mon petit livre *L'imposition des mains*, une interprétation de ce passage. Ce qui est très intéressant, c'est que des années après, j'ai rencontré un frère, pasteur en Nouvelle-Zélande, qui me raconta que lorsqu'il était ici dans une école biblique aux Etats-Unis, il avait reçu une prophétie lui disant qu'il devait faire ceci et cela. Retourné dans son pays natal de Nouvelle-Zélande, rien ne semblait fonctionner, il s'en découragea. Un jour, il prit mon livre et lut ce qui était écrit à propos de Timothée encouragé par les prophéties qu'il avait reçues et il se souvint des prophéties qu'il avait lui-même reçues. Il marcha avec foi et Dieu honora sa foi et son engagement.

Donc tout ceci est très réel. Et je pense que vous pouvez maintenant voir peut-être un peu mieux pourquoi je dis que l'imposition des mains est une sorte de doctrine de liaison. Elle lie les ministères, elle lie les dons, c'est un moyen de transférer l'autorité, d'attribuer une nomination dans l'église. Elle permet de faire avancer les choses.

1 Timothée 5:22, juste pour un dernier exemple. Au sujet des anciens, il dit à Timothée qui a cette responsabilité.

N'impose les mains à personne avec précipitation...

Combien d'entre vous ont entendu le dicton "il est plus facile d'imposer les mains que de les retirer" ? Eh bien, c'est ce que dit Paul. Ne le fais pas trop rapidement. Et il ajoute une très bonne remarque.

... et ne participe pas aux péchés d'autrui; toi-même, conserve-toi pur.

Autrement dit, si Timothée avait imposé les mains avec précipitation sur un homme et envoyé cet homme en tant qu'ancien et que cet homme avait commis certains troubles moraux et impliqué des membres de la congrégation, Timothée aurait partagé certaines des responsabilités pour ces personnes blessées par cet homme. C'est une réflexion très grave. Si nous donnons autorité à des personnes, nous partageons une partie de la responsabilité de ce qu'ils font avec cette autorité. Je n'ai en tête aucun exemple où cela s'est fait trop lentement. Mais j'ai en tête de très nombreux cas, où si moi ou d'autres avions l'occasion, nous le ferions bien moins rapidement.

Nous allons continuer avec la cinquième doctrine fondamentale. Je pense avoir une dernière chose à rajouter sur ce sujet. Il y avait une sorte de groupe spécialisé dans l'imposition des mains sur les gens et dans le don des prophéties. Ils arrivaient dans une ville, se rendaient dans les maisons aux réunions de prière, priaient pour les gens, ordonnaient un prophète, deux anciens et quelqu'un pour le ministère de la souffrance – qui est la chose la plus cruelle que vous puissiez souhaiter à quelqu'un – et repartaient. J'ai rencontré des années après des personnes qui étaient toujours en train d'essayer de sortir de la fosse qu'on avait creusée pour eux lorsque ces personnes étaient venues. "On m'avait dit que je devais être un apôtre. Je ne me sens pas un apôtre, je n'en ai d'ailleurs jamais vu la preuve, mais si je ne suis pas un apôtre, alors je suis en dehors de la volonté de Dieu, et je déplais au Seigneur".

Et qu'en est-il de la personne qui a reçu le ministère de la souffrance. Oh, frère! Quelle agonie! Voyez-vous, la Bible enseigne que si vous imposez les mains sur des personnes, vous devez être responsable de ce qui se passe après. Vous ne pouvez pas juste le faire, puis vous en laver les mains et partir. C'est comme d'avoir des enfants. Combien d'entre vous savent que c'est une responsabilité permanente – pour la plupart des gens, mais pas tous.

La cinquième de ces doctrines fondamentales, c'est la résurrection des morts. Un sujet très, très palpitant et magnifique, que chaque chrétien devrait d'une façon ou d'une autre avoir ancré en lui parce que, chers amis, si ce n'est pas encore clair pour vous, il viendra un moment dans votre vie où vous aurez besoin de savoir si vous croyez vraiment dans la résurrection des morts. Lorsque le Seigneur a rappelé ma première femme après 30 ans de mariage, je prêchais depuis des années, mais j'ai dû me poser la question si je croyais vraiment que je la reverrai. Merci Seigneur, j'ai pu dire que oui. Mais vous ne pouvez tromper les circonstances avec un assentiment superficiel envers la doctrine. Vous devez savoir si vous y croyez vraiment.

Prenons simplement les deux passages que j'ai inclus ici. Ils sont tous deux tirés de Romains. Romains 4:23-25.

Mais ce n'est pas à cause de lui seul [d'Abraham] *qu'il est écrit que cela lui fut* imputé [c-à-d que sa foi lui fut imputé à justice]; *c'est encore à cause de nous, à qui cela fut* imputé [notre foi sera imputée à justice], *à nous qui croyons en celui qui a ressuscité des morts Jésus notre Seigneur, qui a été livré pour nos offenses, et est ressuscité pour notre justification.*

C'est très important. Il a été ressuscité pour que Dieu puisse nous justifier, nous acquitter, nous imputer à justice. La justice ne vient pas par sa mort, elle vient par sa résurrection. Ce n'est pas suffisant de croire que Jésus est mort, vous devez croire qu'il est ressuscité.

Romains 10:9.

... si tu confesses de ta bouche le Seigneur Jésus, et si tu crois dans ton cœur que Dieu l'a ressuscité des morts, tu seras sauvé...

Vous ne pouvez être sauvé si vous ne croyez pas que Jésus est ressuscité des morts. C'est essentiel.

Je crois qu'il y a un autre passage que j'aimerais rajouter, dans 1 Corinthiens 15. Combien d'entre vous savent quel est le thème de 1 Corinthiens 15? La résurrection, c'est exact. Prenons simplement au milieu du chapitre, aux versets 13-14.

S'il n'y a point de résurrection des morts, Christ non plus n'est pas ressuscité. Et si Christ n'est pas ressuscité, notre prédication est donc vaine, et votre foi aussi est vaine.

S'il n'y a pas de résurrection, pourquoi en faire toute une histoire? Verset 16:

Car si les morts ne ressuscitent point, Christ non plus n'est pas ressuscité. Et si Christ n'est pas ressuscité, votre foi est vaine, vous êtes encore dans vos péchés, et par conséquent aussi ceux qui sont morts en Christ sont perdus. [Quelle pensée terrible!] *Si c'est dans cette vie seulement que nous espérons en Christ, nous sommes les plus malheureux de tous les hommes.*

J'aimerais que certaines personnes entendent cette affirmation. J'ai entendu des personnes dire que la chrétienté est tellement merveilleuse que même s'il n'y a rien après le tombeau, ça en vaudrait la peine. Ce n'est pas ce que dit Paul. Il dit que nous serions une bande d'idiots dupés si Christ n'était pas ressuscité. C'est vraiment très important.

Je cite souvent un petit hymne ou chant que j'ai sur un disque, interprété par un chanteur juif, ce n'est pas une chanson juive, mais c'est l'une de mes préférées. Son titre est *Il ressuscita*. Ce qui me marque toujours dans ce chant, c'est une petite partie du refrain. Je ne peux jamais le dire sans que les larmes me viennent aux yeux, ce sont des paroles très fortes. "Que le livre de la vie ne se ferme pas avant que le monde entier ne sache qu'il est ressuscité". C'est ce que toute personne a le droit de savoir, que Jésus est ressuscité d'entre les morts. C'est ce qui fait l'histoire. L'événement le plus passionnant de toute l'histoire humaine est la résurrection de Jésus-Christ d'entre les morts. Lorsque vous faites face à la mort, vous savez que la mort est laide, cruelle, impitoyable, irrésistible. Mais merci Seigneur, quelqu'un a vaincu la mort. Cela fait toute la différence pour moi parce qu'aucun d'entre nous ne va vivre éternellement. Si vous pensez que vous allez vivre pour toujours, vous vous trompez. D'autant plus que ça ne va pas durer aussi longtemps que ça en a l'air. Vous serez étonné de voir comme les années filent. Plus vous avancez dans la vie, plus vite elles passent.

La sixième de ces doctrines est le jugement éternel. Vous remarquerez que ces deux dernières doctrines concernent l'au-delà. Elles concernent le grand inconnu, le royaume invisible au-delà de la mort. La vérité de l'Evangile s'étend d'éternité en éternité. Laissez-moi ajouter que pour autant que je sache, le Christianisme est la seule religion qui prétend même traiter notre passé. Je ne connais aucune autre religion qui fasse cette proclamation. Ce qui la place dans une catégorie totalement unique.

Regardons ce qu'il est dit au sujet du jugement éternel. Je pense qu'il est nécessaire que je commence par expliquer un point. Le mot éternel signifie ce qui est en dehors du temps. Cela ne signifie pas que cela continue pour toujours, mais plutôt qu'il s'agit d'une sorte d'existence différente. La vie éternelle n'est pas juste une très longue vie comme celle que nous vivons, c'est une vie d'un ordre différent. Il me semble que dans l'éternité le passé, le présent et le futur se mélangent en quelque sorte. Je ne sais pas si je peux expliquer cela.

Le jugement éternel est un jugement qui prend place après que le temps soit achevé. Il est prévu que les hommes meurent une seule fois, et après vient le jugement. N'oubliez jamais cela. Il y a également dans la Bible de nombreux exemples de jugements historiques. Ce sont des jugements effectués dans le cours de l'histoire humaine. Si vous ne comprenez pas cela, il y aura de nombreux conflits apparents dans l'enseignement des Ecritures qui vous troubleront. Je vais vous en montrer peut-être un ou deux. Ce n'est pas de jugement historique dont nous parlons maintenant, mais de jugement éternel, du jugement qui a lieu après que vous soyez sortis du temps et entrés dans l'éternité.

Il y a de nombreuses images dans le Nouveau Testament, nous n'allons pas nous y attarder trop longtemps. Pour l'essentiel, la façon de distinguer les divers jugements qui nous attendent est de nous concentrer sur le genre de siège que le juge occupe. Il y en a tout d'abord deux, ce qu'ils appellent le tribunal, le jugement de Christ et le grand trône blanc du jugement. La différence sur laquelle vous pouvez concentrer votre esprit est que le siège occupé par le juge est différent.

Commençons par regarder d'abord le jugement du tribunal dans Romains 14:10-12. Le mot grec que je traduis par tribunal est *bema*. Il a été utilisé pour parler de ce sur quoi était assis Ponce Pilate lorsque Jésus se tint devant lui pour être jugé.

Mais toi, pourquoi juges-tu ton frère ? Ou toi, pourquoi méprises-tu ton frère ? Puisque nous comparaîtrons tous devant le tribunal de Dieu.

Le *bema*. Nous. C'est-à-dire les croyants, et non les incroyants.

Car il est écrit : Je suis vivant, dit le Seigneur, tout genou fléchira devant moi, et toute langue donnera gloire à Dieu. Ainsi chacun de nous rendra compte à Dieu pour lui-même.

Paul est en train de demander pourquoi se préoccuper autant de juger les autres ? Vous serez suffisamment occupés à rendre compte pour vous-même devant Dieu. Et souvenez-vous, vous devrez comparaître. N'imaginez pas que parce que vous êtes chrétiens, vous ne passerez pas en jugement. Vous y passerez parce que vous êtes chrétiens.

Et ensuite dans 2 Corinthiens 5:10 :

Car nous devons tous comparaître devant le tribunal de Christ [nous, les chrétiens], *afin que chacun reçoive selon le bien ou le mal qu'il aura fait, étant dans son corps.*

Je suis impressionné de voir qu'il n'y a que deux catégories. Tout ce que nous faisons est soit bon, soit mauvais. Et si ce n'est pas bon, alors c'est mauvais. Et nous devrons l'expliquer devant le Seigneur Jésus-Christ. Ses yeux sont comme une flamme de feu, ses pieds comme du bronze brûlant dans une fournaise. De sa bouche sort une épée à deux tranchants. Je ne pense pas que des excuses ou des demi-vérités seront d'une quelconque utilité. Tout ce qui est en nous sera déposé nu devant ses yeux. Nous devrons rendre compte pour tout ce que nous avons fait dans notre corps. Pas étonnant que Paul dise, "Connaissant la crainte du Seigneur, nous cherchons à convaincre les hommes".

Prenons une autre image, et il ne s'agit plus du jugement du tribunal, mais du grand trône blanc. Apocalypse 20. John Wesley a un message sur ce passage, il l'appelle la grande assignation. Apocalypse 20:11 et versets suivants.

Puis je vis un grand trône blanc, et celui qui était assis dessus. La terre et le ciel s'enfuirent devant sa face, et il ne fut plus trouvé de place pour eux. [Il n'y a nulle place pour se cacher] *Et je vis les morts, les grands et les petits, qui se tenaient devant le trône...*

Remarquez que bien qu'ils étaient ressuscités, ils étaient toujours morts, morts dans leur péché.

Des livres furent ouverts...

Ce sont les livres contenant la vie de chaque individu.

... et un autre livre fut ouvert, celui qui est le livre de vie. Et les morts furent jugés selon leurs œuvres, d'après ce qui était écrit dans ces livres. [Non pas selon leurs dénominations] *La mer rendit les morts qui étaient en elle, la mort et le séjour des morts rendirent les morts qui étaient en eux; et chacun fut jugé selon ses œuvres. Puis la mort et le séjour des morts furent jetés dans l'étang de feu. C'est la seconde mort, l'étang de feu. Quiconque ne fut pas trouvé écrit dans le livre de vie fut jeté dans l'étang de feu.*

Remarquez que le second jugement, le jugement du grand trône blanc, est essentiellement ou principalement un jugement de condamnation. Il attribue aux méchants leur place définitive.

Cependant, le tribunal de Christ pour les chrétiens n'est pas un jugement de condamnation parce qu'il n'y a pas de condamnation pour ceux qui sont en Christ Jésus. C'est un jugement pour évaluer notre service et déterminer notre récompense et, je suppose, notre place dans le royaume.

Il y a aussi dans la Bible des jugements historiques. Juste pour bien comprendre tout ceci, j'aimerais parler un instant des jugements historiques. Les jugements historiques sont des jugements de Dieu qui se produisent dans le temps, dans l'histoire. Il peut parfois se produire un conflit. Juste pour donner un exemple, un homme peut commettre un meurtre et dans l'histoire il doit payer le prix, être exécuté. Mais entre le moment où il commet le meurtre et le moment où il est exécuté, il rencontre le Seigneur Jésus-Christ, ses péchés sont pardonnés, son nom est écrit dans le livre de la vie. Et alors que son jugement historique est négatif, son jugement éternel est glorieusement positif. Donc vous voyez, là-dedans il peut y avoir une possibilité d'une tension entre les deux.

Prenons Exode 20:3-5. C'est une partie de ce que nous appelons les dix commandements. En fait, c'est la première partie. Le Seigneur parle:

Tu n'auras pas d'autres dieux devant ma face. Tu ne te feras point d'image taillée, ni de représentation quelconque des choses qui sont en haut dans les cieux, qui sont en bas sur la terre, et qui sont dans les eaux plus bas que la terre. Tu ne te prosterneras point devant elles, et ne les serviras point; car moi, l'Eternel, ton Dieu, je suis un Dieu jaloux, qui punis l'iniquité des pères sur les enfants jusqu'à la troisième et à la quatrième génération de ceux qui me haïssent...

Il est très clair que certains péchés amènent le jugement de Dieu au-delà de la génération de la personne qui a commis le péché. En fait, pour trois ou quatre générations futures. Je crois que le péché dont il est question est ce que nous appellerions aujourd'hui 'être impliqué dans des choses occultes'. C'est-à-dire, avoir un autre dieu que le véritable Dieu. Je me suis occupé de très nombreuses personnes dans la vie desquelles l'une des raisons à leurs problèmes était le péché d'un ancêtre. Et nous devions faire face à ce fait que les jugements historiques de Dieu se produisaient dans leurs vies comme résultat des péchés de leurs ancêtres.

Cependant, c'est un fait historique et pas nécessairement éternel. Si vous prenez Ezéchiel 18, la différence ressort très clairement. Ezéchiel 18:20.

L'âme qui pèche, c'est celle qui mourra...

En Hébreu, il est dit l'âme qui pèche mourra.

... le fils ne portera pas l'iniquité de son père, et le père ne portera pas l'iniquité de son fils. La justice du juste sera sur lui, et la méchanceté du méchant sera sur lui.

Il n'y a ici aucune contradiction entre cette affirmation et celle d'Exode, parce qu'il s'agit de deux sortes de jugements différents. Exode parle d'un jugement historique ayant lieu dans l'histoire. Nous savons que cela est vrai dans une certaine mesure, nous ne pouvons le dénier. Un enfant d'alcoolique commence avec des désavantages qui ne sont pas celui d'un homme qui est, disons, professeur d'université. On ne peut nier le fait que ce que nos parents ont été ou ont fait dans cette vie, affecte, dans une certaine mesure, le cours de notre vie. C'est la réalité. Dire le contraire revient simplement à vous cacher la tête dans le sable, ce que ne font pas les autruches. C'est une injure contre les autruches. Je suis toujours partant pour défendre les autruches contre cette affirmation.

D'un autre côté, lorsque nous nous tenons devant le jugement éternel de Dieu, ce n'est pas ce que notre père ou notre mère a fait, c'est ce que nous aurons fait qui sera jugé. J'espère que ceci est dans une certaine mesure assez clair. Nous ne pouvons échapper, dans un sens, à ces jugements. L'histoire représente, en un sens, les archives du jugement de Dieu. Si vous étudiez l'histoire d'Israël, c'est un long compte-rendu du jugement divin réalisé dans l'histoire humaine. Et certains d'entre eux ont mis des milliers d'années à se réaliser. C'est terrifiant.

Revenons maintenant à Hébreux 6:3 qui dit:

Ce que nous ferons si Dieu permet.

Je ne me souviens plus maintenant si nous l'avons déjà vu, mais revenons-y rapidement. Il s'agit d'avancer vers la perfection. Avançons. Et ensuite l'auteur dit que nous le ferons si Dieu le permet. Pourquoi est-ce que Dieu ne le permettrait pas? Certainement que Dieu serait heureux si tout le monde avançait vers la perfection. Vous ne pouvez aller plus loin dans la construction si vous n'avez pas un permis. C'est vrai dans la vie de tous les jours. Tant que votre fondation n'a pas été certifiée par un inspecteur des bâtiments, vous ne pouvez poursuivre la construction. Dieu a son inspecteur des bâtiments. Dieu dit que la fondation est incomplète. Où est cette première pierre, la repentance? Je ne signerai pas le certificat. Vous ne pouvez continuer. C'est l'une parmi diverses raisons pour lesquelles des millions de chrétiens en sont toujours aux fondations. Ils n'ont jamais eu le permis pour aller plus loin. Certaines d'entre eux vont plus loin, puis vient l'inspecteur des bâtiments de Dieu qui dit, "détruis ce que tu as construit et recommence." C'est une réalité. Je me risquerai à dire, à quiconque entend ceci, que si votre fondation n'est pas aux normes, vous n'irez pas plus loin. C'est une affirmation définitive et catégorique. Dieu n'a pas de favoris. On ne peut l'acheter. Vous ne pouvez glisser quelque chose à l'inspecteur et vous en tirer ainsi.

Deux applications pratiques maintenant. Numéro un, nous devons poser la fondation une fois pour toute, ensuite continuer avec la construction du bâtiment. L'erreur que vous pouvez commettre est de continuer à poser la fondation. Vous n'avez besoin de la poser qu'une fois. Ensuite vous continuez. C'est le "tendons".

Mais l'autre application est que si nous n'avons pas posé une fondation correcte, nous n'obtiendrons pas de permis pour continuer la construction. Voilà où nous en sommes. Je l'ai mentionné différemment de nombreuses fois. Vous ne pouvez obtenir le niveau 2 dans l'école de Dieu tant que vous n'avez pas passé le test. Ce n'est pas comme le système d'éducation moderne où la promotion est automatique. Ce n'est pas de l'éducation, combien d'entre vous le savent? C'est un substitut. Dieu n'a pas de substitut d'éducation pour ses enfants. Si vous êtes lassés des leçons du même niveau , eh bien, passez le test et vous évoluerez.

Je me souviens d'un homme qui m'a téléphoné une fois lorsque j'étais à Dallas et que je venais juste d'arriver dans ce pays et que tout était nouveau pour moi. Il avait deux questions. La première concernait l'antéchrist, et j'ai oublié ce qu'était la seconde, au sujet de la sécurité éternelle ou quelque chose comme ça. J'ai dit, "En fait, je ne suis pas certain de pouvoir vraiment répondre à vos questions. Je vais vous dire ce que je pense, je crois que votre problème vient du fait que vous êtes au niveau 3 et que vous essayez de comprendre les leçons du niveau 6, mais ça ne peut pas fonctionner". Eh bien, ça a été la fin de notre conversation téléphonique! C'était vraiment pour l'aider que je lui avais dit ça.

Nous allons maintenant, avec l'aide de Dieu, et l'indispensable permis, nous allons avancer. Nous arrivons à Hébreux 6:4-8. Le troisième passage contenant un avertissement. Un passage essentiellement tourné contre l'apostasie ou la chute libre. Je préfère le mot apostasie parce que la chute libre sous-entend que c'est involontaire. L'apostasie indique que cela vient d'une décision. Je pense que c'est aussi cela que l'auteur avait en tête. Je vais lire le passage et ensuite nous l'approfondirons. Laissez-moi juste faire un rappel pour nous tous, moi y compris. Nous avons vu deux autres passages contenant des avertissements solennels, contre quoi était le premier avertissement? Très significatif. C'était au début du chapitre 2. Comment échapperons-nous si, premièrement, nous négligeons; deuxièmement, l'incroyance; troisièmement, l'apostasie; quatrièmement, de continuer à pécher volontairement. Et le cinquième, être privé de la grâce de Dieu. Je crois que c'est ordre est très significatif. Je pense que la négligence conduira à l'incroyance, et que l'incroyance conduira à l'apostasie. Si vous croyez véritablement la vérité de la Bible, vous ne pouvez l'abandonner.

Voici donc l'avertissement contre l'apostasie, commençant au verset 4:

Car il est impossible pour ceux qui ont été une fois éclairés [ou illuminés] *et qui ont goûté au don céleste et qui sont devenus participants du Saint-Esprit, et qui ont goûté à la bonne parole de Dieu et aux puissances du siècle à venir, s'ils chutent ensuite, pour les renouveler à nouveau vers la repentance, crucifiant comme ils se le font de nouveau le Fils de Dieu, et l'exposant à une honte ouverte.*

Je ne pense pas qu'il y ait des questions sur la traduction de ce point. C'est l'un des passages les plus discutés et disputés concernant les passages de la doctrine du Nouveau Testament. Tout ce que je peux dire, c'est que je crois qu'il veut dire ce qui est dit. Voyons voir ce qu'il dit.

Il parle de personnes qui ont eu cinq expériences spirituelles. Prenons le texte ici. La première dans le verset 4 est qu'elles ont été éclairées. La seconde, toujours au verset 4, elles ont goûté au don céleste. La troisième, toujours au verset 4, elles sont devenues participantes ou détentrices du Saint-Esprit. La quatrième, maintenant au verset 5, elles ont goûté à la bonne parole de Dieu. Et numéro 5, elles ont également goûté aux puissances du siècle à venir, ou d'un siècle à venir.

Réfléchissons brièvement à ce que chacune de ces affirmations implique, de quelle sorte d'expérience il s'agit. Tout d'abord, être éclairé, ce qui est un acte de Dieu, du Saint-Esprit. Il nous permet de voir la vérité sur Jésus-Christ, sur la Bible, sur nous-mêmes. Ce n'est pas quelque chose que nous pourrions réaliser par une simple étude ou un simple raisonnement intellectuel. Il faut une illumination.

Ceci a été très clair pour moi lorsque j'ai été confronté aux proclamations de Jésus-Christ de façon personnelle parce que je ne pouvais comprendre l'Evangile. J'étais entraîné à analyser et raisonner et expliquer. Je ne pouvais absolument pas comprendre l'Evangile. Cela n'avait aucun sens pour moi. Je ne pouvais pas non plus y croire. Je le voulais, mais je ne le pouvais pas. Je ne sais pas si vous pouvez accepter ce fait, mais je voulais vraiment croire et je ne le pouvais pas. Ensuite, j'ai été surnaturellement éclairé. À partir de ce moment-là, je n'ai jamais douté que Jésus-Christ est vivant et qu'il est le Fils de Dieu. Ce n'était pas un processus de raisonnement. C'était un éclairement. Vous ne le savez peut-être pas, mais il y a des vérités dans la Bible que vous ne pouvez simplement appréhender avec votre raisonnement. Une fois que vous avez été éclairés, vous avez alors une responsabilité que vous ne déteniez pas avant.

Nous pourrions regardez dans Hébreux 10:32 pour avoir un autre exemple.

Souvenez-vous de ces premiers jours, où, après avoir été éclairés, vous avez soutenu un grand combat au milieu des souffrances...

C'est très intéressant d'étudier l'opération d'un éclairement. Il y a des années de cela, au temps de John Wesley, il y avait un autre grand prédicateur nommé Georges Whitfield. Ils étaient amis. Georges Whitfield était probablement le prédicateur le plus impressionnant. Et il prêchait à Londres et William Wilburforce, qui était un membre du Parlement, s'est converti grâce à son message et, suite à sa conversion, contribua fortement à abolir le commerce d'esclaves dans diverses régions de l'empire britannique de l'époque. William Wilburforce était un ami de William Pitt qui était le Premier Ministre, un homme brillant et le dirigeant de la Grande-Bretagne. Il ressentit vraiment que William Pitt avait besoin d'entendre le message de George Whitfield. Il persuada son ami de l'accompagner à l'église pour entendre George Whitfield. Il resta assis pendant tout le message, l'écouta en entier, ensuite ils sortirent de l'église et William Wilburforce lui demanda avec anxiété, "Qu'en as-tu pensé?" Et Pitt lui répondit, "Je n'ai rien compris". C'était l'un des esprits les plus brillants de l'Europe de cette époque, mais il n'avait pas été illuminé, il n'avait pas été éclairé. Il n'avait que son esprit naturel, il ne comprit jamais le message de George Whitfield.

C'est donc la première expérience dont nous parlons, une révélation surnaturelle de la vérité. Beaucoup d'entre vous l'ont reçue. Peut-être même l'avez-vous tous reçu, je ne sais pas. Mais je sais par ma propre expérience qu'à partir de ce moment-là, je n'ai jamais pu revenir en arrière et prétendre que je ne savais pas. C'était une porte définitivement fermée. Grâce à Dieu, je n'ai jamais désiré revenir en arrière. Ça, c'est l'autre côté de l'histoire.

Goûté aux dons célestes. C'est la deuxième expérience. Que sont les dons célestes? Eh bien, je vais vous partager deux passages des Ecritures. Romains 6:23, tout baptiste qui se respecte connaît ce passage. Permettez-moi d'ajouter que c'en est un qu'il est bon de connaître.

Car le salaire du péché, c'est la mort; mais le don gratuit de Dieu, c'est la vie éternelle en Jésus-Christ notre Seigneur.

C'est donc un don. Le terme grec utilisé ici est charisma, qui nous donne en fait le mot charismatique, etc. La première utilisation du terme charisma se trouve dans le Nouveau Testament dans Romains 5, vous n'avez pas besoin de prendre ce passage. Le don mentionné dans ce passage est la justice. C'est très intéressant. Les charismatiques se sont beaucoup éloignés des deux significations initiales du terme charisma. Justice et vie éternelle. Gardez à l'esprit que vous ne pouvez avoir la vie éternelle tant que vous n'avez pas la justice, car Dieu ne peut l'offrir à un pécheur. C'est très intéressant. Voilà de nombreuses vérités, que la plupart des charismatiques n'ont jamais explorées.

Cependant, le mot utilisé en Hébreux 6:4 n'est pas charisma. Il n'aura pas beaucoup de signification pour vous, mais en grec, c'est *dorea*. J'ai une théorie qui est que le mot *dorea* dans le Nouveau Testament grec signifie normalement un don sous la forme d'une personne divine. Non pas une expérience, ni une chose. Ce mot est utilisé de cette façon dans 2 Corinthiens 9:15. Terminant deux chapitres sur le thème de l'argent, Paul dit:

Grâces soient rendues à Dieu pour son don merveilleux...

Autrement dit, lorsque nous avons remis nos dons, souvenons-nous que c'est Dieu qui donna en premier. Il donna plus que nous ne pourrions donner. Le mot ici est *dorea*. Que croyez-vous qu'était ce merveilleux don de Dieu? Je vais vous dire ce que je crois que c'était. Le Seigneur Jésus-Christ. Et je crois que le don mentionné dans Hébreux 6:4 est Jésus. Réfléchissez, si vous avez Jésus, en lui vous avez le charisma de la vie éternelle. Il est donc question des personnes qui ont Jésus, et en lui, la vie éternelle.

Le point suivant est qu'ils deviennent participants du Saint-Esprit. Le mot signifie avoir un partage ou une part dans. Ils avaient un partage ou une part dans le Saint-Esprit. Prenons maintenant Actes 2:38.

Pierre leur dit: Repentez-vous, et que chacun de vous soit baptisé au nom de Jésus-Christ, pour le pardon de vos péchés; et vous recevrez le don du Saint-Esprit.

Devinez de quel terme grec il s'agit: *dorea*. C'est exact. Ce n'est pas d'un don spirituel qu'il s'agit, mais bien du don prenant la forme d'une personne divine. Qui est cette personne? Le Saint-Esprit. Tout d'abord, vous recevez donc Jésus, ensuite vous recevez le Saint-Esprit, représentant lui-même le don. Nous parlons donc dans Hébreux 6:4 de personnes qui ont reçu le Saint-Esprit.

Continuant avec le verset 5, ils ont goûté à la bonne parole de Dieu. Il y a là de très nombreux passages à ce sujet. Notons qu'il ne s'agit pas ici de *logos*, mais de *rhema*. Il ne s'agit pas uniquement de théologie, mais de Dieu qui leur a parlé par sa parole. Je suis sûr que la plupart d'entre vous connaissent ces termes.

Il serait intéressant, mais je ne veux pas le faire, mais il serait néanmoins intéressant si je lisais cette liste toute entière pour voir qui lèverait la main à tel ou tel endroit pour dire, "Oui, ça m'est arrivé, ça m'est arrivé, ça m'est arrivé".

Ils ont goûté la bonne parole de Dieu. Il y a tant de passages au sujet de la parole de Dieu que je pense que nous ne prendrons pas le temps d'en regarder.

Et les puissances d'un siècle à venir. C'est excitant, n'est-ce pas? Je me demande combien d'entre vous croient avoir goûté les puissances du siècle à venir? Je vais vous donner certains passages qui, d'après moi, expliquent ce verset et nous verrons si vous êtes d'accord. 2 Corinthiens 1:21-22. Paul parle de toutes ses épreuves et tribulations et du besoin de prière. Ensuite il dit:

Et celui qui nous affermit avec vous en Christ [ou nous renforce], *et qui nous a oints, c'est Dieu, lequel nous a aussi marqués d'un sceau et a mis dans nos coeurs les arrhes de l'Esprit.*

Une meilleure traduction serait un acompte. Ce n'est pas aussi spirituel, mais on comprend mieux la signification.

Mais avant d'en parler, prenons l'autre passage dans Ephésiens 1:13-14.

En lui vous aussi, après avoir entendu la parole de la vérité, l'Evangile de votre salut, en lui aussi vous avez cru et vous avez été scellés du Saint-Esprit qui avait été promis, lequel est un gage [acompte] *de notre héritage, pour la rédemption de ceux que Dieu s'est acquis, pour célébrer sa gloire.*

Vous remarquerez que dans ces deux passages, lorsqu'il est question d'une expérience avec le Saint-Esprit, il est d'abord dit que vous avez été scellés et qu'ensuite vous avez reçu l'acompte. C'est l'un des mots les plus intéressants de la Bible. En hébreu, c'est *aravon*. En arabe, c'est *arbone*. En grec, c'est *arabone*. Et en swahili, la langue parlée dans l'Est de l'Afrique, c'est *araboonee*. Vous avez donc ici le même mot dans quatre langues.

Il y a des années de cela, disons en 1947, ma première femme et moi étions en train d'aménager une nouvelle maison, et nous devions acheter du tissu pour faire des rideaux. Nous nous sommes donc rendus à la vieille ville dans certains magasins qui vendaient du tissu et disons que nous avions besoin de 18 mètres. Disons que le mètre était à 5$. C'était certainement moins que ça à l'époque, mais ce n'est pas important. Ce vendeur avait donc ce tissu étalé là, et il avait environ 18 mètres et pas beaucoup plus. Je lui dis que nous avions besoin de la totalité, et demandais combien cela ferait? Il me dit dix-huit fois 5$, cela fait 90$. Je lui répondis que je n'avais pas 90$, que je lui en donnerai 20$. C'est un acompte. J'allais revenir avec le reste et prendre le tissu. Mais entre-temps, il ne pouvait le vendre. C'était le mien. Je l'avais acheté. Devinez quel était le mot pour parler des 20$ que je lui donnais? *Arbone*. Tout à fait. C'était un acompte. C'était une partie de ce qu'il allait avoir.

C'est ce qu'est le Saint-Esprit. Il représente en nous l'acompte de Jésus. Il dit une fois que j'ai versé cet acompte, tu n'es plus à vendre. C'est la garantie que je vais revenir avec le reste de l'argent. D'accord? Mais vous avez 20$ de l'argent céleste déjà en vous. Vous devez attendre pour les 70$ restant. Donc, lorsqu'il est dit "goûté les puissances du siècle à venir", je comprends que cela signifie l'expérience du Saint-Esprit qui vous permet de savoir à quoi ressemble la vie au ciel. Je veux dire, il y a des fois où vous faites des choses que vous ne pourriez absolument pas faire à d'autres moments. Parfois lorsque le Saint-Esprit vient sur moi, je commence à danser, je peux faire des choses que je ne fais absolument pas naturellement. Certaines personnes sont surprises. Elles ont été surprises lorsque David s'est mis à danser.

Permettez-moi de vous donner un exemple clair de ce genre de choses. C'est Samson. Les gens se font une image de Samson avec des gros muscles et une poitrine extrêmement développée. Pas nécessairement. Sa force était surnaturelle. Il tua 1000 Philistins avec la mâchoire d'un âne. Je veux dire, s'ils étaient tous alignés attendant d'être frappés à la tête, ce serait un travail énorme! Vraiment. Il ne l'a pas fait naturellement, il goûta les puissances du siècle à venir.

J'ai entendu une fois le témoignage d'un missionnaire qui avait vécu un tremblement de terre au Japon. Sa femme était ensevelie sous un bloc de béton. Il souleva ce bloc de béton. C'était bien plus lourd que ce qu'il pouvait normalement soulever, mais il dit: "Je sus alors d'où Samson tenait sa force." Nous parlons de quelque chose qui m'enthousiasme vraiment, la puissance surnaturelle que nous connaîtrons dans le siècle futur. Mais nous recevons un petit *arbone*, un petit acompte ici-bas maintenant.

Bien, ces personnes ont reçu un acompte. Certains d'entre vous comprennent ce dont je veux parler. Peut-être comprenez-vous tous. Reprenons le tout. C'est une pensée très importante. Ils ont été éclairés, ils ont reçu une révélation de la vérité que vous ne pouvez saisir par un simple raisonnement naturel. Ils ont goûté au don céleste: Jésus, la vie éternelle. Ils sont devenus participants du Saint-Esprit. Ils ont goûté à la bonne parole de Dieu, ils savent ce que c'est d'avoir la parole de Dieu qui leur parle. Et ils ont goûté à la puissance surnaturelle du siècle qui n'est pas encore venu sur terre.

Il est dit maintenant qu'il est impossible pour des personnes qui ont vécu ces expériences de tomber ensuite – et c'est le mot, tomber, chuter, glisser de l'estrade. Si je me tenais sur l'estrade et que j'avançais un pas de trop et tombais, ce serait exactement de cela qu'il s'agit. Ils sont tombés.

Il est impossible de les renouveler à nouveau vers la repentance parce qu'ils crucifient pour eux de nouveau le Fils de Dieu et l'expose à une honte ouverte.

Bien, soyons vigilants par rapport à ceci. Tout d'abord, il ne s'agit pas de chrétiens bébés, faibles, en lutte, qui font constamment des efforts et trébuchent tout le temps. Ce passage ne s'adresse pas à ce genre de personnes. Si vous vous trouviez dans cette catégorie et deviez tomber encore 15 fois avant minuit, ne vous sentez pas condamnés. Ce n'est pas de vous qu'il s'agit ici. Dieu est à vos côtés. Il s'agit de personnes qui ont tout reçu, qui ont tout connu et qui, pour une raison quelconque, lui ont tourné le dos. Voyez-vous, il s'agit d'une personne qui a en réalité fait honte à Jésus, l'a renié. Elles disent,

"Je ne crois pas en Jésus-Christ, il n'est pas le fils de Dieu, il ne m'a jamais vraiment sauvé".

Je ne sais pas si vous pouvez croire qu'il y a de telles personnes. J'ai connu un jeune homme, il avait vécu l'une des expériences de salut les plus formidables dont je puisse me souvenir. Je l'avais rencontré, comme j'avais l'habitude de rencontrer mes convertis, à une réunion en plein air. Il vint un dimanche, il fut baptisé dans le Saint-Esprit au milieu de la semaine, ce qui était exceptionnel à cette époque, c'était au début des années 50. À la fin de la semaine, il chantait dans l'Esprit et avait des visions. Je me souviens, en fait, que lorsqu'il reçut le baptême, il a eu une vision dans laquelle il lavait les pieds du Seigneur avec ses cheveux. Mais vous savez, en l'espace d'une année, il ne se souvenait même plus d'avoir jamais été sauvé. Il me dit qu'il était dans le Bouddhisme et qu'il trouvait cela très satisfaisant. Je ne pense pas qu'il se souvenait même de ce qui lui était arrivé une année plus tôt.

Je ne crois pas qu'il y ait de retour possible pour une telle personne. Je ne veux condamner personne, ce n'est pas le travail d'un prédicateur, c'est le travail du diable, il est suffisamment doué pour ça, nous n'avons nul besoin de l'aider. Mais j'aimerais vous dire que je ne crois pas qu'il existe un quelconque moyen d'aller au ciel si vous n'appliquez pas votre volonté pour y aller. Je trouve qu'à chaque nouveau mouvement, certaines personnes s'y joignent parce qu'elles pensent que quelque chose va faire quelque chose pour elles automatiquement même si elles n'en ont pas vraiment la volonté elles-mêmes. Une telle chose n'existe pas.

Je vais également vous dire par expérience qu'il n'y a qu'un moyen de savoir qu'un homme vit dans le droit chemin. Ce n'est pas par les miracles qu'il accomplit, parce qu'il peut faire des miracles et en même temps vivre dans l'adultère. Ce n'est pas par ses prophéties. Ce n'est pas à cause de ses formidables sermons. Il existe un seul moyen pour savoir si un homme vit dans le droit chemin et vous savez comment? C'est de le voir vivre dans le droit chemin. Il n'y a aucun substitut. Vous pouvez associer le péché à presque tout. Le Saint-Esprit est donné pour faire la volonté de Dieu. Si c'est la volonté de Dieu qu'il guérisse 500 personnes au cours d'une réunion, cet homme aura ce don. Le Saint-Esprit travaille à travers cet homme pour guérir 500 personnes. Et il peut ensuite s'en aller et vivre avec la femme d'un autre. Je ne suis pas en train de théoriser, je parle de situations dont j'ai eu connaissance. Il n'y a pas de substitut à la volonté de vivre dans le droit chemin. Dieu ne va en définitive jamais supplanter votre volonté, vous attraper par les cheveux et vous dire que vous allez quand même aller au ciel. Parce que, s'il le faisait, le ciel serait un endroit de misère. Vous souhaiteriez être partout ailleurs mais pas au ciel, sauf si votre volonté est de vouloir la volonté de Dieu.

Vous pouvez avoir de nombreux problèmes et de nombreux combats. Vous regardez quelqu'un qui en a eu beaucoup. Mais je n'ai jamais voulu renoncer à ma foi en Jésus. Je n'aurais pas osé. Je n'y aurais même jamais pensé. Je ne laisserais pas cette pensée traverser mon esprit. J'ai eu affaire à un nombre assez important de jeunes gens, et la plupart des jeunes traversent des périodes d'épreuves. J'ai vu toutes les filles que Lydia et moi avons élevées, neuf filles, toutes baptisées dans le Saint-Esprit avant l'âge de sept ans, toutes sans exception. Et vivre vraiment leurs vies proches du Seigneur. Mais vers l'âge de 15 ou 16 ans, il y avait invariablement un réexamen personnel, vais-je continuer avec Dieu ou était-ce quelque chose juste pendant mon enfance?

Et j'en ai connu certaines qui n'étaient pas des chrétiennes confirmées pendant un certain temps. Et j'ai dit ceci à Ruth en fait, à propos de quelqu'une qui n'est pas l'un de mes enfants. Ruth me faisait remarquer qu'il y avait un certain manque dans son engagement. Je lui dis, ne lui montre jamais qu'elle n'est pas une chrétienne engagée. Prétend qu'elle l'est. Continue de lui parler comme si elle l'était. Ne la laisse jamais revenir sur sa confession. C'est le plus dangereux.

Vous vous souvenez lorsque Pierre allait subir une grande épreuve, Jésus lui dit, "J'ai prié pour toi, afin que ta foi ne défaille point". C'est quelque chose que vraiment, peut-être Dieu m'a donné une intuition particulière à ce sujet, mais je ressens que tant de nos activités chrétiennes sont superficielles. Que les gens essaient de trouver un moyen d'aller au ciel et de se divertir – je ne veux pas utiliser le mot se divertir parce que le péché n'est vraiment pas divertissant. Mais d'aller au ciel sans un réel engagement envers Dieu. Ce n'est pas possible.

C'est dangereux de jouer avec les choses spirituelles. Israël, au pied de la montagne, s'assit pour manger et pour boire et se leva pour jouer et finit dans une profonde idolâtrie et dans l'immoralité. Jouer avec les choses spirituelles est le jeu le plus dangereux auquel vous puissiez jouer. Je suis prudent avec les gens qui jouent avec les dons spirituels. Je ne dis pas que c'est un péché mortel, mais c'est une chose risquée à faire. J'aime l'humour et je ne crois pas être une personne vraiment triste. Mais il y a certains domaines d'humour et de jeu et de similitude qui, pour moi, dépassent certaines limites. Je ne traiterai pas les choses sacrées à la légère, car sinon je serai brûlé.

J'aimerais avancer parce qu'il ne nous reste que quelques minutes, mais il me semble que le Saint-Esprit maintient presque notre attention sur ce sujet. Vous devez être sérieux. Je me suis souvent demandé pourquoi Dieu choisit Jacob. Qu'avait donc Jacob pour le rendre si patient? Je n'aurais jamais choisi Jacob pour commencer. Et avec la perspicacité de Dieu, c'est surprenant. Mais qu'avait donc Jacob? Je pense ceci: il prit Dieu au sérieux. Il savait qu'il y avait quelque chose à obtenir de Dieu et qu'il l'aurait de toutes façons. En trichant ou non, mais il l'aurait. Il semble que cette attitude plut bien davantage à Dieu que celle d'Esaü qui était un homme bon et ne faisait aucun mal. Qui ne trichait jamais, mais ne semblait pas le moins du monde concerné par les choses spirituelles. Si vous devez choisir, et je ne dis pas que vous deviez le faire, soyez un Jacob, mais jamais un Esaü.

Nous n'allons pas y arriver au cours de cette session, mais Esaü est présenté comme un exemple de profane, un homme sans dieu. Qu'a-t-il fait? Il a juste mis en avant son appétit et donné son droit d'aînesse, les promesses de Dieu. Je pense que peut-être si j'ai quelque part dans le Seigneur, c'est parce que quoique le Seigneur puisse avoir pour moi m'est précieux. Je le veux. Je ne suis pas prêt à vendre mon droit d'aînesse.

Bien, je pense que nous allons devoir terminer. J'ai encore le sentiment que peut-être le Seigneur veut parler et je vais attendre un instant. Si mes frères sur l'estrade ont quelque chose que Dieu leur a donné, j'ai le sentiment qu'il y a quelqu'un ici qui cherche une réponse. J'aimerais vous dire, je ne sais pas qui vous êtes, Dieu a une réponse pour vous. Vous n'êtes pas obligés de partir d'ici ce soir sans réponse. Je vous le dis uniquement par la foi. Je ne sais pas. Bien, nous allons attendre un instant avant de partir. Je n'ai jamais fait cela avant dans ces réunions.

J'ai l'impression qu'il y a quelqu'un ici ce soir qui court le danger de rejeter quelque chose de précieux et que Dieu veut que vous l'ayez et que vous vous réjouissiez de l'avoir. Et le diable vous a en quelque sorte trompé en vous faisant croire que ça n'en vaut pas vraiment la peine. La vérité, c'est que ça en vaut vraiment la peine et que Dieu s'est démené pour vous conduire à l'endroit où cela est enfin à votre disposition. Je vous dirais ce soir, tendez le bras et prenez-la, quel que soit ce que Dieu a pour vous. Attraper-le fermement, ne le laissez pas s'en aller. Dieu a un avenir pour vous. Il a quelque chose de bien plus grand que ce que vous pourriez imaginer. Vous avez tendance à penser que vous êtes une personne plutôt indigne avec peu de capacité ou de talent ou que Dieu a peu d'intérêt pour vous. Il a à cœur votre bien-être et il vous a conduit ici ce soir simplement pour que vous puissiez savoir qu'il prépare ce qu'il y a de meilleur. Que Dieu vous bénisse, Amen.

LE DERNIER MOT DE DIEU

Neuvième message.

Hébreux 6:6 – 7:19

Nous avons commencé Hébreux 6, et nous en étions aux versets 4. Nous avons parlé des personnes qui ont vécu cinq expériences. Je pense que chacune de ces expériences est en quelque sorte surnaturelle, c'est-à-dire que ces personnes ont été surnaturellement éclairées. Christ leur a été révélé, la Bible est devenue pour elles un livre vivant. Elles ont goûté au don céleste, qui, je crois, n'est autre que Jésus lui-même. Troisièmement, elles sont devenues participantes du Saint-Esprit. Elles sont directement et personnellement liées à deux personnes, Jésus-Christ le Fils de Dieu et le Saint-Esprit, l'Esprit de Dieu. Elles ont goûté à la bonne parole de Dieu. Le terme grec utilisé ici est *rhema*, qui veut dire vivant, personnel. Et il ne s'agit pas uniquement de théologie, mais ces personnes ont eu connaissance de ce qui se passe lorsque Dieu leur parle directement et individuellement à travers sa Parole. Et elles ont goûté aux puissances du siècle à venir par, je crois, le Saint-Esprit. Je crois que par le fait d'être rempli surnaturellement du Saint-Esprit, nous sommes portés dans le siècle à venir. Nous avons un avant-goût de ce que à quoi ressemblera une vie pleinement vécue dans l'Esprit. Et même avec avoir un corps glorifié.

Maintenant, ce que je trouve vraiment tragique et grave, c'est que l'auteur d'Hébreux dit que si les personnes, qui ont vécu toutes ces expériences, se détournent délibérément, personne ne peut plus rien faire pour elles pour les ramener à nouveau à la repentance. Elles ont perdu leur capacité à se repentir. Je ne veux pas m'attarder là-dessus, mais je crois que je l'ai mentionné lors de la dernière session, que j'ai eu personnellement affaire à des personnes qui, je crois, se trouvaient dans cette catégorie. Quoiqu'il en soit, ce n'est pas moi le dernier juge, c'est Dieu.

Une fois que nous avons perdu cette capacité à nous repentir, nous n'avons plus de chemin vers Dieu. Car sans repentance, nous ne pouvons retourner vers Dieu.

Prenons un instant Hébreux 12:15-17. Il est dit ici:

… veillant [ou prenant soin] *de peur que quelqu'un ne manque de la grâce de Dieu; de peur que quelque racine d'amertume, bourgeonnant en haut, ne vous trouble, et que par elle plusieurs ne soient souillés; de peur qu'il n'y ait quelque fornicateur, ou profane comme Esaü, qui pour un seul mets vendit son droit de premier–né; car vous savez que, aussi, plus tard, désirant hériter de*

la bénédiction, il fut rejeté, (car il ne trouva pas lieu à la repentance), quoiqu'il l'eût recherchée avec larmes. (Darby)

Or, c'était la bénédiction qu'il recherchait, et non la repentance. La langue grecque se compose de différents genres et le mot traduit ici montre clairement qu'il recherchait non la repentance, mais la bénédiction. Il y a différents genres, seulement nous n'avons pas le temps de nous plonger dans ces implications grammaticales. Si vous savez ce que sont les genres, alors vous comprenez ce que je veux dire, et si vous ne le savez pas, que cela ne vous empêche pas de vivre heureux!

Mais il n'y avait pas de marche arrière possible pour Esaü. En vendant son droit d'aînesse, il avait conclu une transaction irrévocable. L'auteur d'Hébreux nous dit de veiller à ce que personne n'agisse ainsi, à ce que personne n'abandonne ce qui est éternel pour le charnel et le temporaire.

Je dois faire remarquer qu'au regard des normes de nos églises contemporaines, Esaü aurait pu devenir membre de nombre d'entre elles. Je veux dire, il n'était pas débauché. Il est étonnant de voir qu'il a pourtant été classé dans cette même catégorie. Mais c'était une personne qui n'appréciait pas les richesses éternelles de Dieu.

Vous voyez, s'il est une chose que Dieu ne peut et ne pourra définitivement pas tolérer, c'est le fait de mépriser ses richesses éternelles. C'est là, je crois, le véritable problème. Nous pouvons être difficiles à gérer, certains d'entre nous le sont. Nous pouvons faire de nombreuses erreurs, mais tant que nous donnons de l'importance à ce que Dieu a à offrir, Dieu continuera à s'occuper de nous. Il nous guidera. Mais lorsque nous disons: "Vraiment je ne me sens pas concerné, il y a d'autres choses dans la vie que celles que Dieu a à m'offrir", il me semble que nous sommes alors en très, très dangereuse posture.

Tel que je comprends les Ecritures, le seul agent qui puisse nous amener à la repentance est le Saint-Esprit. En dehors du Saint-Esprit, nous ne pouvons venir à la repentance. C'est ainsi que je comprends les choses. C'est pour cela que Jésus dit que si nous blasphémons contre le Saint-Esprit, il n'y a rien de plus que Dieu puisse faire pour nous. C'est le dernier recours. Si nous le rejetons, il n'y a pas d'autre possibilité. Vous voyez, historiquement, le peuple juif a rejeté Jésus, le Fils de Dieu. Dieu leur a tout de même envoyé le Saint-Esprit. C'est surprenant. Mais lorsqu'ils ont rejeté le Saint-Esprit, alors il n'y avait plus rien que Dieu puisse faire pour eux. Et si vous prenez les images prophétiques, particulièrement dans Zacharie, de la restauration d'Israël, vous verrez que la première personne avec qui ils entreront en contact ne sera pas Jésus, le Messie, mais le Saint-Esprit.

J'aimerais insister sur ce point. La façon dont nous traitons le Saint-Esprit détermine notre destinée. Vous ne pouvez ignorer le Saint-Esprit et prospérer. Il est Seigneur.

Dans Hébreux 6 à nouveau, nous trouvons une image tirée de l'agriculture, ce qui n'est pas l'un de mes points forts. Lorsque je me suis rendu dans l'Est de l'Afrique en tant que principal d'un établissement de formation pour des enseignants africains en 1957, je découvris avec horreur que j'étais censé donner un enseignement sur l'agriculture. J'ai donc pensé que je ne devais pas être la bonne personne. Puis, je me suis rendu compte que cela n'était pas si compliqué que ça. Il s'agissait simplement de cultiver la terre, de planter en lignes, d'espacer les plants, d'utiliser de l'engrais ou du fumier, et du paillis. Donc une fois reçues ces cinq ou six règles de base, j'étais également enseignant en agriculture! C'est juste pour que vous sachiez quel genre de personne se tient derrière la chaire ce soir vous instruisant sur ce sujet!

Verset 7:

Car la terre [ou le sol] *qui a bu de la pluie qui lui tombe régulièrement dessus et produit une végétation convenable pour ceux pour qui elle a été cultivée* [ou est cultivée], *reçoit la bénédiction de Dieu; mais la terre qui produit des épines et des chardons est rejetée et près de la malédiction, dont la fin est le feu.*

Gardez à l'esprit que les épines et les ronces sont une marque de malédiction. Vous le savez. Peut-être devrais-je le confirmer à partir des Ecritures. Gardez votre doigt sur Hébreux 6 et prenez un instant Genèse 3:17-18. C'est la conséquence de la transgression et de la désobéissance d'Adam.

Il dit à l'homme: Puisque tu as écouté la voix de ta femme, et que tu as mangé de l'arbre au sujet duquel je t'avais donné cet ordre: Tu n'en mangeras point! le sol sera maudit à cause de toi. C'est à force de peine que tu en tireras ta nourriture tous les jours, il te produira des épines et des ronces, et tu mangeras de l'herbe des champs.

Donc vous voyez que les épines et les ronces sont associées à la malédiction de Dieu. Et là où il y a des épines et des ronces, l'ultime fin en est le feu. Et il est particulièrement question ici dans Hébreux 6 de la terre qui a été cultivée avec attention et qui a reçu une pluie régulière. Si elle continue de produire des épines et des ronces, alors la solution finale est le feu. Et cela s'applique à la vie chrétienne. Si nous avons été cultivés, si nous avons reçu la pluie du Saint-Esprit, si toutes les occasions nous ont été offertes, et si tout ce que Dieu trouve en nous après cela, ce sont des épines et des ronces, alors nous courons le risque d'être rejetés.

J'entends de nombreuses personnes, et certaines pourraient être ici ce soir, se plaignant de la façon dont le monde les a traitées, et parfois de la façon dont l'Eglise les a traitées, les pasteurs. Je ne pense à aucune situation particulière. J'ai, parmi les membres de ma famille, certains enfants, voire des petits-enfants qui m'ont parfois parlé d'une façon qui laissait entendre qu'ils n'avaient pas eu de chance, du moins pas suffisamment. Mon unique réaction était d'observer. S'il se trouve ici quelqu'un ce soir qui pense qu'il n'a pas eu beaucoup de chance, je crois que vous en avez probablement eu de bien plus grandes que plus de 95 pourcent des gens dans le monde. Si vous n'avez pas eu assez de chance, alors croyez-moi, le monde ne va pas en avoir non plus. Faites attention.

Nous continuons dans Hébreux 6. L'auteur dit après ces avertissements très solennels, verset 9:

Mais nous sommes convaincus, en ce qui vous concerne bien-aimés, de choses qui sont meilleures et ont rapport au salut, même si nous parlons ainsi.

Autrement dit, nous vous donnons ces avertissements sérieux, mais nous voulons croire que personne n'en a véritablement besoin. Verset 10:

Car Dieu n'est pas injuste pour oublier votre travail et l'amour que vous avez montré pour son nom, par lequel vous avez rendu service aux saints et continuez à rendre service.

Voilà, je pense, un passage significatif. Je pense que d'une certaine façon nous pouvons créditer des mérites auprès de Dieu. Je pense que nous pouvons nous conduire d'une façon telle que si nous traversons un moment de faiblesse ou de besoin pendant lequel nous avons particulièrement besoin de la grâce de Dieu, nous avons certains crédits à retirer. Je me demande si vous avez compris cela? Qu'est ce que l'auteur dit que ces personnes ont fait qui va rendre Dieu très miséricordieux envers elles si elles ont besoin de lui dans l'avenir? C'est d'avoir rendu service ou pourvu aux besoins du peuple de Dieu. Je pense que c'est un point que nous devons vraiment prendre au sérieux. Une grande partie de l'estime que Dieu nous porte dépendra de la façon dont nous avons traité ses enfants.

Prenons deux passages. Le premier est Psaume 112, le verset 1, puis les versets 3-6 et enfin le verset 9.

Louez l'Eternel! Heureux l'homme qui craint l'Eternel, qui trouve un grand plaisir à ses commandements.

Le psaume tout entier est une description de l'homme que Dieu bénit. Et il explique aussi pourquoi et comment Dieu le bénit. Verset 3:

Il a dans sa maison bien-être et richesse, et sa justice subsiste à jamais.

Il ne va jamais chanceler ou devenir rétrograde.

La lumière se lève dans les ténèbres pour les hommes droits, pour celui qui est miséricordieux, compatissant et juste.

Il y a là trois mots: miséricordieux, compatissant et juste.

Heureux l'homme qui exerce la miséricorde et qui prête, qui règle ses actions d'après la justice! Car il ne chancelle jamais; la mémoire du juste dure toujours. [verset 9] *Il fait des largesses, il donne aux indigents; sa justice subsiste à jamais; sa tête s'élève avec gloire.*

Que voyez-vous dans la description de cet homme qui fait que Dieu le traite particulièrement avec faveur et miséricorde? Je dirais que c'est vraiment la façon dont il a traité le pauvre et ses frères dans le besoin. Et du fait de ses actes, il est dit que sa justice subsiste à jamais. Certaines façons de vous comporter vous rendront inébranlables. Et il me semble que nous ne prenons pas suffisamment à cœur l'importance que Dieu attache au fait de se conduire correctement avec nos frères croyants, particulièrement quand ils sont dans le besoin. Il me semble que c'est, en quelque sorte, une garantie pour vous-mêmes. J'espère que je n'en fais pas une mauvaise représentation.

Il y a un autre passage dans Ecclésiaste 11-2:

Jette ton pain à la surface des eaux, car avec le temps tu le retrouveras.

Je dois dire que ce verset m'a été prouvé tant de fois spirituellement parlant ces dernières années. J'ai prêché, j'ai envoyé des cassettes, j'ai écrit des livres et ils sont partis à la surface de l'eau, et au cours des dernières années, ils me sont revenus. Il m'arrive maintenant rarement de me rendre quelque part prêcher sans que quelqu'un vienne vers moi pour me dire, "Frère Prince, en 1969, vous avez prêché à tel ou tel endroit. Cela a changé ma vie, je n'ai jamais été le même depuis". Je pense que Ruth – je ne sais pas si j'ai besoin d'un témoin le confirmant, mais elle le confirmerait. Partout où nous allons, nous rencontrons de telles personnes. Des personnes dont je ne me souviens même pas. C'est comme si le pain que j'avais jeté commençait à revenir. Et c'est vraiment une expérience bénie que de voir un pain revenir.

Puis au verset suivant:

Donnes-en une part à sept et même à huit, car tu ne sais pas quel malheur peut arriver sur la terre.

Avez-vous noté le lien? "Car tu ne sais pas quel malheur peut arriver sur la terre". Tel que je le comprends, sept est une obligation et huit représente un peu plus. Donc vous donnez sur la base de ce qui est dû et puis vous en faites un peu plus. Pourquoi est-il ensuite écrit, "car tu ne sais pas quel malheur peut arriver sur la terre" ? Parce qu'un jour, vous aurez peut-être besoin de miséricorde et que Dieu a enregistré quelque part les actes de miséricorde que vous avez montrés. La Bible dit, *heureux ceux qui exercent la miséricorde, car ils obtiendront miséricorde*. C'est vraiment ce que j'appelle un intérêt personnel éclairé pour exercer la miséricorde. Cela vous reviendra.

Mais Ruth et moi avons lu l'épître de Jacques, et il y est dit, "*car le jugement est sans miséricorde pour qui n'a pas fait miséricorde*". Il y a donc, tel que je le vois, comme une garantie dans la parole de Dieu que si vous tenez fermement jusqu'à la fin, Dieu vous confirmera que ces choses écrites à ce propos ici dans ces précédents versets de Hébreu 6 ne vous arriveront pas. Quelle en est la garantie? C'est la façon dont vous traitez les autres, particulièrement les croyants qui peuvent se trouver dans le besoin.

Plus j'avance dans la vie, plus je vois que les principes de Dieu fonctionnent. Lorsque vous êtes un jeune prédicateur, vous pouvez vous permettre d'accabler les gens et d'insister en leur disant, "Ce qu'un homme aura semé, il le moissonnera aussi. Celui qui sème pour sa chair moissonnera de la chair la corruption". Les menacer. Je ne menace plus les gens maintenant. Je suis trop convaincu pour menacer. Je sais qu'il en sera ainsi. Je ne discuterai pas là-dessus. Je l'ai vu trop de fois. Ce que vous sèmerez, vous le moissonnerez. Ne vous inquiétez pas. Nul n'est besoin de perdre le sommeil la nuit vous demandant si cela vous reviendra, car cela vous reviendra. Soyez-en sûrs. Semez ce qui est bon et vous récolterez ce qui est bon. Semez dans la justice et vous récolterez la miséricorde. C'est exactement ce que ce passage dit ici. Semez la justice et vous récolterez la miséricorde.

Bien, nous devons avancer. Pourquoi devons-nous avancer? Parce que nous devons parvenir à la fin de quelque chose! Verset 11. Le passage suivant ne contient que deux versets, c'est le troisième passage ayant une application pratique. Comprenez-vous ce dont nous sommes en train de parler? Vous remarquerez qu'il y a cinq passages contenant des avertissements solennels et nous en avons vu trois. Et ensuite les passages indiquant des applications pratiques positives, nous en avons traité deux, nous arrivons maintenant à la troisième. Hébreu 6:11-12. Quelle est l'application positive qui nous est donnée ici, quelles sont les choses dont nous avons besoin? Zèle, foi et patience.

Pendant que nous y sommes, revoyons un instant les passages de comparaison et de contraste. Nous avons vu la première comparaison entre les anges et Jésus. Nous avons vu la comparaison entre Moïse et Jésus et nous sommes sur le point de voir la troisième comparaison entre le sacerdoce lévitique et le sacerdoce de Melchisédek.

Jetons ensuite juste un oeil aux passages "faisons quelque chose", dont nous avons vu les cinq premiers, le dernier se trouvant au début du chapitre 6, "laissons-nous poussés vers la maturité". Bien. Vous voyez maintenant où nous sommes.

Le passage que nous allons lire maintenant est le troisième passage d'application pratique. Comme je l'ai fait remarquer, mais il est probablement utile de le répéter à nouveau, le livre d'Hébreux est en grande partie une révélation. Il nous apprend des choses que nous ne saurions pas si la parole de Dieu ne nous les avait pas révélées. Tout ce qui concerne le souverain sacerdoce, les services célestes, tout cela est une révélation. Mais de temps en temps, au milieu d'une révélation, l'auteur apporte une application pratique importante à la révélation qu'il est en train de donner.

Versets 11-12:

Mais nous désirons que chacun de vous continue à montrer la même diligence [ou zèle] *pour l'obtention complète de l'espérance* [ou pour l'accomplissement de l'espérance] *jusqu'à la fin...*

Cette expression "jusqu'à la fin" apparaît un certain nombre de fois. C'est l'un des thèmes principaux d'Hébreux. Avancer, il y a un but à atteindre, ne pas s'arrêter. Verset 12:

... que vous ne soyez pas paresseux...

Je me suis entendu prêcher à la radio, je pense, la semaine dernière, faisant remarquer que les chrétiens tolèrent certains péchés et ils en rejettent d'autres. Ils rejettent l'ivresse, mais tolèrent la paresse. Si vous regardez dans la Bible, je pense qu'elle est bien plus sévère en terme de condamnation envers la paresse qu'envers l'ivresse. Et pourtant, à dire vrai, vous savez, je pense que l'église est parfois remplie de gens paresseux. Ils sont trop paresseux pour lire leur Bible, parfois trop paresseux pour prier. Nous ne le voyons pas, mais nous avons notre propre liste de valeurs pré-arrangée et nous ne voyons pas ce que la Bible dit. Mais il est dit ici, ne soyez pas paresseux. Continuant avec le verset 12:

... mais des imitateurs de ceux qui par la foi et la patience héritent les

promesses.

Foi et patience. Vous voyez, quiconque enseigne que la foi seule suffit risque de vous induire en erreur, parce que lorsque vous avez la foi, de quoi avez-vous besoin ensuite? De la patience. Ne serait-ce pas agréable de ne pas en avoir besoin? Comme ce serait agréable.

Lorsque Frère Charles Simpson était ici récemment, il a partagé sur un passage de l'Ecclésiaste. Je n'en voyais vraiment pas l'intérêt sur le coup, mais croyez-moi, je l'ai vu depuis. *"Mieux vaut la fin d'une chose que son commencement; mieux vaut un esprit patient qu'un esprit hautain"*. Vous savez, comme je supervise certains hommes dans le ministère et dans des congrégations, je me suis rendu compte qu'un grand nombre de problèmes sont dus à l'impatience. Nous voulons obtenir des résultats trop rapidement. Nous voulons être là-bas, mais nous sommes ici, et nous ne sommes pas prêts à passer par toutes ces étapes pour arriver là-bas. Il en résulte une sorte de crise.

Je ne sais pas si vous avez déjà eu affaire à des moutons, mais moi oui. Vous serez peut-être surpris, c'est l'un des épisodes moins connu de ma vie. J'ai découvert que si vous voulez que des moutons arrêtent de sortir par le trou dans la haie, mais qu'ils sortent par la barrière, vous devez penser en avance. Vous devez savoir par où vous voulez qu'ils passent avant qu'ils ne sachent où ils vont. Et si vous n'y pensez pas à l'avance et que vous y pensez à la dernière minute, ils passeront par la haie. J'ai également découvert que dans chaque troupeau de moutons, il y en a certains qui passeront toujours à travers le mauvais trou. Je ne parle, évidemment, de personne ici, je ne fais que parler de moutons. Mais c'est un fait. J'avais appris à garder un œil sur ces moutons-là, et au moment où je les voyais se diriger vers la mauvaise direction, j'étais là pour les arrêter. La plupart du temps.

Un autre de mes ministères consistait à boucher les trous dans les haies! Ces deux ministères sont proches. Si vous ne bouchez pas les trous, alors il vous faudra poursuivre les moutons qui passent à travers. Vous aurez peut-être du mal à le croire, mais c'est vraiment ce que j'ai fait pendant un certain temps.

Je ne sais pas si le Seigneur avait quelque chose en vue pour moi dans mon ministère futur. Je vous le dis en vérité. L'impatience est trop chère. Elle coûte trop cher. C'était Smith Wigglesworth qui a dit que dans un excès de colère, vous pouvez perdre en cinq minutes quelque chose que vous mettrez plus de cinq ans à récupérer. Gardez donc à l'esprit qu'il faut la foi et la patience. Nous allons avoir dans ce chapitre un vraiment bon exemple de patience.

En fait, c'est exactement là où nous allons ensuite, l'exemple d'Abraham. Vous savez, si vous et moi avec nos esprits naturels avions eu pour tâche d'énumérer les plus grands hommes de la Bible, je me demande si nous aurions donné à Abraham une position aussi haute que celle que Dieu lui donne. Il n'y avait pas grand-chose de spectaculaire dans la vie d'Abraham. Et à bien des égards, les résultats étaient plutôt modestes. Nous prêchons qu'il faut bien tenir sa famille. C'est bien, mais Abraham avait de nombreux problèmes avec sa famille, même avec sa femme. Que cela soit un encouragement pour certains d'entre vous!

Sérieusement, je ne pense pas que nous ayons estimé Abraham à la hauteur que le Seigneur l'estima. L'une des particularités d'Abraham que le Seigneur a appréciée était sa patience. Cela me bénit vraiment parce que je vois à quel point j'ai besoin de patience. Je vois également comme les récompenses envers la patience sont grandes. J'aimerais m'arrêter là sur ce sujet, mais je veux juste vous avertir. Vous pouvez vous montrer impatient et Dieu vous pardonnera, mais vous en paierez le prix. Ainsi que le dit Bob Mumford, "Un voyage supplémentaire autour de la montagne!"

Bien. Continuons avec le verset 13:

Car lorsque Dieu fit la promesse à Abraham, puisqu'il n'avait personne de plus grand par qui jurer, il jura par lui–même, disant, certes, en bénissant je te bénirai, et en multipliant je te multiplierai. (Darby)

La traduction Segond dit *"Certainement, je te bénirai, et je multiplierai ta postérité"*. Mais vous devez comprendre qu'en hébreu, pour accentuer un verbe, on le répète. La version Darby l'a donc traduit correctement. Comme dans Exode 15:26, où il est traduit: *"Si tu écoutes attentivement la voix de l'Eternel, ton Dieu..."*, mais en hébreu, il est en fait écrit: *"Si en écoutant, vous écouterez..."*

Donc Dieu dit, *"bénissant je te bénirai, multipliant je te multiplierai"*. Bien que dans la version originale, il soit écrit "je multiplierai ta descendance". Donc là où c'est traduit par "certainement", vous devez savoir que c'est la manière française de montrer l'insistance sur le verbe. Bénissant je te bénirai, multipliant je multiplierai ta descendance. J'aime, personnellement, la manière d'origine de le dire, car l'insistance est plus marquée. Ce n'est pas du très bon français, mais on en comprend la signification.

L'une des choses qui nous a récemment impressionnés, Ruth et moi, c'est qu'une si grande partie du Nouveau Testament soit écrite en grec par des Juifs. Et bien qu'ils écrivent en grec, ils pensent comme des Hébreux. À plusieurs reprises – ce serait trop compliqué d'essayer de nous plonger sur ce sujet – mais c'est ainsi. La langue est grecque, la pensée est hébraïque. Comme ici.

Bénissant je te bénirai, multipliant je te multiplierai.

Prenons un instant Genèse 22:15-16. Il s'agit de cette scène sur le Mont Morija, sur lequel Abraham avait reçu pour instruction d'offrir son fils et héritier, Isaac. Il est arrivé sur le lieu, a gravi la montagne, construit l'autel, lié Isaac sur l'autel et élevé le couteau, il est prêt à sacrifier son fils lorsque Dieu lui parle depuis les cieux pour l'arrêter. Nous ne lirons pas tout ce que Dieu dit, nous commencerons juste au verset 15.

L'ange de l'Eternel...

Il ne s'agit pas ici d'un ange ordinaire. Il s'agit, je pense, de la seconde personne de la trinité, le Fils éternel.

L'ange de l'Eternel appela une seconde fois Abraham des cieux, et dit: Je le jure par moi-même, parole de l'Eternel! parce que tu as fait cela, et que tu n'as pas refusé ton fils, ton unique, je te bénirai [bénissant je te bénirai] et je multiplierai ta postérité, comme les étoiles du ciel...

J'aimerais vous faire remarquer que Dieu dit qu'il bénirait Abraham, mais que c'est sa descendance qu'il multiplierait. Sa descendance, ses héritiers, son fils et les fils de son fils. Remarquez ce qu'il a multiplié. Il a multiplié ce qu'Abraham lui offrit. Vous voyez, vous pouvez retenir quelque chose et le garder, mais si vous voulez que Dieu le multiplie, vous devez vous en séparer. Pour que Dieu multiplie une chose, vous devez la lui remettre. Si vous ne la lui remettez pas, vous pouvez la garder, mais cela ressemblera à un petit grain de blé. Il restera seul. Vous pouvez le garder bien serré dans votre main, il vous appartient, vous pouvez en faire ce que vous voulez. Mais il ne produira jamais rien de plus que ce que vous avez dans la main. Vous devez le relâcher, le laisser tomber dans le sol, disparaître de la vue, être présent quand d'autres personnes marcheront peut-être dessus. Et lorsque vous l'avez relâché et que Dieu a pu prendre le temps de s'en occuper, alors de cette enveloppe sortira une nouvelle vie. Mais uniquement si vous le laissez partir.

Je ne crois pas que cela se produise juste une fois dans la vie de la plupart des croyants, je pense que chaque progression nécessite une étape où il faut remettre quelque chose à Dieu.

Bénissant je te bénirai, multipliant je te multiplierai.
Continuons maintenant avec Hébreux 6:15.

Et donc après avoir été patient, il obtint la promesse.
Arrêtons-nous un instant sur la patience d'Abraham. Regardons les chiffres rapportant les différents âges d'Abraham. Genèse 12:4.

Abram partit, comme l'Eternel le lui avait dit, et Lot partit avec lui. Abram était âgé de soixante-quinze ans, lorsqu'il sortit de Charan.

D'accord? Le passage suivant se trouve dans Genèse 16:16.

Abram était âgé de quatre-vingt-six ans lorsque Agar enfanta Ismaël à Abram.

De soixante-quinze à quatre-vingt-six, cela fait onze ans. Enlevez neuf mois de conception. Abraham attendit dix ans et ne voyant aucun signe venir, prit lui-même les choses en main. Le résultat, comme toujours, ne fut pas un Isaac, mais un Ismaël. Chaque fois que vous prenez vous-mêmes les choses en main, vous vous créez des problèmes. S'il est un avertissement qui nous est donné dans l'histoire, c'est bien celui-ci. 4000 ans plus tard, la principale source de problèmes pour la descendance promise à Abraham est issue de la descendance d'Ismaël. 4000 ans de problèmes parce qu'il prit les devants et agit par lui-même. Il attendit dix ans. Puis il dit, "Dieu ne fait rien, alors je vais agir moi-même".

Regardons maintenant au chapitre 21:5.

Abraham était âgé de cent ans, à la naissance d'Isaac, son fils.

De quatre-vingt-six à cent ans. Enlevez neuf mois et vous obtenez quatre-vingt-dix-neuf ans. Vous suivez mon calcul? De quatre-vingt-six à quatre-vingt-dix-neuf, treize années pendant lesquelles Abraham n'entendit plus Dieu. Treize années de silence parce qu'il avait agit de sa propre initiative. Il lui fallait treize ans pour revenir. C'est vraiment une leçon très importante. Vous pouvez prendre les choses en main, mais lorsque vous aurez terminé, ne demandez pas à Dieu d'enlever ces années de votre calendrier, parce qu'il ne le fera pas.

Continuons. Je crois que nous pourrions presque terminer ce chapitre. Nous avons vu Hébreux 6:13-15, et sommes maintenant à Hébreux 6:16-17.

Car les hommes jurent par le plus grand, et le serment de confirmation est pour eux la fin de toutes discussions. Ainsi Dieu, désirant plus abondamment démontrer aux héritiers de la promesse l'immuabilité de son conseil s'interposa avec un serment.

Ou "le garantit par un serment". Mais j'aime "s'interposa avec un serment". C'est ma traduction préférée. Il dit, "J'ai juré par moi-même, me voici. Je suis la garantie".

Verset 18:

Pour que par deux...

J'aime le mot "immuable". Il n'existe aucun substitut pour ces bons vieux termes français.

... choses immuables, par lesquelles il est impossible à Dieu de mentir, nous puissions avoir un fort encouragement, nous qui avons fui pour nous emparer de l'espérance qui nous est présentée.

Tout d'abord, arrêtons-nous un instant sur ce thème de l'encouragement. J'aimerais que vous preniez Romains 15:4-5.

Or, tout ce qui a été écrit d'avance...

Autrement dit, tous les passages précédents.

... l'a été pour notre instruction, afin que par la patience [ou la persévérance]*, et par la consolation que donnent les Ecritures, nous possédions l'espérance.*

Pourquoi la Bible a-t-elle donc été écrite? Pour notre instruction et pour que nous puissions être consolés et posséder l'espérance. Mais remarquez que l'espérance ne vient que par la patience. Il faut nous y atteler. Puis Paul continue dans Romains 15:5:

Que le Dieu de la persévérance et de la consolation vous donne...

Il n'est pas nécessaire de lire la suite. Remarquez qu'il est le Dieu de la persévérance et de la consolation. Et il me semble que c'est dans cet ordre-là que vous devez l'obtenir. Si vous voulez la consolation, vous devez avoir d'abord la persévérance. Il est le Dieu de la persévérance et de la consolation. Persévérance ou patience. Personnellement, je préfère la traduction "persévérance", je pense qu'elle fait davantage ressortir la nuance du texte grec.

Il y a encore une chose que nous avons le temps de voir, revenons à Hébreux 6:18:

Pour que par deux choses immuables, par lesquelles il est impossible à Dieu de mentir, nous puissions avoir un fort encouragement, nous qui avons fui pour nous emparer de l'espérance qui nous est présentée.

C'est une métaphore prise de l'Ancien Testament. Dans l'Ancien Testament, si la vie d'un homme était en danger et qu'il voulait un endroit pour se réfugier, il fuyait vers l'autel. L'autel avait quatre cornes, une à chaque coin. Il s'emparait des cornes de l'autel. Et de manière générale, une fois que vous vous étiez emparé des cornes de l'autel, vous étiez sauvé. Personne ne vous ferait sortir de là.

Nous pouvons en voir un exemple dans 1 Rois 1:50-51. Adonija était le frère aîné de Salomon et il avait essayé d'usurper le royaume, mais ayant été déjoué, il sentit que Salomon allait se venger, c'est pourquoi il fuit vers l'autel et s'empara de ces cornes.

Adonija eut peur de Salomon; il se leva aussi, s'en alla, et saisit les cornes de l'autel. On vint dire à Salomon: Voici, Adonija a peur du roi Salomon, et il a saisi les cornes de l'autel, en disant: Que le roi Salomon me jure aujourd'hui qu'il ne fera point mourir son serviteur par l'épée!

Voilà donc l'image. L'autel et ses cornes sont votre lieu de refuge.

Nous avons donc fui pour nous réfugier et nous emparer de l'espérance qui nous est présentée. L'espérance est comme les cornes de l'autel, c'est ce qui ressort du lieu de sacrifice. Mais vous devez les tenir fermement. Ne les laissez par partir. L'image montre ici quelqu'un qui court vers l'autel, y parvenant avec son poursuivant juste sur les talons, et attrapant les cornes, cette personne dit, "Je ne vais pas les lâcher, tu ne pourras pas me faire partir d'ici". Je pense que c'est l'image de quelqu'un se trouvant dans le désespoir. Je suis certain qu'aucun d'entre vous n'a jamais ressenti cela. Vous ne savez où aller ou que faire, alors vous vous rendez à l'autel et vous attrapez les cornes et vous les serrez fort. Cela fait partie de la vie spirituelle. Si cela vous arrive, ne pensez pas nécessairement que c'est un désastre. Cela fait partie de ces choses qui arrivent au peuple de Dieu.

Continuons avec les versets 19 et 20. Au verset 18, il est question de s'emparer de l'espérance qui est comparée aux cornes de l'autel, notre lieu de refuge, duquel personne ne peut nous faire partir si nous tenons bon. Ce concept d'espérance est ensuite repris pour être utilisé dans une deuxième image d'espérance très frappante. Je traduirai ces versets et j'en ferai ensuite quelques commentaires.

L'espérance que nous avons comme une ancre pour l'âme, sûre et solide et qui entre à l'intérieur du voile [ou du rideau, le second voile], *où un précurseur est entré pour nous, Jésus, un souverain sacrificateur étant devenu pour toujours un souverain sacrificateur selon l'ordre de Melchisédek.*

Ce thème de l'espérance est vraiment très riche à mes yeux. Je dois faire attention à ne pas commencer à prêcher un sermon sur l'espérance. Mais, il y a de nombreuses années de cela, j'ai lutté avec un problème dont je sais que personne d'entre vous n'a jamais eu à lutter avec. Mais soyez indulgents avec moi, c'était la dépression. Une profonde dépression. J'étais prédicateur, j'étais pasteur, je pensais devoir avoir des réponses pour tout le monde. Mais ce problème de dépression m'arriva, m'accabla, m'éloigna des gens et me donna un sentiment de désespoir. Je fis tout ce que je pensais devoir faire à cette époque, mais le problème empira.

Puis un jour que je lisais Esaïe 61:3, je lus ces mots, "un vêtement de louange au lieu d'un esprit abattu". Et alors que je lisais ces mots, "un esprit abattu", le Saint-Esprit me parla et me dit que c'était là mon problème. Ce n'est pas toi, ni une condition mentale, ni une fixation, c'est un esprit. J'eus une révélation. C'était une révélation sur mon passé, sur mon foyer, sur ma famille, mon père en particulier. Je pourrais dire qu'il s'agissait d'une sorte d'esprit familial. C'était quelque chose de tenace sur la famille. Le grand réconfort fut de comprendre que le problème ne venait pas de moi, mais c'était une autre personne. J'ai ensuite compris que j'avais besoin de délivrance. J'ai alors trouvé ce passage dans Joël 2:32:

Alors quiconque invoquera le nom de l'Eternel sera sauvé.

J'ai rassemblé ces deux passages, Esaïe 61:3 et Joël 2:32, j'ai invoqué le nom du Seigneur et j'ai été délivré. Je n'avais aucune connaissance de ce qu'était le ministère de délivrance, et ce n'est que dix ans plus tard que j'ai commencé à pratiquer ce ministère. Mais j'ai été délivré. Je ne l'ai dit à personne d'autre qu'à ma femme, parce que je pensais que c'était une honte pour un pasteur pentecôtiste d'être délivré d'un esprit mauvais. Je me suis donc tu et ne l'ai dit à personne.

Mais une fois que j'ai été délivré, j'ai réalisé que ma faiblesse se situait dans le domaine de mon intelligence, de mes pensées. Je dirai que j'avais une intelligence vraiment très entraînée et cultivée du fait de mes études en philosophie. Plus votre intelligence est entraînée, plus vous êtes vulnérable, en quelque sorte. Plus vous faites confiance à votre intelligence, plus celle-ci est votre point faible. Et Dieu me montra qu'il avait fait pour moi ce que je ne pouvais faire tout seul. Il me délivra de cet esprit de dépression. Mais après cela, c'était à moi de protéger mon esprit. Alors je me suis demandé, comment protéger mon esprit? J'ai lu dans Ephésiens 6 le passage mentionnant le casque du salut. Je me suis dit, un casque, c'est ce qu'il me faut. C'est ce qui protège la tête. J'ai ensuite réfléchi à ces mots "casque du salut" et me suis demandé ce qu'était le casque du salut? Je suis sauvé, cela signifie-t-il que je possède le casque du salut, mais si je ne l'ai pas, à quoi cela correspond-il? Or, il y avait cette référence dans ma Bible au passage de 1 Thessaloniciens 5:8, où il est dit:

Et ayant pour casque l'espérance du salut...

Et j'eus alors une nouvelle illumination. Je compris que le casque qui protège votre intelligence est l'espérance. La foi, la foi biblique se situe au niveau du cœur. Mais la protection de l'esprit, de l'intelligence, c'est l'espérance.

Je reçus ensuite un sermon sur l'espérance de la part du Saint-Esprit. J'ai entendu de nombreux sermons sur la foi, certains sermons sur l'amour, mais jusqu'à ce moment je n'avais jamais entendu de sermon sur l'espérance. Mais Paul dit, maintenant donc ces trois choses demeurent: la foi, l'espérance, l'amour. Et je dois dire que ça a marché. Aujourd'hui, mon esprit est protégé. Cela ne veut pas dire qu'il n'est jamais assailli, mais il n'est plus vraiment vulnérable. Dieu m'a montré que je devais changer toute ma façon de penser. J'ai en quelque sorte compris que comme tout un chacun est né soit républicain, soit démocrate, tout le monde est né soit pessimiste, soit optimiste. Il n'y avait aucun doute sur ce que j'étais né. J'étais né et entraîné à être pessimiste. C'était la formation que l'on recevait dans la famille. Si vous n'étiez pas en train de vous inquiéter, alors il vous fallait vous inquiéter du fait que vous n'étiez pas en train de vous inquiéter! Dieu me montra que je devais changer, que ce n'était pas lui qui allait le faire. Je devais remplacer le négatif par le positif. C'était une question de discipline et il me fallut un certain nombre d'années pour y parvenir.

Mais de toutes les images d'espérance – et il y en a plusieurs dans la Bible, de nombreuses affirmations à ce sujet, il n'y en a pas de plus belle que dans ce passage ici à la fin du 6ième chapitre d'Hébreux. L'espérance est une ancre pour l'âme. Souvenez-vous, l'âme est en vous la partie émotionnelle parmi d'autres choses, ce n'est pas toute l'âme. Mais c'est l'endroit où vous avez des tempêtes. C'est ce qui fait que vous allez bien un jour, et mal le lendemain. C'est la partie qui a la théologie, mais également des doutes. Et Dieu nous a pourvu d'une ancre, qui est? L'espérance.

Or cette ancre s'étend en dehors du temps jusque dans l'éternité. Elle entre directement à l'intérieur du second voile dans le Saint des Saints, dans la présence immédiate de Dieu, où Jésus lui-même est déjà entré pour nous. C'est sûr et ferme.

Comme je suis logicien ou philosophe, et ayant un esprit compliqué, je me suis assis et me suis demandé, qu'est-ce qui a besoin d'une ancre? La réponse est un bateau ou un navire. Pourquoi est-ce qu'un bateau a besoin d'une ancre? La réponse, parce qu'un bateau flotte sur un élément totalement instable. Il n'y a rien dans cet élément qui le sécurise. En conséquence de quoi, il a besoin d'une ancre pour trouver à travers cet élément instable quelque chose de stable sur lequel il puisse s'attacher.

J'ai ensuite compris que c'est ce que représente l'espérance. Dans ce monde, dans la vie temporelle, il n'y a aucune stabilité. Et vous tâtonnerez et chercherez en vain quelque chose dans ce monde qui vous donnera de la stabilité, il n'y a rien. Vous pouvez avoir la meilleure assurance-vie, mais cela ne vous procure aucune stabilité. La stabilité n'est pas disponible dans cet élément dans lequel nous vivons. Si vous la voulez, vous devez avoir une ancre. L'ancre doit, à travers le temporel, atteindre l'éternel et s'y accrocher. Et lorsque votre ancre y est accrochée, le bateau peut subir des secousses, mais il sera maintenu. Et cette ancre, c'est l'espérance.

J'ai compris également que la foi est dans le présent, et l'espérance dans l'avenir. Parfois nous les mélangeons. La foi dans le futur, ça ne fonctionne pas. Je priais pour une dame et elle avait de l'arthrite, et je lui dis, "Ecoutez, je pense que c'est un esprit mauvais. Si je le chasse, le laisserez-vous sortir?", c'est ainsi que je procède généralement. Elle me dit, "Oh oui, j'ai été dans le ministère pendant...", je ne sais plus combien d'années, mais de nombreuses. Je me suis donc occupée d'elle et je pouvais sentir la puissance de Dieu la toucher, et je dis "Maintenant je vais chasser cet esprit". Je luis dis ensuite, "Comment vous sentez-vous?", elle me répondit, "Par ses meurtrissures, je suis guérie". Je lui dis, "Ce n'est pas de cela qu'il s'agit. Vous aurez toujours demain, mais la foi est pour aujourd'hui". Si je ne lui aurait pas expliqué la différence, elle continuerait à dire "par ses meurtrissures, je suis guérie", jusqu'à la tombe. Vous comprenez ce que je veux dire? Elle avait foi dans l'avenir. Ce n'est pas la foi. La foi est pour maintenant. L'espérance est pour l'avenir. Et l'espérance ne fera pas pour vous ce qui est promis dans la foi. Vous saisissez?

Mais il y a une place pour l'espérance. Maintenant, j'ai une espérance. Je crois que lorsque je mourrai, lorsque j'y viendrai par la grâce de Dieu, je quitterai ce monde pour entrer dans un endroit magnifique, un endroit glorieux, un endroit éternel, un endroit où il n'y a ni péché, ni maladie, ni inquiétude, ni mort, ni crime. Vous direz peut-être que je suis naïf, mais c'est ce que je crois. J'ai une espérance. J'attends avec impatience ce qu'il y a après la tombe. C'est mon ancre. Je ne sais pas si vous l'avez jamais remarqué, peut-être n'en avez-vous pas eu l'occasion. Ceux parmi le peuple de Dieu qui ont très peu dans ce monde sont souvent les plus joyeux. Ce n'est pas chez des gens qui ont deux Cadillacs que vous allez trouver des personnes nécessairement joyeuses. Mais les personnes qui ne savent pas quel sera leur prochain repas, et qui n'ont pas de chaussures à leurs pieds sont souvent remplies de la joie du Seigneur. Savez-vous pourquoi? Parce que tout ce qu'elles ont, c'est l'ancre. Les autres personnes ont tellement de choses qu'elles ont parfois laissé l'ancre partir. Elles ne réalisent pas qu'il n'y pas de stabilité dans cette vie.

Votre ancre est donc là, c'est l'espérance. Sans Christ, nous nous trouvons sans Dieu et sans espérance. C'est la condition la plus misérable. C'est être mort tout en étant vivant.

Retournons maintenant à Hébreux 6, où nous verrons le dernier verset de ce chapitre comme un tremplin vers le chapitre suivant.

Où [c-à-d à l'intérieur du voile], *un précurseur pour nous...*

J'aime beaucoup ce "pour nous". Jésus n'a rien fait de tout cela pour lui-même. Il n'en avait pas besoin, il venait d'en-haut. Il quitta le ciel, descendit sur terre et s'en retourna non pour lui-même, mais pour nous. Il est notre représentant. Il est arrivé avant nous pour s'assurer que nous trouvions le chemin.

...[Jésus] est entré, étant devenu un souverain sacrificateur pour toujours selon l'ordre de Melchisédek.

Nous retrouvons à nouveau le thème du souverain sacrificateur. Le troisième passage de comparaison commence au chapitre 6:20 et il continue jusqu'au chapitre 10:25. Nous sommes maintenant véritablement dans le thème du souverain sacerdoce. Il s'étend en gros sur quatre chapitres.

Nous commençons à présent le chapitre 7 pour découvrir le troisième passage de comparaison. Cette comparaison se situe entre le sacerdoce de Melchisédek et le sacerdoce lévitique. En ce qui me concerne, je trouve que Melchisédek est l'un des personnages les plus intéressants de la Bible. Je ne pense jamais à Melchisédek sans ressentir un grand enthousiasme.

Lisons quelques versets : Hébreux 7:1-2.

Car ce Melchisédek, roi de Salem, sacrificateur du Dieu Très-Haut, qui rencontra Abraham alors qu'il s'en revenait du massacre des rois et le bénit, à qui Abraham distribua également un dixième de tout [ou une dîme], étant avant tout, par la traduction de son nom, roi de justice, et ensuite également roi de Salem, c'est-à-dire roi de paix.

Arrêtons-nous ici, ce n'est pas la fin de la phrase, mais commençons par digérer déjà cela. Il nous faut prendre l'historique du passage, sur lequel celui-ci est basé, c'est-à-dire dans Genèse 14:18-20. Un lecteur négligent pourrait lire Genèse 14 sans même faire attention à Melchisédek. Il n'y a là que trois versets le concernant et un autre encore dans tout l'Ancien Testament, dans Psaume 110:4. Et pourtant, il représente en un sens, l'un des thèmes principaux de cette épître.

Melchisédek, roi de Salem, fit apporter du pain et du vin: il était sacrificateur du Dieu Très-Haut.

C'est l'un des titres de Dieu, "Dieu Très-Haut". En hébreu, "*el elyown*".

Il [c-à-d Melchisédek] *bénit Abram, et dit: Béni soit Abram par le Dieu Très-Haut, maître du ciel et de la terre! Béni soit le Dieu Très-Haut, qui a livré tes ennemies entre tes mains.* [fin de la bénédiction] *Et Abram lui* [Melchisédek] *donna la dîme de tout.*

C'est là la totalité du passage. Revenons maintenant à Hébreux 7, laissez-moi juste mentionner certaines choses avant d'aller plus loin. Prenons tout d'abord le nom Melchisédek. En hébreu, Melchi-zedek. *Melchi*, roi; *zedek*, justice. Son nom signifie roi de justice. Gardez votre doigt sur Hébreux 7 et prenez un instant Jérémie. Jérémie 23:6.

En son temps [c-à-d au temps du juste rameau de David, qui est le Messie], *Juda sera sauvé, Israël aura la sécurité dans sa demeure...*

Ce dont ils ont désespérément besoin en ce moment même.

... et voici le nom dont on l'appellera; L'Eternel notre justice.

En hébreu, *Adoni tsidkenu*.

Et ensuite en Jérémie 33:16:

En ces jours-là, Juda sera sauvé, Jérusalem aura la sécurité dans sa demeure; et voici comment on l'appellera (c-à-d Jérusalem): *L'Eternel notre justice.*

Adoni tsidkenu. Vous remarquerez que l'épouse prend le nom de l'époux. C'est une très belle image. Donc *Adoni* est l'Eternel, *tsidkenu* est notre justice.

Je me trouvais avec un groupe de touristes en Israël et sur place, avec notre guide juive, Dorit. Et ces personnes étaient en train de chanter un chœur qui dit "Jehova Jireh...". Vous connaissez? Qui est tiré de Genèse 22, l'Eternel pourvoira. Notre guide, qui parlait un très bon anglais, me regarda et me dit, "De quoi parlent-ils? Que disent-ils?" Je lui répondis "*Adoni Jireh*". Elle a simplement rajouté, "Ces touristes, vous ne pouvez rien faire avec eux". Mais voyez-vous, lorsque nous disons Jehovah, ce n'est pas du tout un nom, ce sont en fait les voyelles d'un nom ajoutées aux consonnes d'un autre. Les Juifs, eux, disent *Adoni*.

Donc, l'Eternel notre justice est *Adoni tsidkenu*. *Tsidkenu* signifie la même chose que *zedek*, avec la terminaison adéquate pour "notre".

Souvenez-vous, Melchi-zedek: roi de justice. Il est également roi de Salem, qui est le même mot que shalom. Combien d'entre vous savent ce que signifient shalom? La paix. Qui réapparaît probablement dans 'Jérusalem'. Jérusalem vient probablement de *Yerushaláyim* la ville de paix. Les Arabes l'appellent *Ûrshalîm*, qui est, en un certain sens, vraiment plus proche que ce que nous avons ici.

J'aimerais que vous notiez la relation à double sens entre Melchisédek et Abraham. Tout d'abord, Melchisédek offre du pain et du vin. C'était vraiment très significatif. Regardez quelques instants dans Matthieu 26. Versets 26-28. Le Dernier Souper.

Pendant qu'ils mangeaient, Jésus prit du pain; et, après avoir rendu grâce, il le rompit, et le donna aux disciples en disant: Prenez, mangez, ceci est mon corps. Il prit ensuite une coupe: et, après avoir rendu grâce, il la leur donna, en disant: Buvez-en tous; car ceci est mon sang, le sang de l'alliance, qui est répandu pour beaucoup, pour le pardon des péchés.

Le pain et le vin sont les symboles ou signes extérieurs de la Nouvelle Alliance. Ils n'ont jamais été offerts par le sacerdoce lévitique. Mais bien avant l'existence du sacerdoce lévitique, 400 ans avant le sacerdoce lévitique, Melchisédek donna du pain et du vin à Abraham, lorsqu'il le rencontra. Lorsque Jésus donna le pain et le vin à ses disciples au Dernier Souper, je ne sais pas s'ils comprirent à ce moment-là ce qu'il était en train de dire. "Me voici selon l'ordre de Melchisédek. C'est la Nouvelle Alliance. Le sacerdoce de Melchisédek est restauré". Ou devrions-nous dire, réapparu.

D'autre part, Abraham offrit à Melchisédek la dîme de tout. Nous avons donc là deux pratiques de l'Eglise, qui sont très anciennes. L'une est de recevoir le pain et le vin, l'autre est d'apporter notre dîme. Là où nous allons normalement au culte, nous avons habituellement tendance à les faire ensemble, et je ne souhaiterais vraiment pas en faire une loi, mais je crois que nous avons ici un magnifique précédent. Nous suivons une tradition, qui est aussi ancienne que presque toutes les traditions de l'histoire du peuple de Dieu. Nous recevons le pain et le vin, et nous apportons notre dîme.

En agissant ainsi, nous reconnaissons que Jésus est le souverain sacrificateur selon l'ordre de Melchisédek. Il y a là une très forte signification. Je n'aime pas être légaliste en ce qui concerne la dîme, je ne crois pas que le Nouveau Testament fasse de la dîme un commandement. Mais, je crois que c'est un privilège très sacré. Je crois que notre façon d'agir avec nos dîmes ne devrait pas se faire avec désinvolture. Cela devrait se faire avec respect, cela devrait faire partie de notre adoration et nous devrions garder à l'esprit que c'est une façon de reconnaître notre souverain sacrificateur. Très simple, la base. Recevoir le pain et le vin, donner la dîme de tout.

Je crois effectivement comprendre que la dîme est quelque chose de très saint. Quiconque utilise à mauvais escient la dîme se met en danger par rapport à Dieu.

Vous voyez donc que nous revenons ici à quelque chose de vraiment très ancien. De nombreuses églises liturgiques sont fières de leurs traditions qui remontent dix-huit, au dix-neuf ou encore quinze siècles, aussi anciennes puissent-elles être. Mais voici une tradition qui remonte à quatre mille ans. Je crois que si nous nous souvenions de cela lorsque nous prenons le repas du Seigneur, nous aurions un sentiment de sainte crainte et de profond respect qui nous bénirait. Je ne veux pas dire que ce soit le seul moyen de le faire, mais je dis que je suis heureux que nous le fassions ainsi.

Il est dit au sujet de Melchisédek, au verset 3 du chapitre 7:

Sans père, sans mère...

Ce qui ne signifie pas qu'il n'en avait pas, cela veut simplement dire qu'ils ne sont pas nommés. Ou, cela pourrait vouloir dire qu'il n'en avait pas. Combien d'entre vous croient que Dieu pourrait envoyer un sacrificateur parfait dans le monde, de la façon que lui désire? Je le crois.

... il était sans généalogie, n'ayant ni commencement de jours ni fin de vie, mais il était fait semblable au Fils de Dieu, et il reste à perpétuité un sacrificateur.

Continuellement, pour toujours. C'est donc là un portrait de Melchisédek. C'est contraire à la pratique habituelle de la Bible. Dans la Bible, nous trouvons presque toujours qui était le père d'un tel, qui était son fils.
Frère Loren Cunningham, fondateur de JEM, Jeunesse En Mission, est un de mes amis. Il a un sermon au sujet de la connaissance de nos origines. Il commence par lire la généalogie de Jésus dans Matthieu 1, et c'est tout. Il l'illustre ensuite par le témoignage d'un Hindou qui a trouvé la foi en Jésus-Christ grâce à cette généalogie, parce qu'il dit, "Chez nous, les Hindous, nos dieux disparaissent. Nous ne savons jamais d'où ils sont venus, quelles étaient leurs origines. Lorsque j'ai découvert qu'avec Jésus, il avait des origines, il avait une généalogie; c'est ce qui m'a conduit à lui". Melchisédek est à cet égard une exception délibérée. Nous sommes orientés vers le fait que sa généalogie n'est pas établie, tout cela parce qu'il doit être une image non du Jésus terrestre, mais de l'éternel souverain sacrificateur.

Continuons avec les versets 4-10, où nous trouvons quatre marques de la supériorité de Melchisédek. Nous lirons le passage, et ensuite nous l'étudierons. Hébreux 7, commençant au verset 4:

Mais considérez comme cet homme était grand, à qui Abraham, le patriarche, donna un dixième du meilleur de son butin. Et ceux des fils de Lévi qui reçoivent le sacerdoce ont pour commandement de prendre la dîme du peuple selon la loi, c'est-à-dire, de leurs frères, bien qu'ils provenaient aussi des lombes d'Abraham. Mais ici celui dont la généalogie n'est pas considérée par eux, reçut la dîme d'Abraham, et bénit celui [c-a-d Abraham] *qui avait reçu les promesses. [Verset 7] Et sans controverse, le plus petit est béni par le plus grand.*

Autrement dit, le raisonnement est le suivant: si Melchisédek bénit Abraham, alors Melchisédek était plus grand qu'Abraham.

Et ici [c-à-d dans la loi]*, les hommes mortels recevaient des dîmes, mais là celui dont il est témoigné qu'il vit. Et comme vous pourriez dire, à travers Abraham même Lévi, qui reçoit la dîme, paya la dîme, car il était toujours dans les lombes de son père lorsque Melchisédek le rencontra.*

Il y a quatre marques de supériorité de Melchisédek sur le sacerdoce lévitique. Numéro un, Abraham lui donna la dîme. Numéro deux, il bénit Abraham, le père du peuple tout entier de Dieu. Numéro trois, il continue pour toujours. Il vit, il ne meurt pas. Et la référence ici dans la marge ramène à Psaume 110:4, que nous avons déjà pris au moins six fois.

Tu es sacrificateur pour toujours, à la manière de Melchisédek.

Et numéro quatre, à travers Abraham même Lévi donna la dîme parce que Lévi était toujours dans les lombes de son père Abraham à ce moment-là. Il n'était pas encore né. Il y a donc quatre points qui établissent la supériorité de Melchisédek et de son sacerdoce sur le sacerdoce lévitique.

Verset 11, maintenant:

Car si la perfection était disponible [ou pouvait être obtenue] *par le sacerdoce lévitique (car sous lui, le peuple recevait la loi), pourquoi y aurait-il besoin qu'un autre sacrificateur selon l'ordre de Melchisédek survienne, et non un nommé selon l'ordre d'Aaron?*

Ce qu'il faut remarquer ici, c'est que le besoin d'un autre sacrificateur subséquent au sacerdoce lévitique montre que ce sacerdoce n'est pas le dernier, que ce n'est pas la fin. Vous devez garder à l'esprit comme nous l'avons souligné plus tôt, que cette épître s'adresse aux personnes qui courent le danger de revenir à l'ordre ancien et de s'en contenter. Cette lettre insiste donc principalement sur le fait que le sacerdoce lévitique n'était pas le dernier, que l'on ne pouvait s'arrêter là et obtenir la perfection ou l'achèvement. L'achèvement, la perfection, la maturité ne viennent pas par le sacerdoce lévitique, il faut qu'un autre sacerdoce nous les apporte.

Continuons avec le verset 12:

Car pour un changement fait au niveau du sacerdoce, il était aussi nécessaire de changer la loi.

Voyez-vous le raisonnement derrière tout cela? La loi était inséparablement liée au sacerdoce lévitique. Elle supposait l'existence et le fonctionnement du sacerdoce lévitique. Si le sacerdoce devait être changé, alors la loi devait l'être aussi. Ils sont liés. C'est un débat très profond et c'est très intelligemment conduit vers la pensée juive. Si vous n'avez pas un esprit juif, vous ne verrez peut-être pas la nécessité de tout ceci. Mais croyez-moi, si vous avez eu affaire à un esprit juif, alors vous pouvez voir à quel point c'est pertinent.

Verset 13:

Car celui de qui ces choses sont dites vint d'une autre tribu, de laquelle personne n'assista à l'autel [ou ne servit à l'autel].

Autrement dit, non seulement il y a un changement au niveau du sacerdoce et de la loi, mais il y a également un changement de tribu. Il n'est plus question de la tribu de Lévi.

Verset 14:

Car il est déjà clair [ou par avance clair] *que le Seigneur sortit de la tribu de Juda, dont Moïse ne dit rien concernant les sacrificateurs.*

Aucun sacrificateur ne sortit de la tribu de Juda sous la loi de Moïse. De plus, aucun roi ne sortit de la tribu de Lévi. C'est l'un des points importants concernant l'Ancienne Alliance. La royauté et le sacerdoce étaient séparés, ils ne pouvaient provenir d'une seule et même tribu. La royauté venait de la tribu de Juda, et le sacerdoce de la tribu de Lévi, et toute tentative pour faire un changement était punie par Dieu. Par exemple, lorsque le roi Saül offrit un sacrifice, ce qui était une fonction sacerdotale, il perdit sa position de roi.

À ce propos, si vous avez un esprit logique, vous vous demandez peut-être pourquoi est-ce que Saül devint roi alors qu'il venait de la tribu de Benjamin? La réponse est très intéressante. Je ne peux vous donner les références bibliques parce que je n'avais pas prévu de parler de cela. Mais il est établi dans la loi qu'un enfant illégitime ou quelqu'un qui est né illégitimement ne pourra entrer dans la congrégation du Seigneur jusqu'à la dixième génération. Vous trouverez cela dans le livre de Deutéronome. Et, Juda avait un fils illégitime nommé Pérez, et pendant les neuf générations suivantes Juda n'eut pas le droit de pourvoir à un roi. David était de la dixième génération. Vous voyez, l'absolue exactitude de la parole de Dieu, même lorsqu'il ne semble y avoir aucun lien apparent. Et ils ont donc dû trouver un roi de la tribu de Benjamin, laquelle se trouvait après Juda, jusqu'à ce que le jugement de Dieu soit, disons, expiré. Mais en fait, le but ordonné par Dieu était que le roi soit toujours issu de la tribu de Juda.

Prenons deux passages qui nous le révèlent. Genèse 49:10, où il est question des bénédictions et des prophéties de Jacob sur ses fils juste avant qu'il ne meure. Avez-vous jamais entendu cela – je crois que ça vient de Shakespeare – "La vérité s'assoit sur les lèvres des hommes mourants". Eh bien, en voici un véritable exemple. Jacob est à la fin de sa vie et il dit à chacun de ses fils leur destin. En parlant à Juda – nous ne prendrons pas tout le passage – mais au verset 10, il dit:

Le sceptre ne s'éloignera point de Juda, ni le bâton souverain d'entre ses pieds, jusqu'à ce que vienne le Shilo.

Shilo est habituellement considéré comme un des titres du Messie et l'explication la plus probable de la signification de Shilo est "celui à qui il appartient". Jusqu'à ce que vienne celui à qui il appartient.

Puis en Esaïe 11, nous avons cette évidente prophétie du Messie.

Puis un rameau sortira du tronc d'Isaï, et un rejeton naîtra de ses racines. L'Esprit de l'Eternel reposera sur lui...

C'est un portrait du Messie. Donc le Messie roi allait venir de la tribu de Juda.
Mais, il est également déjà prédit dans le Psaume 110 que le Messie serait un sacrificateur selon l'ordre de Melchisédek. Nous devrions prendre à nouveau ce passage, même si je suis certain que nous l'avons déjà regardé une demi-douzaine de fois. Psaume 110:1:

Parole de l'Eternel à mon Seigneur: Assieds-toi à ma droite, jusqu'à ce que je fasse de tes ennemis ton marchepied.

Ce qui a été appliqué par Jésus lui-même. Voici donc le Messie en tant que roi élevé à la droite de Dieu. Mais le verset 4 dit de la même personne:

L'Eternel l'a juré, et il ne s'en repentira point: tu es sacrificateur pour toujours, à la manière de Melchisédek.

C'était prophétiquement déjà prévu dans l'Ancien Testament que le Messie, le roi, viendrait de la tribu de Juda, mais qu'il serait également sacrificateur selon l'ordre de Melchisédek. Nous avons, ainsi que le dit l'auteur d'Hébreux, une mise à l'écart de l'ancien ordre de la loi de Moïse avec un nouvel ordre, dans lequel les rôles sont différents.

Revenons maintenant à Hébreux 7:15-17.

Et il est encore plus clair [que notre Seigneur soit issu de la tribu de Juda], *si un autre sacrificateur doit apparaître similaire à Melchisédek, qui n'est pas établi selon la loi d'un commandement charnel* [ou de la chair], *mais selon la puissance d'une vie indestructible. Car il est attesté de lui, Tu es sacrificateur à toujours selon l'ordre de Melchisédek.*

Regardons les conditions requises pour le sacerdoce lévitique. Il y en avait deux et elles étaient charnelles, elles concernaient le corps physique. Numéro un, le sacrificateur devait être un descendant de Lévi. Ce qui avait un rapport avec le corps physique. Numéro deux, tout sacrificateur lévitique devait être exempt de toute imperfection physique. Prenons un instant Lévitique 21. Nous n'avons besoin de lire que quelques versets, à partir du verset 17.

Parle à Aaron, et dis: Tout homme de ta race et parmi tes descendants, qui aura un défaut corporel, ne s'approchera point pour offrir l'aliment de son Dieu. Tout homme qui aura un défaut corporel ne pourra s'approcher: un homme aveugle, boiteux, ayant le nez camus ou un membre allongé; un homme ayant une fracture au pied ou à la main; un homme bossu ou grêle, ayant une tâche à l'œil, la gale, une dartre, ou les testicules écrasés. Tout homme de la race du sacrificateur Aaron, qui aura un défaut corporel, ne s'approchera point pour offrir à l'Eternel les sacrifices...

Ceci avait donc un rapport avec la condition physique. C'était la base du sacerdoce lévitique. Il fallait être descendant de Lévi et avoir un corps physiquement en bon état.

Mais la condition pour le sacerdoce de Melchisédek était une vie indestructible. À ce sujet, j'aimerais que vous preniez dans Apocalypse 1:17-18. Je pense que je vais lire en grec. Il s'agit de l'apparition du Christ à Jean sur l'île de Patmos. Charles Simpson a fait cette remarque plutôt significative:

quand Jean connaissait Jésus dans la chair, il pouvait reposer sa tête sur sa poitrine. Mais lorsqu'il rencontra Christ dans sa gloire, il tomba à ses pieds comme mort. Apocalypse 1:17:

Lorsque je le vis, je tombais à ses pieds comme mort. Et il mit sa main droite sur moi, disant, N'aie pas peur; je suis le premier et le dernier, et celui qui vit; et je suis devenu mort, et voici, je suis vivant d'âges en âges [pour toute éternité], et j'ai les clés de la mort et de l'enfer.

C'est la puissance d'une vie indestructible. Il pouvait descendre dans le tombeau, son corps tout entier pouvait être mutilé et marqué au point d'être méconnaissable; mais il revint ressuscité dans la gloire et la puissance. C'était sa qualification pour être sacrificateur selon l'ordre de Melchisédek.

Nous allons prendre les versets 18 et 19, et terminer ainsi cette session. Il est vraiment nécessaire que vous lisiez tout ceci par vous-mêmes. Car le raisonnement est très condensé, et le fait de le démanteler et de le commenter peut, dans un certain sens, vous faire perdre une partie de la continuité. Si je le fais ainsi pour vous, vous pouvez ensuite le lire pour vous-mêmes de façon plus suivie. Verset 18:

Pour que là prenne place une action à côté du commandement qui précédait à cause de sa faiblesse et de son inutilité (car la loi ne rend rien parfait), mais ensuite il y a l'apport d'une meilleure espérance, par laquelle nous nous rapprochons de Dieu.

D'accord? Ce que l'auteur est en train de dire, c'est que le fait de remplacer le sacerdoce lévitique par le sacerdoce de Melchisédek entraîne plusieurs implications. Un nouveau sacerdoce signifie une nouvelle loi. Une nouvelle loi exige une nouvelle alliance. Une nouvelle alliance est basée sur de meilleures promesses. Il dit que cet ancien système tout entier avait été mis de côté. Pourquoi? Parce qu'il ne pouvait pas accomplir ce qui était nécessaire. Et il est maintenant remplacé par une meilleure espérance par laquelle nous nous rapprochons de Dieu.

Il dit ensuite que la Loi ne rend rien parfait. Vous vous souvenez que le terme "parfait" [perfection, mûr, maturité, complétude] est l'une des clés. Nous devons posséder quelque chose qui puisse faire tout le travail, qui puisse nous rendre parfait, qui puisse nous mener à la perfection et qui puisse nous rapprocher de Dieu. Voyez-vous, la loi ne rapprochait pas les gens de Dieu. En un sens, elle les gardait loin de Dieu. Elle ne pouvait répondre aux multiples besoins de l'humanité.

Nous n'avons plus de temps, or aller plus loin exige de prendre une nouvelle inspiration et de tout recommencer à nouveau.

LE DERNIER MOT DE DIEU

Dixième message

Hébreux 7:20 – 28

Nous commençons avec le chapitre 7, verset 11. J'ai expliqué que la nécessité qu'un autre sacrificateur se lève pour succéder au sacerdoce lévitique indique que ce dernier – c à d le sacerdoce lévitique – n'était pas le meilleur de Dieu. C'est l'une des vérités les plus importantes soulignées dans Hébreux.

En ce qui concerne Hébreux 7:12, j'ai dit que l'alliance de la loi et le sacerdoce lévitique étaient interdépendants. Ils tiennent ou tombent ensemble. En conséquence de quoi, un changement du dernier – c-à-d du sacerdoce lévitique – implique également un changement du premier, ce qui est à nouveau extrêmement important, car cela sous-entend un rapport avec le statut de l'alliance basé sur la loi.

Au sujet de Hébreux 7:13, je vous ai dit que celui qui accomplit les prophéties concernant le sacerdoce de Melchisédek ne venait pas de la tribu de Lévi.

Et au verset 14, la prophétie de l'Ancien Testament révèle que le Messie devait venir de la tribu de Juda. Deux passages de l'Ancien Testament sont cités ici. D'autre part, le Psaume 110:1-4 révèle que le Messie devait aussi être sacrificateur selon l'ordre de Melchisédek. Il nous est donc révélé ici que le Messie devait être à la fois roi et sacrificateur, ce qui était impossible dans le sacerdoce lévitique et exigeait un état des choses totalement nouveau. En fait, cela rétablit le sacerdoce de Melchisédek ou le remet en vigueur, car Melchisédek, à la différence des Lévites, était à la fois roi et sacrificateur.

Puis commentant les versets 15-17 du chapitre 7, je vous ai expliqué que le sacerdoce lévitique était basé sur certaines conditions physiques: (a) descendant de Lévi; (b) absence de défauts individuels physiques. Nous avons vu des passages à ce sujet. Le sacerdoce de Melchisédek était basé sur la puissance d'une vie indestructible. Il reste à toujours sacrificateur. Sa vie ne peut être détruite, ce qui a été accompli, bien sûr, par Jésus au travers de la résurrection.

Aux versets 18-19, un double changement nous est donc indiqué. D'abord négatif, puis positif. Le changement négatif: une mise à l'écart de l'alliance basée sur la loi et le sacerdoce lévitique, car ils ne pouvaient accomplir ce qui était nécessaire. Et ensuite le changement positif: l'introduction d'une meilleure espérance, ce qui nous donne un accès direct à Dieu. C'est l'un des points les plus importants d'Hébreux, ce fait d'avoir un accès direct personnel à Dieu.

Enfin, aux versets 20-22, nous voyons que la confirmation du sacerdoce de Jésus par le serment de Dieu indique sa supériorité sur le sacerdoce lévitique – qui n'était pas confirmé par un serment – et donc également de l'alliance que ce nouveau sacerdoce garantit sur l'alliance de la loi.

Nous arrivons ensuite au verset 22 que je lirai maintenant.

Par tout ceci Jésus devint la garant [ou la promesse] *d'une meilleure alliance.*

C'était un meilleur sacerdoce et il établissait une meilleure alliance basée sur de meilleures promesses. C'est la première utilisation de l'un des mots-clés que nous avons listés, le mot pour "alliance".

Tout à fait eu début nous avions listé certains de ces mots-clés. Le quatrième mot que nous avions listé est "alliance". Vous remarquerez qu'il n'est jamais mentionné avant le chapitre 7, mais qu'il apparaît ensuite fréquemment dans les chapitres 7, 8, 9 et 10. Il apparaît en tout 16 fois.

Si vous regardez les autres mots liés au mot "alliance", à savoir "offrir", "sacrifice" et "sang", vous verrez que les mots "offrir" et "sacrifice" sont mentionnés pour la première fois au chapitre 5, mais que l'accent est mis sur eux également dans les chapitres 7, 8, 9 et 10. Le mot "sang" n'apparaît qu'au chapitre 9, mais il apparaît ensuite très fréquemment dans les chapitres 9, 10 et aussi 11, 12 et 13. Il apparaît en tout 21 fois. Il en ressort de tout ceci que les mots "alliance", "offrande", "sacrifice" et "sang" sont très étroitement liés. Lorsque nous commençons à en trouver un, nous commençons à trouver les autres.

Je ne sais pas si je vous en ai parlé, mais c'est tellement frais dans mon esprit, alors que cela s'est probablement passé en 1944. À cette époque, je me trouvais en ce qui s'appelait alors la Palestine. J'étais dans un hôpital sur le Mont des Oliviers, lequel est aujourd'hui un hôpital luthérien soignant la lèpre, dans un bâtiment appelé le bâtiment d'Augusta Victoria. J'avais décidé d'apprendre l'hébreu, je m'étais donc procuré une Bible et une grammaire hébraïques. Je n'avais pas de dictionnaire, mais j'avais, bien sûr, la traduction en anglais. Je commençai à Genèse 1:1, par là où j'avais commencé à lire la Bible en anglais quelques années plus tôt, et pour une raison quelconque, je me munis de trois crayons de couleur. Bleu, vert et rouge. À nouveau, je ne m'explique pas pourquoi, mais je décidai de souligner trois thèmes. L'alliance en bleu, le sacrifice en vert, et l'aspersion de sang en rouge. Je veux dire, je n'ai aucune idée de ce qui m'a poussé à choisir ces trois thèmes. J'ai rapidement découvert que partout où j'avais le bleu, j'avais besoin du vert. Et partout où j'avais besoin du vert, je devais également avoir le rouge. Il n'y a aucune alliance sans sacrifice et aucun sacrifice sans aspersion de sang.

C'est ainsi que dans ma simplicité, tel l'homme qui tira avec son arc et frappa Achab entre les jointures de sa cuirasse, je tombai par hasard sur l'une des plus profondes révélations de l'Ecriture. Une alliance exige un sacrifice et un sacrifice requiert l'aspersion de sang représentant le sacrifice d'une vie. Ce qui a émergé depuis et qui est très clair ici dans Hébreux, c'est que toutes ces choses requièrent un sacrificateur pour les ratifier, les garantir et les rendre effectives. Vous avez là essentiellement une part importante de la révélation du livre d'Hébreux.

J'aimerais juste faire ici ce commentaire que le livre d'Hébreux est l'un des livres les plus difficiles de la Bible à analyser. Donc, si vous trouvez cela difficile, ne soyez pas découragés. Je pense l'avoir lu au cours de l'année passée au moins 50 fois et je ne l'ai jamais lu sans découvrir à chaque fois quelque chose que je n'avais pas vu avant. Nous nous sommes lancés dans un grand projet en commençant Hébreux. Je suis sûr que certains d'entre vous sont maintenant en train d'examiner leurs ampoules, se demandant comment elles sont venues En fait, c'est comme si vous aviez entamé un marathon alors que vous n'aviez jamais couru plus d'un kilomètre avant, donc ne soyez pas découragés.

Nous allons maintenant poursuivre avec Hébreux 7:23-24. Je traduirai de façon improvisée à partir du grec.

Et d'un côté, ils sont devenus de nombreux sacrificateurs, comme étant empêchés par la mort de continuer [ou de rester].

Ils étaient tous sujets à la mort. Donc aucun d'entre eux ne pouvait rester sacrificateur plus longtemps que la période de leur vie. Et même moins car ils ne pouvaient devenir sacrificateur qu'à l'âge de 30 ans, ou comme plus tard après que David ait changé cela, à partir de 20 ans. Dans un sens, leur sacerdoce était d'une période relativement courte.

Continuons maintenant avec le verset 24:

Mais lui [celui établit selon l'ordre de Melchisédek], comme il reste pour toujours [pour l'éternité], a un sacerdoce qui n'est pas transféré à un autre.

C'est un mot compliqué, "transféré". Je pense qu'il est simplement dit "un sacerdoce qui n'est pas transmissible". Est-ce exact? D'autres traductions disent "un sacerdoce immuable" ou "un sacerdoce inaliénable" et "sacerdoce perpétuel". Mais, le terme grec signifie "qui n'est pas passé à un autre". C'est en fait ce que dit la Parole Vivante: "qui ne peut être transmis à personne d'autre". Son sacerdoce est permanent, immuable, éternel. Il y a là un contraste. Les sacrificateurs lévitiques étaient nombreux parce que ceux qui mourraient devaient être remplacés continuellement par d'autres, qui, à leurs tours, mourraient. Mais Jésus, en tant que sacrificateur selon l'ordre de Melchisédek, possède un sacerdoce immuable, éternel, qui ne se transmet jamais à personne.

Continuant maintenant au verset 25, nous arrivons, selon moi, à l'un des plus beaux versets de la Bible.

C'est pourquoi, il est capable, aussi, de sauver...

Voici maintenant une phrase qu'il est possible de traduire de différentes façons.

... de sauver pour toujours [ou de sauver complètement] ceux qui viennent à Dieu par lui, du fait qu'il vive à toujours pour intercéder pour eux.

C'est une conclusion très importante. Vous avez beaucoup raisonné, et vous êtes peut-être arrivés au point où vous pourriez à peine voir clair, étant donné qu'il y a eu de nombreux points mis en avant, il y a cependant ici une conclusion majeure concernant son souverain sacerdoce. Il est capable de sauver pour toujours et complètement ceux qui viennent à Dieu par lui.

Lorsque je faisais de l'évangélisation dans les rues à Londres, nous avions pour habitude de dire "il sauve du plus profond du caniveau vers ce qu'il y a de mieux". Nous avons vu de nombreux exemples de ce genre de transformation. Je pense toujours à un homme qui était sur le point de se suicider lorsqu'il entendit l'un de nos jeunes gens donner son témoignage. Il en fut tellement frappé qu'il marcha toute la nuit durant dans les rues de Londres, c'est-à-dire environ 12 heures. Vers 8 heures du matin, il se mit à genoux et donna son cœur au Seigneur. Deux jours plus tard, il se rendit à mon adresse. Cette histoire est toujours restée dans ma tête comme un bel exemple, démontrant que personne n'est au-delà de la puissance de Dieu pour le toucher. Il n'existe aucune situation, de laquelle Dieu ne puisse sauver une personne.

Je pense à la personne pour laquelle j'ai demandé la prière avant de commencer cette réunion. Il y a un autre exemple. "Etant donné qu'il vit à jamais pour intercéder, il est capable de sauver qui que ce soit de quoi que ce soit". C'est la version de Prince! Et de les sauver entièrement: spirituellement, mentalement, physiquement, financièrement, dans chaque aspect, à chaque degré. Il peut le faire. Nous devons être fier de notre souverain sacrificateur. Il nous faut avoir une vision vraiment plus large de sa grandeur et de sa miséricorde, car lorsque nous voyons à quel point il est grand, il n'existe alors aucun problème dans la vie qui puisse nous vaincre.

Je suis également impressionné par l'importance du ministère d'intercession dont Jésus est notre modèle. Si vous examinez les périodes de temps dans la vie de Jésus, c'est très instructif. Trente années en tant que fils du charpentier. Aucun ministère public, simplement une vie de famille parfaite. Trois années et demi de ministère public; très spectaculaire, très puissant. Et quelque chose comme 2000 ans d'intercession. Ce qui, je pense, devrait nous aider à ajuster notre échelle de valeurs et ce qui a de l'importance pour nous.

Nous continuons, versets 26-27. Voici un autre exemple d'un passage très concentré, qui en dit long en peu d'espace.

Car ainsi était le souverain sacrificateur qui était approprié pour nous...

Il fait ensuite une liste des choses qui le rendaient approprié.

... saint, innocent, sans tache, séparé des pécheurs et étant devenu plus haut que les cieux; qui n'a pas besoin chaque jour, comme les autres sacrificateurs, d'offrir d'abord des sacrifices pour ses propres péchés, et ensuite pour ceux du people, car c'est ce qu'il fit en s'offrant lui-même une fois pour toute.

Regardons un instant la liste des qualifications. Il est assez intéressant de noter qu'il y a sept points. Je n'ai rien fait pour arriver à sept, c'est ainsi. Presque tout dans Hébreux va par sept. Tout ce qui a rapport au sacerdoce, si vous l'analysez, se compte par sept. Tout d'abord, il est saint – de nature, et non uniquement par consécration. C'est très important de voir cela. Aaron a été rendu saint en étant consacré. Jésus n'avait pas besoin d'être rendu saint, il n'a jamais été autrement que saint.

Etudions un instant la cérémonie de consécration en Exode 28:36-38:

Tu feras une lame d'or pur, et tu y graveras, comme on grave un cachet: Sainteté à l'Eternel. Tu l'attacheras avec un cordon bleu sur la tiare, sur le devant de la tiare.

Donc la première chose que vous voyiez quand vous rencontriez Aaron était cette lame d'or, brillante sur le devant de sa tiare.

Elle sera sur le front d'Aaron; et Aaron sera chargé des iniquités commises par les enfants d'Israël en faisant toutes leurs saintes offrandes; elle sera constamment sur son front devant l'Eternel, pour qu'il leur soit favorable.

J'aimerais lire ce 38ième verset dans la nouvelle version internationale.

Elle sera sur le front d'Aaron, et il portera la culpabilité impliquée dans les offrandes sacrées que les Israélites consacrent, quoi que fussent ces sacrifices, elle sera sur le front d'Aaron continuellement, afin qu'elles soient acceptables au Seigneur.

Lorsque nous avons étudié ensemble ce chapitre, j'avais souligné que les offrandes du peuple de Dieu n'étaient pas acceptées du fait de leur propre sainteté, elles étaient acceptées à cause de la sainteté de leur souverain sacrificateur. Elle devait être sur sa tête. Il n'était qu'une image, une préfiguration de Jésus. Nous devons garder à l'esprit que nos offrandes et nos sacrifices ne sont pas acceptés du fait de notre sainteté, ils sont acceptés à cause de la sainteté de Jésus. Il doit être saint. C'est la première condition d'un sacrificateur.

Revenant à notre liste, il était aussi innocent. Le terme signifie en grec qu'il n'avait jamais fait de mal à personne. Prenons rapidement deux passages. Tout d'abord dans l'Ancien Testament, Esaïe 53:7-9. C'est le célèbre portrait prophétique du serviteur souffrant du Seigneur. Peut-être la prophétie la plus complète de Jésus et de son expiation de toutes les Ecritures. Il est dit de lui:

Il a été maltraité et opprimé, et il n'a point ouvert la bouche, semblable à un agneau qu'on mène à la boucherie, à une brebis muette devant ceux qui la tondent; il n'a point ouvert la bouche. Il a été enlevé par l'angoisse et le châtiment; et parmi ceux de sa génération, qui a cru qu'il était retranché de la terre des vivants et frappé pour les péchés de mon peuple? On a mis son sépulcre parmi les méchants, son tombeau avec le riche, quoiqu'il n'ait point commis de violence et qu'il n'y ait point eu de fraude dans sa bouche.

Donc malgré tout ce qui a été dit et fait contre lui, il n'a jamais réagi, il n'a jamais répondu.

Il y a un passage dans 1 Pierre qui vient juste de me venir à l'esprit. Je ne l'ai pas mis sur la liste, mais nous pourrions le prendre un instant. 1 Pierre 2, commençant au verset 21.

Et c'est à cela que vous avez été appelés, parce que Christ aussi a souffert pour vous, vous laissant un exemple, afin que vous suiviez ses traces...

C'est une pensée très perspicace, n'est-ce pas?

... lui qui n'a point commis de péché, et dans la bouche duquel il ne s'est point trouvé de fraude; lui qui injurié, ne rendait point d'injures, maltraité, ne faisait point de menaces, mais s'en remettait à celui qui juge justement...

Cela me rappelle par contraste un écriteau que j'avais vu une fois placardé dans un zoo français. Et il m'est resté à l'esprit, le mot est 'méchant'. Cet écriteau disait, "Cette animal est méchant [ou mauvais ou cruel]. En cas d'attaque, il se défend". Jésus n'était pas ainsi. En cas d'attaque, il ne se défendait pas, c'est donc la signification de cette affirmation, "il devait être innocent ou inoffensif".

J'aimerais ensuite prendre le témoignage de Pontius Pilate dans Jean 19:4-6. Il s'agit de la conclusion du jugement de Jésus par Pilate.

Pilate sortit de nouveau, et dit aux Juifs: Voici, je vous l'amène dehors, afin que vous sachiez que je ne trouve en lui aucun crime. Jésus sortit donc, portant la couronne d'épines et le manteau de pourpre.

Nous en avons déjà parlé plus tôt, je crois. Les deux emblèmes de la malédiction: les épines et le pourpre des ronces.

Et Pilate leur dit: Voici l'homme.

Le seul homme à être ce que Dieu avait prévu que l'homme soit.

Il est intéressant de se dire, n'est-ce pas, que Pilate a été à de nombreuses reprises un prophète. N'imaginez pas qu'une personne ne puisse être prophète que lorsqu'elle est sciemment en train de prophétiser et de savoir qu'elle sert le Seigneur. Bien que n'ayant aucune connaissance du Seigneur, Pilate a été prophète.

Permettez-moi de dire ceci par expérience personnelle. Parfois Dieu vous parlera à travers une personne qui ne connaît pas le Seigneur. Soyez simplement prêts à l'entendre lorsque ce sera le cas. Certaines choses qui m'ont été dites au cours de ma vie, et qui me restent, m'ont été dites par des personnes qui ne connaissaient pas le Seigneur. Mais je sais que le Seigneur était en train de me parler à travers elles.

Continuons avec Jean 19:6.

Lorsque les principaux sacrificateurs et les huissiers le virent, ils s'écrièrent: Crucifie! Crucifie! Pilate leur dit: Prenez-le vous-mêmes, et crucifiez-le; car moi, je ne trouve point de crime en lui.

Une autre chose intéressante est – et Jésus est notre modèle – que nos vies doivent être attestées par de nombreux types de personnes différentes. Il ne suffit pas d'impressionner nos frères chrétiens. Voyez-vous, Jésus avait le témoignage du gouverneur romain, "Je ne trouve point de crime en lui". Ce qui a été enregistré pour l'éternité.

Il avait aussi le témoignage d'un traître, puisque après l'avoir trahi, Judas dit, "J'ai trahi du sang innocent". Judas avait été avec lui tous les jours pendant trois ans et demi. Mais lui aussi avait dû reconnaître l'irréprochabilité et l'incorruptibilité de Jésus.

Voyez-vous, Dieu peut parfois vous placer en bien étrange compagnie et vous pouvez penser, "Mais qu'est-ce que je fais ici?" Mais il sortira peut-être un témoignage des lèvres de ce genre de personnes. Je pense à mon propre exemple. Permettez-moi de vous donner, tout d'abord, un passage dans Romains 14. Ceci est devenu très réel pour moi en tant que soldat dans l'Armée britannique, parce que c'est au sein de l'armée que j'ai été sauvé. Je n'aurai jamais choisi les choses ainsi, parce qu'avant d'être sauvé, j'ai vécu une vie très païenne pendant presque un an. Dieu ne m'a pas dit ensuite: "Maintenant tu es pieux. Je vais te sortir de cette situation pour te placer dans un beau collège de formation pour les prédicateurs et te donner une soutane noire". Il m'a dit, "Reste tout simplement là où tu es et montre-leur la différence". Croyez-moi, je vivais avec eux tous les jours. Il m'était impossible de m'éloigner d'eux. Particulièrement lorsque j'étais dans le désert, il n'y avait aucun moyen d'échapper à ces soldats anglais vulgaires, blasphémateurs et charnels. Je me demandais en moi-même s'il était possible de garder mon témoignage dans une telle situation. Je n'avais vraiment pas beaucoup de vocabulaire religieux pour savoir comment garder un témoignage à cette époque. L'un des passages qui m'a parlé à ce moment-là se trouve ici dans Romains 14:17-18:

Car le royaume de Dieu, ce n'est pas le manger et le boire, mais la justice, la paix et la joie, par le Saint-Esprit. Celui qui sert Christ de cette manière est agréable à Dieu et approuvé des hommes.

Dieu m'a montré que si j'avais la justice, la paix et la joie, alors toutes les personnes vivant avec moi finiraient par m'approuver. J'ai ce témoignage par écrit parce que quand j'ai été libéré après cinq années et demi dans l'Armée britannique, dans mon livre militaire – que j'ai toujours – à l'endroit du renvoi au foyer, ils m'ont gradé en caractère. Ils ont certains grades officiels et j'ai été classé 'exemplaire', le plus haut grade donné. Je n'ai jamais compromis mon témoignage. En fait, j'ai eu à trois reprises différentes à faire face et, en un sens, à reprendre trois de mes officiers commandants. Une fois, c'était parce que je trouvais que les commandants militaires ne donnaient pas aux hommes suffisamment d'informations.

Une autre fois, en Palestine, c'était parce que l'un d'eux me disait: "Tu ruines ta carrière si tu es renvoyé de l'armée dans ce pays." Il me disait: "Si je connaissais un moyen de t'arrêter, je le ferais." Je n'ai rien répondu, cependant j'étais responsable de gérer mes propres documents et j'aurais pu lui proposer trois façons différentes de m'arrêter, mais je ne l'ai pas fait.

Enfin, l'officier commandant au Soudan qui – je n'avais nullement l'intention d'être impliqué dans cela, mais lors de l'une de mes moins glorieuses missions, je me suis retrouvé dans un petit hôpital militaire dans un désert à l'est du Soudan. J'étais responsable de la main d'œuvre native qui avait pour tâche de garder l'hôpital propre, etc. Le responsable de la main d'œuvre native était un Soudanais, du nom d'Ali. Il était musulman. Ils étaient tous musulmans, il n'y avait rien d'autre que des musulmans dans toute cette région. Ali était connu. Il prenait un pourcentage des salaires de tous les hommes qui se trouvaient sous sa responsabilité. Il s'enivrait, il se bagarrait. À ce propos, la religion musulmane interdit de s'enivrer, mais c'était un autre de ses péchés. Ali et moi sommes devenus amis. Je n'avais pas l'intention de raconter cette histoire, ça risque de prendre du temps.

Nous avions établi notre relation de façon plutôt étonnante. Il parlait un anglais de soldat, ce qui correspond à quelque chose que je ne pourrais pas parler ici. Il l'avait appris des soldats britanniques et c'est ainsi que nous communiquions. J'ai ensuite commencé à apprendre l'arabe. Un jour que je discutais avec lui, il me dit qu'il croyait en satan. Je lui répondis, "Je crois aussi en satan". Croyez-le ou pas, ce fut notre point de contact. Nous croyions tous les deux en satan. Plus tard, j'ai prié pour lui lorsqu'il est tombé malade. Je n'avais jamais fait ça avant pour qui que ce soit, et le Seigneur l'a guéri. Il voulait en savoir davantage, alors je pris avec moi l'Evangile de Jean et chaque jour lorsque nous nous retrouvions pour discuter le travail à faire, je commençais par lui lire un court passage de l'Evangile de Jean, le traduisant au fur et à mesure en langage de soldat!

Il me proposa ensuite de m'enseigner à monter à dos de chameau. Bien, évidemment, pour ceux qui sont déjà allés en Israël en tant que touristes, on vous met sur un chameau qui a été drogué et dopé, donc il ne fera rien. Mais les chameaux soudanais sont d'une autre race! J'ai appris avec lui à monter à dos de chameau et un jour, nous allions pique-niquer dans les montagnes. Comme j'étais également responsable des rations, nous pouvions arranger cela.

J'avais également pour responsabilité de contrôler le lait fourni par le vacher soudanais du coin. Nous le suspections de mettre de l'eau dans le lait.

Les officiers médicaux ont un instrument qui mesure la densité spécifique. C'est ce genre d'instrument que vous plongez dans le lait et selon la hauteur à laquelle il flotte, vous pouvez savoir quelle densité spécifique est contenue dans le lait. Je n'ai pas l'esprit scientifique, mais j'ai appris cela. Quand il se présentait avec son seau, je plongeais ce petit instrument en verre dans le lait, et ce dernier montait puis descendait. Il le regardait avec une méfiance farouche, car il savait que d'une manière ou d'une autre, cela révélait son escroquerie, mais il ne savait pas comment! Si l'instrument ne flottait pas suffisamment haut, je lui disais, "Reprends-le, nous ne l'acceptons pas".

Nous découvrîmes ensuite des poils dans le lait. Des poils de vache, bien sûr. À quoi d'autre vous attendriez-vous? Les officiers médicaux disaient que ce n'était pas sain d'avoir des poils dans le lait. L'un d'eux me dit/ "Je vais te donner de la gaze. Donnes-lui de la gaze pour passer le lait." Je lui donnai donc de la gaze et lui expliquai très attentivement qu'il devait y passer le lait. Bien, pendant trois ou quatre jours, nous avons eu du lait sans aucun poil dedans. À ce propos, j'exerçais tout ce temps mon arabe avec lui. Puis, il y eut à nouveau des poils dans le lait. Je lui demandai: "Que s'est-il passé?" Il était très sombre, il ne voulait pas le dire, mais il finissait par dire la vérité. Il me dit en arabe: "Les vaches l'ont mangée". (Autrement dit la gaze).

Je parlais d'Ali. Nous étions en train de pique-niquer, lorsqu'il me dit, "Il y a de l'eau, là". Il y avait là une sorte de liquide gluant, noir et saumâtre s'écoulant de la colline. Puis il me regarda et dit, "Vous, les blancs, vous ne buvez pas cette eau". Je lui répondis, "Je vais la boire". Il me dit, "Pourquoi voudrais-tu la boire et pas les autres?" Je répondis, "Dans la Bible, il est dit que si tu bois un breuvage mortel dans le nom de Jésus, il ne te fera pas de mal. Je vais donc la boire dans le nom de Jésus". Il n'avait jamais entendu le nom de Jésus. Je bus donc l'eau, ce qui l'impressionna profondément.

Ce jour-là, ma lecture concernait Jean 3 au sujet de la nouvelle naissance. Le Saint-Esprit lui enfonça une flèche dans le cœur pendant que je lisais ce passage. Tout au long du chemin du retour sur les chameaux, il disait, "Qu'est-ce donc la nouvelle naissance? Qu'est-ce que cela signifie?" Je lui répondis alors, "Dieu te donne un nouveau cœur". Il éclata de rire, car il ne pouvait imaginer autre chose qu'un nouveau cœur physique, voyez-vous? Il pensait que c'était absolument ridicule. Au moment où nos chemins allaient se séparer, je lui demandai: "Aimerais-tu naître de nouveau?" Il me répondit oui. Je n'avais aucune instruction biblique, je n'avais jamais été quelque part où on vous dit quoi faire. Et, je n'avais aucune connaissance des musulmans, ce qui fut ma sécurité, parce que si j'en avais eue, je ne crois pas que je lui aurais jamais dit ce que je lui ai dit.

Je lui dis donc, "Bien, à 6 heures ce soir quand le soleil se couche, va dans ta hutte. Prie dans ta hutte. Je serai dans ma chambre, je prierai. Demande à naître de nouveau". Le lendemain, je le rencontrai comme à l'accoutumée à 10 heures pour nous rendre à nos responsabilités. Je le regardai et lui demandai, "As-tu prié?" Il me répondit oui. Je lui demandai, "S'est-il passé quelque chose?" Il me répondit non. Il était si réaliste. Je veux dire, s'il n'y avait rien de réel, alors c'est qu'il n'y avait rien. Alors que je me posai des questions à ce sujet, le Saint-Esprit me dit, "C'est un musulman. Demande-lui s'il a prié dans le nom de Jésus". Je lui demandai, "As-tu prié dans le nom de Jésus?" Il me répondit non. Je lui dis, "Si tu ne pries pas dans le nom de Jésus, tu ne peux le recevoir". Je dois dire que les fous se précipitent là où les anges ont peur de marcher! Je lui dis, "Veux-tu prier dans le nom de Jésus?" Il me répondit oui. Je lui dis, "Ce soir, à 6 heures, prie, et je prierai". Le lendemain matin, je le rencontrai à 10 heures. Je le regardai et lui dis, "Tu l'as reçu". Il me répondit, "Oui". Il savait qu'il l'avait reçu.

Cela se sût partout. Tout le monde me disait: "Qu'est-il arrivé à ton ami Ali?" Je répondais qu'il avait été sauvé. Alors on me disait, "Qu'est-ce que ça veut dire?" Je répondais, "Laisse-moi t'expliquer!" À la fin, ce fût l'officier commandant qui vînt me voir pour me demander, "Qu'est-il arrivé à ton ami Ali?" Je lui répondis qu'il avait été sauvé. Je dois vous dire que c'était un Ecossais presbytérien qui connaissait beaucoup de théologie, mais n'était pas sauvé. Je finis par expliquer à ce officier commandant comment être sauvé. Il me dît, "Comment saurai-je que je suis sauvé?" Quand je pense à cela, je ne peux que m'étonner! Je lui dis, "Il y a deux façons. Tout d'abord, le Seigneur connaît ceux qui lui appartiennent. Deuxièmement, quiconque invoque le nom du Seigneur sera sauvé". Croyez-moi, il avait besoin de ce message. Pour autant que je sache, il n'a jamais été sauvé.

Quoiqu'il en soit, ce que j'essaie de faire ressortir, c'est que je ne fis aucun compromis sur mon état de chrétien. À la fin de ces cinq années et demi, l'Armée me considéra comme exemplaire. Ce que je veux souligner, c'est que si vous voulez être un véritable chrétien, votre témoignage doit tenir en toutes sortes de circonstances. Ce n'est pas suffisant d'être bon juste à l'église. C'est lorsque vous êtes soudainement exposés à des types très différents de personnes qu'elles verront et que vous verrez si vous l'êtes véritablement ou pas.

Ne soyez pas trop étonné si Dieu vous place soudainement dans une situation très étrange. Je me trouvai là dans cette région entièrement musulmane du Soudan. Le gouvernement britannique qui, à cette époque, gérait le Soudan, n'y autorisait pas les missionnaires, parce qu'il ne voulait pas offenser les musulmans. Avant que je n'aie quitté cet endroit, j'avais baptisé Ali dans la piscine de l'hôpital. Vous voyez? Dieu a ses façons d'agir. Un simple caporal médical, personne ne me fît d'histoire. Dieu me plaça là, et je dois dire que je ne ressens probablement aucune excitation plus grande qu'à la pensée d'avoir été la première personne à gagner un membre de cette tribu pour le Seigneur Jésus-Christ.

Pour autant, ce n'est pas le genre d'endroit que j'aurais choisi pour être placé. Chose étonnante, lorsque nous quittâmes cet endroit un an plus tard, tous les autres soldats étaient vraiment heureux de quitter cet affreux trou, alors que moi j'étais extrêmement triste parce que je m'étais totalement consacré à ce peuple. Si Dieu me l'avait demandé, je serais resté là le restant de ma vie. En fait, j'ai dit à Dieu que je voulais rester là. Je me souviens qu'il me répondit, "J'ai un autre endroit et un autre peuple pour toi". Puis il m'envoya en Israël.

Je ne pense vraiment pas que quiconque doive aller évangéliser les Juifs s'il n'est pas d'abord préparé à évangéliser les musulmans. Si vous ne pouvez aimer les Allemands, ne dîtes pas que vous aimez les Juifs. S'il se trouve ici des Allemands, ne soyez pas offensés par ceci. Mais, à la lumière de ce qui s'est passé durant l'holocauste, je pense que nous devons nous examiner. Notre amour est-il sentimental ou réel? Vient-il de Dieu, passe-t-il le test?

Nous allons continuer avec cette liste de qualifications pour le sacrificateur. La troisième qualification est "sans tache". Prenons deux passages des Ecritures. Tout d'abord, le passage de l'Ancien Testament de Lévitique 16:4 décrivant la façon dont le sacrificateur revêt ses habits pour le jour de l'expiation. Souvenez-vous, au Jour de l'Expiation, il ne portait pas ses glorieux vêtements qu'il portait tous les autres jours. Il entrait avec des vêtements de simple lin uni, ce qui est une image de Jésus laissant de côté sa gloire, tout en restant dans sa parfaite justice. Et c'est de cette façon que sa justice est symboliquement représentée dans l'Ancien Testament. Je voudrais que vous notiez l'apparition du mot "lin".

Il se revêtira de la tunique sacrée de lin, et portera sur son corps des caleçons de lin; il se ceindra d'une ceinture de lin, et il se couvrira la tête d'une tiare de lin: ce sont les vêtements sacrés, dont il se revêtira après avoir lavé son corps dans l'eau.

Combien de fois le lin est-il mentionné? Quatre. Savez-vous ce que signifie le lin? Pureté, justice. Ensuite, il devait laver son corps tout entier dans l'eau. C'est la façon de l'Ancien Testament de présenter la pureté et la justice absolues de Jésus. Que ce soit lorsqu'il est né ou après sa vie terrestre au moment où il allait être crucifié, sa pureté n'a pas été compromise.

Ensuite, un autre passage dans 1 Pierre 1:18-19.

Vous savez que ce n'est pas par des choses périssables, par de l'argent ou de l'or, que vous avez été rachetés de la vaine manière de vivre que vous aviez héritée de vos pères, mais par le sang précieux de Christ, comme d'un agneau sans défaut et sans tache.

Remarquez les deux mots utilisés ici. Sans défaut et sans tache. Sans défaut signifie saint de nature. Sans tache signifie saint après trente-trois ans et demi de vie dans ce monde. Il n'y avait aucun défaut initial, et aucune tache n'est venue sur lui.

Quatrièmement, il était séparé des pécheurs. Tel que je le comprends, cette situation tenait au fait que les pécheurs l'avaient rejeté et qu'ils l'avaient mis sur la croix. Mais en agissant ainsi, ils le séparaient d'eux. Vous voyez, un sacrificateur sous l'Ancienne Alliance devait faire très attention, il y avait de nombreuses choses qu'il ne pouvait toucher. Il ne pouvait toucher un corps mort, et de très nombreuses autres choses. Il devait être séparé de tout ce qui pouvait tacher. Dieu voyait ainsi qu'à travers cet acte des pécheurs, notre souverain sacrificateur était ainsi séparé d'eux. Ils le séparèrent d'eux, et ainsi cloué sur la croix, il était, en un sens, coupé de la terre et rejeté des cieux. Mais, c'est par cet acte de séparation qu'il obtint la qualification pour être souverain sacrificateur.

Ensuite, la qualification suivante est qu'il fut élevé au-dessus des cieux. Ceci était la réponse de Dieu au rejet de l'homme. L'homme le rejeta; Dieu l'accepta, le ressuscita des morts, justifia sa droiture, justifia ses affirmations et l'éleva pour le placer à sa droite, où il accomplit son ministère en tant que sacrificateur. Je pense qu'il serait bon que nous prenions 1 Pierre 3:22. Faisant référence à Jésus-Christ, à la fin du verset précédent, il est écrit:

... il est à la droite de Dieu, depuis qu'il est allé au ciel, et que les anges, les autorités et les puissances lui ont été soumis.

C'est donc sa position au ciel, à la droite de Dieu, notre représentant partageant le trône avec le Père, et toutes les autres autorités spirituelles (anges, principautés et puissances) lui ont été soumises. Ou bien anges, autorités et puissances.

Retournant maintenant à la liste des qualifications, la sixième est: il n'a pas besoin d'offrir d'abord des sacrifices pour ses propres péchés, puisqu'il n'a commis aucun péché pour lequel offrir un sacrifice.

La septième et dernière qualification: il s'est offert lui-même comme sacrifice ultime et suffisant. Il était à la fois le sacrificateur et la victime. C'est important de voir cela. Je pense que la plupart des chrétiens ayant quelque connaissance du Nouveau Testament sont conscients que Jésus était la victime, qu'il était le sacrifice. Mais il était également le sacrificateur, il s'est offert lui-même. Personne d'autre ne pouvait le faire. Lui seul a rempli les conditions pour être à la fois le sacrificateur et la victime. J'aimerais que nous prenions dans Hébreux 9:14, l'un de mes passages préférés. Je vous le recommande comme un passage extrêmement riche.

Combien plus le sang de Christ...

Ou le sang du Messie. Il y a un article défini devant Christ. "Le sang du Christ".

... qui, par l'Esprit éternel, s'est offert lui-même...

Et ce mot *offrir* est le terme sacerdotal pour "apporter" un sacrifice.

... sans tache à Dieu, purifiera [ou nettoiera] *t-il votre conscience des œuvres mortes, afin que vous serviez le Dieu vivant.*

C'est la première partie de cette déclaration qui est pour moi tellement réelle. Jésus-Christ, en tant que sacrificateur, par le Saint-Esprit, s'est offert lui-même en tant que victime au Père. L'une des choses qui est si importante pour moi, c'est que les trois personnes de la trinité se retrouvent dans cet acte. Le Fils, par le Saint-Esprit, s'est offert lui-même au Père.

Vous m'avez peut-être entendu raconter que la deuxième fois que j'ai entendu l'évangile prêché, c'était dans une église pentecôtiste, et lorsqu'il y eut l'appel, j'étais déjà en alerte car j'avais déjà été dans une église semblable une fois avant, et je savais ce qui allait arriver, et j'ai levé la main. La fois précédente, quelqu'un d'autre m'avait fait lever la main, une puissance invisible. J'étais à chaque fois la seule personne à lever la main. De toutes façons, je ne pense pas qu'il y avait là un grand nombre de pécheurs. À la fin de cette deuxième occasion, le prédicateur vint vers moi et me regarda et je le regardai, et je pense qu'il sut qu'il avait un problème sur les bras. Il me posa deux questions. La première fut, "Crois-tu que tu es un pécheur?" J'avais passé sept années à étudier la philosophie, me spécialisant dans les définitions, donc la manière la plus évidente pour moi de trouver la réponse à cette question fut de réfléchir à toutes les définitions possibles d'un pécheur. Je les ai parcourues rapidement dans mon esprit, et comme elles me correspondaient toutes, je répondis, "Oui, je crois que je suis pécheur".

Ensuite, il me demanda, "Crois-tu que Christ est mort pour tes péchés?" Je me souviens très clairement lui avoir répondu avec une totale honnêteté. Je lui dis, "Pour vous dire la vérité, je ne vois pas ce que la mort de Jésus-Christ il y a dix-neuf siècles peut avoir affaire avec les péchés que j'ai commis au cours de ma vie". Je ne le pouvais pas. Je veux dire, je ne pouvais pas voir comment il pouvait y avoir une connexion. Je pense qu'il fut suffisamment sage pour ne pas discuter avec moi.

Plus tard, je trouvai la réponse. C'est dans ce verset, Hébreux 9:14.

Par l'Esprit éternel, il s'est offert lui-même sans tache à Dieu.

Voyez-vous, le mot éternel signifie "non soumis aux limites de temps". Et ceci est devenu extrêmement réel pour moi, que sur la croix, Jésus porta la culpabilité de tout homme à travers tous les siècles; passés, présents et futurs. Par l'Esprit éternel, il se chargea de la culpabilité de toute l'humanité.

Je ne pense pas qu'aucun esprit humain puisse même commencer à comprendre l'affreux poids de culpabilité qui vint sur lui. S'il n'avait porté que ma culpabilité, cela aurait déjà été suffisamment terrible. S'il n'avait porté que la culpabilité de toutes les personnes rassemblées ici ce soir. Mais penser qu'il porta la culpabilité de tout homme à travers tous les siècles par l'Esprit éternel.

C'est un fait très intéressant, mais je ne veux pas m'attarder là-dessus, qu'à chaque grand événement de rédemption, les trois personnes de la trinité sont impliquées. Incarnation: le Père incarna le Fils par l'Esprit. Equipement pour le ministère: le Père oignit le Fils par l'Esprit. Sacrifice du Calvaire: le Fils s'offrit lui-même par l'Esprit au Père. Résurrection: le Père éleva le Fils par l'Esprit. Pentecôte: le Père envoya, par le Fils, l'Esprit. Je dis ceci, qu'il y a une sorte de jalousie divine dans la trinité lorsqu'il s'agit de bénir un homme. Aucune personne de la trinité ne veut être laissée de côté. C'est le Père, le Fils et l'Esprit.

Je pense qu'il est peut-être moins évident ici que le sacrifice de la croix n'a été rendu possible que par le Saint-Esprit. Le Fils, par l'Esprit éternel, s'est offert lui-même sans tache à Dieu.

C'était là la dernière qualification: qu'il s'offre lui-même en tant que sacrificateur comme la victime une fois pour toute. Il n'a jamais été nécessaire que ce soit refait.

Permettez-moi d'énumérer juste rapidement ces sept qualifications, ensuite nous devons avancer. Premièrement, saint de nature. Deuxièmement, innocent ou inoffensif. Troisièmement, sans tache, saint dans la vie également. Quatrièmement, séparé des pécheurs par la croix. Cinquièmement, élevé au-dessus des cieux à la droite de Dieu, le siège de toute autorité. Sixièmement, nul besoin d'offrir un sacrifice pour son propre péché. Septièmement, il s'est offert une fois pour toute en tant que sacrificateur comme victime, par le Saint-Esprit.

Nous arrivons ensuite au verset 28, qui résume la comparaison et le contraste. Hébreux 7:28:

Car la loi établit des hommes comme souverains sacrificateurs qui ont des faiblesses...

Ils ont une faiblesse morale, ils sont sujets au péché. Ils ont une faiblesse physique, ils sont sujets à la mort.

... mais le mot du serment...

Qui est cité dans le Psaume 110, *"L'Eternel l'a juré, Tu es sacrificateur pour toujours, à la manière de Melchisédek"*.

... le mot du serment, qui était après la loi, a établi un Fils...

Il ne dit pas *le* Fils, mais *un* Fils, le seul sacrificateur à être un Fils de Dieu.

... rendu parfait à toujours.

Nous avons déjà vu que Jésus en tant que sacrificateur devait être rendu parfait. Dans sa nature sans péché, il était de tout temps parfait, mais en tant que sacrificateur, il devait être rendu parfait. Il a été rendu parfait en remplissant les sept conditions listées plus haut.

J'aimerais maintenant passer le reste de cette session assez rapidement pour parcourir avec vous ce qui se trouve sur les pages 8 et 9, les points de contraste entre le sacrifice lévitique et le sacrifice de Melchisédek. Vous verrez qu'il y a quatorze points de contraste. Quels sont les deux chiffres qui multipliés ensemble font quatorze? Deux et sept. Je n'ai pas essayé de le faire apparaître, c'est juste ainsi.

Nous allons regarder les diverses références. Le sacerdoce de Melchisédek combine sacerdoce et royauté. Il était à la fois sacrificateur et roi. Pourtant, le sacerdoce lévitique avait été assigné à Lévi, et la royauté revenait à cette époque à la tribu de Juda et aucun échange n'était possible. Ils étaient absolument séparés. C'est ce que l'on trouve dans les versets 1 et 2, là où Melchisédek est décrit comme roi de Salem, sacrificateur du Dieu Très-Haut. Il est ensuite souligné qu'il était autant roi de justice et roi de Salem que sacrificateur. Verset 14, il est dit, notre Seigneur est sorti de la tribu de Juda. Juda est la tribu royale.

Le deuxième point de contraste se trouve dans Genèse 14:18. Je ne prendrai pas ce passage parce que nous l'avons déjà vu précédemment. C'est très intéressant. Melchisédek donna du pain et du vin à Abraham, les symboles de la Nouvelle Alliance. Il ne les avait pas reçu auparavant d'Abraham. Si vous regardez aux ordonnances du sacerdoce lévitique, ils n'avaient rien à donner au peuple, tant que le peuple ne leur avait en premier donné quelque chose. Ils ne leur rendaient qu'une partie de ce qu'ils avaient offert. Vous voyez donc qu'à un niveau bien plus élevé, c'est Melchisédek qui a commencé par donner et ce qu'il donna est devenu pour nous les symboles de la Nouvelle Alliance, les éléments du repas du Seigneur: le pain et le vin.

Le troisième point de contraste se situe aux versets 2, 4 et 9. Melchisédek reçut la dîme d'Abraham. Lévi donna la dîme par l'intermédiaire d'Abraham. Il nous faut prendre Hébreux 7:9.

De plus, Lévi, qui perçoit la dîme, l'a payée, pour ainsi dire, par Abraham; car il était encore dans les reins de son père, lorsque Melchisédek alla au-devant d'Abraham.

Donc Melchisédek reçut la dîme d'Abraham. Lévi donna la dîme par l'intermédiaire d'Abraham.

Le quatrième point de contraste est que le sacerdoce de Melchisédek est basé sur une vie indestructible, et est de ce fait un sacerdoce permanent, qui ne se transmet jamais par succession à d'autres. Le sacerdoce lévitique, à cause de la mortalité, n'est qu'un sacerdoce temporaire.

Le cinquième point de contraste: Melchisédek ne fait pas remonter sa généalogie à Abraham. Il était sans généalogie, alors que Lévi devait être descendant d'Abraham, c'était sa qualification.

Le sixième point de contraste: Melchisédek bénit Abraham. L'auteur d'Hébreux fait remarquer que le plus grand bénit le plus petit. D'autre part, Lévi et les sacrificateurs lévitiques devaient leur bénédiction à Abraham, ce qui fait qu'Abraham était donc plus grand qu'eux.

Pour le septième point de contraste, nous devons prendre les versets suivants: 11, 19 et 28.

Si donc la perfection avait été possible par le sacerdoce lévitique – car c'est sur ce sacerdoce que repose la loi donnée au peuple – était-il encore nécessaire qu'il paraisse un autre sacrificateur selon l'ordre de Melchisédek, et non selon l'ordre d'Aaron?

Puis au verset 19:

(Car la loi n'a rien amené à la perfection), *et introduction d'une meilleure espérance, par laquelle nous nous approchons de Dieu.*

Et verset 28:

En effet, la loi établit souverains sacrificateurs des hommes sujets à la faiblesse; mais la parole du serment qui a été fait après la loi établit le Fils, qui est parfait, pour l'éternité.

Il y a donc deux choses qui vont ensemble ici. Perfection et accès direct à Dieu. Si vous n'avez pas d'accès direct à Dieu, vous n'êtes pas parfait, le travail n'est pas fait. Le sacerdoce de Melchisédek fournit un accès direct à Dieu, ainsi que perfection, complétude, accomplissement, maturité. Vous vous souvenez de toutes ces significations?

Le sacerdoce lévitique ne pouvait fournir un accès direct à Dieu et ne pouvait apporter la perfection.

Regardons le huitième point de contraste et prenons les versets 15-16.

Quand il paraît un autre sacrificateur à la ressemblance de Melchisédek, institué, non d'après la loi d'une ordonnance charnelle, mais selon la puissance d'une vie impérissable.

Melchisédek était sacrificateur par la puissance d'une vie impérissable, alors que Lévi l'était sur la base d'une condition physique. La condition physique étant, en premier lieu, d'être descendant de Lévi, et donc descendant d'Abraham; et deuxièmement de n'avoir aucune imperfection physique.

Le neuvième point de contraste, aux versets 20-21.

Et cela n'a pas eu lieu sans serment; (car les Lévites sont devenus sacrificateurs sans serment), mais Jésus l'est devenu avec serment par celui qui dit: Le Seigneur a juré...

Et ainsi de suite. Le sacerdoce de Melchisédek était établi par le serment de Dieu, alors que le sacerdoce de Lévi était établi sans serment.

Le dixième point de contraste, verset 22:

Jésus est par cela même le garant d'une alliance plus excellente.

Donc le sacerdoce de Melchisédek assure une alliance supérieure, alors que le sacerdoce de Lévi était lié à une alliance inférieure.

Pour le onzième point de contraste, prenons les versets 23-24.

De plus, il y a eu des sacrificateurs en grand nombre, parce que la mort les empêchait d'être permanents. Mais lui, parce qu'il demeure éternellement, possède un sacerdoce qui n'est pas transmissible.

J'ai dit qu'il n'avait jamais été transmis à un autre que lui. Melchisédek est un sacrificateur suffisant. Mais à cause de la mort, les sacrificateurs de Lévi devaient être nombreux et n'étaient jamais suffisants.

Le douzième point de contraste, verset 25:

C'est aussi pour cela qu'il [c-a-d Jésus] *peut sauver parfaitement [ou pour toujours ou pour le meilleur] ceux qui s'approchent de Dieu par lui, étant toujours vivant pour intercéder en leur faveur.*

Melchisédek a la capacité de sauver totalement et pour toujours, alors que Lévi ne peut sauver.

Le treizième point de contraste se trouve au verset 27, que nous venons de regarder. Les sacrificateurs lévitiques devaient offrir en premier lieu des sacrifices pour leurs propres péchés. Jésus n'avait qu'à s'offrir lui-même, le sacrifice suffisant. Le point de contraste se situe entre cette absence de nécessité d'offrir un sacrifice pour ses propres péchés et la nécessité pour les sacrificateurs lévitiques d'offrir constamment en premier lieu un sacrifice pour leurs propres péchés.

Pour finir, le dernier point de contraste au verset 28:

En effet, la loi établit souverains sacrificateurs des hommes sujets à la faiblesse; mais la parole du serment qui a été fait après la loi établit le Fils, qui est parfait, pour l'éternité.

Le sacrificateur selon l'ordre de Melchisédek est le Fils parfait de Dieu. Les sacrificateurs selon l'ordre de Lévi sont des hommes, avec une faiblesse humaine.

Je pense qu'il serait bon de prendre ici un instant Hébreux 10:11-12. Je pense qu'il est toujours intéressant et, dans un sens, amusant de noter l'élément humain dans les Ecritures. Si vous connaissez le peuple juif, alors vous savez qu'ils ne peuvent jamais se contenter de faire remarquer quelque chose une seule fois. Je veux dire, vous savez, il leur est impossible de ne dire une chose qu'une seule fois. Je pense qu'il y a un peu de cela chez l'auteur d'Hébreux. Il est déterminé à établir ce point peu importe le nombre de fois qu'il devra le dire, il ne va vous laisser aucun doute sur ce qu'il veut que vous croyez. Et cela me plaît, parce que c'est tellement juif. Je ne suis pas en train de dire que parce que c'est juif, c'est mauvais, vous comprenez, mais c'est tellement caractéristique.

Regardons au chapitre 10, versets 11-12, qui nous ramène à nouveau à ce contraste entre les Lévites et Melchisédek. Je lirai la traduction Darby.

Et tout sacrificateur se tient debout chaque jour, faisant le service et offrant souvent les mêmes sacrifices qui ne peuvent jamais ôter les péchés; mais celui-ci, ayant offert un seul sacrifice pour les péchés, s'est assis à perpétuité à la droite de Dieu, (Darby)

Le véritable point important ici se trouve entre le fait de se tenir debout, et le fait d'être assis. Vous ne lirez nulle part que le sacrificateur lévitique s'assied. Pourquoi se tenait-il toujours debout? Parce que la tâche n'était jamais achevée. Mais Jésus, ayant offert un seul sacrifice, s'assit lorsqu'il arriva au ciel. Pourquoi s'est-il assis? Parce qu'il n'allait jamais avoir à le refaire. C'est pour moi tellement parlant. J'aime à m'imaginer Jésus assis au ciel. Je ne crois pas qu'il soit penché sur les rails de la gloire avec les doigts blancs, s'y agrippant fermement, espérant que tout fonctionnera. Je pense qu'il sait qu'il a fait tout ce qui était nécessaire de faire pour l'éternité.

Quand je parle de ce que Jésus a fait sur la croix, l'expression que j'utilise dans la prière est celle-ci: une totale et irréversible victoire. Il est impossible que le diable puisse jamais défaire ce que Jésus a fait. La victoire obtenue n'est pas encore entièrement visible dans tous ses aspects, mais elle est totale et irréversible. Alors il s'est assit. Rien ne peut l'inquiéter. Le seul qui doive s'inquiéter est le diable, et il a de quoi s'inquiéter!

Je pense que pour quelques-uns d'entre vous, cette façon d'analyser la Bible était en quelque sorte nouvelle. Peut-être que votre impression la plus marquante est une forte gymnastique mentale. Ne vous inquiétez pas de cela. Voyez-vous, c'est vrai en ce qui concerne le mental, le spirituel et le physique. Si vous faites de la gymnastique fidèlement, vous récolterez les bénéfices. Ce n'est pas toujours forcément évident. Il peut y avoir un moment où vos muscles se sentent hyper exercés. Mais en fait, si vous avez suivi fidèlement la routine des exercices – combien d'entre vous le savent – les résultats sont là. La seule façon de ne pas obtenir de résultat est de décrocher et de laisser tomber.

Ce qui est vrai pour le naturel, l'est encore plus pour le spirituel. Si vous avez effectué activement ces exercices mentaux, vous ne serez plus jamais le même type de personne.

Une fenêtre vous a été ouverte. Il viendra un temps lorsque vous prierez où vous commencerez à trouver que vos prières sont différentes. Vous prierez sur la base de faits que vous connaissez concernant le royaume de l'invisible, votre souverain sacrificateur, la complétude de son sacrifice, l'autorité qu'il a acquise. Cela crée la foi. Voyez-vous, la foi n'arrive pas comme ça. La foi doit être construite. Il y a un aspect intellectuel à la construction de la foi. Elle ne provient pas d'une inspiration toute instantanée. Il y a transpiration et inspiration. Certaines personnes veulent l'inspiration, mais elles ne sont pas préparées à investir une quelconque transpiration. Ce genre d'inspiration est alors vraiment très superficielle.

J'ai, au fil des années, eu le privilège d'écouter de nombreux prédicateurs efficaces, des personnes très différentes. Nombre d'entre eux sont pour moi des amis. Je ne connais pas un seul d'entre eux qui ait un ministère efficace de la parole de Dieu sans y avoir mis beaucoup d'ardeur. J'en connais de nombreux vraiment proches. J'écoute prier mes frères, j'écoute Frère Charles Simpson prier. Parfois, quand Charles prie, c'est comme si les cieux s'ouvraient. Mais écoutez ses prières. Chaque phrase est imprégnée de vérité scripturaire. Cela n'arrive pas comme ça, il faut que ce soit cultivé. Beaucoup d'autres, Frère Ern Baxter, quand il se met à prier sérieusement, chaque phrase est forgée dans les Ecritures. Le diable n'a pas peur de la théologie, il n'a pas peur de nos petits déplacements de long en large sur l'estrade. Il y a une chose par contre, à laquelle il ne peut faire face, et c'est la parole de Dieu. Il fera tout son possible pour vous empêcher d'être efficaces dans l'usage de la parole de Dieu.

J'ai entièrement confiance que ceux d'entre vous qui ont parcouru ceci avec moi ne seront plus jamais les mêmes. J'ai fait ceci dans un nombre incalculable d'endroits. Je l'ai fait dans le désert, je l'ai fait dans les endroits les plus étranges; conduire une étude biblique. Je sais que du moment que j'obtiens le feu vert du Seigneur pour enseigner la Bible à un groupe de personnes, celles-ci ne seront plus jamais les mêmes. Je ne le dis pas pour me vanter, ce n'est pas en moi que j'ai cette assurance. C'est dans la parole de Dieu. Les Ecritures disent qu'elles ne reviendront pas à lui sans effet. Elles accompliront ce qui lui plaît et prospéreront dans la chose, vers laquelle il les a envoyées. Il est également dit qu'elles travaillent efficacement dans ceux qui croient. Vous n'avez fait que commencer à expérimenter ce que l'épître aux Hébreux fera pour vous.

J'aimerais reprendre l'analyse de façon à ce que vous puissiez repartir avec quelques applications pratiques pour vous vies. Je commencerai par les deux passages qui contiennent un avertissement solennel. Il y en a cinq. Il est intéressant de voir que nous en avons étudié trois, soit plus de la moitié. Pour la plupart des autres points, nous en avons vu moins que la moitié. Les avertissements se trouvent plutôt au début. Je vous le dis, je ne sais pas quel effet cela a sur vous, mais j'ai été moi-même extrêmement interpellé par cette liste de choses contre lesquelles nous sommes avertis. Vous voyez où il est dit "Avertissements Contre". Le premier semble si inoffensif, réellement. Négligence. Même l'incrédulité, la plupart d'entre nous sommes habitués à vivre avec. Malheureusement, la plupart d'entre nous le faisons.

Le suivant est l'apostasie. C'est un mot terrible.

Après cela, continuer délibérément à pécher et être privé de la grâce de Dieu. J'aimerais vous dire à tous, de façon aimable et bienveillante, mais très fermement et directement, que je ne connais aucun endroit où j'ai exercé le ministère pendant un laps de temps donné, où il y ait une plus grande tendance à la négligence que dans le sud de la Floride. J'aimerais vous poser cette question: Est-il plus facile d'être chrétien ici ou en Russie? Vous n'êtes pas obligés de répondre. Je reformulerai ma question. Est-il plus facile d'être un véritable chrétien ici ou en Russie? Je pourrais soutenir que c'est peut-être plus facile en Russie parce que les problèmes sont plutôt évidents. Ici, vous pouvez dériver, vous pouvez revêtir de nombreuses apparences extérieures et il n'y aura peut-être sur le moment rien pour tester la réalité de votre engagement. Quel est le danger? Je pense que tous ceux d'entre nous qui exercent le ministère ici choisiraient probablement ce mot-là, négligence.

Vous allez dire, "Mais, la négligence n'est pas si grave que ça". Non, mais elle conduit à l'incrédulité. En fait, il y a de nombreuses personnes qui ne croient pas beaucoup, mais vers quoi est-ce que cela conduit? Vers l'apostasie. Vers où cela conduit-il? Vers le fait de continuer délibérément de pécher? Croyez-moi, ceci n'a pas été écrit pour quelqu'un d'autre, à un autre endroit, à une autre époque. Ceci a été écrit pour les personnes de cette salle ici ce soir et les personnes comme nous autour de nous dans cette culture et dans cette situation.

Je doute qu'il y ait une parole plus opportune pour des personnes comme nous que cette épître aux Hébreux. Vous savez, ça n'a rien à voir, mais la parabole des talents, vous vous en souvenez? Un homme avait un talent, un autre en avait deux, et un dernier en avait cinq. Celui qui en avait cinq les doubla, celui qui en avait deux également, mais celui qui n'en avait qu'un a tout perdu. C'est psychologiquement vrai. Ce sont les personnes qui croient qu'elles ne possèdent pas beaucoup qui sont le plus susceptibles de tout perdre. Pour être honnête, je crois que j'ai plus d'un talent. Je n'ai pas besoin d'évaluer combien j'en ai. Mais voyez-vous, croyant cela, je suis dans ce que je fais avec tout ce que j'ai. Il n'y a aucune partie de moi ou de ma vie qui ne soit impliquée dans le ministère et le service du Seigneur, et envers le peuple de Dieu.

Continuons encore un peu avec les passages indiquant des applications positives, pratiques. Il est intéressant de voir que nous en avons étudié trois sur sept. C'est assez logique que les applications pratiques se trouvent davantage à la fin, parce que nous devons d'abord découvrir les illustrations et voir ensuite comment les appliquer. Comme je l'ai fait remarquer, l'épître aux Hébreux est en grande partie une révélation. Nous ne saurions comment les choses se passent au ciel si elles ne nous étaient révélées. Or, il ressort de cette révélation de très importantes applications pratiques. Nous allons prendre celles que nous avons déjà étudiées et jetterons un rapide coup d'œil aux autres. La première est un accès confiant à Dieu. L'un des mots-clés est la confiance. Ne vous défaites pas de votre confiance. Gardez-la.

J'aimerais vous rappeler que c'est une des choses que le diable attaque. Il attaque et sape votre confiance en Dieu, en la parole, en vous-mêmes, en votre destinée, en votre don. Je vous semble probablement une personne confiante. Et je pense que je le suis, la plupart du temps. Mais il m'arrive d'avoir de véritables combats pour garder cette confiance. Elle est sapée par des insinuations subtiles et sataniques. Elles sont toutes désignées à me toucher dans mes points faibles. Je dis ceci parce que je ne pense pas que la plupart d'entre vous me verraient ainsi. Je dois vous dire qu'en réalité, les prédicateurs ont des problèmes dont la plupart d'entre vous n'ont pas connaissance. Ils ont besoin de prières.

La deuxième application, avancer vers la maturité ou la perfection. C'est quelque chose que l'on retrouve tout au long de l'épître. Ne pas s'arrêter, ne pas se satisfaire. La perfection, la maturité, l'accomplissement sont les seules choses auxquelles il faille s'arrêter. Encore une fois, je pense que ceci est très pertinent pour nous. Tant de choses nous embourbent, nous détournent. Certaines choses qui nous gardent juste occupés. Lorsque je passe une journée – et aujourd'hui j'ai été presque entièrement occupé à préparer soit un programme radio, soit la session de ce soir – ce fut beaucoup de travail. Mais de temps en temps, je m'arrête et je remercie Dieu, "Seigneur, merci pour le privilège de travailler sur des choses qui ont une valeur éternelle". Même si c'est difficile, je le considère comme un privilège inexprimable. Je ne souhaite pas arrêter, je ne veux pas revenir en arrière, cela ne me vient jamais à l'esprit.

Une chose que vous ne pouvez faire dans la vie chrétienne, c'est de faire du surplace. Vous pensez peut-être que vous ne bougez pas, mais en réalité, Dieu et son peuple avancent et vous, vous restez en arrière. "Le sentier des justes est comme la lumière resplendissante, dont l'éclat va croissant jusqu'au milieu du jour". Si vous êtes sur le sentier des justes, la lumière est plus resplendissante aujourd'hui qu'elle ne l'était hier. Si ce n'est pas le cas, vous feriez mieux de vous interroger.

La troisième application: le besoin de zèle, de foi et de patience. Permettez-moi de souligner la foi et la patience. J'avais auparavant un problème avec l'impatience. Je peux plus ou moins dire que j'avais. Environ une fois par mois, je me rends compte qu'elle a tendance à revenir, mais je suis sur mes gardes. Je vous répète ce que je vous ai dit la semaine dernière. En l'espace d'un moment d'impatience, vous pouvez perdre quelque chose que vous mettrez cinq ans à récupérer. Vous vous sentez découragés, vous dites quelque chose d'idiot et toute l'atmosphère spirituelle vous entourant s'en trouve changée.

La suivante: se rapprocher, tenir fermement, rassembler et encourager. Nous ne sommes pas arrivés à ce point-là encore. Je ne fais que les lire, nous ne nous y arrêterons pas.

Se souvenir et endurer. Combien d'entre vous louent Dieu pour le mot "endurer" ? Comme l'a dit Charles, si on ne cesse de vous dire d'attacher votre ceinture, c'est que quelque chose risque de se produire. Si la Bible ne cesse de vous dire d'endurer, c'est qu'il va y avoir quelque chose à endurer.

Continuez – il s'agit ici d'une bonne liste. Je suis désolé que nous ne soyons pas arrivés là. Continuez, endurez la discipline, soyez forts, poursuivez la paix et la sainteté.

La dernière, qui est assez longue: amour, sainteté, soumission et prière.

Ensuite, les passages de comparaison et de contraste, nous en avons vu trois. Nous en avons justement terminé un assez long. Le contraste entre les anges et Jésus, entre Moïse et Jésus, et entre le sacerdoce lévitique et le sacerdoce de Melchisédek. Nous avons encore plusieurs comparaisons très importantes et très significatives à voir.

Puis pour terminer, voyons pendant les quelques minutes qui nous restent ces passages "faisons quelque chose". Il y en a quatre dans le chapitre 4. Quel était le problème du peuple au chapitre 4, pouvez-vous me le dire rapidement de mémoire? En un mot? Incroyance. Ils ne sont pas entrés à cause de l'incroyance. Je pense que chacun de ces "faisons quelque chose" peut être considéré comme un avertissement contre l'origine du problème de l'incroyance. Craignons. Soyons vigilants. Retenons fermement notre profession. Approchons-nous avec assurance du trône de la grâce. Oh, nous avons vu le cinquième également, le dernier que nous ayons vu. Tendons à ce qui est mature ou parfait.

Ne pourrions-nous pas dire ensemble ces cinq "faisons" ? Nous n'irons pas plus loin que ce que nous avons vu. Si vous voulez parcourir le reste, vous devrez revenir l'hiver prochain. Prenez votre temps, nous allons lire les cinq "faisons", ce qui ne représente pas juste un exercice de lecture, mais c'est aussi un moyen pour vous d'apposer le sceau de votre volonté et de votre décision sur ce que nous avons étudié.

Numéro un, craignons.
Numéro deux, soyons vigilants.
Numéro trois, retenons fermement notre profession.
Numéro quatre, approchons-nous avec assurance du trône de la grâce.
Numéro cinq, tendons vers ce qui est mature ou parfait.

LE DERNIER MOT DE DIEU

Onzième message

Rappel & Hébreux 8:1 – 8:7

Nous allons maintenant commencer par un rappel de tout ce que nous avons parcouru en détails lors de notre précédente série de sessions, couvrant les chapitres allant de 1 à 7. Mon rappel n'aura, à la base, pas grand-chose à voir avec ce que nous avons vu de ces chapitres, mais je pense qu'il est important de revenir sur ce que j'avais dit dans l'introduction. Je pense qu'il est nécessaire de revoir ce que nous en avons compris afin de pouvoir avancer efficacement dans les chapitres restants.

Tout d'abord, la méthode d'enseignement. Je vais enseigner directement à partir du texte grec en traduisant de façon improvisée. C'est ainsi que je procède parce que Ruth et moi avons l'habitude de lire la Bible ensemble, à la fois l'Ancien et le Nouveau Testament, de la façon suivante : je lis l'hébreu s'il s'agit de l'Ancien Testament, ou le grec s'il s'agit du Nouveau. Au fur et à mesure que je traduis, elle suit avec deux versions contemporaines et nous vérifions où se trouve la véritable signification. C'est assez lent, mais très minutieux. Nous sommes en ce moment en train de travailler dans nos lectures personnelles sur l'évangile de Luc. Je lis le grec traduisant au fur et à mesure que j'avance et Ruth suit avec deux versions anglaises. Lorsque j'arrête ma traduction, elle lit les deux versions. À la fin de ce temps, nous avons une compréhension très minutieuse de ce qui était dit dans le passage en question. Nous avons appris de nombreuses choses rien qu'en comparant une traduction improvisée avec deux versions anglaises différentes. C'est donc ainsi que nous procéderons. Je traduirai à partir de mon Nouveau Testament grec, mais nous suivrons également avec des traductions françaises. Les deux traductions que j'ai principalement utilisées pour préparer ces messages sont la version Segond révisée et la Darby. Je regarde généralement en premier dans la version Darby, parce que c'est une traduction plus exacte que la version Segond, qui prend bien davantage de libertés pour arriver à un français élégant.

D'un autre côté, le français de la version Segond est bien meilleur que celui de la version Darby et il dit de bien des façons les choses de manières plus frappante et plus convaincante. J'aime à utiliser les deux en même temps. Ceci couvre la première section là, sous les explications préliminaires.

D'autre part, notre méthode d'étude est principalement analytique et j'insiste sur le fait qu'il existe de nombreuses autres méthodes pour étudier la

Bible. Ce n'est pas la seule méthode. Ce que nous faisons, c'est parcourir le texte pour trouver principalement deux choses : premièrement, ce qui est réellement dit, et deuxièmement, ce que cela signifie ou comment puis-je ou pouvons-nous le mettre en pratique ? Et nous avons besoin, particulièrement dans cette épître aux Hébreux, de nous référer régulièrement à des passages de l'Ancien Testament ayant un rapport ou un parallèle avec cette épître, car elle est écrit à des personnes dont les origines se trouvent dans l'Ancien Testament, et elle abonde à la fois de citations et de références. Vous ne pouvez vraiment pas comprendre toute la teneur d'Hébreux tant que vous n'avez pas pris ces passages se rapportant à l'Ancien Testament.

Une autre façon d'agir que j'ai trouvée très fructueuse, c'est de relever des mots-clés représentant des parcelles de vérité. Ainsi que vous le verrez dans un instant lorsque nous avancerons dans l'introduction, j'ai fait une liste de treize mots-clés, qui, je le crois, présentent véritablement le but principal de cette épître. J'ai relevé là où chacun de ces mots apparaît et le nombre de fois où ils apparaissent. Vous pouvez regarder cette liste et dire avec certitude que le chapitre 9 traite principalement de tel ou tel sujet parce que tel mot donné apparaît un tel nombre de fois dans ce chapitre-là. Pour ma part, les mots-clés sont comme des fils conducteurs qui traversent les Ecritures et si vous découvrez un fil conducteur, vous pourrez le suivre à travers toute la Bible. À nouveau, la traduction en français obscurcit souvent ce fait étant donné que les traducteurs français utilisent souvent plus d'un mot français pour traduire un même mot dans la langue d'origine.

Ou bien c'est l'inverse. Il me vient à l'esprit un exemple. Si vous prenez la version Segond, qui est la version de base la plus connue pour la plupart d'entre nous, et bien là où la version Segond utilise dans le Nouveau Testament le mot français "don", il existe en fait neuf mots différents dans le Nouveau Testament. Vous comprenez, l'utilisation du seul mot *don* efface de nombreuses distinctions présentes dans le texte d'origine. Si vous ne connaissez pas les langues d'origines, vous pouvez, dans une certaine mesure, régler ce problème en utilisant une concordance telle que *Young's* ou *Strong's*, qui vous donnent les mots d'origine transcris en lettres françaises. Malheureusement pour les anglophones aussi bien que pour les francophones, l'hébreu et le grec utilisent tous deux un alphabet différent de l'alphabet anglais et français. Mais ce problème est aussi surmontable. Je connais ces deux langues d'origines, l'hébreu et le grec, et j'ai beaucoup travaillé pour vous afin que vous puissiez suivre ces fils conducteurs.

Il y a ensuite certaines caractéristiques structurelles. Vous serez surpris du nombre de fois où vous avez une liste de choses qui se produisent par sept. C'est vraiment – je dirais presque – troublant. Quelqu'un a dit que c'était la signature du Saint-Esprit dans les Ecritures. Voilà encore une réalisation qui souligne le caractère unique de la Bible. Par exemple, j'étais en train d'écouter l'autre jour mon propre programme radio sur "L'Amour de Dieu". J'ai découvert quelque chose que j'avais oublié. Lorsque Paul décrit ce qu'est l'amour dans 1 Corinthiens 13, si vous l'analysez, il liste sept caractéristiques négatives de l'amour et sept autres positives. Sept choses que l'amour ne fait pas et sept choses que l'amour fait. C'est miraculeux si vous considérez qu'il n'était pas en train d'écrire un précis de littérature analytique, mais une lettre probablement sous une extrême pression personnelle, et qu'il a juste fait partir la lettre et puis c'est tout. Mais à travers tout cela, le Saint-Esprit était en train de travailler et de parler.

J'aimerais prendre et en fait lire Proverbes 2:1-5, parce que ce passage indique, je crois, ce que l'on attend d'un étudiant. C'est-à-dire de vous au cas où vous ne l'auriez pas compris ! Voyons ce que vous devez apporter pour recevoir ce que Dieu désire que vous ayez. L'une des déclarations que Jésus a faite était, "Prenez garde à la façon dont vous entendez". Il a également dit, "Prenez garde à ce que vous entendez". Et dans ce contexte, il dit aussi, "On vous mesurera avec la mesure dont vous mesurez". Ceci est éminemment vrai en ce qui concerne une étude biblique. Vous devez faire attention à la façon et à ce que vous entendez. Votre propre attention, l'étude et l'effort que vous mettrez détermineront ce que vous recevrez. Cela ne dépend pas uniquement du prédicateur. Proverbes 2:1-5 indique quatre conditions. Bien sûr, ceci ne se limite pas à l'étude de l'épître aux Hébreux. Ce sont des recommandations pour l'étude de la parole de Dieu en général. Chacun de ces quatre premiers versets indique une exigence. La première :

Mon fils, si tu reçois mes paroles, et si tu gardes avec toi mes préceptes...

Remarquez que c'est Dieu qui parle à ses enfants nés de nouveau. Ce n'est pas pour ceux qui ne connaissent pas Dieu, parce qu'ils n'ont pas la capacité de recevoir ce que Dieu a. Quelles sont les conditions ? Recevoir les paroles de Dieu, garder avec soi ses préceptes. Soyez ouverts, réceptifs et prenez soin des vérités – estimez-les à leur valeur. Elles sont incroyablement précieuses. Ne les considérez pas comme quelque chose de bon marché ou de quelconque. Gardez-les en vous.

Deuxième verset :

... si tu rends ton oreille attentive à la sagesse, et si tu inclines ton cœur à l'intelligence...

Là, les conditions sont une oreille attentive et un cœur incliné. Nous avons vu cela en détail. Mais un cœur incliné indique l'humilité : avoir la volonté d'être enseigné. Vous n'êtes pas juste assis là à juger Dieu, à donner votre approbation pour les choses que vous acquiescez et à secouer la tête lorsque vous n'êtes pas d'accord. Cette attitude n'est pas la bonne.

J'ai prêché de nombreuses fois aux Pays-Bas et j'aime beaucoup les Néerlandais. S'il se trouve ici des Néerlandais, j'espère que vous m'aimerez toujours après ce que je vais dire. Corrie Ten Boom, qui est bien sûr l'une des Néerlandaises les plus connues aujourd'hui, m'a un jour confié ceci – et je suis heureux qu'elle me l'ait dit avant que je n'y aille vraiment. Elle me dit que le problème avec les Pays-Bas, c'est que chaque Néerlandais est son propre théologien. Or vous ne pouviez mieux résumer leur attitude en une seule phrase. Lorsque j'y ai prêché, je les ai vus assis là, comme en train de me vérifier. Oui, il avait raison sur ce point. Je ne suis pas certain sur ce point-là. Ou bien, ce n'est pas correct. Ils n'étaient pas assis là avec cette pensée, "C'est Dieu qui parle, je dois décider de ce que je vais en faire". Mais c'était une sorte d'analyse abstraite, intellectuelle, sans engagement à obéir. Cela ne vous mènera nulle part. Croyez-moi, Dieu a toujours raison, il n'est nul besoin de le corriger. Vous n'avez juste qu'à lui obéir.

La troisième condition :

... oui, si tu appelles la sagesse, et si tu élèves ta voix vers l'intelligence...

Je comprends qu'il est question là d'une prière sincère, conséquente. La prière représente une part essentielle pour percer la vérité des Ecritures.

Verset 4 :

... si tu la cherches comme l'argent, si tu la poursuis comme un trésor...

C'est-à-dire une recherche et une étude véritables. Un trésor est généralement caché quelque part et pour avoir le trésor, Jésus dit que nous devons tout d'abord acheter le champ – qui coûte cher. Ensuite, nous devons chercher à travers le champ tout entier jusqu'à ce que nous trouvions le trésor. Enfin, nous devons creuser pour sortir le trésor, ce qui représente un travail difficile. Ce dont il est question ici, c'est d'un travail difficile.

Ensuite, il y a la récompense, verset 5:

.. .alors tu comprendras la crainte de l'Eternel, et tu trouveras la connaissance de Dieu.

Il y a une récompense.

Je suis actuellement en train de préparer une série de messages radio sur la crainte de l'Eternel[7] et cela me chagrine d'avoir omis ce passage parce que celui-ci m'impressionne vraiment. Discerner la crainte de l'Eternel, ce qui conduit à la découverte de la connaissance de Dieu. Personne ne peut exprimer en paroles à quel point la connaissance de Dieu est infiniment précieuse. Je me sens tellement béni de savoir que la crainte de l'Eternel est la clé pour connaître Dieu. Sans la crainte de l'Eternel, nous pouvons avoir une grande connaissance intellectuelle, mais la véritable connaissance de Dieu ne vient que vers ceux qui craignent l'Eternel. Le secret de l'Eternel est avec ceux qui le craignent, et il leur montrera son alliance. Dieu choisit ses étudiants, sur la base, je dirais, de leurs caractères.

Nous allons maintenant voir rapidement la section suivante. Nous n'allons pas vraiment rentrer dans les détails, mais la voir en partie. Nous ne passerons pas de temps sur la question de la date, si ce n'est pour montrer qu'il est clair que l'épître a été écrite avant la destruction du deuxième temple par les Romains en 70 après J.-C. Autrement dit, elle a été écrite lorsque le temple était encore debout et que les sacrifices quotidiens étaient toujours régulièrement accomplis par les sacrificateurs lévitiques. Si vous ne saisissez pas ce point, vous ne pourrez pas comprendre grand-chose de ce qui va être dit.

Nous ne occuperons pas de l'auteur. L'épître était certainement adressée au peuple juif. Par qui et où, cela n'est pas très clair. Sa particularité est qu'elle révèle Jésus en tant que souverain sacrificateur. J'ai eu à nouveau la certitude aujourd'hui en préparant cette session que si nous ne gardons pas nos yeux fixés sur Jésus et particulièrement sur son ministère de souverain sacrificateur, nous ne recevrons pas toute la révélation et la bénédiction que Dieu a prévues. Jésus en est le thème et si nous nous égarons sur des questions secondaires et que nous le perdons de vue, nous ne recevrons pas tout ce que Dieu a l'intention de nous donner.

Le thème principal, en dehors de la révélation de Jésus en tant que souverain sacrificateur, est indiqué par trois termes récurrents, que nous prendrons dans un instant sur la liste des mots-clés. Héritage, repos et perfection. Ces mots apparaissent à des moments décisifs tout au long de l'épître. Cette épître est une épître tournée vers l'avant. Ses deux directions sont vers l'avant et vers le haut. Elle n'a de cesse de nous pousser vers notre héritage et elle montre clairement que le véritable repos ne se trouve que dans notre héritage. L'un des grands thèmes des chapitres 3 et 4 concerne la façon d'entrer dans le repos. Et l'une des clés pour comprendre cela est que le repos pour le peuple de Dieu ne se trouve que dans notre héritage. Si nous n'entrons pas dans notre héritage, nous ne trouverons alors jamais ce véritable repos.

---

[7] Disponible comme livre 'La crainte du Seigneur'.

Héritage et repos vont de paire tout au long de cette épître.

Et ensuite le mot *perfection*, également traduit par maturité ou complétude. C'est le but. Paul dit dans une de ses épîtres qu'il fait tout son possible pour présenter tout homme parfait en Christ. C'est l'objectif de cet auteur-ci, qu'il s'agisse de Paul ou non. C'est la maturité du peuple de Dieu. Il vivait une époque difficile parce qu'il voyait le peuple de Dieu paresseux, s'arrêtant avant l'objectif et n'avançant pas vers la maturité. Je suis réellement convaincu que le problème que cet auteur a discerné chez le peuple juif, à qui il écrivait au siècle premier, est l'un des problèmes majeurs des chrétiens du 20ième siècle. C'est-à-dire une incapacité à avancer. C'est se contenter de moins que ce que Dieu a prévu et de moins que ce qu'il a de meilleur.

L'un des principaux buts de cette épître est de secouer continuellement le peuple de Dieu, pour qu'il ne se prive pas. Elle contient, ainsi que vous le verrez, cinq des plus sérieux avertissements adressés au peuple de Dieu apparaissant dans toute la Bible. Tous ces avertissements sont de véritables avertissements pour les personnes qui se privent. Je remarque de plus en plus, en partie grâce à mon étude de cette épître, mais également en m'occupant de nombreuses personnes différentes, que dans la vie spirituelle, soit vous avancez, soit vous reculez. Il n'y a pas de milieu. De nombreuses personnes reculent, non parce qu'elles en ont l'intention, mais parce qu'elles n'ont pas la volonté d'avancer.

Pour résumer le but de cette épître, j'ai choisi un seul verset, dans Hébreux 6:18. "Afin que nous trouvions un puissant encouragement". Je pense que le peuple de Dieu a besoin d'une immense quantité d'encouragements. Combien d'entre vous approuvent le fait qu'ils ont besoin d'encouragement ? Je vais lever ma main, moi aussi. J'ai aussi dit que le Saint-Esprit est l'encourageur du peuple de Dieu. Le vrai mot qui est traduit par "consolateur" ou *paraclete* ou n'importe quel mot auquel vous êtes habitués, signifie encourageur. Permettez-moi de vous laisser ceci : Le Saint-Esprit ne décourage jamais le peuple de Dieu. Toute voix, toute influence, tout enseignement qui a pour effet de vous décourager en tant que chrétien ne vient pas du Saint-Esprit. Et il y en a en quantité.

Le terme grec traduit par "encourager" a deux significations liées et je les exprimerai ainsi : secouer et remonter le moral. Si vous êtes paresseux, vous avez besoin d'être secoué. Si vous êtes découragé, vous avez besoin qu'on vous remonte le moral. Mais, le terme grec est le même pour tous les deux, ce sont juste deux aspects différents d'un même mot. L'un des résultats de l'étude de cette épître devrait être que si vous êtes paresseux, vous serez secoué, et si vous êtes découragé, elle vous remontera le moral. J'ai confiance et je prie que cela s'avèrera pour chacun d'entre nous.

Regardons maintenant les mots-clés. J'en ai listé treize, vous les trouverez sur les pages 27 et 28. Je les ai classés en quatre groupes de trois, et le premier, l'initial concerne, bien entendu, le souverain sacrificateur. C'est la révélation centrale. Il y a ensuite trois mots liés : promesse, serment et alliance ; chacun d'eux apparaissant régulièrement dans cette épître. Ils sont liés au souverain sacrificateur, parce qu'il faut un souverain sacrificateur pour garantir l'accomplissement de la promesse de Dieu, son serment et son alliance. Sans souverain sacrificateur, nous ne pouvons rien recevoir.

Et pour établir l'alliance de Dieu, les trois choses suivantes sont nécessaires : offrande, sacrifice et sang. Là où il y a sacrifice dans la Bible, il y a du sang. Un sacrifice sans sang ne peut être accepté par Dieu.

Puis la réponse attendue de nous, c'est-à-dire trois choses. Foi, espérance et confession. En parcourant à nouveau cette étude, j'ai encore été impressionné par le lien continuel entre l'espérance et la confession. Autrement dit, une espérance inavouée ne va rien vous apporter de bon. Si vous avez une espérance biblique, elle ne fonctionnera que lorsque vous la confesserez, lorsque vous l'affirmez franchement, à haute voix avec vos lèvres.

Bien sûr, la foi. Le grand chapitre sur la foi de toute la Bible se trouve dans l'épître aux Hébreux, au chapitre 11.

Et enfin pour terminer, nous avons déjà dit que les trois objectifs sont l'héritage, le repos et la perfection.

Prenons les autres groupes de passages décisifs mentionnés là, simplement pour nous rafraîchir la mémoire, et ainsi être prêts lorsque nous entamerons vraiment l'étude du chapitre 8. Pour commencer, j'ai déjà dit qu'il y a cinq passages contenant de graves avertissements. Je ne connais aucun autre livre dans toute la Bible qui ait quelque chose de comparable à ces avertissements donnés dans Hébreux. Je pense que nous devons garder à l'esprit qu'ils ont été donnés à des personnes religieuses. Ils n'ont pas été donnés à des catins, des ivrognes ou des drogués, ils ont été donnés à des personnes très religieuses. Des personnes ayant un immense héritage spirituel et une grande connaissance des Ecritures.

Si vous et moi étions en train d'essayer d'estimer qui sont les personnes qui devraient être averties, nous ne penserions pas à celles-là. Mais c'est d'elles dont il s'agit. Et, pour être franc avec vous, c'est essentiellement le genre de personnes que nous avons ici ce soir. Certains d'entre vous n'ont peut-être pas un grand bagage religieux, mais j'estime que plus de 50 pourcents des personnes font essentiellement partie de cette catégorie. Ce sont des personnes religieuses. Ce sont des personnes ayant une connaissance des Ecritures. "On demandera beaucoup à qui l'on a beaucoup donné".

L'une des grandes erreurs du peuple juif – et cela nous est démontré dans Romains 2 – est qu'ils ont supposé que parce qu'ils savaient mieux que les autres peuples ce que Dieu exigeait, ils étaient meilleurs que les autres. Paul leur démontre le contraire, c'est tout l'inverse. Si vous savez mieux que les autres, et que vous ne le faites pas, vous êtes plus coupable que tout le reste.

Je viens juste de faire une petite étude sur la connaissance et ce qu'elle produit. Principalement à cause de moi. L'une des choses que Paul dit au sujet de la connaissance, et qui est indéniablement vrai, se trouve ici dans 1 Corinthiens 8:1 :

La connaissance enfle.

Plus nous avons de la connaissance, plus nous sommes tentés de nous enorgueillir. Vous avez probablement entendu parler des différents types de fierté, n'est-ce pas ? Je ne suis pas certain de pouvoir tous les lister, mais ils riment presque tous. Fierté de face, c'est-à-dire être fier de votre apparence personnelle. Fierté de race, vous appartenez à une race formidable : noir, blanc ou entre les deux. Fierté de place, votre position sociale. Et fierté de grâce, vos actes religieux. Et le pire de tous est ce dernier, la fierté de grâce.

Réfléchissons à ces cinq choses contre lesquelles nous sommes avertis. La première chose est la négligence. La deuxième est l'incrédulité. La troisième est l'apostasie, se détourner délibérément de la vérité. La quatrième est le fait de continuer volontairement à pécher. Et la cinquième, se priver de la grâce de Dieu, connaissant et expérimentant la grâce de Dieu, mais ne répondant pas de la façon demandée.

Je vois là la subtilité de satan. Il ne commence pas par une chose importante, spectaculaire, affreuse, non il commence par la négligence. Ce qui n'apparaît pas comme si sérieux. Et la négligence conduit à l'incrédulité. Et dans la plupart des Eglises chrétiennes aujourd'hui, l'incrédulité n'est même plus considérée comme un péché. Mais l'auteur d'Hébreux fait remarquer qu'un cœur incrédule est un cœur pécheur. Croyez-moi, si nous commençons par être coupables de négligence, nous le serons ensuite d'incrédulité, et il est quasi inévitable que nous continuions ainsi et devenions également coupables du reste. Nous avons donc certainement besoin de veiller à ne pas être coupables de négligence, à ne pas être négligents.

J'apprécie les gens qui sont ici ce soir. Je suppose que beaucoup d'entre vous ont fait un sacrifice et vous allez devoir y ajouter une bonne quantité de temps et d'effort. Mais je vous le dis qu'il y a des pays dans le Tiers-Monde ou l'ancienne URSS, où les gens voyageraient nuit et jour à pied pendant plusieurs jours pour se rendre à une réunion comme celle-ci. Ils resteraient assis six ou huit heures sur des planches ou à même le sol pour écouter la parole de Dieu. Et lorsque le prédicateur s'arrêterait, ils diraient, "Nous en voulons davantage". Je l'ai expérimenté, je ne théorise pas. J'ai été dans de tels endroits. C'est effrayant.

Et ici, quel pourcentage de ce que nous avons de mieux donnons-nous réellement à Dieu ? Quel pourcentage du meilleur de nos pensées et de notre attention lui donnons-nous ? Sommes-nous, peut-être sans le savoir, coupables de négligence ? Je pense que s'il est un agent qui entraîne la négligence chez les chrétiens américains, c'est la télévision. Je ne suis pas contre la télévision, mais je suis convaincu qu'elle prive des millions de personnes du meilleur de ce que Dieu a à donner. C'est une chose étrange. Elle est extrêmement utilisée par Dieu pour confronter le peuple américain à l'évangile. Mais ensuite, elle est extrêmement utilisée par satan pour les empêcher de devenir le genre de personnes qu'elles devraient devenir.

Ensuite, les passages indiquant des applications pratiques positives, et vous verrez qu'il y en a sept.

Commençant avec les passages de comparaison et de contraste. Ils sont à nouveau au nombre de sept. Dans chacun d'eux, la prééminence de Jésus et de la Nouvelle Alliance sont présentées en opposition à l'Ancienne Alliance. La première comparaison explique la supériorité de Jésus sur les anges. La seconde, de Jésus sur Moïse. La troisième, du sacerdoce de Melchisédek sur le sacerdoce lévitique. La quatrième, de la Nouvelle Alliance sur l'Ancienne Alliance. La cinquième, du tabernacle céleste sur le tabernacle de Moïse. La sixième, du sacrifice de Jésus sur les sacrifices lévitiques. Et la septième, du Mont Sion sur le Mont Sinaï.

Je pense qu'il est nécessaire que nous comprenions que l'auteur savait ce qu'il faisait. Il devait insister sur ces points auprès du peuple juif. Il y a dans Luc un passage que nous avons lu l'autre jour, Ruth et moi, qui nous a vraiment impressionnés tous les deux. C'est à la fin de Luc 5. Versets 37-39.

Et personne ne met du vin nouveau dans de vieilles outres.

C'est Jésus qui parle.

... car le vin nouveau fait rompre les vieilles outres, il se répand, et les outres sont perdues ; mais il faut mettre le vin nouveau dans des outres neuves...
Donc Jésus avait dû créer ses propres outres pour y mettre le message de

l'Evangile, parce que le vieux peuple enraciné dans le judaïsme ne pouvait vraiment pas y répondre. Ensuite, il fait ce commentaire final.

Et personne, après avoir bu du vin vieux, ne veut du nouveau, car il dit : Le vieux est bon.

Ceci n'est-il pas vrai au regard des personnes religieuses ? Ce qui est vieux est bon. Pourquoi changer ? Nous le faisons depuis des siècles. Nos pères l'ont fait, tout le monde l'a fait. C'est ainsi que cela se fait. Ce vin est suffisamment bon, ne m'en offrez pas de nouveau.

Ensuite, nous avons douze passages avec des "Faisons quelque chose". Nous en avons vu cinq. Chacun d'eux vous donnera une idée de cet élan de l'Evangile. L'expression "faisons" indique une décision collective du peuple de Dieu.

Vient ensuite l'apparition de mots clés. Notez simplement que, si nous prenons le sang, ce dernier n'apparaît pas avant le chapitre 9. Mais, voyez le nombre de fois où il apparaît ensuite aux chapitres 9 et 10. Cela vous donne une idée du contenu de ces chapitres.

J'aimerais que vous preniez sept passages clés centrés sur Jésus, car Dieu m'a montré que si nous ne gardons pas les yeux fixés sur Jésus, nous ne recevrons pas l'intégralité du message. Prenons rapidement Hébreux 1:2 :

Dieu, dans ces derniers temps, nous a parlé par le Fils...

Notez l'expression "dans ces derniers temps" et "par le Fils". Ce sont les points sur lesquels l'épître insiste : notion d'urgence et, tout est centré sur le Fils de Dieu.

Puis dans Hébreux 2:9 :

Nous le [c-à-d Jésus] *voyons couronné de gloire et d'honneur.*

Nous retrouvons à nouveau le thème de la révélation : Jésus, couronné de gloire et d'honneur. Nous ne le voyons pas avec nos yeux naturels, mais par la révélation des Ecritures.

Hébreux 2:17 :

En conséquence, il a dû être rendu semblable en toutes choses à ses frères, afin qu'il soit un souverain sacrificateur miséricordieux et fidèle.
À nouveau, le thème. Un souverain sacrificateur miséricordieux et fidèle.

Et ensuite dans le chapitre suivant, 3:1 :

C'est pourquoi, frères saints, qui avez part à la vocation céleste, considérez l'apôtre et le souverain sacrificateur de la foi que nous professons, Jésus.

Le mot "considérez" signifie "fixez votre attention sur". Vous saisissez, ne laissez jamais votre attention se détourner de Jésus.

Chapitre 4:14 :

Ainsi, puisque nous avons un grand souverain sacrificateur qui a traversé les cieux, Jésus, le Fils de Dieu.

Remarquez à nouveau l'insistance. Notre grand souverain sacrificateur. Jésus, le Fils de Dieu.

Et ensuite au chapitre 6:19-20 :

Cette espérance, nous la possédons, comme une ancre de l'âme, sûre et solide ; elle pénètre au-delà du voile...

Et c'est ici une autre expression clé de Hébreux. "Au-delà du voile". Voyez-vous, dans l'Ancienne Alliance, tout était fait en deçà du voile. C'est le second rideau du tabernacle. L'une des questions d'Hébreux, c'est "Comment allons-nous au-delà du voile ?" Parce que ce n'est que là que nous pouvons rencontrer Dieu. C'est uniquement là que nous atteignons la maturité et la perfection. C'est uniquement là que nous entrons dans notre véritable repos et dans notre héritage. Nous avons un grand souverain sacrificateur et l'auteur dit dans Hébreux 6:20 :

... là où Jésus est entré pour nous comme précurseur, ayant été fait souverain sacrificateur pour toujours, selon l'ordre de Melchisédek.

Remarquez l'insistance. Jésus, un précurseur et un souverain sacrificateur.

Puis, pour terminer deux derniers passages ; d'abord dans Hébreux 7:22 :

Jésus est par cela même le garant d'une alliance plus excellente.

Jésus est la garantie. Ce n'est pas exactement une garantie écrite, mais plutôt une garantie personnelle.

Et enfin, une phrase vraiment puissante dans le dernier verset du chapitre 7, verset 28 :

En effet, la loi établit souverain sacrificateur des hommes sujets à la faiblesse ; mais la parole du serment qui a été fait après la loi établit le Fils, qui est parfait, pour l'éternité.

C'est Jésus. Un Fils rendu parfait pour toujours. Quels mots extrêmement puissants ! Le Fils de Dieu rendu parfait, et pour toujours. Tout ceci le distingue du sacerdoce lévitique et de l'Ancienne Alliance, qui n'étaient pas accomplis par un Fils et ne rendaient jamais les gens parfaits, ne duraient pas à toujours. Mais nous ne pouvons apprécier pleinement ce message que si nous recentrons continuellement notre attention sur Jésus.

Nous allons maintenant commencer notre étude sur Hébreux 8. Mais, avant d'aller directement au chapitre 8, j'aimerais revoir rapidement avec vous certaines choses que j'ai appelées "Points de Contraste Entre le Sacerdoce Lévitique et le Sacerdoce de Melchisédek". Ce sera en quelque sorte une introduction nous aidant à comprendre la comparaison qui suit au chapitre 8, et que nous allons étudier entre l'Ancienne et la Nouvelle Alliance.

Très rapidement et sans nous arrêter pour faire des commentaires, nous allons maintenant parcourir les quatorze points de contraste entre le sacerdoce lévitique et le sacerdoce de Melchisédek. Tout d'abord, le sacerdoce de Melchisédek associe sacerdoce et royauté. Le sacerdoce, sous l'Ancienne Alliance, était alloué à la tribu de Lévi, et la royauté à la tribu de Juda, et aucun n'échange n'était permis.

Numéro deux, Melchisédek donna à Abraham le pain et le vin, symboles de la Nouvelle Alliance mais qu'Abraham n'avait pas commencé par donner, alors que les sacrificateurs lévitiques ne rendaient aux Israélites qu'une partie des sacrifices qu'ils leur avaient d'abord donnés. Ils devaient recevoir avant de pouvoir donner.

Point numéro trois, Melchisédek reçut la dîme d'Abraham. Les sacrificateurs lévitiques donnèrent la dîme par l'intermédiaire d'Abraham.

Point numéro quatre, Melchisédek, du fait de sa vie indestructible, avait un sacerdoce permanent qui n'était jamais passé par succession à d'autres. Les sacrificateurs lévitiques n'avaient, à cause de la mortalité, qu'un sacerdoce temporaire.

Numéro cinq, Melchisédek ne descend pas d'Abraham. Les sacrificateurs lévitiques devaient descendre d'Abraham.
Numéro six, Melchisédek bénit Abraham, c'est pourquoi il est plus grand. Les sacrificateurs lévitiques doivent leur bénédiction à Abraham, c'est pourquoi ils sont moins grands.

Numéro sept, Melchisédek a donné un accès direct à Dieu ainsi qu'à la perfection. Le sacerdoce lévitique ne pouvait pourvoir à un accès direct ou à la perfection.

Numéro huit, Melchisédek était sacrificateur par la puissance d'une vie indestructible. Les sacrificateurs lévitiques ne l'étaient que sur la base de conditions physiques.

Numéro neuf, Melchisédek était établi par le serment de Dieu. Les sacrificateurs lévitiques étaient établis sans serment.

Numéro dix, Melchisédek assure une alliance supérieure. Les sacrificateurs étaient liés à une alliance inférieure.

Numéro onze, Melchisédek et son sacerdoce offrirent un sacrificateur suffisant. Alors que les sacrificateurs lévitiques, à cause de la mort, devaient être nombreux et n'étaient jamais suffisants.

Numéro douze, Melchisédek, par son sacerdoce, a le pouvoir de sauver dans la personne de Jésus complètement et pour toujours. Les sacrificateurs lévitiques ne pouvaient pas sauver.

Numéro treize, Jésus, en tant que sacrificateur selon l'ordre de Melchisédek, n'avait pas besoin d'offrir de sacrifice pour ses propres péchés. Alors que les sacrificateurs lévitiques devaient d'abord offrir un sacrifice pour leurs propres péchés.

Numéro quatorze, le sacerdoce de Melchisédek amène le Fils parfait de Dieu en tant que sacrificateur. Le sacerdoce lévitique ne pourvoyait qu'à des hommes avec une faiblesse humaine.

Maintenant avec tout ceci en tête, nous allons commencer le chapitre 8, dont la majeure partie consiste en une comparaison entre l'Ancienne et la Nouvelle Alliance. Mais souvenez-vous, les alliances sont liées au sacerdoce. Nous allons prendre à présent Hébreux 8:1. Je lirai les deux premiers versets en traduisant. Ma traduction n'est pas toujours fluide parce que j'ai parfois besoin de m'arrêter pour réfléchir et trouver le meilleur terme.

Le point principal de ce que nous sommes en train de dire, c'est que nous avons un tel souverain sacrificateur, qui s'est assis à la droite du trône de la Majesté dans les cieux, un ministre du sanctuaire [ou des choses saintes]...

Je pense que les termes incluent davantage que le sanctuaire seul, ils impliquent tous les ustensiles utilisés dans le sanctuaire. Il est donc ministre des choses saintes :

et de la véritable tente [ou tabernacle], que le Seigneur a érigée, non un homme.

Gardez à l'esprit que le tabernacle de Moïse était une véritable tente. Le mot utilisé ici en grec pour la décrire est le même que celui utilisé pour traduire la Fête juive de Sukkot ou des Tabernacles ou des Cabanes. Ce mot a donc une histoire tout au long de la Bible.

Ces deux versets font ressortir les principaux points concernant Jésus en tant que souverain sacrificateur de cette comparaison difficile que nous avons déjà abordée en résumé à la fin du chapitre 7. Les quatre points relevés dans ce bref résumé au début du chapitre 8 sont les suivants – et comme je l'ai dit, l'auteur dit que le point principal que nous essayons de démontrer est le suivant. Donc si cette comparaison ardue du chapitre 7 vous a rendus un peu confus, il va essayer de vous aider dans le 8. Il dit, n'essayez pas de vous souvenir de tout, voici les quatre points principaux qui caractérisent Jésus en tant que souverain sacrificateur et que vous devez retenir.

Numéro un, il s'est assis. Il ne lui sera jamais nécessaire de répéter son sacrifice. Vous remarquerez qu'à travers ces chapitres d'Hébreux, l'accent est principalement mis sur le fait que Jésus, ayant terminé son ministère, s'assit. Ceci est constamment contrasté avec les sacrificateurs lévitiques qui ne s'asseyaient jamais et se tenaient toujours debout. Il est intéressant de voir, si vous étudiez la description des accessoires du tabernacle, qu'il n'y a aucune chaise. Il n'y avait aucun siège. Ce qui était fait exprès. Ils ne s'asseyaient jamais parce que leur tâche n'était jamais achevée. Ils ne pouvaient jamais offrir un sacrifice qui mettrait un terme à tout cela, ils ne faisaient qu'offrir des sacrifices temporaires. Ils devaient donc rester debout.

Jésus, ayant offert un seul sacrifice suffisant pour toujours, s'assit sur le trône. Le fait qu'il s'est assis est donc fortement souligné.

Il est dit ensuite qu'il s'assit sur un trône. Quel genre de personne s'assied sur un trône ? Un roi. Il est donc à nouveau souligné qu'il est non seulement sacrificateur, mais également roi. C'est la distinction caractéristique de l'ordre de Melchisédek, car Melchisédek, son nom hébreu, signifie roi de justice, et il est également écrit dans Genèse 14 qu'il était sacrificateur. Comme nous l'avons fait remarquer dans le bref résumé à la fin du chapitre 7, il était interdit sous la loi lévitique pour un sacrificateur d'être roi ou pour un roi d'être sacrificateur.

Dans l'histoire de l'Ancien Testament, deux rois ont essayé de prendre la fonction de sacrificateur, qui était d'offrir un sacrifice. L'un était le roi Saül et l'autre le roi Osias. Ces deux rois ont été jugés par Dieu. Il y avait donc, sous l'alliance lévitique, une ligne de division absolue entre sacerdoce et royauté.

Mais le tout premier sacrificateur mentionné dans la Bible n'était pas un sacrificateur lévitique, mais Melchisédek, et il était à la fois roi et sacrificateur. Lorsque Jésus vint, le sacerdoce de Melchisédek, qui avait été en quelque sorte mis en suspens, réapparut avec lui. Vous souvenez-vous que nous avons vu que les deux choses qu'il avait offertes à Abraham étaient le pain et le vin. Je ne sais pas si cela vous a frappé, mais au cours du dernier repas, lorsque Jésus prit le pain et le vin et l'offrit à ses disciples, il voulait en quelque sorte dire "Par cet acte, je restaure le sacerdoce de Melchisédek. Je suis à la fois votre sacrificateur et votre roi".

Permettez-moi d'en faire ressortir l'application pratique. En tant que sacrificateur, il nous représente, il voit nos intérêts. Et en tant que roi, il a l'autorité pour qu'ils soient accomplis. N'allez donc jamais à lui comme vers un sacrificateur seul, mais allez vers lui comme vers un sacrificateur qui est également roi.

Voyez-vous, ce qui semble n'être à première vue qu'une sorte de distinction verbale, devient chargée de significations lorsqu'on y réfléchit. Vous pourriez dire, "Bien, il est donc roi et sacrificateur". Mais lorsque vous y réfléchissez, cela a une grande signification pour vous comme pour moi.

Le troisième point est que Jésus exerce son ministère dans les lieux célestes. Les sacrificateurs lévitiques opéraient sur un plan terrestre. Jésus ne leur a pas pris leur sacerdoce, son sacerdoce à lui est institué dans les lieux célestes.

Et quatrièmement, cela se passe dans le véritable tabernacle érigé par Dieu, non par un homme. J'aime ce mot "ériger". C'est un mot tellement pratique. Je vais y revenir un peu plus tard, mais je pense réellement qu'il y a un tabernacle au ciel. Si cela vous semble difficile à croire, c'est votre droit. Je crois que Dieu a érigé un tabernacle au ciel. Après tout, son fils était charpentier. La trinité est très pratique, croyez-moi.

Nous allons continuer avec les versets 3 et 4.

Car chaque souverain sacrificateur est établi [ou est en exercice] dans le but d'offrir à la fois des dons et des sacrifices ; c'est pourquoi il est nécessaire [ou il était nécessaire] que cet homme [c-à-d Jésus] ait également quelque chose à offrir. Maintenant s'il était sur la terre, il ne serait nullement un sacrificateur, puisqu'il y a ces sacrificateurs qui offrent des dons selon la loi.

Nous nous arrêterons là. Ces versets apportent un point extrêmement important que nous avons abordé dans notre étude précédente. Quelle est la fonction suprême, unique d'un sacrificateur, exprimée en un mot-clé ? Sacrifice. Personne hormis un sacrificateur n'a le droit d'offrir un sacrifice.

De plus, personne n'a le droit d'offrir quoique ce soit à Dieu, à moins d'être sacrificateur. C'est une vérité très claire dans les Ecritures, mais la plupart des chrétiens ne l'ont tout simplement pas comprise. Nous n'avons pas le droit de venir à Dieu et de lui offrir quoique ce soit, à moins que notre offrande ne lui soit remise par un sacrificateur. Vous voyez, la plupart des gens ne pensent pas à cela. Vous ne pouvez déposer votre offrande dans la "collecte" et la donner à Dieu, à moins qu'elle ne passe par un sacrificateur. Ceux qui ne sont pas sacrificateurs n'ont aucun droit pour offrir quoique ce soit à Dieu. Que ce soit des dons ou des sacrifices. Je peux voir que vous êtes étonnés. Je veux dire, je comprends votre étonnement. Mais nous avons effrontément supposé que nous pouvions aller vers Dieu quand nous le voulons et lui glisser dix euros dans la main. Mais nous ne le pouvons pas. Ce n'est pas ainsi que Dieu fonctionne. C'est merveilleux si vous voulez donner dix euros à Dieu, mais cela doit passer par un sacrificateur. Il est la seule personne à avoir autorité pour offrir des dons à Dieu. Si nous n'avons pas de sacrificateur, nous n'avons aucune possibilité d'offrir quoique ce soit à Dieu.

Aucun Israélite ne pouvait offrir quoique ce soit à Dieu, à moins d'être sacrificateur. Ce qui donne au sacerdoce une puissance extrême, n'est-ce pas ? Dans un certain sens, les sacrificateurs peuvent soit fermer soit ouvrir la porte vers Dieu. Dans certaines sections de l'Eglise à une certaine époque, cette puissance a été abusée par des sacrificateurs, parce qu'ils dominaient le peuple de Dieu en disant ceci, "Si vous ne faites pas ce que l'on vous dit, vous ne pouvez avoir accès à Dieu". Ce n'est pas vrai en ce qui concerne des sacrificateurs humains. Merci Seigneur, nous avons un autre sacrificateur. Mais ceci est vrai pour Jésus. Si nous ne passons par lui, notre don ou notre sacrifice ne peut être accepté.

Ce n'est pas un luxe d'avoir un sacrificateur qui vous représente. Il ne s'agit pas non plus de fine théologie ; c'est absolument essentiel. Si je parviens à bien vous faire comprendre ceci, vous aurez à partir de maintenant une attitude vraiment différente vis-à-vis de Jésus. Vous verrez que toute votre relation continue avec Dieu dépend de la présence de Jésus. S'il n'y est pas, n'essayez pas d'approcher le trône. Il n'y a pas d'autre chemin. Chaque souverain sacrificateur, et c'est tout à fait catégorique, est établi pour offrir à la fois des dons et des sacrifices.

Cependant Jésus n'offre pas les sacrifices du sacerdoce lévitique, il n'est pas sacrificateur lévitique. Mais il a également ses dons, ses sacrifices. Le tout premier sacrifice qu'il ait offert était quoi ? Lui-même. Il était à la fois le sacrificateur et la victime. Lorsque nous venons en son nom et par la foi en lui, nous pouvons offrir à Dieu nos louanges, notre adoration, nos finances, notre service. Mais sans lui, rien de cela n'est accepté. Vous vous dites peut-être, "Si j'offrais un million d'euros à Dieu, il en serait content". Vous ne pouvez apporter un million d'euros à Dieu, à moins de passer par Jésus. Et de toutes façons, Dieu se passera bien de votre million d'euros. Il n'est pas à vendre. C'est louable d'offrir, mais gardez à l'esprit que ce ne peut être accepté que par l'intermédiaire d'un sacrificateur.

Continuant avec le verset 5. Nous lirons le verset, et ensuite nous le commenterons. Il commence avec "qui". C'est-à-dire, les sacrificateurs qui offrent sur la terre.

Qui accomplissent leur service sacerdotal [j'amplifie un peu], ce qui est un modèle [ou un exemple] et une ombre des choses célestes, comme Moïse est averti par Dieu lorsqu'il est sur le point de faire le tabernacle ; car Dieu dit, Veilles à faire tout ceci [ou toutes choses] selon le modèle qui t'a été montré sur la montagne.

Donc, ce que dit l'auteur, c'est que le service sacerdotal qu'accomplissent les sacrificateurs lévitiques terrestres n'est qu'un modèle ou une ombre des choses réelles qui sont au ciel. Et pour preuve de cela, nous pouvons prendre dans l'Ancien Testament le passage qui est cité là. Nous prendrons deux versets successifs dans Exode 25. Cette partie d'Exode traite des instructions pour la construction du tabernacle et de tous ses accessoires et ustensiles. Exode 25:9, l'Eternel parle et dit à Moïse :

Vous ferez le tabernacle et tous ses ustensiles d'après le modèle que je vais te montrer.

Dieu est très spécifique. Il dit, "Je vais te donner un modèle exact et tu devras le construire en suivant exactement le modèle. Mais le modèle que je te donne est un modèle, dont l'original se trouve au ciel".

Puis, dans le même chapitre, au verset 40 :

Regarde, et fais d'après le modèle qui t'est montré sur la montagne.

Donc, lorsque Moïse était sur le mont Horeb en communion avec Dieu et que Dieu lui donna des instructions pour la construction du tabernacle et de tous ses ustensiles, Dieu lui montra un modèle réel, ou peut-être lui montra-t-il l'original. Il n'a pas eu que les dimensions, il a eu les dimensions, mais il a aussi vu ce à quoi cela devait ressembler. Voyez-vous, il existe de nombreuses choses dans la Bible que, bien qu'ayant les dimensions, nous ne savons pas comment construire. L'une est le tabernacle. De très nombreux spécialistes très érudits ont longuement étudié cela, mais ne sont jamais parvenus à une image définitive, finale de ce à quoi ressemblait le tabernacle. L'autre est le temple de Salomon. En ce qui concerne le temple de Salomon, David dit qu'alors qu'il se préparait à le construire, Dieu, par sa main posée sur lui, l'amena à en écrire le modèle. Et donc David, par l'inspiration du Saint-Esprit, avait un modèle, un patron du temple. Nous n'avons pas le patron. Si vous avez les dimensions sans le patron, la façon dont vous devez le construire n'est pas tout à fait claire.

Ce que je veux dire, c'est que le tabernacle que Moïse construisit était basé sur un original céleste. Je pense que c'est très clairement spécifié ici. Je ne pense pas qu'il y ait une autre possibilité d'interpréter ces mots. Voyez-vous, j'explicite ce point parce que je pense que de nombreux chrétiens croient que les choses matérielles sur la terre sont réelles et que les choses spirituelles au ciel sont en quelque sorte floues, indistinctes, amorphes – comme s'il y avait un peu de brouillard tout partout. Ils pensent que les choses très spécifiques ne peuvent être spirituelles. Je sais que c'était mon opinion lorsque j'étais adolescent et que j'assistais à l'église anglicane de Grande-Bretagne. Je pensais que la religion était quelque chose de brumeux qui traînait dans les coins des vieux bâtiments humides. C'était vraiment l'image mentale que je m'en faisais. Je ne dis pas que j'avais raison. Je pensais toujours que si je devais devenir religieux, ce serait quand le brouillard se serait installé sur ma tête. Mais cela ne s'étant jamais produit, j'en avais donc conclu à la fin que ce n'était pas pour moi. Je n'en étais pas non plus le moins du monde désolé.

Ce que je suis en train de dire, c'est que le spirituel n'est pas ainsi. C'est le spirituel qui est l'original. Les choses terrestres sont des copies. Mon ami Lance Lambert a récemment fait cette remarque à la Fête des Tabernacles à Jérusalem, qui m'a réellement impressionnée. Il a dit, "Cet univers est premièrement spirituel. Ce sont les choses spirituelles qui sont les réalités ultimes". Vous allez peut-être dire, "D'accord, est-ce que la robe de Jésus a une couleur ?" Je crois qu'elle en a une." Les rues de la Nouvelle Jérusalem sont-elles d'un matériau particulier ?" Je crois qu'elles le sont. "De quoi sont faites les portes ?" Je crois qu'elles sont faites de perles. Les perles que nous avons sur terre ne sont qu'une faible copie des perles célestes. C'est en tous cas ma conviction.

Notre vieille femme de ménage arabe Jameela, donna l'impression, lorsqu'elle fut baptisée dans le Saint-Esprit par le ministère de Lydia il y a longtemps de cela, qu'elle était morte. Elle resta sur le sol pendant à peu près deux heures. Lydia savait qu'elle était entre les mains du Seigneur. Lorsqu'elle revint à la vie, elle parlait en langues et elle dit d'une façon naïve (elle n'avait aucune connaissance des Ecritures et elle ne savait pas lire), "Je marchais dans un des endroit les plus merveilleux sur quelque chose qui ressemblait à du velours jaune". Elle dit, "Ensuite, je vins à Jésus et Il souffla sur moi". Et lorsqu'il souffla sur elle, elle commença à parler en langues. Et bien, je pense que l'or céleste ressemble à du velours jaune. Mais ce n'est que mon opinion.

Ce que je veux vous faire comprendre est ceci : c'est en quelque sorte philosophique. Et j'essaierais de ne pas trop m'y attarder. Nous avons tendance à penser que tout ce qui se trouve sur la terre a une couleur précise. Mais en réalité, ce n'est pas vrai. L'été passé, Ruth et moi voyagions autour de la Méditerranée. Je suis resté quelques temps sur le pont, une heure ou deux, à regarder l'océan. Vous savez quoi ? Il avait une douzaine de couleurs différentes à différents moments. Il est passé du bleu clair au violet, puis au noir, passant par toutes les nuances de gris. Quelle est la couleur de la mer ? Et bien, elle reflète le ciel, cela dépend aussi de la profondeur de l'eau, des contenants chimiques. Il y a de nombreuses caractéristiques qui entrent en jeu. Lorsque nous disons que la mer est bleue ou grise, ce que nous voulons dire, c'est qu'il y a toute une série de différentes couleurs qui apparaissent selon différentes teintes de lumières que nous connaissons. Nous pensons qu'il s'agit de couleurs précises, mais ce n'est pas le cas.

Il est dit quelque part au sujet de Jésus – je crois que c'est de Jésus dont il est question – dans le Cantique des Cantiques, "Sa tête est de l'or pur ; ses boucles sont flottantes, noires comme le corbeau". Mais dans le premier chapitre de l'Apocalypse, ses cheveux sont blancs comme la neige. Je ne vois pourtant là aucune contradiction. Vous comprenez ce que je suis en train de dire ? Je crois vraiment qu'il existe de réelles couleurs. Si vous ne le croyez pas, et bien tant pis pour vous, c'est tout ! Le ciel auquel je m'attends est bien plus intéressant que celui auquel vous vous attendez ! Je crois que Dieu a véritablement une main droite et une main gauche. Sinon, je ne vois pas pourquoi il est tant insisté sur le fait que Jésus soit assis à la droite et non à la gauche de Dieu. Cela n'aurait aucun sens.

Ayant dit cela, j'aimerais que vous preniez dans Apocalypse 11:19. Il est question d'un sujet dans le livre d'Apocalypse, pour lequel il y a, bien entendu, différentes interprétations possibles. Vous l'avez peut-être découvert, peut-être pas. Mais il est dit à un certain point dans cette révélation dévoilée :

Et le temple de Dieu dans le ciel fut ouvert, et l'arche de son alliance apparut dans son temple. Et il y eut des éclairs, des voix, des coups de tonnerre, un tremblement de terre, et une forte grêle.

Voici donc le temple de Dieu au ciel. À l'intérieur, il y a l'arche de l'alliance. Je crois que l'arche que Moïse a construite sur la terre était simplement une copie, mais une copie tout à fait exacte de l'arche qui se trouve au ciel. Il existe de nombreuses idées fascinantes comme dans Ezéchiel 28, qui est une image de satan – la deuxième moitié – où il est dit, "Tu étais un chérubin protecteur, aux ailes déployées". Déployées sur quoi ? Sur le trône de la grâce peut-être, qui sait ?

Mais dans l'arche que Moïse a construite, il y avait deux chérubins, un à chaque extrémité et ils se faisaient face et leurs ailes étaient déployées vers le centre et se rencontraient au milieu. C'est uniquement une supposition, mais le problème avec satan était qu'il était si beau et si sage qu'il devint fier et chuta. Donc après sa chute, qui sait si Dieu n'a pas dit, "Nous ne commettrons plus jamais cette erreur. À partir de maintenant, il y aura deux chérubins et chacun d'eux regardera l'autre et saura ainsi qu'il y en a un autre d'aussi beau que lui !". Je ne dis pas que c'est vrai, mais c'est une explication possible.

Je crois que dans cette arche au ciel, il y a une alliance, dont l'alliance terrestre est une simple copie. Je crois que Dieu le Père a fait une alliance éternelle avec Jésus-Christ le Fils avant que le temps ne commence. Ce qui est pour moi étonnant, je n'y aurais pas pensé de cette façon. Mais il est dit dans Tite 1 que Dieu a promis le salut avant que le temps ne commence. À qui l'a-t-il promis ? C'est une question de point de vue, mais je crois que Dieu le Père était lié à Jésus-Christ le Fils par une alliance qui avait été conclue entre eux avant que la création ne se fasse. Le Père a dit, "Si nous faisons la création et prenons le risque de créer l'homme, qu'adviendra-t-il alors ?" Le Fils répondit, "Si l'homme pèche, je deviendrais son substitut". Et le Père dit, "Si tu deviens son substitut et paie sa dette, je te promets de te ressusciter des morts". Et ils firent une alliance. Vous pouvez le croire ou non, mais je pense qu'il y a plus d'une preuve dans les Ecritures démontrant qu'une telle chose s'est produite.

Prenons un autre passage dans Apocalypse, pendant que nous sommes sur ce livre. Apocalypse 15:5-8 :

Après cela, je regardai, et le temple du tabernacle du témoignage fut ouvert dans le ciel.

Remarquez qu'il s'agit du temple du tabernacle du témoignage. Donc, en un sens, tout était centré sur le temple. Le temple était centré sur le tabernacle et le tabernacle était centré sur l'arche de l'alliance, le témoignage. En quelque sorte, toutes les choses de Dieu ayant trait à l'éternité et au temps sont centrées sur son alliance.

Nous continuons. Apocalypse 15:6 :

Les sept anges qui tenaient les sept fléaux sortirent du temple, revêtus d'un lin pur, éclatant...

En ce qui me concerne, je crois qu'il s'agissait véritablement de lin pur et éclatant. Vous êtes libres de croire ce que vous voulez.

... et ayant des ceintures d'or autour de la poitrine.

Je ne crois pas qu'il y ait d'inflation au ciel. Je ne crois pas que Dieu ait jamais connu de crise financière. S'il veut de l'or, il a de l'or. S'il veut des perles, il a des perles. Quoique ce soit dont Il ait besoin, Il l'a à disposition. Il n'a qu'à l'ordonner. Verset 7 :

L'un des quatre êtres vivants donna aux sept anges sept coupes d'or, pleines de la colère du Dieu qui vit aux siècles des siècles. Le temple fut rempli de fumée, à cause de la gloire de Dieu et de sa puissance ; et personne ne pouvait entrer dans le temple, jusqu'à ce que les sept fléaux des sept anges soient accomplis.

Si je vous lis ces passages, c'est tout d'abord parce qu'ils m'impressionnent. Je pense que j'arrive probablement à cette étape dans la vie où je suis davantage intéressé par le ciel que certains d'entre vous parce qu'il est probable que j'y aille avant certains d'entre vous. Mais je vous le dis, le ciel est pour moi un endroit vraiment réel.

Il y a quelques années, je m'interrogeais sincèrement sur ma condition spirituelle et j'ai demandé à Dieu de rendre le ciel plus réel pour moi. Je crois que le ciel est la maison de chaque enfant de Dieu. Je n'ai jamais rencontré un enfant qui n'ait une idée assez précise de sa propre maison. Ils ne connaissent peut-être pas la rue à l'extérieur, mais ils connaissent leur maison. Je pense que l'une des marques des enfants de Dieu est que nous nous sentons à la maison lorsque nous sommes en relation avec le ciel. Cette terre est magnifique, cette vie est excitante. Par la grâce de Dieu, je suis en bonne santé. Mais cette terre n'est pas mon lieu de repos définitif. C'est en fait l'un des thèmes de l'épître aux Hébreux auquel nous allons arriver, particulièrement dans le $11^{\text{ième}}$ chapitre. Les grands saints de Dieu avaient les yeux tournés vers l'avant, en dehors du temps vers l'éternité. Et ils avaient eu quelques aperçus. Ce n'était pas pour eux un saut dans l'inconnu. Ils avaient eu quelque peu une claire révélation de ce à quoi ils pouvaient s'attendre. J'ai hâte de voir le temple, de rencontrer les anges et les quatre êtres vivants. Il y a de nombreuses autres choses auxquelles j'ai hâte. La mer de verre mêlée de cristal, je crois que ça va être vraiment passionnant. Impossible de s'ennuyer au ciel.

Lorsque j'étais enfant, je pensais, "Que peuvent-ils donc faire tout ce temps au ciel ?" Réellement ! Je m'imaginais des gens assis là avec des vêtements blancs jouant de la harpe tout le temps. Je pensais que ça risquait de devenir monotone au bout d'un moment. Je ne courrais pas le danger de m'y ennuyer, car je n'étais alors certainement pas qualifié pour aller au ciel !

Nous revenons dans Hébreux 8. Je me demandais si j'aurais suffisamment de choses à dire sur ce plan pour durer quarante minutes. Je vois que oui ! Hébreux 8. Nous arrivons au verset 6, qui résume en quelque sorte certaines choses que nous avons dites.

Mais maintenant il [c-à-d Jésus] a obtenu un ministère sacerdotal plus excellent...

Le mot "sacerdotal" doit être aussi ajouté.

... dans la mesure où il est le médiateur d'une meilleure alliance, qui est légiférée...

Qu'est-il dit ici ? Etablie ? Edictée probablement.

... qui est établie sur de meilleures promesses.

Nous avons donc ici l'introduction à la comparaison entre l'Ancienne et la Nouvelle Alliance. Notez que dans l'introduction, l'auteur annonce trois manières d'après lesquelles il était supérieur. Premièrement, Jésus a un ministère plus excellent. Deuxièmement, il est le médiateur d'une meilleure alliance. Et troisièmement, ceci est établi sur de meilleures promesses. Vous voyez les trois points de supériorité ? Un ministère plus excellent, une meilleure alliance et de meilleures promesses.

J'espère que vous réalisez cela. Quand je pense à certaines des choses que les Israélites avaient sous l'Ancienne Alliance, je me demande dans quelle mesure la nôtre est vraiment meilleure ? Je veux dire, Dieu a fait sortir environ trois millions d'Israélites d'Egypte après plusieurs générations d'esclavage et de privation, et il n'y avait aucun malade parmi eux. Si vous prenez trois millions de chrétiens aujourd'hui, vous en trouverez bien deux millions trois-quarts de malades sur la totalité. C'est tellement vrai. Je le sais par l'expérience de mon ministère auprès des malades. Si vous prenez un groupe de chrétiens, au moins 80 pourcents d'entre eux s'avanceront pour recevoir la guérison. Je ne dis pas cela pour critiquer, mais je me demande si nous jouissons véritablement de tous les bénéfices de notre alliance. Ou bien si c'est parce que nous ne réalisons pas à quel point cette alliance est supérieure ?

Nous irons juste un peu plus loin. Nous lirons les versets 7 et 8 et ensuite nous nous arrêterons à la citation tirée de Jérémie.

Car si cette première avait été irréprochable, aucune place n'aurait été cherchée pour une seconde.

Si la première alliance avait fait tout ce qui était nécessaire, pourquoi la remplacer par une seconde ? C'est donc qu'il devait y avoir quelque chose d'insuffisant dans la première alliance.

Mais en les blâmant [c-à-d les Israélites], *Dieu dit...*

Et nous arrivons alors à cette promesse tirée de Jérémie 31, dans laquelle il est dit que Dieu fera une nouvelle alliance avec la maison d'Israël.

Nous pouvons juste souligner ce point, à partir duquel nous continuerons la prochaine fois au cours de notre prochaine session. La faute n'est pas dans la loi. Dieu n'a pas blâmé la loi, c'est le peuple qu'il a blâmé. La faute était dans le peuple. Le peuple était par nature ainsi fait qu'il ne pouvait recevoir ce qui lui était offert par la loi. Ce n'est donc pas parce que la loi avait quelque chose de mauvais, nous le reverrons dans les passages où Paul l'affirme encore et encore. La loi est juste et sainte et bonne. Le problème ne vient pas de la loi, mais du peuple qui essayait de vivre selon cette loi.

LE DERNIER MOT DE DIEU

Douzième message

Hébreux 8:7 – 9:5

Alors que j'étais assis ici avant la réunion, avant que mon tour ne vienne, j'ai eu très clairement le souvenir d'une anecdote, et j'ai le sentiment que Dieu veut que je la partage avec vous. Ce souvenir m'est revenu alors que je pensais à la responsabilité qui repose sur moi ici ce soir d'essayer d'interpréter pour vous ces Ecritures. Je vous assure que je le ressens comme une responsabilité très importante. L'incident que je vais maintenant vous décrire brièvement a eu lieu au Pays de Galles en 1913, un an avant la Première Guerre mondiale. Un évangéliste bien connu à cette époque, Steven Jeffries, était en train de prêcher dans une petite chapelle du Pays de Galles, une structure très simple aux murs blanchis, n'ayant quasiment aucun ornement quelconque, et derrière lui se trouvait un mur nu et blanc. Je le tiens de personnes qui connaissaient personnellement des témoins de cet événement. Alors que l'évangéliste était en train de prêcher, il remarqua que les yeux des gens étaient fixés sur lui avec une attention extraordinaire. Il se demanda si c'était ce qu'il était en train de dire ou de faire qui les rendaient si attentifs. Ce n'est que lorsqu'il eut terminé de prêcher et qu'il descendit de l'estrade qu'il découvrit que, sur le mur blanc derrière lui, était surnaturellement projeté dans de radieuses couleurs la tête d'un agneau. Cette tête d'agneau était nettement là sur le mur derrière lui. Ensuite, après un moment, la tête de l'agneau se changea en la tête du Christ, tel un homme de douleurs. Les gens remarquèrent particulièrement que ses cheveux étaient prématurément tachetés de gris. Cette projection resta sur le mur après que la prédication soit terminée. Des femmes montèrent pour mettre des foulards devant la lumière et la lumière brilla à travers les foulards et resta probablement là jusqu'à la nuit, mais le lendemain il n'y avait plus rien.

La principale raison pour laquelle ceci m'est revenu à l'esprit, c'est que les personnes rassemblées dirent à Steven Jeffries qu'aussi bien pendant que la tête de l'agneau était là que lorsque ce fut celle de Christ, les yeux suivaient continuellement chaque mouvement que le prédicateur faisait. Et en tant que prédicateur, ceci m'a parlé de façon telle que peu de choses m'aient jamais parlé ainsi sur le fait que les yeux de notre Seigneur sont sur ceux qui prêchent sa Parole. Il observe chaque mouvement, chaque geste, chaque mot prononcé. Cela m'a toujours laissé un sentiment de responsabilité envers le Seigneur, lorsque j'interprète sa Parole pour son peuple.

Je pense que cela m'est revenu à l'esprit ce soir, car en commençant les chapitres 8 et 9 de Hébreux, nous avançons dans un univers très étrange. Un domaine se trouvant en dehors de celui des expériences naturelles et de notre notion de connaissances. L'épître aux Hébreux est un livre très étonnant, parce qu'il traite de choses que la plupart d'entre nous n'ont jamais vues avec nos yeux naturels. Et il traite de ces choses de façon absolument réelle. Alors que je priais avec ma femme avant de venir ce soir, je priais que le Saint-Esprit rende ces choses réelles et claires pour nous tous, moi y compris. Car, sans le Saint-Esprit, ceci ne serait que des mots. Seul le Saint-Esprit peut révéler ces réalités invisibles mais éternelles qui sont le thème des prochains chapitres d'Hébreux. Le chapitre 9 en particulier, mais également dans une certaine mesure, le chapitre 10.

L'ensemble de l'enseignement pratique d'Hébreux provient de ces réalités éternelles invisibles. Et à moins que le Saint-Esprit ne rende l'invisible réel pour nous, l'enseignement pratique n'aura pas sur nous l'impact escompté.

Je me suis senti béni lorsque nous avons chanté, juste avant que je ne parle, ce magnifique chœur "Saint, saint, saint", parce que je crois qu'il n'y a probablement aucun autre passage dans les Ecritures qui ne dévoile de façon plus complète la sainteté de Dieu que dans cette épître aux Hébreux.

Vous avez sans doute entendu dire – et je l'ai peut-être déjà mentionné – que l'épître aux Hébreux est le Lévitique du Nouveau Testament. Ou bien que le Lévitique est l'épître aux Hébreux de l'Ancien Testament. Ils sont parallèles en bien des endroits et tous deux dévoilent ce service de Dieu et ce qui est requis pour être dans la présence de Dieu, ainsi que la façon dont nous entrons dans la présence de Dieu et comment nous pouvons éviter de transgresser la sainteté de Dieu. C'est une pensée très sérieuse parce que même ceux qui ne servaient que dans le tabernacle de Moïse, qui n'était qu'une copie et une ombre des choses célestes, étaient instantanément frappés de mort s'ils la transgressaient. Deux des fils d'Aaron moururent sur le coup parce qu'ils n'avaient pas observé les exigences de la sainteté.

Or, il n'est maintenant plus question de la simple copie mais des réalités célestes elles-mêmes. À combien plus forte raison, cela exige de la sainteté de notre part ?

Nous allons passer rapidement les six premiers versets que nous avons vus la dernière fois. Les deux premiers versets du chapitre 8 font ressortir les principaux points montrant Jésus en tant que souverain sacrificateur à partir de cette comparaison élaborée se trouvant au chapitre 7. Voici les quatre points principaux : Il s'assit parce qu'il n'aurait jamais besoin de réitérer son sacrifice – à la différence des sacrificateurs lévitiques qui devaient toujours rester debout. Ensuite, il s'assit sur un trône. Il n'était pas seulement sacrificateur, mais également roi. Selon l'ordre de Melchisédek, et non de Lévi. De plus, il est question ici du ciel, et non de la terre. Et enfin, cela se passe dans le véritable tabernacle érigé par Dieu et non par un homme.

Les versets 3 et 4 réaffirment la fonction d'un sacrificateur. Le Seigneur semblait, à ma propre surprise, me pousser à rester sur ce point la dernière fois : pour souligner que personne ne peut donner un don à Dieu ou un sacrifice sans la présence d'un sacrificateur. Personne ne peut aller vers Dieu et lui glisser quelque chose dans la main. La fonction d'un sacrificateur est de prendre les dons et les sacrifices du peuple de Dieu et de les lui transmettre. Ce n'est que si le sacrificateur est accepté que le don ou le sacrifice en question sera accepté. Nous devons toujours garder à l'esprit, en tant que chrétiens, que nos dons sont bien davantage acceptés grâce à notre sacrificateur que grâce à nous-mêmes.

Le verset 5 montre que les sacrificateurs lévitiques servaient dans un tabernacle qui n'était qu'une copie du tabernacle céleste. Nous devons continuellement nous souvenir que le céleste est l'original, et que le matériel et le terrestre ne sont qu'une copie. Nous sommes tellement terre-à-terre que nous avons tendance à penser que ce qui est terrestre est réel et ce qui est céleste plutôt flou. Mais c'est l'inverse.

Ensuite des versets 6 à 13, que nous allons voir maintenant, nous arrivons au quatrième passage de comparaison, d'ailleurs tous les passages de comparaison sont listés dans l'introduction, mais nous n'allons pas la reprendre. Cette comparaison se situe entre l'Ancienne et la Nouvelle Alliance. Gardez à l'esprit lorsque vous lisez votre Bible, que le mot traduit par "testament" est le même que pour "alliance". Aussi bien dans l'hébreu de l'Ancien Testament que dans le grec du Nouveau. Notre Bible est constituée de deux alliances : l'Ancienne Alliance et la Nouvelle Alliance.

Au verset 6 que nous avions rapidement survolé la fois précédente, l'auteur indique trois aspects de la supériorité du nouvel ordre. Tout d'abord, Jésus a un ministère plus excellent. Il est céleste, et non terrestre. Deuxièmement, il est le médiateur d'une meilleure alliance. Une alliance éternelle, non temporaire. Et troisièmement, de meilleures promesses sont décrétées. Elle contient bien plus de promesses que n'en détenait l'Ancienne Alliance.

Bien, maintenant je pense que la meilleure chose que je puisse faire, c'est de traduire du verset 7 jusqu'à la fin du chapitre. Ensuite, nous reviendrons sur chaque verset. Ma traduction sera improvisée et manquera peut-être d'élégance, mais elle fera probablement ressortir certaines significations qui n'apparaissent pas dans l'élégante traduction officielle. Je vais commencer au verset 7.

Car si cette première alliance était sans défaut [ou qu'il n'y avait aucun problème avec elle ou si elle était adéquate...

Je pense que le mot-clé est "inadéquate". Nous allons voir dans quelques instants pourquoi elle était inadéquate. Nous pourrions donc traduire ainsi : "Si cette première alliance avait été adéquate..."

il n'aurait pas été question d'en chercher une seconde.

C'est évident. Si la première fait tout le travail, pourquoi en chercher une seconde ? C'est logique, c'est de la logique talmudique, mais c'est tout à fait réel. Ensuite l'auteur, comme il le fait souvent, poursuit en citant l'Ancien Testament pour montrer que ce qu'il dit est basé sur les écrits de l'Ancien Testament et suit cette même pensée.

Car en les blâmant, il dit [il, c'est Dieu et les, c'est Israël]...

Et remarquez, nous y reviendrons plus tard mais, remarquez que ce n'est pas l'alliance qu'il blâme, mais le peuple. C'est ce qu'il dit. Cette citation est tirée de Jérémie, chapitre 31, versets 31 – 34. Vous pouvez prendre ce passage si vous voulez. Si vous le prenez, vous découvrirez peut-être en y regardant de très près qu'il s'y trouve quelques différences assez significatives entre la version que nous avons dans Jérémie dans l'Ancien Testament et celle-ci citée ici dans Hébreux. La raison, que j'ai déjà expliquée plus tôt, est que l'auteur d'Hébreux ne cite normalement pas les passages de l'Ancien Testament directement du texte hébreu, mais qu'il les cite à partir de la Septante, c'est-à-dire de la traduction grecque des textes hébreux effectuée aux environs du 1er ou du 2nd siècle avant J.-C., traduction probablement faite à Alexandrie, en Egypte, avec l'autorisation des responsables juifs. Elle était probablement plus largement disséminée dans le monde du Nouveau Testament que la version hébraïque, car toute personne ayant reçu quelque éducation lisait le grec. À l'inverse, peu de personnes lisaient l'hébreu.

La question, "Pourquoi il y a une différence ?", pose un problème que je pense préférable de ne pas essayer de résoudre. Nous avons suffisamment d'autres points à éclaircir pour ne pas entrer dans celui-ci. Il est possible que les traducteurs de la Septante aient eu le même texte hébreu, mais l'aient compris différemment, ou bien il est possible qu'il y ait eu quelques variations alternatives dans le texte hébreu de l'époque. Tout ceci a été remis en avance encore lors de la découverte des Rouleaux de la Mer Morte à Qumrân, qui a eu lieu, comme vous le savez, en 1948 environ, car certains textes hébreux, en particulier ceux de Samuel 1 et 2 et de Jérémie, ne sont pas entièrement en accord avec le texte hébreu normalisé qui nous est familier aujourd'hui et appelé le texte masorétique, c'est-à-dire le texte que le peuple juif a décidé d'adopter comme version officielle aux environs du 9ième siècle de notre ère chrétienne. Toute cette question concernant les textes est quelque peu compliquée et je pense qu'il est mieux de ne pas trop nous y plonger. L'une des raisons étant que je ne suis pas qualifié pour en parler en détail.

Je vais traduire à partir du texte grec du chapitre 8. Il serait peut-être intéressant pour vous, si vous avez suffisamment de doigts et que vous pouvez suffisamment diviser votre cerveau, de prendre également Jérémie 31 dans l'Ancien Testament. Vous serez peut-être capables de lire les deux en même temps. Je commence maintenant avec Hébreux 8:8 :

Voici, les jours vont venir, dit l'Eternel, où je vais accomplir [ou entièrement faire, je vais le terminer] avec la maison d'Israël et avec la maison de Juda une nouvelle alliance...

Remarquez qu'il est question du peuple d'Israël tout entier. La maison d'Israël concerne les descendants du royaume du Nord. La maison de Juda concerne les descendants du royaume du Sud. Il ne s'agit donc pas d'une partie du peuple juif, mais de sa totalité.

... non selon l'alliance que j'avais faite avec leurs pères au jour où je les ai pris par la main pour les mener hors du pays d'Egypte ; parce qu'ils n'ont pas respecté mon alliance, et que je les ai ignorés, dit l'Eternel. Car c'est l'alliance que je ferai avec la maison d'Israël après ces jours, dit l'Eternel : Donnant mes lois dans leurs esprits, et je les écrirai sur leurs cœurs. Et je serai pour eux un Dieu [ou Dieu ou leur Dieu], et ils seront pour moi un peuple. Et ils n'enseigneront certainement pas chacun son concitoyen, et chacun son frère, disant, Connais le Seigneur, car ils me connaîtront tous, du plus petit au plus grand d'entre eux.

Il est intéressant de voir qu'à chaque fois qu'il est question dans la Bible des mots "petit" et "grand", "petit" est presque toujours placé avant "grand". Il est vraiment très rare de trouver "grand" avant "petit".

Car ils me connaîtront tous, du plus petit au plus grand d'entre eux. Parce que je serai miséricordieux envers leur injustice, et que je ne me souviendrai plus de leurs péchés.

Nous pourrions également lire le verset 13, qui n'est pas une citation de Jérémie mais un commentaire.

Lorsqu'il dit, Une nouvelle alliance, il rend la première ancienne. Or celle qui devient obsolète et ancienne est près de disparaître.

L'alliance basée sur la loi a été rendue inefficace et inadéquate, non à cause d'une faute dans la loi, mais à cause de la faiblesse de la nature charnelle de l'homme. Il est vraiment primordial de comprendre ceci. C'est pourquoi il est dit que c'est en eux qu'il trouva une faute, et non qu'il trouva de faute dans l'alliance.

Il y a un certain nombre de passages dans le Nouveau Testament qui font ressortir ce fait. Nous prendrons uniquement les deux passages mentionnés ici. Le premier se trouve dans Romains 7. J'ai un problème. Lorsque je suis dans Hébreux et que je prends Romains, il m'est parfois difficile d'en ressortir, mais je vais essayer. Romains 7, l'un des passages complexes des écrits de Paul. Nous devons simplement nous y plonger, c'est tout. J'espère que nous pourrons remonter pour respirer! Versets 4-12.

De même, mes frères, vous aussi vous avez été, par le corps de Christ, mis à mort en ce qui concerne la loi...

Paul est en train de dire que lorsque Christ est mort, vous êtes morts. Sa mort était votre mort et c'est à la loi qu'il est mort. Voyez-vous, vous devez garder une chose à l'esprit concernant la loi. La dernière chose qu'elle puisse vous faire, c'est de vous mettre à mort, et après rien de plus. Une fois que vous êtes morts, la loi ne s'applique plus à vous. La loi s'applique aux vivants, et non aux morts. La seule voie de sortie de cette loi, c'est la mort. Mais cette mort était celle de Christ. J'espère que vous comprenez cela.

De même, mes frères, vous aussi vous avez été, par le corps de Christ, mis à mort en ce qui concerne la loi, pour que vous apparteniez à un autre [c'est une métaphore du mariage], à celui qui est ressuscité des morts, afin que nous portions des fruits pour Dieu.

C'est une union qui portera du fruit. Il a souligné plus tôt que si la loi était vivante et qu'ils étaient mariés à la loi, ils ne pourraient jamais en être libérés avant que la mort ne les en sépare. Mais lorsque la loi mourut en Christ, alors ils furent délivrés de cette union maritale et sans être adultères, ils purent être unis au Christ ressuscité pour porter du fruit. C'est peut-être une pensée nouvelle pour certains d'entre vous, mais nous ne pouvons nous y attarder.

Verset 5 :

Car, lorsque nous étions dans la chair...

Et la chair n'inclut pas uniquement nos corps physiques. Cela signifie aussi la nature que nous avons héritée avec nos corps physiques. Et cette nature peut être résumée en un mot-clé, "rebelle". Chacun d'entre nous a hérité d'une nature qui contient en elle un rebelle. Cette nature est appelée la chair. Certains d'entre vous n'ont peut-être jamais été confrontés à ce fait. Mais c'est une réalité très importante. Cela fera une grande différence dans votre vie, lorsque vous le découvrirez. Dieu n'a qu'un remède pour le rebelle. Ceux d'entre vous qui m'ont entendu prêcher savent de quoi je parle. Il ne l'envoie pas à l'église ou à l'école du dimanche ou ne l'enseigne pas sur les Règles d'Or ou comment mémoriser les Ecritures. Le seul remède de Dieu pour le rebelle est l'exécution. Le message de grâce est que l'exécution a eu lieu lorsque Jésus mourut.

Verset 5 :

Car, lorsque nous étions dans la chair, les passions des péchés provoquées par la loi agissaient dans nos membres, de sorte que nous portions des fruits pour la mort.

Quelle affirmation étonnante, n'est-ce pas ? Les passions des péchés provoquées par la loi. Continuons notre lecture.

Mais maintenant, nous avons été dégagés de la loi, étant morts à cette loi sous laquelle nous étions retenus...

Rappelez-vous que la seule façon d'échapper à la loi, c'est la mort.

... de sorte que nous servons sous le régime nouveau de l'Esprit, et non selon la lettre qui a vieilli.

Et voici donc par insinuation les deux alliances : l'Ancienne, la lettre ; la Nouvelle, l'Esprit.

Que dirons-nous donc ?

Maintenant Paul va se défendre lui-même. La majeure partie de Romains est écrite en réponse à des accusations imaginaires de personnes – juives sans doute – qui n'acceptaient pas sa version de l'évangile de la grâce. Il se les imagine donc lui disant, "Donc, la loi est mauvaise". Ce à quoi il répond, "Oh, mais non, pas du tout. Il n'y a rien de mauvais dans la loi". Verset 7 :

Que dirons-nous donc ? La loi est-elle péché ? Loin de là !

Si vous avez quelques connaissances sur le peuple juif, vous saurez que c'est une expression vraiment typique : *Ha-lee-la*. Loin de là, au grand jamais.

Car je n'aurais pas connu la convoitise [ou le désir], si la loi n'avait pas dit :

Tu ne convoiteras point.

À la loi, Paul dit, "Je lui dois le fait de pouvoir identifier le péché". Le péché particulier auquel il fait référence est la convoitise ou le désir. Il fait bien entendu référence au dixième commandement qui dit "Tu ne convoiteras point". Je dois confesser que j'ai tout particulièrement réalisé pour la première fois aujourd'hui que la première chose que vous ne devez pas convoiter, c'est la maison de votre voisin ; et en deuxième, sa femme. Je me suis toujours demandé pourquoi Paul avait écrit la convoitise au lieu du désir, mais c'est là la réponse. Lorsque vous convoitez la femme de votre voisin, c'est du désir. Paul dit que s'il n'y avait pas eu de commandement disant de ne pas convoiter, de ne pas désirer ; il n'aurait pas reconnu le désir. C'est le commandement qui a amené le désir à la lumière.

Je ne sais pas si vous en avez fait l'expérience. Mais je l'ai expérimenté de façon minime lorsque j'ai été confirmé à l'âge de 15 ans dans l'église anglicane. Il n'y a là aucune critique envers l'église anglicane. C'est juste que je n'y ai reçu aucun enseignement sur l'essence même de l'Evangile. C'est-à-dire que je pouvais répéter mentalement les différentes choses qui étaient dites, mais personne ne me les avait jamais rendues personnelles. Je n'avais jamais reçu une application personnelle de ce que la mort de Jésus était censée faire dans ma vie. Mais à cette époque, je décidai, "Ceci est arrivé juste au bon moment. Je ne suis vraiment pas aussi bon que je devrais l'être. À partir de maintenant, je vais devenir bien meilleur". C'était ma vision de ce qui allait se passer par l'intermédiaire de la confirmation.

En réalité, c'est exactement l'opposé qui s'est produit. Plus j'essayais d'être bon, plus je devenais mauvais. Voyez-vous, j'ai fait cette même découverte. Vous ne pouvez savoir à quel point vous êtes mauvais qu'à partir du moment où vous essayez de devenir bon. Tant que vous vous contentez d'être mauvais, il n'y a vraiment aucun problème. Mais lorsque vous vous arrêtez à un modèle de bonté et que vous en faites votre but, quelque chose se déclenche en vous. Ce rebelle dit, "Non pas moi. Je ne vais pas dans cette direction et tu ne peux m'y forcer". Et il a raison, vous ne le pouvez. Il n'y a aucun moyen de le faire. Paul dit dans Romains 8, "Ceux qui vivent selon la chair ne sauraient plaire à Dieu. L'esprit charnel ne se soumet pas à la loi de Dieu, et il ne le peut même pas".

Continuant dans la lecture de Romains 7 :

Et le péché, saisissant l'occasion, produisit en moi par le commandement toutes sortes de convoitises ; car sans loi le péché est mort. Pour moi, étant autrefois sans loi, je vivais ; mais quand le commandement vint, le péché reprit vie, et moi je mourus. Ainsi, le commandement qui conduit à la vie se trouva pour moi conduire à la mort. Car le péché saisissant l'occasion, me séduisit par le commandement, et par lui me fit mourir. La loi est donc sainte, et le commandement est saint, juste et bon.

C'est l'essence même de ce que je voulais dire. Le problème n'est pas dans la loi, mais dans les personnes. Dans Israël d'abord, et aujourd'hui dans tous les fils d'Adam. C'est le rebelle. Ce que la loi fait selon les desseins de Dieu, c'est d'amener le rebelle à la lumière. Paul dit, "Je n'aurais pas connu le péché, si la loi n'avait pas dit : Tu ne convoiteras point".

Et dans Romains 3:20, il dit :

C'est par la loi que vient la connaissance du péché.

La loi est le diagnostic de Dieu. Il met en lumière le problème.

Nous allons prendre également un instant Romains 8:3-8.

Car – chose impossible à la loi, parce que la chair la rendait sans force, – Dieu a condamné le péché dans la chair, en envoyant, à cause du péché, son propre Fils dans une chair semblable à celle du péché, et cela afin que la justice de la loi soit accomplie en nous, qui marchons, non selon la chair, mais selon l'Esprit.

L'essence même de tout ceci est que nous ne pouvons faire ce qui plaît à Dieu tant que nous sommes dans la chair, tant que nous sommes contrôlés par la nature charnelle, non-régénérée d'Adam. Car elle est rebelle. Et le rebelle doit être traité avant de pouvoir plaire à Dieu. Dieu s'est occupé du rebelle par l'intermédiaire de Christ. Notre vieil homme – c'est-à-dire notre Adam rebelle – a été crucifié avec lui.

Je suis sûr que certains d'entre vous sont peut-être confrontés à ce fait pour la première fois. Mais, c'est un fait historique, c'est véridique, que l'on y croit ou pas. Tant que vous ne le savez pas et n'y croyez pas, cela ne va pas fonctionner dans votre vie. Paul dit, "Ainsi vous-mêmes, regardez-vous comme morts au péché". Il est mort à notre place. Il a payé notre rançon. Il nous a sortis de la loi. Aucun autre moyen que par la mort.

Continuant avec Romains 8:5 :

Ceux, en effet, qui vivent selon la chair s'affectionnent aux choses de la chair, tandis que ceux qui vivent selon l'Esprit s'affectionnent aux choses de l'Esprit. Et l'affection de la chair c'est la mort, tandis que l'affection de l'Esprit, c'est la vie et la paix ; car l'affection de la chair est inimitié contre Dieu.

D'accord ? Elle est hostile à Dieu.

Parce qu'elle ne se soumet pas à la loi de Dieu, et qu'elle ne le peut pas...

C'est une affirmation très importante. Même si elle essaie, elle ne le peut pas. Verset 8 :

Or, ceux qui vivent selon la chair ne sauraient plaire à Dieu.

Tout ce que nous venons de voir, en nous y attardant peut-être un peu plus que nous aurions dû, c'était pour expliquer que le problème n'était pas dans la loi, ni dans l'alliance, mais dans le peuple.

Nous avons déjà vu la transition entre l'Ancienne et la Nouvelle Alliance prédite dans Jérémie 31:31-34. Elle est aussi prédite dans Jérémie 50:4-5, une référence qui vaut la peine d'être vue.

En ces jours, en ce temps-là, dit l'Eternel, les enfants d'Israël et les enfants de Juda reviendront ensemble...

Remarquez qu'il s'agit à nouveau du peuple tout entier, Israël et Juda.

... ils marcheront en pleurant, et ils chercheront l'Eternel, leur Dieu. Ils s'informeront du chemin de Sion, ils tourneront vers elle leurs regards : venez, attachez-vous à l'Eternel, par une alliance éternelle qui ne soit jamais oubliée !

Je préfère la version alternative donnée dans la marge : "Disant, venez, joignons-nous à l'Eternel dans une alliance éternelle qui ne sera jamais oubliée". C'est de l'écho qu'il est question. Jérémie 31 parle de ce que Dieu fera. Jérémie 50 parle des réponses d'Israël à ce que Dieu fera. C'est pour moi un passage très parlant, car lorsque j'ai commencé à apprendre l'hébreu avec un jeune homme juif à Jérusalem, lequel fut tué pendant la guerre de 1948, mais qui était mon professeur d'hébreu à ce moment-là, je lui ai remis une rédaction en hébreu expliquant que je pensais que c'était ce qui allait arriver au peuple juif, qu'ils allaient se rassembler et dire "Joignons-nous à l'Eternel" et demander le chemin vers Sion. Et je lui dis, "Voici le chemin vers Sion". En fin de compte, le seul chemin vers Sion, c'est l'alliance éternelle. Il m'a fait remarquer quelque chose que je n'ai jamais pu oublier, mais que je ne peux expliquer en détails. La ponctuation en hébreu indique précisément ceci : le chemin vers Sion revient à dire, "Joignons-nous à l'Eternel dans une alliance éternelle".

Nous avons donc là les deux aspects : la déclaration de Dieu dans Jérémie

31 et la réponse du peuple lorsque vient le temps de Dieu dans Jérémie 50.

Nous allons maintenant parcourir les points de contraste entre les deux alliances gardant à l'esprit qu'il s'agit là de l'un des passages de comparaison et de contraste. Tout d'abord, l'Ancienne consistait en commandements externes écrits sur des tables de pierres. Le terme "pierre" est très significatif. C'est quelque chose de très dur et inflexible, externe. La Nouvelle consiste en lois écrites à l'intérieur des cœurs et des esprits. Je pense que peut-être les mots-clés ici sont : "externe" et "interne". Nous avons déjà vu à partir de l'analyse de Paul que la loi ne pouvait rien faire tant qu'elle restait à l'extérieur et qu'elle ne s'occupait pas du rebelle, que la tâche ne pourrait jamais être accomplie. Le peuple a regardé à la loi et dit qu'ils accompliraient tout, mais ils ne le firent jamais.

Comment la loi est-elle écrite à l'intérieur des cœurs et des esprits ? C'est extrêmement important. Nous allons prendre 2 Corinthiens 3:3. En fait, nous devons lire aussi le verset 2. Paul est en train d'écrire aux chrétiens de Corinthe qui étaient en très mauvaise situation en ce qui concerne la nature de leurs vies. On y trouvait toutes sortes de choses : prostituées, homosexuels, pilleurs, blasphémateurs. Il liste tous ces problèmes, puis écrit :

C'est vous qui êtes notre lettre, écrite dans nos cœurs, connue et lue de tous les hommes...

J'aime beaucoup ces paroles. Paul dit, si tu veux savoir ce que je crois, si tu veux ma théologie, va simplement à Corinthe et regarde les gens là-bas. Ils sont la démonstration de ma théologie. Renseigne-toi sur ce qu'il étaient, regarde leurs manières de vivre maintenant, et alors tu sauras que c'est ma lettre. C'est le genre de lettre que je pense que les prédicateurs devraient pouvoir écrire. Verset 3 :

Vous êtes manifestement une lettre de Christ, écrite par notre ministère, non avec de l'encre, mais avec l'Esprit du Dieu vivant, non sur des tables de pierre, mais sur des tables de chair [ou sur des cœurs humains].

Et qu'est-ce donc qui peut écrire les lois de Dieu sur les cœurs des hommes et des femmes ? Le Saint-Esprit. C'est extrêmement important parce que très souvent dans l'Eglise chrétienne, nous sommes retournés à une situation tout à fait semblable à celle existant sous les Dix Commandements, si ce n'est que nous avons probablement remplacés ces Dix Commandements par notre propre petite liste de règles stupides – ou que nous les y avons ajoutées. Voyez-vous, si ce n'est pas le Saint-Esprit qui écrit dans nos cœurs, alors cela ne fonctionnera pas. Il n'existe aucun moyen par lequel vous puissiez changer le cœur humain sans le Saint-Esprit. Tout enseignement fait uniquement de mots sans le Saint-Esprit est perte de temps. Et cela ne laisse absolument aucune valeur permanente. Le seul agent dans l'univers qui puisse transmettre les lois de Dieu aux cœurs des hommes et des femmes, c'est le Saint-Esprit. S'il n'est pas sur scène, s'il n'est pas à l'œuvre, alors toutes nos activités religieuses ne sont que perte de temps et nous nous trompons nous-mêmes.

Vous pouvez avoir les fondements de votre foi affichés sur les murs de votre église, mais ça n'empêchera pas les gens d'être des menteurs, des hypocrites et des tricheurs. En fait, cela a tendance à les rendre, pour peu que cela fasse quoique ce soit, quelque peu plus hypocrites. La seule chose qui puisse changer les gens, c'est le Saint-Esprit, lorsqu'il a accès à nos cœurs. J'ai tellement conscience aujourd'hui que si ce n'est pas le Saint-Esprit qui parle lorsque je prêche, alors je ferais tout aussi bien de m'arrêter tout de suite. Je vous le dis, ce soir, j'ai prié sérieusement que ce soit le Saint-Esprit qui prépare mes écrits, car si c'est juste une voix humaine ou des règles humaines ou des règlements ou des fondements ou des affirmations de doctrine qui sont écrites extérieurement, alors elles ne changeront pas le cœur humain. Il n'y a aucune puissance dans l'univers qui puisse amener le cœur humain de son état de péché à la justice, de la rébellion à l'obéissance, excepté le Saint-Esprit. L'encre ne le fera pas. Ce n'est pas avec de l'encre que ça se fera, mais avec l'Esprit du Dieu vivant.

La deuxième différence est que l'Ancienne Alliance a fini par être rejetée par Dieu. La Nouvelle est acceptée de façon permanente. Nous illustrerons ces deux points par des faits issus du livre du prophète Osée. Si vous voulez prendre dans Osée 1, nous ne verrons que le verset 9, bien que vous ayez vraiment besoin de connaître le contexte. La femme d'Osée vient juste de donner naissance à un fils et, comme avec différents enfants de prophètes, il reçoit un nom porteur d'un message.

Et l'Eternel dit : Donne-lui le nom de Lo-Ammi...

Lo-ammi signifie en hébreu "pas mon peuple".

... car vous n'êtes pas mon peuple, et je ne suis pas votre Dieu.

Ici, Dieu rejeta ce peuple et lui dit, "Tu ne m'appartiens pas et je ne t'appartiens pas".

Cependant, merci Seigneur, ce n'est pas le dernier chapitre d'Osée. Au chapitre 2 vient la promesse d'une nouvelle alliance éternelle ; cela se trouve au verset 16. Il nous faut noter que dans les deux versets précédents, versets 14 et 15, l'Eternel a indiqué comment il avait l'intention de traiter Israël afin de ramener son peuple à une relation avec lui. Il dit qu'il les attirera et les amènera dans le désert. Le terme "attirer" est un mot qui suggère l'éventualité d'une relation très intime. Ensuite, il dit qu'il leur donnera la vallée d'Acor, comme une porte d'espérance. "Acor" signifie "difficultés". L'expression "une porte d'espérance" se dit en hébreu moderne 'Petach Tikva' ce qui est le nom d'une importante banlieue de Tel Aviv. Le peuple juif a vu son retour au pays comme la porte de l'espérance que Dieu avait promis de leur ouvrir. J'aimerais vous faire remarquer que c'est l'une des façons de Dieu d'agir envers son peuple, non seulement Israël. Il nous attire, il nous aguiche.

Nous nous trouvons ensuite dans la vallée des difficultés et nous disons, "Seigneur, comment suis-je arrivé ici et pourquoi m'y as-tu amené ?" Alors, le Seigneur répond, "Mais j'ouvrirai pour toi une porte d'espérance hors de la vallée des difficultés". C'est un des principes de fonctionnement de Dieu. Je suis certain que nombre d'entre nous pourraient se souvenir d'expériences passées où le Seigneur les a attirés et où ils se sont ensuite retrouvés dans la vallée des difficultés, disant, "mais que s'est-il passé ?" Il s'avère par la suite que le Seigneur avait une porte secrète, dont nous n'avions pas connaissance, appelée la porte d'espérance.

C'est le commencement de sa promesse de réconciliation. Nous continuons maintenant notre lecture dans Osée 2:18. Il se trouve ici, d'après moi, quelques uns des mots les plus magnifiques qui soient.

En ce jour-là, dit l'Eternel, tu m'appelleras : Mon mari ! et tu ne m'appelleras plus : Mon maître !

Ce passage est très difficile à traduire. En effet, les deux mots *Ish* et *Baal* peuvent vouloir dire "mari". Mais *Baal* signifie aussi "propriétaire" ou "maître" et, bien sûr, c'était aussi le nom d'un dieu étranger qu'Israël était souvent porté à adorer. Ce mot comportait de mauvaises associations. Mais, c'était le terme habituel sous l'Ancienne Alliance pour un mari. Dieu dit que lorsque nous entrerons dans la Nouvelle Alliance, il se créera une nouvelle relation entre nous et lui. Il ne sera plus notre *Baal*, notre maître, mais il sera notre *Ish*, c'est-à-dire notre homme, notre mari. Il est très difficile d'entrer dans toutes les associations de ces deux mots, mais ce dont il est question ici, c'est d'une relation plus intime, personnelle.

Je pense qu'il serait probablement correct de dire que si le mot *Baal* est utilisé, c'est qu'il était légitime sous l'Ancienne Alliance pour un homme d'avoir plus d'une femme. Je pense que lorsque le mot *Ish* est utilisé, cela implique probablement une relation monogame.

Nous devrions peut-être aussi lire le verset 19.

J'ôterai de sa bouche les noms des Baals, afin qu'on ne les mentionne plus par leurs noms.

J'aimerais vous faire remarquer, à ce propos, qu'il est beaucoup mentionné dans la Bible de ne pas prononcer de noms de dieux étrangers sur nos lèvres. Je pense que cela s'applique à nous. Je pense qu'il existe certains mots qu'il est préférable de ne pas utiliser. Ce ne sont pas des jurons, mais des mots qui déshonorent Dieu. Je ne vais pas donner d'exemples, mais j'ai souvent entendu des chrétiens parler avec désinvolture et légèreté, même de personnalités humaines. Je pense que nous devons faire attention aux noms qui passent sur nos lèvres.

Continuons avec le verset 20 :

En ce jour-là, je traiterai pour eux [c-à-d Israël] *une alliance avec les bêtes des champs, les oiseaux du ciel et les reptiles de la terre...*

Je suis tout excité, rien que d'y penser.

... je briserai dans le pays [ou abolirai] *l'arc, l'épée et la guerre, et je les ferai reposer avec sécurité.*

Evidemment, cela n'est pas encore arrivé. Nous arrivons maintenant à cette nouvelle relation, verset 22.

Je serai ton fiancé par la fidélité, et tu reconnaîtras l'Eternel.

Le terme "fiancé " indique une relation de mariage. Verset 23 :

En ce jour-là, j'exaucerai, dit l'Eternel, j'exaucerai les cieux, et ils exauceront la terre ; la terre exaucera le blé, le moût et l'huile, et ils exauceront Jizreel.

Jizreel est cette grande, immense plaine qui se trouve juste à l'est de Megiddo, au sud-est de Nazareth et à l'ouest des montagnes de Gilboa. Ceux d'entre vous qui ont visité Israël ont sans doute vu la plaine de Jizreel. On dit que c'est là qu'aura probablement lieu la scène de la dernière grande bataille, la bataille de l'Armageddon. Pendant de très nombreux siècles ce lieu est resté un marais inculte qui ne produisait rien d'autre que la malaria. Ensuite, lorsque le peuple juif y est retourné, ils ont racheté cette terre aux propriétaires arabes, qui étaient toujours absents, pour une importante somme d'argent et commencèrent à la cultiver à nouveau. Et aujourd'hui c'est un endroit très beau, luxuriant et fertile. Peut-être l'endroit le plus fertile d'Israël. Et lorsque je lis ce passage, cela devient très vivant pour moi, parce que je peux voir immédiatement en pensée la plaine de Jizreel. L'Eternel dit, "Jizreel réclamera à la terre du blé, du moût et de l'huile. La terre réclamera aux cieux, et les cieux crieront à moi. Et je répondrai à leur demande".

Vous pouvez imaginer la plaine de Jizreel étendue là, désolée, inculte, négligée pendant des siècles, mais réclamant les récoltes qui devraient s'y trouver, et les récoltes réclamant à la terre, et la terre réclamant aux cieux, les cieux transmettant le message à Dieu. Bien sûr, il s'agit d'une image tout à fait typique de la Bible, mais c'est tellement parlant. Nous continuons ensuite avec la réconciliation d'Israël, verset 25 :

Je planterai pour moi dans le pays.

Et le nom "Jizreel" signifie "Dieu plantera". Donc Dieu prend ce nom et dit, "Je planterai à nouveau Israël dans ce pays".

Je lui ferai miséricorde...

Si vous retournez au chapitre précédent, l'une des filles de la femme d'Osée s'appelait *Lo-ruhamah*, ce qui signifie "n'ayant pas obtenu miséricorde". Mais l'Eternel dit, "Je l'appellerai maintenant *Ruhamah*, ce qui signifie "ayant obtenu miséricorde".

... et je dirai à ceux qui n'étaient pas mon peuple : Tu es mon peuple !

Bien qu'il ait d'abord dit *Lo-ammi*, pas mon peuple ; il dit maintenant *ammi*, mon peuple. C'est un prénom très prisé aujourd'hui en Israël.

Et il répondra : Mon Dieu !

Il y a donc au chapitre 1 une image du rejet sous l'Ancienne Alliance et au chapitre 2 de l'acceptation permanente de la Nouvelle. Si vous regardez les versets 21-22, vous verrez que le texte insiste sur la permanence. Dieu dit :

Je serai ton fiancé pour toujours ; je serai ton fiancé par la justice, la droiture, la grâce et la miséricorde ; je serai ton fiancé par la fidélité, et tu reconnaîtras l'Eternel.

Je pense que nous devons garder à l'esprit que, je dirai, le but final d'une relation maritale est que l'homme connaisse sa femme et que la femme connaisse son mari. C'est ce que le Seigneur a en tête lorsqu'il parle de restaurer cette relation avec Israël et qu'il dit que ce sera une relation maritale, à travers laquelle il connaîtra son peuple et son peuple le connaîtra. Lorsque nous reviendrons dans Hébreux un peu plus tard, nous verrons que c'est l'une des caractéristiques essentielles de la Nouvelle Alliance.

Point numéro trois. Sous l'Ancienne Alliance, une exhortation perpétuelle et mutuelle, sans accès direct à Dieu, était exigée. Ils étaient constamment en train de se dire l'un l'autre, "Connais l'Eternel". Je pense que c'est en un sens toujours vrai en ce qui concerne les juifs religieux aujourd'hui. Ils disent continuellement, "Connais l'Eternel", mais en réalité ils ne le connaissent pas. La Nouvelle Alliance, elle, pourvoit pour tout le monde à un accès direct et à une connaissance de Dieu. Prenons à nouveau Hébreux 8, parce que c'est important. Verset 11 :

Ils ne devront pas enseigner chacun son concitoyen, et chacun son frère, disant, Connais le Seigneur, car tous me connaîtront, du plus petit au plus grand d'entre eux.

Dans la promesse de réconciliation dans Osée 2, Dieu dit, "alors tu me connaîtras". Vous voyez, l'un des thèmes de l'épître aux Hébreux est la perfection ou la maturité, ce qui implique un accès direct à Dieu. Ce qui se fait à l'intérieur du second voile, dans le Saint des Saints, c'est la direction que donne Hébreux. Tout ce qui s'arrête avant l'accès direct à Dieu et à sa connaissance est inadéquat.

Si vous retournez à Hébreux 7:19 :

Car la loi n'a rien amené à la perfection,...

Remarquez que c'est justement ce que nous recherchons, la "perfection".

... et introduction d'une meilleure espérance, par laquelle nous nous approchons de Dieu.

Ou bien par laquelle nous avons accès à Dieu. Remarquez que la perfection et l'accès à Dieu se trouvent dans la même catégorie, et en ce qui concerne le tabernacle, ils se situent tous deux à l'intérieur du second voile. Toute alliance qui n'atteint pas cet objectif est inadéquate, car elle ne répond pas au besoin.

Nous avons vu que l'Ancienne Alliance nécessitait une exhortation perpétuelle et mutuelle, ceci sans accès direct à Dieu. La Nouvelle pourvoit à un accès direct et à une connaissance de Dieu pour tout le monde. Nous pourrions, dans ce contexte, regarder aux paroles de Jésus dans Jean 17:3.

Or, la vie éternelle, c'est qu'ils te connaissent, toi, le seul vrai Dieu, et celui que tu as envoyé, Jésus-Christ.

À nouveau, Jésus est en train de parler d'un accès direct, personnel et de la connaissance de Dieu. Il dit, "Voici ce qu'est la vie éternelle". En dehors de ceci, il n'y a pas de vie éternelle. C'est le but de la Nouvelle Alliance, nous donner cet accès direct, de personne à personne, et la connaissance de Dieu qui est la vie éternelle.

Point numéro quatre, l'Ancienne Alliance ne pourvoyait qu'à un rappel continuel et à une couverture temporaire des péchés. La Nouvelle pourvoit à un pardon définitif et à une élimination même du souvenir des péchés.

En ce qui concerne le premier point, prenons Hébreux 10:3.

Mais le souvenir des péchés est renouvelé chaque année par ces sacrifices.

C'est vraiment très important de comprendre ce point. Car cela signifie que le mieux que ce que les sacrifices de l'Ancienne Alliance pouvaient accomplir, c'était de rappeler chaque année au peuple ses péchés et de pourvoir à une couverture temporaire de ces péchés, laquelle n'était valable que jusqu'à l'année suivante.

Ce qui est totalement différent de la Nouvelle Alliance. Nous allons maintenant prendre la promesse de Dieu dans Esaïe 43:25. Nous devons noter que ce passage de Esaïe 43 fait suite à un catalogue d'échecs commis par Israël. Et il est important de savoir ceci. Je suppose que nous reconnaissons tous que Dieu est bien conscient des échecs d'Israël, aussi bien que des nôtres. Or, il n'a pas changé ses promesses. Commençons à Esaïe 43:22 :

Et tu ne m'as pas invoqué, ô Jacob ! Car tu t'es lassé de moi, ô Israël ! [Verset 24] Tu n'as pas à prix d'argent acheté pour moi des aromates, et tu ne m'as pas rassasié de la graisse de tes sacrifices ; mais tu m'as tourmenté par tes péchés, tu m'as fatigué par tes iniquités...

Vu les paroles de ce passage, le verset suivant est vraiment surprenant. Seul Dieu pouvait dire une telle chose. Verset 25 :

C'est moi, moi qui efface tes transgressions pour l'amour de moi, et je ne me souviendrai plus de tes péchés.

Si nos transgressions sont effacées et que Dieu ne se souvient plus de nos péchés, alors l'auteur d'Hébreux écrit, en toute logique, qu'il n'est plus nécessaire d'avoir de sacrifice. Si Dieu a oublié le péché, nous n'avons plus besoin de sacrifice pour couvrir ce péché que Dieu a éliminé et oublié.

Remarquez que dans Esaïe 43:5, Dieu dit, "pour l'amour de moi". Non par amour pour toi, non pas parce que tu l'as mérité, mais pour l'amour de moi".

Nous pourrions prendre un instant Esaïe 48:9 et 11. C'est juste un peu plus loin. Dieu est à nouveau en train de parler à Israël et il dit au verset 9 :

À cause de mon nom, je suspends ma colère ; à cause de ma gloire, je me contiens envers toi, pour ne pas t'exterminer. [Verset 11] C'est pour l'amour de moi, pour l'amour de moi, que je veux agir ; car comment mon nom serait-il profané ? Je ne donnerai pas ma gloire à un autre.

Dieu montre très clairement que ce qu'il a l'intention de faire, il le fera non par mérite ou par gain, mais pour l'amour de lui et pour la gloire de son nom. Nous devons toujours garder ceci à l'esprit.

Je voudrais simplement faire remarquer que le terme de l'Ancien Testament pour "expiation" signifie "couverture". Le terme correspondant du Nouveau Testament signifie "réconciliation".

Sous l'Ancienne Alliance, il ne s'agissait pas d'une réconciliation. Tout ce dont il s'agissait, c'était d'une couverture. Le terme hébreu est 'kopher', que l'on retrouve dans le mot "Yom Kippur", le jour de la couverture. C'est tout ce dont il s'agissait. Or c'est très intéressant, car le même terme est utilisé pour parler de la résine que Noé utilisa pour couvrir l'arche afin de la rendre étanche. En couvrant l'arche, cela les protégeait d'un désastre, empêchant l'eau d'entrer. C'est ce que faisaient les sacrifices de l'Ancienne Alliance, ils empêchaient l'eau d'entrer. Ils faisaient office de remède temporaire pour les protéger de la noyade, mais ils ne pouvaient pourvoir à la réconciliation.

Si vous prenez Romains 5, vous verrez la différence. Versets 10-11.

Car si, lorsque nous étions ennemis, nous avons été réconciliés avec Dieu par la mort de son fils, à plus forte raison, étant réconciliés, serons-nous sauvés par sa vie. Et non seulement cela, mais encore nous nous glorifions en Dieu par notre Seigneur Jésus-Christ, par qui maintenant nous avons obtenu la réconciliation.

C'est la conséquence de la Nouvelle Alliance: la réconciliation, Dieu et le pécheur ne faisant plus qu'un. Mais sous l'Ancienne Alliance, c'était la reconnaissance du fait d'un péché, un rappel et une couverture qui n'étaient valables que jusqu'à ce que le sacrifice suivant soit validé.

Continuant avec le dernier verset d'Hébreux 8, l'auteur résume ce qu'il vient de dire par rapport à l'Ancienne Alliance.

Lorsqu'il dit, Une nouvelle alliance, il a rendu la première obsolète. Mais ce qui est en train de devenir obsolète et vieux est près de disparaître.

Le fait que Dieu utilise les mots "une nouvelle alliance" indique que l'autre est en train de devenir obsolète et qu'elle finira par disparaître.

Il y a deux mots-clés utilisés dans ce passage. Tout d'abord, l'Ancienne Alliance était inadéquate. Non pas parce qu'il y avait quelque chose de mauvais dans la loi, mais parce qu'elle ne pouvait changer le cœur des gens. Deuxièmement, l'alliance était vieille, elle était en fin de vie, elle n'était pas permanente. La Nouvelle est spécifiquement appelée une alliance éternelle.

Maintenant, sans plus de cérémonie, nous allons commencer le chapitre 9, où je m'attendais à arriver depuis bien longtemps! Au chapitre 9 se trouve la cinquième comparaison. La quatrième comparaison se trouvait dans le chapitre 8 entre l'Ancienne et la Nouvelle Alliance. La cinquième comparaison se fait entre le tabernacle de Moïse et le tabernacle céleste.

Je pense que je vais lire les versets de 1 à 5, et ensuite nous les étudierons, car ils ont beaucoup à nous apprendre. Je ne sais d'ailleurs pas si nous parviendrons à en sortir.

Ensuite aussi la première alliance avait des ordonnances [ou des réglementations] de service divin, et son sanctuaire appartenant à ce monde.

C'est écrit "terrestre "dans le texte, mais en réalité il s'agit plus exactement d'" appartenance à ce monde". Elle avait un sanctuaire dans ce monde.

Car une tente fut préparée, la première, [généralement appelée le lieu saint] dans laquelle était le chandelier et la table et le couvert du pain sacré [ou des pains sacrés] ; que l'on appelle le lieu saint. Et ensuite après le second voile ou rideau, il y avait un tabernacle [ou une tente] qui est appelé le saint des saints...

On trouve également ailleurs l'expression, "le lieu très saint". Pour ceux d'entre vous qui connaissent l'hébreu, c'est *Kodesh Hakodashim*, le lieu très saint. Verset 4 :

... avec l'autel d'encens en or [ou d'or] et l'arche de l'alliance entièrement recouverte d'or, dans laquelle était...

C'est très intéressant parce qu'en grec, vous devez ajouter le verbe "être". 'Mon frère est cuisinier'. Vous devez rajouter "est". En hébreu, vous n'avez pas besoin de rajouter "est". Mon frère, un cuisinier. C'est tout ce que vous avez besoin de dire. Cela implique "est un cuisinier". Cette personne est en train d'écrire en grec, mais pense en hébreu. Ce qui a pour conséquence que bien que les mots soient grecs, la structure est hébraïque. Elle ne rajoute pas le verbe "être", ce qui serait incorrect en grec, mais elle montre comment se forme sa pensée.

Verset 4 :

... dans laquelle était une jarre en or contenant la manne, et la verge [ou le bâton] d'Aaron qui bourgeonna, et les tables de l'alliance. Et au-dessus de la jarre, le chérubin de gloire ombrageant le siège de miséricorde [le lieu propitiatoire] ; au sujet duquel il n'est pas possible de parler maintenant en détails.

Regrettez-vous qu'il dise cela ? La raison en est, si vous lisez les précédents chapitres, qu'ils n'auraient apparemment pas pu comprendre, car ils étaient trop lents et trop peu spirituels pour être capables d'accepter cet enseignement. Ils devaient donc simplement s'en passer.

Dans un de mes livres intitulé "Le chemin dans le Saint des Saints", j'en parle en détails. Ce qui montre donc que je crois que les chrétiens contemporains sont plus à même de recevoir cet enseignement que les Hébreux ne l'étaient.

Je ne vais pas y passer beaucoup de temps pour le moment, mais simplement commencer à parcourir tout ce qui touche au tabernacle. Les versets 1-5 décrivent seulement une partie du tabernacle de Moïse, et non le tabernacle dans son ensemble. Dans le premier compartiment, c'est-à-dire le lieu saint, il y avait le chandelier, la table des pains de proposition, et l'autel des encens en or, donnant accès au second compartiment ; ensuite, derrière le second voile/rideau, dans le Saint des Saints, se trouvait l'arche ou le coffre en or qui contenait le siège de miséricorde et les deux chérubins.

Il y a là un problème, avec lequel je dois être honnête et vous y confronter. Si vous regardez ce que l'auteur d'Hébreux dit aux versets 3 et 4, il est écrit que derrière le second voile, il y avait un tabernacle qui était appelé le Saint des Saints, et qui contenait l'autel des encens en or. Mais si vous lisez la description dans le livre d'Exode, l'autel des encens en or se trouvait devant le second voile, et non derrière. Ce que je comprends de tout ceci, c'est que bien que se trouvant dans le lieu saint, il était placé là pour vous faire entrer dans le Saint des Saints, car vous ne pouviez entrer dans le Saint des Saints sans encens pris sur l'autel des encens. Le souverain sacrificateur devait le mettre dans un encensoir, y rajouter du charbon et ensuite le secouer pour que la fumée blanche odorante s'élève et vienne couvrir le siège de miséricorde. Si quelqu'un n'agissait pas ainsi et y pénétrait sans encens, il mourrait. Donc, vous comprenez, l'autel des encens se trouvait là pour vous faire entrer dans le

Saint des Saints. L'auteur dit, "contenant l'autel des encens en or". Cela ne veut pas dire que l'autel des encens en or était situé à l'intérieur du second voile. Je ne sais pas si mon raisonnement est trop talmudique pour vous, mais c'est le mieux que je puisse faire.

À l'intérieur du Saint des Saints, il n'y avait en réalité qu'un meuble, c'était ce coffre en or, sur le couvercle duquel se trouvait le siège de miséricorde, et de chaque côté de ce couvercle étaient attachés à chaque extrémité les chérubins en or battu se faisant face avec leurs ailes étendues les unes vers les autres, la pointe de leurs ailes se touchant au milieu du siège de miséricorde. Je suis toujours impressionné que plus on avance spirituellement, moins il y a d'options. C'est ce qui effraie certaines personnes. Elles veulent avoir une porte de secours, elles veulent une autre sortie. Je veux dire, c'est pour moi tellement frappant: dans quelle direction allez-vous lorsque vous suivez une direction qui mène vers un cube ! Vingt coudées par vingt coudées par vingt coudées. Et à l'intérieur, il n'y a qu'un meuble. Si vous n'êtes pas intéressés, restez en dehors. Ce n'est que pour ceux qui ne veulent qu'une chose, et quelle est-elle ? C'est le Seigneur.

Vous découvrirez, je vous le promets, si vous avancez dans la vie spirituelle qu'il y aura des moments où, si vous voulez continuer, il n'y aura qu'une seule chose, et c'est le Seigneur. Il n'y aura aucune autre attraction, aucune autre motivation. Voyez-vous, Dieu veut que nous le voulions pour lui-même, et non seulement pour ce que nous obtenons de lui ou comme solution pour nous sortir de nos problèmes. Donc, si vous pouvez imaginer ceci dans votre esprit, vous allez suivre ici ce cheminement élaboré à l'intérieur du second voile, et tout ce qui s'y trouve, c'est cette boîte en or avec un siège qui a deux chérubins. Il n'y a même pas une seule lumière. Au moins dans le lieu saint, il y avait un chandelier, mais cet endroit se trouve entouré d'épaisses couvertures qui excluent pratiquement toute lumière. C'est l'obscurité – à moins que quoi ? À moins que Dieu n'arrive sous la personne de la gloire *shekinah*. Alors, l'endroit est illuminé par sa présence personnelle. Vous voyez, il y a un risque. Supposez que Dieu ne se montre pas ? Vous êtes dans le noir !

Savez-vous ce que j'ai découvert ? Dieu bénit ceux qui prennent ce risque. À chaque fois que je m'occupe de personnes malades, je leur dis que si Dieu ne se montre pas, alors c'est une perte de temps parce que je ne peux rien pour elles. Mais j'ai découvert que lorsque vous réalisez que cela ne fonctionnera pas si Dieu ne se montre pas, alors généralement il arrive. Si vous pensez que vous pouvez le faire sans lui, c'est probablement ce que vous devrez faire.

Au temps de Moïse, l'arche renfermait, ainsi que nous le dit l'auteur d'Hébreux, la jarre en or contenant la manne, la verge d'Aaron qui avait bourgeonné, et les tables de pierre avec les Dix Commandements. Nous pouvons jeter un rapide coup d'œil aux références de ces passages. Concernant la jarre en or, prenons Exode 16:31-33.

La maison d'Israël donna à cette nourriture le nom de manne...

C'était cette chose blanche ressemblant à de la graine de coriandre qui était descendue pendant la nuit et se trouvait là avec la rosée du matin, et qu'ils mangèrent pendant quarante ans. Le mot "manne" est probablement en hébreu, *man-na*, c'est-à-dire "qu'est-ce". C'était donc son nom, ils mangèrent du "qu'est-ce". Apprécieriez-vous de manger du "qu'est-ce" pendant quarante ans ? Souvenez-vous, ils s'en sont lassés. Ils disaient, "Nous détestons ce pain blanc. Nous voulons les poireaux et l'ail que nous avions en Egypte". Ce qui était une déclaration irréfléchie, et cela leur a apporté beaucoup de problèmes. Verset 32 :

Moïse dit : Voici ce que l'Eternel a ordonné : Qu'un omer rempli de manne soit conservé pour vos descendants, afin qu'ils voient le pain que je vous ai fait manger dans le désert, après vous avoir fait sortir d'Egypte. Et Moïse dit à Aaron : Prends un vase, mets-y de la manne plein un omer, et dépose-le devant l'Eternel, afin qu'il soit conservé pour vos descendants.

Le placer devant l'Eternel voulait dire le placer à l'intérieur du coffre en or. C'était donc cela, le pot ou la jarre en or contenant la manne.

Concernant la verge d'Aaron qui bourgeonna, prenons Nombres 17:10.

L'Eternel dit à Moïse : Reporte la verge d'Aaron devant le témoignage...

C'est la même chose que dans l'arche.

... pour être conservée comme un signe pour les enfants de rébellion, afin que tu fasses cesser de devant moi leurs murmures et qu'ils ne meurent point.

Si vous lisez l'histoire et le contexte de ce passage, les autres princes des autres tribus avaient dit, "Nous sommes aussi doués qu'Aaron. Pourquoi est-ce qu'Aaron est le seul qui puisse offrir des sacrifices ?" Dieu entendit cela et se mit en colère et dit, "Nous règlerons ceci pour toujours. Que chaque prince prenne sa verge – qui représentait l'emblème d'un dirigeant – et écrive son nom dessus. Tu entreras dans le tabernacle et les placeras là devant l'Eternel dans le tabernacle. Ensuite, 24 heures plus tard, retourne les chercher". Onze verges étaient tout à fait identiques à la veille, mais la douzième verge avait bourgeonné, produit des fleurs, et mûri des amandes en 24 heures. Le nom écrit sur cette verge était "Aaron". Dieu dit, "Que ceci soit réglé une fois pour toutes. Il est l'homme que j'ai choisi, je n'ai pas à rendre de compte, c'est ma décision".

Et bien sûr, ce fruit bourgeonnant, fleurissant et mûrissant en 24 heures est un symbole de la résurrection. C'est une image de Jésus, le souverain sacrificateur céleste, justifié par la résurrection. Le seul homme à cette époque à être ressuscité des morts. Ainsi Dieu justifiait Jésus faisant de lui son souverain sacrificateur. La verge parle de la résurrection.

Elle parle aussi de gouvernance, car – en fait, prenez un instant Apocalypse. Le chapitre 1, verset 5, nous donne une description de Jésus-Christ.

... et de la part de Jésus-Christ, le témoin fidèle, le premier-né des morts, et le prince des rois de la terre.

Remarquez qu'il y a une progression. Il était d'abord le témoin fidèle. Ensuite, il fut le premier à être ressuscité des morts. Et de ce fait, il est le prince des rois de la terre. La résurrection est une étape vers la gouvernance. La verge est l'emblème du commandement. La verge qui bourgeonna est le témoignage de la résurrection du prince choisit par Dieu.

Ensuite, pour les tables de pierre, je pense que nous avons juste le temps de regarder ce point-là. Exode 34:1 :

L'Eternel dit à Moïse : Taille deux tables de pierre comme les premières, et j'y écrirai les paroles qui étaient sur les premières tables que tu as brisées. [Verset 28] Moïse fut là avec l'Eternel quarante jours et quarante nuits. Il ne mangea point de pain, et il ne but point d'eau. Et l'Eternel écrivit sur les tables les paroles de l'alliance, les dix paroles.

Et concernant les Dix Commandements, prenons Exode 40:20 :

Il prit le témoignage [c-à-d les Dix Commandements] *et le plaça dans l'arche.*

Donc, au temps de Moïse, trois choses avaient été placées dans l'arche, ainsi que l'auteur d'Hébreux nous le rappelle correctement. Il y avait le pot en or contenant la manne, la verge d'Aaron qui avait bourgeonné et les deux tables de pierre avec les Dix Commandements.

Le Seigneur nous aidant, nous continuerons ce passage très intéressant, si vous pouvez garder le cap, dans le message prochain.

LE DERNIER MOT DE DIEU

Treizième message

Hébreux 9:5 – 10

Nous nous trouvons à mi-chemin de la partie introductive de l'épître : Hébreux 9, les 5 premiers versets.

La première alliance avait aussi des ordonnances relatives au culte, et le sanctuaire terrestre. Un tabernacle fut, en effet, construit. Dans la partie antérieure, appelée le lieu saint, étaient le chandelier, la table, et les pains de proposition. Derrière le second voile se trouvait la partie du tabernacle appelée le saint des saints, renfermant l'autel d'or pour les parfums, et l'arche de l'alliance, entièrement recouverte d'or. Il y avait dans l'arche un vase d'or contenant la manne, la verge d'Aaron, qui avait fleuri, et les tables de l'alliance. Au-dessus de l'arche étaient les chérubins de la gloire, couvrant de leur ombre le propitiatoire. Ce n'est pas le moment de parler en détail là-dessus.

Nous allons nous attarder un moment sur ce passage parlant du tabernacle pour le commenter car il est vraiment primordial d'avoir une bonne compréhension de ce qu'est le tabernacle pour comprendre Hébreux. Si vous ne connaissez pas les faits basiques sur le tabernacle, alors vous ne pouvez pas vraiment comprendre ce que l'auteur d'Hébreux veut nous apporter.

Il nous est dit que dans la première partie du tabernacle, le lieu saint, il y avait la table avec ce que nous appelons communément les pains de proposition, le pain qui était exposé chaque jour, douze pains, frais et bien présentés sur le côté droit. Sur la gauche, projetant une lumière au-dessus, se trouvait le chandelier aux sept branches. Il y avait également l'autel d'or pour les parfums dans le lieu saint.

Nous devons être très attentifs à ce que dit l'auteur d'Hébreux, parce que si vous regardez les versets 3 et 4, il est dit que derrière le second voile se trouvait un tabernacle appelé le Saint des Saints, dans lequel se trouvait un encensoir d'or pour les parfums, l'arche, etcetera. Selon la description donnée dans le livre d'Exode et les références mentionnées ici, l'encensoir d'or était le troisième objet à se trouver dans le lieu saint, dans la première partie immédiatement avant le second voile. C'était là parce que, comme nous le verrons dans quelques instants, lorsque le souverain sacrificateur entrait dans le Saint des Saints – ce qu'il ne faisait qu'une fois par an – il devait avoir deux choses avec lui : le sang de l'offrande pour les péchés et l'encensoir – ces récipients destinés à entreposer les charbons incandescents et qui sont suspendus par une chaîne et généralement faits en laiton. Vous mettez les charbons incandescents au fond de l'encensoir et ensuite vous y ajoutez l'encens, et c'est l'encens se trouvant au-dessus du charbon incandescent qui donne cette belle fumée blanche odorante. La seconde chose que le souverain sacrificateur devait avoir pour entrer dans le Saint des Saints était cet encensoir avec l'encens pris sur l'autel d'or pour les parfums. Donc, si l'on se base sur la description d'Exode et sur une logique simple, il fallait que l'encensoir soit à sa disposition dans le lieu saint juste avant qu'il ne passe le voile, parce qu'il ne pouvait le passer sans l'avoir avec lui. S'il omettait de prendre soit le sang, soit l'encens, alors il mourrait instantanément. Ces deux choses étaient absolument nécessaires pour lui permettre d'entrer dans la présence immédiate de Dieu, dans le Saint des Saints.

Donc, quand l'auteur d'Hébreux dit que le Saint des Saints avait un autel d'or pour les parfums, ce que je comprends par là, c'est que l'autel d'or pour les parfums se trouvait là pour pouvoir entrer dans le Saint des Saints. Cela faisait partie de l'admission d'entrée. Donc, bien que l'endroit où il se trouvait était le lieu saint, il avait pour fonction de permettre d'entrer dans le Saint des Saints. Dans cette partie extérieure, le lieu saint, il y avait donc trois objets : la table avec les pains de proposition, le chandelier avec l'huile d'olive qui permettait de donner une lumière vive et claire, et immédiatement avant le second voile, l'autel d'or pour les parfums.

Dans mon livre "Le Chemin dans le Saint des Saints", je parle de tout ceci en détails, je ne veux pas le faire maintenant, mais j'ajouterai juste que, pour moi, le pain sur la table est un symbole, parmi d'autres, de la volonté humaine qui représente la force. Le chandelier qui procure la lumière représente l'intellect. Et l'autel d'or représente les émotions. Je compare cette partie du tabernacle à l'âme humaine qui, je le crois, est composée de ces trois choses : la volonté, l'intellect et les émotions.

Et je compare ce qui se trouve derrière le second voile à l'esprit. Votre âme doit être en règle avant de pouvoir entrer dans le domaine de l'esprit. C'est pourquoi, la première chose mise en avant est votre volonté, la seconde chose, votre compréhension, laquelle doit être illuminée par l'huile du Saint-Esprit, et la compréhension illuminée projette ensuite de la lumière sur les pains de proposition. Et enfin l'autel d'or pour les parfums permettant d'entrer dans le second voile qui symbolise, pour moi, les émotions et la fumée odorante qui s'en échappe, l'adoration.

Vous voyez, certaines interprétations de la Chrétienté mettent tout l'accent sur les émotions. D'autres nient toute importance des émotions. Je crois que chaque interprétation est en partie correcte, mais je pense que afin de pouvoir laisser vos émotions s'exprimer librement, vous devez d'abord préparer votre volonté. Ensuite, il faut que votre intellect soit illuminé. Se faisant, vous pouvez alors libérer vos émotions dans la louange. Ce n'est qu'ainsi que vous pouvez rentrer dans la présence immédiate de Dieu.

Je pense qu'une personne qui est entièrement intellectuelle et totalement dépourvue d'émotions ne rentre jamais vraiment dans la présence de Dieu. La fille de William Booth – qui est le fondateur de l'Armée du Salut en France – a fait un jour cette déclaration que je n'ai jamais oubliée. Elle a dit, "Christ aime passionnément et il veut être aimé passionnément". Je pense qu'une Chrétienté sans passion est une Chrétienté incomplète. La plupart des gens qui ont eu un véritable impact dans le monde pour Jésus-Christ étaient des personnes avec une conviction et des sentiments passionnés. Je vous laisse cette pensée: "Christ aime passionnément et il veut être aimé passionnément". Il existe une sorte d'adoration remplie de passion pour Jésus qui est le seul moyen pour passer à travers le voile. Et, si vous y alliez sans, dans les termes de l'Ancienne Alliance, vous mourriez. C'est peut-être pour cette raison qu'il y a des membres morts dans les Eglises.

Nous allons maintenant passer un moment à étudier les objets se trouvant dans le coffre en or, ou l'arche, au-delà du second voile. Il est plutôt intéressant de voir que l'auteur d'Hébreux est assez spécifique sur le contenu de cette arche. Si vous prenez le verset 4, vous voyez qu'il est écrit qu'il y avait dans l'arche un vase d'or contenant la manne, la verge d'Aaron, qui avait fleuri, et les tables [ou les tablettes] de l'alliance. L'arche est toujours une image de Jésus-Christ. Ce n'est pas sa seule signification, mais c'est sa signification première. Dans les Ecrits de l'Ancien Testament, il y avait deux arches : la grande arche de Noé et la petite arche du tabernacle. Chacune d'elle représente Christ. La grande arche vous représente en Christ. La petite arche représente Christ en vous. Christ en vous contient en lui ces trois objets : le vase d'or avec la manne, la verge d'Aaron, qui avait fleuri, et les tables de l'alliance.

J'ai interprété ces choses d'après ma compréhension de ces textes. Je veux que ce soit clair pour vous que je ne suis pas en train de dire que c'est la seule façon de les interpréter, c'est uniquement la façon par laquelle ils me sont devenus très clairs et très réels. Le vase d'or avec la manne, qui était la provision de nourriture pour Israël pendant 40 ans dans le désert, symbolise, pour moi, une communion intérieure avec Christ. Au moment de la Sainte Cène, dans les cultes anglicans ou épiscopaliens, il y a une phrase qui est dite à la fin, "Nourris-toi de Christ par la foi en ton cœur". C'est ce que la manne représente pour moi, nourrir son cœur de Christ. C'est une communion invisible qui ne peut être ni touchée, ni dérangée, ni entravée par quoi que ce soit dans le monde autour de nous, parce qu'elle se situe dans le domaine de l'Esprit, dans le cœur, et elle est placée là par Dieu.

La verge appartenant à Aaron, qui avait été placée avec les onze autres verges devant l'arche et avait, en 24 heures, fleuri, bourgeonné et donné des amandes, – montrant ainsi que Dieu approuvait Aaron comme souverain sacrificateur contre les chefs des onze autres tribus – représente la vie de résurrection. Il est intéressant de noter que l'amande a une fleur très blanche, entièrement blanche, et c'est le premier arbre à fleurir chaque année en Israël. Il fleurit à une vitesse étonnante. Voilà une image de la vie de résurrection : Jésus approuvé par Dieu comme le sauveur et le souverain sacrificateur par sa résurrection hors de la tombe.

Et parce qu'il était ressuscité des morts, il devint également le prince, ou le dirigeant, des rois de la terre. Il y a une référence que vous voudrez peut-être noter, dans Apocalypse 1:5. Ce sont les salutations de la trinité. Je pense que c'est assez palpitant. Chaque personne de la trinité envoie ses salutations. Si vous lisez Apocalypse 1:4-5 :

Jean, aux sept Eglises qui sont en Asie : Que la grâce et la paix vous soient données de la part de celui qui est, qui était, et qui vient, et de la part des sept esprits qui sont devant son trône, et de la part de Jésus-Christ, le témoin fidèle, le premier-né des morts, et le prince des rois de la terre !

Ces trois choses suivent une séquence logique. Etant le témoin fidèle, il devint le premier-né des morts, et en tant que premier-né des morts, il devint le prince des rois de la terre. Donc la vie de résurrection conduit aussi à la gouvernance, à l'autorité. La verge symbolise autant la résurrection que la gouvernance, qui sont les nôtres en Christ.

Les tables sur lesquelles étaient inscrits les Dix Commandements symbolisent, comme vous le verrez dans mon interprétation, la loi éternelle de Dieu.

Au temps de Moise, l'arche contenait ces trois objets : le vase d'or avec la manne, la verge qui avait fleuri et les tables de pierre. Mais, lorsque celle-ci fut conduite dans le temple de Salomon, elle ne contenait que les tables de pierre. Nous devrions prendre dans 1 Rois 8:9. C'est une description de ce qui a été mis dans le temple de Salomon et le verset 9 est très clair à ce sujet.

Il n'y avait dans l'arche que les deux tables de pierre, que Moïse y déposa en Horeb, lorsque l'Eternel fit alliance avec les enfants d'Israël, à leur sortie du pays d'Egypte.

Je vais expliquer très brièvement, ceci reste ma compréhension du texte.

Le tabernacle de Moïse symbolise l'Eglise dans son pèlerinage terrestre – mobile, ambulant, pouvant être en partie porté sur des épaules d'hommes. Tous les objets les plus sacrés étaient portés sur des épaules d'hommes, ils n'étaient même pas mis sur des charrettes. Vous vous souvenez que si quelqu'un essayait de mettre l'arche sur une charrette et essayait ensuite de la tenir, il était alors frappé de mort. L'ordonnance de Dieu était que tous les objets les plus saints devaient être portés sur des épaules d'hommes.

D'autre part, l'arche n'était pas d'une extrême beauté. Sa couverture extérieure était faite de ce que l'on appelle normalement une peau de blaireau, même s'il existe une quelconque incertitude quant au type de peau. Elle était rêche et vraiment peu attrayante. Rien dans l'apparence extérieure ne pouvait laisser présager les incroyables objets de beauté qui se trouvaient à l'intérieur. C'est donc l'Eglise dans son premier pèlerinage. Aucune gloire ou splendeur ou beauté extérieures, elle est mobile et ambulante. Si elle est persécutée à un endroit, elle plie bagages et s'installe ailleurs.

Il est vraiment très important que nous n'essayions pas de construire le temple à la période du tabernacle. Je pense qu'un grand nombre de dénominations différentes et de groupes religieux ont essayé de faire du tabernacle un temple, mais il n'était pas censé devenir un temple. Il était censé être toujours mobile, léger, souple et facile à ajuster. L'une des choses qui m'a le plus impressionné en étudiant l'Eglise décrite dans le Nouveau Testament, c'est qu'elle était souple. Elle n'était pas obligée d'être située à un endroit particulier. Où qu'on la plaçait, elle florissait. Tout comme le tabernacle, il pouvait être déplacé n'importe où. Il était facile à assembler, facile à démonter. Il ne nécessitait pas beaucoup de temps pour être déplacé.

N'essayer jamais de vous persuader que vous êtes en train de vivre dans un temple, parce que ce n'est pas le cas. Les conditions à l'intérieur du tabernacle sont bien différentes des conditions à l'intérieur du temple. Ne vous y installez pas en disant, "À partir de maintenant, ce sera comme ça", parce que vous pourriez être surpris. Lorsque la nuée avançait, l'arche avançait. Le temple de Salomon n'a jamais bougé, il avait été installé une fois pour toute. Je pense pouvoir dire sans exagérer que de nombreux chrétiens ne sont pas habitués à une vie mobile ! Je pense que je peux dire sans exagération que moi, je m'y suis habitué! Si les nuages avancent, je suis prêt à avancer. L'Eglise doit être prête à avancer. Nous n'avons ici aucune cité permanente, c'est ce que nous verrons plus loin dans le livre d'Hébreux.

Le temple de Salomon était incroyablement solide, tout à fait permanent et d'une beauté éblouissante. C'est l'Eglise dans le siècle à venir, tel que je le comprends, lorsque le royaume de Dieu sera établi sur terre. Alors, nous ne serons plus des fugitifs, nous ne serons plus des réfugiés ; nous serons des dirigeants.

Nous n'avons pas le temps pour cela, mais c'est intéressant de voir que certaines choses changèrent au cours de la transition entre le tabernacle et le temple. Comme je l'ai fait remarquer, certaines choses ont été retirées de l'arche. Nous ne savons pas qui les a enlevées et quand cela s'est passé, nous savons uniquement qu'elles n'étaient plus là. La communion intérieure que l'Eglise a aujourd'hui deviendra une communion ouverte. Jésus a dit à ses disciples lors du dernier souper, "J'ai désiré vivement manger cette Pâques avec vous… ; car, je vous le dis, je ne boirai plus désormais du fruit de la vigne, jusqu'à ce que le royaume de Dieu soit venu". Mais lorsqu'il sera venu, tout le monde le verra, il sera là. Ce ne sera pas juste secrètement dans l'Esprit que nous serions en communion avec Christ, nous aurons une communion ouverte face-à-face.

Quant à la verge, elle a été retirée parce que nous serons passés à travers la résurrection à une vie éternelle incorruptible dans un corps glorifié. Elle ne sera plus cachée, elle sera manifeste. Nous avons déjà goûté à la vie de résurrection, mais nos corps n'ont pas encore reçu le message.

Il y a une chose qui demeure à toujours, laquelle ? La loi éternelle et immuable de Dieu. Cela m'a profondément impressionné. Il y a une loi éternelle de justice qui ne sera jamais enlevée du cœur de Christ et doit être en permanence dans le cœur de chacun d'entre nous. La justice que Dieu demande par la foi. C'est une loi de justice éternelle. Je pense que nous n'apprécions pas correctement la façon de Dieu d'évaluer la justice. C'est là tout le message d'Hébreux : sainteté et justice.

C'était une petite image du contenu du tabernacle et de la transition entre le tabernacle et le temple. Permettez-moi d'ajouter ceci au sujet des chérubins se trouvant dans le temple de Salomon : le terme hébreu pour chérubim – pluriel de chérubin, est *kruv*. Et bien il est intéressant de noter qu'il veut dire "chou" en hébreu moderne ; ce que je ne trouve pas très romantique, mais mon opinion personnelle – et je ne fais payer aucun supplément pour ceci car je pourrai être totalement dans l'erreur – mon opinion personnelle est qu'un chou est appelé un chérubin parce que les feuilles d'un chou font référence au corps du chou tout comme les ailes du chérubin font référence au corps du chérubin. C'est ma théorie personnelle. Je n'exige pas que qui que ce soit d'autre le croit, mais c'est mon opinion !

Quoiqu'il en soit, dans le tabernacle, les chérubins se faisaient face vers l'intérieur au-dessus de l'arche, et ils étendaient leurs ailes uniquement au-dessus de l'arche, nulle part ailleurs, et ils n'occupaient que la partie se trouvant au-dessus de l'arche. Si vous lisez les textes concernant le temple de

Salomon, vous voyez que les chérubins se faisaient face vers l'extérieur, leurs ailes étant étendues dans chaque direction et chaque aile s'étendait sur cinq coudées, ce qui représente environ 2,3 mètres, ce qui veut dire que c'était des ailes considérables. À elles deux, elles faisaient la largeur totale du Saint des Saints, soit 9,14 mètres, ce qui montre à nouveau une image d'extension. Ce qui était très compact et uniquement focalisé sur l'arche, ou Christ, a été étendu pour couvrir l'étendue toute entière du Saint des Saints.

Mais une chose vraiment très intéressante, c'est que les dimensions de l'arche ne changent jamais, parce que l'arche représente Dieu. Or Dieu n'a pas besoin de grandir, il n'a pas besoin de s'étendre davantage ; il est déjà le créateur, le Tout-Puissant, l'Alpha et l'Omega. C'était juste un bref commentaire sur les versets 1-5.

Nous allons maintenant continuer avec le verset 6 du chapitre 9. Nous allons lire jusqu'au verset 10, et je traduirai à partir du grec. Il est nécessaire que je vous fasse remarquer qu'ici, l'auteur d'Hébreux, vu les temps utilisés, part de l'époque de Moïse jusqu'à la sienne et est en train de visualiser mentalement le temple, le second temple, qui était encore présent à son époque. Le temps utilisé est donc devenu un temps présent, mais l'image fait toujours référence au tabernacle. Je vais traduire aussi littéralement que possible, ce qui peut rendre la traduction peu élégante, et ensuite vous serez à mêmes de tirer vos propres conclusions. Commençant avec le verset 6 :

Une fois ces choses préparées, dans le premier compartiment les sacrificateurs entrent continuellement, effectuant le service divin...

Remarquez l'utilisation du temps présent. Il ne dit pas "entraient", mais "entrent".

... mais dans le second, une fois par an, le souverain sacrificateur seul, non sans sang, qu'il offre pour lui-même et les péchés d'ignorance du peuple. Le Saint-Esprit signifiant par là, que le chemin vers le Saint des Saints n'avait pas encore été révélé, pendant que le premier tabernacle tient encore debout, ce qui est une parabole [ou un symbole] du temps présent.

Il existe une traduction alternative, mais je ne veux pas trop m'y plonger.

Dans le temps présent, les dons et les sacrifices qui sont offerts ne peuvent parfaire leur adorateurs au vu de leur conscience, puisqu'ils ne sont basés que sur de la nourriture et de la boisson et diverses ablutions cérémoniales...

J'ai rajouté le mot "cérémonial".

... règles concernant le corps, imposées jusqu'au temps de la réformation [ou du nouvel ordre].

J'aimerais approfondir ce point, je vais donc lire une partie de mes propres notes. L'auteur continue de tirer des leçons à partir du tabernacle de Moïse, mais les applique maintenant directement au service du deuxième temple qui est toujours debout à son époque. L'un des caractères uniques du Saint des Saints, c'est que seul le souverain sacrificateur pouvait y pénétrer une fois par an, le Jour de l'Expiation, appelé en hébreu le "Yom Kippur". Nous allons prendre maintenant dans Lévitique 16, mais avant cela permettez-moi de lire simplement la phrase suivante. Le souverain sacrificateur symbolisait dans le sanctuaire terrestre ce que Christ devait faire dans le sanctuaire céleste.

Prenons maintenant Lévitique 16. Je vais lire à partir de la version Segond. Je crois devoir lire ces versets, parce qu'il me semble essentiel que nous comprenions ce qui s'est passé. Commençant au verset 1 :

L'Eternel parla à Moïse, après la mort des deux fils d'Aaron, qui moururent en se présentant devant l'Eternel.

Il s'agissait des deux fils aînés d'Aaron, Nadab et Abihu. Ils étaient entrés avec ce que la Bible appelle un feu étrange ou un feu impur dans la présence immédiate de Dieu et étaient morts sur le coup. Donc, Aaron a perdu ses deux fils aînés. La leçon à en retirer est qu'il faut faire attention à la façon d'enter dans la présence de l'Eternel. Et à présent, l'Eternel va appliquer ce qui suit, verset 2 :

L'Eternel dit à Moïse : Parle à ton frère Aaron, afin qu'il n'entre pas en tous temps dans le sanctuaire, au-dedans du voile...

Le sanctuaire à l'intérieur du voile est le Saint des Saints. Je suis désolé que les termes utilisés divergent, mais je vais essayer de les rendre plus clairs.

... dans le sanctuaire, au-dedans du voile, devant le propitiatoire qui est sur l'arche, de peur qu'il ne meure ; car j'apparaîtrai dans la nuée [c'est la gloire shekinah] sur le propitiatoire.

L'endroit où Dieu apparaît en personne est l'endroit le plus saint. C'est le plus saint car Dieu y apparaît.

Voici de quelle manière Aaron entrera dans le sanctuaire. Il prendra un jeune taureau pour le sacrifice d'expiation et un bélier pour l'holocauste.

Je pense qu'il est significatif que le moment où la Bible commence à parler d'entrer dans le sanctuaire, il soit question d'un sacrifice d'expiation. Elle implique par là que le péché doit être traité avant que quiconque puisse entrer.

Il se revêtira de la tunique sacrée de lin, et portera sur son corps des caleçons de lin ; il se ceindra d'une ceinture de lin, et il se couvrira la tête d'une tiare de lin ; ce sont les vêtements sacrés dont il se revêtira après avoir lavé son corps dans l'eau.

Remarquez qu'il ne porte pas tous ces beaux vêtements, mais qu'il est vêtu uniquement de lin. Ceux d'entre vous qui étaient ici l'an passé se souviendront de ce que représente le lin, à savoir ? La pureté, c'est exact. Mais il est dépourvu de sa gloire, dépourvu de la robe sur laquelle se trouvent les cloches. Vous vous souvenez que tant qu'il marchait avec les cloches et qu'elles tintaient, alors Israël savait qu'il était en vie. À présent, il ne porte plus les cloches, ce qui représente Jésus-Christ offrant sa vie après avoir laissé de côté sa gloire, revêtant l'humanité, mais gardant toujours sa pureté absolue. L'accent est mis sur la pureté parfaite, sans péché et sans gloire. Verset 5 :

Il recevra de l'assemblée des enfants d'Israël deux boucs pour le sacrifice d'expiation et un bélier pour l'holocauste.

Permettez-moi de vous faire remarquer que bien qu'un péché est toujours un péché, les péchés de certaines personnes engendrent de plus grands problèmes que les péchés d'autres personnes. Plus une personne est élevée dans le royaume de Dieu, plus son péché crée de problèmes. Il y avait trois principaux niveaux d'offrandes pour les péchés. Si le souverain sacrificateur péchait, il devait apporter un taureau. Si un dirigeant péchait, il devait apporter un bélier. Si quelqu'un parmi le peuple péchait, il devait apporter un bouc ou un mouton. Cela m'a toujours impressionné, parce que j'imagine que quelque soit la faute commise, si le souverain sacrificateur péchait, il devait sortir rapidement du camp, prendre un taureau, s'assurer qu'il ne portait aucune imperfection et le conduire ensuite jusqu'à la porte du tabernacle pour l'y tuer. Il n'était pas possible de dissimuler à qui que ce soit qu'il avait des problèmes ! Tout le monde savait en voyant Aaron ou le souverain sacrificateur venir avec un taureau qu'il avait péché. L'offrande pour son péché était de taille. Donc, une offrande de grande valeur. Un dirigeant devait apporter un bélier et, comme je l'ai dit, quiconque dans le peuple un mouton ou un bouc. Il existe d'autres distinctions que nous n'aborderons pas.

Verset 6 :

Aaron offrira son taureau expiatoire, et il fera l'expiation pour lui et pour sa maison.

Remarquez l'accent important mis sur le fait que le souverain sacrificateur devait en tout premier lieu offrir l'expiation pour son propre péché. Et l'expiation ne concernait pas que son propre péché, mais aussi celui de sa maison ou de sa famille. C'est le principe : le père est responsable de sa maison. Tout comme lors de la Pâques, où le père avait la responsabilité d'asperger sa maison de sang.

Il prendra les deux boucs, et il les placera devant l'Eternel, à l'entrée de la tente d'assignation. Aaron jettera le sort sur les deux boucs, un sort pour l'Eternel et un sort pour Azazel.

Azazel est un mot hébreu très connu du peuple juif. Nous allons prendre un peu de temps pour étudier la signification de ce mot : "bouc émissaire". Permettez-moi de dire – j'espère pouvoir m'expliquer correctement – je pense qu'il y a des leçons très sérieuses dans ce chapitre par rapport au peuple juif. Je dirais que la leçon ici est, soit vous acceptez le bouc émissaire, soit vous en devenez un. Voyez-vous, les Juifs parlent habituellement d'eux-mêmes comme du bouc émissaire pour les péchés des autres nations. Et ils le sont en un certain sens. Si vous passez un peu de temps en Israël, vous finissez par prendre conscience de ce point de vue parce qu'Israël est jugée par des normes totalement différentes de celles des autres nations. Mais nous n'aborderons pas ce sujet.

Verset 9 :

Aaron fera approcher le bouc sur lequel est tombé le sort pour l'Eternel, et il l'offrira en sacrifice d'expiation.

C'est le sacrifice d'expiation. L'autre bouc est unique, il n'y a rien d'autre de similaire ailleurs dans la Bible. Il n'en est question que pour le Jour de l'Expiation. Verset 10 :

Et le bouc sur lequel est tombé le sort pour Azazel sera placé vivant devant l'Eternel, afin qu'il serve à faire l'expiation et qu'il soit lâché dans le désert pour Azazel.

Faire l'expiation, cette expression signifie "couvrir".

Aaron offrira son taureau expiatoire, et il fera l'expiation pour lui et pour sa maison. Il égorgera son taureau expiatoire. Il prendra un brasier plein de charbons ardents ôtés de dessus l'autel devant l'Eternel, et de deux poignées de parfum odoriférant en poudre ; il portera ces choses au-delà du voile.

Remarquez qu'il ne pouvait entrer dans le second voile sans cet encens s'élevant en fumée, ce qui, en un sens, le voilait. Ceci l'empêchait d'être directement exposé à la présence immédiate de Dieu.

Il mettra le parfum sur le feu devant l'Eternel, afin que la nuée du parfum couvre le propitiatoire qui est sur le témoignage, et il ne mourra point. Il prendra du sang du taureau, et il fera l'aspersion avec son doigt sur le devant du propitiatoire vers l'orient ; il fera avec son doigt sept fois l'aspersion du sang devant le propitiatoire.

Le propitiatoire, au cas où vous ne le savez pas, était le couvercle qui recouvrait l'arche. Et à chaque extrémité du propitiatoire, il y avait les chérubins. Nous verrons en temps voulu pourquoi cela s'appelait un propitiatoire. Remarquez que le sang devait être appliqué sur le côté est du propitiatoire qui correspond au côté par lequel approchait le sacrificateur, et qu'il devait en asperger également sept fois devant. Le chiffre sept indique qu'il s'agit d'une chose accomplie par le Saint-Esprit. Verset 15 :

Il égorgera le bouc expiatoire pour le peuple, et il en portera le sang au-delà du voile. Il fera avec ce sang comme il a fait avec le sang du taureau, il en fera l'aspersion sur le propitiatoire et devant le propitiatoire.

Il apportait en premier lieu sa propre offrande, ensuite il retournait pour apporter l'offrande pour le péché du peuple. Sa propre offrande était le taureau ; l'offrande pour le péché du peuple était le bouc.

C'est ainsi qu'il fera l'expiation pour le sanctuaire à cause des impuretés des enfants d'Israël et de toutes les transgressions par lesquelles ils ont péché. Il fera de même pour la tente d'assignation, qui est avec eux au milieu de leurs impuretés. Il n'y aura personne dans la tente d'assignation lorsqu'il entrera pour faire l'expiation dans le sanctuaire, jusqu'à ce qu'il en sorte. Il fera l'expiation pour lui et pour sa maison, et pour toute l'assemblée d'Israël.

Tout dans ce chapitre souligne le caractère très sérieux et sacré de chaque chose. Verset 18 :

En sortant, il ira vers l'autel qui est devant l'Eternel et il fera l'expiation pour l'autel ; il prendra du sang du taureau et du bouc, et il en mettra sur les cornes de l'autel tout autour.

L'autel avait quatre côtés. Chaque côté devait être touché par le sang. Je pense que la purification de l'autel a pour but de rendre l'adoration du peuple de Dieu acceptable. Elle dépendait de l'autel. Verset 19 :

Il fera avec son doigt sept fois l'aspersion du sang sur l'autel ; il le purifiera et le sanctifiera [ou le rendra saint], à cause des impuretés des enfants d'Israël. [Verset 20] Lorsqu'il aura achevé de faire l'expiation pour le sanctuaire, pour la tente d'assignation et pour l'autel, il fera approcher le bouc vivant [c-a-d le bouc émissaire]. *Aaron posera ses deux mains sur la tête du bouc vivant, et il confessera sur lui toutes les iniquités des enfants d'Israël et toutes les transgressions par lesquelles ils ont péché...*

Ou la traduction en marge, "en plus de tous leurs péchés". Cet acte couvrait donc toutes les iniquités, les transgressions et les péchés. Il ne s'agit pas exactement des mêmes fautes. L'iniquité est essentiellement de la rébellion. La transgression est le fait de transgresser une loi connue, et le péché est simplement le fait de ne pas vivre pour la gloire de Dieu. Ce sont trois types de méfaits. Ils sont tous symboliquement déposés sur la tête de ce pauvre bouc. Lorsque vous songez à ce que cela implique...

Vous me suivez, nous sommes au milieu du verset 21.

Il les mettra sur la tête du bouc, puis il le chassera dans le désert, à l'aide d'un homme qui aura cette charge. Le bouc emportera sur lui toutes leurs iniquités dans une terre désolée ; il sera chassé dans le désert.

Je ne sais si vous vous êtes jamais imaginé ce bouc, mais il est chassé dans une terre entièrement désolée, sans eau, ni pâturage, ni d'autres animaux, abandonné et laissé là à errer jusqu'à sa mort. C'est une image terrible. Mais nous allons en voir la raison. Verset 23 :

Aaron entrera dans la tente d'assignation ; il quittera les vêtements de lin qu'il avait mis en entrant dans le sanctuaire, et il les déposera là. Il lavera son corps avec de l'eau dans un lieu saint, et reprendra ses vêtements. Puis il sortira, offrira son holocauste et l'holocauste du peuple, et fera l'expiation pour lui et pour le peuple.

Il a maintenant remis ses beaux et magnifiques vêtements, il retourne dans sa gloire pour offrir l'holocauste.

L'holocauste sert également d'expiation pour le peuple, mais l'ordre est important. L'offrande pour les péchés doit être présentée en premier, ensuite vient l'holocauste. Certains d'entre vous seront peut-être surpris d'apprendre qu'en grec, le mot pour "holocauste" est le même qu'en français. Cela signifie "qui est entièrement brûlé". Ce mot a pour nous, qui vivons au $20^{\text{ième}}$ siècle, une signification plus terrible que jamais auparavant. Nous parlons de progrès mais je ne connais aucun autre siècle qui ait inventé des mots tels que "holocauste", "extermination", "génocide"... Mais j'aimerais à nouveau dire ceci, et j'espère pouvoir me faire comprendre. Je pense que le message est le suivant : soit vous acceptez l'holocauste, soit vous devenez un holocauste. Il n'existe aucun intermédiaire.

Continuons la lecture, ensuite je ferai quelques commentaires à partir de mes notes. Verset 25 :

Il brûlera sur l'autel la graisse de la victime expiatoire.

La graisse de la victime expiatoire était aussi présentée en offrande. L'une des choses les plus intéressantes dans les sacrifices de l'Ancien Testament, c'est que Dieu ne permit jamais à son peuple de manger la graisse, elle devait toujours être brûlée. Sans entrer dans des principes diététiques auxquels certaines personnes feraient référence aujourd'hui, et peut-être avec raison, je pense que cela signifie que Dieu n'acceptera rien de ce que nous ferons avec cette attitude de dire "J'en ai suffisamment, j'ai tout, tout va bien". Je pense que la graisse représente dans les principes de Dieu une certaine autosuffisance, une arrogance, le fait d'avoir ses propres règles, de se sentir confortable dans ce monde. Dieu dit, "Je n'accepterai pas cela, tout doit être brûlé".

Il y a là de nombreuses choses intéressantes. Vous savez, par exemple, que vous n'êtes pas autorisés à offrir du miel avec tout autre sacrifice à Dieu. Car lorsque vous brûlez du miel, il devient tout noir et collant. Alors que l'encens, qui au premier abord n'a rien d'attrayant, dégage, lorsque vous le brûlez, un parfum des plus agréables. Vous voyez ? Dieu dit, "Je ne veux que des offrandes qui peuvent passer à travers le feu. Si elles ne peuvent supporter le feu, alors ne me les apportez pas. Et je ne veux absolument aucune graisse. Elles doivent être entièrement brûlées".

Nous sommes au verset 26.

Celui qui aura chassé le bouc pour Azazel lavera ses vêtements, et lavera son corps dans l'eau ; après cela, il rentrera dans le camp.

Remarquez que tout ce qui était associé au péché tachait et qu'ils devaient donc prendre d'extrêmes précautions pour enlever toute souillure et ne pas la transmettre aux autres. Je ne pense pas qu'aucun d'entre nous puissions imaginer à quel point le péché est inacceptable et sale aux yeux de Dieu. Je ne sais si vous avez déjà vus des lépreux comme il m'a été donné d'en voir à plusieurs reprises dans les rues de Jérusalem ; avec parfois juste un moignon de jambe et des plaies ouvertes, parfois une partie du visage défigurée. Je ne sais pas comment j'ai pu aller jusqu'à ces personnes et les toucher. Pourtant, je réalise qu'il existe des choses bien pires que cela. C'était juste pour donner une petite idée de la façon dont Dieu voit le péché.

Verset 27 :

On emportera hors du camp le taureau expiatoire et le bouc expiatoire dont on a porté le sang dans le sanctuaire pour faire l'expiation, et l'on brûlera au feu leurs peaux, leur chair et leurs excréments.

Tout animal dont on apportait le sang dans le Saint des Saints pour en faire l'expiation devait être entièrement brûlé, personne ne pouvait en prendre une partie. Hébreux 13 fait à nouveau référence à cela, ainsi que nous le verrons plus tard. Verset 28 :

Celui qui les brûlera lavera ses vêtements, et lavera son corps dans l'eau ; après cela, il rentrera dans le camp.

Remarquez à nouveau que quiconque avait un contact avec ce qui avait un rapport au péché devait être lavé de toute souillure.

Nous arrivons maintenant à trois versets importants, versets 29 à 31.

C'est ici pour vous une loi perpétuelle : au septième mois, le dixième jour du mois, vous humilierez vos âmes, vous ne ferez aucun ouvrage, ni l'indigène, ni l'étranger qui séjourne au milieu de vous...

À quel jour cela correspond-il dans le calendrier juif ? Au Yom Kippur.

Là où il est écrit au verset 29 "vous humilierez vos âmes", la Nouvelle Bible Segond dit "vous vous priverez". Même cela n'est pas suffisant. Comment les Juifs ont-ils toujours interpréter "humiliez vos âmes" ou "vous vous priverez" ? De quelle façon ? En jeûnant, tout à fait. Il n'était pas nécessaire à Moïse de dire de jeûner, parce qu'en disant "humiliez vos âmes", ils savaient que cela voulait dire "jeûner".

Je suis tellement heureux que Dieu m'ait montré il y a quelques années qu'il existe un moyen pour humilier mon âme. Je n'ai pas besoin d'essayer de me sentir humble, je n'ai pas besoin de chercher ici et là si l'humilité s'y trouve, je n'ai qu'une chose simple, pratique et spécifique à faire. Si je la fais avec les bonnes motivations, alors j'humilierais mon âme ; et c'est de jeûner.

Verset 30 :

Car en ce jour on fera l'expiation pour vous, afin de vous purifier ; vous serez purifiés de tous vos péchés devant l'Eternel. Ce sera pour vous un sabbat, un jour de repos, et vous humilierez vos âmes. C'est une loi perpétuelle.

Non seulement, ils devaient jeûner, mais en plus ils devaient s'abstenir de toute forme de travail. Si vous vous êtes déjà trouvés en Israël le Jour de l'Expiation, c'est vraiment un jour mémorable. Au moins à Jérusalem. Je pense à travers le pays entier aussi. Il n'y a plus aucune circulation, personne ne bouge, si ce n'est les véhicules d'urgence. Un étrange silence se fait ressentir partout. Je ne crois pas que dans notre civilisation moderne, nous puissions réaliser à quel point nous sommes submergés par le bruit, et la différence que cela produit lorsqu'une grande partie de ce bruit cesse. Cela procure un repos immédiat à votre système nerveux. C'est quelque chose de vraiment très mémorable et c'est ainsi que Dieu avait prévu que ce soit. Il avait prévu que ce soit une journée unique qui serait gravée pour toujours dans leurs esprits, une fois qu'ils l'auraient expérimentée.

Nous terminons le chapitre, et ensuite je ferai quelques commentaires.

L'expiation sera faite par le sacrificateur qui a reçu l'onction et qui a été consacré pour succéder à son père dans le sacerdoce ; il se revêtira des vêtements de lin, des vêtements sacrés. Il fera l'expiation pour le sanctuaire de sainteté, il fera l'expiation pour la tente d'assignation et pour l'autel, et il fera l'expiation pour les sacrificateurs et pour tout le peuple de l'assemblée. Ce sera pour vous une loi perpétuelle : il se fera une fois chaque année l'expiation pour les enfants d'Israël, à cause de leurs péchés.

Notez que l'expiation était valable pour une année. Lorsque le Jour de l'Expiation arrivait de nouveau l'année suivante, ils devaient répéter toute la procédure, et c'est ce que souligne l'auteur d'Hébreux.

Permettez-moi de reprendre mes notes et de revenir sur certains points dont nous avons parlé. J'espère que ceci n'est pas trop lourd pour certains d'entre vous. Tout dépend de la façon dont vous voyez les choses. Interpréter tout ceci ressemble pour moi à un voyage dans un pays vers lequel il n'y a aucun accès ordinaire. Soit vous suivez cette voie, soit vous n'atteignez pas ce pays. En ce qui me concerne, je suis extrêmement enthousiasme et heureux d'entreprendre ce voyage. Je peux comprendre que cela ne vous ait pas touché de cette façon qui semble un peu étrange, et après tout quel en est l'intérêt ? Pourquoi se préoccuper d'étranges cérémonies qui ont eu lieu il y a 3400 ans ? Qu'est-ce que cela peut bien nous apporter aujourd'hui ? Ce qui me semble remarquable dans tout ceci, c'est que Moïse et les enfants d'Israël ont eu la foi de fabriquer ce tabernacle, les ustensiles, et d'accomplir toutes ces choses sans connaître le véritable sens de ce qu'ils faisaient. Ensuite, c'est certainement un miracle que ces choses pratiquées dans un lointain désert il y a 3400 ans soient connues dans le monde entier aujourd'hui et aient été interprétées par des millions de chrétiens pour leur propre bénédiction. S'il n'existait pas d'autre preuve, je dirais que tout ceci fait de la Bible un livre unique, qu'il n'en existe pas de pareil.

Il y a cinq vérités illustrées par le Jour de l'Expiation. Tout d'abord, son but : rendre la sainteté de Dieu propice et l'adoration du peuple de Dieu acceptable. En un sens, la présence continue de Dieu auprès du peuple d'Israël dépendait de leur capacité à recevoir la sainteté de Dieu et à rendre leur adoration acceptable. L'autel devait être nettoyé. Il s'agit là de la voie par laquelle l'adoration du peuple tout entier montait vers Dieu.

Deuxièmement, le souverain sacrificateur laissait de côté sa gloire et ne revêtait que le lin de la justice personnelle. Il ne portait aucune cloche, signifiant ainsi que sa vie était déposée.

Troisièmement, les deux boucs représentent tous deux Jésus. C'est mon interprétation que je vous donne. Le premier représentait le sacrifice pour le péché. C'est une image très familière pour nombre d'entre nous. Le second est unique tout comme celui qui a porté le péché sur sa propre personne. J'aimerais m'attarder là-dessus quelques instants parce que, comme je l'ai dit, je crois que c'est là une vérité unique qui n'est dévoilée de cette façon nulle part ailleurs dans les Ecritures. J'aimerais que vous songiez à ce pauvre bouc conduit vers un lieu complètement désert, inhabité, sans aucune forme de créature pour lui tenir compagnie, sans nourriture, sans breuvage ; simplement condamné à errer jusqu'à ce qu'il tombe et ne puisse plus se relever. C'est évidemment une affreuse image, mais je voudrais que vous l'ayez en tête.

Reprenons à nouveau un instant ce passage dans Lévitique. Lévitique 16 : 7-10.

Il prendra les deux boucs, et il les placera devant l'Eternel, à l'entrée de la tente d'assignation. Aaron jettera le sort sur les deux boucs, un sort pour l'Eternel et un sort pour Azazel. [Verset 10] Et le bouc sur lequel est tombé le sort pour Azazel sera placé vivant devant l'Eternel, afin qu'il serve à faire l'expiation et qu'il soit lâché dans le désert pour Azazel.

Puis ensuite les versets 20 à 22 :

Lorsqu'il aura achevé de faire l'expiation pour le sanctuaire, pour la tente d'assignation et pour l'autel, il fera approcher le bouc vivant. Aaron posera ses deux mains sur la tête du bouc vivant, et il confessera sur lui toutes les iniquités des enfants d'Israël et toutes les transgressions par lesquelles ils ont péché ; il les mettra sur la tête du bouc, puis il le chassera dans le désert, à l'aide d'un homme qui aura cette charge. Le bouc emportera sur lui toutes leurs iniquités dans une terre désolée ; il sera chassé dans le désert.

Personne ne revoyait plus jamais le bouc, mais ils étaient heureux. Savez-vous pourquoi ? Parce que le bouc portait leurs péchés.

Prenons ensuite Hébreux 9, à la fin du chapitre. Hébreux 9:28 :

De même Christ, qui s'est offert une seule fois pour porter les péchés de beaucoup d'hommes apparaîtra sans péché une seconde fois à ceux qui l'attendent pour leur salut.

Remarquez que Christ a porté les péchés de beaucoup d'hommes, et ce fait est souligné dans toute l'épître aux Hébreux. Il a porté le péché. Il l'a enlevé. C'est ce que représente le bouc.

J'aimerais maintenant prendre ce que je crois être une image prophétique de ceci dans le livre des Psaumes. Psaume 88. C'est un psaume quasi unique. On n'y trouve aucune forme de lumière, de secours ou de joie. Il est entièrement sombre, je ne connais aucun autre psaume, aucun autre passage identique dans les Ecritures. Même le livre des Lamentations laisse apparaître quelques rais de lumière. Je ne vais pas lire la totalité du psaume, mais vous auriez tout avantage à le faire. Gardez votre doigt sur le psaume 88, et prenez également 1 Pierre 1:10-11. Je vais lire ce passage pour faire ressortir un principe qui nous aidera.

Les prophètes, qui ont prophétisé touchant la grâce qui vous [vous les croyants] était réservée, ont fait de ce salut l'objet de leurs recherches et de leurs investigations ; ils voulaient sonder l'époque et les circonstances marquées par l'Esprit de Christ qui était en eux, et qui attestait d'avance les souffrances de Christ et la gloire dont elles seraient suivies.

C'est un principe qui concerne de nombreuses prophéties de l'Ancien Testament. L'Esprit de Christ, c'est-à-dire l'Esprit du Messie, était en eux et attestait, à travers eux, deux choses : les souffrances de Christ, et la gloire de Christ qui viendrait par la suite. Mais le point essentiel est qu'ils parlaient à la première personne. Ils disaient "Je" et "moi", mais ils disaient des choses qui ne leur sont jamais arrivées. Pas étonnant que cela les rendait perplexes. Songez à David qui disait, "Ils ont percé mes mains et mes pieds, ils se partagent mes vêtements, ils tirent au sort ma tunique. Ils m'abreuvent de vinaigre." Cela n'est jamais arrivé à David. Comment vous sentiriez-vous si le Saint-Esprit vous amenait à affirmer des choses à votre sujet qui ne vous étaient jamais arrivé ? Pas étonnant qu'ils en restaient perplexes, pas étonnant qu'ils cherchèrent à comprendre, pas étonnant qu'ils disaient, "Mais que suis-je en train de dire ?" La réponse, c'est qu'ils ne parlaient pas d'eux-mêmes, mais c'est à nous qu'ils s'adressaient et c'était l'Esprit du Messie qui parlait à travers eux à la première personne révélant les souffrances et la gloire de

Christ.

Vous trouverez dans de très nombreux passages, de nombreux psaumes, de nombreux livres des prophètes, la personne s'exprimant commencer par sa propre expérience. Elle traverse une période difficile, ses ennemies la poursuivent, elle est malade, quelque soit sa situation. Elle est donc préoccupée par ses propres difficultés, puis continue en disant des choses à son sujet qui ne la concerne plus. Elles ne concernent que Jésus et ne sont accomplies qu'en lui. Le Saint-Esprit n'a pas seulement placé la personne dans une situation isolée et artificielle, mais il a utilisé la situation que vivait cette personne pour la projeter dans une prophétie qui dépassait sa propre situation et dévoilait les souffrances de Christ, et la gloire qui en découlerait.

Si vous pouvez accepter ce principe, alors je pense que vous comprendrez le psaume 88, qui en est un exemple frappant, du moins c'est ainsi que je le vois. Je commencerai au début du psaume et lirai jusqu'au verset 8.

Eternel, Dieu de mon salut! Je crie jour et nuit devant toi. Que ma prière parvienne en ta présence !

Ceci est simplement ou pourrait être une situation simplement humaine. Mais les mots suivants vont bien au-delà.

Car mon âme est rassasiée de maux, et ma vie s'approche du séjour des morts. [Je préfère dire Sheol, le lieu des esprits défunts]. *Je suis mis au rang de ceux qui descendent dans la fosse, je suis comme un homme qui n'a plus de force...*

Il y a une traduction qui dit "Je suis comme un homme sans Dieu".

... Je suis étendu parmi les morts, semblable à ceux qui sont tués et couchés dans le sépulcre, à ceux dont tu n'as plus le souvenir, et qui sont séparés de ta main.

Je ne pense pas que ceci soit arrivé au psalmiste. Il va au-delà de sa propre expérience. "Je suis semblable à ceux qui sont couchés dans le sépulcre". Le verset 7 dépasse clairement sa propre expérience.

Tu m'as jeté dans une fosse profonde...

Il s'agit là de l'autre monde, du monde se trouvant sous la terre.

... dans les ténèbres, dans les abîmes...

La plus profonde de toutes les tombes.

Ta fureur s'appesantit sur moi, et tu m'accables de tous tes flots.

Une autre traduction donne : "… les flots de ta colère ont déferlé sur moi". Quelle image !

Nous pourrions lire davantage, mais j'avance jusqu'à la fin du psaume, aux versets 16-18.

Je suis malheureux et moribond dès ma jeunesse...

Toujours près à mourir. Ce qui était certainement vrai pour Jésus. Il était né pour mourir.

... Je suis chargé de tes terreurs, je suis troublé. Tes fureurs passent sur moi, tes terreurs me réduisent au silence.

Il ne s'agit pas de ce monde, mais de ce que l'âme de Jésus a enduré en achevant l'expiation pour nos péchés. Cela fait partie du prix à payer pour le péché : être banni de la présence de Dieu, tous ses flots de fureur se déversant sur vous. Et si Jésus devait payer le prix du péché, il devait le payer dans sa totalité. Verset 18 :

Elles m'environnent tout le jour comme des eaux, elles m'enveloppent toutes à la fois. Tu as éloigné de moi amis et compagnons ; mes intimes ont disparu.

Quelle traduction frappante!

Bien, dans ce passage, le psalmiste pose six questions. Psaume 88:11-13 : vous verrez qu'il y a six questions. Je suppose que lorsque le psalmiste a posé ces questions, il supposait que la réponse était "non" pour chacune d'elles. "Est-ce pour les morts que tu fais des miracles ? Les morts se lèvent-ils pour te louer ? Parle-t-on de ta bonté dans le sépulcre, de ta fidélité dans l'abîme de perdition ? Le mot hébreu pour abîme est *abaddon* que vous trouverez dans Apocalypse 9. Tes prodiges sont-ils connus dans les ténèbres, et ta justice dans la terre de l'oubli ? " Historiquement, quelles sont les réponses à ces six questions ? Oui ou non ? Oui, c'est exact. Le psalmiste ne le savait pas, mais lorsque Jésus est descendu dans le tombeau, chacune de ces questions reçut la réponse "oui". C'est pour cela qu'il est descendu.

Il est venu prêcher aux esprits qui étaient en prison. Il a délivré les défunts justes qui étaient dans le sein d'Abraham. Toutes ces questions que le psalmiste, incrédule, a posées, ont trouvé leur réponse à travers l'expiation de Jésus. Ce qui est, pour moi, représenté par le bouc conduit vers une terre désolée, portant les iniquités de tout le peuple de Dieu, sans aucune porte de sortie. Je le répète à chacun d'entre vous ici, soit vous acceptez le bouc, soit vous en devenez un. Ce n'est pas la volonté de Dieu que ce soit là le sort de qui que ce soit ici, mais le seul moyen d'y échapper se trouve dans le sacrifice de Jésus.

Le quatrième point est que, après l'expiation, le souverain sacrificateur reprend sa gloire et offre les offrandes brûlées [ou l'holocauste] : cela veut dire un engagement total envers Dieu. Reprenons ceci un instant, Lévitique 16:24-25.

Il lavera son corps avec de l'eau dans un lieu saint, et reprendra ses vêtements. Puis il sortira, offrira son holocauste et l'holocauste du peuple, et fera l'expiation pour lui et pour le peuple. Il brûlera sur l'autel la graisse de la victime expiatoire.

Notez que leur holocauste était exigé pour achever l'expiation, cependant il y a deux principes que Dieu m'a montrés clairement cette fois-ci – ils ne me sont jamais apparus si clairs. Tout d'abord, permettez-moi de dire que l'holocauste, l'offrande brûlée représente l'engagement total envers Dieu. Vous vous trouvez simplement là, puis c'est fini, vous êtes consumé, il ne reste plus rien. C'est l'engagement. C'est pour Dieu la représentation de l'engagement. Vous êtes sur l'autel, et il n'y a rien qui puisse être repris. Tout va vers Dieu.

Il y a deux principes. Tout d'abord, vous ne pouvez prendre un engagement tant que vous n'avez pas présenté une offrande pour votre péché. Votre péché doit être traité avant que vous ne puissiez prendre un engagement. Certains d'entre vous disent, "J'ai pris un engagement, mais Dieu ne semble pas l'avoir accepté". Peut-être ne l'a-t-il pas accepté parce que vous ne pouvez prendre un engagement tant que votre péché n'a pas été traité. Dieu pose les conditions. J'ai vu de nombreuses personnes essayer de prendre un engagement qui n'a pas fonctionné. Vous ne pouvez vous engager tant que votre péché n'a pas été traité. L'offrande pour le péché vient en premier, ensuite l'holocauste.

Mais si vous voulez une expiation complète, il ne suffit pas d'avoir l'offrande pour le péché, vous devez faire l'holocauste. Dieu dit, "Je te veux, entièrement. Sans aucune réserve, simplement tel que tu es. Aucune concession, je te veux. Je veux que tu sois l'holocauste". Il est intéressant de voir, si vous reprenez Lévitique – nous n'allons pas le faire – mais lorsqu'il est question du tabernacle, des ustensiles et du sacerdoce dans Lévitique, tout commence par Dieu, et non par l'homme. Ainsi le premier élément est l'arche, et ensuite viennent les éléments extérieurs.

Autre chose, le premier sacrifice décrit dans Lévitique est l'holocauste. Pourquoi ? Parce que Jésus était le premier holocauste. Il n'avait pas besoin d'apporter d'offrande pour son péché, mais il devait être l'holocauste avant que nous puissions apporter une offrande pour nos péchés. Vous saisissez ? Méditez simplement là-dessus. Pensez à l'holocauste comme s'il s'agissait de votre vie entière offerte à Dieu, consumée dans le feu du Saint-Esprit, embrasée d'une odeur parfumée, acceptable pour Dieu. Et gardez ensuite à l'esprit la corrélation avec l'offrande pour le péché.

Un dernier point à propos du Jour de l'Expiation. Le cinquième point : l'expiation n'était effective que si le peuple s'humiliait et se repentait. Vous vous souvenez qu'ils devaient humilier leurs âmes en jeûnant. Autrement dit, Dieu fait sa part, mais ce n'est jamais un substitut à notre réponse. Le souverain sacrificateur pouvait avoir tout accompli, mais si le peuple n'avait pas jeûné, leurs péchés ne pouvaient être couverts.

Je pense qu'il faut que nous reprenions le passage, car c'est tellement spécifique. Lévitique 16:29 et les versets suivants.

C'est ici pour vous une loi perpétuelle : au septième mois, le dixième jour du mois, vous humilierez vos âmes, vous ne ferez aucun ouvrage, ni l'indigène, ni l'étranger qui séjourne au milieu de vous...

Dieu désire la repentance, mais il n'y a rien que vous puissiez faire pour acheter votre salut.

... car en ce jour on fera l'expiation pour vous, afin de vous purifier : vous serez purifiés de tous vos péchés...

Pour être purifié, il fallait répondre aux exigences de Dieu. Je pense que c'est très important de réaliser cela, car il y a une sorte chrétienté cérémoniale qui est parfois interprétée de façon à dire que tant que vous exécutez la cérémonie, alors vous êtes tranquille. Je ne crois pas cela, et je ne crois pas qu'aucune Eglise responsable l'enseigne vraiment, mais cela a été interprété ainsi des millions de fois. Vous pouvez être baptisé, christianisé, confirmé ou tout ce que vous voulez ; mais quelque chose en vous doit répondre à ce qui est fait par le sacrement ou alors cela n'a aucune valeur. Il n'y a rien d'automatique qui outrepasse la volonté humaine et la réponse du cœur humain envers Dieu.

Nous allons maintenant retourner dans Hébreux 9. Vous vous souvenez que je vous ai dit que Hébreux est le Lévitique du Nouveau Testament et que Lévitique est l'Hébreux de l'Ancien ? Je pense qu'en avançant dans ce nouveau chapitre, vous allez constamment vous en rendre compte. Je vais juste parcourir mes notes et j'utiliserai la traduction Segond pour simplifier les choses. Au verset 7, là où il est dit, "non sans y porter du sang", nous voyons apparaître pour la première fois le mot "sang". C'est l'un des mots-clés que nous avons vu au début et que nous avons analysés : souverain sacrificateur, promesse, serment, alliance, offrande, sacrifice, et numéro sept, le sang. Il est intéressant de voir qu'il n'apparaît qu'au chapitre 9, et dans ce chapitre, il apparaît douze fois. C'est l'un des principaux thèmes de ce chapitre.

Versets 7-10, le but final de Dieu est la perfection, ce qui inclut un accès direct à Dieu. Les sacrifices lévitiques ne pouvaient y pourvoir, étant donné qu'ils ne pouvaient changer le cœur. Vous vous souvenez que l'essence même de l'Ancienne Alliance était une loi externe qui ne pouvait changer le cœur. Or il est nécessaire que le cœur soit changé pour avoir un accès direct à Dieu. Le thème de ceci, et en un sens, l'objectif de l'épître aux Hébreux est la perfection, la complétude, la maturité. Deux autres mots sont associés à ces derniers, combien d'entre vous s'en souviennent ? Héritage et repos. Vous vous souvenez de ces trois objectifs : perfection, héritage et repos. Ils vont de paire.

Tout ce qui ne produit pas la perfection est insuffisant. Et la perfection, à son tour, requiert un accès direct à Dieu. Si nous nous arrêtons juste avant le second voile, nous n'avons pas atteint la perfection.

Regardons à présent dans Hébreux 9.

... les dons et les sacrifices offerts ne peuvent rendre l'adorateur parfait dans la conscience...

Voilà le problème, ils ne peuvent rendre parfait l'adorateur. Prenons un instant d'autres passages d'Hébreux. Retournons à Hébreux 6:1.

C'est pourquoi, laissant les éléments de la parole de Christ [ou du Messie], tendons à ce qui est parfait.

Je préfèrerais qu'ils disent "vers la perfection", parce que c'est ce qui y est dit. Vous vous souvenez qu'il y a trois différentes traductions : perfection, maturité, complétude. Mais elles signifient un seul et même mot, l'objectif : la perfection. Donc, tendons vers la perfection, ne nous arrêtons pas avant. Ne restons pas à l'extérieur du second voile.

Ensuite, au chapitre 7:19.

Car la loi n'a rien amené à la perfection, et introduction d'une meilleure espérance, par laquelle nous nous approchons de Dieu [par laquelle nous avons accès à Dieu].

Notez donc qu'être rendu parfait inclut un accès direct à Dieu. Tout ce qui s'arrête juste avant n'est pas parfait.

Ensuite, dans Hébreux 10:19-22 :

Ainsi donc, frères, nous avons, au moyen du sang de Jésus, une libre entrée dans le sanctuaire par la route nouvelle et vivante qu'il a inaugurée pour nous au travers du voile, c'est-à-dire de sa chair, et nous avons un souverain sacrificateur établi sur la maison de Dieu ; approchons-nous donc avec un coeur sincère, dans la plénitude de la foi, les coeurs purifiés d'une mauvaise conscience...

Vous remarquerez que lorsqu'il est question de "perfection", cela implique également "à l'intérieur du second voile". Approchons-nous donc du Saint des Saints. Autrement dit, le thème d'Hébreux nous montre, dans un certain sens, comment entrer dans le Saint des Saints. Tout est contenu, si je puis dire, dans mon livre intitulé "Le chemin vers le Saint des Saints".

Nous avons presque terminé, alors continuons avec le verset 10. Nous sommes à Hébreux 9:10.

Les sacrifices et ordonnances de l'alliance lévitique liés uniquement à la nourriture et à la boisson et à diverses ablutions, étaient des règles pour le corps imposées jusqu'à un temps de réformation [ou jusqu'à ce que les choses soient bien mises en place].

2 Corinthiens 5:16-17 fait référence à ce temps de réformation ou d'établissement d'un nouvel ordre.

Ainsi, dès maintenant, nous ne connaissons personne selon la chair ; et si nous avons connu Christ selon la chair, maintenant nous ne le connaissons plus de cette manière.

Ce que ce passage veut faire ressortir, c'est que l'historique de Jésus ne nous intéresse plus. Ce qui nous intéresse maintenant, c'est le Christ éternel, divin, immuable, qui ne parle pas seulement araméen, mais peut comprendre toutes les langues. Verset 17 :

Si quelqu'un est en Christ, il est une nouvelle créature [Je préfère de loin dire "création"]. *Les choses anciennes sont passées, voici, toutes choses sont devenues nouvelles.*

C'est le nouvel ordre. Il vient par la connaissance de Christ, par l'accès direct à Christ.

Et dans Apocalypse 21:4-5, nous avons la même image. Nous commencerons au milieu de verset 4.

... il n'y aura plus ni deuil, ni cri, ni douleur, car les premières choses ont disparu.

Toutes ces choses appartiennent à l'ancien ordre, merci Seigneur. Êtes-vous contents qu'elles appartiennent à l'ancien ordre ? Plus de deuil, ni de cri, ni de douleur. Il y avait un homme qui avait une maladie grave qui le faisait énormément souffrir, et il finit par en mourir. Mais il était croyant, alors il a demandé à ce que soit écrit sur sa tombe "Il n'y aura plus de douleur". Je pense que de nombreuses personnes seraient heureuses qu'il en soit ainsi. Les premières choses ont disparu. Et ensuite il est dit :

Et celui qui était assis sur le trône dit : Voici, je fais toutes choses nouvelles.

Il va donc y avoir un ordre totalement nouveau instauré par un acte divin et créateur de Dieu, qui est sur le trône et accomplit ses propres édits.

Je suis certain qu'ensuite Jean s'est arrêté pour se demander : "Se pourrait-il que cela soit vrai ?" Cela ne se peut pas. Et celui qui est sur le trône dit :

Ecris ; car ces paroles sont certaines et véritables.

Avec l'aide de Dieu, nous continuerons dans le prochain message.

LE DERNIER MOT DE DIEU

Quatorzième message

Hébreux 9:11 – 9:17

Je crois que, lors de notre dernière session, nous nous étions arrêtés à Hébreux 9:10. Nous allons maintenant continuer avec les versets 11-14. Je commencerai par traduire les versets 11-14 à partir du grec, et de fait ma traduction ne sera pas élégante, mais tout ceci a pour but de vous donner une idée de ce qui était réellement dit.

Mais Christ étant venu comme souverain sacrificateur des bonnes choses qui sont arrivées...

Il existe cependant une traduction alternative, un mot différent qui signifie "qui doivent venir". Je ne crois pas qu'il soit nécessaire d'entrer dans ce sujet. Soit cela signifie que Christ l'a déjà accompli ou qu'il est venu pour accomplir les choses qui n'étaient pas encore arrivées lorsqu'il était venu. Je ne veux pas entrer là-dedans parce que cela n'a pas vraiment grande importance.

... à travers le plus grand et le plus parfait tabernacle, non fait par des mains, c'est-à-dire, pas de l'ordre de la création ; non par le sang de boucs ou de taureaux, mais par son propre sang, il entra une fois pour toutes [c'est un terme catégorique] *dans le lieu saint* [le Saint des Saints], *ayant obtenu la rédemption éternelle. Car si le sang des boucs ou des taureaux et les cendres d'une génisse arrosant ceux qui étaient tachés sanctifie en vue de la pureté de la chair* [ou du corps physique], *alors combien plus le sang de Christ, qui par l'Esprit éternel s'offrit lui-même irréprochable* [ou sans tache] *à Dieu, purifie notre conscience des œuvres mortes pour servir* [ou adorer] *le Dieu vivant ?*

Nous voyons là un autre exemple du processus continuel de contraste que nous trouvons à travers toute l'épître. Ici, l'auteur résume cinq aspects de la supériorité du nouvel ordre dont il vient juste de parler dans le verset précédent. Regardons-les simplement, c'est un exercice d'analyse perpétuel. Je crois sincèrement que quiconque parcourt très fidèlement tout ceci – peu importe le nombre d'années que cela puisse prendre – aura à la fin un esprit bien plus analytique qu'au départ.

J'ai été entraîné à analyser, c'était ma formation. Je dois vous avouer que ceci est un exercice difficile pour moi. Si vous trouvez cela un peu compliqué au début, ne désespérez pas. Vous faites probablement davantage de progrès que vous ne l'imaginez. J'ai observé que dans ce genre d'étude, ce n'est qu'ultérieurement que vous réalisez combien vous avez reçu. C'est un processus d'ingestion et de digestion, et ensuite seulement vous commencez à en expérimenter les bénéfices.

Les cinq points ou aspects de supériorité du nouvel ordre. Le premier se trouve au verset 11 : Christ entra dans le sanctuaire céleste, et non dans la simple copie faite sur terre.

Le second se trouve au verset 12 : il entra par son propre sang, non celui d'animaux.

Le troisième est également au verset 12 : la rédemption qu'il obtint était éternelle et non pour une seule année. C'est un point qui est continuellement mis en avant. Les sacrifices de l'ancien ordre n'étaient valables qu'un an, jusqu'à ce que le sacrifice suivant soit effectué. Mais Christ a obtenu une rédemption éternelle. C'est-à-dire non seulement pour le reste du temps, mais pour l'éternité aussi.

Verset 14, il offrit son propre corps et non un animal de substitution, par le Saint-Esprit éternel et non par un commandement charnel, transcendant ainsi toutes limites de temps. J'aimerais m'arrêter un instant là-dessus, c'est vraiment très parlant pour moi, à cause d'une expérience dans ma propre vie. La deuxième fois que j'ai assisté à un culte évangélique – et à ce moment-là je ne savais pas ce qu'était un culte évangélique – le prédicateur annonça à la fin du message que si quelqu'un le voulait – peu importe ce dont il était en train de parler – qu'il lève la main. Je m'étais rendu à un culte identique deux jours plus tôt, et le Saint-Esprit m'avait, à mon grand embarras, poussé à lever la main. Je me suis dit, "Tu ne peux t'attendre à ce que cela se produise deux fois", alors cette fois-là, ne sachant pas vraiment de quoi il était véritablement question, j'ai levé la main. À chaque fois, j'étais la seule personne à donner une réponse. Plus tard, le prédicateur, qui n'était pas le même que le soir précédent, vint à ma rencontre et me regarda, et je le regardai, et je pense qu'il réalisa d'emblée qu'il avait un problème sur les bras. Il me posa deux questions, deux questions judicieuses. La première était, "Croyez-vous que vous êtes pécheur ?" J'avais étudié la philosophie, avec pour spécialité l'étude des définitions, donc pour moi la façon évidente de répondre à cette question était de parcourir toutes les définitions reconnues d'un pécheur – ce que je fis rapidement en moi-même, et chacune d'elles me correspondaient exactement ! Je répondis donc, "Oui, je crois que je suis pécheur".

Il me dit ensuite, "Croyez-vous que Christ soit mort pour vos péchés ?" Je le regardai et je peux me souvenir exactement de la réponse que je lui fis. Je répondis, "À dire vrai, je ne vois pas ce que la mort de Jésus-Christ survenue il y a 19 siècles puisse avoir à faire avec les péchés que j'ai commis au cours de ma vie". Et pour moi, cela était un problème très réel, très logique. Je pense que l'homme était sage, il n'essaya pas de discuter avec moi. Je suis certain qu'il pria pour moi. Le Seigneur me laissa résoudre ce problème avec lui seul.

J'ai par la suite expérimenté la nouvelle naissance, le nouvel ordre, la nouvelle création, mais sans comprendre intellectuellement ce qui m'arrivait, agissant sans aucune base doctrinale. J'ai alors commencé à étudier la Bible pour comprendre ce qui m'était arrivé. Je réalisais que la Bible était le seul livre qui pouvait répondre à mon questionnement. À un moment donné, en étudiant la Bible, je suis arrivé à ce passage dans Hébreux 9:14, "par l'Esprit éternel". Cela ne signifiera peut-être pas grand-chose pour la plupart d'entre vous, mais pour moi, c'était la réponse parfaite à mon interrogation. Voyez-vous, le mot "éternel" ne signifie pas uniquement "exister pendant longtemps", il signifie "en dehors du temps", dans un état d'être différent. J'ai alors vu intellectuellement que le sacrifice de Christ, appartenant au domaine éternel, pouvait englober les péchés de tous les hommes à travers tous les âges : passé, présent et futur.

Je savais que cela avait été mon expérience, mais ce n'est que lorsque j'ai trouvé ce verset que j'ai vraiment compris intellectuellement. Sans doute que la plupart d'entre vous ne seriez jamais préoccupés par ce problème. Mais c'est en réalité un véritable problème. Jésus est mort il y a 19 siècles, qu'est-ce que cela pourrait bien avoir à faire avec les péchés que vous avez commis ? La réponse est qu'il s'est offert lui-même par l'Esprit éternel. La transaction qui a eu lieu sur la croix a transcendé toutes les limites de temps et d'espace. C'est une transaction éternelle. Le Saint-Esprit est appelé l'Esprit éternel. Je pense que cela est très instructif. Lorsque nous sommes dans le Saint-Esprit, nous sommes, en quelque sorte, libérés des limites de temps.

J'ai découvert par exemple qu'une chose dite dans l'Esprit est presque intemporelle. Je me souviens d'une fois quelqu'un m'a rapporté une chose qu'un autre chrétien lui avait dite. La personne qui me l'a rapportée n'avait aucune idée de ce que l'autre personne voulait dire. Au moment où je l'ai entendue, j'ai réalisé combien c'était vrai. Donc, une chose dite dans le Saint-Esprit, ne meurt, en un sens, jamais ; elle est éternelle, non soumise aux limites de temps.

Je pense que vous remarquerez dans votre propre expérience, lorsque vous êtes dans ce que Jean appelait "l'Esprit au jour du Seigneur", et bien je pense que vous remarquerez que le temps commence à avoir une signification différente. Scientifiquement, ils nous disent – et cela confond mon esprit limité – que si vous voyagez à la vitesse de la lumière, le temps cesse d'opérer. Plus vous voyagez vite, moins le temps passe. Je suis sûr que vous savez tous cela, vous êtes tous des scientifiques et des physiciens, etc ! Pas moi. Par exemple, si des gens pouvaient être projetés dans une capsule spatiale en dehors de l'espace, ils pourraient être partis trois générations, revenir et demander ce qu'il y a au petit-déjeuner. Ils ne réaliseraient pas qu'ils seraient partis plus de 24 heures. Vous voyez ? Donc, la Bible dit – et c'est elle qui en parla en premier – que le temps est un mystère. C'est dit dans le livre de l'Apocalypse. Je ne me souviens pas du chapitre exact, mais il est dit "le temps ne sera plus, ce sera la fin du mystère que Dieu a créé". Je ne suis pas en train d'essayer de tout vous dire à propos de ce mystère, je fais simplement remarquer que lorsque la Bible touche au mystère, ce qu'elle dit est philosophiquement et logiquement parfait. Ce qui est, en un sens, un miracle.

Par l'Esprit éternel. Voyez-vous, par l'Esprit éternel vous pouvez être assis ici et le Calvaire peut devenir une réalité pour vous comme si cela s'était produit il y a cinq minutes. C'est le ministère de l'Esprit. J'ai observé ceci : quand je suis venu au Seigneur par le biais du Saint-Esprit, j'avais été obligé d'apprendre des histoires de la Bible lorsque j'étais petit garçon environ 15 ans plus tôt à l'école primaire. J'avais de bonnes notes, j'avais une très bonne mémoire. Elles avaient ensuite cessé d'avoir une quelconque signification pour moi, elles n'étaient pas au premier plan dans mon esprit, mais au moment où j'ai été touché par le Saint-Esprit, ce fut comme si je les avais entendues la veille. Les personnes qui me connaissaient et qui savaient que je n'avais pas été à l'Eglise ou que je ne m'étais pas intéressé à la religion depuis des années, étaient étonnées que je puisse soudainement leur citer la Bible. C'était à nouveau l'Esprit éternel, l'Esprit intemporel.

Regardons le cinquième aspect de supériorité du nouvel ordre mentionné aux versets 13 et 14. "Son sang lave notre conscience des œuvres mortes et non seulement notre chair de l'impureté cérémoniale". Le nettoyage de la conscience est un thème qui réapparaît au chapitre 10. Cela fait partie des exigences requises pour entrer dans le Saint des Saints que nous rencontrerons lorsque nous atteindrons le chapitre 10. Nos cœurs doivent être lavés de toute mauvaise conscience.

Je ne sais pas comment cela se passe pour vous tous, mais si vous avez expérimenté le sang de Jésus à travers le Saint-Esprit, alors vous ne devriez avoir aucun problème avec votre conscience. Vous devriez savoir sans le moindre doute que rien n'est inscrit dans les registres célestes, que votre passé est absolument clair. Cela fait une grande différence.

Permettez-moi d'ajouter que je crois que le Saint-Esprit est le seul agent qui puisse asperger le sang de Jésus. J'ai entendu des gens dans le milieu pentecôtiste, mais ce pourrait être dans d'autres milieux, parler 'd'appliquer le sang'. Je ne dis pas que c'est faux, mais à moins que ce ne soit fait par le Saint-Esprit, il ne se produira rien. Le sang n'est pas sous le contrôle humain. C'est l'Esprit de Dieu seul qui peut appliquer le sang et il ne le fait pas tant que nous n'avons pas rempli les conditions de Dieu. Il est très jaloux en ce qui concerne l'application du sang. Dans 1 Pierre 1, il est dit que nous avons été élus par Dieu en vue de la sanctification par l'obéissance et l'aspersion du sang de Jésus. L'obéissance vient en premier. Le Saint-Esprit ne donne pas le sang aux désobéissants.

Nous allons maintenant poursuivre avec le verset 15. Hébreux 9:15.

Et pour cette raison, il est le médiateur d'une nouvelle alliance, afin qu'une mort ayant eu lieu pour la rédemption des transgressions sous la première alliance, ceux qui sont appelés puissent recevoir la promesse d'un héritage éternel.

Remarquez à nouveau quel est l'objectif vers lequel nous avançons constamment : l'héritage, c'est exact. Qui est également, quels sont les deux autres mots qui l'accompagnent ? Perfection et repos. Vous voyez que ces trois mots rassemblés donnent la signification de l'épître aux Hébreux. Il ne nous sera pas permis de nous arrêter avant notre héritage dans lequel nous trouvons notre repos et notre perfection.

Comme la première alliance ne pouvait nous mener jusqu'à notre héritage ou notre repos ou notre perfection, alors Jésus est devenu le médiateur d'une nouvelle alliance. Ce verset fait état de deux éléments importants de cette transaction ; Hébreux 9:15. Christ est donc devenu le médiateur d'une nouvelle alliance, avec pour conséquence deux résultats. J'ai déjà fait remarquer plus tôt que nous ne pouvons avoir accès à Dieu sans sacrificateur. Il n'existe aucune autre voie d'accès. Nous ne pouvons lui apporter des cadeaux ou des sacrifices sans qu'il y ait un sacrificateur. De plus, il n'est pas possible à Dieu de conclure une alliance avec l'homme sans un médiateur. Il doit y avoir un médiateur. Le médiateur de la première alliance était représenté par les anges et Moïse, car c'étaient les anges qui la décrétait et la remettait entre les mains d'un médiateur. Mais le médiateur de la Nouvelle Alliance est le Fils de Dieu, Jésus-Christ qui est également le souverain sacrificateur.

Voici donc les deux résultats : tout d'abord, il a payé le prix de la rédemption pour ceux qui avaient transgressé sous l'Ancienne Alliance. Ensuite, il a ouvert aux élus de Dieu la promesse d'un héritage éternel, incluant le repos et la perfection.

Permettez-moi de revenir sur un point que j'ai affirmé plus tôt dans cette série de messages. Je l'ai dit en toute simplicité parce que je supposais que tout le monde le savait, mais il semblerait que non. Il y a essentiellement – mais pas totalement – trois différentes sortes de problèmes de méfaits caractérisés par trois mots distincts. Le premier est le péché. Le péché est défini dans Romains 3:23 comme "être privé de la gloire de Dieu". Le péché est, dans un sens, un manquement, c'est rater la cible, c'est ne pas parvenir au but pour lequel nous avons été créés, c'est-à-dire pour la gloire de Dieu. Comme je l'ai dit avant, quiconque ne vit pas pour la gloire de Dieu n'a aucun droit de vivre. Il n'existe aucune autre raison justifiable au fait de vivre. Le péché, c'est le fait de ne pas parvenir au but pour lequel nous avons été créés.

Il y a ensuite le mot que nous trouvons ici qui est "transgressions". Les transgressions signifient "passer outre une limite connue". C'est un peu comme "enfreindre". Ces mots peuvent être permutés. Enfreindre, c'est passer d'une zone autorisée à une zone interdite, en ayant conscience de le faire, tout en sachant où est la limite. Là où il n'y a pas de loi, il n'y a pas de transgression, mais du moment qu'il y a une loi, cela signifie non seulement que la possibilité de pécher existe, mais aussi celle de transgresser, c'est-à-dire d'enfreindre une loi sachant que celle-ci existe. Aucun d'entre vous ici, j'en suis certain, n'a jamais pensé à faire une telle chose. Vous voyez une vitesse limitée à 50 et votre compteur indique 60. Qu'êtes-vous en train de faire ? Vous transgressez, tout à fait. Nous transgressons. Je dois admettre que cela m'arrive aussi parfois !

Le troisième mot est traduit dans la plupart des traductions par "iniquité". Il est aussi traduit par "anarchie". L'iniquité ou l'anarchie, c'est faire quelque chose sans vous préoccupez des autres. "Je m'en moque de ce que disent les autres, je le fais". C'est l'iniquité ou l'anarchie. Vous le trouvez, par exemple, dans Matthieu 24:12, lorsque Jésus dit, "Et, parce que l'iniquité ou l'anarchie se sera accrue, l'amour du plus grand nombre se refroidira". Et c'est, je pense, ce que nous vivons en ce moment. Une iniquité ou une anarchie abondante. Les gens font moins attention, ce que la loi dit leur importe peu, ils se moquent de ce que les gens pensent, peu importe, ils font ce qu'ils ont l'intention de faire. C'est l'iniquité.

Nous parlons ici spécifiquement des transgressions parce qu'il est question de personnes qui vivaient sous la première alliance, l'alliance de la loi. Rappelez-vous que là où il n'y a pas de loi, il n'y a pas de transgressions. Cela ne veut pas dire qu'il n'y ait pas de péché, ce n'est pas la même chose.

J'aimerais approfondir un peu plus ce point. C'est pour moi une affirmation extrêmement importante que Jésus ait payé le prix de la rédemption pour ceux qui avaient transgressé sous l'Ancienne Alliance. J'aimerais prendre dans Romains 3:24-26. Comme je l'ai dit la dernière fois, mon problème lorsque je plonge dans Romains, c'est d'en ressortir[8]. Comme nous venons juste de parler du péché, nous pourrions tout aussi bien commencer par prendre Romains 3:23, qui dit :

Car tous ont péché et sont privés de la gloire de Dieu...

Remarquez que c'est là la nature du péché. Le péché est comme une flèche tirée sur une cible, mais qui la manque, qui ne l'atteint pas. Il n'y a pas nécessairement de désobéissance ou d'iniquité ou d'anarchie délibérée. C'est juste que nous l'avons ratée. Et cela est vrai pour la race humaine tout entière. Personne ne l'a jamais atteinte, excepté Jésus.

Voyant que nous avons péché, Dieu va alors faire quelque chose. Laissez-moi vous dire que le problème que Dieu a n'est pas le problème qui lui est attribué dans la culture contemporaine. Le problème que la culture contemporaine cherche à rejeter sur Dieu, c'est 'comment peux-tu être si méchant pour punir des pécheurs ?' Laissez-moi vous dire que ce n'est en rien le problème de Dieu. De nombreux enseignants d'école du dimanche et de gens aujourd'hui essaient de décharger Dieu de la culpabilité de punir les pécheurs. C'est un parfait malentendu. Le problème de Dieu n'est pas de savoir comment punir les pécheurs, mais comment éviter de les punir. Alors voici le passage indiquant la solution trouvée par Dieu.

Car tous ont péché et sont privés de la gloire de Dieu ; et ils sont gratuitement [comme un don] *justifiés* [acquittés, comptés justes, justifiés : comme si je n'avais jamais péché]...

Bien, attendez une minute. Je vais lire dans une autre version. La version Segond n'est pas bonne. Je vais prendre la version Darby.

... car tous ont péché et n'atteignent pas à la gloire de Dieu, –étant justifiés gratuitement [cela ne peut être mérité] *par sa grâce* [et la grâce est toujours gratuite]*, par la rédemption qui est dans le Christ Jésus,*

Autrement dit, nous avons le même mot "rédemption" que dans Hébreux 9.

... Dieu l'a présenté [ou mis en avance] *comme un sacrifice d'expiation.*

---

[8] Si vous aimez avoir une étude plus poussée sur l'épître aux Romains, vous pouvez vous procurer le livre 'Pèlerinage à travers l'épître aux Romains, une étude sur les huit premiers chapitres de Romains' de Derek Prince. Egalement disponible sur CD audio et MP3. (n.d.t.)

Le mot utilisé en grec est le même mot que celui utilisé pour le propitiatoire. C'est le terme grec pour le propitiatoire, cette chose qui couvrait l'arche et qui avait des chérubins à chaque extrémité. Jésus est, dans un sens, le propitiatoire ; il est un lieu où la justice céleste et la miséricorde céleste se rencontrent. Le problème de la justification des injustes était résolu. Dieu l'a présenté publiquement démontrant ainsi sa propre justice à l'univers tout entier.

Le problème que Dieu avait à résoudre, c'est que pendant des siècles il avait vu des gens pécher et ne les avait pas amené au jugement final. Je suis certain que les anges devaient dire depuis longtemps, "Comment cela se fait-il ? Qu'est-ce que c'est que ça ?" Il me semble que Dieu n'avait mis personne au courant de son plan secret. Il n'avait pas fait connaître son plan aux anges, ni au diable ; sinon, le diable n'aurait pas été celui qui a amené son plan à son accomplissement. Vous comprenez ? Car en fait, c'est le diable qui a en réalité produit la solution.

Mais la justice de Dieu a été démontrée quand Jésus est mort sur la croix. Jésus a payé le prix pour tous les péchés que Dieu avait vus commettre depuis bien des siècles. Reprenons ce passage.

C'est lui [Jésus] que Dieu a destiné à être, par son sang pour ceux qui croiraient, victime propitiatoire, afin de montrer sa justice, parce qu'il avait laissé impunis les péchés commis auparavant, au temps de sa patience.

Voilà le point crucial de cette question, "Comment Dieu a-t-il pu laisser siècle après siècle le péché impuni ?" Dieu n'a dit à personne, pour autant que je sache, ce qu'il allait faire à ce sujet. Mais il avait son plan. Son plan se résumait en un mot, Jésus.

Verset 26:

Il montre ainsi sa justice dans le temps présent, de manière à être juste tout en justifiant celui qui a la foi en Jésus.

Voilà le problème de Dieu. Comment peut-il être à la fois juste et justifier le pécheur ? Le problème a été résolu par la mort de Jésus. Il n'existe aucun autre moyen de résoudre le problème.

Nous retournons à présent dans Hébreux, où nous arrivons aux versets 16-17, un passage critique et assez difficile. Il se pourrait bien que nous passions une bonne partie du reste de cette session et peut-être une partie de la suivante sur ce passage. Je vais d'abord traduire ces deux versets et ensuite nous les étudierons. Hébreux 9:16-17.

Car là où il y a une alliance, il est nécessaire que la mort de celui qui a fait l'alliance ait eue lieu.

Que disent-ils ici ? "… il est nécessaire que la mort du testateur soit constatée.". Cela ne dit pas tout. Voyons voir ce qu'ils disent dans celle-ci. Cette version, la version Darby, ne parle pas d'alliance, mais de testament. Ce qui engendre un nouveau problème sur lequel nous viendrons dans un instant. "… car un testament est valide lorsque la mort est intervenue, puisqu'il n'a pas de force tant que le testateur vit.". Bien, ceci est pour nous très facile à comprendre, car nous savons que la volonté ou la dernière volonté et le testament d'une personne n'entrent en vigueur qu'une fois que cette personne est décédée. C'est parfois un processus légal compliqué de prouver qu'une personne est véritablement décédée. Ensuite, comme vous le savez peut-être, la question vient parfois de savoir qui est mort en premier, le mari ou la femme. Donc, la mort est un fait majeur lorsqu'il est question de volonté. Mais le problème est que le mot "volonté" est réellement une sorte d'interjection de la pensée moderne, ce n'est pas le mot qui est vraiment utilisé.

Mais revenons à la traduction Derek Prince. Êtes-vous prêts ? Je donne souvent des traductions spontanées lorsque je prêche. Parfois, des gens viennent me voir pour me demander où on peut les trouver. La réponse est : nulle part.

Car là où il y a une alliance, il est nécessaire d'établir la mort de celui qui a fait l'alliance. Car une alliance est valable [ou en vigueur] *lorsque les gens sont morts, car elle n'est pas en vigueur* [ou n'est pas valable] *tant que celui qui a fait l'alliance est en vie.*

Le mot auquel nous avons affaire est le terme grec ordinaire pour "alliance" et il correspond au mot hébreu *berit*. Vous ne le connaissez peut-être pas, mais vous avez sans doute entendu parler de B'nai B'rith. Ce sont les sons du mot "alliance". C'est le même mot. C'est le mot que nous avons dans notre Bible, dans la première et la deuxième partie de la Bible, l'Ancien Testament et le Nouveau Testament. Le mot utilisé est "alliance". Il serait plus correct de traduire par l'Ancienne Alliance et la Nouvelle Alliance. Et en effet, dans les versions scandinaves, allemandes et autres, c'est traduit ainsi.

Ce qu'il faut clarifier, c'est la relation de la mort avec une alliance. Vous comprenez, si nous utilisons le terme "testament", il n'y a pas de problème. Tout le monde sait qu'un testament n'entre en vigueur qu'une fois que la personne qui l'a émis est décédée. Mais lorsque nous pensons à une alliance, ce n'est normalement pas à cela que nous pensons, parce que nous ne pensons pas comme la Bible. Le fait d'analyser ces deux versets nous oblige à rechercher l'image biblique d'une alliance. C'est ce que nous allons faire. La raison première est que j'aime le faire ! La deuxième raison est que si je parviens à le faire correctement, ce sera alors une source d'immense illumination pour vous. Certaines choses que vous n'avez probablement jamais pu comprendre vont s'éclairer.

Dans toute la Bible, une alliance/un testament nécessite un sacrifice, qui requiert du sang versé, signifiant qu'une vie a été offerte. Là où il y a un sacrifice, il doit y avoir du sang versé indiquant qu'une vie a été offerte. Il n'existe aucune alliance dans la Bible – du moins entre Dieu et l'homme – où il n'y ait de sacrifice. Donc, le sacrifice est implicite.

Ce fait m'est apparu clairement de façon surprenante. Je n'ai jamais pu comprendre pourquoi j'ai agi ainsi, mais en 1944 ou 1945, je décidai d'apprendre tout seul l'hébreu en lisant l'Ancien Testament. Ce fut un processus lent et ennuyeux, mais enrichissant. J'avais souvent l'habitude de souligner à l'époque, or j'avais trois crayons de couleur. L'un était rouge, l'autre bleu et le dernier vert. Je décidai, tout en me plongeant dans l'Ancien Testament pour commencer par Genèse, de prendre trois thèmes et de les souligner en trois couleurs. Le premier était l'alliance, que je soulignais en bleu. Le deuxième était le sacrifice, que je soulignais en vert. Et le troisième était le sang, que je soulignais en rouge. Et bien, après avoir parcouru les deux-tiers du livre de Genèse, j'avais fait une découverte très importante. À savoir qu'à chaque fois que j'avais le bleu pour "alliance", j'avais le vert pour "sacrifice". Et à chaque fois que j'avais le vert pour "sacrifice", j'avais le rouge pour "du sang versé". Donc ce que j'ai écrit ici, c'est quelque chose que j'ai découvert en 1945, et cela a été d'une valeur inestimable pour ma compréhension de la Bible tout depuis. Permettez-moi de le répéter. À chaque fois que vous avez une alliance – du moins entre Dieu et l'homme – vous avez un sacrifice. Et à chaque fois que vous avez un sacrifice, il y a du sang versé. Et ce sang versé fait toujours référence à une vie offerte. Lorsque vous considérez une alliance dans ces termes, alors vous comprenez pourquoi il est dit que là où il y a une alliance, la mort de celui qui a fait cette alliance doit être mentionnée. La mort étant représentée par le sacrifice et le sang versé.

Prenons les deux alliances que Dieu fit avec Abraham. Genèse 15:8-21.

Abram répondit : Seigneur Eternel, à quoi connaîtrai-je que je le possèderai [c-à-d le pays de Canaan] *?*

J'aimerais vous faire remarquer que la réponse de Dieu a été de conclure une alliance. La dernière garantie de Dieu est une alliance. Il dit, je ferai une alliance avec toi, ainsi tu sauras.

Et l'Eternel lui dit : Prends une génisse de trois ans, une chèvre de trois ans, un bélier de trois ans, une tourterelle et une jeune colombe. Abram prit tous ces animaux, les coupa par le milieu, et mit chaque morceau vis-à-vis de l'autre ; mais il ne partagea point les oiseaux. Les oiseaux de proie s'abattirent sur les cadavres ; et Abram les chassa. Au coucher de soleil, un profond sommeil tomba sur Abram ; et voici une frayeur et une grande obscurité vinrent l'assaillir. Et l'Eternel dit à Abram : Sache que tes descendants seront étrangers dans un pays qui ne sera point à eux ; ils y seront asservis, et on les opprimera pendant quatre cents ans. Mais je jugerai la nation à laquelle ils seront asservis, et ils sortiront ensuite avec de grandes richesses. Toi, tu iras en paix vers tes pères, tu seras enterré après une heureuse vieillesse. À la quatrième génération, ils reviendront ici ; car l'iniquité des Amoréens n'est pas encore à son comble. Quand le soleil fut couché, il y eut une obscurité profonde ; et voici, ce fut une fournaise fumante, et des flammes passèrent entre les animaux partagés [du sacrifice]. En ce jour-là, l'Eternel fit alliance avec Abram, et dit : Je donne ce pays à ta postérité, depuis le fleuve d'Egypte jusqu'au grand fleuve, au fleuve d'Euphrate...

Puis, il énumère les dix nations qui occupaient alors le pays.

Cette alliance était, en bien des manières, une alliance extrêmement limitée. Je vous suggère de la considérer comme une alliance parallèle à celle de la loi. Nous verrons dans quelques instants dans Genèse 17 que Dieu a fait une autre alliance avec Abraham. Nous y viendrons dans une minute. Pour moi, cette deuxième alliance correspond à l'alliance de grâce accomplie par Jésus-Christ lors de son sacrifice à Golgotha.

Prenons maintenant l'alliance mentionnée dans Genèse 15 et vous verrez en temps utile qu'elle contraste avec celle de Genèse 17. Cette alliance-ci est simplement appelée "une alliance", distincte de celle de Genèse 17 que Dieu a appelée "mon alliance". Elle est basée sur le sacrifice d'animaux : une génisse, une chèvre, un bélier, une tourterelle et une jeune colombe. C'étaient essentiellement les principaux animaux sacrifiés sous la loi par le sacrificateur lévitique. Elle garantissait l'héritage de Canaan aux descendants d'Abraham. Point important, elle ne garantissait rien du tout à Abraham lui-même ; il n'en a rien retiré. Si vous prenez le verset 18, Dieu lui dit bien :

Je donne ce pays à ta postérité...

Cela n'inclue pas Abraham.

Notez aussi deux autres points que je n'ai pas encore mentionnés, mais que j'ajouterai : tout d'abord, j'ai déjà dit qu'il n'y avait rien pour Abraham. D'autre part, son nom est resté Abram. Son nom n'a pas changé. Pour autant, cette alliance dénotait l'engagement mutuel entre Dieu et Abraham.

Reprenez un instant ce chapitre, car j'aimerais vous faire remarquer d'autres caractéristiques. Au verset 8, Abraham dit :

À quoi connaîtrai-je que je le posséderai ?

Dieu répondit sous la forme d'une alliance. Ce qui peut ne pas satisfaire quelques-uns d'entre nous, mais quand Dieu fait une alliance, c'est sa dernière réponse. Il n'a rien de plus satisfaisant à nous offrir.

Abraham coupa en deux les animaux sacrifiés, excepté les oiseaux. Il plaça chaque morceau l'un vis-à-vis de l'autre. C'était ainsi qu'une alliance était acceptée. J'aimerais comparer un instant ce fait avec une déclaration dans Jérémie 34. Nous n'allons pas étudier toute l'origine de ce passage dans Jérémie, mais j'aimerais juste en souligner les principes. Versets 18-19. Dieu exprime sa colère envers Israël qui a rompu une alliance après l'avoir conclue avec lui. Leur alliance consistait à libérer les esclaves hébreux, car c'était contraire à la loi de les retenir. Mais une fois la pression de Dieu relevée, Israël est revenue sur l'alliance et le peuple a repris ses esclaves. Comme ils ont rompu l'alliance, Dieu leur a dit, "Je vous jugerai pour cela". Tout ce que je voulais vous faire remarquer maintenant, c'est la façon dont ils ont fait cette alliance. Si vous y êtes, c'est dans Jérémie 34:18-19 :

Je livrerai les hommes qui ont violé mon alliance, qui n'ont pas observé les conditions du pacte qu'ils avaient fait devant moi, en coupant un veau en deux et en passant entre ses morceaux ; je livrerai les chefs de Juda et les chefs de Jérusalem, les eunuques, les sacrificateurs, et tout le peuple du pays, qui ont passé entre les morceaux du veau...

Vous voyez donc que la conclusion de l'alliance incluait le sacrifice d'un animal désigné, son corps coupé en deux, et que les personnes qui avaient fait l'alliance devaient passer entre les deux morceaux de l'animal tué. Elles affirmaient ainsi symboliquement, "Ce corps mort à travers lequel je suis passé représente ma mort. En passant par cette mort symbolique, je m'engage dans cette alliance". Il n'est pas possible, souvenez-vous, qu'une alliance soit effective tant qu'il n'y a pas eu de mort. C'était donc la mort symbolique, de substitution. Une fois qu'elles étaient passées entre les morceaux du veau, ces personnes étaient engagées dans cette alliance. Dieu était en colère contre ce peuple parce qu'il était revenu sur l'alliance et avait refusé de remplir son engagement.

J'ai pris ce passage pour donner une illustration claire de la façon dont Dieu a conclu son alliance avec Abraham dans Genèse 15. Abraham coupa les animaux sacrifiés en deux et j'imagine qu'il est sans doute – certaines personnes ne sont pas d'accord – passé entre les morceaux des animaux tués. Il s'engageait ainsi personnellement dans l'alliance.

Lisons une autre partie de ce chapitre 15, reprenons à partir de Genèse 15:10.

Abram prit tous ces animaux, les coupa par le milieu, et mit chaque morceau l'un vis-à-vis de l'autre ; mais il ne partagea point les oiseaux.

Je suppose qu'un des oiseaux était d'un côté, et l'autre de l'autre côté. Mais ce n'est qu'une supposition, je n'en sais rien.

Les oiseaux de proie s'abattirent sur les cadavres ; et Abram les chassa.

Ceci représente pour moi la participation de l'homme, en protégeant son alliance avec Dieu. Les oiseaux de proie sont, dans ce passage et d'autres encore, les représentants de Satan. Ils voulaient enlever les sacrifices qui garantissaient l'alliance. La tâche d'Abraham était de les chasser.

Ceci est devenu vraiment réel pour moi, à nouveau au cours de mon expérience en 1943. J'avais passé une année entière comme patient dans un hôpital militaire en Egypte, dans un état tel que les docteurs n'étaient apparemment pas en mesure de soigner. A la fin, désespéré, le nouveau croyant que j'étais s'est tourné vers Dieu et les promesses de la Bible, et je me suis attendu à la guérison de Dieu à travers l'expiation de Jésus. C'était mon sacrifice. Pendant des semaines et des semaines, je suis passé par l'expérience d'Abraham. À chaque fois que j'affermissais ma foi dans le sacrifice, les oiseaux de proie venaient essayer de m'en éloigner. Je pense que j'ai été mentalement assailli par tous les arguments qui ont été offerts contre la guérison divine. Je doute qu'il y ait un seul argument que Satan ne m'ait pas présenté. C'étaient les oiseaux de proie venant sur le corps du sacrifice. Je ne pouvais pourvoir au sacrifice, mais je pouvais le garder intact.

J'aimerais vous dire que quand vous commencez à traiter avec Dieu et les termes de l'alliance, vous découvrez que les oiseaux de proie cherchent à dégrader la carcasse, et c'est à vous de les chasser.

Ensuite, verset 12 :

Au coucher du soleil, un profond sommeil tomba sur Abraham ; et voici une frayeur et une grande obscurité vinrent l'assaillir.

C'était une expérience spirituelle, et il est fait mention d' "une frayeur et une grande obscurité". Je crois que cela préfigure l'esclavage des descendants d'Abraham en Egypte. Dans un certain sens, il a vécu spirituellement avant eux ce par quoi ils allaient passer. Je pense que c'est un principe spirituel auquel nous sommes parfois appelés, d'expérimenter dans l'esprit quelque chose que d'autres personnes vivront dans le naturel. Dieu dit à Abraham :

Sache que tes descendants [ou ta semence] *seront étrangers dans un pays qui ne sera point à eux ; ils y seront asservis, et on les opprimera pendant quatre cents ans.*

C'est l'horreur de la grande obscurité.

Mais je jugerai la nation à laquelle ils seront asservis, et ils sortiront ensuite avec de grandes richesses.

Il est important de noter que Dieu garantissait cela quatre cents ans avant que l'événement n'arrive. Vous vous souvenez que lorsque Israël sortit d'Egypte, ils avaient défaits les Egyptiens ; ils avaient pris leur or, leur argent, tout.

Il fit sortir son peuple avec de l'argent et de l'or, et nul ne chancela parmi ses tribus.

Tout cela avait été garanti par Dieu quatre cents ans avant que cela n'arrive. Verset 16 :

À la quatrième génération, ils reviendront ici ; car l'iniquité des Amoréens n'est pas encore à son comble.

Nous voyons ici le mot "iniquité". C'était un peuple rebelle, qui suivait sa propre voie, servait ses propres dieux, transgressait toutes les lois morales avec l'intention de continuer à le faire.

Mais Dieu dit, "j'attends pour les juger que la coupe de leur iniquité soit pleine". Ce qui, en un certain sens, maintenaient les descendants d'Abraham en dehors du pays jusqu'à ce que le temps du jugement vienne sur les Amoréens.

Et lorsque vous lisez le récit narrant l'entrée d'Israël dans le pays et ce qu'ils devaient faire aux habitants précédents, vous devez le lire à la lumière de ce passage. Dieu a attendu quatre cents ans avant de passer ce peuple en jugement. Verset 17 :

Quand le soleil fut couché, il y eut une obscurité profonde...

Ce n'était pas simplement une obscurité spirituelle, mais également une obscurité naturelle.

... et voici, ce fut une fournaise fumante [ou une étuve fumante]...

Quel est le symbole d'une fournaise dans la Bible ? La purification, mais à travers quoi ? La souffrance, c'est exact. Dieu dit à Israël dans Esaïe 48:10b :

Je t'ai éprouvé dans la fournaise de l'adversité.

C'est à nouveau une image d'Israël souffrant en Egypte. Voilà maintenant ce vers quoi je vous ai conduit.

Et voici, ce fut une fournaise fumante, et des flammes passèrent entre les animaux partagés.

Dans la plus profonde obscurité, Dieu envoya une lumière surnaturelle qui n'était pas une lumière naturelle. Elle passa entre les animaux partagés du sacrifice. C'était Dieu, représenté par les flammes. Dieu s'engageait lui-même dans le sacrifice. Tel que je le comprends, Abraham étaient passé entre les animaux ; maintenant les flammes passaient également entre eux [une figure du Saint-Esprit], représentant Dieu. Donc l'alliance était scellée avec Dieu lui-même sous la forme de flammes passant entre les animaux partagés du sacrifice. C'était l'engagement de Dieu envers Abraham et d'Abraham envers Dieu.

À nouveau, je veux juste donner une application. Quand l'obscurité est à son comble, alors vous pouvez espérer la lumière surnaturelle. Cependant, elle n'illuminait que les sacrifices. En fin de compte, c'est sur le sacrifice illuminé par le Saint-Esprit que peut se baser votre assurance. Je dois vous dire que c'est en 1943 que j'ai appris tout cela. Ce ne fut pas une partie de plaisir d'apprendre cela, mais je ne pourrais estimer la valeur de la leçon que j'ai apprise. Quand tout était sombre et que je me sentais vraiment désespéré, le Saint-Esprit illuminait le sacrifice.

C'est la première alliance entre Dieu et Abraham. Laissez-moi en résumer les différents points. C'était "une" alliance, basée sur le sacrifice d'animaux ; elle garantissait l'héritage de Canaan pour les descendants d'Israël, mais ne garantissait pas un héritage permanent. Elle n'offrait rien à Abraham lui-même et son nom resta inchangé. Elle comportait de nombreuses limites.

Continuons maintenant avec Genèse 17. Nous allons lire le passage citant cette deuxième alliance. J'aimerais que vous la lisiez en ayant à l'esprit qu'elle préfigure le Calvaire et la Nouvelle Alliance. Genèse 17:1-22.

Lorsque Abram fut âgé de quatre-vingt-dix-neuf ans, l'Eternel apparut à Abram, et lui dit : Je suis le Dieu Tout-Puissant. Marche devant ma face, et sois intègre.

C'est là, je crois, le chemin vers la maturité. C'était en un sens la dernière étape de la vie d'Abram. "Marche devant ma face, et sois intègre, sois droit, sois parfait".

J'établirai mon alliance entre moi et toi, je te multiplierai à l'extrême. Abram tomba sur sa face ; et Dieu lui parla, en disant : Voici mon alliance, que je fais avec toi. Tu deviendras père d'une multitude de nations. On ne t'appellera plus Abram [ce qui signifie père exalté] ; mais ton nom sera Abraham [ce qui signifie père d'une multitude], car je te rends père d'une multitude de nations. Je te rendrai fécond à l'extrême, je ferai de toi des nations ; et des rois sortiront de toi. J'établirai mon alliance...

Remarquez combien de fois Dieu dit "mon alliance".

... entre moi et toi, et tes descendants après toi [ou ta semence], selon leurs générations : ce sera une alliance perpétuelle, en vertu de laquelle je serai ton Dieu et celui de ta postérité après toi. Je te donnerai, et à tes descendants après toi, le pays que tu habites comme étranger, tout le pays de Canaan, en possession perpétuelle...

Remarquez deux choses. C'était d'abord pour Abraham, ensuite pour ses descendants. Ensuite, c'était une alliance perpétuelle. Et, je serai leur Dieu.

Dieu dit à Abraham : Toi, tu garderas mon alliance, toi et tes descendants après toi, selon leurs générations. C'est ici mon alliance, que vous garderez entre moi et vous, et ta postérité après toi : tout mâle parmi vous sera circoncis. Vous vous circoncirez ; et ce sera un signe d'alliance entre moi et vous. À l'âge de huit jours, tout mâle parmi vous sera circoncis, selon vos générations, qu'il soit né dans la maison, ou qu'il soit né acquis à prix d'argent de tout fils d'étranger, sans appartenir à ta race. On devra circoncire celui qui est né dans la maison et celui qui est acquis à prix d'argent ; et mon alliance sera dans votre chair une alliance perpétuelle.

Vous ne pouviez être un membre mâle de la maison d'Abraham sans être circoncis.

Un mâle incirconcis, qui n'aura pas été circoncis dans sa chair, sera exterminé du milieu de son peuple : il aura violé mon alliance. Dieu dit à Abraham : Tu ne donneras plus à Saraï, ta femme, le nom de Saraï ; mais son nom sera Sara. Je la bénirai, et je te donnerai d'elle un fils ; je la bénirai, et elle deviendra des nations ; des rois de peuples sortiront d'elle. Abraham tomba sur sa face ; il rit, et dit en son cœur : Naîtrait-il un fils à un homme de cent ans ? et Sara, âgée de quatre-vingt-dix ans, enfanterait-elle ? Et Abraham dit à Dieu : Oh ! qu'Ismaël vive devant ta face ! Dieu dit : Certainement Sara, ta femme, t'enfantera un fils ; et tu l'appelleras du nom d'Isaac [ce qui signifie 'il a ri']. J'établirai mon alliance avec lui comme une alliance perpétuelle pour sa postérité après lui. À l'égard d'Ismaël, je t'ai exaucé. Voici, je le bénirai, je le rendrai fécond, et je le multiplierai à l'extrême ; et il engendrera douze princes, et je ferai de lui une grande nation. J'établirai mon alliance avec Isaac, que Sara t'enfantera à cette époque-ci de l'année prochaine. Lorsqu'il eut achevé de lui parler, Dieu s'éleva au-dessus d'Abraham.

Voyons maintenant la nature de cette alliance. J'aimerais que vous vous souveniez que là où il est question d'alliance, il doit y avoir un sacrifice. D'accord ? Et là où il y a un sacrifice, il faut que du sang soit versé démontrant ainsi qu'une vie a été offerte. C'est une sorte de puzzle pour trouver le sacrifice. D'accord ?

Cette alliance a été appelée par Dieu "mon alliance". Je pense qu'il doit l'avoir appelée cinq ou six fois "mon" alliance. C'est celle dont il dit, "J'en accepte la responsabilité. C'est celle qui exprime ce que je veux véritablement faire pour vous". Elle est perpétuelle. La possession du pays de Canaan est perpétuelle. Elle garantissait la possession permanente de Canaan et un héritier à Abraham par Sara. À savoir, Isaac.

Permettez-moi d'ajouter également un autre point que je n'ai pas encore mentionné. Elle était d'abord destinée à Abraham, ensuite à ses descendants. Son nom fut changé. Celui de sa femme aussi. Un changement de nom dans la Bible, s'il provient de Dieu, indique toujours un changement significatif dans la personne en question. Abram ne pouvait entrer dans cette alliance. Il devait devenir Abraham. Et Saraï devait devenir Sara. Vous voyez, la loi ne pouvait jamais apporter de changement intérieur, vous vous en souvenez ? Or, nous parlons à présent d'une alliance qui produit un changement intérieur représenté par le changement des noms.

J'aimerais simplement mentionner quelque chose d'intéressant. Si vous lisez dans Genèse 17:8 :

Je te donnerai, et à tes descendants après toi, le pays que tu habites comme étranger, tout le pays de Canaan, en possession perpétuelle, et je serai leur Dieu.

En 1947, je me trouvais à Jérusalem lorsqu'une totale confusion éclata et que la guerre civile commença. Il y avait des tireurs embusqués à chaque coin de rue, des bombes étaient placées dans des maisons et des rues, c'étaient les signes avant-coureurs de la guerre qui commença en effet officiellement en mai 1948. C'était très dangereux, de nombreuses personnes avaient perdu leurs maisons, leurs biens et pour certains la vie. Ma famille et moi-même avons été obligés, pour avoir la vie sauve, de quitter l'une de nos maisons en pleine nuit ; nous n'y sommes jamais retournés. Un jour, je dus me rendre dans un magasin de matériel électrique se trouvant sur Ben Yehuda Street. J'étais l'un de ces fanatiques pentecôtistes qui ne pouvaient s'empêcher de témoigner à tout le monde. J'étais en train d'acheter une petite pièce, un adaptateur, et le vendeur me parlait en hébreu. Il me disait que les temps étaient mauvais. Moi, je lui répondis que ça allait pour moi – ce qui était stupide. Il me dit alors, "Que voulez-vous dire par 'Pour moi, ça va' ?" J'essayais de lui parler de la vie éternelle. Je ne m'exprimais pas très bien. Puis il me dit, "Dans notre Bible [c-à-d l'Ancien Testament], il n'est nullement question de vie éternelle ou de résurrection". J'avais mémorisé ce passage, alors je lui citai en hébreu Genèse 17:8. Lorsque je dis ces mots en hébreu – il y avait environ six personnes dans le magasin – tout le monde fut comme paralysé. Personne ne parlait. J'avais dit ce que j'avais dit. Dieu a dit qu'il donnerait la terre en premier à Abraham, ensuite à ses descendants. Je continuai en disant, "Jusqu'ici, tout ce qu'Abraham a eut suffit pour y être enterré. S'il n'y a pas de résurrection, alors comment la promesse peut-elle être accomplie ?" Tout en parlant, je m'étonnais moi-même de tout ce que je disais. D'autant plus étonné, que tout cela, je le disais en hébreu ! Mais j'ai toujours suivi ma propre logique. Pensez à tout ce que cela implique. "Je te donnerai, et à tes descendants après toi, le pays où tu séjournes, tout le pays de Canaan, en possession perpétuelle". Cette promesse n'a encore jamais été accomplie.

Soit elle s'accomplira, soit la Bible n'est pas fiable. Il n'existe pas de troisième possibilité. Personnellement, je crois qu'elle s'accomplira.

Cela impliquait un héritier, un enfant miraculeux. C'est vraiment intéressant de voir combien de fois le plan de rédemption de Dieu a dépendu de femmes qui ne pouvaient avoir d'enfants, mais finissaient par en avoir. C'en était presque davantage la règle que l'exception. En un sens, la capacité d'Abraham à concevoir ou croire cela était tellement dépassée qu'il revint sur Ismaël. En effet, il dit, "Qu'Ismaël vive devant ta face". Je suis certain qu'il a dû le regretter plus tard. Dieu lui répondit, "Je prendrai soin d'Ismaël puisqu'il est ton descendant, mais j'établirai mon alliance avec toi, Isaac et tes descendants".

C'est la clé pour comprendre où se situe le sacrifice. Le sang a été pris du corps d'Abraham et de ses descendants. Il ne s'agissait pas d'une vie offerte, mais d'une image de quelque chose qui allait se produire. Comment allait-elle être accomplie ? Par la semence d'Abraham, Jésus-Christ. Donc dans ce symbole de l'alliance, il y avait la promesse du rédempteur. Vous devez savoir qu'il vous faut chercher le sang, et vous devez ensuite trouver de quelle manière le sang parle d'une vie offerte.

Si vous prenez dans Galates 3:16 :

Or, les promesses ont été faites à Abraham et à sa descendance. Il n'est pas dit : et aux descendances, comme s'il s'agissait de plusieurs, mais comme il s'agit d'une seule : et à ta descendance, c'est-à-dire à Christ.

Donc Paul dit que la semence ultime d'Abraham fut son descendant Jésus-Christ. Le sang de l'alliance représentait le sang de Jésus-Christ. Elle avait été symbolisée 2000 ans plus tôt par l'ordonnance de la circoncision.

Si maintenant, vous rassemblez ces deux alliances, je pense que vous verrez qu'elles anticipent exactement, pour la première, l'alliance de la loi ; la seconde, l'alliance de la grâce.

Dans la première alliance, il était simplement question d'"une" alliance, basée sur le sacrifice d'animaux. Ce n'était pas une alliance perpétuelle. Elle garantissait l'héritage de Canaan aux descendants d'Abraham, mais pas pour toujours. Elle était accomplie par la loi, mais elle ne laissait rien à Abraham et rien de permanent à ses descendants. Chaque descendant d'Abraham devrait louer Dieu qu'il y ait eu une autre alliance.

La seconde alliance est appelée "mon" alliance par Dieu. C'est une alliance éternelle. Elle garantissait la possession perpétuelle de Canaan, en premier lieu à Abraham, ensuite à ses descendants. Elle promettait un héritier à Abraham et à Sara. Leurs noms à tous deux étaient changés, indiquant par là que quelque chose de radical s'était passé en eux. Elle était scellée par un signe de circoncision, par lequel du sang était retiré d'Abraham et de ses descendants mâles, préfigurant ainsi le sang qui devait être versé par Jésus-Christ, la semence d'Abraham.

Revenons à Hébreux, vous avez peut-être oublié que c'est là que nous en étions ! Hébreux 9:16-17.

Car là où il y a une alliance, il doit y avoir la mort de celui qui l'a faite.

Vous suivez ? Alliance, sacrifice, sang versé, vie offerte.

Car une alliance n'est valide que lorsque des hommes sont morts, car elle n'est jamais valable tant que celui qui l'a faite est vivant.

Dans la première alliance, des animaux servaient de substituts pour ceux qui avaient fait l'alliance. Ce n'était jamais vraiment fini, c'était simplement une alliance intermédiaire préparant le chemin pour l'alliance définitive. Je pense que c'est également significatif pour vous et moi, parce que le sacrifice sur lequel est basée notre Nouvelle Alliance, c'est la mort de Jésus. Mais, pour que cela soit valable dans nos vies, que faut-il ? Comment est-ce que la première alliance a été mise en vigueur ? Elle a été mise en vigueur quand l'Eternel et Abraham sont passés entre les morceaux des animaux et à travers le sacrifice. Ce sacrifice représentait une vie offerte.

En effet, si j'ai raison, dans cette relation d'alliance entre Abraham et Dieu, Abraham a dit à Dieu, "À partir de maintenant, tout ce que j'ai t'appartient. S'il y a quelque besoin dans ta vie que je peux combler, mes ressources sont à ta disposition. Ces créatures mortes me représentent. J'ai offert ma vie pour entrer dans cette relation d'alliance avec toi".

Je crois aussi que cela signifie que Dieu a dit la même chose à Abraham. "J'ai offert ma vie pour entrer dans cette alliance avec toi".

Tout ceci s'est magnifiquement réalisé dans l'histoire. Quelques années plus tard, Dieu utilisa cette alliance et dit, "Abraham, tu as ton fils. Je veux que tu le sacrifies". Abraham s'était engagé. Il n'y avait aucun moyen pour revenir sur l'alliance et la garder. Or il fut d'accord, pour son mérite éternel. Mais ce n'était pas la fin de l'histoire. Deux mille ans plus tard, Dieu dit, "Maintenant, ce sera mon fils". Et cette fois-là, il n'y a eu aucune porte de sortie.

Je ne sais pas si je peux réussir à vous communiquer ceci, mais si j'y parviens, vous verrez qu'en un sens, l'alliance détermine le cours de l'histoire. Ses engagements sont si sérieux et liés de façon que rien ne peux être autorisé à en changer le cours. Je crois que dans l'histoire contemporaine, nous sommes les témoins d'autres accomplissements de l'alliance passée entre Dieu et Abraham. C'est pourquoi Israël est de retour dans son pays. Non parce que ce peuple le méritait ou même dans la plupart des cas, parce qu'il le voulait, mais parce que Dieu maintient son alliance avec Abraham.

Lorsque nous arrivons à la Nouvelle Alliance, nous y entrons par le sacrifice du corps de Jésus-Christ. En y entrant, nous disons de ce corps mort, "C'est ma mort. Lorsqu'il est mort, je mourus. Dorénavant, je ne vis plus pour moi, mais je vis pour celui qui est mort pour moi". Vous ne pouvez être dans une alliance et vous cramponner à votre vie. Jésus a dit, "Celui qui n'abandonne pas tout ce qu'il a ne peut être mon disciple".

C'est intéressant de voir que l'on peut revenir sur cette cérémonie apparemment primitive dans Genèse 15 et que celle-ci puisse devenir si puissante pour vous et moi. Lorsque nous entrons dans une alliance, nous devons passer par un sacrifice. Le sacrifice fait appel à une vie offerte. Je ne peux faire une alliance et vivre. Parvenez-vous à saisir cela ? Là où il y a une alliance, il doit y avoir la mort de celui qui a fait cette alliance.

Non seulement cela, mais elle s'applique aussi à notre relation les uns envers les autres. Lorsque j'entre dans une alliance par Jésus-Christ avec mes frères et sœurs, je dois être en mesure de leur dire, "Dorénavant, mes ressources sont tes ressources. S'il y a quoi que ce soit dont tu aies besoin qui soit légitime, si tu ne l'as pas, je l'ai. Mes réserves sont à toi". C'est établi, et non pas simplement une chose à laquelle je viens de penser, dans 1 Jean 3:16-17.

Nous avons connu l'amour, en ce qu'il a donné sa vie pour nous...

C'est la démonstration de l'amour. Nous n'aurions pas connu l'amour, si Jésus ne l'avait pas démontré. En-dehors de lui, il n'y avait aucune démonstration satisfaisante.

... nous aussi, nous devons donner notre vie pour les frères.

Nous ne pouvons entrer dans cette alliance et nous attacher à nos vies. Car, là où il y a une alliance, il doit nécessairement y avoir la mort de celui qui a fait l'alliance. Vous direz que c'est très spirituel, mais Jean n'est pas aussi spirituel que vous le pensez. Lisez le verset suivant.

Si quelqu'un possède les biens du monde, et que, voyant son frère dans le besoin, il lui ferme ses entrailles, comment l'amour de Dieu demeure-t-il en lui ?

C'est un briseur d'alliance. Je suis très réticent à utiliser cette expression "briseur d'alliance". Je ne l'utiliserais jamais pour maintenir quelqu'un dans un quelconque engagement qui ne concerne ni la vie ni la mort. Je crois vraiment que si nous comprenons la nature de l'alliance, c'est ce dont il s'agit. Nous devons donner nos vies pour nos frères. Nous possédons des biens dans ce monde, et un autre frère a un besoin auquel il ne peut répondre, c'est un besoin légitime ; alors ce que j'ai est à lui.

Vous voyez, Jésus dit dans Jean, "Je vous donne un commandement nouveau : Aimez-vous les uns les autres ; comme je vous ai aimés, vous aussi, aimez-vous les uns les autres". Il dit ensuite, "Il n'y a pas de plus grand amour que de donner sa vie pour ses amis". Quel est le problème ? C'est de donner sa vie. Vous ne pouvez vous attacher à votre vie et être dans cette alliance. Là où il y a une alliance, il doit y avoir la mort de celui qui l'a faite.

LE DERNIER MOT DE DIEU

Quinzième message

Hébreux 9:18 – 10:22

Nous venons de terminer une étude des versets 16 et 17. Nous allons commencer par revenir rapidement sur ces deux versets, puis nous continuerons le reste du chapitre et entamerons le chapitre 10. Je lis maintenant à partir de la version Segond, je ne prends pas la peine de traduire à partir du grec.

Car là où il y a un testament, il est nécessaire que la mort du testateur soit constatée. Un testament, en effet, n'est valable qu'en cas de mort, puisqu'il n'a aucune force tant que le testateur vit.

Nous avions noté au cours de la session précédente qu'il existe une certaine confusion en français, car le même mot en grec – et de fait, le même mot en hébreu – est traduit de deux manières différentes. Il est traduit par "testament" et "alliance". Nous comprenons tous qu'un testament n'est valide qu'à partir du moment où la personne qui l'a fait est décédée. Mais quoique nous soyons habitués au mot "alliance", ce n'est pas à cela que nous pensons, car notre pensée n'est pas conforme à celle de la Bible. Je vous avais fait remarquer que la Bible fait continuellement ressortir ce point. Je vous avais spécifiquement partagé la dernière fois que lorsque que j'ai commencé à étudier la Bible en hébreu – ce qui remonte à bien des années maintenant – j'utilisais un système avec trois couleurs différentes : le bleu, le vert et le rouge. Combien d'entre vous se souviennent de ce à quoi correspondait le bleu ? À l'alliance, exact. Et l'alliance est suivie par le vert qui correspond au sacrifice, suivi lui-même du rouge qui correspond à du sang versé. Et à quoi du sang versé fait allusion ? À une vie offerte. Je ne sais pas combien d'entre vous me suivent. Je pense qu'il nous faut revoir tout cela rapidement.

Une alliance nécessite un sacrifice, et un sacrifice du sang versé, et le sang versé fait référence à une vie offerte. Ce même principe se trouve déjà dans le livre de Genèse : là où il y a une alliance, il doit nécessairement y avoir la mort de celui qui a fait cette alliance. Mais la mort était, à ce moment-là de la révélation continue de Dieu, en quelque sorte, symbolique. Nous avions vu tout cela avec deux alliances faites entre Dieu et Abraham. L'une se trouvait dans Genèse 15, que Dieu appelle "une" alliance, et l'autre dans Genèse 17, que Dieu appelle "mon" alliance. Nous avions noté que la première correspond à l'alliance que Dieu a faite avec Israël au Mont Sinaï, l'alliance de la loi qui conduisit Israël dans la Terre Promise, mais ne lui en garantissait pas une possession permanente et ne promettait rien à Abraham.

La seconde alliance a été faite par le Seigneur Jésus-Christ, et elle promettait d'abord à Abraham, et ensuite à ses descendants, une possession permanente du pays. De plus, elle changeait le nom d'Abraham. Son nom n'était plus Abram, mais Abraham. Et le nom de sa femme Sara, n'était plus Saraï, mais Sara. Le changement de nom indique quelque chose que Dieu a fait en eux. Ensuite, elle promettait à Abraham un héritier issu de son propre corps, Isaac. Cette alliance a été scellée par le rite de la circoncision, qui est la clé conduisant au sang. Elle représente en fait un mystère, car, à ce moment-là, aucune vie n'a été offerte. C'est la façon de Dieu de montrer à l'avance qu'en définitive le sang de cette alliance viendra du propre descendant d'Abraham, de celui qui est appelé dans Galates 3 la "descendance d'Abraham", c'est-à-dire le Seigneur Jésus-Christ.

Nous n'allons pas nous attarder là-dessus, mais plutôt avancer. Nous allons lire maintenant les versets 18-22. Je vais traduire du mieux que je peux à partir du grec. La traduction ne sera pas raffinée, mais elle vous aidera probablement à mieux comprendre ce qui est dit. Commençant à Hébreux 9:18 :

C'est pourquoi même la première alliance [tacite] a été inaugurée avec du sang.

Pourquoi est-il écrit "C'est pourquoi" ici ? Car là où il y a une alliance, il doit y avoir une mort, et donc le sang fait référence à la mort. Vous voyez ? Vous voyez ce "C'est pourquoi" ? Je l'ai répété tellement souvent que j'en suis gêné, mais c'est tellement important. Dès que vous trouvez un "c'est pourquoi" ou un "donc" dans la Bible, arrêtez-vous pour vous demander pourquoi il est là. Sinon, vous ne trouverez pas le lien. Le lien se fait entre la vie offerte et le sang.

Verset 19-20 :

Car après que chaque commandement en accord avec la loi ait été déclaré par Moïse à tout le peuple, prenant le sang des veaux et des boucs, avec de l'eau et de la laine écarlate et de l'hysope, il aspergea le rouleau et le peuple, en disant, Ceci est le sang de l'alliance que Dieu vous a ordonnée.

Remarquez que l'alliance doit avoir du sang, car il doit y avoir un sacrifice. Verset 21 :

Il aspergea de la même façon le tabernacle et tous les ustensiles [ou instruments du service] avec du sang. Et nous pouvons dire, tout est purifié selon la loi par le sang, et sans effusion de sang, il n'y a pas de pardon [ou émission].

Nous allons nous arrêter là un instant. Il aurait dû être écrit "le sang des veaux et des boucs". J'ai ici un mot inexact, mais cela ne fait aucune différence pour notre étude actuelle.

Revenons au chapitre 9:18-20. Donc, la première alliance – au Mont Sinaï – a été scellée par le sang d'animaux sacrifiés. C'étaient leurs vies qui étaient offertes. Le sang aspergé sur le livre et le peuple liait le peuple à l'alliance. Tout ce qui avait trait à l'alliance devait être aspergé de sang.

Et verset 21, le tabernacle et ses ustensiles ont aussi été aspergés de sang et ainsi incorporés à l'alliance. Voyez-vous, tout ce qui concernait l'alliance devait être aspergé de sang. Là où il n'y avait pas d'aspersion de sang, l'alliance n'était pas valide.

Nous allons prendre un instant, gardez vos doigts sur Hébreux 9, et prenez dans Matthieu 26:28. Nous devons lire aussi le verset 27. Il s'agit du dernier repas de Jésus avec ses disciples.

Il prit ensuite une coupe ; et, après avoir rendu grâce, il la leur donna, en disant : Buvez-en tous…

Notez le "tous". Quiconque était impliqué dans l'alliance devait être sanctifié par le sang.

… car ceci est mon sang, le sang de l'alliance, qui est répandu pour beaucoup, pour le pardon des péchés.

Et vous voyez là que le sang de la descendance d'Abraham qui était implicite dans Genèse 17 est montré à tous. Mais dans tout cela, nous avons ce principe que là où il y a une alliance, il doit y avoir un sacrifice. Et là où il y a un sacrifice, il doit y avoir du sang versé qui parle d'une vie offerte. C'est, dans toute la Bible, un principe perpétuel et immuable.

Dans le chapitre 9, verset 22, nous trouvons que là où il y a eu un péché, du sang est réclamé pour la purification et le pardon, impliquant une vie offerte. Il y a deux exemples que vous pourriez prendre. Ezéchiel 18:20. Nous ne lirons que la première petite phrase du verset 20. Il est dit dans ma traduction.

La personne qui pêche, c'est celle qui mourra...

J'ai précisé 'dans ma traduction' parce que le terme hébreu signifie lui "l'âme". L'âme qui pêche, c'est celle qui mourra. Le terme "âme" est souvent traduit par "personne" dans la Bible, mais la racine de ce mot est "l'âme". Là où il y a eu un péché, l'âme doit mourir. Et vous vous souvenez ce qu'on a dit dans un message précédent ? La vie de l'âme, c'est le sang. La mort de l'âme est représentée par le sang. C'est la peine inaltérable et la conséquence du péché. Ceci est vraiment très important. Ce fait concerne chaque individu. L'âme qui pêche, c'est celle qui mourra. Il n'existe pas d'autre possibilité. Il nous faut saisir cela.

Et maintenant dans le Nouveau Testament, un verset que, j'en suis certain, la plupart d'entre vous connaissent. Romains 6:23.

Car le salaire du péché, c'est la mort.

C'est vrai. Donc là où un péché a été commis, la justice – celle de Dieu – réclame à tout prix la mort. Il n'y a pas de pardon des péchés sans effusion de sang parce que la peine doit être payée.

Parfois, dans notre culture actuelle, nous interprétons mal la justice. Nous pensons que la justice consiste uniquement à s'assurer que les personnes innocentes ne soient pas punies. C'en est une partie, mais ce n'est pas tout. La justice, c'est également s'assurer que les coupables soient punis. La justice de Dieu ne peut pas permettre que les coupables restent impunis. La peine doit être payée, une vie doit être offerte ; et donc du sang doit être versé.

Or le mystère de l'évangile et la sagesse secrète de Dieu qu'il garda caché pendant des siècles et des générations, c'est Jésus-Christ qui devint le substitut pour toute âme pécheresse et donna sa propre vie. Il versa son sang sur la croix.

J'étais logicien professionnel avant, et je suis sans cesse béni par l'entière logique de la Bible. La logique est comme un ordinateur. Si vous entrez les choses comme il faut, vous obtiendrez ce que vous voulez. Bien sûr, l'erreur humaine est toujours possible. Mais en ce qui concerne un ordinateur, s'il fonctionne, alors il donne un résultat correct. Lorsque vous intégrez tous les faits que nous avons vus ce soir dans l'ordinateur de la logique, la conclusion est claire. Il n'existe aucune autre possibilité. Il me semble que certaines personnes pensent que la Bible est une sorte de livre très fantaisiste, mystique. Il y a en effet du mystique dans la Bible, mais elle est fondamentalement basée sur une logique parfaite. En fait, pour obtenir des résultats de Dieu, il suffit de prendre sa Parole et de l'appliquer avec une parfaite logique.

Et laissez-moi vous dire que cela provoque toujours le diable. Vous vous demandez peut-être parfois pourquoi tout le monde en a après vous ? La réponse est peut-être tout simplement que vous avez pris Dieu au mot et que vous agissez en conséquence. Cela fait tout remuer, partout.

Mais je veux insister sur ce fait, n'ayez pas peur d'être logique. Je pense personnellement que les ministères d'enseignement et de prédication les plus appréciés sont essentiellement logiques. Dieu est logique. Il ne peut rien y faire, il est toujours cohérent.

Nous allons maintenant continuer avec le chapitre 9, versets 23-26. Je commencerai par traduire et ensuite nous étudierons ce passage. Hébreux 9:23-26.

Il était donc nécessaire que d'un côté les copies des choses célestes soient purifiées par ces choses [c-à-d le sang des taureaux et des boucs], *mais les choses célestes elles-mêmes par de plus grands sacrifices* [ou de meilleurs sacrifices] *qu'elles. Car Christ* [ou le Messie] *n'est pas entré dans le sanctuaire fait par des mains humaines, qui est une simple copie du véritable, mais dans le ciel même, pour apparaître maintenant* [ou pour être révélé] *devant la face de Dieu* [ou dans la présence de Dieu] *pour nous ; non pour s'offrir plusieurs fois, comme le souverain sacrificateur entre dans le Saint des Saints chaque année avec du sang qui n'est pas le sien. Autrement, il lui aurait été nécessaire de souffrir plusieurs fois depuis la fondation du monde ; mais maintenant à la fin des siècles pour effacer le péché par son sacrifice il a été manifesté.*

Ce qui donne une phrase étrange, mais c'est l'ordre dans lequel viennent les choses. En la lisant ainsi, c'est plus parlant. Permettez-moi de redire ce passage, ... *mais maintenant à la fin des siècles pour effacer le péché par son sacrifice il a été manifesté.*

Nous revenons sur quelque chose que l'auteur d'Hébreux apprécie, à savoir l'une de ses comparaisons. Ce n'est pas l'une des principales comparaisons, mais le résumé d'une précédente comparaison. Il réitère la comparaison entre les deux tabernacles et les deux alliances. Il y a quatre points, ainsi qu'ils apparaissent ici. Dans le verset 23, le sanctuaire terrestre était purifié par le sacrifice d'animaux, mais le sanctuaire céleste par le sacrifice de Christ.

Dans le verset 24, Christ n'est pas entré dans un sanctuaire fait de main d'homme, mais dans le ciel même.

De plus, au verset 24, Christ n'est pas confiné dans un petit compartiment du tabernacle. Ce compartiment, le Saint des Saints, faisait dix coudées de part et d'autre : c'est-à-dire 4,5 mètres de large, la même chose en longueur et en hauteur. Une très petite pièce, pour être l'objectif de tout ce que le souverain sacrificateur avait à faire. Jésus n'est jamais entré dans un cube de 4,5 mètres[3]. Il apparut devant la face même ou dans la présence de Dieu lui-même comme notre représentant, pour nous.

Ensuite, au verset 25, Christ n'a pas accompli chaque année des offrandes qui finalement ne traitaient jamais le péché, mais une seule fois à la fin des siècles, en s'offrant lui-même, il a pleinement et définitivement ôté le péché.

Vous remarquerez que l'auteur insiste beaucoup sur les termes "une seule fois". "Une fois pour toutes", "une seule fois", "une seule fois", "une seule fois". Il n'a eu à le faire qu'une seule fois.

L'expression "à la fin des siècles" est quelque peu, de notre point de vue humain du moins, surprenant parce que depuis, environ deux milles ans se sont écoulés et nous n'en sommes pas encore arrivés à la fin. Mais d'après la perspective de Dieu, vous savez bien que, ainsi qu'il est écrit dans 2 Pierre 3:8b, "Un jour avec le Seigneur est comme mille ans, et mille ans sont comme un jour". D'après cette échelle de calcul, deux jours se sont écoulés depuis ce grand événement.

Vous pourriez comparer un instant, si vous le souhaitez, avec les versets d'introduction de l'épître, Hébreux 1:2.

Dieu, dans ces derniers temps, nous a parlé par le Fils.

Dans ces derniers temps. Vous pouvez prendre plus loin en arrière, si vous voulez. N'oubliez pas de garder un doigt sur Hébreux 9, et prenez un instant Actes 2:16-17.

Mais c'est ici ce qui a été dit par le prophète Joël : Dans les derniers jours, dit Dieu, je répandrai de mon Esprit sur toute chair.

Pierre faisait référence à ce qui venait tout juste de se passer au jour de la Pentecôte. Pierre, tout comme l'auteur d'Hébreux, dit qu'à partir de ce moment-là, nous sommes dans les derniers jours, nous sommes à la fin des siècles. Ici le terme "fin" signifie "apporter toutes choses vers une conclusion commune". Je pense que le plan de Dieu pour les siècles ressemble à une symphonie. Je ne suis pas musicien, mais il me semble qu'il existe, à la base, une sorte de principe général dans une symphonie. Certains thèmes sont joués. Et lorsque vous touchez à la fin, tous les thèmes sont reproduits pour donner une magnifique apogée généralement assez bruyante. C'est ainsi que Dieu travaille à la fin des siècles. Tous les thèmes qui perdurent dans l'histoire de la rédemption seront amenés à leur accomplissement à la fin.

Si vous prenez soin de l'analyser, vous remarquerez que tout ce qui a été commencé dans la Genèse prend fin dans le livre de l'Apocalypse. C'est un autre exemple.

Encore une autre pensée. Un point sur lequel insiste beaucoup l'auteur d'Hébreux, c'est l'effacement du péché. Ce n'est pas juste que Jésus ait payé la peine pour le péché, mais il a effacé le péché pour que Dieu ne soit jamais contrarié par la moindre petite trace de péché au ciel ou sur la terre lorsque tout aura été achevé. Tel que je le comprends, et c'est mon opinion personnelle, le péché se trouvera en un seul endroit, et ce sera dans l'étang de feu. C'est l'incinérateur de Dieu. Mais ce ne sera jamais ni dans les cieux, ni sur la terre. Il est dans une extrême obscurité, vous comprenez. Le péché aura été banni pour toujours de l'univers de Dieu par le sacrifice de Jésus.

Et nous avons vu cela, je crois, à un moment précis de la cérémonie du Jour de l'Expiation. Combien d'entre vous s'en souviennent ? Il y avait un seul aspect dans cette cérémonie de sacrifice au Jour de l'Expiation qui parlait d'ôter le péché. Et c'était quoi ? Le bouc émissaire, exact. Le bouc émissaire emportait au loin leurs péchés et ne revenait jamais.

Il y a de nombreux aspects dans le sacrifice de Christ, mais voici un dont on parle rarement, et il est souligné ici dans Hébreux.

Allons jusqu'aux deux derniers versets du chapitre 9, les versets 27 et 28.

Et comme il est réservé aux hommes de mourir une seule fois, après quoi vient le jugement…

Permettez-moi de faire remarquer que ceci met de côté toute théorie de réincarnation. Il est réservé à l'homme de mourir une seule fois et après cela, vient non pas la réincarnation mais le jugement. Si vous ne faites pas le bon choix la première fois, il n'y a pas de seconde chance.

... de même Christ, qui s'est offert une seule fois pour porter les péchés de beaucoup...

Notez le verbe "porter".

... apparaîtra sans péché une seconde fois à ceux qui l'attendent pour leur salut.

L'humanité a deux rendez-vous universels : la mort, et ensuite le jugement. J'ai dit à de nombreuses reprises à des gens qu'ils manqueront peut-être de nombreux rendez-vous dans leurs vies, mais il y en a deux qu'ils ne manqueront jamais. Christ a deux rendez-vous correspondants : le premier, s'offrir lui-même une fois pour le péché ; le second, apparaître sans péché à ceux qui l'attendent. Je pense toujours que c'est le bon moment pour souligner que l'une des conditions mentionnées dans tout le Nouveau Testament au sujet de se tenir prêt pour le retour de Christ et d'être accepté par lui lorsqu'il reviendra, c'est d'attendre son retour avec impatience.

Je sais qu'il y a différents points de vue eschatologiques, c'est-à-dire, si vous ne comprenez pas, différents points de vue sur la façon dont les choses vont se terminer. Mais, quelque soit votre eschatologie, elle devrait vous laisser avec cette attitude : attendre avec impatience le retour de Jésus-Christ. Et si le choix était tel, ce dont je ne suis pas certain, je préfèrerais avoir la mauvaise eschatologie et la bonne attitude que la bonne eschatologie et la mauvaise attitude. C'est l'attitude qui comptera en définitive.

Je dois également dire que d'après mon opinion personnelle, c'est Jésus en personne qui va mettre de l'ordre! Je pense que l'Eglise doit faire beaucoup, mais il y a certaines choses que Dieu lui a réservées. Lorsque vous commencez à contempler la vaste étendue de la misère humaine dans le monde aujourd'hui, dix millions de personnes qui meurent chaque année de la faim, pour n'en nommer qu'une, la cruauté, l'ignorance, la maladie ; je pense que nos cœurs doivent être assez imperméables pour que nous ne soyons pas dans l'attente du retour de Jésus. C'est ainsi que je vois les choses.

Nous continuons avec le chapitre 10, un chapitre très important. Comme vous le verrez, ce chapitre contient un passage d'avertissement solennel, deux passages d'applications pratiques, un passage de comparaison et trois passages "faisons". Il en est davantage concentré dans ce chapitre que dans n'importe quel autre.

Il y a toute une série de sommations. Nous avions déjà vu trois de ces passages. Nous allons maintenant voir le quatrième dans le chapitre 10.

En fait, le chapitre 10 se termine pour ainsi dire avec ce quatrième avertissement. Avertissement numéro quatre, chapitre 10:26-31.

Viennent ensuite les passages indiquant des applications positives, pratiques ; le chapitre 10 en contient deux, chapitre 10:19-25 et 10:30-39. Nous les verrons le moment venu.

Puis ce sont les passages de comparaison, le chapitre 10 contient le sixième, et il s'agit de la comparaison entre les sacrifices lévitiques et le sacrifice de Jésus.

Enfin, il y a trois passages "faisons". Numéro six, approchons-nous. Numéro sept, retenons fermement et numéro huit, veillons les uns sur les autres. Soyons donc attentifs à ces passages au fur et à mesure que nous avançons.

Je vais maintenant traduire les quatre premiers versets, sachant que du verset 1 au verset 18, nous avons cette sixième comparaison entre les sacrifices lévitiques et le sacrifice de Jésus. Du verset 1 au verset 4 :

Car la loi, ayant une ombre des bonnes choses à venir, mais pas la véritable substance des ces choses, par les mêmes sacrifices qu'ils offrent annuellement, continuellement [qui continuent encore et encore], ne peut jamais rendre parfait ceux qui y viennent.

Remarquez l'insistance sur le mot "parfait", avez-vous tout suivi ?

Sinon, n'auraient-ils pas cessé d'être offerts, parce que les adorateurs n'auraient plus eu de sensibilisation [ou de conscience] au péché, ayant été purifiés une fois pour toutes. Mais en eux se trouvent le souvenir des péchés chaque année.

C'est tellement important. Très, très important, vous comprenez ? Les sacrifices de l'Ancien Testament n'ôtaient pas le péché, ils rappelaient le péché au peuple. C'est pourquoi, ils devaient sans cesse être répétés.

Car il est impossible que le sang des taureaux et des boucs ôte les péchés.

Remarquez à nouveau l'accent mis sur le mot "ôter".

Cinq faiblesses dans le système lévitique. Numéro un au verset 1, il offrait une ombre, pas la substance. Je me rappelle avoir entendu Bob Mumford dire qu'un jour qu'il était parti en voyage pour le ministère, et que sa femme Judy l'attendait à la porte, la lumière se trouvait dans son dos et reflétait son ombre sur les marches. Mais il disait ensuite qu'il ne lui était jamais venu à l'esprit d'embrasser l'ombre plutôt que de l'embrasser, elle. C'est surprenant, n'est-ce pas, de voir que des personnes retournent à l'ombre alors que la substance leur est offerte. Cependant la loi n'a que l'ombre.

Le deuxième point qui se trouve également au verset 1 concerne les sacrifices qui devaient être offerts indéfiniment indiquant par là le troisième point se trouvant dans les versets 1 et 2 ; ils ne pouvaient jamais rendre quiconque parfait. Gardez à l'esprit que le mot "parfait" est lié aux termes "vers une fin". Ils n'en venaient jamais à bout. Notez la perpétuelle insistance mise sur la perfection. Si vous ne voyez pas cela, vous aurez vraiment du mal à comprendre où l'auteur d'Hébreux veut en venir. Il a écrit que la perfection est ce que nous recherchons et tout ce qui ne produit pas la perfection est inadéquat.

Sinon, ils n'auraient plus besoin d'être offerts. Le point numéro quatre se trouve au verset 3, ils ne servaient qu'à rappeler annuellement les péchés. N'êtes-vous pas heureux de savoir que vous n'avez pas à vous rappeler vos péchés chaque année ? En fait, sans vouloir paraître dur, je dois dire que ce fut mon expérience lorsque j'étais adolescent et que j'allais à l'église anglicane en Grande-Bretagne. Je ne suis pas en train de dire que cela aurait dû être le cas, mais c'était ainsi. À chaque fois que j'allais à l'église le dimanche matin, mes péchés m'étaient rappelés. Je savais qu'en revenant le dimanche suivant, ils me seraient à nouveau rappelés. Pour autant, je n'ai jamais eu d'assurance de pardon ou de libération. Donc vous voyez, c'est très facile pour les chrétiens ou ceux qui se disent chrétiens de glisser de la Nouvelle Alliance vers quelque chose qui correspond vraiment à l'Ancienne. Je ne veux pas critiquer, mais je pense que ceci est arrivé à une multitude de catholiques. Tout leur système ressemble, en un sens, vraiment à l'Ancien Testament remis en vigueur. J'ai de nombreux amis catholiques, je les aime beaucoup, mais je pense que vous conviendrez que s'ils sont dans ce genre de système, ils n'auront jamais le sens de la perfection. Ils n'en viendront jamais à bout. Ils ne seront jamais certains d'en avoir fait assez. Je pense que c'est vrai pour une multitude de chrétiens religieux : luthériens, catholiques, méthodistes, et même baptistes. Si nous ne comprenons pas le fait que Jésus l'a fait une fois pour toute, et que ce faisant il a accompli tout ce qui était nécessaire, nous glisserons vers une sorte d'imitation blafarde de l'Ancien Testament.

Nous allons maintenant continuer avec les versets 5-7 qui montrent un contraste et le remède de Dieu par rapport à cette situation. Ce n'est en fait qu'une citation du Psaume 40. Est-ce que vous me suivez, verset 5 :

C'est pourquoi, en venant dans le monde, il dit...

Qui est ce "il" ? Le Messie, exact. Jésus. Voici maintenant la citation du Psaume 40.

Tu n'as désiré ni sacrifice ni offrande, mais un corps que tu m'as préparé ; tu n'as pris aucun plaisir dans les holocaustes pour le péché. Alors j'ai dit, Voici, je suis venu (dans le livre du rouleau il est écrit, me concernant) pour faire, ô Dieu, ta volonté.

Nous devrions peut-être prendre un instant le Psaume 40 pour voir un certain point qui. Psaume 40:7-9, je vais lire dans la version Segond.

Tu ne désires ni sacrifice ni offrande, tu m'as ouvert les oreilles ; tu ne demandes ni holocauste, ni victime expiatoire. Alors je dis : Voici je viens avec le rouleau du livre écrit pour moi. Je veux faire ta volonté, mon Dieu ! Et ta loi est au fond de mon cœur.

Remarquez que l'auteur d'Hébreux ne cite pas le passage tout entier, et fait encore plus frappant, il change une chose. L'avez-vous remarqué ? Là où le Psaume 40 dit "tu m'as ouvert les oreilles", l'auteur d'Hébreux écrit "un corps que tu m'as préparé". C'est l'un de ces exemples où la version Septante, la version grecque, que l'auteur d'Hébreux utilise normalement diffère de la version hébraïque actuelle que nous avons. Et pourquoi cela, je ne suis pas pleinement en mesure de vous l'expliquer.

Je pense qu'il nous faut prendre maintenant la version française pour Hébreux 10:5-7.

C'est pourquoi Christ, entrant dans le monde...

Il s'agit du Seigneur Jésus-Christ, le Messie. L'auteur d'Hébreux n'hésite pas une seconde à attribuer ce passage au Messie.

... dit : Tu n'as voulu ni sacrifice ni offrande, mais tu m'as formé un corps...

L'accent est mis sur le corps, parce que c'était le corps qui devait être sacrifié. Bien sûr, si une personne a des oreilles, elle doit nécessairement avoir un corps. Mais il était certainement plus clair de dire "tu m'as formé un corps". Il dit ensuite :

... tu n'as agréé ni holocaustes ni sacrifices pour le péché.

Ils n'accomplissaient pas ce qui était nécessaire. Tout ceci a été souligné maintes fois dans cette épître.

Viennent ensuite les paroles du Messie prononcées prophétiquement par David mille ans avant qu'il n'arrive.

Alors j'ai dit : Voici, je viens (dans le rouleau du livre il est question de moi), pour faire, ô Dieu, ta volonté.

Regardons maintenant chacun de ces points. Nous avons déjà vu pourquoi l'auteur cite Psaume 40 et comment il l'attribue au sacrifice de Jésus. Je pense qu'il est important de noter la motivation de Jésus qui est révélée dans cet écrit prophétique. "Je viens pour faire ta volonté". Nous pourrions prendre rapidement deux passages dans le Nouveau Testament, dans les évangiles qui en parlent. Tout d'abord, Jean 4:34. C'est après la conversation que Jésus a eue avec la femme Samaritaine au puits de Jacob. Les disciples viennent pour lui offrir de la nourriture, mais il répond qu'il n'a plus faim. Alors ils lui demandent, "Comment se fait-il ?" Voici sa réponse.

Jésus leur dit : Ma nourriture est de faire la volonté de celui qui m'a envoyé, et d'accomplir [ou, mieux, de terminer] *son œuvre.*

Donc la motivation suprême de Jésus sur la terre était de faire la volonté de Dieu et de terminer la tâche qui lui était allouée. C'est ce qui est écrit dans le Psaume 40, "Voici, je viens pour faire ta volonté".

De plus, la volonté de Dieu pour Jésus était déjà annoncée dans les écrits prophétiques. Non seulement Jésus confirme l'autorité des Ecritures par son enseignement, mais, en un sens, il a fait bien plus sa vie, puisque tout ce qu'il a fait l'a été pour accomplir les Ecritures. Prenons simplement deux passages significatifs dans Matthieu 26:24. Il dit, parlant de sa trahison imminente :

Le Fils de l'homme s'en va, selon ce qui est écrit de lui. Mais malheur à l'homme par qui le Fils de l'homme est livré !

Jésus n'avait aucune alternative. Il devait le faire parce que c'était écrit. La façon la plus marquante pour moi de reconnaître l'autorité des Ecritures est d'y obéir et de dire qu'il n'y a aucune alternative à ce que dit la Bible.

Ensuite, dans le même chapitre, Matthieu 26:53-54, juste au moment de son arrestation, il dit à son disciple :

Penses-tu que je ne puisse pas invoquer mon Père, qui me donnerait à l'instant plus de douze légions d'anges ?

Il dit pour chaque disciple, je peux avoir une légion d'anges, si je le voulais.

Comment donc s'accompliraient les Ecritures, d'après lesquelles il doit en être ainsi ?

Donc la force de détermination ultime dans la vie de Jésus était la volonté de Dieu révélée dans les écrits prophétiques. C'est ce que l'auteur d'Hébreux fait ressortir, il est venu pour faire la volonté de Dieu et la volonté de Dieu a été consommée par le sacrifice de son propre corps sur la croix. C'était le but de sa vie toute entière.

Nous allons maintenant continuer avec Hébreux 10:8-10, où nous trouvons l'application que l'auteur d'Hébreux donne au passage qu'il a cité dans le Psaume 40.

Lorsqu'il a dit plus haut, Tu n'as désiré ni sacrifices, ni offrandes, ni holocaustes, ni victimes expiatoires, et tu n'y as pris aucun plaisir (dans ceux qui sont offerts par la loi), *il a dit, Voici, je suis venu pour faire ta volonté.* [Nous devons ajouter 'En disant cela'] *Il ôte le premier* [c-à-d le système d'offrandes, de sacrifices, de victimes expiatoires et d'holocaustes] *afin de pouvoir établir le second.*

C'est à dire la volonté de Dieu. Il continue ensuite ainsi :

Par ladite volonté [ou dans ladite volonté], *nous avons été sanctifiés par l'offrande du corps de Jésus-Christ une fois pour toutes.*

Notez à nouveau l'insistance. Cela n'a dû être fait qu'une seule fois. Ce à quoi le Seigneur a pourvu par le sacrifice de Jésus n'était pas pourvu par les sacrifices de l'Ancien Testament, le mot-clé ici est "sanctifier". Véritable sainteté. Tous les sacrifices de la loi pourvoyaient à une sainteté extérieure, à une pureté cérémoniale. Mais le sacrifice du corps de Jésus pourvoyait à une véritable sainteté. Et ce sacrifice n'avait besoin d'être accompli qu'une seule fois.

Nous continuons donc avec les versets 11-14, nous poursuivons avec cet accent constamment mis sur la différence entre les sacrifices continuellement répétés des cérémonies lévitiques et le sacrifice unique et suffisant de Jésus. Je vais maintenant lire le chapitre 10:11-14.

Et alors que chaque sacrificateur se tient quotidiennement pour faire son service et offrir plusieurs fois le même sacrifice, qui ne peut jamais enlever les péchés...

Notez à nouveau le problème de traiter le péché afin qu'il ne revienne plus. Continuons.

Mais celui-ci [ce sacrificateur, cet homme, je pense que sacrificateur est sans doute ce que nous pouvons ajouter de mieux] *ayant offert un sacrifice pour le péché pour l'éternité, s'assit à la droite de Dieu, attendant dès lors que ses ennemis deviennent son marchepied.*

Ce passage souligne encore davantage le contraste entre les interminables sacrifices quotidiens des sacrificateurs lévitiques et le sacrifice unique et suffisant de Jésus. Les sacrificateurs lévitiques se tenaient constamment debout parce que leur travail n'était jamais achevé. Voilà une chose remarquable, vous ne lirez dans aucun livre de l'Ancien Testament qu'un sacrificateur se soit jamais assis. Ce n'est pas dû au hasard. Ils ne pouvaient jamais s'asseoir parce que leur tâche n'était jamais complète.

Toutefois, Jésus est assis, et non seulement il est assis, mais il est assis sur le trône à la droite de Dieu, parce que son œuvre est complète. Il ne reste au Père qu'à manifester dans l'histoire sa victoire totale. Il attend maintenant que le Père fasse de ses ennemis son marchepied.

Ensuite, l'auteur d'Hébreux cite le Psaume 110, il me semble pour la quatrième fois, si mes souvenirs sont bons. Nous allons le reprendre. Je pense que nous devons retirer de ceci cette leçon : le détail, répéter encore et encore jusqu'à ce que ce soit bien imprimé dans votre esprit. La répétition n'est pas nécessairement une mauvaise chose. En fait, ayant été dans l'enseignement, je peux dire que la répétition est une part presque essentielle de l'enseignement.

Lisons maintenant le Psaume 110:1-5.

Parole de l'Eternel à mon Seigneur...

C'est Dieu le Père qui parle à Jésus le Messie. Jésus a cité cette parole, elle se trouve dans les trois évangiles synoptiques : Matthieu, Marc et Luc.

... assieds-toi à ma droite...

Et j'aimerais vous faire remarquer que vous pourriez lire ce passage des douzaines de fois et ne jamais noter l'importance des mots "assieds-toi". Mais lorsque vous arrivez au Nouveau Testament, presque un chapitre entier est consacré au fait qu'il est assis.

… assieds-toi à ma droite, jusqu'à ce que je fasse de tes ennemis ton marchepied.

Quand Ruth et moi étions en Egypte il y a quelques années, nous avons fait un peu de tourisme, plutôt à contrecœur, et avons vu certaines de ces choses que les touristes viennent voir. L'une des choses que nous avons vues était un authentique marchepied de la période des Pharaons, sur lequel étaient peintes les nations qui étaient leurs ennemis. Donc, à chaque fois que le Pharaon posait son pied sur le marchepied, il mettait les pieds sur ses ennemis. Aucun doute qu'il s'agissait là d'une coutume issue de la Bible. C'est pour cela qu'il est question ici des ennemis qui deviennent son marchepied. Verset 2 :

L'Eternel étendra de Sion le sceptre de ta puissance [ou la verge de ta puissance] *: domine au milieu de tes ennemis !*

C'est, je crois, ce que Jésus fait à présent. Sur le trône, il est à la droite de Dieu, il gouverne. Ce n'est pas qu'il va gouverner, il va gouverner, mais il gouverne aussi déjà. Il ne cessera jamais de gouverner car il doit régner ; il est dit dans 1 Corinthiens 15, jusqu'à ce que tous ses ennemis soient mis sous ses pieds.

Quelqu'un s'est mis vraiment en colère à cause de l'une de mes émissions, parce que j'avais malencontreusement dit qu'il gouverne, qu'il ne va pas gouverner – ce qui bien sûr n'est pas la meilleure façon de le dire. Et cette femme m'a écrit pour me dire, "Au contraire. Le diable gouverne pour le moment et Jésus va gouverner". Autant pour moi, mais vous comprenez ce que je veux dire, il gouverne, ce n'est pas quelque chose qui est reporté à un autre siècle. De très nombreux chrétiens, comme cette femme, ne réalisent pas que Jésus est déjà en train de gouverner. Ce n'est pas uniquement réservé à l'avenir.

De plus, il doit continuer à gouverner jusqu'à ce que tous ses ennemis aient été mis sous ses pieds. Peu importe ce qui se passera lorsque l'antéchrist sera sur terre, cela ne changera pas le fait que Jésus gouverne. Je pense que c'est vraiment important que nous gardions tous cela continuellement en tête. Il est sur le trône, il n'abdiquera jamais.

Verset 3 :

Ton peuple est plein d'ardeur quand tu rassembles ton armée [je préfère comme traduction plus correcte, 'seront des offrandes volontaires au jour de ton armée'] *; avec des ornements sacrés, du sein de l'aurore ta jeunesse vient à toi comme une rosée.*

Je ne veux pas m'arrêter là-dessus, mais vous trouverez une magnifique alternative de traduction dans la version Semeur, qui dit, "tous tes jeunes guerriers se presseront vers toi comme naît la rosée.". Ce qui est, je crois, ce que Dieu est en train de faire maintenant. Il est en train de lever une armée de jeunes gens. Verset 4 :

L'Eternel l'a juré...

Et vous vous souvenez combien de fois l'auteur d'Hébreux a déjà souligné qu'il n'a pas seulement dit, mais qu'il l'a juré.

L'Eternel l'a juré, et il ne s'en repentira point : tu es sacrificateur pour toujours, à la manière de Melchisédek.

Ceci a déjà été entièrement dévoilé dans Hébreux, n'est-ce pas ? Vous voyez à quel point l'épître aux Hébreux est liée à ce passage. Verset 5 :

Le Seigneur, à ta droite, brise des rois au jour de sa colère.

Donc, quand le jour de la colère de Dieu arrivera, il s'occupera des dirigeants de la terre au nom de Jésus. Et il va les traiter très sévèrement. Il est dit dans le livre de l'Apocalypse qu'en définitive Jésus gouvernera toutes les nations avec une verge de fer. Le terme "gouverner" en grec est le même que celui traduit par "paître". Or, un berger a une verge, donc Jésus paîtra les nations avec une verge, mais ce sera une verge de fer parce qu'elles en ont besoin.

Retournons à Hébreux 10:14. C'est un verset important. Deux faits parallèles y sont rassemblés.

Car par une seule offrande, il a rendu parfaits pour toujours ceux qui sont sanctifiés.

Remarquez à nouveau le thème de la perfection. Une seule offrande suffit. Elle n'aura jamais besoin d'être renouvelée, elle est éternelle. Il l'a accomplie. C'est très important de comprendre cela.

Mais il y a quelque chose d'autre qui perdure. Le temps utilisé à la fin est un présent continu. Il a rendu parfaits ceux qui sont en train d'être sanctifiés. Le sacrifice est achevé, mais le processus de sanctification continue toujours. Voilà un sujet traditionnellement très controversé dans l'Eglise chrétienne, à savoir si la sanctification est une expérience unique ou une expérience continuelle. Et les gens sont plutôt très divisés à ce sujet.

J'aime toujours avoir le meilleur des deux mondes. Je crois donc aux deux. Je crois qu'il y a en effet une expérience instantanée. Et je crois aussi que c'est un ouvrage perpétuel. Mais ici, le temps est très catégoriquement un présent continu. Il a rendu parfaits par son offrande ceux qui sont en train d'être sanctifiés.

Il peut y avoir des personnes qui ne sont pas pleinement sanctifiées. Si c'est le cas, prenez courage. Le sacrifice est parfait, son œuvre dans votre vie va peut-être simplement durer un peu plus longtemps. Ceux d'entre nous qui sommes plus privilégiés seront patients avec vous ! Nous devons être patients parce que, si nous ne le sommes pas, c'est que nous n'avons pas été pleinement sanctifiés ! Certaines personnes sont absolument sûres d'avoir été pleinement sanctifiées, parce qu'elles perdaient souvent leur sang-froid ! Et maintenant, elles ne ressentent qu'une vertueuse indignation !

Continuons. N'est-ce pas merveilleux ? Versets 15-18. Ce qu'il est toujours en train de traiter, c'est ce que tout a été fait à la croix. Vous pensez peut-être que c'est excessif de passer tout ce temps à insister sur ce point, mais si vous parcourez l'histoire de l'Eglise, je dirais que la majeure partie du temps, les gens ne le comprennent pas. C'est le point que les gens n'ont pas réussi à saisir. Ceux qui ont véritablement compris dans l'histoire de l'Eglise qu'un seul sacrifice a tout accompli pour toujours sont une petite minorité. Le Saint-Esprit savait donc ce qu'il faisait quand il se donna tout ce mal pour insister continuellement sur le fait que c'est accompli, c'est terminé, il n'a pas besoin d'être renouvelé. Je pense que plusieurs d'entre nous ont besoin d'être raffermis sur ce sujet, car le diable vient souvent pour essayer d'ébranler notre confiance et la complétude de ce sacrifice. Or, s'il parvient à nous faire commencer à faire confiance en autre chose, alors nous devenons très probablement l'une de ses victimes.

Nous continuons donc avec le verset 15.

Et le Saint-Esprit nous rend aussi témoignage de ceci [de ce qui est sous-entendu], car après qu'il ait dit…

Et il va maintenant citer Jérémie 31:33, et c'est sans doute la troisième fois qu'il le cite. Cet auteur n'avait aucune gêne à se répéter souvent. Je crois l'avoir déjà dit.

Voici l'alliance que je ferai avec eux, après ces jours–là, dit l'Eternel : donnant mes lois dans leur cœur [ou mettant mes lois dans leur cœur], *et je les écrirai dans leur esprit ; et leurs péchés et leurs méfaits, je ne m'en souviendrai plus.*

Le terme utilisé est probablement "iniquité". Vous vous souvenez quelles étaient les trois sortes de méfaits ? Le péché, c'est simplement le fait d'échouer dans ce que vous deviez faire. Les transgressions, c'est le fait de transgresser une loi connue. Et l'iniquité, c'est-à-dire la rébellion avec une attitude "Je- m'en-foutiste".

Or Dieu dit qu'il ne s'en souviendra plus. Donc l'auteur d'Hébreux écrit :

Là où il y a pardon de ces péchés, il n'y a plus de sacrifice pour le péché.

C'est très logique. Dieu a oublié nos péchés. Nous n'avons pas besoin de continuer à offrir un sacrifice pour eux, n'est-ce pas vrai ? C'est ce qu'il veut souligner, et bien sûr, il pense particulièrement au peuple juif, pour lequel l'Ancienne Alliance était la première source de révélation. Si Dieu dit qu'il oubliera nos péchés, cela signifie que c'est terminé. Nous n'avons plus besoin de faire quoique ce soit à leur sujet.

Pour confirmer ce qu'il vient de dire, l'auteur cite à nouveau Jérémie 31:33-34. Ce passage prophétique est directement attribué au Saint-Esprit. C'est important. En effet, il ne parle pas du prophète Jérémie, mais de qui ? Du Saint-Esprit. Pour lui, il n'y avait aucun doute que l'auteur du prophète était le Saint-Esprit.

Si vous reprenez un instant Hébreux 3:7, vous trouverez une utilisation similaire d'une citation de l'Ancien Testament lorsqu'il cite le Psaume 95.

C'est pourquoi, selon ce que dit le Saint-Esprit : Aujourd'hui, si vous entendez sa voix...

À nouveau, l'auteur n'écrit pas "le psalmiste dit", mais "le Saint-Esprit dit". C'est très important, particulièrement de nos jours où tant de personnes de profession chrétienne et même des pasteurs s'interrogent quant à l'inspiration des Ecritures.

Nous arrivons maintenant au quatrième passage d'application pratique qui se trouve dans Hébreux 10:19-25. Les mots que j'ai sélectionnés dans ce passage "faisons" – car c'est aussi un passage "faisons" – sont "approcher", "tenir ferme", "rester ensemble" et "exhorter". Je pense qu'ils vont tous ensemble. Si nous nous approchons de Dieu, alors nous devons tenir fermement ce qui nous est donné. Et le fait de rester ensemble aide fortement à tenir ferme. Nous ne pouvons pas toujours le faire par nous-mêmes. Le fait d'être rassemblés devrait nous amener à nous encourager les uns les autres. Ce sont donc là les quatre mots-clés. Approcher, tenir ferme, rester ensemble et exhorter.

Je vais traduire les versets 19-21.

Ayant donc, frères, confiance [ou hardiesse] *pour entrer dans le Saint des Saints dans le sang de Jésus* [ou par le sang de Jésus], *par un chemin nouveau et vivant qu'il a inauguré pour nous par le voile [c'est le second voile qui séparait le Saint des Saints du Lieu Très Saint], c'est-à-dire par sa chair* [le voile est sa chair], *et ayant un grand sacrificateur sur la maison de Dieu, approchons-nous avec un cœur sincère en pleine assurance de foi, nos cœurs purifiés d'une mauvaise conscience et nos corps lavés avec une eau pure.*

J'ai traduit un peu plus que ce que j'avais dit, mais ce n'est pas grave. Versets 19-21. Il y a trois encouragements pour avoir un accès direct à Dieu. Tout d'abord, nous avons confiance dans le sang de Jésus. C'est basique et primordial. Si vous n'avez pas confiance dans le sang de Jésus, vous n'aurez jamais un accès assuré dans la présence de Dieu. Toutefois, le mot traduit par "confiance" ou "hardiesse" est un mot dont j'ai déjà parlé avant qui signifie dans un langage séculier "liberté d'expression". C'est un terme politique. Bien qu'il ait une signification modifiée ici, je crois vraiment qu'il est important que ce soit quelque chose que nous exprimions. Je pense que ce terme implique que nous l'exprimions. Il ne suffit pas de le croire. Il est dit dans Apocalypse que nous triomphons de Satan par le sang de l'Agneau et par la parole de notre témoignage. C'est la même pensée. Il ne suffit pas simplement de croire, mais nous devons l'exprimer franchement. Jésus a acquis pour vous le droit politique de liberté d'expression qui est, bien sûr, garanti dans la Constitution américaine. Le nôtre est garanti par la constitution céleste. Ne laissez donc jamais le diable vous retirer ce droit de liberté d'expression. Vous me suivez ? Exprimez-le, répétez-le et vantez-vous-en. Ne soyez jamais silencieux. Soyez très fort dans votre affirmation de ce que le sang de Jésus a acquis pour vous.

Deuxièmement, nous avons un nouveau chemin vivant à travers le voile. Le voile n'est plus une barrière. Un chemin nous a été ouvert par ce voile dans le Saint des Saints. Pour voir cela, nous allons juste comparer avec Matthieu 27:50-51. Jésus est sur la croix, au terme crucial de son agonie.

Jésus poussa de nouveau un grand cri, et rendit l'esprit. Et voici, le voile du temple se déchira en deux, depuis le haut jusqu'en bas, la terre trembla, les rochers se fendirent.

Donc lorsque Jésus rendit l'esprit sur la croix, dans le temple, ce rideau très épais et très lourd se déchira immédiatement en deux. Il se déchira depuis le haut jusqu'en bas, montrant par là l'œuvre de Dieu et non d'un homme. Donc la mort de Jésus a ouvert le chemin à travers le voile. Mais l'auteur d'Hébreux dit que le véritable voile était la chair de Jésus qui voilait sa divinité. C'est donc le deuxième encouragement à avoir l'accès direct, nous avons un nouveau chemin vivant à travers le voile.

Je me demande si vous pouvez imaginer ce que cela signifiait pour un Juif religieux qui savait que personne ne pouvait jamais passer à travers le voile, excepté le souverain sacrificateur et cela seulement une fois par an avec le sang et l'encens, et que toute autre personne qui passait à travers le voile mourrait sur-le-champ. Mettez-vous à sa place et réfléchissez ensuite à ce que cela signifierait pour vous si l'on vous disait que vous pouvez maintenant traverser le voile quand vous voulez. Je veux dire, c'est à vous coupez le souffle. Je pense que parfois le caractère habituel des choses nous en cache la signification. Vous avez accès direct au Dieu Tout-Puissant, un accès direct personnel permanent si vous prenez le bon chemin.

Je voudrais juste vous dire qu'hier, j'ai eu un appel téléphonique d'un membre du Congrès, ce qui n'est pas habituel pour moi, je n'ai pas de relations dans la sphère politique. Il était tellement reconnaissant de quelque chose que je lui avais dit et qui avait changé le cours de sa vie et l'avait béni qu'il me dit, "Je ne suis qu'un membre du Congrès, mais s'il y a quoique ce soit que je puisse faire pour vous, vous n'avez qu'à me le dire". C'est sympa de connaître un membre du Congrès, même si je suis presque sûr de n'en avoir jamais besoin. Mais imaginez que le Président des Etats-Unis vous dise, "Si vous avez besoin de quoique ce soit, faites-le moi savoir, si je peux vous aider, je le ferai". Vous seriez tout excités. Mais ici, nous parlons du Dieu Tout-Puissant. Vous avez un accès direct à lui quand vous voulez. C'est tellement époustouflant que je crains que la plupart des chrétiens n'en apprécient pas vraiment la valeur.

Cela me fait toujours du bien de pouvoir baisser la tête et fermer les yeux. Mais vous pouvez baisser la tête ou fermer les yeux dans le métro, dans une voiture, sur la plage et vous vous trouvez alors dans la présence du Dieu Tout-Puissant par le sang de Jésus. Si cela ne nous enthousiasme pas, c'est que nous n'y croyons pas vraiment.

Le troisième encouragement à avoir l'accès direct est que nous avons un grand souverain sacrificateur qui nous représente. Il est là en tant que notre représentant personnel. Réfléchissez simplement à ces trois sources d'encouragements. Tout d'abord, une confiance librement exprimée dans le sang de Jésus. Deuxièmement, un nouveau chemin vivant à travers le voile. Et troisièmement, à travers le voile pour nous accueillir, nous représenter, un grand souverain sacrificateur. Mais remarquez que tous ces encouragements sont centrés sur Jésus. Si jamais vous quittez le centre, vous commencerez à douter de votre acceptation, vous commencerez à perdre votre hardiesse, vous deviendrez incertains et hésitants. Il est vraiment très important que Jésus ne soit jamais déplacé du centre.

Nous arrivons maintenant au sixième passage "faisons" qui se trouve au verset 22.

Approchons-nous avec un véritable cœur rempli d'assurance de foi, nos cœurs purifiés d'une mauvaise conscience et nos corps lavés d'une eau pure.

Ce sont là ce qu'Andrew Murray appelle les quatre conditions pour le véritable adorateur. Regardons-les un moment. Elles se trouvent toutes dans ce verset. Tout d'abord, un cœur sincère. Nous devons être sérieux, nous ne pouvons nous contenter d'utiliser des mots vides de sens, nous ne pouvons nous dissimuler. Nous devons venir à Dieu en toute franchise.

Deuxièmement, la pleine assurance de foi. Nous devons être pleinement convaincus que nous avons ce droit à travers Jésus d'accès à la présence du Dieu Tout-Puissant.

Troisièmement, nos cœurs sont purifiés, par son sang, d'une mauvaise conscience. Je pense que c'est là où de nombreuses personnes rencontrent un problème. Leurs consciences ne sont pas totalement au repos. Croyez-moi, si le diable le peut, à chaque fois que vous commencerez à vous approcher du Dieu Tout-Puissant, il essaiera de vous rappeler quelque chose qui troublera votre conscience. "Mais tu n'as pas fait cela", ou bien "Pense à ce que tu étais". De nombreuses personnes m'ont dit que dans certains cas, il projette même des images mentales, des mauvaises scènes du passé. S'il y a un moment où le diable vous combattra, c'est ce moment où vous vous préparez à entrer dans la présence immédiate de Dieu. Et l'une des conditions essentielles est que votre conscience soit totalement au repos, que vous ne soyez en aucun cas condamnés.

Gardez-là votre doigt et prenez un instant le fameux chapitre 8 de Romains. Je considère ce chapitre 8 de Romains comme, dans un certain sens, l'apogée du progrès spirituel, un peu comme le Saint des Saints. Mais il y a une antichambre, un chemin pour entrer, et c'est le verset 1, qui dit :

Il n'y a donc maintenant aucune condamnation pour ceux qui sont en Jésus-Christ.

Tant que nous nous trouvons sous une condamnation quelconque, nous ne pouvons entrer dans Romains 8 qui est la vie remplie de l'Esprit. Et nous ne pouvons entrer dans la présence du Dieu Tout-Puissant. Nos cœurs doivent être purifiés d'une mauvaise conscience. Et si vous ressentez un combat, ce n'est pas surprenant. Je pense que la clé est probablement de ne plus regarder à vous-mêmes, mais à Jésus. Voyez-vous, les trois encouragements que nous avons vus étaient : confiance dans le sang de Jésus, le chemin à travers le voile, le souverain sacrificateur ; ils n'ont rien à voir avec nous. Le diable essaie toujours de nous enfoncer jusqu'au point où nous nous demandons si nous sommes qualifiés. Suis-je digne ? Suis-je suffisamment saint ? Ai-je assez prié ? Est-ce que je lis assez souvent ma Bible ? Toutes ces choses sont bonnes, mais elles n'ont rien à voir avec cela. Aucune d'elles ne vous qualifie pour être admis dans la présence du Dieu Tout-Puissant, même si vous les faisiez tous, tout le temps. Votre qualification est uniquement dans la personne et l'œuvre de Jésus.

Regardons la quatrième condition du véritable adorateur. Nos corps lavés d'une eau pure. Il existe différentes façons d'interpréter cela. Je ne suis pas absolument convaincu d'avoir raison, mais je pense que si. Je pense vraiment qu'il s'agit du baptême. Je crois cela, sans m'interroger sur la propreté de l'eau dans laquelle vous avez été baptisés, puisque j'ai moi-même été baptisé dans le Jourdain. Et croyez-moi, c'est une rivière vraiment très boueuse. Je comprends assez Naaman quand il disait que les rivières de Syrie étaient bien mieux que celle du Jourdain. D'un point de vue extérieur, c'est absolument vrai.

Mais je crois que passer à travers l'eau dans la foi, selon la parole de Dieu, purifie votre corps, le met à part pour Dieu. Prenons un instant dans Actes 22:16 pour voir ce que Ananias dit à Saul de Tarse après qu'il l'ait visité à Damas et qu'il ait prié pour lui et que ce dernier ait retrouvé la vue et ait été rempli du Saint-Esprit. Ananias lui dit donc au verset 16 :

Et maintenant pourquoi tardes-tu ? Lève-toi, sois baptisé, et lavé de tes péchés, en invoquant le nom du Seigneur.

Il y a donc une raison pour laquelle le fait d'être baptisé lave les péchés ou sanctifie notre corps, le met à part pour Dieu. Ceux d'entre nous qui sont ici sur l'estrade ce soir ont tous découvert par expérience que si une personne est sous l'emprise de Satan et est impliquée dans l'occultisme, qu'elle a besoin d'exorcisme ou d'une délivrance de mauvais esprits, et qu'elle reçoive cette délivrance, l'une des conditions essentielles est de s'assurer qu'elle est passée par les eaux du baptême. C'est ce qui nous sépare du royaume de Satan.

Vous voyez, Israël en Egypte a été sauvé du jugement par le sang de l'agneau. Mais Israël n'a pas été séparé de l'Egypte par le sang de l'agneau. Israël a été séparé par l'eau que tout le peuple a traversée. C'était là que s'était arrêté l'ennemi, à l'eau. Personnellement, j'hésite à offrir une pleine délivrance à une personne qui n'est pas préparée à avoir son corps sanctifié par l'eau du baptême.

LE DERNIER MOT DE DIEU

Seizième message.

Hébreux 10:23 – 10:34

Nous nous sommes arrêtés la dernière fois à Hébreux 10:22. J'aimerais revenir sur Hébreux 10:19-22, et ensuite nous continuerons. Au lieu de traduire à partir du grec, je lirai dans la version Segond, Hébreux 10:19-22.

Ainsi donc, frères, nous avons au moyen du sang de Jésus, une libre entrée dans le sanctuaire [le Saint des Saints] *par la route nouvelle et vivante qu'il a inaugurée pour nous au travers du voile, c'est-à-dire de sa chair, et nous avons un souverain sacrificateur établi sur la maison de Dieu ; approchons-nous donc avec un cœur sincère, dans la plénitude de la foi, les cœurs purifiés d'une mauvaise conscience.*

C'est un message vraiment très important. En réfléchissant à la façon dont nous avons étudié ce passage la dernière fois, j'ai senti que le Seigneur me montrait que l'un des plus grands besoins de son peuple est d'être totalement certain de pouvoir accéder à Dieu. Et je suis enclin à penser que de nombreux chrétiens – et il pourrait s'en trouver ici ce soir – ne sont pas totalement certains d'avoir le droit d'accéder à Dieu et d'avoir la base de cet accès. Et si vous n'avez pas cette assurance, alors vous serez handicapés dans chaque domaine de votre vie chrétienne. Ce passage-là est probablement l'un de ceux qui insistent le plus dans toute l'Ecriture sur ce droit d'avoir accès à Dieu. C'est pourquoi, je pense que je vais simplement revoir ce passage afin d'essayer de l'imprimer dans vos cœurs et dans vos esprits.

Je dois dire qu'en observant l'Eglise de manière générale, je pense que la grande majorité des chrétiens n'ont pas cette assurance. Et je l'affirme, cela les bloque dans chaque domaine de leurs vies.

Nous voyons ici trois encouragements pour obtenir l'accès direct à Dieu. Numéro un, une confiance librement exprimée dans le sang de Jésus. Je vous ai parlé de ce mot "confiance". C'est vraiment un terme politique. Il signifie "liberté d'expression" dans le langage séculier. C'est donc une confiance qui doit être exprimée, cela ne suffit pas de la ressentir ou d'y penser ou d'y croire. Elle doit être exprimée. Et ici, il s'agit d'une confiance dans le sang de Jésus.

Que faites-vous lorsque vous roulez dans votre voiture et que vous ne faites rien de particulier ? Ou lorsque vous êtes assis dans un cabinet médical à attendre votre rendez-vous, quelque chose du genre. À quoi votre esprit est-il occupé ? Je vous suggère d'occuper ce temps à exprimer votre confiance dans le sang de Jésus. Si vous êtes dans votre voiture, et sauf si vous avez des étrangers avec vous, vous pouvez le dire à voix haute. Si vous le dites à voix haute dans le cabinet médical, vous recevrez peut-être un traitement plus conséquent que celui auquel vous vous attendiez ! Mais vous comprenez, beaucoup d'entre nous ont souvent conscience d'une sorte d'obscurité ou de découragement ou d'oppression. Et bien, si vous affirmez continuellement votre confiance dans le sang de Jésus, vous dérangez bien plus le diable qu'il ne peut lui-même vous déranger. Il trouvera quelqu'un d'autre à embêter.

J'ai peut-être déjà fait part de cet incident un peu comique à certains d'entre vous par le passé, mais il y a quelques années, lorsque j'étais Pasteur à Londres et nous avions à cette époque-là dans notre assemblée deux Juives russes qui étaient venues d'Israël et nous avaient suivis jusqu'à Londres. D'un arrière-plan matérialiste et athée, elles avaient rencontré le Seigneur en Russie. Un soir alors qu'elles étaient sur le point de mettre un terme à leurs vies, un pasteur baptiste ayant été surnaturellement conduit jusqu'à leur porte, avait frappé et leur avait demandé ce qu'elles étaient en train de faire. Elles furent vraiment très étonnées, car elles se préparaient à mettre fin à leurs vies. Elles le firent entrer et il passa la nuit entière à leur parler de Jésus. Au petit matin, elles avaient découvert Jésus comme leur Sauveur ainsi que leur Messie. Plus tard, elles partirent pour Israël, une histoire très spectaculaire, mais que je ne peux raconter ce soir.

Par la suite, lorsque nous avons quitté Israël, elles nous ont suivis. Elles étaient en théorie baptistes, mais je dois vous dire que, de ce que j'ai pu observer, les baptistes russes sont plus pentecôtistes que les pentecôtistes britanniques. Elles n'étaient pas du genre vraiment discrètes. Donc, un jour où elles nous rendaient visite à Lydia, ma première épouse, et moi-même, nous nous sommes installés dans notre chambre-salon pour prier et louer le Seigneur. Elles étaient vraiment plutôt bruyantes. Et voilà qu'une femme de l'assemblée arrive à la porte, me présentant une situation bien embarrassante pour moi. Elle tenait son mari par la main et me dit, "C'est mon mari, il vient juste de sortir de prison et il a des démons". Bien, je croyais aux démons. Depuis que j'avais foi en la Bible, je croyais aux démons. Mais je préférais les garder à distance ! Je n'avais alors aucune idée de ce que je devais faire d'eux. Mais je ne pouvais faire repartir l'homme, alors j'ai dit, "Venez. Nous sommes en train de prier". Il entra, plutôt penaud. Je ne pense pas que son cœur était vraiment ouvert à Dieu à ce moment-là.

Alors ces deux femmes russes commencèrent à être vraiment bruyantes. Je veux dire, elles louaient le Seigneur et tapaient dans leurs mains, et à l'époque, ce n'était pas aussi habituel que ça l'est aujourd'hui. Et donc au bout d'un moment, cet homme s'approcha discrètement de moi, me prit la main et me dit, "Je m'en vais, c'est trop bruyant ici". Je ne savais pas du tout quoi dire, mais je lui ai donné une réponse inspirée. Je n'aurais jamais pu lui donner meilleure réponse. J'ai dit, "Je vais vous dire quelque chose. C'est le diable qui n'aime pas le bruit, et il ne l'aime pas parce que nous louons Jésus. Alors vous avez deux possibilités. Si vous partez maintenant, le diable partira avec vous. Si vous restez, le diable partira sans vous. Il répondit, "Je reste".

Je ne savais pas quoi faire, mais nous avons continué à louer le Seigneur et après quelques temps il s'est levé et m'a pris à nouveau par la main en me disant, "C'est parti. Je l'ai senti quitter ma gorge". Ce fut une très grande leçon pour moi, car j'appris ainsi qui déteste vraiment entendre les louanges du Seigneur. C'est le diable. Or si vous maintenez cette confession, cette liberté d'expression continuellement, vous embarrassez bien plus satan qu'il ne pourra jamais vous embarrasser. Et il trouvera quelqu'un d'autre à embêter, quelqu'un qui n'a pas appris cette leçon.

Gardez donc cela à l'esprit. Une confiance librement exprimée dans le sang de Jésus. Et si nous sommes respectueux et sincères, nous ne pourrons jamais trop parler du sang de Jésus.

Nous voyons ensuite une route nouvelle et vivante à travers le voile. C'est la chair percée de Jésus. Souvenez-vous que sous l'Ancienne Alliance, seul un homme passait à travers le voile, et ce seulement une fois par an. Ici, l'entrée est ouverte, nous pouvons en tous temps entrer dans la présence immédiate du Dieu Tout-Puissant.

Nous avons enfin un grand souverain sacrificateur, Jésus, nous attendant au-delà du voile pour nous accueillir et porter nos besoins et requêtes devant le Père. Mais j'aimerais souligner que tout encouragement est centré sur Jésus. Chacune de ces trois raisons est centrée sur Jésus. Or, la ruse préférée du diable, c'est de vous focaliser sur vous-même. Vos problèmes, vos échecs, votre péché. Et à partir du moment où nos yeux perdent de vue Jésus, nous perdons notre confiance en lui. Si le diable parvient à vous faire discuter sur ce que vous avez fait, vos faiblesses et à vous en défendre, il vous a vaincu. Votre regard ne doit pas être fixé sur vous-même, vos succès et vos échecs. Ils n'ont aucun rapport avec l'accès à la présence de Dieu. Même notre plus grand succès ne peut nous qualifier pour avoir accès à la présence du Dieu Tout-Puissant. Rien en dehors des raisons données ici ne peut nous qualifier.

Continuons ensuite avec les quatre conditions du véritable adorateur. C'est une expression tirée du livre d'Andrew Murray, *The Holiest of All*[9], un exposé verset par verset, si vous voulez le lire, d'environ cinq cent pages sur Hébreux.

---

[9] Autant que nous le sachons, ce livre n'est pas disponible en français, n.d.t.

J'aurais vraiment dû vous le recommander depuis longtemps, car c'est un livre remarquable.

À une certaine époque, nous avons vendu ce livre par le biais de ma lettre de nouvelles, et il était déjà à un prix assez élevé pour l'époque. Il coûtait $8, si je m'en souviens bien. Nous en avons vendu à peu près quatre ou cinq cent exemplaires. Rien ne m'a plus impressionné que cela, qu'il y ait une telle faim dans les cœurs du peuple de Dieu pour une véritable nourriture.

Quoiqu'il en soit, voici les quatre conditions. Un cœur sincère, ce qui signifie que nous ne devons pas redevenir religieux et essayer d'impressionner Dieu et dire des choses que nous pensons bonnes à entendre et espérer que Dieu va bien nous aimer. Nous devons être très, très honnêtes. La plupart des prières dans la Bible qui accomplissent véritablement quelque chose, si vous les étudiez, sont des prières très honnêtes. Elles n'ont rien de très sophistiquées.

Ensuite, une pleine assurance dans la foi. J'espère que les vérités que je suis en train de vous dévoiler en ce moment peuvent vous transmettre cette pleine assurance. Aucune question, aucun doute, aucune réserve.

Troisièmement, des cœurs purifiés d'une mauvaise conscience par le sang de Jésus. Un point important que je n'ai pas mentionné la dernière fois, c'est que le mot traduit ici par "purifié" est en fait" aspergé". Si vous prenez Hébreux 10:22, cela donne "nos cœurs étant aspergés afin d'être nettoyés d'une mauvaise conscience". Et ce mot est celui qui est spécifiquement utilisé pour l'application cérémoniale du sang du sacrifice. Donc, si vous n'utilisez pas la traduction "aspergé", vous risquez de ne pas bien comprendre.

J'aimerais vous montrer trois endroits où ce terme est utilisé. Hébreux 9:19.

Moïse, après avoir prononcé devant tout le peuple tous les commandements de la loi, prit le sang des veaux et des boucs, avec de l'eau, de la laine écarlate, et de l'hysope ; et il fit l'aspersion sur le livre lui-même et sur tout le peuple.

Il faut donc être à la fois nettoyé par le sang du sacrifice et avoir des coeurs purifiés d'une mauvaise conscience.

Prenons maintenant dans Hébreux 12:22, l'un de mes passages préférés. Il est question de ce qui se trouve au Mont Sion, lorsque nous y venons par la foi.

Mais vous vous êtes approchés de la montagne de Sion [vient ensuite une liste de toutes ces choses], *de la cité du Dieu vivant, la Jérusalem céleste, des myriades qui forment le chœur des anges, de l'assemblée des premiers-nés inscrits dans les cieux, du juge qui est le Dieu de tous, des esprits des justes parvenus à la perfection, de Jésus qui est le médiateur de la nouvelle alliance, et du sang de l'aspersion qui parle mieux que celui d'Abel.*

Donc la version grecque dit effectivement "du sang de l'aspersion". C'est la même pensée, il s'agit du sang du sacrifice appliqué selon la cérémonie d'usage.

Et pour finir, il serait peut-être intéressant de prendre 1 Pierre 1:2.

Qui sont élus selon la prescience de Dieu le Père, par la sanctification de l'Esprit, afin qu'ils deviennent obéissants, et qu'ils participent à l'aspersion du sang de Jésus-Christ.

Le même terme, la même pensée. C'est le sang qui est aspergé.

Il serait peut-être utile de nous arrêter un instant sur cette succession de choses qui nous amènent au sang. Si vous lisez ce deuxième verset, vous voyez que c'est d'abord Dieu qui choisit, et que son choix est basé sur sa prescience. Ensuite vient le travail de sanctification accompli par le Saint-Esprit. Je ne sais pas si vous réalisez que le Saint-Esprit commence à vous sanctifier avant que vous ne deveniez croyant. Je me demande si vous avez jamais réalisé cela. Nombre d'entre nous, si nous regardons en arrière, pouvons maintenant comprendre qu'il s'agissait ici et là du Saint-Esprit. Pour ma part, je ne savais pas qui il était ; je ne comprenais pas ce qui se passait.

Je ne sais pas si je vous ai jamais raconté cette histoire, mais elle me revient toujours à l'esprit quand je parle de cela. Je suis entré dans l'Armée britannique en septembre 1940, armé de ma Bible, afin de la lire et de l'étudier pour découvrir ce qui était vrai et ce qui était faux, du moins c'est ce que je pensais. Je me faisais pas mal remarquer, car je la lisais chaque soir, ce qui me valut d'être assez connu, mais je n'étais en aucun cas croyant. Un jour, l'un des pères, des aumôniers, faisait un culte "Whitsun". Vous ne savez pas ce que c'est qu'un culte "Whitsun", mais c'est le terme catholique anglican pour "Pentecôte", c-à-d "Dimanche Blanc" parce que tout le monde avait l'habitude de porter des robes blanches. Il voulait que la leçon soit vraiment bien lue. La leçon, c'est le passage des Ecritures. Et donc avec un discernement significatif, il me choisit pour lire ce passage. Je savais qu'il avait fait un bon choix ! J'ai pensé, je vais leur montrer comment il faut lire ce passage. Bien, c'était dans Actes 2, les vingt premiers versets, quelque chose comme ça. Que savais-je à propos de Actes 2 ? Je ne connaissais pas Actes 2. Quoiqu'il en soit, j'ai vraiment étudié Actes 2, je l'ai lu, j'ai marqué les endroits où m'arrêter pour reprendre mon souffle et sur lesquels insister. Je pensais, ils vont apprécier ma lecture. Vous voyez comme j'étais modeste à l'époque !

Quand je me suis levé pour lire, il s'est passé une chose des plus extraordinaires. Quelque chose m'empêchait de respirer correctement et je commençai alors à prendre de profondes inspirations pour ne lire que trois mots puis m'arrêter pour souffler et respirer. Je n'ai jamais terminé de lire quoique ce soit d'autre avec une telle libération que cette fois-là. Nous étions au mois de mai. À la fin du mois de juillet, j'ai rencontré le Seigneur. Mais deux mois avant de le connaître, le Saint-Esprit était déjà en train d'œuvrer en moi surnaturellement, même dans mon corps. C'était juste un exemple parmi une douzaine d'autres sur la façon dont le Saint-Esprit vous sanctifie : il vous sort du monde pour commencer à vous mettre à part pour les desseins de Dieu. C'est ce que signifie la sanctification.

Il m'est arrivé encore autre chose à cette époque où j'aimais aussi beaucoup danser. Vous ne le devineriez pas en me regardant aujourd'hui – ou peut-être que si ! Comme quelqu'un l'a dit, je n'ai pas arrêté de boire, j'ai juste changé de boisson, je n'ai pas arrêté de danser, j'ai simplement changé de lieu. Bien que je sois allé pendant longtemps à l'Eglise sans danser. J'ai découvert par la suite que ce n'était pas un mal de danser à l'Eglise, alors j'ai recommencé. Quoiqu'il en soit, j'avais l'habitude de sortir et de rester m'amuser jusqu'à la dernière danse. Puis, j'ai commencé à me sentir fatigué. Je commençais à m'endormir vers 22:30. Je n'avais que 24 ans, et je me disais, *"Quoi ! Suis-je devenu vieux avant l'heure? Qu'est-ce qui ne va pas avec moi ?"* Et bien, c'était l'œuvre de sanctification du Saint-Esprit. Il me rendait tout simplement incapable d'apprécier davantage ce genre d'ambiance.

Mais revenons à 1 Pierre 1:2. Vous êtes choisis selon la prescience de Dieu. Dieu vous connaît à l'avance et il vous choisit sur la base de cette connaissance. Ensuite, il lâche le Saint-Esprit sur vous. Quelqu'un a appelé le Saint-Esprit "le chien de chasse céleste" qui vous suit et vous parle, vous rend insatisfaits avec ce qui jusque là vous satisfaisait. Dieu lâche le Saint-Esprit, il vous sanctifie, il vous conduit, il vous attire. Dieu dit à Israël dans Osée 2, "Je les attirerai. Je les conduirai dans le désert, je les conduirai dans la Vallée d'Acor", la vallée des problèmes. Parfois, le Saint-Esprit nous attire dans la vallée des problèmes. Je suis certain que cela n'est jamais arrivé à aucun d'entre vous. Ensuite, lorsque vous êtes dans la vallée des problèmes et que vous vous demandez comment vous êtes arrivés là, ce qui est allé de travers dans votre vie, alors Il vous ouvre la porte de l'espérance.

C'est donc ça, "être sanctifié". Mais c'est toujours à l'obéissance au Seigneur Jésus-Christ qu'il nous conduit. C'est très important. Le Saint-Esprit est celui qui nous permet d'obéir au Seigneur.

Dans Ezéchiel 36, l'Eternel dit à propos d'Israël, "Je mettrai mon Esprit en eux, et je ferai en sorte qu'ils gardent mes ordonnances et mes lois". Personne ne peut obéir à Dieu sans le Saint-Esprit.

Ensuite, lorsque vous obéissez à Jésus, l'apogée est l'aspersion du sang. Gardez à l'esprit que le sang n'est jamais aspergé sur ceux qui désobéissent. Donc, si nous n'obéissons pas, nous perdons notre droit d'accès à l'aspersion du sang.

Tout ceci était un commentaire sur Hébreux 10:22.

Ensuite, la quatrième condition pour le véritable adorateur. Des corps purifiés d'une eau pure. Je pense qu'il est vraiment très important que nous comprenions que le baptême de l'eau est une œuvre de sanctification de Dieu. Depuis de nombreuses années, je pense, de gentilles personnes comme les baptistes disent, "Lorsque tu es sauvé, tu dois ensuite te faire baptiser". Comme si c'était un petit supplément pour le salut. Mais en réalité, ce n'est pas exactement l'enseignement biblique. Je veux dire, je crois dans le salut, je crois dans le baptême, mais personne dans le livre des Actes n'a jamais déclaré être sauvé sans être baptisé. C'est en opposition aux Ecritures de les séparer. Dieu ne l'a jamais dit ainsi. Il a dit, "Celui qui croira et qui sera baptisé sera sauvé". Il n'a pas dit que celui qui croira et sera sauvé pourra être baptisé. Vous saisissez ? C'est pourtant ainsi que cela a été présenté dans de nombreuses églises.

Je ne suis pas en train de dire cela pour être critique, mais je veux simplement faire remarquer que le baptême est bien plus que ce que la plupart des baptistes en ont pensé. Et vous pourriez en dire autant des pentecôtistes ou d'autres.

Je me souviens d'un enseignement que j'ai donné sur le baptême en Nouvelle-Zélande il y a des années de cela. Et il se trouvait là un certain nombre de personnes qui n'avaient jamais été baptisées par immersion. Nous avons décidé de faire un culte de baptêmes. De nombreux baptistes, déjà baptisés, vinrent parce qu'ils voulaient voir ces personnes être baptisées. Comme leur esprit avait été préparé par l'enseignement, ils en attendaient beaucoup de ces baptêmes. Et je peux vous dire qu'ils ont reçu bien plus encore que ce qu'ils attendaient. La gloire du Seigneur descendit, et en réalité, les gens ne pouvaient rester debout à cause de la présence de Dieu. Et les baptistes qui étaient là disaient, "J'aurais aimé le vivre aussi. Nous ne savions pas ce que cela nous réservait". Donc, ce que je veux dire, c'est, ne sous-estimez pas le baptême de l'eau. Si j'ai raison, comme vous le savez, qu'y puis-je si j'ai raison ! Si j'ai raison de croire qu'il s'agit de l'eau du baptême, remarquez que cette condition vient juste après l'aspersion du sang de Jésus. Ce qui lui donne un niveau d'importance extrêmement élevé. Je crois, d'une certaine façon, que nous trouverions cela bien plus simple de croire Dieu en ce qui concerne les guérisons, les délivrances, si nous comprenions que nos corps ont été sanctifiés par l'eau du baptême. Le fait de passer dans cette eau a sorti nos corps du royaume de Satan pour les conduire dans le royaume de Dieu.

Il y a deux magnifiques représentations du baptême de l'eau dans le Nouveau Testament. L'une, où il est question de l'arche de Noé dans 1 Pierre 3:21. Il y est écrit, "Cette eau était une figure du baptême qui maintenant vous sauve, vous aussi". Réfléchissez à ce qui était impliqué dans l'arche. Je pense vous avoir déjà dit au cours de ces études qu'il y a deux arches : la grande et la petite arche. Chacune d'elle représente Christ. La grande arche vous représente en Christ, la petite Christ en vous. Donc lorsqu'ils sont entrés dans l'arche, c'est comme s'ils étaient entrés en Christ. Et dans cette arche Christ, ils sont passés à travers les eaux. Et ils sont ressortis dans un monde entièrement nouveau. Le péché avait été traité, jugé et éloigné. Ils avaient l'opportunité de commencer une vie tout à fait nouvelle. C'est ce que représente le baptême de l'eau.

Je pense que de nombreuses personnes ne ressentent pas vraiment que leur ancienne vie a été séparée d'eux. Peut-être n'ont-ils jamais été baptisés d'eau ou n'ont-ils jamais été correctement enseignés au sujet du baptême d'eau.

L'autre représentation est bien sûr Israël sortant de l'Egypte. 1 Corinthiens 10:1, "Nos pères ont tous été sous la nuée, ils ont tous passé au travers de la mer, ils ont tous été baptisés en Moïse dans la nuée et dans la mer". Dans la nuée, c'est le baptême dans le Saint-Esprit, ils étaient immergés dans la nuée qui venait sur eux, et ils ont tous traversé cette nuée. Ensuite, ils ont été immergés dans la mer, ils ont traversé la mer, sont ressortis de l'autre côté pour commencer une nouvelle vie, un nouveau destin, ave un nouveau dirigeant, de nouvelles lois, tout était nouveau. Et toutes les forces Egyptiennes les poursuivant ont été coupées d'eux non par le sang de l'agneau, mais par l'eau du baptême.

Nous allons maintenant continuer avec le verset 23 qui est un verset très important. Hébreux 10:23. C'est le septième passage "faisons". Au début nous avons listé les douze passages "faisons" dans Hébreux. Vous voyez que c'est l'une des caractéristiques typiques de l'épître aux Hébreux, ces décisions collectives que le peuple de Dieu doit prendre. "Faisons" n'émane pas d'une décision individuelle, mais d'une décision collective.

Retenons fermement la profession de notre espérance, car celui qui promet est fidèle...

Nous voyons donc à nouveau, si vous revenez un instant sur le verset 21 qui fait partie de tout ce passage "Nous avons un souverain sacrificateur établi sur la maison de Dieu", que j'avais fait remarquer que partout où nous avons le concept du souverain sacrificateur, nous avons l'obligation de faire une confession correcte. C'est tellement important que je pense que je vais revenir dessus une fois de plus. Revenons sur Hébreux 3:1.

C'est pourquoi, frères saints, qui avez part à la vocation céleste, considérez l'apôtre et le souverain sacrificateur de la foi que nous professons, Jésus.

Je crois qu'une autre traduction dit "Fixez vos esprits sur", c'est un terme très puissant. Concentrez-vous sur Jésus qui est le souverain sacrificateur de notre confession. Pas de confession, pas de souverain sacrificateur. Son souverain sacerdoce dépend de notre confession, du moins si nous sommes concernés.

Ensuite Hébreux 4:14.

Ainsi, puisque nous avons un grand souverain sacrificateur qui a traversé les cieux, Jésus, le Fils de Dieu, demeurons fermes dans la foi que nous professons.

D'abord, nous devons le considérer comme le souverain sacrificateur de notre confession. Ensuite, dans notre rapport avec lui, nous devons demeurer fermes dans la foi que nous professons. Nous l'exprimons et continuons à l'exprimer. Il est parfois plus facile de le dire qu'à d'autres moments, n'est-ce pas ? Quand vous vous sentez vraiment bien et que le prédicateur prêche bien, il est facile de dire "Par ses meurtrissures, je suis guéri". Mais quand vous êtes seuls et que vous souffrez, c'est autre chose de dire alors, "Par ses meurtrissures, je suis guéri". La Bible dit de demeurer fermes dans la foi que nous professons.

Dans ce passage, il y a encore un ajout. Hébreux 10:23, "Retenons fermement la profession de notre espérance". Pourquoi cela est-il ajouté là ? Et bien, parce qu'on pourrait être tenté d'hésiter, c'est évident. Donc, vous voyez la construction. Considérez le souverain sacrificateur, retenez fermement votre confession, retenez-la sans vaciller. Comme le dit Charles Simpson, lorsque le signe "Attachez votre ceinture" s'allume, vous pouvez vous attendre à des turbulences. Et quand Dieu dit, "Retenez fermement votre profession sans vaciller", vous pouvez être certains qu'il peut y avoir des raisons de vaciller. Mais le message est que c'est notre confession qui nous lie à notre souverain sacrificateur. Donc exprimez-la, conservez-la, conservez-la constamment. N'abandonnez pas.

Nous arrivons maintenant au huitième passage "faisons. Je vais traduire à partir du grec. Je ne sais pas si cela fait une grande différence pour vous, mais je le ferais quand même. Hébreux 10:24-25.

Et considérons-nous les uns les autres...

J'aimerais juste revenir en arrière, il me semble qu'il s'agit du même mot utilisé dans Hébreux 3:1. Oui, effectivement. Hébreux 3:1, "Considérez le souverain sacrificateur". Il est dit ici, "considérons-nous les uns les autres". Je pense que c'est toujours vrai. Si nous considérons Jésus, nous finirons par nous considérer les uns les autres. Mais il est important de le faire dans l'ordre. D'abord, nous considérons Jésus, ensuite nous nous considérons les uns les autres. Il y a une grande différence entre ma relation avec vous en tant que simple personne et ma relation avec vous en tant que personne en Christ.

Je me souviens du temps où j'étais directeur d'un établissement de formation pour enseignants en Afrique de l'Est. Pour chaque poste vacant que nous offrions, au moins dix candidats convenaient. Je me souviens d'une fille qui avait marché pieds nus environ trente-huit kilomètres aller et retour juste pour avoir un entretien. Il est difficile de comprendre cette faim désespérée d'éducation qu'ils ont, car ils pensent que pour réussir dans la vie, il faut être instruit. Je me souviens qu'un jour une mère âgée est venue me voir à propos de son fils qui avait postulé pour cet établissement. Il ne convenait vraiment pas, et nous ne l'avions pas accepté. Elle ne cessait de m'importuner. Vous auriez du mal à le croire, mais je commençais à perdre patience avec elle. En Afrique, ils ne croient pas en la démocratie, ne vous-y trompez pas. Tout est dans l'apparence. En Afrique, c'est dans le chef qu'ils croient, l'homme fort. C'est l'homme qui compte. Elle me disait donc, "Vous êtes le plus fort. Ce que vous direz, c'est ce qui sera fait". Mais ce n'était pas le cas. J'étais tellement énervé que j'étais sur le point de lui dire ma façon de penser, et ce n'était pas une pensée sanctifiée ! Mais le Seigneur me parla avec beaucoup de douceur et me dit, "Rappelle-toi, elle est une de mes enfants, fais attention à la façon dont tu lui parles". Je me suis repenti. Elle était vraiment une précieuse petite femme, une enfant de Dieu.

Voyez-vous, si nous considérons d'abord Jésus, cela fera une différence dans notre façon de nous considérer les uns les autres. Si nous considérons Jésus, je ne crois pas que nous puissions ne pas considérer les autres.

Considérons-nous les uns les autres pour provoquer l'amour et les bonnes œuvres.

Je crois que la version 'Bible de Jérusalem dit "stimuler". Je pense que cette traduction-ci dit "exciter", n'est-ce pas ? Mais c'est vraiment un terme fort et généralement mauvais. Je pense qu'il est utilisé délibérément pour vous faire réfléchir. "Exciter", qu'est-ce que l'on excite généralement chez les gens ? La colère, exact. Mais l'auteur d'Hébreux dit "exciter" non pas la colère, mais l'amour et les bonnes œuvres. Le terme grec équivalent, pour ceux que cela intéresse, donne le mot français "paroxysme". Savez-vous ce qu'est un paroxysme ? Peut-être ne le savez-vous pas, mais cela peut signifier aussi un accès de colère incontrôlable. C'est le mot utilisé pour stimuler. Les suggestions ne sont donc pas terribles, mais dans ce contexte, elles ont une tournure positive, "excitons-nous les uns les autres" ou "considérons comment nous exciter les uns les autres à l'amour et aux bonnes œuvres". Et permettez-moi de vous faire remarquer que si vous voulez que les gens agissent correctement, il vous faut les exciter dans ce sens ! D'autre part, vous devez considérer de quelle façon les exciter, nous pouvons dire également 'provoquer'.

Je sais bien que c'est l'une de mes faiblesses. Je n'aime pas devoir prendre en considération les différents caractères des gens. Avec mon passé militaire et mon esprit plutôt logique, je considère que c'est suffisant de dire les choses telles quelles à une personne. Mais la Bible dit de considérer comment les leur dire, car si vous attendez un résultat de cette personne, vous devez lui parler d'une façon différente de celle que vous utiliserez pour une autre personne. Ceux qui ont plusieurs enfants savent ce que je veux dire. Vous ne pouvez pas agir avec tous vos enfants de la même façon. Je peux voir certains d'entre vous acquiescer de la tête. Vous pouvez gronder un enfant et obtenir le résultat escompté. Mais un autre enfant se découragera si vous le gronder de la même façon. Cela peut l'écraser.

Nous avons eu l'été dernier la visite d'un couple de croyants juifs en Israël. Ils avaient deux petits enfants avec eux, un garçon et une fille. Le garçon était plutôt bien élevé, mais pas la fille. Elle ne tenait pas en place et ne cessait d'interrompre notre conversation. Sa mère finit par nous dire, "Excusez-moi un instant, mais je vais devoir la sortir dans la véranda et lui donner une fessée". Elle ajouta, "Une fois qu'elle aura eu la fessée, elle sera totalement différente". Elle sortit donc, lui donna une fessée et revint avec elle. Et c'était tout à fait exact, son attitude avait totalement changé. Mais elle n'agit pas ainsi avec le garçon. Donc, certaines personnes ont besoin d'une fessée ; d'autres ont besoin d'être encouragées. Nous devons donc considérer comment obtenir le meilleur résultat des gens.

Continuons avec le verset 25, un verset très important.

N'abandonnant pas vos assemblées...
Ou "nos assemblées". Ce terme est en grec le mot utilisé pour

"synagogue". Ne manquons pas d'assister à notre synagogue. Est-ce que cela vous va ? Quels genres de croyants étaient-ils ? Des Juifs. Où se rencontraient-ils ? Quasi certainement dans une synagogue. C'est difficile pour nous d'imaginer cela. De très nombreuses synagogues n'ont rien d'un endroit fleuri. Voyez-vous, à Jérusalem, très peu de synagogues sont magnifiquement élaborées, avec d'immenses bâtiments, au contraire la plupart des synagogues sont des appartements situés au-dessus d'une boucherie ou quelque chose de ce genre. Il ne s'y rencontre probablement pas plus de trente ou cinquante personnes. L'essence des réunions dans une synagogue est vraiment l'informalité, le partage, il n'y a probablement pas de prédicateur, juste quelqu'un qui dirige l'assemblée dans la prière, etc. Cela ressemble bien plus à ce que nous avons l'habitude de voir dans nos petits groupes ou dans nos groupes de maison. C'est intéressant de voir que c'est vraiment de cette manière que l'Eglise a commencé.

L'autre type d'assemblée provient probablement d'un développement plus tardif.

N'abandonnant pas vos assemblées, comme c'est la coutume de certains, mais exhortez-vous, encouragez-vous, attisez-vous, et bien plus encore, comme vous voyez le jour approcher.

'Le jour'. Je pense que dans l'Eglise primitive, lorsqu'ils disaient "Le jour", ils n'avaient rien besoin d'ajouter. C'était un jour bien déterminé dans l'esprit de chacun. Le Seigneur revient.

J'ai préparé justement aujourd'hui une ébauche sur la façon de se préparer à la venue du Seigneur, c'est donc très frais dans mon esprit. En fait, l'une des principales motivations pour vivre sainement dans le Nouveau Testament était la venue du Seigneur. Nous devons être prêts à le rencontrer.

Revenons aux versets 24-25, où se situe le troisième "faisons" de ce chapitre.

Considérons comment nous stimuler [exciter] *les uns les autres à l'amour et aux bonnes oeuvres, n'oubliant pas notre propre assemblée, comme c'est l'habitude de certains, mais encourageons-nous les uns les autres, et bien plus encore, comme vous voyez le jour approcher.*

Etudions ces trois obligations qu'ont les croyants les uns envers les autres. Je pense, à nouveau, que cela fait partie du même principe. Tout d'abord, nous considérons Jésus. Ensuite, lorsque nous l'avons considéré, nous nous considérons les uns les autres à la lumière de notre relation avec lui et de nos obligations les uns envers les autres. Mais il agit toujours à partir de l'invisible, de l'éternel, du divin, vers le naturel et l'humain.

L'auteur d'Hébreux nous présente la vérité d'une façon quelque peu différente des autres livres du Nouveau Testament. Il nous entraîne dans ce royaume sacerdotal invisible et nous présente des vérités qui ne sont aucunement perçues par les sens. Ayant ainsi établi les choses telles qu'elles sont là-haut, il donne ensuite l'application pratique expliquant comment nous devrions vivre et agir ici-bas. Mais pour ceux qui n'ont pu comprendre ce qu'il disait sur le royaume sacerdotal et le royaume invisible, alors les applications ne signifient probablement pas grand-chose. Cependant je veux croire que, par le Saint-Esprit, vous avez été en mesure de comprendre l'invisible. J'espère que les procédures d'accès à la présence de Dieu sont devenues réelles.

Donc les trois obligations que nous avons les uns envers les autres sont, tout d'abord, de stimuler ou de exciter l'amour et les bonnes œuvres. Je pense que nous devons prendre cela très au sérieux en tant que congrégation, or je sais que de nombreuses personnes ici ne sont pas des adorateurs réguliers dans cette assemblée. Mais quelque soit l'assemblée à laquelle vous appartenez, l'Eglise à laquelle vous allez, le groupe auquel vous appartenez, je pense que nous devons vraiment voir cela comme un art qui doit être cultivé. Comment obtenir la bonne réaction chez les gens ? Comment approcher les gens de manière à faire ressortir le meilleur et non le pire d'eux-mêmes ? Je pense que lorsque l'auteur écrit "considérons", je pense qu'il veut dire que cela prend du temps, cela demande de la réflexion, cela implique des prières. Comment puis-je approcher telle et telle personne et obtenir le meilleur d'elle-même ? Dans de nombreuses assemblées, il y a des personnes compliquées. En général, les autres personnes se tiennent à l'écart d'elles. Vous vous préparez à sortir et vous voyez cette personne, et tout à coup vous vous souvenez que vous avez oublié votre livre derrière vous et vous faites demi-tour pour revenir sur vos pas. Bien, je ne crois pas que ce soit exactement ce que l'auteur veut nous dire. Il veut dire que s'il y a des personnes compliquées, considérez comment obtenir le meilleur d'elles. Ne les évitez pas, ne les tenez pas à l'écart.

Je pense qu'il est également important, lorsque des personnes viennent dans une assemblée, si elles ne viennent pas régulièrement, que nous considérions comment obtenir le meilleur d'elles-mêmes. Ne nous dirigeons pas uniquement vers nos amis personnels, les personnes avec lesquelles nous aimons bien parler, mais allons vers les personnes inconnues ou celles qui sont seules. L'un des plus grands problèmes de la civilisation contemporaine, c'est la solitude. En fait, toute Eglise qui a un remède contre la solitude qui fonctionne, croîtra. C'est tout ce qu'il faut. Il existe d'autres choses plus importantes, mais cela aidera une Eglise à grandir.

Considérons donc comment nous provoquer les uns les autres à faire les bonnes choses, et non les mauvaises. Quand quelqu'un réagit mal à votre égard et vous contrarie, vous devez vous arrêter et vous demander, "Ai-je mal abordé cette personne ?" Son attitude a peut-être un lien avec la façon dont je l'ai approchée.

Deuxièmement, rendons-nous régulièrement dans notre propre synagogue/communauté. Je pense qu'il existe de nombreux moyens légitimes de se réunir, mais l'une des choses sur laquelle la Bible est claire, c'est que nous devons nous rendre régulièrement dans une assemblée.

Du temps où j'étais pasteur à l'assemblée pentecôtiste à Londres, Londres étant un endroit où beaucoup de gens viennent, nous avions toujours des personnes qui passaient pour voir notre façon de faire. Si le culte était bien, elles allaient le dire à une autre Eglise, s'il n'était pas bien, elles nous disaient que dans telle autre Eglise, leur façon de faire était meilleure que la nôtre. Elles n'étaient jamais une bénédiction parce qu'elles venaient toujours pour recevoir une bénédiction. Elles ne venaient que pour une chose, recevoir.

J'ai commencé à en être vraiment agacé. Je ne dis pas que ce n'est pas la bonne manière de régler le problème, mais j'ai vraiment commencé à m'intéresser aux autruches. Il en est assez souvent question dans la Bible. J'ai attendu jusqu'au jour où certaines de mes cibles préférées étaient là et j'ai prêché mon message sur les autruches. Une autruche a des ailes mais ne peut pas voler. Elle a de très longues pattes, elle court très vite. Elle a un très long cou, mais une très petite tête. Et quand elle dépose ses œufs, elle ne sait pas les couver. Ce n'est pas vrai que les autruches cachent leur tête dans le sable, cela je l'ai découvert. C'est une injure à l'encontre des autruches. Quoiqu'il en soit, j'ai prêché sur les autruches qui vont ici et là, déposent leurs œufs, mais ne les couvent jamais. Elles ont de longues pattes, mais leurs ailes ne leur permettent jamais de voler. Elles ont de longs cous, elles parlent beaucoup, mais elles manquent de bon sens. Bien sûr, j'ai dit tout cela avec beaucoup de douceur !

Quoiqu'il en soit, ce que je veux dire, c'est "Ne soyez pas une autruche". Personne n'en ferait la demande, mais c'est un principe biblique. Soyez fidèles. Vous voyez, vous pouvez impressionner les gens s'ils ne vous voient qu'une fois par mois, mais s'ils vous rencontrent toutes les semaines, alors ensuite ils verront l'autre facette de votre personnalité. Vous devez apprendre à laisser les gens connaître les deux côtés de votre caractère.

Ensuite, la troisième obligation est de s'encourager ou de s'exhorter les uns les autres. C'est du verbe issu de ce mot que vient le terme *paraclete*. Combien d'entre vous ont entendu parler du mot *paraclete* ? C'est le terme catholique pour le Saint-Esprit, mais il provient directement du grec. Ce n'est pas vraiment un mot anglais, c'est une translittération d'un mot grec. Mais ce même mot veut dire "encourager", "exhorter", et j'interprète ce mot comme signifiant "secouer" ou "remonter le moral". Si une personne est découragée, elle a besoin qu'on lui remonte le moral. Si une personne devient indifférente et froide, alors elle a besoin d'être secouée. Ce seul mot couvre ces deux significations.

Il vous faut donc à nouveau considérer la personne qui est en face de vous. Si une personne est découragée, il n'est pas bon d'essayer de la secouer, il faut lui remonter le moral. Je ne pense pas que le diable ait d'arme plus efficace contre les enfants de Dieu que le découragement. Et j'ai entendu une fois Billy Graham dire il y a des années de cela, "Dieu n'utilise jamais un chrétien découragé". La première chose à faire est de sortir cette personne de son découragement. N'en ajoutez donc pas au découragement de cette personne. Si une personne marche non dans la victoire, mais dans le découragement, ne lui parlez pas de ses fautes. Le moment n'est pas opportun pour le faire.

Si une personne pense qu'elle est vraiment au top, c'est peut-être l'occasion de lui rappeler gentiment qu'il y a des domaines de sa vie qui requièrent encore son attention. Le principe de tout ceci – et je dois sincèrement confesser que ce n'est pas quelque chose qui se fait naturellement pour moi, loin de là. – Mais le principe de tout ceci, c'est de considérer les gens avec lesquels vous êtes en relation, de les aider, de les bénir, de faire ressortir le meilleur d'eux-mêmes. Si cette pensée pouvait être transmise à nous tous ici ce soir, je pense que toutes nos Eglises seraient de bien meilleurs endroits qu'elles ne le sont.

Combien d'entre vous admettent que certaines Eglises ne sont pas encore parfaites ? Vous savez pourquoi ? Parce que leurs membres ne sont pas encore parfaits. Vous m'avez probablement entendu dire de ne pas rechercher l'Eglise parfaite. Vous savez pourquoi ? Parce que si vous la trouviez, vous ne pourriez y aller. Vous la gâcheriez.

Nous continuons maintenant avec les versets 26-31. C'est le quatrième passage d'avertissement. Il y a dans cette épître cinq passages contenant de sérieux avertissements. Je ne connais aucun autre passage dans la Bible qui contienne autant de passages sérieux que dans celui-ci. Et ce sont les avertissements les plus sévères de la Bible que je connaisse. Mais je crois qu'il est très important que nous continuions à nous rappeler l'ordre des choses contre lesquelles nous sommes averties. Numéro un, la négligence. Voyez-vous, la plupart des gens ne voient pas la négligence comme un danger sérieux. C'est pourtant le début de la chute.

Deuxièmement, l'incroyance. À nouveau, nos Eglises sont remplies d'incroyants. Mais les gens ne considèrent pas cela comme un péché. L'auteur dit qu'un cœur incroyant est un cœur mauvais.

Nous arrivons ensuite à l'apostasie, la chute libre. Vous dites, "Comment une telle personne peut-elle chuter ? Comment cela, elle est venue régulièrement à l'Eglise pendant des années". Probablement que les étapes ont été la négligence, l'incroyance, ensuite l'apostasie. Mais voyez-vous, nous ne voyons toujours les signes de danger dans nos propres vies ou parfois dans la vie d'autres personnes. Nous voyons la négligence et nous pensons qu'elles n'ont vraiment pas le feu pour le Seigneur. L'incroyance, et bien c'est un péché religieux poli. En fait, dans certaines Eglises, l'humilité est un nom poli pour l'incroyance, vraiment. Ce qu'ils appellent "l'humilité", c'est le fait de ne pas prendre Dieu au mot.

Ainsi nous en arrivons à l'apostasie. Ensuite, nous arrivons à ce fait terrible de pécher délibérément, continuellement. Et l'auteur écrit ici certaines choses à ce propos qui sont extrêmement sérieuses. Je ne pense pas essayer de les amplifier de trop, je vais juste vous les présenter. Hébreux 10:26-31, je traduirai à partir du grec.

Car si nous continuons délibérément de pécher après que nous ayons reçu la connaissance de la vérité...

Vous voyez, Dieu traite différemment les gens selon qu'ils connaissent ou non la vérité. J'ai échappé à de nombreuses choses que j'ai faites avant de connaître la vérité. Je n'oserais croire que Dieu me laisserait y échapper maintenant.

Si nous continuons délibérément de pécher après avoir reçu la connaissance de la vérité, il n'y a plus de sacrifice pour les péchés.

Voyez-vous, Jésus était le dernier sacrifice. Si nous n'acceptons pas cela et que nous continuons de pécher, après cela il n'y a plus de sacrifice. Ce serait une insulte envers Jésus de suggérer que quiconque peut faire plus que ce qu'il a fait sur la croix. La seule chose qui reste, c'est :

Une attente terrible du jugement, et un déchaînement de feu sur le point de dévorer les adversaires [ceux qui se retournent contre Dieu, qui résistent à Dieu]. *Quiconque a mis de côté la loi de Moïse est mort sans merci sur le témoignage de deux ou trois témoins. De quel pire châtiment pensez-vous que sera considérée digne la personne qui a piétiné le Fils de Dieu, et a considéré profane* [qui n'est pas saint] *le sang de l'alliance après qu'elle ait été sanctifiée* [ou par lequel elle a été sanctifiée]*, et a insulté l'Esprit de grâce ?*

Ce mot "insulté" est un mot très fort. Je ne sais pas si quelqu'un ici connaît le grec, mais il y a un mot grec "hubrizo", qui en grec classique signifiait le désastre ultime. Si vous étiez coupable de "hubrizo", alors le destin allait vous avoir. La plupart des tragédies classiques sont basées sur l'homme qui commet un péché "hubrizo" et le destin l'attrape. C'est vraiment le cœur de la tragédie grecque. Il n'existe pas de mot plus fort dans la langue grecque pour dire "être fier", "arrogant", "sûr de soi" et "défier les dieux". Je dis "dieux", car vous comprenez que la mythologie grecque admettait plusieurs dieux. Verset 30 :

Car nous connaissons celui qui a dit...

Il me faut quand même demander si nous le connaissons vraiment.

Car nous connaissons celui qui a dit, La vengeance m'appartient, je me vengerai. Et encore, le Seigneur jugera son peuple. C'est une chose terrible que de tomber dans les mains du Dieu vivant.

Je n'ai aucun plaisir à continuer à insister particulièrement sur ceci, mais il me semble déraisonnable de faire comme si ce n'était pas écrit.

Versets 26-27.

Car, si nous péchons volontairement après avoir reçu la connaissance de la vérité, il ne reste plus de sacrifice pour les péchés, mais une attente terrible du jugement et l'ardeur d'un feu qui dévorera les rebelles.

Prenons simplement mon commentaire. La connaissance de la vérité nous rend doublement responsables. Si nous rejetons la grâce que nous avons reçue par Christ, aucune autre possibilité de grâce ne nous est laissée. L'image du jugement est tirée d'Esaïe 26:11. Prenons-la un instant.

Eternel, ta main est puissante ; ils ne l'aperçoivent pas. Ils verront ton zèle pour le peuple, et ils en seront confus ; le feu consumera tes ennemis.

Mais je préfère la traduction de la Bible de Jérusalem où il est dit, "le feu préparé pour tes ennemis". Dieu a un feu préparé pour dévorer ses ennemis. C'est ce dont parle l'auteur d'Hébreux. "L'ardeur d'un feu qui dévorera les rebelles."

Continuons avec les versets 28-29.

Celui qui a violé la loi de Moïse meurt sans miséricorde, sur la déposition de deux ou trois témoins ; de quel pire châtiment pensez-vous que sera jugé digne celui qui aura foulé aux pieds le Fils de Dieu, qui aura tenu pour profane le sang de l'alliance, par lequel il a été sanctifié, et qui aura outragé l'Esprit de la grâce ?

Rejeter la loi de Moïse conduisait à la mort. Mais la personne décrite ici est coupable d'un crime trois fois pire. Nous verrons ce crime dans une minute, mais prenons d'abord un passage que nous n'avons pas vu avant : Deutéronome 17:2-6.

Il se trouvera peut-être au milieu de toi dans l'une des villes que l'Eternel, ton Dieu, te donne, un homme ou une femme faisant ce qui est mal aux yeux de l'Eternel, ton Dieu, et transgressant son alliance, en allant après d'autres dieux pour les servir et se prosterner devant eux, après le soleil, la lune, ou toute l'armée des cieux. Ce n'est point là ce que j'ai commandé...

Remarquez qu'il ne s'agit pas de n'importe quelle désobéissance mais du fait d'adorer d'autres dieux, ce qui devait inexorablement être puni de mort. À ce propos, j'aimerais dire ceci, il s'agit du même péché que le fait d'être impliqué dans l'occulte. C'est la véritable nature de l'occulte, adorer d'autres dieux.

Dès que tu en auras connaissance, dès que tu l'auras appris, tu feras avec soin des recherches. La chose est-elle vraie, le fait est-il établi, cette abomination a-t-elle été commise en Israël...

Remarquez à quel point Dieu est prudent. Il dit, "Assure-toi que cela s'est vraiment produit". Nous, chrétiens, nous entendons si souvent dire une chose, nous la croyons, nous commençons à la rapporter, mais nous ne faisons jamais de recherches. Remarquez le soin que Dieu exige. Relisons le verset 4.

Dès que tu en auras connaissance, dès que tu l'auras appris, tu feras avec soin des recherches. La chose est-elle vraie, le fait est-il établi...

N'y a-t-il aucun doute, cela s'est vraiment produit, alors agissez. La plupart des scandales dans l'Eglise ne se sont jamais produits. Quelqu'un a entendu quelque chose et a commencé à en parler, mais personne n'a jamais fait de recherches. Vous remarquez à quel point Dieu est prudent. N'entreprenez rien tant que vous n'ayez établi avec une totale certitude que le crime a vraiment été commis.

Verset 5 :

... alors tu feras venir à tes portes [c-à-d le lieu du jugement] *l'homme ou la femme qui sera coupable de cette mauvaise action, et tu lapideras ou puniras de mort cet homme ou cette femme. Celui qui mérite la mort sera exécuté sur la déposition de deux ou trois témoins ; il ne sera pas mis à mort sur la*

déposition d'un seul témoin.

J'ai fait des recherches sur cette affirmation. Et si je me souviens bien, ce principe apparaît neuf fois dans la Bible, dans l'Ancien et le Nouveau Testament. Or combien de fois acceptons-nous lors de problèmes au sein de l'Eglise le témoignage d'un seul témoin ? C'est totalement contraire aux Ecritures, nous n'avons pas la liberté d'agir ainsi. Verset 7 :

La main des témoins se lèvera la première sur lui pour le faire mourir, et la main de tout le peuple ensuite.

Pourquoi croyez-vous que Dieu a dit que la main des témoins doit être la première à jeter les pierres ? Parce que si vous témoignez contre quelqu'un, Dieu vous demande d'assumer votre témoignage. Il ne suffit pas de dire qu'ils ont fait ceci et cela, et ensuite quand on vous demande de jeter la première pierre, vous dites, "Oh, non, je ne me sens pas de jeter une pierre". Voyez à quel point Dieu prend cela au sérieux.

Je me répète, mais si ce principe était suivi dans l'Eglise, nous n'aurions pas la moitié des problèmes que nous avons. Le fait de ne pas appliquer ces principes explique au moins la moitié des problèmes des Eglises aujourd'hui.

Le point que nous soulignons ici est que s'il est établi sous la loi de Moïse qu'une personne a fait telle ou telle chose, alors si l'on trouve deux ou trois témoins, il n'y a pas d'autre possibilité, cette personne doit être mise à mort.

Le fait de rejeter la loi de Moïse conduisait à la mort, mais la personne décrite ici est coupable d'un crime trois fois pire. Voici les trois choses que l'auteur d'Hébreux dit qu'une telle personne a faite. Fouler aux pieds le Fils de Dieu. Tenir pour profane le sang de l'alliance – après avoir expérimenté sa puissance sanctificatrice. Et insulter l'Esprit de grâce qui est le Saint-Esprit. Voilà bien des paroles terribles. Fouler aux pieds le Fils de Dieu, tenir pour profane le sang de la Nouvelle Alliance – après avoir expérimenté sa puissance sanctificatrice. Prenons le verset 29. Il est dit dans la dernière partie du verset :

... qui aura tenu pour profane le sang de l'alliance, par lequel il a été sanctifié...

Nombreux sont ceux qui ont des théories bibliques, mais il faut les intégrer aux faits bibliques. Voici une personne qui avait effectivement été sanctifiée par le sang de l'alliance, mais maintenant à cause de la conduite qu'elle a eue après, tout espoir est perdu.

Je ne crois pas que cela s'applique à tous ceux qui simplement flanchent ou rétrogradent ou luttent sans jamais obtenir vraiment la victoire. Je pense que cela s'applique à toute personne qui a d'abord mis sa foi en Christ et a proclamé cette foi, et qui par la suite a délibérément renié Jésus-Christ. Je ne pense pas qu'il y ait aucune possibilité de revenir en arrière pour une telle personne. C'est ainsi que je comprends les choses. Une telle personne a foulé aux pieds le Fils de Dieu, tenu pour profane le sang de la nouvelle alliance et insulté l'Esprit de grâce.

J'aimerais dire par rapport à ceci qu'il nous faut tous être extrêmement prudent sur notre façon de traiter le Saint-Esprit. Permettez-moi de dire encore ceci. Comme beaucoup d'entre vous le savent, j'ai participé à l'éducation d'une assez grande famille. Tous les membres de notre famille ont eu à un moment ou un autre de leur vie une expérience certaine avec le Seigneur. Je parle de mes filles. Elles ont toutes été baptisées dans l'Esprit, la plupart avant l'âge de huit ans. Certaines d'entre elles ont eu plus tard de sérieux problèmes spirituels. Mais aucune d'elles n'a jamais renié sa foi en Jésus. Je me suis rendu compte à quel point c'est important de n'avoir jamais douté de sa foi.

Voyez-vous, je pense que nous avons ici un exemple entre Jésus et Pierre. Jésus dit à Pierre, "Tu me renieras trois fois". Ensuite, il dit, "Mais j'ai prié pour toi". Non pas pour qu'il ne le renie pas, ce n'était pas possible d'éviter cela. Pourquoi a-t-il prié ? Pour que sa foi ne défaille point. Donc, si vous êtes mis à rude épreuve et sous pression, que vous vous sentez abandonner, mon conseil est de tenir ferme. Ne revenez jamais sur cette confession essentielle : Jésus-Christ, le Fils de Dieu, est mort sur la croix pour mes péchés, puis est ressuscité. Voyez-vous, il y a une telle puissance dans ces mots, qu'en les disant, j'ai senti une électricité céleste me traverser. Mais restons simples et continuons de proclamer le fait que Jésus est le Fils de Dieu.

J'étais avec un groupe de chrétiens qui se rendaient au Liban l'été dernier, et nous avons visité un monastère maronite. Nous nous sommes amusés là-bas, je veux dire royalement amusés, je ne peux pas donner les détails de ces divertissements, mais ils étaient inhabituels. Mes compagnons chrétiens, mes semblables, m'ont demandé, "Pensez-vous que ces gens soient vraiment nés de nouveau ?" La plupart de ces personnes avaient en fait risqué leurs vies à cause de leur foi en Jésus, s'exposant à l'OLP. Je leur ai répondu, "Si vous pensez que le ciel n'est que pour les gens qui descendent l'allée d'un certain type d'Eglise, viennent serrer la main du pasteur et signer une carte, alors il n'y aura pas grand monde au ciel. Il n'y aurait même eu personne au ciel avant le siècle dernier ou celui-ci". La Bible dit que quiconque croit que Jésus est le Fils de Dieu, est né de Dieu. Vous voyez ? Nous avons une vue tellement myope de ce que signifie "être chrétien".

Je crois qu'il y a là un passage, Matthieu 12:31-32, qu'il serait bon de prendre.

C'est pourquoi je vous dis : Tout péché et tout blasphème sera pardonné aux hommes, mais le blasphème contre l'Esprit ne sera point pardonné. Quiconque parlera contre le Fils de l'homme, il lui sera pardonné ; mais quiconque parlera contre le Saint-Esprit, il ne lui sera pardonné ni dans ce siècle ni dans le siècle à venir.

C'est vraiment très sérieux. Soyez vraiment très prudents dans votre relation avec le Saint-Esprit. Il est certes une colombe, mais il est aussi une flamme de feu. Pourquoi pensez-vous qu'une fois que vous avez insulté le Saint-Esprit, il n'est pas possible de revenir en arrière ? Et bien, ceci reste mon opinion, mais tel que je le comprends, le Saint-Esprit est l'agent de contact de la Trinité. Nous parlons de venir à Jésus, et c'est parfaitement correct. Mais en réalité, la première personne que nous rencontrons n'est pas Jésus, c'est le Saint-Esprit. Comme je vous l'ai déjà dit, j'ai rencontré le Saint-Esprit des mois avant de rencontrer Jésus.

Il est intéressant de voir qu'il en va ainsi avec le peuple juif. Dieu est en train de les ramener à lui. Tout le monde pense que c'est à Jésus qu'ils doivent se confesser, mais ce n'est pas biblique. Dieu dit qu'il répandra sur eux l'Esprit de grâce. Alors, ils verront celui qu'ils ont percé. C'est dans Zacharie 12:10, je crois. Pour l'instant, c'est le Saint-Esprit qu'ils rencontrent, et c'est passionnant à voir parce qu'ils n'ont aucune idée de ce qui leur arrive. Qui aurait imaginé cinq ans en arrière que j'aurais été invité à parler dans leurs synagogues ? Qu'est-ce qui est à l'œuvre ? Le Saint-Esprit. Ils n'ont pas rencontré Jésus, mais ils sont en train de rencontrer le Saint-Esprit. Le Saint-Esprit est le premier que vous rencontrez et le dernier à qui vous dites au revoir. Et quand vous lui dites au revoir, alors tout est dit. Certaines personnes ont dit les choses les plus terribles sur le Seigneur Jésus-Christ et ont été pardonnées. Mais jamais avec le Saint-Esprit. C'est une pensée vraiment sérieuse.

Continuons avec les versets 30-31.

Car nous connaissons celui qui a dit : À moi la vengeance, à moi la rétribution ! Et encore : Le Seigneur jugera son peuple. C'est une chose terrible de tomber entre les mains du Dieu vivant.

Prenons aussi Deutéronome 32:35-36. C'est Dieu qui parle, et il dit :

À moi la vengeance et la rétribution...

Nous n'avons pas besoin de lire le reste de ce verset. Au début du verset suivant :

L'Eternel jugera son peuple...

D'autres traductions disent "L'Eternel rend justice à son peuple". Mais le terme hébreux est "juger". Le Seigneur dit donc, "La vengeance est mienne. Le temps viendra où je jugerai mon peuple et j'exécuterai ma vengeance sur eux". Souvenez-vous que dans Romains, Paul dit de ne pas nous venger nous-mêmes, car la vengeance appartient au Seigneur. Il s'en chargera.

Connaître véritablement Dieu, c'est connaître et craindre sa vengeance. Les gens qui vivent comme si Dieu n'allait jamais punir ne connaissent pas Dieu. C'est ma conclusion. C'est une image de Dieu totalement contraire aux Ecritures. Dieu est amour, mais il est également un Dieu juste. Il est le sauveur, il est une colombe. Paul dit dans Romains, "Considère donc la bonté et la sévérité de Dieu". Ne donnez jamais à personne une pièce avec un seul côté, elle n'est pas valable. Ne présentez jamais à personne une image de Dieu qui ne parle que d'amour et pas de jugement. Vous ne connaissez pas Dieu tant que vous ne connaissez pas autant sa vengeance que son amour.

Nous arrivons maintenant au cinquième passage d'application pratique. "Souvenez-vous et endurez". Nous pouvons peut-être prendre les trois premiers versets de ce passage, 32-34.

Mais souvenez-vous des premiers jours, quand, après avoir été éclairés, vous avez enduré un grand conflit de souffrances, en partie en étant mis publiquement en spectacle par des reproches et des tribulations, et en partie en devenant participants avec ceux qui étaient ainsi traités. Car vous avez montré de la compassion aux prisonniers, et accepté avec joie la saisie de vos biens, sachant que vous avez pour vous-mêmes une possession meilleure et inoubliable.

Revenons un instant sur le verset 32. Je pense qu'il est quelque peu tragique de devoir parfois dire aux chrétiens, "Souvenez-vous des premiers jours". Vous savez, certains chrétiens parlent constamment du bon vieux temps. Moi, je veux vivre dans le bon temps maintenant. Or si nous avons toujours besoin de nous rappeler comment c'était avant, je pense qu'il y a quelque chose qui ne va pas dans notre condition spirituelle. L'auteur d'Hébreux leur rappelle ce qu'ils ont enduré et j'en ai fait une liste. Conflits, souffrances, mis en spectacle, partageant la souffrance avec d'autres, saisie de leurs biens. Ce qu'il veut dire, c'est, "N'ayez pas souffert tout cela en vain". Souvenez-vous combien cela vous a coûté, ne gâchez pas cela.

Il dit ensuite, "après avoir été éclairés, vous avez enduré un grand conflit". Je pense que c'est presque l'ordre normal des choses. L'éclairement mène au conflit. Tout est merveilleux lorsque l'on reçoit une nouvelle vérité, mais combien d'entre nous sont préparés à comprendre que cela nous conduira presque inévitablement au conflit.

Je pense à Jean dans l'Apocalypse, à qui on avait donné un petit livre à manger. Vous souvenez-vous de ce qu'il a dit ? "Il fut dans ma bouche doux comme du miel, mais quand je l'eus avalé, mes entrailles furent remplies d'amertume". C'est l'effet d'une nouvelle vérité. Doux quand vous la mangez, mais il y a quelque chose d'amère après.

Donc, je dis cela pour que vous ne soyez pas découragés si vous vous heurtez à des conflits. C'est presque toujours ainsi que la vérité que vous venez de saisir va être testée. L'avez-vous réellement comprise ? Cela se verra à travers le conflit. Et si vous n'avez qu'une appréciation intellectuelle de cette nouvelle vérité, le conflit vous montrera que vous ne l'avez pas vraiment saisie.

Nous pourrions prendre dans Actes 14:22 et terminer là pour ce soir. Actes 14:22, il nous faut lire le 21 aussi.

Quand ils eurent évangélisé [il s'agit de Paul et de Barnabas] cette ville et fait un certain nombre de disciples, ils retournèrent à Lystre, à Icone et à Antioche, fortifiant l'esprit des disciples, les exhortant à persévérer dans la foi, et disant que c'est par beaucoup de tribulations qu'il nous faut entrer dans le royaume de Dieu.

Donc, le fait que vous rencontriez des tribulations peut être une bonne preuve que vous êtes en route pour le royaume de Dieu. Si vous suivez une route qui n'est parsemée d'aucune tribulation, je crois que cela signifie qu'elle ne vous conduira pas au royaume de Dieu. Toutes les routes qui mènent au royaume de Dieu croisent des tribulations.

LE DERNIER MOT DE DIEU

Dix-septième message

Hébreux 10:35 – 11:2

Lisons à partir d'Hébreux 10:32, puis nous continuerons jusqu'à la fin du chapitre. Je pense que je vais simplement traduire jusque-là. Nous avons déjà regardé en partie ce passage, mais c'est une bonne chose que de le voir dans sa globalité. C'est le cinquième passage d'application pratique de l'épître, et cette application se résume en deux mots, "souvenez-vous et endurez". Globalement, "se souvenir" signifie "regarder en arrière", et "endurer" vient quand nous allons "regarder vers l'avant".

Mais souvenez-vous des premiers jours, quand, après avoir été éclairés, vous avez enduré un grand conflit de souffrances, en partie en étant mis publiquement en spectacle par des reproches et des tribulations, et en partie en devenant participants avec ceux qui étaient ainsi traités. Car vous avez montré de la compassion aux personnes enchaînées [ou aux prisonniers], *et accepté avec joie la saisie de vos biens, sachant que vous avez pour vous-mêmes une possession meilleure et inoubliable. C'est pourquoi* [et c'est important], *ne rejetez pas votre forte confiance* [un mot que nous avons vu maintes fois], *suivie d'une grande récompense. Car vous avez besoin d'endurance* [ou de persévérance], *pour qu'ayant accompli la volonté de Dieu, vous receviez la promesse. Car maintenant pour encore un peu de temps, celui qui vient viendra, et ne tardera pas. Et mon juste vivra sur la base de sa foi* [par la foi] *; et s'il recule, mon âme n'aura aucun plaisir en lui. Mais nous* [et l'accent est mis sur le <u>nous</u>] *ne sommes pas comme ceux qui reculent vers la destruction, mais de ceux qui ont la foi* [ou qui croient] *pour préserver l'âme.*

Ce passage contient des paroles très sérieuses. J'ai fait ce commentaire que l'éclairement mène à l'épreuve. Et la dernière fois, nous avions pris Actes 14:22, où Paul et Barnabas rappelaient aux nouveaux croyants que c'est à travers de nombreuses afflictions qu'ils entreront dans le royaume de Dieu. Aucun chemin évitant les afflictions ne mène au royaume de Dieu. Vous feriez peut-être bien de réfléchir à cela. Si vous voulez entrer dans le royaume de Dieu, vous devrez expérimenter des temps d'afflictions. La pire chose qui puisse se produire, c'est que vous expérimentiez des afflictions et que vous pensiez que vous n'êtes pas dans la volonté de Dieu parce que vous expérimentez ces afflictions. J'ai rencontré de nombreuses personnes malheureuses qui pensaient cela.

J'ai rencontré, il y a peu de temps, une femme dont le mari était responsable dans son assemblée – je dois être prudent sur ma façon de décrire la situation. Son mari venait de décéder dans un crash aérien. Elle vint me voir avec ses enfants et me demanda, "Que vais-je dire aux enfants ? Ils ne peuvent accepter cela." Il m'était difficile de la conseiller parce que je trouvais qu'elle avait été vraiment mal préparée à la vie. On lui avait donné l'impression qu'en devenant chrétienne, elle ne connaîtrait plus ni épreuves ni souffrances. Ce n'est certainement pas vrai. Je pense que l'histoire confirme que plusieurs des plus grands saints ont beaucoup souffert.

J'ai souvent dit qu'il y a certains versets dans la Bible que j'ai toujours du mal à lire avec une véritable conviction. L'un d'eux se trouve dans Philippiens 3, où il est écrit, "Afin de connaître Christ, et la puissance de sa résurrection". Jusque là, ça va, mais vous connaissez la suite ? "Et la communion de ses souffrances". Pourtant, Paul avait l'ambition de connaître la communion des souffrances de Christ. Et bien, je pense que j'en suis aujourd'hui plus proche que je ne l'ai été par le passé, mais je n'y suis pas encore vraiment arrivé. C'est un bon test pour éprouver votre engagement. Et non seulement votre engagement, mais votre intimité avec le Seigneur.

Un événement qui a rendu ce fait plus réel pour moi, c'est lorsque le Seigneur a rappelé ma femme auprès de lui ici à Fort Lauderdale en 1975, après 30 belles et heureuses années de mariage. J'avais des engagements ailleurs le week-end où le Seigneur l'a rappelée. Mais le Saint-Esprit me donna, ainsi qu'à mes frères, la conviction de ne pas y aller. Et en fait, elle est partie auprès du Seigneur le dimanche, ainsi j'ai pu, avec cinq de nos filles qui vivaient alors avec nous, l'accompagner jusqu'à ce que le Seigneur l'amène à la maison. J'ai toujours été très reconnaissant au Seigneur de m'avoir permis d'être près d'elle à cette heure critique. J'aurais été tellement frustré et désolé si je n'avais pu me tenir près d'elle à ce moment-là et ainsi la conduire dans la présence du grand berger.

J'en ai retiré cette leçon ; si vous aimez vraiment quelqu'un, vous ne voulez pas que cette personne souffre seule. Je pense que nous oublions parfois que Jésus est, en un sens, toujours en train de souffrir. Sa rédemption est complète, mais il est profondément impliqué dans ce qui arrive à son peuple sur terre. Lorsqu'il arrêta Paul sur la route de Damas, il lui dit, "Saul, pourquoi me persécutes-tu ?" Il n'a pas dit, "Pourquoi persécutes-tu mon Eglise ?" Il a dit, "Pourquoi me persécutes-tu ?" Nous devons comprendre que Jésus souffre avec son Eglise.

Je viens juste de terminer un livre sur les psaumes et, bien sûr, un bon nombre des choses que j'ai écrites dans ce livre sont toujours fraîches dans mon esprit, parce que j'ai parcouru et corrigé les épreuves. L'une des choses que David a dites, c'est "Recueille mes larmes dans ton outre". Et j'ai l'une des méditations sur ce passage. David avait remarqué que ses larmes étaient précieuses. Ce qu'il voulait donc dire, c'est "Seigneur, je ne veux pas gaspiller une seule larme parce qu'un jour chaque larme sera le thème de ta gloire. Alors donc Seigneur, s'il te plaît, garde chacune d'elles dans ton outre. Ne me laisse pas arriver au ciel et constater que certaines de mes larmes n'y sont pas". C'est une attitude totalement différente de ce que je trouve dans la chrétienté américaine d'aujourd'hui. Je ne dis pas cela pour critiquer, mais seulement pour dire que l'attitude des chrétiens américains d'aujourd'hui a tendance à être très incomplète. Elle n'est pas tant mauvaise qu'incomplète.

Lorsque je regarde à mes propres fautes et erreurs dans le passé, lesquelles ont été suffisamment nombreuses, j'en arrive à cette conclusion : le problème n'était pas tant que mon opinion soit fausse, mais que j'étais incomplet. Et cela n'aurait pas été si important, si, lorsque j'avais rencontré des problèmes, je n'avais pas pensé que mes opinions étaient complètes. C'est à ce moment-là que j'ai vraiment commencé à faire des erreurs. Je ne pense pas qu'aucun d'entre nous ait toute la vérité. La seule chose qui nous créera des problèmes, c'est de commencer à penser et à agir comme si nous avions toute la vérité.

Vous remarquerez que dans les hymnes qui étaient bien connus à l'Eglise, nombre de ces grands hymnes chantés jusqu'au début du vingtième siècle et même un peu plus tard, et bien vous remarquerez qu'il n'y avait aucune strophe qui ne parlait pas de la mort. Il y avait de bonnes raisons à cela. Une mère donnait par exemple naissance à douze enfants, et trois mourraient en bas âge. C'était presque normal. Tout le monde à cette époque était confronté au fait que la mort était réelle. J'aimerais vous dire ceci, la mort est toujours réelle. Nous avons fait maintes choses pour la voiler. Nous ne parlons plus de "pompes funèbres" maintenant, nous parlons de "dépôt mortuaire". Nous ne disons plus "cimetières", nous avons de plus jolis termes. Mais les noms ne changent pas la réalité. Beaucoup d'autres chrétiens dans d'autres parties du monde font toujours face à ces affreuses réalités que sont la souffrance, la persécution, la mort prématurée, des équipements médicaux inadéquats. C'est le lot de la majeure partie de la race humaine.

Charles Simpson a dit une fois que l'Amérique est une sorte de ghetto blanc. Je ne sais pas si la plupart d'entre vous réalisent à quel point cela est vrai. L'Amérique représente 5% de la population mondiale et dépense 95% des finances chrétiennes. Ce qui vous donne une petite idée. J'ai dit cela, je n'avais pas du tout prévu de parler de cela, mais je pense que la plupart d'entre nous allons devoir réajuster notre attitude face à la souffrance. Il y a un petit livre écrit par Paul Bilheimer, pour lequel je ne touche aucun pourcentage, mais ce livre s'intitule "Don't Waste Your Sorrows" ('A quoi bon la souffrance' ?[10]). Je vous le recommande, sauf si vous êtes en lien avec une personne à qui vous essayez de donner la foi qu'elle va guérir de son cancer, car dans ce cas, il vaudrait mieux tenir ce livre loin d'elle. Mais pour la plupart des charismatiques, c'est un livre vraiment très bien. Lorsque je regarde à ma propre expérience, je pense vraiment pouvoir dire comme David, "Seigneur, recueille mes larmes dans ton outre", car elles font partie des richesses de mon expérience chrétienne.

Lorsque vous êtes éclairés, vous allez au devant de conflits. Ces deux faits vont de pairs. À chaque fois que vous recevez une nouvelle révélation ou une nouvelle compréhension, vous pensez que c'est merveilleux, voilà la réponse ! C'est comme lorsque l'ange donna à Jean un petit livre à manger sur l'île de Patmos. C'était doux dans sa bouche, mais amer dans ses entrailles. Lorsque le livre suivit le processus de digestion, il devint amer.

Quand j'ai débuté dans le ministère de la délivrance en 1963, je savais que j'avais trouvé la réponse à tous les problèmes irrésolus des pentecôtistes. Le seul problème, c'est que les pentecôtistes ne le voyaient pas de cette façon. Je n'ai jamais été autant choqué dans ma vie que par leur réaction à ce moment-là. Dieu soit loué, j'ai surmonté cela, et ils sont toujours mes amis. Mais j'ai été éclairé, et croyez-moi, j'ai été affligé. Vous voulez donc être éclairés ? Comme le dit Charles, attachez vos ceintures. Vous pourrez l'être, mais des turbulences vous attendent.

Continuons avec les versets 35-36. Ceux-ci donnent l'application de ce qui a été dit dans les versets précédents, car il y a un "donc" au verset 35. Prenons-le dans la version Darby.

Ne rejetez donc pas loin votre confiance qui a une grande récompense.

Je vous ai répété maintes fois que lorsque vous trouvez un "donc", vous devez vous arrêter et vous demander pourquoi il est là. Parce que c'est le lien avec le verset précédent. Ne rejetez pas le bouclier de votre confiance. Je pense qu'il s'agit d'une métaphore de la culture d'alors. Dans la civilisation grecque et romaine, le bouclier était un des éléments essentiels de l'équipement du soldat. Et le pire déshonneur pour un soldat était de jeter son bouclier. Les épouses et les mères des Spartiates préféraient voir revenir leurs hommes morts sur leur bouclier que vivants mais sans bouclier. C'est pourquoi l'auteur dit, "Ne déshonorez pas votre capitaine". Ne soyez pas un mauvais soldat. Ne revenez pas vivant sans votre bouclier. Cramponnez-vous à votre bouclier. Ne le laissez pas perdre. Votre bouclier, dit-il, c'est ce mot "confiance "ou "forte assurance". C'est ce même mot que nous avons vu à

---

[10] Ce livre n'est malheureusement plus en vente, n.t.d.

plusieurs reprises. Il inclut la liberté d'expression. Il ne suffit pas de croire en silence, mais il faut croire et le déclarer avec audace.

Ruth et moi venons de lire les Actes, et j'ai pensé que vous seriez intéressés de voir un passage où ce mot est utilisé, parce que c'est très parlant. Prenez Actes 4:13. Nous n'avons besoin que de la première partie du verset.

Lorsqu'ils [c-à-d les dirigeants juifs] *virent l'assurance de Pierre et de Jean...*

C'est le même mot. Et un peu plus loin au verset 19 :

Pierre et Jean leur répondirent : Jugez s'il est juste, devant Dieu, de vous obéir plutôt qu'à Dieu ; car nous ne pouvons pas ne pas parler de ce que nous avons vu et entendu.

C'est l'assurance, la confiance. C'est la liberté d'expression. Or l'une des choses qui rendraient l'ennemi le plus heureux, ce serait de supprimer la liberté de votre témoignage et la confession de votre foi. Ne le laissez pas vous mettre au silence. Conservez cette assurance, ne jetez pas le bouclier.

Le fait de recevoir la promesse de Dieu dépend de l'endurance. Le verset 36 est un verset important.

Vous avez besoin d'endurance, afin qu'après que vous ayez fait la volonté de Dieu, vous receviez ce qui était promis.

Ce qui implique que vous ne recevez pas immédiatement les promesses aussitôt après avoir accompli la volonté de Dieu. Il y a une période d'attente et personne ne sait combien de temps durera cette période. Si le Seigneur vous dit que vous devez attendre six mois pour avoir la réponse à votre prière, ce ne devrait pas être trop difficile. Mais le Seigneur vous dit d'attendre, sans préciser s'il s'agit de six semaines, six mois ou six ans. Que vous faut-il alors ? De l'endurance, exact.

J'ai un message sur ce thème, je ne suis pas spécialement disposé à le recommander, mais de nombreuses personnes ont été bénies en l'entendant. Moi y compris ! Lorsque je m'écoute à la radio aujourd'hui, je me prêche presque toujours à moi-même. C'est étrange. Je veux dire, Ruth et moi nous sommes tournés l'un vers l'autre pour nous regarder ce matin. Comment, qui que cela puisse être, savait que c'était ce dont nous avions particulièrement besoin ce matin ?

Gardez donc cela à l'esprit. Ce n'est pas seulement la foi qui vous procure la promesse, mais la foi et l'endurance. Je me répète, mais voyez-vous, de nombreuses personnes sont mal enseignées. "Et bien, j'ai fait ce que Dieu a dit, et rien n'est arrivé". Bien d'autres personnes ont fait cette expérience avant vous, vous n'êtes pas le premier. Que devez-vous faire, alors ? Accrochez-vous, conservez votre assurance, continuez de dire ce qu'il faut.

Je pense que le mot-clé ici est "confiance". Vous pouvez garder votre doigt sur Hébreux 10 et prendre un instant Psaume 37:5. Un verset bien connu de beaucoup, j'en suis sûr.

Recommande ton sort à l'Eternel, mets en lui ta confiance, et il agira.

Notre seule action est de "recommander", notre attitude constante la "confiance". L'endurance vient de la confiance. Une fois que vous avez recommandé votre sort, vous n'avez pas besoin de continuer à le faire. En fait, si vous avez besoin de le faire, on peut alors se demander si vous avez vraiment recommandé votre sort. Une fois que vous l'avez recommandé, que faites-vous ? Vous continuez en mettant votre confiance. Lundi, mardi, mercredi, toute la semaine, le mois entier, toute l'année jusqu'au temps de Dieu.

Vous pouvez reprendre, si vous le voulez, l'exemple d'Abraham. Il a attendu 25 ans pour voir s'accomplir la promesse de Dieu. Certains d'entre nous ont dû attendre plus encore que cela pour certaines choses. Le temps est l'un des secrets de Dieu et il le divulgue rarement. Le livre de l'Apocalypse dit du temps que c'est "un mystère", et c'en est un. C'est philosophiquement un mystère. Les philosophes n'ont jamais résolu le mystère du temps.

Voici un autre extrait de mon livre où David dit, "Mes temps sont dans ta main". Dieu a le contrôle du temps. Il ne le remet pas entre nos mains, il est dans ses mains. Ce qui est bien, car la plupart d'entre nous sont plutôt impatients. Je me souviens d'un petit garçon en Irlande, il y a de cela plusieurs années, il devait avoir six ans, quelqu'un de ma famille. Il sortit planter quelques pommes de terre. Au bout d'une semaine, elles n'étaient pas sorties de terre, il ressortit donc pour creuser et voir si elles poussaient. Il recommença une semaine plus tard, et il n'y eut jamais aucune pomme de terre. De nombreux chrétiens vont creuser pour voir si leurs pommes de terre grandissent. Mais cela les empêche de grandir.

Nous continuons avec les versets 37-38. C'est une citation tirée d'Habakkuk. Nous devrions prendre le passage cité qui se trouve en Habakkuk 2:3-4.

Car c'est une prophétie dont le temps est déjà fixé, elle marche vers son terme, et elle ne mentira pas.

Vous voyez la leçon de patience. Vous avez eu la prophétie, le temps est fixé. Mais qui connaît le temps ? Le Seigneur.

Si elle tarde, attends-la, car elle s'accomplira, elle s'accomplira certainement.

Vous remarquerez que dans la citation que nous avons en Hébreux, ce n'est pas écrit "elle", mais "lui". "S'il tarde, attends-le, car il s'accomplira, il s'accomplira certainement." Cette version interprète le pronom "elle" par "lui". L'un des titres du Messie au temps de Jésus était "celui qui vient". Il est donc dit, "celui qui vient va venir, il ne tardera pas, il ne sera pas en retard". Attendez-le. Ce qui en un sens rend ce passage, je pense, un peu plus parlant.

Voici ensuite le verset suivant, et ce demi-verset en Habakkuk, petit prophète parmi tous les autres, est cité trois fois dans le Nouveau Testament ; dans Romains, Galates et Hébreux. Ce qui prouve qu'il n'est pas nécessaire d'être un des principaux prophètes, il n'est pas nécessaire que ce soit un long verset, mais toute parole de la Bible est importante et autoritaire. Même si vous n'arrivez pas à prononcer le nom du prophète ! Verset 4 :

Voici, son âme s'est enflée, elle n'est pas droite en lui...

L'hébreu est très condensé, et c'est très difficile de le rendre en français.

Mais le juste vivra par la foi.

Notez qu'en français, il y a un "mais". Avec quoi la foi est-elle mise en contraste ? Car le mot "mais" indique un contraste. Avec la "fierté", le fait d'être enflé, exact. La fierté et la foi sont opposées. Vous ne trouverez nulle part dans la Bible une personne fière ayant la foi que Dieu demande. Au cours de son ministère, Jésus a particulièrement fait l'éloge de deux personnes pour leur foi. Ces deux personnes étaient païennes. L'un était centurion, l'autre était une femme syro-phénicienne. Le centurion dit, "Je ne suis pas digne que tu entres sous mon toit". La femme syro-phénicienne dit, "Seigneur, je ne suis qu'une chienne, tout ce dont j'ai besoin sont des miettes". Une grande foi va de pair avec une humilité inhabituelle. À partir du moment où nous devenons arrogants et fiers, autosuffisants, ayant toutes les réponses, nous n'avons alors plus la foi biblique. Vous pouvez vérifier dans la Bible toute entière. La foi et l'humilité vont ensemble.

L'essence de la foi est l'humilité. "Seigneur, je n'y arrive pas ; tu vas devoir le faire à ma place". Mais lorsque vous affrontez un problème avec vos muscles spirituels bien gonflés en disant, "Rien de plus facile, regardez". Attention, vous ne faites pas le bon choix.

Nous pourrions prendre deux autres passages, où se trouve cette citation. Dans Romains 1:16-17.

Car je n'ai point honte de l'Evangile : c'est la puissance de Dieu pour le salut de quiconque croit, du Juif premièrement, puis du Grec.

Notez que Paul est en train de parler de l'Evangile. Verset 17 :

En lui [l'Evangile] *est révélée la justice de Dieu par la foi et pour la foi ; selon qu'il est écrit* [et maintenant il cite Habakkuk]: *Le juste vivra par la foi.*

Ce qui m'impressionne particulièrement dans ce verset où Paul présente l'évangile, c'est que le mot "foi" apparaît trois fois dans un verset si court. Par la foi et pour la foi, et encore par la foi. L'évangile est totalement inopérant sans la foi. Il est tout simplement inutile.

Et il doit être communiqué par la foi et pour la foi. J'ai remarqué que les hommes dont les ministères sont les plus efficaces ne sont pas forcément les plus grands prédicateurs. Mais ce sont des personnes qui ont la foi. J'ai parfois demandé à Dieu pourquoi il utilisait telle ou telle personne et je ne vous dirai pas de qui je parlais à Dieu, mais la réponse que j'ai toujours obtenue était : "Elle croit en moi. Je n'en trouve pas beaucoup d'autres". C'est mon but, croire en Dieu. Je veux que Dieu entende cela. Seigneur, c'est mon but de te croire. Vraiment. Plus je vis, plus je vois comme la foi est importante.

Nous allons arriver à un chapitre qui parle beaucoup de la foi. Nous ne l'approfondirons pas beaucoup, mais nous y parviendrons, je le crois vraiment.

Le dernier passage où nous trouvons cette citation d'Habakkuk est Galates 3:11-12.

Et que nul ne soit justifié devant Dieu par la loi, cela est évident, puisqu'il est dit : Le juste vivra par la foi.

Lorsque Paul dit "par la foi ", il veut dire que votre justice ne soit pas basée sur l'observation de la loi. Il dit ensuite qu'une autre possibilité est de garder la loi. Il dit :

Or, la loi ne procède pas de la foi ; mais elle dit : Celui qui mettra ces choses en pratique vivra par elles.

Vous pouvez garder toute la loi sans avoir besoin de la foi. Mais si vous ne pouvez garder la loi toute entière, alors l'autre alternative, c'est la foi.

La foi et la loi sont, en un certain sens, opposées. Ceux qui cherchent à être justifiés par la loi ne vivent pas par la foi. C'est l'un des thèmes principaux du Nouveau Testament, un thème extrêmement négligé dans l'enseignement aujourd'hui. Je n'ai pas l'intention de l'approfondir ce soir, parce que si je commençais, je n'en sortirais plus. Mais permettez-moi simplement de souligner ce point.

Revenons à notre texte, Hébreux 10:37.

Car maintenant dans un petit peu de temps, celui qui vient viendra, et il ne tardera pas.

Vous avez fait attention à ce que j'ai dit : non pas "elle", mais "il". Lui, celui qui vient.

Il y a deux passages dans les évangiles, où Jésus est appelé ou mentionné comme étant 'celui qui vient', nous pourrions les prendre tous les deux. Matthieu 11:3. Il nous faut lire aussi le verset 2 pour comprendre le contexte.

Jean, ayant entendu parler dans sa prison des œuvres du Christ, lui fit dire par ses disciples : Es-tu celui qui doit venir, ou devon-nous en attendre un autre ?

C'est ainsi que ce texte est traduit dans la version Segond. Mais dans la version TOB, c'est en lettres majuscules. "Es-tu Celui qui doit venir" ? C'est un des titres du Messie.

Tout comme l'expression "Fils de l'homme "était un titre reconnu pour le Messie. À chaque fois que Jésus disait, "le Fils de l'homme", il voulait dire le Messie. Aucun Juif de son époque n'aurait eu de doute là-dessus. En araméen, c'est 'Baranush', l'expression courante pour "le Messie". Bien que dans certains cas, Jésus n'ait pas utilisé le titre "Messie", mais le fit dans d'autres cas, lorsqu'il utilisait le titre "le Fils de l'homme", les auditeurs savaient très bien de qui il parlait.

Il en allait de même pour "Celui qui vient". L'autre passage où cette expression est utilisée se trouve en Jean 11:27. Jésus est en train de parler à Marthe, devant la tombe de Lazare. Il lui dit, "Crois-tu cela ?"

Elle lui dit : Oui, Seigneur, je crois que tu es le Fils de Dieu, qui devait venir dans le monde.

Mais ce serait mieux de traduire par "Celui qui vient". Donc, lorsqu'il est écrit, "Celui qui vient viendra", c'est du Messie qu'il s'agit.

Continuons, verset 38 :

Mais mon juste vivra par la foi...

Cependant en grec, il est dit "de la foi". Dans Romains 14:23, version Darby, il est écrit, "Or tout ce qui n'est pas sur le principe de la foi est péché.". Donc, pour vivre une vie juste, il vous faut vivre par la foi. Tout ce que vous faites doit venir de la foi. La justice n'a pas d'autre base.

Regardez maintenant attentivement au verset 38, c'est très important.

Mais mon juste vivra par la foi [et c'est le Seigneur qui parle] *; et s'il recule, mon âme n'a aucun plaisir en lui.*

Remarquez qu'il s'agit de la même personne. Plusieurs autres traductions disent "si quiconque recule". Mais ce n'est pas ce qui est dit. Il est dit," S'il recule". Si mon juste recule, mon âme n'aura aucun plaisir en lui. Je veux dire, c'est une controverse théologique, mais ce sont bien les mots réels. Quelque soit notre théologie, elle doit correspondre à ce que dit la Bible. Tout comme il était écrit un peu plus tôt dans ce chapitre, "il est impossible que celui qui a été sanctifié dans le sang de Jésus, s'il s'en détourne, qu'il soit renouvelé".

C'est un point très important que j'avais déjà souligné la dernière fois, mais il me semble que le Saint-Esprit veut que j'insiste à nouveau dessus. Cramponnez-vous à votre foi. Ne reniez jamais le Seigneur. Vous pouvez être affaiblis, vous pouvez avoir des chutes, le Seigneur s'en occupera. Mais ne revenez jamais sur votre confession de foi en lui. Ce pas est désastreux.

Prenons maintenant le verset 39. Je vais vous donner ma traduction.

Mais nous ne sommes pas de ceux qui reculent vers la destruction, mais de ceux qui ont la foi [je préfère dire qui croient] *pour préserver l'âme.*

Vous voyez à nouveau qu'il n'existe que deux possibilités. Soit vous continuez et vous sauvez votre âme, soit vous reculez et vous êtes perdus. C'est ce qui est dit.

Je viens de terminer une série de messages radio sur le thème, "Apprendre à penser selon Dieu" [11]. Il y est en partie question de penser selon les catégories de Dieu, car vous ne pouvez jamais vraiment être d'accord avec une personne si vous n'avez pas les mêmes façons de penser qu'elle. Par exemple, une personne ne discernant pas les couleurs peut se trouver embarrassée parce

---

[11] Disponible en tant que livre 'S'accorder avec Dieu', n.d.t.

qu'elle n'arrive pas à faire la différence entre le rouge et le vert. Si vous lui dites "rouge", il se peut qu'elle choisisse le "vert". Vous me suivez ? Cette personne ne voit pas comme nous. J'ai donc analysé les catégories de Dieu telles qu'elles sont révélées dans le Nouveau Testament. J'ai découvert qu'elles sont très simples, basiques. La division la plus importante au sein de la race humaine se fait entre ceux qui croient et ceux qui ne croient pas. Celui qui croit a la vie éternelle. Celui qui croit ne sera pas condamné. "Allez par tout le monde, et prêchez la bonne nouvelle à toute la création. Celui qui croira et qui sera baptisé sera sauvé, mais celui qui ne croira pas sera condamné". Il n'y a pas de troisième catégorie.

J'ai ensuite regardé dans 1 Jean, où se trouve la plus belle sélection des catégories de Dieu. Elles sont toutes simples. Lumière et obscurité, péché et justice, amour et haine, vérité et mensonge, etcetera. Voyez-vous, la moralité contemporaine a désorienté de nombreuses personnes en voilant le problème.

2 Corinthiens 5:10 dit que nous devons tous comparaître devant le tribunal de Christ pour recevoir selon le bien ou le mal que chacun aura fait, étant dans son corps. Pas de troisième possibilité. Il est dit ici que nous ne sommes pas de ceux qui reculent pour se perdre, mais de ceux qui continuent de croire pour avoir le salut. Il n'y a pas de troisième option.

Notez de plus que les personnes qui reculent le font par crainte. Elles flanchent. Prenons un dernier passage pour terminer. Apocalypse 21:8. Verset 7 :

Celui qui vaincra héritera ces choses...

Il s'agit d'une catégorie de personnes, celles qui vaincront. Verset 8 :

Mais pour les lâches, les incrédules, les abominables, les meurtriers, les débauchés, les magiciens, les idolâtres, et tous les menteurs, leur part sera dans l'étang ardent de feu et de soufre...

C'est l'autre catégorie. Il n'y a pas de troisième catégorie. Il n'existe pas de demi victoire. Sincèrement. Romains 12:21, "Ne te laisse pas vaincre par le mal, mais surmonte le mal par le bien". Il n'y a pas de troisième catégorie. C'est une invention de Satan, cette troisième catégorie qui nous offre une possibilité que Dieu ne lui a pas donnée.

Le croyez-vous ? Nous allons enfin commencer le chapitre 11. C'est un merveilleux chapitre. Ce que je vais faire maintenant, c'est traduire les six premiers versets.

Maintenant la foi est une substance des choses espérées, une preuve [ou une conviction] des choses qui ne sont pas visibles. Car par celles-ci, les anciens ont été attestés [pour témoigner]. Par la foi, nous comprenons que les siècles ont été assemblés par la parole dite de Dieu...

Je pense que votre version dit probablement "le monde" ou "l'univers". C'est correct, mais le terme d'origine fait référence au temps, et non à l'espace. C'est le terme habituellement utilisé pour "siècle". C'est très intéressant. La Bible a, en de nombreuses façons, anticipé la théorie de la relativité parce qu'elle utilise le temps et l'espace de façon à ce qu'il n'y ait aucun conflit avec la physique contemporaine, pour autant que je le sache.

... les siècles [ou l'univers] ont été assemblés par la parole dite de Dieu...

La "parole dite "ici est celle qui est tant répandue aujourd'hui, *rhema*. Cela signifie habituellement une parole dite. Rien n'est arrivé jusqu'à ce que Dieu parle. Quand il parla, alors l'action commença. Le mot "assemblé "est utilisé quelque part dans Timothée pour dire "être équipé pour le service du Seigneur". C'est le même terme. "Un ouvrier qui n'a point à rougir". Est-ce exact ?

... afin d'obtenir que ce qui est visible vienne au monde [ou soit venu au monde] *non pas des choses qui apparaissent.*

Je pense que je ferai mieux de reprendre le verset 3.

Par la foi, nous comprenons que les siècles ont été assemblés par la parole dite de Dieu, avec pour résultat que ce qui est visible soit venu au monde non à partir des choses qui apparaissent. [Verset 4] Par la foi, Abel offrit à Dieu un sacrifice supérieur à Caïn, par lequel il obtint témoignage [il a été attesté par Dieu] qu'il était juste, Dieu portant témoignage de ses dons, et par lesquels, bien que mort, il parle encore. Par la foi, Enoch a été traduit pour qu'il ne voie point la mort...

C'est un mot démodé, mais je l'aime bien. Cela signifie "transférer une chose à une autre", transporter. Lorsque vous traduisez de l'anglais au français, vous transportez l'anglais vers le français. Ce qui était entièrement anglais devient entièrement français. Hénoc a donc été traduit. Il était là et soudain il était entièrement ailleurs. Et les deux hommes de la Bible qui ont été traduits – c-à-d Hénoc et Elie – sont partis entiers. Rien n'est resté derrière eux, ils sont entièrement partis : esprit, âme et corps. Continuons :

... il n'était plus trouvé parce que Dieu l'avait déplacé...

403

Ce terme signifie "déplacer d'un endroit à un autre". Je me souviens que le deuxième sermon que j'ai entendu à l'église pentecôtiste était sur Hénoc. C'était le sujet. Hénoc n'était plus car le Seigneur l'avait pris. Je ne me souviens plus de tout ce que cet homme a dit, mais il était l'un de ces prédicateurs qui croyaient qu'il fallait rendre les choses très parlantes. C'était en 1941, en Angleterre. Il décrivit la situation après qu'Hénoc ait disparu, puis il dit, "Comme personne ne pouvait résoudre ce mystère, ils ont appelé la police criminelle". "La police est venue avec ses chiens de traque qui ont suivi la piste jusque-là, mais ensuite il n'y avait plus de piste, ni au nord, ni au sud, ni à l'est, ni à l'ouest. La conclusion logique était qu'il était parti vers la haut". Avec mes années d'études en tant que logicien, j'ai dit, "C'est suffisamment logique !". C'est pour cela que j'ai toujours un sentiment particulier quand je lis ce verset. Continuons avec le verset 5 :

... car avant sa traduction [ou son transfert], *il était attesté qu'il avait plu à Dieu.*

Comment a-t-il plu à Dieu ? En marchant avec Dieu. Cela fait plaisir à Dieu lorsque vous marchez avec lui. Cela me fait plaisir quand ma femme marche avec moi. Nous marchons ensemble, nous passons un bon moment. L'une des façons de plaire à Dieu, c'est de marcher avec lui. J'ai quelques passages là-dessus, nous y viendrons. Verset 6, l'un des versets les plus importants de la Bible.

Mais, sans la foi, il est impossible de lui plaire...

Ce n'est pas seulement très difficile, c'est impossible.

... car celui qui vient à Dieu doit croire qu'il [Dieu] *est* [ou existe], *et qu'il est devenu un rémunérateur pour ceux qui le cherchent avec zèle.*

Est-ce que vous croyez cela ?

Le chapitre 10 se termine en insistant sur la nécessité de la foi. Qu'est-il dit à la fin ? "Nous, nous ne sommes pas de ceux qui se retirent pour se perdre, mais de ceux qui ont la foi pour sauver leur âme". L'idée à retenir est d'avoir la foi pour être sauvé. Maintenant, dans ce chapitre, l'auteur explique la foi en grand détail.

Comme je l'ai déjà dit, j'ai été logicien à une époque. Ma spécialité avait trait aux définitions. J'ai écrit une thèse sur les définitions. La plupart des gens s'imaginent que si l'on ne peut définir une chose, alors on ne sait pas ce que c'est. C'est inexact. Vous ne pouvez définir la chaise sur laquelle vous êtes assis, mais vous savez ce que c'est. C'est très difficile de définir une chaise, extrêmement difficile. Ne laissez personne vous faire croire que si vous ne pouvez définir une chose, alors c'est que vous ne savez pas ce que c'est. Si je vous dis de vous asseoir sur une chaise et que vous vous y asseyez, c'est que vous savez ce que c'est. Le test est davantage pratique que théorique.

La plupart des choses dans la Bible ne sont pas définies. Ceci est très réel pour moi, car j'ai étudié Platon qui était un disciple de Socrate. Socrate mettait l'accent sur la définition des choses : la justice, etcetera. Socrate adopta l'idée que "si vous ne pouvez le définir, c'est que vous ne savez pas ce que c'est". Je dois dire que ce n'est pas tout à fait correct. Mais, les définitions sont néanmoins très instructives et peuvent s'avérer d'une grande aide. En général, la plupart des concepts de la Bible ne sont pas définis par des mots. Ce qui ne veut pas dire que nous ne pouvons pas savoir ce qu'ils sont. Il existe d'autres moyens de connaître sans pour autant être capable de donner une définition. Un enfant ne peut définir, mais il apprend le langage et prouve qu'il le connaît par ses actes.

Ce que je veux dire par là, c'est que par la sagesse impénétrable de Dieu, la Bible définit pourtant la foi. C'est probablement le seul concept clé qui est défini. Nous avons ici la définition au verset 1. Avant d'analyser la définition, j'aimerais voir un principe général, et il est tellement général que je ne l'ai pas signalé à chaque fois, parce qu'il s'applique à chaque exemple. Ce principe général qui s'applique à chaque exemple est le suivant : la foi doit être accompagnée d'une action appropriée. Au fur et à mesure que nous avançons, notez dans ces différents exemples les divers types d'actions suscitées par la foi. Il est très important que nous n'ayons pas une idée stéréotypée de ce qu'est la foi. La foi peut être exprimée de différentes manières. En Amérique, vous pouvez avoir la foi en la prospérité. Remerciez Dieu pour cela. Mais dans d'autres endroits du monde, les chrétiens sont persécutés. Cela aussi demande de la foi". N'imaginez pas que la foi ne peut s'exprimer qu'en possédant une Cadillac. Il n'en va pas ainsi. Les gens qui ne possèdent pas de Cadillacs dans ces endroits où ils sont persécutés ont peut-être plus de foi que ceux qui possèdent des Cadillacs aux Etats-Unis.

Ce que j'essaie de dire, c'est, ne vous enfermez pas dans un moule mental qui vous empêche de reconnaître la foi lorsqu'elle apparaît de façon plutôt surprenante.

Prenons Jacques 2, parce que c'est un chapitre très important. Jacques 2:14-16. Combien d'entre vous peuvent dire "Loué soit Dieu" pour Jacques ? Je veux dire, il est bien plus facile de dire, "Loué soit Dieu" pour Paul que pour Jacques. On m'a rapporté que Martin Luther disait que l'épître de Jacques ne tenait pas debout, car, d'après son mode de pensée, elle était en contradiction avec sa grande découverte "par la foi". Cependant, je suis autant de l'avis de Paul que de Jacques. Je pense qu'ils ont tous deux raison, puisqu'ils se trouvent tous deux dans la Bible. Si nous ne pouvons accepter les deux, c'est que nous avons un esprit plutôt étroit.

Nous allons prendre maintenant Jacques 2:14-16.

Mes frères, que sert-il à quelqu'un de dire qu'il a la foi, s'il n'a pas les œuvres ? Cette foi peut-elle le sauver ?

Oui ou non ? La réponse est manifestement non. La foi sans les œuvres ne sauve pas.

Si un frère ou une sœur sont nus et manquent de la nourriture de chaque jour, et que l'un d'entre vous leur dise : Allez en paix, chauffez-vous et rassasiez-vous ! et que vous ne leur donniez pas ce qui est nécessaire au corps, à quoi cela sert-il ?

Voilà un exemple de foi uniquement verbale. Chauffez-vous et rassasiez-vous, mais ne me demandez rien. C'est un exemple plutôt parlant, non ? Verset 17 :

Il en est ainsi de la foi : si elle n'a pas les œuvres, elle est morte à elle-même. Mais quelqu'un dira : Toi, tu as la foi ; et moi, j'ai les œuvres. Montre-moi ta foi sans les œuvres, et moi, je te montrerai la foi par mes œuvres.

C'est un modèle vraiment bon à suivre. Ne discutez pas la foi, démontrez-la. Verset 19 :

Tu crois qu'il y a un seul Dieu.

C'est la confession standard du peuple Juif. C'est très orthodoxe.

Tu fais bien ; les démons le croient aussi, et ils tremblent.

Il ne suffit pas de croire. D'accord ? J'ai vu tant de fois des démons trembler, c'est vraiment frappant. Lorsqu'ils sont confrontés à l'autorité de l'évangile dans le nom de Jésus, très souvent ils tremblent. Ils croient, mais ils sont du mauvais côté. Verset 20 :

Veux-tu savoir, ô homme vain que la foi sans les œuvres est inutile ?

N'est-il pas intéressant de voir que Jacques utilise exactement les mêmes exemples qui prouvent qu'il faut avoir les œuvres que ceux que Paul utilise pour prouver qu'il faut avoir la foi. Ce n'est pas un hasard, c'est l'œuvre du

Saint-Esprit. Voyez-vous, la vérité n'est pas statique. Vous avez probablement entendu mon histoire sur l'horloge du grand-père avec le pendule. Tout le monde aime voir la vérité comme le pendule, bien au milieu, là où vous pouvez le voir à travers le petit morceau de verre. Mais quand le pendule est statique, l'heure n'avance pas. Ce sont les personnes qui ont une théologie établie et leur horloge n'avance pas. Que se passe-t-il lorsque l'heure avance ? Le pendule balance constamment d'un côté vers l'autre. Tant qu'il balance, tout va bien. Mais s'il s'arrête, alors rien ne va plus. Vous remarquerez dans votre vie que lorsque vous dites, "J'ai enfin compris la leçon "par rapport à une chose sur laquelle Dieu insistait, il insiste alors sur quelque chose qui semble totalement opposé. Le pendule a bougé. Si vous n'avancez pas au rythme du pendule, alors vous resterez en arrière.

Verset 21 :

Abraham, notre père, ne fut-il pas justifié par les œuvres, lorsqu'il offrit son fils Isaac sur l'autel ?

Il devait faire quelque chose pour prouver qu'il croyait Dieu. Et si vous lisez le 11ième chapitre d'Hébreux – que nous n'aborderons pas cette fois-ci – il croyait que Dieu pouvait ressusciter Isaac des morts. Vous savez quelle en est la preuve ? Prenez Genèse 22, où il dit à ses serviteurs, "Moi et le jeune homme, nous irons jusque là pour adorer, et nous reviendrons auprès de vous". Il ne le croyait pas seulement, il le confessait. Il devait gravir toute la montagne. Il ne suffisait pas de dire en bas de la montagne, "Nous reviendrons". Il fallait monter jusqu'en haut, élever le couteau et être prêt à tuer son fils. Dieu dit, "Maintenant, je sais". C'est donc son acte qui a rendu parfait ce qu'il croyait. Verset 22, c'est ma version.

Tu vois que la foi agissait avec ses œuvres, et que par les œuvres la foi fut rendue parfaite. Ainsi s'accomplit ce que dit l'Ecriture : Abraham crut à Dieu, et cela lui fut imputé à justice ; et il fut appelé ami de Dieu.

Vous remarquerez qu'il s'agit du même verset que celui que Paul utilise dans Romains 4 pour prouver que c'est par la foi. Ici, Jacques prouve que c'est par les œuvres. Est-ce juste ? Et bien, c'est tout cela, la Bible.

Permettez-moi de vous faire remarquer qu'il y a là une leçon. Vous dites, je crois en Dieu. Loué soit le Seigneur ! Un jour, Dieu vous dira, "Grimpe sur le Mont Morija". Alors vous ne pourrez dire, "Seigneur, je crois déjà". Dieu vous répondra, "J'aimerais voir tes œuvres". Quand vous mettez votre foi en pratique, alors elle est rendue parfaite.

Lorsque Abraham descendit du Mont Morija, il était un homme différent.

Certaines personnes ont passé des tests tels que rien ne pourra plus jamais les ébranler. Après qu'Abraham ait passé ce test, il n'avait plus besoin d'être à nouveau testé. "Celui qui a souffert dans la chair en a fini avec le péché". Quelle phrase étonnante, n'est-ce pas ? Je ne propose pas de l'interpréter.

Verset 24 :

Vous voyez que l'homme est justifié par les œuvres, et non par la foi seulement.

Je ne veux en aucun cas faire de controverse, j'ai beaucoup d'amis qui sont luthériens. Mais, il y a un tel accent dans l'enseignement de Luther sur le fait que la foi seule suffit, que certains luthériens ont peur de faire quoique ce soit au cas où ce ne serait plus par la foi seule. J'ai entendu qu'une Eglise luthérienne n'organisait pas de réunions de prières, de peur que cela soit des œuvres. Vous voyez donc que nous avons besoin d'un équilibre ; le pendule doit continuer de balancer.

Verset 25 :

Rahab la prostituée ne fut-elle pas également justifiée par les œuvres, lorsqu'elle reçut les messagers et qu'elle les fit partir par un autre chemin ?

Elle a risqué sa vie, ce sont ses œuvres.

Comme le corps sans esprit est mort, de même la foi sans les œuvres est morte.

J'ai remarqué cela en priant pour les malades. Certaines maladies en particulier. Notamment, l'arthrite. Ruth peut en témoigner, nous en avons vu tant d'exemples. Quand je prie pour une personne qui a de l'arthrite, je lui dis habituellement, "Je crois que l'arthrite est généralement un esprit mauvais. Ma méthode est de dire à cet esprit mauvais de s'en aller. Votre responsabilité est de le laisser partir". Je dis, "Si vous faites votre part, je ferai la mienne et Dieu la sienne". J'ai senti en de nombreuses occasions que la personne était vraiment guérie. La plupart du temps, une personne souffrant d'arthrite est tellement habituée à être malade qu'elle a du mal à se sentir guérie. Je dis que la foi sans les œuvres est morte. Si vous avez la foi, faites quelque chose pour le prouver. En général, je les fais se mettre debout pour commencer par écraser le diable. Je dis, "Ecrasez-le aussi fort que vous pouvez". Souvent, ces personnes ne croient pas que leurs genoux ne vont pas en souffrir. Alors, je dis, "Maintenant, si vous croyez vraiment, descendez l'allée et revenez". Lorsqu'elles l'ont fait, je dis, "Courrez autour du bâtiment et revenez". Ruth peut en témoigner, nous avons vu de nombreuses personnes ainsi guéries.

Mais, si elles n'avaient jamais agi, elles seraient toujours restées malades. Dieu a fait sa part, mais elles devaient faire leur part par les œuvres. Par les œuvres, la foi est rendue parfaite.

C'est un principe qui s'applique tout au long du chapitre, c'est pourquoi j'en ai parlé maintenant afin que nous n'ayons pas besoin d'y revenir constamment. Comme je l'ai dit plus tôt, je suggère qu'au fur et à mesure que nous avançons dans ce magnifique chapitre, vous preniez le temps de voir les différentes œuvres ou faits ou actes par lesquels la foi était exprimée.

En Hébreux 11:1, la foi est définie par rapport à l'espérance et à la vue. Voici la définition au verset 1 :

La foi est l'assurance des choses que l'on espère...

Ce n'est pas de "l'" assurance, mais d'"une" assurance qu'il s'agit. C'est "une" conviction des choses qu'on ne voit pas. Le terme traduit par "assurance" apparaît dans Hébreux 1. J'aimerais que vous gardiez le doigt sur le chapitre 11 et reveniez un instant au chapitre 1. Verset 3, au sujet de la nature éternelle de Jésus.

Le Fils est l'éclat de sa gloire...

C'est à travers Jésus que brille la gloire du Père.

... et l'exacte représentation de sa nature.

Le mot "nature" ici est le même que celui utilisé dans Hébreux 11:1 et signifie la substance cachée. Jésus est l'image exacte du Dieu invisible. Aucun homme n'a vu Dieu, mais lorsque vous voyez Jésus, vous savez exactement à quoi ressemble Dieu, puisqu'il est l'image exacte de la substance invisible, cachée de Dieu.

C'est pourquoi Dieu ne permettra pas l'idolâtrie. Vous savez pourquoi ? Parce qu'il a sa propre image. C'est Jésus. Il ne veut pas que quiconque essaie de l'améliorer ou de le substituer.

Revenons à Hébreux 11:1, la foi est la substance cachée des choses espérées. Je souligne que la foi est au présent, et l'espérance au futur. C'est la définition. Souvent, nous les mélangeons. Tant de personnes m'ont dit, "Je crois que Dieu va me guérir". Je sais qu'elles veulent dire, "J'espère que Dieu va me guérir". Ce n'est pas la même chose. Dieu a promis des résultats à la foi qui ne s'en tient pas à un espoir. La foi est si réelle qu'elle est une substance, non pas quelque chose d'imaginaire. Ce n'est pas une théorie, ce n'est pas une doctrine ; c'est une substance. C'est pourquoi je ne changerai pas cette traduction.

Comment pouvez-vous savoir si vous avez cette substance ? Si je pouvais répondre à cette question, je pense que je serais le prédicateur le plus populaire en Amérique. J'ai entendu tant de prédicateurs en parler, mais ils ne disent jamais tout. Parce que Dieu ne divulgue pas cela. J'ai souvent pensé que j'avais la foi, alors que je n'en avais pas du tout. Avez-vous jamais expérimenté cela ? À d'autres moments, je ne pensais pas du tout avoir la foi et restais médusé devant les résultats. Dans les premières années de mon ministère, certains des plus surprenants miracles se sont produits que je n'ai jamais vus surpassés depuis, lorsque je priais pour des personnes simplement parce qu'elles me demandaient de prier pour des gens.

Je me souviens de Mr. Poole. Il devait avoir bien plus de soixante ans, il avait été récemment sauvé et avait cette sorte de paralysie qui vous fait trembler tout le temps. Son cœur était faible et je me disais, merci Seigneur, ce bon vieux monsieur a été sauvé juste avant de monter au ciel. Il s'avança pour qu'on prie pour lui ! J'avais donné un sermon très intellectuel sur Romains 8 ce soir-là, sur la différence entre la chair et l'esprit. Cela n'avait rien à voir avec un ministère de guérison, mais il demandait la prière, que pouvais-je faire ? J'ai pris la bouteille d'huile d'olive, et nous l'avons oint. Il commença à se comporter comme un avion sur le point de décoller ! Je veux dire, ses bras fouettaient l'air et il tremblait et vibrait. Nous sommes restés en arrière l'observer. Qu'allait-il se passer ensuite ? Cela a duré dix à vingt minutes. Après cela, il sembla complètement guéri. Il avait demandé la prière parce que, parmi tous ses autres problèmes, il était tombé des escaliers et s'était blessé au bras. Je pense que ce n'était que pour cela qu'il s'était avancé. Quoiqu'il en soit, après ce moment, son bras blessé était si fort que, nous voyant tous debout autour de lui, il vint vers nous nous serrer tous la main. C'était étrange, cela vous faisait tressaillir lorsqu'il serrait votre main.

Il arriva ensuite vers un jeune homme qui avait été miraculeusement guéri un peu avant et qui s'appelait Jacques. Il avança la main vers lui, puis la retira en disant, "Non, je ne peux pas te serrer la main. Tu es un hypocrite". Ce jeune homme devint pâle comme un linceul. Je veux dire, vraiment pâle. C'était une parole de connaissance. Vous auriez pu me servir une parole de connaissance sur un plateau à l'époque, et je n'aurais pas su ce que c'était! Cet homme, Mr. Poole, a vécu aussi longtemps que nous sommes restés à Londres, c'est-à-dire environ huit ans de plus. Nos réunions avaient lieu en haut de cinq étages d'escaliers. Vous pouviez entendre les gens souffler en arrivant en haut. Mais après ce soir-là, je ne l'ai plus jamais vu marcher. Il se déplaçait tout le temps d'un pas vif. En haut, en bas, dans la rue. Je veux dire, il avait reçu une injection de quelque chose qui a duré tout le reste de sa vie. Je n'ai jamais eu le sentiment d'avoir aussi peu de foi qu'à ce moment-là.

Mais, voyez-vous, la foi n'est pas un sentiment. Quand vous vous sentez tellement sûrs d'avoir la foi, vous ne l'avez peut-être pas. Mais souvenez-vous, la foi et l'humilité vont de pair. Au moment où vous êtes celui qui a toutes les réponses, vous cessez d'avoir la foi. Ce n'est pas toujours forcément le cas, mais si vous voulez la foi réelle, alors laissez Dieu vous mettre le nez dans la poussière. C'est une autre expérience que j'ai eue. Je veux vous montrer que ce n'est pas une parole en l'air. Lamentations 3. Cela m'est arrivé dans le désert en 1943 environ. Lamentations 3:25 et les versets suivants.

L'Eternel a de la bonté pour qui espère en lui, pour l'âme qui le cherche. Il est bon d'attendre en silence le secours de l'Eternel.

J'étais à l'armée, et je ne supportais plus d'y être. J'en détestais chaque moment. Voici ce que le Seigneur me donna alors.

Il est bon pour l'homme de porter le joug dans sa jeunesse. Il se tiendra solitaire et silencieux, parce que l'Eternel le lui impose. Il mettra sa bouche dans la poussière, sans perdre toute espérance.

Je me souviens d'être sorti une nuit et d'avoir dit, "Seigneur, je n'en peux plus". Je me suis jeté le visage dans le sable, et j'ai littéralement mis ma bouche dans la poussière. Je suis revenu, j'ai ouvert ma Bible et je suis tombé sur ce passage. Vous ne pouvez jamais vraiment comprendre à quel point la Bible est réelle qu'une fois que vous l'avez expérimentée.

Revenons sur Hébreux 11:1. La foi est la substance des choses espérées. La foi est une substance, c'est la base cachée de ce que vous espérez. Si vous avez une base de foi, alors vos espoirs se réaliseront. Si vous n'avez aucune base de foi, vos espoirs n'ont aucune garantie de se réaliser. La seule garantie d'un espoir réalisé, c'est la base d'une foi présente. La foi dans le présent, l'espérance dans l'avenir.

Le texte dit ensuite, "une conviction des choses qui ne sont pas vues. " La foi est une conviction. Il y a dans le monde d'aujourd'hui très peu de véritable conviction. Tout se vend, tout le monde fait des compromis sur tout, ajuste, change – sauf la personne qui a la foi. La foi est une conviction. J'aime ce mot. Les gens respectent un homme de conviction, même s'ils n'ont pas les mêmes convictions que lui. Ils le reconnaissent. C'est une conviction des choses qui ne se voient pas. Gardez cela à l'esprit. La foi a trait à l'invisible. Que les choses soient bien claires. La foi est dans le présent, l'espérance dans le futur. La vue nous rattache à ce monde, et la foi au monde invisible. Ce sont les deux distinctions de bases que l'on trouve dans ce verset.

Principe numéro un, principe numéro deux, j'en ai parlé, mais regardons-les à présent. Principe numéro un : la foi est dans le présent, l'espérance dans le futur. Sans foi, l'espérance n'a pas de base solide. Ce n'est alors qu'une pensée bercée d'illusions, ce dont le monde est rempli.

Principe numéro deux, la foi a trait à l'invisible. C'est vraiment très important. Gardez cela en tête. Il y a un autre passage qui fait ressortir cela très clairement. Gardez votre doigt sur Hébreux 11 et prenez un instant 2 Corinthiens 5. Verset 7, un verset très court.

Car nous marchons par la foi et non par la vue.

Par la foi, et non par la vue. Si c'est par la foi, alors ce ne peut être par la vue. Si c'est par la vue, alors ce ne peut être par la foi. Ne les mélangez jamais. Vous n'avez pas besoin de foi face à ce que vous voyez. Vous n'avez besoin de la foi que pour ce que vous ne voyez pas. C'est une des raisons pour lesquelles la foi est si précieuse, parce que c'est le seul moyen légitime pour avoir un contact avec le monde invisible. Il existe des moyens illégitimes comme l'occulte, mais le seul moyen légitime d'être en contact avec le monde invisible passe par la foi.

Revenons à Hébreux 11:2. La foi était la clé de la victoire pour les saints de l'Ancien Testament. Ils avaient tous des personnalités, des exploits, des problèmes, des origines différentes, mais ils avaient une chose en commun. Et c'était ? La foi. C'est tellement important de comprendre cela.

J'ai pensé un jour à certains de ces grands chrétiens qui m'ont inspirés à différents moments. J'ai beaucoup admiré Mary Slessor, personne ne lit plus trop ses livres. Elle était autrefois connue comme la Reine Blanche de Calabar en Afrique Occidentale. Et d'autres personnes comme Madame Guyon, et d'autres encore très différentes. Je me suis un jour demandé, "Qu'est-ce que toutes ces personnes ont en commun ?" Ma seule conclusion à cette époque était qu'elles savaient toutes revendiquer les promesses de Dieu. Il pouvait s'agir de domaines totalement différents qui n'avaient apparemment rien en commun, excepté cela.

Ce que je veux dire, et je pense que c'est une bonne chose de terminer par cela, c'est qu'il en va de même pour tous les serviteurs victorieux de Dieu à toute époque. Vous voulez être un chrétien victorieux, il y a une exigence inaltérable : la foi. N'essayez pas sans. Si vous ne l'avez pas, n'essayez pas de faire comme si vous l'aviez. Recherchez Dieu pour l'obtenir.

Nous pourrions prendre l'autre grand passage des Ecritures à ce sujet, Romains 10:17, que, j'en suis certain, la plupart d'entre vous connaissent.

Ainsi la foi vient de ce qu'on entend, et ce qu'on entend vient de la parole de Christ.

C'est ce qui m'a fait sortir de l'hôpital. La foi vient. Si vous ne l'avez pas, vous n'êtes pas obligés de continuer sans. Elle vient en entendant la parole de Dieu.

LE DERNIER MOT DE DIEU

Dix-huitième message.

Hébreux 11:3 – 11:16

Lors de notre précédente session d'études sur Hébreux, j'avais juste eu le temps de commencer Hébreux 11. J'avais effectivement lu les six premiers versets, mais n'avais fait de commentaire complet que sur les deux premiers versets. Nous allons maintenant continuer avec le verset 3 qui est un verset extrêmement important. J'avais souligné la dernière fois que le chapitre 10 se termine avec cette déclaration, "Nous, nous ne sommes pas de ceux qui se retirent pour se perdre, mais de ceux qui ont la foi pour sauver leur âme". L'accent est mis ici sur la nature essentielle de la foi dans la vie chrétienne. Etant donné la fin de ce chapitre 10, il était logique que le chapitre 11 commence par exposer la nature de la foi pour l'illustrer ensuite par de nombreux exemples pris dans l'Ancien Testament.

Comme je l'ai fait remarquer plus tôt – mais il est bon de le répéter – le premier verset d'Hébreux 11 définit la foi. C'est en fait l'un des rares concepts bibliques qui soient définis dans la Bible. Nous pourrions reprendre ce verset pour nous rafraîchir la mémoire, puis avancer à partir de là.

Or, la foi est une ferme assurance des choses qu'on espère, une démonstration [ou une preuve] de celles qu'on ne voit pas.

Ce verset nous partage quelques points importants de la foi. Tout d'abord, la foi est si réelle qu'elle est une substance. Ce n'est pas quelque chose que vous imaginez, ni quelque chose d'illusoire, ni une chose difficile à saisir, mais bien une substance. Une substance spirituelle. C'est la base cachée des choses que l'on espère. Seuls les espoirs basés sur une foi authentique sont valides. Les autres espoirs ne sont que des pensées bercées d'illusions. Elles peuvent se réaliser, mais sans aucune garantie.

J'insiste sur les deux principes que nous voyons ici, et je devrais ajouter que la lettre capitale P est une abréviation pour principe. De même, la lettre E est l'abréviation pour exemple. Ces deux principes sont liés au verset 1. La foi est au présent, l'espérance au futur. Nous devons faire cette distinction, sinon nous risquons d'être confus. Sans la foi, l'espérance n'a pas de base solide.

Le deuxième principe est que la foi a trait à l'invisible. C'est une conviction certaine concernant des choses que l'on ne voit pas. Quand nous voyons quelque chose, nous n'avons pas besoin de croire. Or, selon l'ordre de

Dieu, croire vient d'abord et voir ensuite. Lorsque Marthe se tint debout devant la tombe de Lazare que Jésus était sur le point de ressusciter, il dit à Marthe, "Ne t'ai-je pas dit que, si tu crois, tu verras la gloire de Dieu ?" Notez que croire vient en premier, c'est ce qui permet de voir. De nombreuses personnes aux esprits charnels disent, "Je croirais quand je verrais". Mais alors, vous n'avez nullement besoin de croire, puisque vous voyez. Croire précède voir. Le fait de croire nous met en relation avec l'invisible.

C'est toujours difficile pour l'esprit humain de comprendre l'invisible. Nous voyons à maintes reprises dans les Ecritures des personnes qui ne pouvaient s'accrocher à l'invisible dans l'esprit et qui revenaient au matériel et au visible. Ce faisant, ils s'égaraient spirituellement.

Verset 2, je lirai simplement mon commentaire, puis nous avancerons. La foi était la clé de la victoire des saints dans l'Ancien Testament. Il en va de même pour les serviteurs victorieux de Dieu à travers tous âges. La foi est la clé de la victoire et du service victorieux, quel qu'il soit. Nous sommes appelés à des services bien différents, mais le même principe implicite s'applique à tous, la foi est la clé du succès.

Nous arrivons maintenant au verset 3.

Par la foi, nous comprenons que les siècles ont été assemblés par une parole dite de Dieu, afin que ce qui est vu ne vienne pas des choses qui apparaissent.

C'est une version assez littérale. Remarquez à nouveau l'accent mis sur ce qui n'est pas vu. Par la foi, nous comprenons que les siècles ont été assemblés par une parole dite de Dieu. Le mot utilisé ici pour "parole" est ce mot si répandu dans les milieux charismatiques aujourd'hui, *rhema*. Et non logos. Et *rhema* signifie principalement – pas toujours – une parole dite. Quand Dieu parla, l'univers devint réel.

J'avais également fait remarquer, mais je le répète à nouveau, que là où il est dit, "le monde", le grec dit littéralement, "les siècles". Le terme est premièrement utilisé pour parler du temps, ensuite de l'espace. Ce qui est intéressant, c'est que la Bible – et particulièrement ce passage – anticipe, en un sens, la théorie moderne de la relativité, dont l'essentiel est que vous ne pouvez spécifier l'espace sans le temps ou le temps sans l'espace. D'où la "théorie du continuum espace/temps". Mais les auteurs de la Bible l'avaient compris bien avant les physiciens modernes. Même avant Albert Einstein!

En fait, il vaut la peine de noter que quand Dieu sanctifia quelque chose, la première chose qu'il sanctifia ne fut pas un endroit mais un temps. Il sanctifia le septième jour. Nous avons tendance à penser que ce sont des lieux qui ont été sanctifiés en premier, mais la première chose à avoir été sanctifiée dans notre existence terrestre fut un temps, le septième jour. J'ai lu un ouvrage écrit par un rabbin juif qui est un auteur très érudit, dans lequel il parle d'une cathédrale bâtie de temps et non d'espace. Nous n'approfondirons pas ce sujet, mais il y a de nombreuses possibilités intéressantes qui découlent de cette affirmation.

L'affirmation que les siècles, ou le monde, ou l'univers a été créé par la parole dite de Dieu s'accorde avec divers autres passages. Nous n'en prendrons qu'un seul. C'est Psaume 33:6 et 9.

Les cieux ont été faits par la parole de l'Eternel, et toute leur armée par le souffle de sa bouche.

Et encore dans le même contexte, verset 9.

Car il [Dieu] *dit, et la chose arrive ; il ordonne, et elle existe.*

Donc la réalité absolue derrière toute réalité, c'est la parole dite de Dieu.

Nombre d'entre vous savent que j'étais autrefois philosophe de profession. L'une des principales questions – en fait, la question initiale de la philosophie européenne remontant à la Grèce de l'an 6 avant J.C. était, "Quelle est l'ultime réalité ?" Les premières théories étaient quelque peu naïves, comme par exemple, "c'est l'eau, c'est le feu, c'est la terre", etc. Un philosophe disait que tout avait été créé à partir de l'eau. Un autre disait que tout venait du feu, et un autre disait que c'était de la terre. Mais ils recherchaient en fait ce qui était derrière toute chose. D'où l'expression philosophique, "Quelle est la cause première ?" Et bien, la Bible répond à cette question très clairement. La raison première de toute chose est la parole dite de Dieu. Dieu parla, et l'univers devint réel. Donc, derrière le visible, il y a l'invisible.

Voilà à nouveau une harmonie remarquable, dans une certaine mesure, avec la physique moderne. Si vous deviez demander à un physicien d'expliquer la chaire derrière laquelle je me trouve pour vous parler, il le ferait en termes d'atomes, de protons, d'électrons et autres choses encore. Toutes ces choses sont invisibles. Aucun œil humain ne les a jamais vues ; aucun œil humain ne les verra jamais. Si vous lui demandiez de faire une déclaration, celle-ci prendrait la forme d'une sorte d'équation. Ce qui est vraiment très proche de la révélation biblique, puisque derrière tout ce qui se trouve dans l'univers physique, il y a une parole de Dieu. Voilà l'explication.

Lorsque nous le comprenons, cela nous élève à un niveau de foi totalement différent parce que nous traitons avec un Dieu qui peut rendre les choses vivantes par sa parole, et les faire disparaître par sa parole. Nous pouvons alors regarder l'univers matériel et dire, "Comment certaines conditions pourraient-elles être changées ?" Comment un bras cassé pourrait être changé ? La réponse est, par la parole vivante de Dieu. Quand nous faisons face à une montagne de problèmes qui semblent impossibles et bloquent la volonté de Dieu dans nos vies, comment cela peut-il être changé ? La réponse est, par une parole dite de Dieu. De plus, Jésus indique que Dieu peut vous permettre ou me permettre d'exprimer cette parole avec la foi de Dieu, et que celle-ci serait aussi efficace que si Dieu la disait lui-même. Vous voyez donc à quel point il est important de comprendre ce qui est derrière toute chose. Nous devrions être infiniment reconnaissants à Dieu d'avoir reçu cette révélation dans la Bible parce que des millions de personnes ont farfouillé dans la philosophie, les sciences, la religion pour avoir la réponse, mais ne l'ont jamais trouvée.

Nous continuons maintenant avec le verset 4. Nous arrivons maintenant au premier de toute une série d'exemples pris de l'Ancien Testament dans un ordre plus ou moins chronologique, en commençant par Genèse. Voici ma traduction.

Par la foi, Abel offrit à Dieu un sacrifice supérieur à celui de Caïn, par lequel il fut attesté qu'il était juste, Dieu portant lui-même témoignage de ses dons [ou offrandes], *et par laquelle* [par la foi], *bien que mort, il parle encore.*

Ce verset fait bien sûr référence à l'incident survenu au début de Genèse 4. Je ne vais pas prendre tous les passages de l'Ancien Testament parce que ce serait trop long. La plupart d'entre vous, j'en suis sûr, connaissent l'histoire du premier sacrifice d'un homme jamais offert dans toute l'histoire humaine. Il y avait deux frères, Caïn, l'aîné, et Abel, le plus jeune. Je suppose qu'ils ont su par révélation que pour approcher Dieu, ils devaient faire un sacrifice ou un don. Vous voyez, personne ne peut jamais s'approcher de Dieu les mains vides. Le frère aîné, Caïn, qui était cultivateur, apporta le fruit de la terre. Le plus jeune frère, Abel, apporta – je pense par révélation – le meilleur de ses troupeaux et les tua pour les offrir en sacrifice. Nous avons là les prémices de toute forme de religion dans l'histoire humaine.

Je crois personnellement qu'on ne peut avoir que deux sortes de religion. L'une est la religion d'Abel, l'autre la religion de Caïn. Abel offrit un sacrifice qui incluait l'aspersion de sang, parlant d'une vie offerte pour la propitiation du péché. Dieu accepta apparemment de façon surnaturelle son sacrifice. Nous ne savons comment. Certains commentateurs bibliques croient que le feu du Seigneur descendit sur l'autel et consuma le sacrifice. Quoiqu'il en soit, il y a eu une réponse manifeste de Dieu envers le sacrifice d'Abel qui indiquait qu'il l'avait accepté. Il était acceptable à sa vue.

En ce qui concerne le sacrifice de Caïn, il n'y a pas eu de telle réponse de la part de Dieu, parce que Caïn avait simplement offert le fruit de son propre travail de la terre. Dans le chapitre précédent de Genèse, le Seigneur avait déjà maudit la terre, donc Caïn était en train d'offrir quelque chose qui était sous la malédiction de Dieu. Et ce ne fut pas accepté.

Les commentateurs bibliques enseignent généralement que Caïn représente les efforts de l'homme et ses œuvres bonnes, mais ceux-ci se trouvent sous une malédiction divine. Abel représente par la foi la reconnaissance d'un sacrifice propitiatoire, avec du sang versé indiquant qu'une vie a été offerte. Donc, le sacrifice d'Abel reconnaît l'état de péché et la nécessité de sa propitiation.

Les conséquences sont vraiment très intéressantes et assez effrayantes. La religion d'Abel produisit un martyre, il en mourut. La religion de Caïn produisit un meurtrier, il tua son frère. Je me risquerais à vous suggérer que c'est un principe que l'on retrouve dans toute l'histoire humaine. La religion des œuvres finit toujours par produire des meurtriers. La religion de la foi et de la révélation produit des martyres, ou des témoins. Si vous analysez les problèmes de Dieu à traiter la race humaine à travers tout l'Ancien Testament et dans le Nouveau, son plus grand problème est toujours venu des gens religieux. Dans toute l'histoire humaine, la religion sans la grâce de Dieu produit des meurtriers. Les témoins de Dieu étaient tués dans l'Ancien Testament et le Fils de Dieu a été tué dans le Nouveau Testament. Et peut-être aussi tous les apôtres. Ce n'est pas un hasard.

Voyez-vous, quand un homme a confiance en ses propres efforts, il fait confiance à sa propre nature charnelle, déchue, rebelle. Même si ses motivations peuvent avoir l'air très bonnes. Car sa nature est corrompue et quand nous lui donnons crédit en lui faisant confiance, il finit par se manifester tel qu'il est vraiment : un rebelle et un meurtrier. Je pense que c'est important parce que je crois que la même chose tend à se produire parmi les chrétiens de profession. Je ne veux pas être négatif, mais peu de personnes sont plus méchantes envers une autre personne que des chrétiens les uns envers les autres. Dans l'histoire de l'Eglise, ils se sont librement tués les uns les autres avec les meilleurs motifs et au nom du Seigneur et de la religion. Je ne suis pas en train d'attaquer de telles personnes, je fais seulement remarquer que lorsque l'on quitte le royaume de la révélation de la foi et de l'obéissance pour s'abaisser au royaume de l'effort humain, nous libérons un meurtrier. Certains tuent par la langue, d'autres avec un pieu, d'autres avec l'épée de l'autorité civile. Mais, d'une manière ou d'une autre, le résultat final de la religion humaine est un désastre.

Il y a une déclaration très intéressante dans Apocalypse 18:24. Si vous voulez la prendre, il s'agit du mystère de Babylone, ce système religieux de la fin des temps identifié comme de la sorcellerie. Il est dit de cette cité, qui constitue ce système religieux :

Et l'on a trouvé chez elle le sang des prophètes, des saints, et de tous ceux qui ont été égorgés sur la terre.

Quelle étonnante déclaration, n'est-ce pas ? Que ce soit au tout début de la Bible, ou tout à la fin, on retrouve le meurtre lié à la religion.

J'ai côtoyé la religion depuis suffisamment longtemps pour en avoir une certaine expérience. Lorsque je vois le comportement de certaines personnes religieuses, je me dis parfois, "Seigneur, garde-moi de la religion". En fait, la plupart des gens pensent que la religion est très respectable. Et en effet, elle peut l'être. Mais la Bible a peu de choses à dire sur la religion. En fait, pour autant que je sache, il faut aller jusqu'à l'épître de Jacques pour la voir mentionnée pour la première fois. La Bible a bien plus de choses à dire sur le salut. La religion arrive presque comme une pensée de second plan. La Bible définit aussi la religion et dit ceci : "La religion pure et sans tache, devant Dieu notre Père, consiste à visiter les orphelins et les veuves dans leurs afflictions, et à se préserver des souillures du monde." C'est à nouveau une définition de la religion très différente de celle que l'on trouve actuellement dans la plupart des Eglises chrétiennes, où les visites aux orphelins et aux veuves sont bien loin sur la liste des priorités et, dans certains cas même, ont même entièrement disparu de la liste.

Autrement dit, la Bible est un livre révolutionnaire. Si vous arrivez à lire la Bible sans être choqué, c'est que vous ne l'avez pas vraiment lue. De nombreuses personnes lisent la Bible pour lui faire dire ce qu'elles pensent qu'elle devrait dire. Mais ce n'est pas lire la Bible, ça. Je vous garantis que si vous lisez la Bible sincèrement tous les jours pendant un mois, vous finirez par tomber sur quelque chose de choquant et de saisissant. Permettez-moi de vous le répéter. Si vous n'avez jamais été choqués ou saisis par la Bible, c'est que vous ne l'avez jamais réellement lue.

Nous allons regarder l'exemple E.1 ainsi que le résultat. Dans chaque cas où nous avons un exemple de foi, j'ai cherché à en faire ressortir le résultat pour qu'à la fin du chapitre, nous ayons le portrait d'une grande variété de divers résultats tous produits par la foi. L'une des raisons pour lesquelles j'ai fait cela, c'est que nous avons une image stéréotypée de la foi qui consiste à s'asseoir à l'Eglise et à chanter des hymnes ou à prier pour les malades ou quelque chose comme ça. La foi produit des résultats qui sont bien plus variés et bien plus excitants que cela.

Exemple numéro 1 d'une foi en action : Abel offrit un sacrifice acceptable. Nous l'avons analysé. Regardons maintenant le résultat écrit ici. Bien que mort, il parle encore. Je crois que c'est vrai pour toute vie vécue dans la foi. La vie peut s'arrêter, mais le message continue. Je dois dire qu'il en était certainement ainsi pour ma première femme Lydia. Elle est décédée, mais elle continue de parler. Et le livre qui raconte son appel et son voyage à Jérusalem se vend maintenant plus que jamais dans le monde entier et a été traduit dans un grand nombre de langues modernes. C'est juste un exemple actualisé de l'œuvre de la foi. Votre vie ne s'arrête jamais vraiment si c'est une vie vécue dans la foi. Il y a des conséquences qui continuent d'affecter les personnes qui viennent après vous.

Prenons le verset 5, l'exemple de foi suivant.

Par la foi Hénoc a été...

Je préfère le terme "traduit". Je pense que certaines versions disent qu'il a été enlevé, mais il ne s'agit pas tant d'avoir été enlevé d'un endroit à un autre. Il a été transféré. Je crois que le même terme ou un autre similaire est utilisé dans Colossiens 1, où il est dit, "Rendez grâces au Père ... qui nous a délivrés de la puissance des ténèbres et nous a transportés dans le royaume de son Fils bien-aimé." Il est question d'un déplacement complet d'un royaume à un autre. Les deux hommes mentionnés dans les Ecritures comme ayant été traduits, Hénoc et Elie, sont tous deux partis entiers. Ce ne sont pas seulement leurs esprits qui ont été traduits, mais leurs personnes toutes entières. Rien n'est resté après eux, si ce n'est qu'Elie a laissé son manteau à son successeur.

Qu'est-ce qui a fait qu'Hénoc a été traduit, transféré, transporté ? La foi.

... traduit pour qu'il ne voie point la mort ; et il n'a pas été trouvé parce que Dieu l'avait transporté [traduit, pris] *; car avant sa traduction, il avait reçu le témoignage* [il avait été attesté] *qu'il plaisait à Dieu. Mais sans la foi, il est impossible de lui plaire...*

Nous verrons le verset 6 dans un instant. Etudions d'abord Hénoc. Quel était l'exemple de sa foi ? Il marcha avec Dieu, plut à Dieu. Quel en fut le résultat ? Il fut traduit sans mourir. N'est-ce pas excitant ? Qui sait ce qui peut arriver ? J'ai entendu un prédicateur – je ne me souviens plus qui c'était – dire qu'Hénoc marcha avec le Seigneur pendant environ 300 ans et qu'un jour ils étaient tellement bien en la compagnie l'un de l'autre qu'Hénoc oublia où il était et que Dieu lui dit, "Hénoc, nous sommes plus près de chez moi que de chez toi. Pourquoi ne viendrais-tu pas chez moi ?" Et ce fut la fin d'Hénoc.

Nous pourrions prendre un instant ce passage très simple dans Genèse

5:21-24.

Hénoc, âgé de soixante-cinq ans, engendra Metuschélah. Hénoc, après la naissance de Metuschélah, marcha avec Dieu trois cent ans ; et il engendra des fils et des filles. Tous les jours d'Hénoc furent de trois cent soixante-cinq ans. Hénoc marcha avec Dieu ; puis il ne fut plus, parce que Dieu le prit.

Permettez-moi de souligner un point intéressant concernant les générations qui ont précédé le déluge au temps de Noé. On nous parle de trois hommes qui, d'une manière ou d'une autre, ont échappé au déluge. Metuschélah mourut un an avant le déluge. Hénoc fut enlevé bien avant le déluge et Noé traversa le déluge dans l'arche. J'ai toujours eu cette impression, sans que ce soit une théorie, que ces hommes indiquaient les trois possibilités pour le peuple de Dieu. Certains seront enlevés, certains mourront et d'autres devront passer par l'arche, quelque soit leur avenir. C'est juste ma façon de voir les choses, j'ai simplement l'impression que c'est ce que la Bible nous dit. Je n'ai pas d'eschatologie qui y corresponde. Peut-être aurez-vous envie de dire, Merci Seigneur !

Permettez-moi de mentionner quelque chose qui est pour moi une bénédiction. Au tout début de l'histoire humaine, quand l'homme était en contact avec Dieu, leur relation était simple. La religion et tout son attirail n'avaient que peu de place. Hénoc marcha simplement avec Dieu. Nous continuons ensuite avec le grand-père de la foi, Abraham, dont le titre le plus honorable était, "Ami de Dieu". Ils appréciaient simplement d'être ensemble. J'aimerais parfois m'éloigner de toute ces formes de théologie et de toutes ces formalités religieuses pour simplement avoir une relation d'ami avec Dieu et de marcher avec lui, d'apprécier sa compagnie. Je crois sincèrement que Dieu aime passer du temps avec son peuple. Parfois nous sommes tellement préoccupés par les méthodes et la théologie et la doctrine que Dieu se perd dans tout cela. Si vous allez au cœur de la forêt, tout ce que vous pouvez voir, ce sont des arbres. Vous ne pouvez avoir une image d'ensemble. Pour l'avoir, vous devez ressortir de la forêt, regarder avec un œil nouveau et peut-être ajuster vos priorités.

Exemple numéro deux : Hénoc marcha avec Dieu et cela lui plut. En conséquence de quoi, Hénoc fut traduit sans mourir. Cela rend la marche de la foi très alléchante, n'est-ce pas ? Qui sait ce qui pourrait vous arriver, ou à moi ?

J'ai ainsi entendu parler d'une femme pleine de bonté. Elle sortit un jour d'une réunion et plus personne ne la revit jamais. Personne ne sut ce qui lui était arrivé. Qui sait si elle n'a pas expérimenté le même destin qu'Hénoc ? On ne la vit plus jamais, elle avait tout simplement disparu.

11:6, nous arrivons maintenant à une des déclarations les plus importantes de la Bible, à mon sens.

Mais sans la foi, il est impossible de lui plaire [à Dieu, bien sûr], *car celui qui vient à Dieu* [s'approche de Dieu] *doit croire qu'il est* [qu'il existe], *et qu'il est le rémunérateur de ceux qui le cherchent de tout leur cœur.*

Ou qui le cherchent sincèrement ou assidûment. Il y a une préposition devant le verbe, ce qui en fait un verbe très fort : chercher Dieu sincèrement, avec persévérance, de tout son cœur. On ne peut donc jamais trop insister sur ce point. Sans la foi, il est impossible de plaire à Dieu, quoique vous fassiez. Si vous n'agissez pas avec foi, alors Dieu ne peut l'accepter. Nous ne pouvons jamais trop insister sur l'importance de la foi, encore faut-il que nous comprenions correctement ce qu'est la foi.

Celui qui vient à Dieu doit croire deux choses. Tout d'abord, il doit croire. Il doit exercer la foi. Il n'y a pas d'autre approche de Dieu. La porte est fermée si vous ne venez pas avec foi. Vous devez croire que Dieu existe – mais ce n'est pas suffisant. La plupart des gens croient que Dieu existe. Certaines personnes disent que non, mais je me demande si elles sont vraiment sincères. Je pense que la plupart des gens croient vraiment qu'il y a un Dieu. Mais cela ne suffit pas. Comme l'a dit Jacques, les démons croient aussi et ils tremblent. Vous devez croire également la deuxième chose, qu'il est le rémunérateur de ceux qui le cherchent de tout leur cœur ou assidûment. Vous devez croire que Dieu vous répondra si vous le cherchez correctement. Dieu insiste là-dessus. Il ne propose aucune alternative.

J'aimerais vous dire, en me basant sur ma propre expérience, que je crois que cela est vrai non seulement parce que la Bible le dit, mais parce que je l'ai vécu. Je n'ai jamais cherché Dieu sincèrement et honnêtement sans être récompensé. Cependant, il est arrivé un certain nombre de fois où la récompense n'était pas ce que j'attendais. Vous ne pouvez dicter à Dieu ce que sera la récompense, à moins qu'il ne s'est engagé d'une façon particulière. Mais vous pouvez être certains qu'il vous récompensera.

Nous arrivons ensuite au troisième P ou principe suivi du quatrième. Le troisième principe est que la foi est essentielle pour plaire à Dieu. Nous devons approcher Dieu avec cette espérance qu'il nous récompensera.

Le quatrième principe est que notre approche de Dieu détermine sa réponse. Ceci est encore une fois très important. Certaines personnes obtiennent de merveilleux résultats de Dieu, d'autres n'obtiennent apparemment rien. Les personnes qui ne reçoivent rien sont prêtes à blâmer Dieu. Les Ecritures révèlent pourtant que la faute vient de ces personnes. La façon dont nous nous approchons de Dieu, notre attitude dans notre approche, détermine la façon dont Dieu va nous répondre. C'est écrit très clairement dans David au Psaume 18:26-27. David cherche Dieu.

Avec celui qui est bon, tu te montres bon, avec l'homme droit [ou sincère, juste ou parfait] tu agis selon la droiture [justice, perfection], avec celui qui est pur tu te montres pur, et avec le pervers tu agis selon sa perversité.

La Nouvelle Bible Segond dit "celui qui est tortueux tu te montres retors". La façon dont nous approchons Dieu détermine sa réponse envers nous. Si nous venons vers lui avec bonté, il est bon envers nous. Si nous venons à lui avec sincérité et franchise, il est également franc avec nous. Si nous venons vers lui avec pureté, il est pur envers nous. Mais si nous essayons d'être malins et de tromper Dieu, David dit que Dieu est bien plus malin que nous. N'essayez pas d'agir ainsi, cela ne marche pas. Les Ecritures disent que Dieu n'est pas dupe. Ce qu'un homme sème, il le récoltera. C'est le même principe ici. Si nous semons la bonté, nous récolterons la bonté. Si nous semons la sincérité, nous récolterons la sincérité. Donc, dans un certain sens, la clé est entre vos mains. Si vous voulez que Dieu vous réponde d'une certaine façon, approchez Dieu de cette façon-là et cela déterminera sa réponse.

Nous continuons maintenant avec le verset 7, l'exemple de foi suivant, l'exemple numéro trois.

Par la foi, Noé, ayant été averti par Dieu...

C'est un terme utilisé dans le grec classique pour parler d'un oracle. Savez-vous ce qu'est un oracle ? Vous vous rendez dans un lieu saint quelconque ou vous allez voir une prophétesse ou une prêtresse et vous obtenez ce que vous croyez être une réponse de Dieu. C'est une communication surnaturelle. Elle peut venir du diable ou de Dieu. Mais elle n'est en rien naturelle.

Par la foi, Noé, ayant été averti par Dieu concernant les choses qui n'étaient pas encore vues...

Notez à nouveau que la foi a trait à l'invisible.

... pris d'une crainte [ou d'une crainte empreinte de respect] construisit une arche pour le salut de sa famille, par laquelle il condamna le monde, et devint un héritier de la justice qui est selon la foi.

Voici à nouveau un exemple particulier. Cet homme construisit un bateau, un grand bateau. Il le construisit sur un terrain sec, il n'y avait jamais plu, c'était la chose la plus folle à faire. Mais il le fit par la foi. Pourquoi l'a-t-il fait ? Parce qu'il avait été averti par Dieu qu'il y aurait un déluge.

Et j'aimerais que vous observiez deux choses. Tout d'abord, s'il avait attendu jusqu'au déluge, cela aurait été trop tard. Deuxièmement, seules huit personnes entrèrent dans l'arche. Noé et sept membres de sa famille. Toutes les personnes qui entrèrent dans l'arche étaient des personnes qui avaient travaillé sur cette arche, parce que Noé n'a jamais construit cette arche tout seul. Ceux d'entre vous qui connaissent le Moyen-Orient savent que quand des Arabes construisent une maison, c'est toute la famille qui la construit. Noé construisit une arche, toute la famille la construisit avec lui. C'est un principe important. Les seules personnes qui furent admises dans l'arche étaient celles qui avaient travaillé dessus. C'est la foi et les œuvres. La femme de Noé aurait pu rester en arrière, les bras croisés, en disant, "Je crois vraiment qu'il va y avoir un déluge." Mais si elle n'avait rien fait pour aider, cela aurait été une foi sans les œuvres et elle serait restée en dehors de l'arche.

Il est également intéressant que la famille de Noé monta dans l'arche sur la base de sa foi. Avez-vous jamais remarqué cela ? Prenez un instant dans Genèse 7:1. Le déluge est sur le point d'arriver et le Seigneur dit à Noé :

Entre dans l'arche, toi et toute ta maison ; car je t'ai vu juste devant moi parmi cette génération.

Certains traducteurs rajoutent "seul", et je pense que c'est sans doute légitime. Je ne sais pas si vous l'avez déjà remarqué, mais c'est la justice de Noé qui permit à sa famille de monter dans l'arche. C'est un grand encouragement pour les parents, n'est-ce pas ? Si vous avez des conflits avec vos enfants, assurez-vous que votre propre relation avec Dieu est telle qu'il appellera votre famille à lui. C'est ce que nous appelons une justice imputée. Dieu est tellement miséricordieux. Il ne veut pas qu'un père trouve le salut sans sa famille. Donc, lorsqu'il vit la droiture de Noé, il dit, "Ta droiture fera monter ta famille." J'ai vu que c'est ainsi que Dieu agit.

Dans Actes 16, lorsque le geôlier de Philippes demanda, "Que faut-il que je fasse pour être sauvé ?", Paul lui répondit, "Crois au Seigneur Jésus, et tu seras sauvé...". Certains évangéliques s'arrêtent là. Mais Paul continue,"... toi et ta famille." Paul promit le salut au geôlier et à sa famille sur la base de la foi du geôlier. Voyez-vous, nombre d'entre nous négligent une grande partie de notre héritage. Nous avons un droit sur la base d'une foi sincère de réclamer non seulement notre propre salut, mais aussi le salut de ceux que Dieu nous a donnés. Beaucoup d'entre nous ont besoin d'un cœur plus grand. Nous avons besoin de davantage de compassion. Je crois que la compassion conduit très souvent à la foi. Quand nous nous préoccuperons véritablement du salut des gens, alors nous serons sur la voie qui nous apportera la foi qui leur apportera leur salut.

Le prochain passage que nous allons prendre est le chapitre 11:8-10, qui parle d'Abraham, d'Isaac et de Jacob. Je commencerai par traduire ces trois versets puis je les commenterai.

Par la foi, ayant été appelé, Abraham obéit pour se rendre en un lieu où il devait recevoir un héritage ; et il partit, ne sachant pas où il allait. Par la foi, il séjourna dans le pays de la promesse, comme dans un pays étranger, habitant sous des tentes avec Isaac et Jacob, les héritiers avec lui de la même promesse ; car il s'attendait à la cité qui a des fondations, celle dont le bâtisseur et l'architecte est Dieu.

C'est l'exemple de foi suivant, le numéro quatre sur notre liste, et il ne concerne pas seulement Abraham, mais également son fils et son petit-fils, Isaac et Jacob. Voyons de plus près ce qu'ont fait ces trois patriarches. Abraham vivait à Ur en Chaldée, une ville riche et cultivée à l'époque, mais idolâtre. Je crois qu'ils adoraient principalement la déesse lunaire. Abraham était probablement un citoyen assez important dans cette ville. Et Dieu lui apparut, lui parla et lui dit de quitter cette ville, de quitter sa famille et ses racines et de partir pour un pays qu'Il lui montrerait plus tard. Comme le précise l'auteur, il partit sans savoir où il allait. C'est le premier aspect de sa foi, il obéit à Dieu bien que ne sachant pas où il se rendait.

Je suis sûr que plusieurs d'entre vous diraient qu'à un certain moment de votre vie, Dieu vous a demandé d'en faire autant. Il vous a demandé d'abandonner quelque chose, de le quitter, une sécurité apparente, la prospérité, le succès matériel et la reconnaissance ; et de partir sans savoir ce qui vous attendais devant. Ceci était certainement vrai pour ma première épouse que j'ai déjà mentionnée. Je pense qu'il en était de même pour moi aussi. Je pense, en fait, que tôt ou tard, cela risque d'arriver à presque tous ceux qui appartiennent vraiment à Dieu. À un moment donné, vous devez quitter le familier et le sécurisant pour remettre votre foi entre les mains de Dieu. Ceci semble une condition absolue de Dieu pour commencer la vie de foi.

L'aspect suivant de sa foi était aussi partagé par Isaac et Jacob. Il est dit qu'ils vivaient comme des étrangers dans le pays promis. Vivant sous des tentes, ils n'ont pas exprimé de revendication permanente dans le pays qui allait devenir leur héritage. C'est assez intéressant, ils vivaient dans des tentes qui sont très mobiles, un type d'habitation très temporaire. Il est dit à plusieurs reprises d'Abraham qu'il "planta sa tente mais construisit un autel." Je crois que c'est Charles Simpson qui a dit une fois, "De nombreux chrétiens contemporains construisent leur tente et plante leur autel. "Abraham avait un sens correct des priorités. L'autel de Dieu était plus important que sa propre habitation.

C'est plutôt intéressant de voir que ces trois patriarches, à qui tout le pays était promis, ne possèdent aujourd'hui encore que le cimetière de Machpela. Ils ont juste assez pour être enterrés. C'était leur foi.

Pourquoi a-t-il consenti à agir ainsi ? Il est dit au verset 10 qu'il était dans l'attente de quelque chose. Il attendait la cité qui a les fondations. Aussi bien pour "la cité" que pour "les fondations", c'est un article défini qui est utilisé, et qui est bien sûr la cité décrite à la fin du livre de l'Apocalypse, que Jean le révélateur a vu descendre du ciel et dont les fondations étaient les douze apôtres.

Prenons maintenant le principe numéro cinq. Pour recevoir l'héritage donné par Dieu, il est souvent nécessaire de renoncer à notre héritage terrestre. Il y a un mot que j'ai hésité à écrire, savez-vous lequel ? Pouvez-vous le deviner ? C'est le mot "souvent". Je me demande si ce n'est pas *toujours* nécessaire, tôt ou tard. Je crois que c'est ce que Jésus a essentiellement dit dans Luc 14:33.

Ainsi donc, quiconque d'entre vous ne renonce pas à tout ce qu'il possède ne peut être mon disciple.

C'est à la fois très simple et très radical, n'est-ce pas ? Vous ne pouvez être mon disciple, dit Jésus, tant que vous vous accrochez à vos biens terrestres. Nous avons eu de très bons enseignements sur le fait d'être un disciple, mais j'ai souvent remarqué que dans ces enseignements il est rarement fait allusion à la condition de base qui est de renoncer à vos biens. C'est essentiellement ce qu'Abraham a fait. Abraham est le père de tous ceux qui croient et nous sommes ses enfants si nous marchons dans les pas de sa foi.

J'aimerais vous dire que Dieu ne vous demande pas de le faire par principe. Il y a des principes dans la Bible, mais lorsque nous essayons de nous conformer à ces principes, généralement nous échouons. Nous ne sommes pas suffisamment sensibles pour savoir comment appliquer ces principes. Si Jésus vous choisit pour être l'un de ses disciples, il adaptera les circonstances de votre vie de façon à ce que vous répondiez à ses conditions. Je reste impressionné par la déclaration qu'il fait en Jean 15 lorsqu'il dit à ses disciples, "Ce n'est pas vous qui m'avez choisi ; mais moi, je vous ai choisi. "Je ne pense pas qu'il parle du choix du salut, je pense qu'il parlait du choix du disciple.

Au risque de vous contrarier, j'aimerais vous dire que vous ne pouvez le suivre comme disciple s'il ne vous a pas choisis. Ce n'est pas eux qui ont fait le choix, mais lui. Il savait ce qu'il faisait. Vous verrez, si vous étudiez les évangiles, que pour accomplir son choix, ils devaient suivre ses conditions : oublier tout ce qu'ils possédaient.

Ceci a été vrai pour ma vie lorsque je me suis engagé dans ce qu'on appelle le ministère à plein temps en 1946. Je n'avais aucune connaissance de ces principes, mais le Seigneur me conduisit. J'y repensais l'autre jour, j'ai abandonné ma carrière, mon argent, mon pays, j'ai donné la priorité sur ma famille à l'appel de Dieu. J'ai littéralement abandonné tout ce que je possédais. Je ne l'ai pas fait avec beaucoup de théâtre spirituel : "Me voici, Seigneur. Je deviens un disciple." En fait, pour être honnête, je l'ai en partie fait avec réticence. Le Seigneur ne me laissa pas le choix. Il me dit, "Si tu veux suivre ton appel, ce pour quoi je t'ai appelé, c'est la seule possibilité."

Je me trouvais en Israël à ce moment-là, bien qu'on l'appelait encore la Palestine à cette époque-là. Mon grand-père, qui était un général de l'Armée britannique à la retraite, était sur le point de mourir en Grande-Bretagne des suites d'un cancer. Nous étions très proches et j'étais son seul petit-fils. L'Armée britannique me devait un billet gratuit pour l'Angleterre parce que j'avais servi presque cinq années outremer. Je souhaitais fortement aller voir mon grand-père et je savais que je lui manquerais, mais lorsque je commençais à m'organiser pour accepter ce voyage gratuit et rentrer à la maison, le Seigneur me donna une prophétie assez claire, mais bien différente de ce à quoi j'aurais pu m'attendre. Il me dit, "Le bateau est dans le port, les voiles sont hissées, l'équipage est à bord, la cargaison est arrimée. Si tu veux monter maintenant, tu le peux. Si tu ne montes pas maintenant, le bateau partira sans toi. "Il était absolument radical. Je sais que si j'avais pris une autre décision à ce moment-là, je ne serais jamais entré dans l'appel de Dieu.

Je crois que nous devons garder à l'esprit que la chrétienté est, entre autres, une religion très radicale. Vous savez ce que c'est, être radical ? Cela signifie, aller aux racines. Lorsque Jean-Baptiste présenta Jésus comme le Messie qui devait venir, l'une des choses qu'il a dite à ce propos était, "Déjà la cognée est mise à la racine des arbres : tout arbre donc qui ne produit pas de bons fruits sera coupé et jeté au feu". Vous pouvez couper les branches d'un arbre, et il continuera de grandir. Vous pouvez même couper le tronc et il restera ainsi dans le sol. Mais si vous enlevez les racines, il n'y a plus d'arbre. C'est radical. Les revendications de Jésus sont radicales.

Je ne dis pas cela pour que quiconque prenne peur ou se sente condamné, mais j'ai le sentiment que le Saint-Esprit parle à travers moi à des personnes qui devront faire face à cette décision. Certains d'entre vous, je sais, y ont fait face. Certains d'entre vous ont déjà pris leur décision. Je veux juste vous faire savoir que si Dieu a quelque chose en prévision pour vous dans lequel vous vous êtes déjà engagé, il va insister sur ses conditions invariables. À un moment donné, vous devrez faire comme Abraham et tout quitter sans savoir ce qui vous attend.

Je l'ai fait, comme je l'ai dit, il y a environ 39 ans. J'aimerais juste vous dire que je ne l'ai jamais regretté. Si j'avais à nouveau le choix, je prendrais la même décision. Je me souviens avoir été une fois en contact avec un ancien missionnaire de l'Argentine. Il avait visité diverses Eglises pour parler de l'appel missionnaire. Il m'a dit ceci, "Dans ces Eglises, j'ai rencontré plusieurs personnes qui avaient entendu l'appel de Dieu et n'y avaient pas obéi. Aucune d'elles n'étaient heureuse." Puis il ajouta, "J'ai aussi rencontré des personnes qui avaient entendu l'appel de Dieu et y avaient obéi. Je n'en ai jamais rencontré une seule qui le regrettait." Gardez cela à l'esprit, Abraham est le modèle, il est le père de tous ceux qui croient. Nous marchons dans les pas de sa foi et nous avons la même destination. Comme lui, nous attendons la cité qui a les fondations, dont le bâtisseur et l'architecte est Dieu.

Pour recevoir l'héritage donné par Dieu, il est souvent nécessaire de renoncer à notre héritage terrestre. Notez l'accent continuellement mis sur l'héritage. Nous avons suivi un certain nombre de mots, douze mots qui sont des mots-clés ainsi que le mot "souverain sacrificateur". Trois de ces mots étaient très proches. Deux avaient un rapport avec "regarder vers l'avenir". C'étaient "perfection" et "repos". Héritage, perfection et repos. Ils sont tous tournés vers l'avant, tous liés. C'est seulement dans notre héritage que nous trouverons le repos et la perfection. C'est devant nous. Nous ne pouvons nous arrêter avant d'y être arrivés.

Nous continuons avec le verset 11 qui parle de Sara.

Par la foi également, Sara elle-même reçut le pouvoir de concevoir une semence, même si elle avait passé l'âge naturel, parce qu'elle avait jugé fidèle celui qui lui avait donné la promesse.

Il est important de voir que la foi de Sara a joué un rôle essentiel dans les desseins de Dieu. Sara n'était pas seulement un complément, elle était une part essentielle du plan. Par deux fois, Abraham a failli faire échouer le plan en voulant laisser partir Sara. C'était l'une des grandes faiblesses de sa personnalité. Il n'aurait jamais pu entrer dans son héritage sans Sara puisqu'il était prévu qu'elle soit la mère de l'enfant qui devait apporter l'héritage.

Je dis cela aux femmes. Gardez à l'esprit que vous êtes aussi importantes que vos maris ou que les hommes dans l'Eglise. Votre importance se situe dans un domaine différent, mais n'est pas moindre. J'ai de fortes réserves sur toute sorte de présentation de la vérité biblique qui suggère que les femmes sont à un niveau d'importance ou de spiritualité inférieur. Je ne le crois pas. Je sais, en ce qui me concerne, que je n'aurais jamais pu être ce que je suis, ni même à peu près, sans ma première et ma seconde femme.

Nous continuons avec le verset 12 qui décrit le résultat des exemples précédents. Nous allons lire le verset, puis nous reviendrons sur les exemples.

C'est pourquoi aussi, il vint [il naquit d'un], *lui étant mort, autant que les étoiles du ciel en multitude, et autant que le sable qui se trouve innombrable sur le bord de la mer.*

Nous avons ici le résultat des exemples de la foi cités dans les versets précédents.

Quel était l'exemple ? Abraham obéit à l'appel de Dieu de quitter Ur ; il séjourna à Canaan avec Isaac et Jacob comme un étranger vivant dans des tentes, sans habitation permanente et toujours dans l'attente de la cité de Dieu. Et ensuite, les deux principes. Nous avons déjà mentionné l'un deux, recevoir l'héritage donné par Dieu.

Nous trouvons donc les résultats dans ce verset 12. Les résultats de la foi d'Abraham ainsi que de celle d'Isaac, de Jacob et de Sara : une postérité innombrable pour obtenir l'héritage promis. Remarquez à nouveau l'insistance mise sur l'obtention de l'héritage.

Je pense qu'il est bon de voir qu'il y avait là une foi familiale. Elle incluait Abraham, son fils, son petit-fils et sa femme. Et les femmes de son fils aussi. Je pense que nous devons attacher plus d'importance à la foi familiale. Je pense que dans la Bible et dans la culture biblique, la foi collective d'une famille avait bien plus d'importance que celle que nous trouvons dans notre société très fragmentée d'aujourd'hui. Si une famille peut arriver à une foi collective, elle devient extrêmement puissante. En tant que parents, nous ne devons jamais négliger le potentiel de foi de nos enfants. Le véritable moyen de conduire nos enfants dans la vie spirituelle est de mettre leur foi au défi. Non pas de les traiter comme des immatures, mais de les mettre au défi, de leur présenter les besoins et les problèmes et de les encourager à prier avec foi pour trouver les solutions. Les enfants que ma première femme et moi-même avons élevés devaient vivre ainsi. Parfois, Lydia leur disait, "Nous n'avons pas de petit-déjeuner les enfants, vous feriez bien de prier." Ou bien, "Nous n'avons plus d'argent, vous feriez bien de prier." Lorsqu'ils avaient de quoi déjeuner et qu'ils voyaient de l'argent arriver, croyez-moi, ils savaient que

Dieu était réel. C'était une chose que plus tard aucun lavage de cerveau d'une école séculière ne pourrait jamais complètement leur enlever.

La plus jeune de nos filles, Elisabeth, avait une très mauvaise vue à 18 ans. Chaque année, elle devait porter des verres de plus en plus gros. Lorsque nous étions en Afrique Orientale, je dis à un serviteur du Seigneur, qui, je crois, est auprès du Seigneur maintenant, je lui dis, "Frère Mattson, pourriez-vous prier pour les yeux d'Elisabeth ?" Il fit simplement une très courte prière et Elisabeth enleva ses lunettes. Ce n'est pas nous qui lui avions dit de le faire. C'était une enfant plutôt discrète, et nous ne voulions pas la brusquer, mais après quelques jours, Lydia demanda à Elisabeth, "Comment va ta vue, est-ce mieux ?" Elle répondit, "Et bien, il a prié, n'est-ce pas ?" Sa vue était devenue absolument parfaite. Elle devint une excellente couturière et n'a plus jamais eu besoin de porter de lunettes depuis.

Certes, elle a eu des problèmes dans la vie, des hauts et des bas spirituellement parlant, mais cet événement est pour sa foi comme un rocher qu'on ne peut enlever. Dieu lui a rendu la vue.

Nous continuons maintenant avec les versets 13 et 14.

Ils moururent tous...

Les traductions disent "dans la foi", n'est-ce pas ? Mais il ne s'agit pas de la même préposition que celle traduite par "dans" plus tôt. Ils sont morts, j'aimerais dire, avec leur foi. Leur foi ne les a pas quittés lorsqu'ils moururent. C'est ma version amplifiée, certes elle n'est pas publiée, mais elle est totalement agréée! Ils sont tous morts avec leur foi. Continuons.

... n'ayant pas obtenu les promesses, mais les ayant vues de loin et les ayant embrassées, et ayant confessé qu'ils étaient étrangers et pèlerins sur la terre.

Prenons tout d'abord un passage auquel l'auteur fait référence. Genèse 23, ces paroles me touchent toujours. Je pense qu'ayant vu ma femme s'en aller auprès du Seigneur, j'ai toujours le sentiment de pouvoir m'identifier à Abraham. Je pense savoir ce qu'il a ressenti. Genèse 23, immédiatement après la mort de Sara, versets 3-4.

Abraham se leva de devant son mort, et parla ainsi aux fils de Heth : Je suis étranger et habitant parmi vous ; donnez-moi la possession d'un sépulcre chez vous pour enterrer mon mort et l'ôter de devant moi.

Vous comprenez que dans un climat aussi chaud, cela devait être fait très rapidement. Mais notez sa confession. "Je suis étranger et habitant parmi vous." Je ne crois pas qu'il l'ait dit, poussé par de grands motifs spirituels. Comme de nombreuses choses que nous disons et qui ont en réalité beaucoup de signification, nous ne pensons pas à leur importance au moment où nous les disons. Voyez-vous, Dieu entendit cela et il l'a inscrit en sa faveur.

En fait, je pense que le cœur d'Abraham devait souffrir lorsqu'il dit cela. Nous pourrions ensuite prendre la confession de Jacob dans Genèse 47:9. Il arrive parfois que certaines choses que nous disons dans des moments difficiles et douloureux se transforment en bien. Voici maintenant la confession de Jacob devant Pharaon dans Genèse 47:9. La règle voulait qu'en Egypte, personne ne devait surpasser le Pharaon en quoi que ce soit. Lorsqu'on demanda à Jacob son âge, il devait lui dire qu'il était plus âgé que lui sans que cela n'offense la dignité de Pharaon. Voici ce qu'il lui dit :

Les jours des années de ma vie errante sont de cent trente ans. Les jours des années de ma vie ont été peu nombreux et mauvais, et ils n'ont point atteint les jours des années de la vie errante de mes pères.

La plupart des gens aujourd'hui seraient condamnés à cent trente ans. Mais Jacob dit que c'était peu de choses comparé à Abraham et Isaac. Notez cependant le terme qu'il utilisa : "vie errante". Ce sont donc là les passages que l'auteur d'Hébreux avait à l'esprit.

Revenons maintenant à Hébreux et continuons avec le verset 14 qui est un commentaire.

Car ceux qui disent de telles choses [celles que nous venons juste de lire] *montrent clairement qu'ils recherchent une terre à eux.*

Le terme grec est *patris*, directement dérivé du mot grec pour "père". Il veut dire "une patrie". Tous les patriarches regardaient devant eux pour trouver une terre, pas en arrière. Ils avaient tous en tête un lieu avec un père. C'est une racine très intéressante venant du mot "père", *pater* en grec. Un autre terme est "patriarche" qui apparaît en Ephésiens 3:15 où il est dit de Dieu le Père :

De qui toute famille dans les cieux et sur la terre tire son nom.

Toute famille. Vous comprenez que ces deux mots, famille et terre, sont liés au mot "père". Ils recherchaient un lieu avec un père.

Mon commentaire là-dessus est que chaque véritable croyant aspire à une maison éternelle. Il est rare de rencontrer quelqu'un dont l'attitude ne change pas lorsque vous commencez à lui parler de sa maison. Cela a presque toujours un effet sur les gens. Même vous, ou moi qui suis assez âgé, si nous commencions à y penser et à parler de la ou des maisons de notre enfance, quelque chose se passerait en nous. Je ne sais pas si vous vous êtes jamais senti quelque peu seul. J'ai grandi en Grande-Bretagne entre deux guerres mondiales et la Grande-Bretagne était un endroit très sûr à cette époque. Dans ma famille, tous les officiers avaient une position très sûre dans l'Armée britannique.

Le monde d'aujourd'hui est extrêmement différent, incroyablement différent. Aucun endroit n'est véritablement sûr. La position sociale ne donne pas la sécurité, l'argent non plus. Nous vivons dans une époque très peu sûre, où presque tout ce que nous pourrions rechercher pour avoir la sécurité terrestre est susceptible de s'écrouler ou de disparaître chaque nuit. Je dois admettre que je repense parfois à mon enfance et je me dis que j'étais en sécurité. Je ne connaissais alors que la sécurité à l'époque. Rien ne me menaçait. Mon grand-père, avec qui j'ai vécu pendant que mes parents étaient en Inde, était une personne respectée dans son quartier. J'en ressentais moi-même une certaine fierté. Je me sentirais constamment anxieux aujourd'hui, si je n'avais pas la même conviction qu'Abraham, Isaac et Jacob. Mais j'ai la conviction que je me dirige vers un lieu où il y a un père, une terre pour moi.

Prenons un instant dans Apocalypse 14:1. C'est une partie de la vision de Jean le révélateur.

Je regardai, et voici, l'Agneau [c'est Jésus] *se tenait sur la montagne de Sion, et avec lui cent quarante-quatre mille personnes, qui avaient son nom et le nom de son Père écrits sur leur front.*

Ces personnes qui sont des personnes très spéciales dans le livre de l'Apocalypse sont identifiées par le fait qu'elles avaient le nom de Jésus et le nom de Dieu sur leurs fronts. Et ce que vous avez sur votre front représente, je pense, votre façon de penser. Elles pensaient à la façon du père, elles étaient en sécurité, elles savaient qu'elles avaient un père. Elles suivaient l'agneau partout où il allait.

Il me semble qu'alors que ce siècle touche à sa fin et que nous nous rapprochons toujours davantage de cette image qui nous est donnée dans Apocalypse, nous allons devoir avoir le nom de notre Père écrit sur nos fronts. Nous allons devoir penser en termes de sécurité. Nous allons devoir être certains que ce n'est pas en arrière que nous regardons, mais que, tout comme les patriarches, nous sommes dans l'attente de la cité qui a des fondations, les fondations.

Prenons maintenant les deux principes qui en ressortent. Principe numéro six, la foi inspire une espérance au-delà de la vie. Je pense que c'est très, très important. Il y a eu parfois une certaine tendance à minimiser la foi en une vie future. Le monde en parle comme d'une illusion. Et bien, je pense que cette illusion est très aléchante. Je suis heureux qu'elle soit réelle. Je n'ai pas honte d'avoir hâte d'aller au ciel. C'est une marque de foi. Une foi qui regarde non vers l'arrière, mais vers l'avant et vers le haut.

Le deuxième principe, ici le numéro sept : la foi a besoin d'être exprimée par une confession appropriée. C'était la force d'Abraham, une confession juste, devant la tombe de Sara. Principe que l'on retrouve bien sûr contenu dans Romains 10:9-10 et que nous devrions sans doute connaître par cœur.

Si tu confesses de ta bouche le Seigneur Jésus, et si tu crois dans ton cœur que Dieu l'a ressuscité des morts, tu seras sauvé. Car c'est en croyant du cœur qu'on parvient à la justice, et c'est en confessant de la bouche qu'on parvient au salut.

Il ne suffit pas de croire dans le cœur. Ce qui rend effectif ce que le cœur croit, c'est le fait de le confesser de la bouche. Et vous verrez que d'une manière ou d'une autre, on retrouve ce principe dans tout ce 11ième chapitre d'Hébreux. Il doit y avoir cette confession appropriée pour rendre la foi effective.

Prenons maintenant le verset 15 qui parle encore des patriarches.

Et s'ils s'étaient souvenus de cette terre d'où ils étaient venus, ils auraient eu la possibilité d'y retourner...

Dieu ne claque pas toujours la porte derrière nous, parfois il la laisse ouverte. Si vous voulez revenir en arrière, vous êtes libres de le faire. Mais la foi ne revient pas en arrière. Je dois dire que dans ma propre expérience, j'ai parfois traversé de grandes difficultés et enduré des pressions telles que je me disais, "Est-ce que cela en vaut vraiment la peine ?" Mais ensuite, je me disais, "Quelle autre possibilité ai-je ?" Franchement, il n'y en a aucune qui me tente. J'ai goûté au monde pendant 25 ans, je n'y trouve rien d'attirant. Je comprends les jeunes qui ont grandi dans un environnement totalement chrétien, ils le voient différemment. De loin, le monde a certains attraits, mais lorsque vous êtes dedans, tout devient poussière. Cela, je peux vous le garantir. Nous sommes participants d'un appel céleste et nous ne pouvons nous permettre de revenir en arrière.

Principe numéro neuf qui se trouve au verset 16, dans la continuité du verset 15 :

... mais maintenant ils désirent une terre meilleure, celle qui est céleste. C'est

pourquoi, Dieu n'a pas honte d'être appelé leur Dieu ; car il a préparé pour eux une cité.

Je pense que ce verset est spécifiquement lié à Exode 3:15. J'aimerais prendre un instant ce passage. Il s'agit de la conversation entre le Seigneur et Moïse, lorsque le Seigneur renvoie Moïse en Egypte pour délivrer Israël. Moïse dit, "Lorsque je leur dirai que Dieu m'est apparu, quel nom te donnerai-je ?" Voici la réponse de Dieu dans Exode 3:15.

Dieu dit encore à Moïse : Tu parleras ainsi aux enfants d'Israël ; L'Eternel, le Dieu de vos pères, le Dieu d'Abraham, le Dieu d'Isaac et le Dieu de Jacob, m'envoie vers vous. Voilà mon nom pour l'éternité, voilà mon nom de génération en génération.

Ce verset a vraiment eu un impact profond sur moi. Quand Dieu dit, "Vous voulez connaître mon nom ? Mon nom est le Dieu de trois hommes : Abraham, Isaac et Jacob. C'est mon nom, et mon nom de génération en génération. Si vous voulez savoir comme m'appeler, appelez-moi le Dieu d'Abraham, d'Isaac et de Jacob". C'est surprenant que Dieu ait choisi d'être identifié pour toujours comme le Dieu de ces trois hommes. Pourquoi ? Parce qu'ils n'avaient pas honte de lui. Parce que leurs confessions étaient justes. C'est pourquoi l'auteur d'Hébreux dit, "Dieu n'a pas honte d'eux".

Souvenez-vous de ce que Jésus a dit. "Celui qui me confessera devant les hommes, je le confesserai devant mon Père ; et celui qui me reniera devant les hommes, je le renierai devant mon Père." Ce que nous disons a une importance décisive pour notre destinée. Dieu est le Dieu de ceux qui le reconnaissent par leur confession.

Nous arrivons à présent à un passage assez long, or il ne nous reste que quelques minutes. Ce passage traite du consentement d'Abraham à sacrifier Isaac. J'aimerais racheter le temps pour pouvoir l'étudier maintenant, mais j'ai peur que nous devions revenir là-dessus au début de la prochaine session. C'est un passage très important. Je pense que je peux au moins le traduire.

Par la foi, Abraham, lorsqu'il fut testé, offrit Isaac ; et il était d'accord [ou il était sur le point] *d'offrir son seul fils ; lui* [Abraham] *qui avait reçut les promesses ; à qui il avait été dit, En Isaac ta semence sera appelée.*

Autrement dit, toute sa destinée en Dieu dépendait d'Isaac. Sans Isaac, il n'avait aucune destinée. Et maintenant il était prêt à l'offrir en sacrifice. Le verset continue ainsi :

Reconnaissant que Dieu était capable même de le relever des morts ; d'où il le reçut aussi figurativement.

Donc, en Isaac nous avons une image de la résurrection. Il n'a pas été tué, mais il était sur le point d'être tué et Abraham était convaincu, à cause de sa foi en Dieu, que s'il obéissait à Dieu en tuant son fils, Dieu le ramènerait à la vie.

LE DERNIER MOT DE DIEU

Dix-neuvième message.

Hébreux 11:17-27

Dans notre étude de l'épître aux Hébreux, nous sommes arrivés à mi-chemin du chapitre 11. Nous utilisons deux abréviations. E pour exemple et P pour un principe illustré par un exemple. Nous allons revenir rapidement sur les cinq premiers exemples de la foi que nous avons déjà étudiés. E.1 : Abel offrit un sacrifice acceptable. C'est le premier exemple de foi. E.2 : Hénoc marcha avec Dieu. Vous voyez que les principes sont marqués et identifiés par la lettre P suivi d'un numéro. E.3 : Noé construisit une arche. Nous avons ensuite E.4, où Abraham obéit à l'appel de Dieu de quitter Ur en Chaldée puis de séjourner en Canaan ainsi qu'Isaac et Jacob, comme sur une terre étrangère. Je l'ai considéré comme un exemple, vous pourriez en compter deux. E.5 : Sara conçut Isaac dans son vieil âge. C'était aussi un acte de foi.

Nous voyons ensuite certains principes dérivés de ces exemples, puis nous continuons avec E.6 qui est le premier exemple que nous étudierons au cours de cette session. E.6, Hébreux 11:17-19. Cet exemple particulier est extraordinairement riche de par ses implications et ses leçons. Il est fort possible que nous passions la majeure partie de cette session sur cet exemple.. Je vous partagerai également quelques commentaires supplémentaires.

Je commencerai par traduire à partir du grec, puis nous allons essayer d'en extraire les leçons à retenir. Hébreux 11:17.

Par la foi, Abraham offrit en sacrifice, Isaac...

Le terme traduit par "offrit" est un mot qui signifie spécifiquement offrir un sacrifice.

... lorsqu'il fut testé ; et il était d'accord d'offrir...

Ou bien il était sur le point d'offrir. C'est ainsi que cela devrait être réellement traduit.

... son fils unique...

C'est un mot-clé important, "unique", parce que dans tout le Nouveau Testament il n'est utilisé que pour parler de Jésus. C'est le même mot que celui utilisé pour décrire Jésus comme le Fils unique du Père. Il a deux significations. L'une est "seul", et l'autre "unique", seul en son genre, il n'y a aucun comme lui. Et bien sûr, ces deux significations s'appliquent à Jésus. Continuons avec la traduction :

... lui [Abraham] celui qui avait reçut les promesses, à qui il avait été dit, En Isaac ta semence sera appelée. [Verset 19] Reconnaissant que même d'entre les morts Dieu est capable de ressusciter des gens...

Ou que Dieu était capable de le ressusciter [Isaac]. Les deux traductions sont correctes.

... cela aussi il le reçut dans une figure [parabole].

Voilà l'exemple. Je pense que nous devrions lire dans Genèse le passage sur lequel est basé ce verset, c'est-à-dire tout d'abord Genèse 21:12 que nous allons prendre dans un instant. Nous ne verrons pas le contexte, mais il s'agit du moment où Dieu demande à Abraham de faire ce que Sara lui a demandé de faire, à savoir de chasser Agar l'esclave et son fils Ismaël. Abraham ne voulait pas le faire parce qu'il avait évidemment de l'amour pour son fils Ismaël comme pour son fils légitime. C'est très intéressant, parce que dans ce verset Dieu demande à Abraham de faire ce que Sara lui a dit de faire. Plus tôt, en faisant ce que Sara lui avait dit de faire, cela lui avait causé des problèmes. En effet, s'il n'avait pas écouté Sara, Ismaël ne serait jamais né. Alors juste un mot pour les maris : parfois cela vaut la peine d'écouter vos épouses, parfois non !

Il s'agit ici d'un exemple où il était bon qu'Abraham écoute sa femme. Genèse 21:12 :

Mais Dieu dit à Abraham : Que cela ne déplaise pas à tes yeux, à cause de l'enfant [c-à-d Ismaël] et de ta servante [c-à-d Agar]. Accorde à Sara tout ce qu'elle te demandera ; car c'est d'Isaac que sortira une postérité qui te sera propre.

Mais en fait le texte dit littéralement : "ta semence sera appelée". Nous avons du mal à traduire cela en français contemporain, difficultés qui n'existaient pas au temps où notre Bible a été traduite. À cette époque, ils comprenaient par "semence" la descendance d'un homme issue de son corps. Aujourd'hui, cela semble assez dépassé pour nos contemporains, c'est pourquoi la plupart des traductions changent "semence" [singulier] en "descendants" [pluriel] qui donne un sens correct mais voile certaines choses qui sont très importantes dans les Ecritures, ainsi que nous le verrons dans quelques instants. Remarquez que Dieu dit spécifiquement à Abraham "par Isaac ta semence sera appelée". Autrement dit, toutes les promesses d'héritage ne te viendront que d'Isaac. Ismaël n'est pas inclut dans ces promesses. Dieu donna d'autres promesses pour Ismaël, mais pas les promesses d'héritage qui étaient le grand objectif de la foi d'Abraham.

Vous comprenez donc pourquoi l'auteur d'Hébreux insiste sur le fait qu'Abraham était d'accord d'offrir Isaac, ce qui représentait le test suprême de sa foi. Non seulement il l'aimait, mais tout son espoir d'obtenir l'héritage promis dépendait d'Isaac. Et pourtant, il était d'accord de sacrifier Isaac. Ainsi était sa foi. Pourquoi était-il d'accord de sacrifier Isaac ? Parce qu'il avait cette foi que même s'il le tuait, Dieu pourrait le ramener à la vie.

Nous allons prendre l'autre passage maintenant, dans Genèse 22, qui décrit l'événement en question. Je vais lire une douzaine de versets, mais j'aimerais vous faire passer un test de discernement. J'aimerais voir si au fur et à mesure que je lis vous pouvez discerner pourquoi l'auteur d'Hébreux était certain qu'Abraham croyait que Dieu pouvait ressusciter son fils d'entre les morts. C'est là dans le texte. Mais c'est, en un certain sens, voilé. C'est l'un des ces passages où vous devez regarder très attentivement les Ecritures pour trouver exactement ses implications. Nous allons lire Genèse 22, à partir du verset 1.

Après ces choses, Dieu mit Abraham à l'épreuve...

L'un des principes des Ecritures veut que si vous appartenez au peuple de Dieu, vous allez être sujets aux tests de Dieu. C'est l'une des conditions d'appartenance au peuple de Dieu. Dieu teste toujours ceux qui font partie de son peuple.

Dieu mit Abraham à l'épreuve, et lui dit : Abraham ! Et il répondit : Me voici ! Dieu dit : Prends ton fils, ton unique...

Remarquez comme Dieu est toujours honnête avec nous. Il nous présente tous les faits tels quels. Tu comprends de quel fils je parle ? Ton fils unique.

... celui que tu aimes...

Par là, il veut dire à Abraham, "Je sais exactement ce que tu ressens pour ton fils Isaac".

Va-t'en au pays de Morija...

Morija signifie "Le Seigneur est l'enseignant" ou "Le Seigneur est celui qui montre le chemin".

... et là offre-le en holocauste...

Songez à cela. Non seulement il allait être tué, mais en plus il allait être brûlé. Et pourtant, Abraham croyait que Dieu pourrait le restaurer.

... sur l'une des montagnes que je te dirai.

Permettez-moi de vous dire dès à présent que tout ceci est une merveilleuse image du Calvaire. J'y reviendrai en détails le moment voulu, mais il est tout à fait possible que la montagne en question soit celle sur laquelle Jésus a été crucifié. Personne ne peut le prouver, je pense, mais c'est une possibilité. Remarquez que Dieu devait lui montrer la montagne, et seul Dieu peut vous montrer le Calvaire.

Abraham se leva de bon matin...

Ce qui caractérise Abraham, toujours prompt à obéir. Vous pouvez étudier sa vie, c'était l'une des marques de son caractère. Quand Dieu lui disait de faire quelque chose, il le faisait immédiatement.

... sella son âne, et prit avec lui deux serviteurs et son fils Isaac. Il fendit du bois pour l'holocauste, et partit pour aller au lieu que Dieu lui avait dit. Le troisième jour, Abraham, levant les yeux, vit le lieu de loin. Et Abraham dit à ses serviteurs : Restez ici avec l'âne ; moi et le jeune homme, nous irons jusque là [c-à-d sur la montagne] pour adorer, et nous reviendrons auprès de vous. Abraham prit le bois pour l'holocauste, le chargea sur son fils Isaac, et porta dans la main le feu et le couteau. Et ils marchèrent tous deux ensemble. Alors Isaac, parlant à Abraham, son père, dit : Mon père ! Et il répondit : Me voici, mon fils ! Isaac reprit : Voici le feu et le bois ; mais où est l'agneau pour l'holocauste ?

Il est très clair que toute la maison d'Abraham connaissait les principes du sacrifice.

Abraham répondit : Mon fils, Dieu se pourvoira lui-même de l'agneau pour l'holocauste.

La traduction littérale serait, "Dieu verra l'agneau pour l'holocauste". Et c'est généralement traduit en anglais par "Jehovah *Jireh*". Jehovah : le Seigneur, *Jireh* : verra. C'est ainsi que le disent les anglais. Nous nous trouvions en visite en Israël dans un bus avec un groupe qui chantait Jehovah *Jireh*. Notre guide juive qui est une de nos amies proches resta médusée et me demanda, "Que chantent-ils, que disent-ils ?" Je répondis, "C'est censé être de l'hébreu". Elle me dit, " Comment le dirions-nous ?" Je lui dit, "*Adoni Jireh*".

Donc "Jehovah *Jireh*" est "*Adoni Jireh*". *Adoni* : le Seigneur, *Jireh* : verra.

Fin du verset 8 :

... et ils marchèrent tous deux ensemble. Lorsqu'ils furent arrivés au lieu que Dieu lui avait dit, Abraham éleva un autel...

Vous vous souvenez de ce qu'avait fait Abraham ? Il avait planté sa tente mais construit son autel.

... et rangea le bois. Il lia son fils Isaac, et le mit sur l'autel, par-dessus le bois. Puis Abraham étendit la main, et prit le couteau, pour égorger son fils. Alors l'ange de l'Eternel l'appela des cieux, et dit : Abraham ! Abraham ! Et il répondit : Me voici ! L'ange dit : N'avance pas ta main sur l'enfant, et ne lui fais rien ; car je sais maintenant que tu crains Dieu, et que tu ne m'as pas refusé ton fils, ton unique. Abraham leva les yeux, et vit derrière lui un bélier retenu dans un buisson par les cornes ; et Abraham alla prendre le bélier, et l'offrit en holocauste à la place de son fils. Abraham donna à ce lieu le nom de Yahvé-Jiré [Adoni Jireh]. C'est pourquoi l'on dit aujourd'hui : À la montagne de l'Eternel il sera pourvu.

Mais en plus littéral, cela donnerait, "il sera vu". Laissez-moi vous dire que certaines choses ne peuvent être vues nulle part ailleurs que sur la montagne du Seigneur.

Bien, combien d'entre vous ont trouvé la preuve certaine qu'Abraham était sûr de lui ?" Nous irons jusque-là pour adorer, et nous reviendrons auprès de vous". En hébreu, les deux sujets sont manifestement au pluriel. Nous irons adorer, nous reviendrons. Je pense que c'est une petite leçon pour nous montrer à quel point nous devons lire attentivement la Bible. Il y a certaines choses qui sont, comme ici, cachées dans la formulation des mots. Abraham avait confiance que quoi qu'il fasse à Isaac, ils redescendraient tous deux vivants de la montagne.

Je pense que le passage que nous venons de lire préfigure Golgotha. En Anglais, nous disons habituellement "le Calvaire". Je préfère dire Golgotha. Quelque soit votre façon de l'appeler, cela signifie le lieu de crâne. Mais Golgotha est le nom hébreu araméique, alors que le Calvaire est le nom latin dérivé du terme latin "calva", qui signifie "crâne". Je n'approuve pas trop le fait d'enlever le terme hébreu original pour le remplacer par un terme latin qui revient à l'éloigner du lieu où il était d'environ deux pas. Cependant, nous comprenons tous le Calvaire. Souvenez-vous tout de même que le Calvaire et Golgotha sont deux mots qui indiquent le même endroit et qui signifient tous deux le lieu du crâne.

Ceux d'entre vous qui ont déjà visité Israël et qui ont été à Jérusalem ont certainement vu ce que l'on appelle le Calvaire de Gordon, une colline au nord de la vieille ville qui, à cause de la configuration du terrain et des pierres qui en ressortent, ressemble vraiment beaucoup à un crâne. De nombreux chrétiens croient que c'était effectivement le lieu. Cependant, la plupart des traditions historiques ne soutiennent pas cet avis, nous ne rentrerons donc pas dans la polémique.

Ce que je veux dire, c'est que cette histoire préfigure Golgotha. Il y a certaines correspondances claires. C'est une parabole accomplie dans l'histoire. Une parabole utilise des choses qui nous sont familières et que nous pouvons comprendre par nos sens pour illustrer des choses qui ne nous sont pas familières et que nous ne pouvons comprendre par les sens, mais par la foi seule. L'un des principes de base de l'enseignement est de partir de ce qui est connu pour aller vers l'inconnu. Ainsi, une parabole part de ce que les gens connaissent. Comme par exemple, la parabole du cep et des sarments, ce qui représentait quelque chose de familier pour tout le monde en Israël à cette époque. La parabole commençait donc avec ces choses familières pour les utiliser de façon à illustrer quelque chose d'invisible, de spirituel, d'éternel et d'inconnu. C'est comme un reflet dans un miroir. Le miroir représente ce qui est familier, mais en regardant dans le miroir vous voyez d'autres choses réfléchies. Chaque élément principal dans une parabole correspond à quelque chose dans le spirituel et il y a presque toujours une correspondance très exacte. Presque mais pas toujours.

Par exemple, dans la Parabole du Semeur, Jésus dit que la semence est la parole de Dieu. Il dit que le champ représente le monde. Dans la Parabole de l'ivraie, il dit que l'ivraie représente les enfants du malin, et le bon grain les enfants du Royaume. Et dans la parabole du cep et des sarments le cep représente Jésus, les sarments les véritables disciples, la sève est le Saint-Esprit, et le vigneron, c'est Dieu le Père, celui qui émonde.

Ayant dit cela, considérons maintenant cette histoire comme une parabole mise en scène dans l'histoire. C'est vraiment magnifique. Cela nous apporte une telle compréhension. Je vous recommande de méditer plus tard sur ce passage. Dans deux histoires de Genèse, Abraham reçoit l'un des plus grands honneurs qui lui soient accordés ; il a l'honneur de représenter Dieu le Père. Je ne vois personne d'autre à qui cet honneur a été donné dans la Bible. Mais dans ce passage ainsi que dans Genèse 24 – que nous prendrons dans quelques instants – Abraham représente Dieu le Père. Une fois que nous savons cela, nous savons qui Isaac représente : Jésus, le Fils unique du Père. Gardez à l'esprit que les termes utilisés sont les mêmes.

Maintenant, le feu – cela peut paraître moins évident. Mais pour moi, c'est vraiment évident, il représente le Saint-Esprit. Pour illustrer cela, gardez votre doigt sur Genèse 22 et prenez Hébreux 9:14.

Combien plus le sang de Christ, qui, par l'Esprit éternel, s'est offert lui-même sans tache à Dieu, purifiera-t-il votre conscience des œuvres mortes, afin que vous serviez le Dieu vivant !

Notez la partie centrale, "Christ, qui, par l'Esprit éternel, s'est offert lui-même sans tache à Dieu". Le Saint-Esprit était le feu qui consuma le sacrifice. Jésus représentait le tout dernier holocauste.

C'est très intéressant de voir dans la liste de tous les principaux sacrifices. L'offrande pour le péché, pour une violation, pour l'adoration, pour un vœu, etc. Le premier sacrifice de la liste est l'holocauste parce que le Lévitique ne commence jamais par l'homme, il commence toujours par Dieu. Tout comme pour les accessoires du tabernacle dans Exode, les premiers ustensiles décrits dans l'arche représentent Dieu. Le livre d'Exode comme celui du Lévitique commencent par Dieu pour arriver ensuite à l'homme. Si vous essayer de le faire dans l'autre sens, de l'homme à Dieu, vous y arrivez très rarement. Le seul ordre qui fonctionne consiste à commencer par Dieu pour en venir ensuite à l'homme.

Donc, dans les offrandes du Lévitique, le premier sacrifice est l'holocauste qui représente principalement Jésus. C'est lui qui est le principal holocauste. Il s'est donné lui-même entièrement pour notre salut. Dans la typologie biblique, il a été consumé par le Saint-Esprit lors de son total abandon à Dieu. Voyez-vous, si Jésus n'avait pas été un holocauste complet, il n'y aurait pas eu d'autres offrandes. Ce n'est pas par l'homme que cela commence, mais par Dieu. Si Dieu n'avait pas fait ce sacrifice-là, nous n'aurions pas eu d'offrandes à faire. C'est pourquoi l'ordre est si important.

C'est pourquoi je pense que dans Genèse 22 le feu représente le Saint-Esprit. Dans la continuité de cette image, il n'est pas difficile de voir ce que représente le bois. Isaac porta le bois sur ses épaules jusqu'en haut de la montagne. Que représente le bois ? La croix. Dans certaines Bibles, il y a un recoupement avec le fait que Jésus porta sa croix.

Nous avons ensuite un autre élément que j'interprète à ma façon. Les serviteurs laissés derrière représentent la force et la compréhension naturelles, charnelles. Ils ne pouvaient monter sur la montagne. Voyez-vous, si vous comprenez véritablement ce qui s'est passé à Golgotha, le sacrifice de Jésus, alors vous voyez qu'il ne s'agissait que du Père, du Fils et du Saint-Esprit. Aucun être humain n'avait véritablement part à ce qui se passait, et je me demande si aucun esprit humain pouvait véritablement saisir ce qui se passait.

Donc, les serviteurs – représentant la force et la compréhension naturelles – restèrent en bas de la montagne. Seuls le père et le fils étaient concernés par cette transaction en haut de la montagne.

Prenons deux affirmations. Vous voudrez peut-être garder votre doigt sur Genèse 22, puis prenez dans 1 Corinthiens 1:25. Paul est en train de parler de la croix et du message de la croix. Il dit que c'est une folie pour les Grecs et une pierre d'achoppement pour les Juifs. Il continue ensuite en disant au verset 25 :

Car la folie de Dieu est plus sage que les hommes, et la faiblesse de Dieu est plus forte que les hommes.

Le summum de la faiblesse, c'est la croix. Le summum de la folie, c'est de laisser le Fils de Dieu être crucifié. Cette folie est plus sage que toute la sagesse des hommes, et cette faiblesse est plus forte que toute la force des hommes. Mais, la force et la compréhension naturelles n'ont aucune place dans cette scène.

Puis encore dans une autre référence, 1 Corinthiens 2:14.

Mais l'homme naturel...

La version grecque parle de l'âme, d'un homme avec la compréhension que lui fournit son âme.

... n'accepte pas les choses de l'Esprit de Dieu, car elles sont une folie pour lui, et il ne peut les connaître, parce que c'est spirituellement qu'on en juge.

Les serviteurs et l'âne restèrent en bas de la montagne.

En poursuivant sur cette comparaison, nous voyons que la provision de Dieu vint sous la forme d'un bélier substitut, retenu par les cornes dans un buisson. Dans les animaux sacrificiels, l'agneau, le mouton, la chèvre, le bélier, le bœuf ; chacun avait une connotation spécifique. Le bélier est l'offrande du prince. Donc le bélier parle d'un prince. Les cornes représentent, dans les Ecritures, le lieu de la force. Les cornes sont presque toujours utilisées pour représenter la force. Donc, le bélier était retenu par sa force dans le buisson. Le bélier représente Jésus, le substitut, retenu par sa force qui était quoi ? Son obéissance au Père. C'était son obéissance au Père qui ne le laissait pas partir. Vous avez donc une très belle image de cette belle transaction complète qui a eu lieu à Golgotha.

Je trouve personnellement que méditer sur tout ceci rend ce passage extrêmement riche. Voyez-vous, nos esprits sont tellement charnels qu'à moins de laisser Dieu nous donner une approche quelque peu allégorique, nous avons vraiment des difficultés à saisir la vérité. Il y a tellement d'autres paraboles similaires. L'ensemble du tabernacle de Moïse est une parabole des choses matérielles illustrant des choses spirituelles. Lorsque j'entre dans le tabernacle, il m'est difficile d'en sortir simplement parce que je me perds dans sa beauté et sa splendeur. Et pourtant, pour une personne dont les yeux n'ont pas été ouverts par le Saint-Esprit, ce n'est qu'une liste monotone de mesures, de matériaux et de couleurs, etc.

Bien, pendant que nous y sommes et avant que nous n'allions plus loin, nous pourrions mentionner sans le prendre le passage de l'autre chapitre de Genèse dans lequel nous trouvons également une magnifique parabole. Il s'agit de Genèse 24, où Abraham est à la recherche d'une femme pour son fils Isaac. L'analogie est légèrement plus simple. Je crois qu'ici aussi Abraham représente Dieu le Père. Nous savons qu'Isaac représente Jésus-Christ et nous comprenons tous que la femme, – si nous avons quelque connaissance des Ecritures – l'épouse choisie, représente l'Eglise. Nous avons un quatrième personnage, un serviteur, dont nous le nom n'est pas mentionné dans cette histoire, et qui est l'intendant de tous les biens d'Abraham. Il représente le Saint-Esprit. Je trouve magnifique de voir que c'est le portrait même du Saint-Esprit, il ne se nomme jamais. C'est tellement typique du Saint-Esprit, il n'attire jamais l'attention sur lui.

Dans ces deux chapitres, 22 et 24, nous trouvons les plus belles paraboles mettant en scène les vérités spirituelles les plus profondes de la Bible. Réfléchissez au rôle joué par le serviteur dans Genèse 24. Je suis tout ému à chaque fois que je pense au fait qu'il arriva avec dix chameaux chargés de cadeaux. C'est le Saint-Esprit. Il ne vient pas les mains vides et il n'est pas avare. Il est davantage désireux de donner que nous le sommes de recevoir. Ce qui a distingué Rebecca comme l'épouse choisie, c'est le fait qu'elle reçut et revêtit les dons ouvertement. J'ai souvent dit que je ne crois pas qu'une Eglise qui rejette les dons de l'Esprit puisse jamais devenir l'épouse de Christ. C'est contraire à toute logique et toute expérience.

Nous allons maintenant continuer en regardant le résultat. Bénédictions sur Abraham ; multiplications et bénédictions illimitées sur le fils qu'il offrit. Reprenons Genèse 22 et voyons les faits tels qu'ils y sont décrits. Genèse 22:15-18.

L'ange de l'Eternel...

Et c'est d'un ange très particulier dont il s'agit, non d'un ange ordinaire. Il parle à la première personne comme le Seigneur, un ange mentionné dans plusieurs endroits de l'Ancien Testament. C'est l'ange qui lutta contre Jacob, et dont Jacob dit le lendemain, "J'ai vu Dieu face à face". C'est l'ange qui vint vers Gédéon et Manoach, et à qui Manoach demanda, "Quel est ton nom ?" Et sa réponse fut, "Il est merveilleux". C'est un mot mystérieux en hébreu. Il signifie 'surnaturel, 'difficile à comprendre'. Mais dans Esaïe 9, il est dit, "On l'appellera Admirable". Il s'agit du même mot.

L'ange de l'Eternel appela une seconde fois Abraham des cieux, et dit : Je le jure par moi-même, parole de l'Eternel...

Vous vous souvenez que l'auteur de l'épître aux Hébreux nous dit au chapitre 6 que Dieu jure par lui-même parce qu'il ne peut rien trouver de plus grand par lequel il puisse jurer. Et Dieu jure parce qu'un serment est une confirmation de la parole qu'il a déjà donnée. L'auteur d'Hébreux dit que "par deux choses immuables dans lesquelles il est impossible que Dieu mente, nous trouvons un puissant encouragement."

Je le jure par moi-même, parole de l'Eternel ! parce que tu as fait cela, et que tu n'as pas refusé ton fils, ton unique...

Je vais maintenant traduire littéralement. Littéralement le verbe est répété, et en hébreu c'est ainsi que l'on montre que l'on veut insister sur quelque chose.

Je le jure par moi-même ... en bénissant je te bénirai, et je multiplierai ta descendance comme les étoiles des cieux, et comme le sable qui se trouve sur le bord de la mer ; et ta descendance possédera la porte de ses ennemis.

Quel était donc le résultat de son acte de sacrifice et d'obéissance ? Les plus grandes bénédictions que l'on peut imaginer. J'aimerais m'attarder là-dessus car tôt ou tard pour chacun d'entre nous, si nous marchons avec Dieu, il arrive un moment où Dieu nous réclame quelque chose qu'il nous avait donné. Vous voyez, Dieu avait donné Isaac à Abraham. C'est la chose la plus précieuse qu'il avait, mais Dieu lui dit, "Maintenant, je veux que tu me le rendes". Votre réponse à cette demande déterminera le reste de votre vie. Ceux qui garderont cette chose que Dieu leur demande la perdront. Ceux qui la donneront, la récupèreront bénie et multipliée au-delà de ce qu'ils pouvaient imaginer.

Voyez-vous, Abraham est le père de tous ceux qui croient et nous sommes ses enfants si nous marchons dans les voies de sa foi. L'une de ces voies a été d'offrir Isaac.

Le Seigneur dit, "Je bénirai ta bénédiction, et multipliée je multiplierai ta descendance". Remarquez que la chose qu'il donna était celle qui lui revint multipliée.

Il donna ensuite cette promesse supplémentaire :

Ta descendance possédera la porte de son ennemi.

Posséder la porte signifie "contrôler". Cela veut dire que l'on peut empêcher l'ennemi d'entrer ou de sortir, que l'on a le dernier mot sur ses activités.

J'aimerais que vous preniez un instant Galates 3:16.

Or, les promesses ont été faites à Abraham et à sa descendance. Il n'est pas dit : et aux descendances, comme s'il s'agissait de plusieurs, mais comme il s'agit d'une seule : et à ta descendance, c'est-à-dire à Christ.

Vous voyez à nouveau comme il est important de lire attentivement la Bible. "Ta descendance possédera la porte de son ennemi". Ce que Paul veut dire, c'est que Dieu ne parlait pas à l'origine de nombreux descendants. Il parlait de la descendance promise, dont il dit qu'elle est le Christ. Vous voyez pourquoi il est si important d'avoir accès à ce qui est écrit littéralement. Parce que, si vous traduisez par descendants au pluriel, alors vous ne pouvez comprendre correctement. C'est d'une seule descendance qu'il s'agit, de Christ qui possédera la porte de ses ennemis. Ensuite, dans cette descendance, tous deviennent héritiers. Mais la descendance, c'est Christ.

Je crois que nous avons besoin de prendre aussi Jean 12 pour voir le principe d'abandonner. Je n'ai aucun doute qu'il se trouve ici quelqu'un ce soir à qui Dieu demande d'abandonner quelque chose. Je ne le dis pas tant par révélation que par fait de probabilité. Avec une assemblée aussi grande, il se trouve certainement quelqu'un en pleine transaction avec Dieu en ce moment même. Ce que vous gardez, vous le perdrez ; ce que vous abandonnez, vous le retrouverez.

Jean 12:24, Jésus est en train de parler.

En vérité, en vérité, je vous le dis, si le grain de blé qui est tombé en terre ne meurt, il reste seul ; mais, s'il meurt, il porte beaucoup de fruit.

Je trouve cela tellement parlant. Vous avez ce petit grain de blé dans votre main. Le Seigneur dit, "Retiens-le si tu veux. Garde-le pour toi. Mais souviens-toi, tant qu'il reste dans ta main, il reste seul. Il ne produira jamais rien. Ou bien, tu peux l'abandonner, le laisser tomber, tomber dans le sol et descendre sous terre, hors de ta vue. Mais en temps voulu, il reviendra multiplié". Voilà le choix à faire.

Jésus l'applique ensuite à nos vies au verset 25.

Celui qui aime sa vie la perdra, et celui qui hait sa vie dans ce monde la conservera pour la vie éternelle.

Vous savez, j'ai vu tant de personnes faire face à ce genre de décisions au cours des années de mon ministère. J'ai vu des personnes retenir et perdre. J'ai vu des personnes lâcher prise et gagner. Permettez-moi de le répéter encore une fois. Ce que vous gardez, vous le perdrez, ce que vous abandonnez, vous le récupérerez, multiplié.

Voyez-vous, pour chaque vision je crois qu'il doit y avoir une mort. J'en ai fait l'expérience avec Dieu plus d'une fois. Je pense à des événements spécifiques dans ma propre vie où Dieu m'avait donné une vision claire ; je savais ce qu'il voulait. Et une fois la chose donnée, elle mourrait. Grâce à Dieu, j'avais suffisamment de connaissance des Ecritures pour savoir que cela devait arriver ainsi. Ma foi n'a pas failli, elle a été testée, mais elle n'a pas failli. Quand j'ai lâché ce que je devais lâcher, c'est tombé dans le sol, perdu pour un temps, et puis c'est revenu multiplié et béni.

Nous avons vu l'exemple E.6, voyons maintenant le résultat. C'est notre principe, nous regardons chaque exemple de foi en action et ensuite nous voyons le résultat qui en a découlé. Le résultat : bénédictions sur Abraham ; multiplications et bénédictions illimitées sur le fils qu'il avait offert.

Hébreux 11:20 :

Par la foi aussi Isaac bénit Jacob et Esaü concernant les choses à venir.

Ou les choses dans l'avenir. Cet événement historique est décrit dans Genèse 27:1-40. Nous ne prendrons pas le temps de lire le passage tout entier, mais l'une des choses qui m'a toujours impressionné dans ce passage, c'est qu'Isaac ne savait pas ce qu'il était en train de faire. Il bénit Jacob pensant bénir Esaü, il prononça sa bénédiction, et ce n'est qu'après qu'il découvrit son erreur. Mais ce qui m'a toujours impressionné, c'est qu'il savait qu'il ne pouvait reprendre sa bénédiction, elle était établie pour toujours. C'était un homme spirituel, même si je pense que certaines de ces attitudes manquaient de sagesse.

Il y a quelques années de cela, je parcourais quelques plans de messages que j'avais prêchés au début des années cinquante, j'en avais encore quelques-uns. Je suis resté fasciné devant l'un des titres qui disait : *Comment une Mauvaise Attitude face à la Nourriture Corrompit la Vie de Famille d'Isaac*. Je ne pouvais absolument pas prêcher maintenant, mais c'est pourtant bien de cela qu'il s'agit, je veux dire tout était centré sur son penchant pour la viande de chevreuil qu'Esaü pouvait lui préparer. Penchant qui le conduisait même à aller à l'encontre des dessins révélés de Dieu et bénir la mauvaise personne. Rebecca, Jacob et Dieu, ont, entre eux, tout arrangé et ont eu des problèmes – les deux premiers, pas Dieu – à cause de la façon dont ils avaient manigancé cela. Prenons un instant – je suppose que vous avez une certaine connaissance de la nature de la bénédiction. Prenez Genèse 27 et lisons les versets 33 et 37. Isaac a découvert qu'il n'a pas béni le fils qu'il voulait et il est tellement bouleversé qu'il en tremble fortement. Voici ce qu'il est dit au verset 33 :

Isaac fut saisi d'une grande, d'une violente émotion, et il dit : Qui est donc celui qui a chassé du gibier, et me l'a apporté ? J'ai mangé de tout avant que tu viennes, et je l'ai béni.

Voyez-vous ce qu'il dit ? Il n'est pas possible de revenir sur sa bénédiction. Il savait qu'il avait prononcé ces mots par une inspiration divine. Il était conscient, je pense, de l'onction de Dieu sur lui alors qu'il prononçait ces mots et il savait que si, lui, il avait commis une erreur, il n'en allait pas de même pour le Saint-Esprit.

Et il est encore plus catégorique, je trouve, au verset 37 lorsqu'il parle à Esaü qui n'a pas reçu la bénédiction.

Isaac répondit, et dit à Esaü : Voici, je l'ai établi [Jacob] *ton maître, et je lui ai donné tous ses frères pour serviteurs, je l'ai pourvu de blé et de vin : que puis-je donc faire pour toi, mon fils ?*

Notez que le temps est au passé composé. "Je l'ai établi [Jacob] ton maître, et je lui ai donné tous ses frères pour serviteurs, je l'ai pourvu de blé et de vin." Tout était définitivement établi. Le cours de l'histoire était fixé par cette bénédiction qu'il avait prononcée, ne se rendant pas compte de qui il bénissait. Suite à cet événement, leur avenir fut irrévocablement déterminé. D'ailleurs, remarquez qu'il fit tout ceci par la foi, même s'il ne savait pas ce qu'il faisait. Il le fit tout de même par la foi. Il bénit Jacob pensant bénir Esaü, mais parce qu'il le fit par la foi, la bénédiction tint.

Ensuite, le principe numéro 10, P.10 ici : la foi peut établir des décrets par l'autorité divine. Ceci est vraiment très important. C'est très important dans votre vie spirituelle, c'est très important dans votre vie de prière. Vous pouvez prier une chose qui devient irrévocable ; rien ne peut la changer si c'est dans le Saint-Esprit que vous priez. Vous pouvez fixer votre destin ou vous pouvez fixer le destin de la personne pour qui vous priez, si vous comprenez ce fait que par la prière et sous l'onction du Saint-Esprit vous pouvez établir un décret qui détermine le cours de l'histoire.

Regardons les deux exemples que j'ai donnés ici. Job 22:28. Nous lirons à partir du verset 26. Il est nécessaire de voir tout le contexte qui mène à ce passage. Prenons à partir du verset 26.

Alors tu feras du Tout-Puissant tes délices, tu élèveras vers Dieu ta face ; Tu le prieras, et il t'exaucera, et tu accompliras tes vœux. À tes résolutions répondra le succès ; sur tes sentiers brillera la lumière.

Notez "à tes résolutions répondra le succès". Je l'ai expérimenté en diverses situations. Je crois vraiment avoir eu un impact sur le cours de l'histoire par certains des décrets que Dieu m'a permis d'établir par le Saint-Esprit et par la foi.

Ensuite dans le Nouveau Testament, Jésus dit quelque chose de similaire dans Marc 11 après qu'il ait maudit le figuier et que celui-ci ait séché jusqu'aux racines. Notez que tout ce que fit Jésus fut de parler au figuier. Certaines personnes penseront peut-être que c'est plutôt bizarre de parler à un figuier, mais si vous pouvez parler à un figuier et obtenir ces résultats, ce n'est plus si bizarre que cela. Nous lirons à partir du verset 21.

Pierre, se rappelant ce qui s'était passé [concernant ce que Jésus avait dit au figuier], *dit à Jésus : Rabbi, regarde, le figuier que tu as maudit a séché.*

Ne me dites pas que les malédictions n'ont pas d'effet. Elles peuvent sécher un figuier en 24 heures. Bonnes ou mauvaises, les malédictions sont terriblement puissantes.

Jésus prit la parole, et leur dit : Ayez foi en Dieu...

Mais la version grecque dit littéralement, "Ayez la foi de Dieu", ce qui, je pense, est la clé. Lorsque la foi de Dieu entre en action et prend le contrôle par le Saint-Esprit, alors ce que vous dites devient aussi efficace que si Dieu lui-même l'avait dit, parce que c'est la foi de Dieu. Je l'ai expérimenté dans mon propre ministère. Si je prie par exemple pour une personne dont les jambes sont inégales. Le Seigneur m'a donné la foi. Je dis aux femmes qui sont grandes, "Vous avez le choix. Souhaitez-vous être plus petite ou plus grande ?" Si elles me disent plus petites, la plus longue jambe rétrécit. Je l'ai vu se produire des douzaines de fois. J'ai cette foi ; je sais tout simplement que cela va arriver. Je n'ai pas le moindre petit doute. Ce n'est pas ma foi, c'est la foi de Dieu. Je ne fais que décréter que la plus longue jambe va rétrécir.

Je l'ai fait une fois à une femme qui avait eu la polio étant enfant et avait une jambe qui était nettement plus petite et légèrement atrophiée. Je lui ai dit, "Désirez-vous être plus grande ou plus petite ?" Elle me dit, "Plus petite". Et sa jambe saine rétrécit. En définitive, ses deux jambes s'ajustèrent et devinrent saines. Ce qui est étrange, c'est qu'elle n'avait pas vraiment compris l'implication de tout ceci. Environ un an et demi plus tard, elle alla voir un médecin pour un contrôle. Il la mesura et elle faisait plus de trois centimètres de moins qu'avant. Elle discuta avec le médecin, disant, "Je sais bien que ce n'est pas ma taille". Au milieu de la conversation, elle se souvint soudain, "J'ai demandé au frère Prince de me rendre plus petite." Je voulais simplement utiliser ce fait comme une illustration. Ce ne sont pas que de simples théories abstraites, ce sont des réalités spirituelles.

Jésus se sert ensuite de cet incident avec le figuier pour dire au verset 23 :

Je vous le dis en vérité, si quelqu'un dit à cette montagne...

Et je suppose qu'il s'agissait du Mont des Oliviers, du fait de l'endroit où ils se trouvaient.

... si quelqu'un dit à cette montagne...

Et c'est une montagne importante, permettez-moi de le dire.

... Ôte-toi de là et jette-toi dans la mer, et s'il ne doute point en son cœur, mais croit que ce qu'il dit arrive, il le verra s'accomplir.

Quiconque parle obtiendra ce qu'il a demandé. Les possibilités sont vraiment extraordinairement grandes. Si vous pouvez le dire avec la foi donnée par Dieu à travers le Saint-Esprit, cela va arriver. Sans le Saint-Esprit, il ne se passera rien.

Pour cela, il faut être sensible au Saint-Esprit. J'ai parfois prié en disant des choses, puis je me disais, "Je n'avais pas l'intention de dire cela." C'était le Saint-Esprit qui me le faisait dire, alors ça allait se produire.

Nous continuons maintenant avec l'exemple suivant qui ne concerne encore qu'un verset et qui plus est assez similaire au précédent. Hébreux 11:21. Voyez-vous, ces choses suivaient la lignée familiale, elles passèrent d'Isaac à Jacob, puis nous verrons que de Jacob elles arrivèrent à Joseph. Verset 21 :

Par la foi, Jacob, alors qu'il était mourant, bénit chacun des fils de Joseph, et adora sur l'extrémité de son bâton.

Il bénit et il adora. Nous ne prendrons pas ce passage parce que si nous l'entamons, il sera difficile d'en sortir. Vous trouverez ce récit dans Genèse 47, à partir du verset 29 et jusqu'au verset 22 du chapitre 48. Nous ne prendrons que le verset qui nous importe, Genèse 47:31. Voici la situation : Jacob est en train de parler à Joseph, il sait que le temps est venu pour lui de mourir. Il dit :

Jure-le-moi. Et Joseph le lui jura. Puis Israël se prosterna sur le chevet de son lit.

Ce mot de même son en hébreux signifie aussi bien un lit qu'un bâton. Donc, selon les voyelles qui sont rajoutée par la suite, on peut alors savoir s'il s'agit du chevet d'un lit ou de l'extrémité d'un bâton. *Me-ta* est un lit, *ma-ta* est un bâton, mais seules les voyelles diffèrent. Vous pouvez choisir la signification que vous voulez, cela ne fait aucune différence. Il adora.

Pourquoi adora-t-il ? Parce qu'il savait que ce qu'il avait annoncé arriverait ainsi. Quelle était l'expression de sa foi? L'adoration.

Arrêtons-nous quelques temps pour décrire ce passage. Joseph a deux fils, Manassé l'aîné et Ephraïm, le plus jeune. Il désire la bénédiction de son père sur ses deux fils ; Jacob veut bénir ses petits-fils. Il est très ému, parce qu'il croyait avoir perdu Joseph, qu'il était mort, et il dit maintenant à Joseph, "Je ne pensais pas revoir ton visage, et voici que Dieu me fait voir même ta postérité." Joseph les retira avec respect des genoux de son père, et prit Manassé de sa main gauche pour le pousser vers la main droite de Jacob, parce qu'il était l'aîné. De sa main droite, il poussa Ephraïm vers la main gauche de Jacob, car c'est la main droite qui donne la bénédiction au plus âgé. Jacob, dont les yeux étaient si appesantis par la vieillesse qu'il ne pouvait voir ce qu'il faisait, croisa ses bras. Il posa donc sa main droite sur le fils qui était du côté de sa main gauche, c'est-à-dire Ephraïm. Sa main gauche se posa sur le fils qui se tenait du côté de sa main droite, c'est-à-dire Manassé. Joseph voulut corriger son père et lui dit, "Pas ainsi, mon père, car celui-ci est le premier-né ; pose ta main droite sur sa tête." Jacob lui répondit, "Je le sais, mon fils, je le sais ; lui aussi deviendra grand ; mais son frère cadet sera plus grand que lui."

Quelle leçon il y a dans ces paroles, n'est-ce pas ? Même la main que vous posiez sur la tête avait son importance. Cela déterminait ici la destinée non seulement de deux hommes, mais de deux tribus d'Israël, deux des principales tribus d'Israël. Où est-ce que tout cela s'est décidé ? Au chevet du lit de Jacob, alors qu'il se préparait à mourir – puis il adora. Il adora parce qu'il savait que tout était scellé.

Voyez-vous, l'une des façons de démontrer notre foi, c'est d'adorer. Je pense que c'est important que vous compreniez cela. J'aimerais vous donner deux exemples. Tout d'abord, dans Exode 4:31. Moïse est revenu vers les enfants d'Israël en Egypte avec cette nouvelle que Dieu a vu leur détresse et va les délivrer. Lisons le verset 31 :

Et le peuple crut. Ils apprirent que l'Eternel avait visité les enfants d'Israël, qu'il avait vu leur souffrance ; et ils s'inclinèrent et se prosternèrent.

Quelle était la signification de l'adoration ? Nous croyons. Pour nous, si le Seigneur l'a dit, c'est comme s'il l'avait fait. À de très nombreuses reprises, l'adoration est la réponse de foi à la promesse et à la miséricorde du Seigneur.

Et encore dans 2 Chroniques 20:18. Ce passage relate comment une grande armée ennemie était montée contre Josaphat et Juda, or ces derniers savaient qu'ils n'avaient pas suffisamment de ressources pour affronter cette armée. Mais lorsqu'ils prièrent, un message prophétique fut donné par l'un des Lévites annonçant que Dieu allait combattre pour eux et qu'ils n'auraient même pas à se battre. La dernière partie de ce message prophétique se trouve à la fin du verset 17.

Ne craignez point et ne vous effrayez point, demain sortez à leur rencontre, et l'Eternel sera avec vous ! Josaphat s'inclina le visage contre terre, et tout Juda et les habitants de Jérusalem tombèrent devant l'Eternel pour l'adorer.

L'adoration était la réponse de foi à la promesse d'intervention du Seigneur. Donc vous voyez, quand Dieu vous donne une promesse, la foi doit d'abord se l'approprier avant qu'elle ne se réalise. Après que Jacob ait béni Ephraïm et Manassé, il adora. Il n'attendit pas pour voir si l'histoire allait prouver que sa bénédiction était vraie. Lorsque la parole prophétique fut donnée que Dieu allait combattre cette armée, ils n'attendirent pas pour voir comment la bataille allait se passer, ils adorèrent. C'est tellement important de voir que l'adoration est une des expressions principales de la foi.

Voyons le résultat. Le résultat de l'exemple 8, où nous avons Jacob qui de son lit de mort bénit les fils de Joseph, le résultat est précisément le même que pour l'exemple précédent. Leur avenir est irrévocablement déterminé. Le principe est à nouveau le même que pour l'exemple précédent. La foi peut établir des décrets par l'autorité divine.

Nous continuons maintenant avec l'exemple suivant, chapitre 11:22. Je le traduirai, et ensuite nous l'étudierons.

Par la foi, Joseph, alors qu'il allait mourir, fit mention de l'exode des fils d'Israël...

Il s'agit en fait du terme "exodus "qui est un mot grec. Il signifie la "sortie".

... et donna des commandements au sujet de ses os.

Bien, cette fois encore nous ne prendrons pas le passage en question, mais ici Joseph, comme Jacob avant lui, savait que l'heure était venue pour lui de mourir. Il voulait régler les derniers arrangements avant sa mort, et son dernier acte a été de faire promettre à ses frères et à ses descendants que lorsque Dieu les délivrerait de l'Egypte, ils prendraient ses os avec eux. Il ne voulait pas rester éternellement dans la terre d'Egypte. Ayant moi-même passé deux années en Egypte allongé de très nombreuses nuits sur cette terre, je pense pouvoir comprendre ce qu'il ressentait.

Le résultat fut qu'il partagea la délivrance et l'héritage d'Israël. Nous lirons simplement deux passages de l'Ancien Testament qui parlent du sort des os de Joseph. Exode 13:19, il s'agit du moment où Israël a commencé son voyage hors d'Egypte.

Moïse prit avec lui les os de Joseph ; car Joseph avait fait jurer les fils d'Israël en disant, Dieu vous visitera et vous ferez remonter avec vous mes os loin d'ici.

Et ensuite quand Israël entra dans son héritage, moment décrit dans Josué 24:32.

Les os de Joseph, que les enfants d'Israël avaient rapportés d'Egypte furent enterrés à Sichem, dans la portion de champ que Jacob avait achetée des fils de Hamor, père de Sichem, pour cent kesitas (ou cent pièces d'argent), *et qui appartint à l'héritage des fils de Joseph.*

Sichem est le Nablus d'aujourd'hui, où se situait le puits de Jacob. Jacob avait acheté ce terrain aux fils de Hamor, et mourant, il l'avait légué à son fils Joseph. Je pense que nous devons prendre en considération le prix auquel les Israélites estimèrent ce pays que Dieu leur donna. L'endroit où ils étaient enterrés revêtait une grande importance pour eux. C'est une des caractéristiques du peuple Juif aujourd'hui encore. L'endroit où ils sont enterrés est très important pour eux. Pour les Juifs, le lieu d'enterrement est extrêmement sacré. Il y a parfois des tumultes en Israël à cause d'archéologues qui viennent faire des fouilles dans une vieille ville où des tombes avaient été creusées. Alors tous les Juifs orthodoxes sortent protester et protestent même, je dirais, avec violence. C'est donc pour moi quelque chose d'intéressant parce que c'est un fait qui commença avec Jacob et ses descendants et dure depuis plus de 3000 ans. Et il en est toujours ainsi aujourd'hui.

Maintenant les principes. Nous réitérons les principes numéros 6 et 8. Le principe 6 dit que la foi inspire une espérance au-delà de la vie. Le principe 8 dit que la foi continue de regarder vers l'avant et vers le haut, et non vers l'arrière. C'est caractéristique des patriarches, ils regardaient toujours vers l'avant, vers leur héritage. Ils ne faisaient jamais demi-tour pour regarder en arrière. Et ils avaient une foi qui allait au-delà de leur vie. C'est très important d'insister là-dessus, particulièrement pour le peuple juif, parce que de nombreux Juifs aujourd'hui – même des rabbins – nient le fait qu'il y ait une quelconque preuve de vie après la mort. Mais ils vont littéralement à l'encontre de leurs propres Ecritures.

Nous continuons avec l'exemple suivant, Hébreux 11:23. Nous voyons maintenant la vie de Moïse.

Par la foi, Moïse, lorsqu'il fut né, fut caché trois mois par ses parents, parce qu'ils virent qu'il était un bel enfant ; et ils n'avaient pas peur du commandement du roi.

Nous pourrions lire le récit dans Exode 2:1-2.

Un homme de la maison de Lévi avait pris pour femme une fille de Lévi. Cette femme devint enceinte et enfanta un fils. Elle vit qu'il était beau, et elle le cacha pendant trois mois.

Vous comprenez qu'à ce moment-là Pharaon avait établi un décret par lequel tout enfant mâle devait être mis à mort. Ils allaient donc totalement à l'encontre du commandement de Pharaon.

Car ils virent quelque chose en Moïse qui indiquait qu'il était spécial, et ce faisant ils ne se soumettraient pas au décret de Pharaon. Je suppose que les femmes ici présentes seront d'accord sur le fait que les bébés peuvent être spéciaux. Je reconnais que pour moi, avec mon esprit charnel, les bébés nouveaux-nés se ressemblent, mais je conçois qu'ils ne paraissent pas ainsi pour leurs mères. Les Ecritures vont dans votre sens puisque Moïse était si différent à sa naissance que ses parents ne purent le traiter comme ils auraient traité un autre bébé.

Quel en fut le résultat ? Un résultat très important. Celui qui allait délivrer Israël fut préservé parce que le plan de Dieu dépendait de Moïse. Personne d'autre que lui ne pouvait faire ce que Moïse fit.

Principe, P.11 : la foi délivre de la crainte des dirigeants impies. C'est un principe très important. Il est extrêmement nécessaire que le peuple de Dieu s'attache à ce principe parce qu'il y a de nombreux autres endroits dans ce monde où le peuple de Dieu a besoin de cette foi qui les délivre de la crainte des dirigeants impies. Et très souvent aujourd'hui, le peuple de Dieu se retrouve dans une situation où il doit refuser d'obéir à l'édit de Pharaon. Nous devons garder cela à l'esprit. Il n'est pas toujours bon de se soumettre aux ordres gouvernementaux. S'ils sont contraires à ceux de Dieu, nous devons avoir le courage de désobéir – et cela demande de la détermination.

L'exemple suivant parle à nouveau de la vie de Moïse dans Hébreux 11:24-26. Je le traduirai.

Par la foi, Moïse, lorsqu'il grandit, refusa d'être appelé un fils de la fille de Pharaon ; choisissant plutôt d'endurer les privations, de souffrir l'affliction avec le peuple de Dieu, que de jouir du plaisir temporaire du péché...

Certains chrétiens veulent nier que le péché procure un plaisir quelconque. Et bien, j'ai suffisamment vécu dans le monde pour savoir que le péché procure du plaisir. Et si vous dites aux gens qu'il n'y a pas de plaisir dans le péché, ils vont vous rire à la figure parce qu'ils pensent différemment. Mais, les plaisirs du péché sont de courte durée, voilà la vérité objective.

Continuons avec le verset 26 :

... il considéra l'opprobre du Christ...

Il vaut mieux dire le "Messie" ou "l'oint".

... il considéra l'opprobre de l'oint comme une richesse plus grande que les trésors de l'Egypte...

Ceux d'entre vous qui sont déjà allés en Egypte et qui ont vu ses vestiges archéologiques conviendront que ses trésors sont immenses. Je doute que quiconque puisse calculer la valeur de certaines de ces tombes entièrement recouvertes d'or qui existent toujours en Egypte aujourd'hui. D'après la valeur actuelle de l'or, cela se monterait, j'imagine, à un milliard de dollars.
Puis la fin du verset 26 :

... car il tournait les yeux vers la récompense qui allait être donnée.

Le mot signifie littéralement "détourner le regard". Cela veut dire qu'il détournait son regard des plaisirs qui lui étaient offerts en Egypte pour tourner les yeux vers la récompense qui l'attendait dans l'avenir. Nous nous arrêterons là.

Moïse renonça à sa position en tant qu'héritier du trône de Pharaon. Etant le fils de la fille de Pharaon, il aurait été le prochain à s'asseoir sur le trône d'Egypte. Au lieu de cela, il s'est identifié lui-même aux afflictions du peuple de Dieu. Nous le voyons lorsqu'il alla vers ses frères, réalisant qu'il était lui-même Israélite, et voyant un Egyptien maltraiter un Hébreux, il se vengea sur l'Egyptien, le tuant et le cachant dans le sable. Bien que réalisant que cela pourrait lui coûter la faveur de Pharaon, il décida quand même de prendre position aux côtés de ses frères affligés.

Maintenant, l'opprobre du Christ, au verset 26 :

... considérant l'opprobre du Christ comme une richesse plus grande que les trésors de l'Egypte...

Vous êtes-vous jamais interrogés là-dessus ? Car en fait, Moïse a vécu environ quatorze siècles avant Jésus, alors que signifie "il considéra l'opprobre de Christ comme une richesse plus grande que les trésors de l'Egypte ?" Nous devons garder à l'esprit que le terme grec *Cristos* correspond au mot hébreu *mashiach*, messiah, ce qui veut dire "l'oint". C'était donc l'opprobre de l'oint de Dieu qu'il considérait comme une plus grande richesse que les trésors de l'Egypte.

Ce n'est pas évident à comprendre, mais l'auteur d'Hébreux fait référence à un psaume que nous allons lire. Vous y trouverez les mots "opprobre" et "oint", c'est dans le Psaume 89:51-52. Le psalmiste est en train de, je dirais, se plaindre au Seigneur du mauvais traitement que son peuple reçoit et de quelle façon ils sont méprisés et injuriés.

Souviens-toi, Seigneur! De l'opprobre de tes serviteurs, souviens-toi que je porte en mon sein tous les peuples nombreux...

C'est une sorte de vision prophétique de l'histoire juive, n'est-ce pas ?

Souviens-toi des outrages de tes ennemis, ô Eternel ! De leurs outrages contre les pas de ton oint.

Vous avez donc là les deux mots-clés : opprobre et oint. Maintenant, permettez-moi de vous partager ma façon de voir les choses. Le grand but historique d'Israël était de donner au monde l'oint, le Messie, le Christ. Donc, tout au long de leur histoire, le fait de s'identifier à eux provoquait toujours l'opposition de Satan, l'ennemi du Messie. Donc, à tout moment de leur histoire, le fait de s'identifier à eux revenait en quelque sorte à porter aussi l'opprobre du Messie.

J'ai ajouté ici que nous sommes probablement aujourd'hui confrontés à un choix similaire. Je crois qu'il en va ainsi, vu la situation mondiale actuelle.

Nous sommes confrontés au choix de nous identifier au peuple d'Israël ou de nous détourner de lui. Je crois, sincèrement, qu'il s'agit du même choix que celui auquel a été confronté Moïse. Moïse regarda vers l'avant, nous regardons au passé. Mais le peuple est le même et le problème également.

Voyez-vous, le seul problème le plus controversé dans le monde politique actuel concerne Israël. Il y a très peu de neutralité à son sujet. Personnellement, je crois qu'en tant que chrétiens, engagés envers Dieu, ses desseins et son peuple, nous avons l'obligation de nous identifier au peuple d'Israël. J'aimerais vous dire que cela ne sera pas plus facile pour nous que ce ne le fut pour Moïse. Ce n'est pas vraiment bien vu aujourd'hui de suivre la cause du peuple juif. J'aimerais donc vous suggérer de ne pas voir ce fait comme un simple incident historique dans la vie de Moïse parce que je pense que le même choix s'offre à nous aujourd'hui. Et au bout du compte, si vous vous identifiez à Israël, vous vous chargez en même temps de tout ce qui s'oppose à Israël.

J'entends des gens prier et témoigner de leur amour pour Israël. Je loue Dieu pour cela, mais je dois vous dire que tôt ou tard, il y aura un prix à payer. Je pense être suffisamment impliqué avec le peuple juif pour pouvoir parler ainsi par expérience. En vous identifiant à eux, une partie de leur souffrance vous reviendra. Ce ne sera pas toujours bien vu, et ce ne sera pas toujours facile.

Mais nous avons ici l'exemple de Moïse. Il aurait pu être l'héritier du trône de Pharaon, mais il estima que l'opprobre du Messie était une richesse plus grande que les trésors de l'Egypte.

Je me demande si vous estimez réellement la richesse de l'opprobre de Jésus ? Ce n'était pas tant l'héritage, mais l'opprobre. Pierre a dit, "Si vous êtes outragés pour le nom de Christ, vous êtes heureux, parce que l'Esprit de gloire, l'Esprit de Dieu, repose sur vous". Nombre d'entre nous s'identifient à Jésus dès qu'il est question de sa puissance et de ses miracles, mais je ne crois pas que vous puissiez le faire sans prendre aussi son opprobre. Tôt ou tard, cela vient avec. Nous voici donc réellement devant un problème actuel, le même que celui auquel Moïse a dû faire face.

Regardons le résultat. Ceci est mon interprétation. Moïse passa son premier test pour devenir le libérateur d'Israël. J'aimerais souligner que Moïse ne réalisa probablement pas qu'il était testé. Voyez-vous, ce qui est subtile avec les tests de Dieu, c'est qu'ils vous arrivent généralement alors que vous ne vous rendez pas compte que vous êtes testés. Si Dieu vous disait, "Bien, cette semaine, tu vas subir un véritable test et si tu le passes, tu seras récompensé". Et bien, ce serait facile, mais bien souvent c'est tout l'inverse :

nous nous sentons faibles et nous demandons, "Où est Dieu ? Il n'est pas sur scène, il nous a abandonnés, nous sommes seuls, tout va mal. À quoi cela sert-il ? Je ferais aussi bien de capituler". Mais alors nous ne savons pas qu'un ange enregistre tout ce que nous faisons et tout ce que nous disons.

Verset suivant, toujours au sujet de Moïse. Verset 27 :

Et à nouveau par la foi, il quitta l'Egypte, ne craignant pas la colère du roi ; car il endura, comme voyant celui qui est invisible.

C'est l'un des mes passages préférés. Il endura, comme voyant celui qui est invisible. Vous vous rappelez qu'il avait le roi contre lui, mais au lieu d'essayer d'apaiser le roi ou d'assurer ses arrières, il quitta l'Egypte et se rendit vers ce que la Bible décrit symboliquement comme "derrière le désert", où il passa les 40 années suivantes à paître quelques moutons. Il fit un grand sacrifice, quand vous songez qu'il aurait pu être sur le trône d'Egypte.

Et mon commentaire, c'est le résultat. Il passa son deuxième test. Réitération du principe 11, qui disait que la foi délivre de la crainte des dirigeants impies. Notez que c'est un principe que l'on retrouve dans tout le chapitre.

Et ensuite le principe 12 : voir l'invisible est la clé de l'endurance. Prenons un instant 2 Corinthiens 4:17-18.

Car nos légères afflictions du moment présent produisent pour nous, au-delà de toute mesure, un poids éternel de gloire, parce que nous regardons, non point aux choses visibles, mais à celles qui sont invisibles ; car les choses visibles sont passagères, et les invisibles sont éternelles.

Notez que l'affliction nous fait du bien, elle produit quelque chose qui a une valeur éternelle – mais uniquement à une condition. Quelle est-elle ? Il nous faut regarder aux choses qui sont invisibles. Dès que vous détournez vos yeux de ces choses invisibles, vous devenez aigris, votre foi se dissipe et vous êtes alors sujets à faire des compromis. Le secret de Moïse a été de garder les yeux pendant quarante ans fixés sur ce qui est invisible. C'est ainsi qu'il endura. Et lorsque vous passez un test d'endurance, croyez-moi, le seul moyen de le passer, c'est de garder les yeux fixés sur ce qui est invisible.

Je ne pense pas que la plupart d'entre vous passent beaucoup de temps à étudier le livre de l'Ecclésiaste, écrit par Salomon alors qu'il était, dans un certain sens, rétrograde. Je ne sais pas si c'est une réalité acceptable pour vous. Cet homme avait eu d'immenses bénédictions et révélations, une sagesse incroyable, mais ce livre de l'Ecclésiaste est un livre cynique en bien des endroits. Beaucoup de choses sont vraies, mais très cyniques. Savez-vous qu'il est possible d'être cynique et pourtant dans le vrai ? Le saviez-vous ? Je ne dis pas que ce soit profitable, mais c'est possible.

Quelle était la cause du changement chez Salomon ? Vous la trouverez dans cette expression-clé de son livre, "les choses sous le soleil". Il avait détourné son regard de ce qui est éternel et invisible et il s'était préoccupé des choses de son époque et de ce monde. Il perdit sa foi et devint cynique.

LE DERNIER MOT DE DIEU

Vingtième message.

Hébreux 11:28-12:2

Nous sommes rendus à Hébreux 11:28. Il y est toujours question de ce que Moïse a accompli par la foi. Nous nous sommes arrêtés la dernière fois au milieu du récit des actes que Moïse avait accomplis par la foi, car nous manquions de temps. Nous arrivons maintenant au verset 28 :

Par la foi, il observa la Pâques et l'aspersion du sang, afin que le destructeur ne touche pas leurs premiers-nés.

Ce verset fait bien entendu référence à la cérémonie de la Pâques dans l'histoire d'Israël. Le texte se trouve dans Exode 12:21-30. Je suis certain que la plupart d'entre vous connaissent cette histoire. Dieu était sur le point d'exercer son jugement sur les Egyptiens parce que Pharaon avait continuellement endurci son cœur et refusé d'obéir à l'ordre de l'Eternel de relâcher les Israélites. Afin de le juger, un ange destructeur allait passer par tout le pays au milieu de la nuit et tuer les premiers-nés de chaque foyer, ainsi que ceux des animaux. Chaque premier-né, qu'il soit homme ou animal, allait être tué au milieu de la nuit. Mais, afin que les Israélites soient préservés de ce jugement de Dieu, le Seigneur avait ordonné la cérémonie de la Pâques. Chaque père israélite devait trouver un agneau sans tache, l'immoler au jour fixé, à l'heure fixée, puis récupérer le sang dans une bassine ou un récipient quelconque, et asperger ensuite de sang sa maison sur le linteau et sur les deux poteaux de la porte. Le sang ne devait pas être aspergé par terre parce qu'il était sacré, et personne ne devait passer par-dessus le sang.

La deuxième partie de cette cérémonie, dont il n'est pas question ici, consistait pour les Israélites à se nourrir ce soir-là de la chair de cet agneau, de la manger avec des herbes amères, les reins ceints et le bâton à la main, parce qu'ils allaient devoir ensuite entamer ce long périple qui les conduiraient finalement vers le Pays Promis. Bien sûr depuis, cette cérémonie n'a cessé d'être observée, quoique différemment, et est toujours observée aujourd'hui par le peuple juif, depuis maintenant plus de 3000 ans.

Voyons ce que Moïse devait faire. Comme, je dirais, tous les animaux sacrificiels énumérés dans l'Ancien Testament – mais de façon très spéciale – l'agneau était une préfiguration du Seigneur Jésus-Christ : l'agneau de Dieu. Et quand Jésus apparut sur les rives du Jourdain pour commencer son ministère, vous vous rappelez que Jean-Baptiste, son précurseur, dit de lui,

"Voici l'agneau de Dieu, qui ôte le péché du monde." Et chaque Israélite devait penser immédiatement à ce genre de cérémonies comme la Pâques lorsqu'ils entendirent, "L'agneau de Dieu". Ce que Jean-Baptiste voulait dire, c'était que cet agneau, Jésus, allait apporter la rédemption non seulement pour le peuple juif, mais pour le monde entier.

Je suis toujours impressionné par le fait qu'il n'y avait qu'une façon d'appliquer le sang. Si vous regardez bien, chaque père devait prendre un bouquet d'hysope – une plante que l'on trouve partout au Moyen-Orient – et le tremper dans le sang pour ensuite l'appliquer sur les poteaux de la porte. Je fais toujours remarquer ce point que je crois important pour les chrétiens : le sang dans le récipient ne protégeait personne. Il devait être transféré du récipient à la maison, et c'est seulement là qu'il procurait une protection. Un seul moyen était autorisé pour transférer le sang du récipient à la maison, et c'était en se servant de ce petit bouquet d'hysope. L'hysope est une herbe très peu chère et très courante. Il n'est pas difficile de s'en procurer.

Je crois que le sang de Jésus versé sur la croix pourvoit à la rédemption complète de tous ceux qui croient en lui. Mais le fait que le sang ait été versé ne protège personne. Le sang doit être transféré du récipient dans la parabole à l'endroit où nous sommes, là où nous avons besoin de protection. Comme je le comprends, la seule façon de transférer le sang de Jésus, pour qu'il couvre et protège nos vies, se fait par la confession de notre bouche.

Dans Apocalypse 12:11, il est dit des saints victorieux :

Ils l'ont vaincu à cause du sang de l'Agneau et à cause de la parole de leur témoignage...

Autrement dit, ils ont vaincu Satan en attestant personnellement ce que la parole de Dieu dit que le sang de Jésus fait pour nous.

Ceci met en avant, je pense, de façon très claire l'importance absolument vitale de la confession, du témoignage correct, des bonnes paroles qui sortent de notre bouche. Nous pouvons croire en Jésus, nous pouvons croire en son sang, mais nous ne sommes pas protégés tant que nous n'avons pas fait cette confession qui applique le sang à nos vies.

Vous constaterez que nous réitérons là deux des principes que nous avons déjà établis. Principe numéro 7 qui dit que la foi doit être confessée. Principe numéro 9 qui dit que Dieu honore la confession de notre foi. Dans ce cas-ci, la confession de foi se fit en étalant publiquement du sang de l'agneau sur les poteaux de la maison, afin qu'il soit vu de Dieu et de l'ange destructeur.

J'aimerais vous faire part d'une autre chose qui me vient toujours à l'esprit par rapport à ce récit. En 1979, Ruth et moi passions l'été à Jérusalem étudiant l'hébreu à l'Université Hébraïque. En Israël, les informations mondiales ne vous parviennent qu'épisodiquement, si Israël n'est pas concerné. S'ils ont le temps aux informations, ils vous parleront un peu de ce qui se passe ailleurs. S'ils n'ont pas le temps, alors le reste du monde est ignoré. Un jour, nous avons entendu à la radio qu'un ouragan venant du sud-ouest approchait la Floride. Ceux d'entre vous qui habitaient là s'en souviennent. Je pense que c'était vers le mois de juillet 1979. Les journalistes expliquaient que les gens condamnaient leurs fenêtres à Miami et remplissaient leurs baignoires de quantités d'eau supplémentaires. Puis, il y a eu une crise quelconque au Moyen-Orient, ce qui nous a empêchés de connaître la suite – ce qui était, bien sûr, assez angoissant. Environ trois ou quatre jours plus tard, je pus me procurer un journal hébreu et je lus que – j'oubliais de mentionner que Ruth et moi avions prié une prière d'autorité. Nous parlions de notre capacité à établir des décrets par l'autorité divine. Nous avions prié ensemble et demandé que l'ouragan change de direction, que Dieu détourne l'ouragan. Nous n'en avions plus entendu parler jusqu'à ce que j'aie ce journal qui disait que ce que nous avions précisément demandé s'était produit. Contrairement à toutes les prévisions, l'ouragan avait été détourné, était passé et n'avait rien laissé tomber que de fortes pluies sur la région où nous habitions.

En fait, nous avons lu cet article en classe pour pratiquer notre hébreu. Le terme hébreu pour la Pâques est *pesach*, et le verbe qui en découle, *pasach*. Dans cet article du journal, ils utilisaient justement ce verbe. Ils disaient que l'ouragan *pasach*, avait survolé, la Floride – était "passé par dessus" comme la Pâques qui se dit "Pascha". Or les étudiants hébreux de notre classe ne savaient pas ce que cela signifiait. Je leur ai dit, "Pourtant, surtout vous, parmi tous les peuples, vous devriez savoir ce que ce mot signifie. C'est le même que *pesach* et cela veut dire qu'au lieu que le jugement ne vienne sur vous, il vous "passe par-dessus". Cela m'a toujours frappé, que le sang était là pour que le jugement de Dieu soit détourné des maisons des Israélites et qu'il passe par-dessus.

Nous allons maintenant continuer avec le verset suivant, le 29, avec le dernier acte de foi accompli par Moïse et les enfants d'Israël. Je pense que c'est important que, dans un certain sens, Moïse ait fait sortir les enfants d'Israël du lieu où ils ont pu partager sa foi. Je pense qu'au départ il n'agissait que par sa seule foi mais quand il s'est présenté pour traiter avec Pharaon et les Egyptiens, il a conduit le peuple là où ils pourraient partager sa foi. Donc, au verset 29, il n'est pas uniquement question de ce que Moïse fit mais aussi de ce que les enfants d'Israël firent. Dans le texte, on parle de "ils", mais nous comprenons qu'il s'agit des Israélites.

"Par la foi, il franchirent la Mer Rouge comme une terre sèche ; dans laquelle les Egyptiens, tentant de le faire, furent noyés.

Quel était l'acte accompli ici ? Franchir la Mer Rouge comme une terre sèche. Si vous voulez savoir où se trouve le récit de ce fait, il s'agit d'Exode 14:21-29. C'était l'acte de foi, traverser la Mer Rouge.

Il a commencé lorsque Moïse étendit son bâton. Je crois avoir insisté dans une autre session sur le fait que la foi doit toujours être exprimée par un acte. Il peut s'agir d'un simple acte, mais la foi sans les œuvres est morte. Le simple acte de Moïse dans ce cas fut tout bonnement d'étendre son bâton sur la Mer Rouge. Lorsqu'il le fit, Dieu envoya le vent qui sépara les eaux.

Pour chaque exemple, nous regardons le résultat. Qu'est-ce qui a été accompli ici par cet exemple de foi particulier ? Dans ce cas-ci, le résultat fut la séparation définitive d'avec l'Egypte. Je pense qu'il est important de voir que les Israélites avaient été sauvés en Egypte par le sang, mais qu'ils ne furent séparés de l'Egypte qu'après avoir franchi la mer.

Paul souligne dans 1 Corinthiens 10 que cela a une application très claire pour nous chrétiens. J'aimerais prendre un instant 1 Corinthiens 10. Gardez un doigt sur Hébreux 11, car nous y reviendrons. Uniquement les deux premiers versets de 1 Corinthiens 10:1 :

Frères, je ne veux pas que vous ignoriez...

Et j'avais fait remarquer, je crois plus d'une fois, que lorsque Paul dit, "Je ne veux pas que vous ignoriez ou que vous ne sachiez pas", dans la plupart des cas, les chrétiens d'aujourd'hui ignorent justement ce que Paul ne voulait pas qu'ils ignorent. Donc là situation n'a pas tant changé que cela depuis dix-neuf siècles.

Frères, je ne veux pas que vous ignoriez que nos pères ont tous été sous la nuée, qu'ils ont tous passé au travers de la mer...

Il s'agit de la Mer Rouge, et la nuée était ce mystérieux nuage qui descendit sur eux alors qu'ils s'approchaient des eaux de la Mer Rouge et qui les conduisit ensuite pendant les 40 années suivantes dans le désert.

... qu'ils ont tous été baptisés en Moïse dans la nuée et dans la mer...

Donc la nuée et la mer représentent toutes deux le baptême. Et Paul continue en disant dans ce chapitre que ce sont deux modèles que nous devrions suivre.

Demandons-nous un instant ce qui est représenté par ces deux baptêmes. Notez qu'il est dit qu'ils ont été baptisés en Moïse. C'était un peuple mis à part qui suivait Moïse par ce double baptême. Souvenez-vous que le mot "baptiser" signifie à la base toujours "immerger". Donc, quand ils arrivèrent aux eaux de la Mer Rouge, ils expérimentèrent une double immersion. L'ordre donné ici, "dans la nuée et dans la mer", me porte à comprendre que cela représente le baptême dans le Saint-Esprit et le baptême dans l'eau. La nuée descendit sur eux et chaque Israélite passa à travers cette nuée. Ils ont été immergés dans cette nuée descendant sur eux d'en haut. Et presque à chaque endroit où il est question dans le livre des Actes de personnes qui étaient baptisées dans le Saint-Esprit, le texte spécifie en fait qu'il descendait sur eux. C'est une image très frappante.

Mais ensuite, ils descendirent vers la mer, passèrent à travers la mer et sortirent de l'autre côté. C'est une image très claire du baptême d'eau. Ils entrèrent d'un côté et sortirent de l'autre côté. Ils y descendirent en tant que fugitifs, ils en sortirent en tant que vainqueurs. Lorsqu'ils sortirent, c'était un nouveau peuple, avec un nouveau dirigeant, de nouvelles lois et une nouvelle destination. Quelle image parlante de ce que le baptême d'eau devrait être. Vous descendez en quittant un monde, et vous ressortez dans un nouveau monde. En Christ, vous avez traversé la mort et la résurrection pour entrer en nouveauté de vie.

Ce que j'aimerais souligner, en reprenant Hébreux 11, c'est que ce n'était pas le sang qui les sépara de l'Egypte. Le sang les sauva de l'Egypte, mais c'est l'eau qui les sépara définitivement de l'Egypte. C'est l'eau que les Egyptiens ne purent traverser. Je pense personnellement que cela met en avant un aspect extrêmement important du baptême d'eau. C'est l'acte de séparation définitif d'avec l'ancienne vie et l'ancien monde.

J'ai conseillé de très nombreuses personnes poursuivies par des problèmes liés à leur ancienne vie. J'ai toujours posé cette question, "Avez-vous été enterrée et ressuscitée ?" Si ce n'est pas le cas, vous n'avez légalement pas le droit d'être libéré de ces problèmes parce que c'est ainsi que Dieu fait la séparation.

Dans mon cas, je dois remonter jusqu'en 1942. J'étais chrétien depuis un an seulement. J'avais passé la majeure partie de cette année dans les déserts de l'Afrique du Nord, où il n'y avait pas d'eau pour être baptisé. De toute façon, il n'y avait personne pour baptiser. Puis je suis parti en permission à Jérusalem et tombai dans les bras d'un missionnaire pentecôtiste et de sa famille. Ils commencèrent à me parler de façon implacable du baptême d'eau. J'étais toujours en train d'essayer de m'adapter à tout ce que Dieu avait fait dans ma vie, et je ne me sentais pas prêt pour autre chose. Ils dirent, "Nous te conduirons au Jourdain et nous t'y baptiserons". Cela peut paraître romantique pour certaines personnes. Mais pour moi, ça ne l'était pas. Cette idée ne me convenait tout simplement pas. Cependant, en personne logique que je suis et en regardant les Ecritures, je vis que c'était très clair, pas moyen de contourner le baptême. Je dis alors que j'étais d'accord de le faire. Je garde encore deux photos de cette cérémonie. Ceux d'entre vous qui sont déjà allés en Israël savent que le Jourdain n'est pas du tout un endroit romantique. C'est très boueux, particulièrement le fond recouvert d'environ quinze centimètres de boue. C'est très difficile d'y tenir debout. Et pour une raison qui, je trouve, était tout à fait appropriée, ils n'avaient pas de robe de baptême blanche, mais une noire. Ils ne cessaient d'insister sur la résurrection, sur la mort. J'y entrai donc, et sur la première photo, on me voit côte à côte dans l'eau avec le pasteur. La photo suivante montre le pasteur et un splash, là où je me trouvais ! J'ai, par cette photo, une preuve réelle que j'ai été enterré.

Ce que je veux exprimer par là, c'est que j'ai eu une merveilleuse expérience du salut. Ma vie entière, ma personnalité ont été complètement et radicalement transformées. J'avais été sauvé du péché. Cependant, je gardais toujours en tête de nombreux souvenirs de mon ancienne vie de péché. Je n'étais pas prisonnier d'eux, mais je n'étais pas non plus totalement libéré d'eux. Je n'avais aucune théorie sur ce que le baptême d'eau devait me faire excepté que je savais que je devais le faire. Quelques temps après, je réalisais qu'en étant entré dans l'eau, ces souvenirs avaient été enterrés. En ressortant de l'eau, j'avais été libéré d'eux.

Voyez-vous, si Christ est en vous, le corps est mort à cause du péché, mais l'esprit est vivant à cause de la justice. C'est la nouvelle naissance. Mais c'est un scandale de laisser un corps mort sans l'enterrer. Si vous étudiez le Nouveau Testament, vous verrez qu'ils enterraient toujours les gens par le baptême immédiatement après leur conversion. Il n'y avait aucun délai. Le jour de la Pentecôte, 3000 personnes se firent baptisées en un jour. Lorsque Philippe rencontra l'eunuque sur la route de Gaza, ils ne finirent même pas leur voyage. L'eunuque dit, "Voici de l'eau : qu'est-ce qui empêche que je ne sois baptisé ?" Plus spectaculaire encore je trouve, lorsque le tremblement de terre libéra les prisonniers à Philippes et que le geôlier arriva et fut sauvé, le texte dit que lui et sa toute sa famille furent baptisés cette même nuit. Ils n'attendirent même pas l'aube.

Je crois qu'il y a une sorte d'urgence dans le fait d'être baptisé, que la plupart d'entre nous ont perdue. Ecrivez votre nom sur la liste et quand nous aurons un culte de baptême, nous vous baptiserons. Ce n'est pas le Nouveau Testament. Ou bien, si j'en ai envie. Je dois vous dire que Jésus a clairement affirmé que, "Celui qui croira et qui sera baptisé sera sauvé." Il n'a rien dit au sujet de celui qui croit mais n'est pas baptisé. Je ne dis pas qu'une telle personne n'est pas sauvée, mais je dis qu'elle offense la grâce de Dieu.

Le résultat de était la séparation définitive d'avec l'Egypte – une représentation du baptême d'eau. P.14., principe numéro 14 : ce qui est commencé dans la foi doit être terminé dans la foi. Je pense que ceci est extrêmement important. Ils avaient été sauvés par la foi dans le sang, mais ils ne pouvaient ensuite trouver aucun autre moyen pour compléter leur salut. Ils devaient avancer par la foi. J'ai vu de nombreuses personnes en difficultés après avoir commencé dans la foi et être ensuite retournées à leurs capacités et modes de pensée naturels. Je pense que c'était le problème des Galates. "Êtes-vous tellement dépourvus de sens ? Après avoir commencé par l'Esprit, voulez-vous maintenant finir par la chair ?" Je pense que c'est une leçon importante pour nous aujourd'hui. Le seul moyen de terminer ce que nous avons commencé dans la foi, c'est de continuer dans la foi. J'ai noté ici les deux derniers versets d'Hébreux 10, où seules deux alternatives nous sont proposées : soit vivre par la foi, soit se retirer pour se perdre. C'est une alternative très grave.

Continuons avec le verset 30 qui nous parle à nouveau d'un acte accompli par les Israélites après qu'ils soient entrés dans la Terre Promise avec un nouveau dirigeant, Josué. Ce verset est très court.

Par la foi, les murs de Jéricho s'écroulèrent, après avoir été encerclés pendant sept jours.

Vous vous souvenez que la stratégie pour prendre Jéricho consistait en ceci : toute la population mâle d'Israël devait marcher autour de la ville une fois par jour pendant six jours, puis sept fois le septième jour. Ce qui fait combien de fois en tout ? Treize. À la fin du treizième tour, lorsque les sacrificateurs soufflèrent dans leurs cornes, tout le peuple devait crier. Mais avant de crier, ils devaient observer le silence. C'était un véritable test de discipline, particulièrement si vous connaissez le peuple juif, car le plus difficile pour eux c'est de ne rien dire ! Je ne sais pas si vous avez jamais voyagé avec El Al Airlines, mais ils préféreront rester debout au niveau des couloirs de l'avion toute la nuit à parler à quelqu'un plutôt que de rester assis en silence. Josué avait donc vraiment quelque chose de particulier pour réussir à les tenir tranquilles pendant les sept tours autour de Jéricho.

Ils poussèrent ensuite ces cris et les murs de Jéricho s'écroulèrent. Je vous donne la référence dans Josué 6:15-21. C'est l'exemple 15, et le résultat fut une victoire totale pour Israël, sans victime. Les principes qui en ressortent sont une réitération des principes 7 et 9, que vous devriez commencer à connaître par cœur. Principe 7 : la foi doit être confessée. Principe 9 : Dieu honore la confession de la foi. Leur confession était leurs cris. Leurs cris étaient si forts qu'ils firent s'écrouler les murs, mais avec Dieu sur scène. Il honora leur confession qui était représentée par leurs cris.

Nous continuons maintenant avec le verset 31 qui représente pour moi l'exemple de foi le plus remarquable, en un sens, de toute cette liste. Peut-être pas tant pour la foi que pour la grâce. La grâce est habituellement décrite comme une libre faveur imméritée de Dieu envers l'indigne et le méchant. Nous méritons le châtiment, mais au lieu de cela, nous recevons la bénédiction. Mais c'est uniquement par la grâce, et le principe essentiel de la grâce c'est qu'elle ne peut jamais être gagnée. À partir du moment où il s'agit d'un gain, ce n'est plus de la grâce. C'est le problème avec de très nombreux religieux. Ils ont l'impression qu'il faut qu'ils la gagne, mais ce faisant, ils ne la reçoivent jamais vraiment, puisqu'elle ne peut être reçue par mérite. Nous pouvons gagner de nombreuses choses auprès de Dieu, mais pas la grâce.

Prenons donc cet exemple.

Par la foi, Rahab, la prostituée, ne périt pas avec tous ceux qui désobéissaient...

Ou ne croyaient pas. Le terme peut signifier les deux.

... ayant reçu les espions avec paix.

Je vous donne la référence, mais ma montre m'indique que nous ne devrions pas essayer de lire le passage. Josué 2:1-21 et 6:22-25. Vous vous souvenez que Josué avait envoyé deux espions au devant de l'armée israélite pour espionner le pays, qu'ils étaient entrés dans la ville de Jéricho et qu'ils s'étaient réfugiés ou qu'ils avaient trouvé refuge dans la maison de Rahab, la prostituée. Je ne suis pas vraiment expert de ces vieilles coutumes, mais apparemment toute femme qui détenait une auberge était considérée comme une prostituée. Autrement dit, cette profession particulière était combinée à l'autre. Ce qui veut dire qu'ils n'étaient pas nécessairement entrés dans une maison close, mais simplement dans une auberge. Mais celle-ci était tenue par Rahab, ce qui nous donne un certain aperçu de la morale de l'époque.

Puis le roi de Jéricho entendit dire que les espions étaient entrés, et il fit dire à Rahab de les faire sortir pour qu'ils soient tués. Mais Rahab les avait cachés sur le toit sous des tiges de lin, qui avaient été mises là à sécher avant que le lin ne devienne quoi que ce soit d'autre. Je dois vous dire que Rahab mentit. En réalité, je ne suis pas en mesure de juger la moralité ou l'éthique de son acte. Elle a menti effrontément. Qu'auriez-vous fait si vous vous étiez trouvés dans l'Allemagne nazie pendant la Seconde Guerre mondiale, que vous cachiez quelques Juifs dans votre grenier, et qu'un soldat entrait chez vous et vous demandait, "Y-a-t'il des Juifs dans cette maison ?" Avant de critiquer Rahab, posez-vous d'abord cette question. J'ai toujours eu confiance en Dieu que dans sa miséricorde il ne me mettrait jamais dans une telle position parce que, honnêtement, je ne sais pas ce que je ferais. Je pense que j'agirais comme Rahab. Vous pouvez vous faire votre idée de moi là-dessus. Je crois que je ne me pardonnerais jamais, si je remettais un innocent à ses brutes meurtrières.

Mais, voyez-vous, dans de nombreuses situations de la vie, il vaut mieux prier quand vous y êtes confrontés. Certaines décisions ne sont pas faciles à prendre. Certains religieux rendent tout blanc ou noir, mais la réalité n'est pas tout à fait ainsi. Quoiqu'il en soit, elle mentit. Elle dit, "Il est vrai que ces hommes sont arrivés chez moi, mais ces hommes sont sortis. Hâtez-vous de les poursuivre et vous les atteindrez." Elle les fit partir et plus tard cette nuit-là, elle monta parler aux espions sur le toit et leur dit une chose remarquable. Je pense que nous devrions lire ce qu'elle dit. Vous trouverez le passage dans Josué 2. Vous savez ce qui m'impressionne le plus, c'est que vous rencontrez parfois des personnes de tous styles de vie qui ont d'étonnants discernements. Elles ne sont pas pratiquantes, vous ne penseriez pas qu'elles sont spirituelles, mais elles peuvent dire des choses qui pénètrent vraiment au plus profond du cœur. Et Rahab était de cette catégorie. Prenons Josué 2:8 et les versets suivants.

Avant que les espions se couchent, Rahab monta vers eux (les deux espions) *sur le toit et leur dit : L'Eternel, je le sais, vous a donné ce pays ; la terreur que vous inspirez nous a saisis, et les habitants du pays tremblent devant vous. Car nous avons appris comment, à votre sortie d'Egypte, l'Eternel a mis à sec devant vous les eaux de la Mer Rouge...*

Elle n'avait aucun doute, vous voyez ? Comment savait-elle ? Par la foi. C'est la foi qui conduit au discernement.

Elle dit ensuite, "passons un accord". Verset 12 :

Et maintenant, je vous prie, jurez-moi par l'Eternel que vous aurez pour la maison de mon père la même bonté que j'ai eue envers vous. Donnez-moi l'assurance...

L'une des choses qui m'impressionne chez Rahab, c'est qu'elle avait un grand cœur. Elle ne voulait pas uniquement sauver sa vie, elle voulait aussi sauver toute sa famille. Je pense que certaines personnes qui ne sont ni pratiquantes, ni religieuses font preuve de davantage de miséricorde que certains pratiquants. Je pense toujours aux paroles de David lorsqu'il fut devant un choix et qu'il dit, "Oh ! Que je tombe entre les mains de l'Eternel, car ses compassions sont immenses." C'est mon attitude. Si je dois tomber entre les mains de quelqu'un, que ce soit celles du Seigneur et non celles de l'Eglise.

OK. J'ai entendu Bob Mumford dire une fois, "Joe le barman a beaucoup plus de compassion que beaucoup de pratiquants".Vraiment. C'est pour cela qu'il est un si bon barman, parce qu'il écoute les histoires de malheur de tout le monde. Les gens ont besoin de trouver quelqu'un qui les écoute simplement.

Verset 13 :

Donnez-moi l'assurance que vous laisserez vivre mon père, ma mère, mes frères, mes sœurs, et tous ceux qui leur appartiennent, et que vous nous sauverez de la mort. Ces hommes lui répondirent : Nous sommes prêts à mourir pour vous, si vous ne divulguez pas ce qui nous concerne ; et quand l'Eternel nous donnera le pays, nous agirons envers toi avec bonté et fidélité. Elle les fit descendre avec une corde par la fenêtre, car la maison qu'elle habitait était sur la muraille de la ville [J'aimerais que vous notiez cela]. *Elle leur dit : Allez du côté de la montagne...* [verset 17] *Ces hommes lui dirent : Voici de quelle manière nous serons quittes du serment que tu nous as fait faire. À notre entrée dans le pays, attache ce cordon de fil cramoisi à la fenêtre par laquelle tu nous fais descendre, et recueille auprès de toi dans la maison ton père, ta mère, tes frères, et toute la famille de ton père. Si quelqu'un d'entre eux sort de la porte de ta maison pour aller dehors, son sang retombera sur sa tête, et nous en serons innocents ; mais si on met la main sur l'un quelconque de ceux qui seront avec toi dans la maison, son sang retombera sur notre tête.*

Ceci ressemble quelque peu, en un sens, à la cérémonie de la Pâques, n'est-ce pas ? Dans la cérémonie de la Pâques, ils devaient mettre le sang sur les linteaux de la porte, puis ils devaient rester dans leur maison. Aucune protection n'était offerte à quiconque ne restait derrière le sang. Et ici un autre symbole, le cordon de fil cramoisi devait être attaché à la fenêtre, mais seules les personnes à l'intérieur de la maison derrière cette fenêtre seraient protégées. Quiconque sortait de la maison perdait la garantie de sa protection.

Maintenant, permettez-moi de vous poser une question. Pour quelle raison est-ce qu'un cordon de fil cramoisi devait être attaché à la fenêtre ? Qui allait le voir ? Et bien, si vous lisez l'histoire, cela ne fit aucune différence par rapport à ce qui s'est passé, du moins en ce qui concerne les Israélites. Ce devait être pour le bénéfice de Dieu. Il représentait la confession de Rahab reflétant la confession de foi dans le sang de l'agneau.

Nous avons des amis en Israël qui ont une petite fille qui s'appelle *Shami*, le terme hébreu pour "cramoisi". Elle représente le cordon de fil écarlate que l'on retrouve partout dans la Bible.

Regardons maintenant ce qui s'est passé ensuite, parce que c'est très parlant. Prenons Josué 6:20.

Le peuple poussa des cris, et les sacrificateurs sonnèrent des trompettes. Lorsque le peuple entendit le son de la trompette, il poussa de grands cris, et la muraille s'écroula ; le peuple monta dans la ville chacun devant soi.

Certaines personnes croient que la muraille s'est écroulée à terre, qu'elle s'est effondrée d'un bloc comme un ascenseur dans son soubassement. Où était la maison de Rahab ? Sur la muraille. Mais sa maison ne s'est pas écroulée. Qui la protégea ? Pas un homme, mais Dieu. Pourquoi l'a-t-il protégée ? À cause du cordon de fil cramoisi attaché à la fenêtre.

Prenons les versets 22 et 23.

Josué dit aux deux hommes qui avaient exploré le pays : Entrez dans la maison de la femme prostituée, et faites-en sortir cette femme et tous ceux qui lui appartiennent, comme vous le lui avez juré. Les jeunes gens, les espions, entrèrent et firent sortir Rahab, son père, sa mère, ses frères, et tous ceux qui lui appartenaient...

Elle avait un grand cœur, elle avait beaucoup de foi.

Ils firent sortir tous les gens de sa famille, et ils les déposèrent hors du camp d'Israël. [verset 25] *Josué laissa la vie à Rahab la prostituée, à la maison de son père, et à tous ceux qui lui appartenaient ; elle a habité au milieu d'Israël jusqu'à ce jour, parce qu'elle avait caché les messagers que Josué avait envoyés pour explorer Jéricho.*

Ce n'était pas la fin de l'histoire de Rahab. Elle avait un destin. Prenez la généalogie de Jésus dans Matthieu 1. C'est pour moi l'un des faits les plus marquants dans la Bible, vraiment. Car dans toute la généalogie de Jésus, ni les femmes ni les mères ne sont mentionnées, hormis deux personnes, qui ne sont pourtant ni l'une ni l'autre Israélite. La première était Rahab, la seconde Ruth. Prenez les versets 5 et 6.

... Salmon engendra Boaz de Rahab...

Elle épousa donc Salmon qui était un prince d'Israël et dans la lignée directe des ancêtres de Jésus.

... Boaz engendra Obed de Ruth...

Je ne sais pas s'il y avait quelque chose dans son sang qui le prédisposait à aller vers les femmes païennes, mais vous voyez, c'est plutôt intéressant.

... Obed engendra Isaï ; Isaï engendra David.

Elle fut donc la mère de Boaz et l'arrière arrière-grand-mère du roi David.

Puis continuant jusqu'à la fin de la généalogie au verset 16 :

Jacob engendra Joseph, l'époux de Marie, de laquelle est né Jésus, qui est appelé le Christ.

Ou le Messie. Elle était donc une ancêtre directe du Messie. C'est pourquoi je dis que je ne peux penser à aucun exemple de grâce de la part de Dieu ailleurs dans la Bible plus grand que celui-ci où il utilise cette femme qui était une prostituée vivant dans une ville placée sous une malédiction et vouée à la destruction par le jugement de Dieu, de la protéger ainsi que toute sa famille, la faire épouser un prince d'Israël, devenir la mère de Boaz, l'arrière arrière-grand-mère de David et l'ancêtre du Messie. Ne mettez donc jamais de limites à la grâce de Dieu. Elle est illimitée.

Et si vous avez de la famille qui n'est pas sauvée, voilà un grand encouragement. Parce que, je crois qu'un père a, en un certain sens, le droit de réclamer sa famille au Seigneur. Rahab n'était pas un père. Elle avait seulement un grand cœur et beaucoup de foi. Je pense que les deux vont vraiment ensemble. Je questionne parfois le Seigneur par rapport à certaines personnes qu'il utilise dans l'Eglise. Bien sûr, vous ne le feriez jamais! Je lui dis, "Seigneur, pourquoi ceci et cela ? Je pourrais démontrer de nombreuses faiblesses chez cette personne". Et j'ai plus d'une fois senti que le Seigneur me répondait, "Et bien, je n'ai pu trouver personne d'autre qui croyait en moi."

J'ai de plus constaté que les personnes de foi ont généralement un grand cœur. Elles ont peut-être d'autres défauts. Ceux qui collectent des millions de dollars pour des projets quelconques pour le Seigneur, croyez-moi, ce n'est pas facile. Cela engendre du stress, et implique des prières et beaucoup de travail. Pourquoi le font-ils ? Parce qu'ils ont un grand cœur, voilà pourquoi. Ce n'est pas vrai pour tous, mais c'est généralement le cas. Souvenez-vous, Dieu regarde au cœur et non à l'apparence extérieure.

Regardons ensuite les P.7 et P.9, nous les avons déjà vus, nous n'avons pas besoin de les mentionner. Le cordon de fil cramoisi de Rahab représentait sa confession.

Voyons ensuite le principe suivant, que nous n'avons pas encore vu, le P. 15, le dernier de notre liste : notre réponse envers les représentants de Dieu équivaut à notre réponse envers Dieu. Les espions étaient les représentants de Dieu. La façon dont elle les a traités a été reconnue par Dieu comme sa façon d'agir envers lui-même. Prenez l'un des passages notés ici, nous n'avons pas le temps de voir les deux autres, vous pourrez les lire par vous-mêmes. Luc 10:16. Jésus envoie ses disciples et leur dit :

Celui qui vous écoute m'écoute, et celui qui vous rejette me rejette ; et celui qui me rejette rejette celui qui m'a envoyé.

Ce sont des paroles très sérieuses. Faites attention à la façon dont vous traitez les serviteurs de Dieu. La plupart d'entre eux ne sont pas parfaits, mais ils n'en sont pas moins ses représentants. Votre attitude vis-à-vis d'eux sera reconnue comme votre attitude face à Dieu.

Continuons avec Hébreux 11:32 :

Et que puis-je dire encore ? Car le temps me manquerait si je devais parler de Gédéon, Barak, Samson, Jephthé, David, Samuel et les prophètes...

Je pense qu'il avait le même problème que moi : il manquait de temps ! Il y a d'autres exemples de foi, et il dit qu'il n'a plus le temps de parler de tous en détails, mais il les mentionne.

Ensuite, dans les six versets suivants, il donne tout un résumé d'un bon nombre de leurs actes accomplis par leur foi. Je ne ferai que les lire, les traduire. Il est dit d'eux :

Qui par la foi conquirent des royaumes, administrèrent la justice...

Vous pouvez dire, "travaillèrent à la justice", mais je pense que la signification est "administrèrent la justice".

... obtinrent des promesses, fermèrent la gueule des lions, éteignirent la puissance du feu, échappèrent au tranchant de l'épée, sortirent puissants de leur faiblesse, devinrent forts au combat, repoussèrent l'invasion des étrangers. Des femmes reçurent leurs morts revenus à elles par la résurrection ; d'autres furent torturés, ne recevant pas de libération pour qu'ils puissent obtenir une meilleure résurrection ; d'autres encore endurèrent les moqueries et les flagellations, et aussi les chaînes et l'emprisonnement. Ils furent lapidés, ils furent tentés, sciés en deux, ils périrent par l'épée ; ils allèrent ici et là dans des peaux de mouton, de chèvre, étant démunis, affligés, maltraités (dont le monde n'était pas digne), errants dans les déserts et les

montagnes et les caves et les trous de la terre.

Quelle liste, n'est-ce pas ? Je ne m'y attarderai pas longtemps, je lirai simplement la liste de ce qu'ils ont accompli, et je vous invite à faire par vous-mêmes de plus amples recherches sur eux. Dans plusieurs versions de la Bible, presque toutes ces choses qu'ils firent ont une référence quelque part dans l'Ancien Testament.

Lisons leurs accomplissements:
Ils conquirent des royaumes. J'ai écrit les noms des plus spécifiques : Barak, Gédéon, Jephthé et David.
Ils administrèrent la justice. C'est essentiellement le cas de tous les juges et de David.
Ils obtinrent des promesses. C'est probablement vrai pour la plupart d'entre eux. Je pense particulièrement à Gédéon et David.
Ils fermèrent la gueule des lions. L'un des exemples les plus évidents est celui de Daniel.
Ils éteignirent la puissance du feu. Schadrac, Méschac et Abed-Négo.
Echappèrent à l'épée. Les exemples que j'ai donnés étaient Elie et Daniel, et vous pourriez ajouter David.
Des enfants morts revenus à la vie. Par Elie et Elisée.
Vient ensuite cette terrible liste : ils ont enduré la torture, la moquerie, la flagellation, les chaînes, l'emprisonnement, la lapidation, ont été sciés en deux, ont enduré la destitution, les mauvais traitements, une vie d'errance. J'ai rajouté : trouvez vous-mêmes les exemples. Vous pouvez trouver la plupart de ces exemples dans l'Ancien Testament, principalement dans les livres historiques. Vous ne trouverez pas le fait d'être scié en deux, mais une ancienne tradition raconte que c'est ce qui est arrivé au prophète Esaïe par le roi Manassé, le fils d'Ezéchias. Il fut mis dans le creux d'un tronc d'arbre, puis le tronc d'arbre fut scié en deux. Donc quand vous pensez à ce que vous allez accomplir par la foi, n'omettez pas cela. Certaines personnes ont une vue très limitée de ce que la foi peut vous permettre de faire.

Ici, le principe est P. 16 : la foi est manifestée de différentes manières selon la mesure de foi que Dieu attribue. Il est très important de ne pas avoir une vision étroite et limitée de ce que la foi fera. Prenons un instant dans Romains 12:3. Paul dit :

Par la grâce qui m'a été donnée, je dis à chacun de vous de n'avoir pas de lui-même une trop haute opinion, mais de revêtir des sentiments modestes, selon la mesure de foi que Dieu a départie à chacun.

Paul fait ressortir ici trois points importants concernant la véritable foi. Tout d'abord, il existe une sorte de fausse foi religieuse qui ne produit pas les mêmes résultats que la véritable foi. En fait, la foi et l'humilité vont de pair. Les personnes qui ont reçu le plus d'éloges de Jésus dans les évangiles pour leur foi étaient les plus humbles. La femme syro-phénicienne qui dit, "Seigneur, les petits chiens mangent les miettes qui tombent de la table de leurs maîtres", a reçu un plus grand éloge pour sa foi que quiconque dans tous les évangiles. "Femme, ta foi est grande ; qu'il te soit fait comme tu veux." Sers-toi, dis-moi seulement ce que tu veux.

L'autre personne était un centurion romain qui dit, "Je ne suis pas digne que tu entres sous mon toit ; mais dis seulement un mot, et mon serviteur sera guéri." Jésus dit de lui, "Même en Israël, je n'ai pas trouvé une aussi grande foi." C'est plutôt intéressant, non ? Voici deux exemples frappants de foi. Et aucune des deux personnes n'était Israélite. C'est presque comme si une familiarité excessive avec la religion étouffait l'impact de la foi. Je pense que c'est vrai pour une multitude de chrétiens aujourd'hui.

Le deuxième point concernant la foi ici dans Romains 12:3, c'est qu'elle nous permet d'avoir un jugement correct. Je suis impressionné par les gens qui ont une foi réelle, ils sont très réalistes. Ils ne font pas usage de belles paroles, ils ne racontent pas d'histoires. Ils disent les choses telles qu'elles sont. Et vous savez qui d'autre agit ainsi ? Le Saint-Esprit. Lorsque des personnes s'avancent pour prier avec de belles paroles, mon cœur se serre. Je me dis, "Seigneur, ça ne va pas marcher". Je me souviens d'un homme qui s'était avancé pour être guéri, il y a quelques années de cela. Je lui dis, "As-tu la foi ?" Il me dit, "J'ai toute la foi du monde". À partir de ce moment-là, je sus qu'il ne serait pas guéri. Et il ne le fut pas. Vous n'avez pas besoin de toute la foi du monde, vous avez seulement besoin d'un peu de foi.

Ensuite, le troisième principe de ce verset, c'est que Dieu attribue à chacun une mesure ou une proportion de foi. Nous n'avons pas tous la même quantité de foi, nous n'avons pas tous le même type de foi. Il y a dans le corps une grande variété – et je m'en réjouis. Je n'aime pas être avec des personnes qui parlent toutes le même langage religieux et sont toutes habillées pareil. Vous savez, lorsque vous en avez vu une, vous les avez toutes vues ! Permettez-moi de prendre un exemple en dehors du corps de Christ. Quand vous voyez un Mormon, et bien, c'est comme si vous les aviez tous vus. Ils se ressemblent tous. Je respecte de nombreuses choses chez les Mormons, mais ils les ont tous sortis du même moule. Dieu ne traite pas avec de telles personnes. Si vous allez faire partie du corps de Christ, alors vous devez apprendre à supporter des personnes assez étranges, qui ne sont pas toutes comme vous pensez qu'elles devraient être.

Le principe est le suivant : Dieu vous a attribué la mesure de foi dont vous avez besoin pour ce qu'il vous a préparé d'avance à faire. Vous comprenez ?

Si vous allez devoir errer ici et là dans une peau de chèvre, Dieu vous attribuera la foi correspondante. Mais s'il veut que vous ressuscitiez les morts, alors votre foi peut être différente. Vous ne trouverez ce qu'est votre foi que lorsque vous trouverez votre place dans le corps, parce que Paul continue dans ce chapitre en disant que nous avons beaucoup de membres, mais un seul corps. Tous les membres n'ont pas la même fonction. Donc, votre fonction va avec votre foi. Si vous êtes constamment en train de vous battre avec votre foi, vous pouvez être presque certains que vous n'êtes pas à la bonne place dans le corps. Vous êtes probablement un doigt de pied essayant d'agir comme un doigt de la main. Cela ne marche jamais vraiment bien.

Si vous ne pensez pas à la foi, si votre vie n'est pas un effort continuel pour avoir la foi, alors vous êtes probablement à la bonne place. Voyez-vous, ma main n'a aucun problème pour agir comme une main. Je n'ai même pas besoin de penser à ce que je veux faire avec ma main. Mais si je voulais prendre ma Bible avec mes orteils, j'aurais du mal. Je dis cela parce qu'il existe une réelle harmonie dans la vie en Dieu, entre votre foi et votre fonction.

Nous allons voir maintenant les deux derniers versets ! C'est une sorte de résumé de tous ces grands héros de l'Ancien Testament. Versets 39-40.

Tous ceux-là, ayant été attestés par leur foi, n'ont pas obtenu la promesse...

Remarquez qu'ils ont obtenu des promesses, mais pas "la promesse". Qu'était cette "promesse" ? Je dirais que c'est le Messie. Rien ne pouvait être vraiment entièrement achevé sans le Messie. Tout tournait autour de lui. Il est la réponse. Dieu n'a pas beaucoup de réponses, il a une réponse et c'est Jésus.

Pourquoi n'ont-ils pas obtenu la promesse ? Verset 40 :

... parce que Dieu avait pourvu [ou vu par avance] *à quelque chose de meilleur pour nous...*

La signification première de ce mot est "voir quelque chose à l'avance et de ce fait, y pourvoir".

... et que sans nous ils ne seraient pas rendus parfaits.

Regardons brièvement les commentaires faits sur ces versets. Tous ceux qui sont énumérés plus haut ont obtenu l'éloge de Dieu pour leur foi, mais ils n'ont pas vu l'achèvement final. La perfection ne pouvait venir que par la mort et la résurrection de Jésus. Il n'existe que deux sortes de salut. Le salut de l'Ancien Testament et le salut du Nouveau Testament. Le salut de l'Ancien

Testament regarde vers quelque chose qui n'est pas encore accompli à travers des figures, des types, des prophéties. Ils ne voyaient jamais clairement, ils voyaient seulement indistinctement qu'il y avait quelque chose, ils en avaient l'impression mais ils ne pouvaient pas voir ce que ce serait vraiment.

Le salut du Nouveau Testament regarde en arrière à un événement historique : la crucifixion, la mort, l'ensevelissement et la résurrection de Jésus. Jusqu'à cet événement, les personnes n'étaient sauvées que grâce à l'indulgence de Dieu, parce que la propitiation définitive pour le pardon des péchés n'avait pas encore été faite. L'auteur d'Hébreux dit qu'avant, dans l'Ancien Testament, les sacrifices ramenaient chaque année le souvenir des péchés commis. Par exemple, les sacrifices faits le Jour de la Propitiation couvraient le péché pour une année jusqu'à ce que le sacrifice suivant soit fait au Jour de la Propitiation suivant. Mais lorsque Jésus est ressuscité des morts, un nouveau type de salut, un salut parfait fut alors immédiatement disponible.

Pourtant, même ce salut n'est pas vraiment parfait tant que le corps n'a pas été ressuscité. Bien que nous regardions en arrière à l'événement qui a rendu le salut parfait possible, nous attendons toujours son achèvement. Il nous est toujours rappelé, à chaque fois que nous partageons le pain et le vin, le repas du Seigneur. Car, nous le faisons en souvenir de sa mort – nous regardons en arrière – jusqu'à son retour – nous regardons vers l'avant. Vous m'avez peut-être entendu le dire, mais c'est très clair et très frappant. Lors de la communion, tout ce qui est de moindre importance perd toute signification. Nous n'avons pas d'autre passé que la croix, et pas d'autre avenir que son retour.

C'est donc une sorte de principe de Dieu. Nous sommes tous maintenus dans l'attente de quelque chose. Dans 1 Thessaloniciens, il est dit que le peuple de Dieu attend. Nous sommes un peuple qui attend. Qu'est-ce qui nécessite le plus de foi ? Être actif ou être dans l'attente ? Croyez-moi, l'attente demande davantage de foi. C'est l'une des façons de montrer notre foi. Nous devons attendre le retour du Seigneur.

Continuons avec ce "uniquement avec nous" – Dieu a délibérément rendus ses serviteurs dépendants les uns des autres. Donc, tous ces grands héros de l'Ancien Testament ne pourront avoir ce qu'ils attendaient qu'une fois que nous serons nous aussi entrés dans notre destin. Je pense – mais ce n'est qu'une opinion personnelle – que l'Eglise n'entrera en possession de son héritage total qu'une fois qu'Israël aura obtenu le sien. Nous sommes donc également dépendants de ce à quoi Dieu s'est engagé vis-à-vis d'Israël.

Et enfin, juste pour terminer avec les commentaires concernant ce chapitre. Notez l'insistance présente dans tout ce chapitre sur l'héritage et la perfection. Vous vous souvenez qu'ils vont de pair. Et il y a un autre concept clé qui va avec l'héritage et la perfection. Le repos, c'est exact. Nous trouvons le repos dans notre héritage et c'est dans ce repos que nous venons à la perfection. Toute l'épître aux Hébreux, comme je l'ai souligné maintes fois, est tournée vers l'avant, vers le futur et vers le haut. Ce n'est pas un livre sur des personnes qui regardent en arrière, son message ne dit pas de rester sur place mais d'aller de l'avant. Vous n'y êtes pas encore, vous n'êtes pas parfaits, votre héritage est devant vous, et vous ne trouverez le véritable repos qu'une fois que vous serez entrés dans votre héritage.

Maintenant, et avec un profond soupir de satisfaction, nous arrivons au chapitre 12. Permettez-moi de traduire d'abord le verset 1 et ensuite nous verrons les commentaires.

Donc, nous aussi ayant une si grande nuée de témoins nous entourant, ayant mis de côté tous nos fardeaux [tout ce qui est encombrant] *et aussi le péché qui nous assaille, courons avec endurance* [ou persévérance] *la course qui est marquée devant nous.*

Le terme signifie en fait une "compétition" ou un "conflit", mais nous savons qu'il s'agit d'une course puisqu'il est dit de courir. Ce terme combine donc deux idées que l'on ne peut combiner en français. L'une est l'idée de courir une course et l'autre est l'idée de combattre un combat ou de traverser un conflit. Elles ne vont pas ensemble.

Il s'agit ici du neuvième passage "faisons quelque chose". Mais quoi ? Courons avec endurance. Voilà un aspect très manifeste de Hébreux, cette répétition des "faisons". C'est une des façons par lesquelles nous devons répondre au défi pour aller de l'avant. Comme je l'ai fait remarquer, cela représente une décision, et c'est une décision commune. C'est un moment où le corps doit être rassemblé, car alors soit nous allons avancer tous ensemble, soit nous n'allons pas beaucoup progresser. Ce neuvième passage "faisons quelque chose" se trouve au début du chapitre 12. Courons avec endurance.

Dans le chapitre 12, nous verrons aussi le dixième passage "faisons quelque chose ", "montrons notre reconnaissance" ou bien "honorons".

Le verset 1 commence aussi avec ce que j'appelle le sixième passage d'application pratique. Il y en a sept en tout. Nous en avons déjà vu cinq, nous arrivons maintenant au sixième qui est également introduit par l'expression" faisons". L'application pratique ici est "persévérons, endurons la discipline, soyons forts, recherchons la paix et la sainteté". Je crois que je vais les répéter. C'est en fait mon résumé. Persévérer, endurer la discipline, être fort, rechercher la paix et la sainteté.

Arrêtons-nous un instant pour commenter ce verset 1 qui est un verset très stimulant. Comme de nombreux chapitre dans les écrits du Nouveau Testament, celui-ci commence par un "donc", selon la traduction que vous possédez. Celle-ci dit, "Nous donc aussi, puisque nous sommes environnés d'une si grande nuée de témoins...". J'ai tant de fois répété – et certains d'entre vous peuvent le dire mieux que moi – que lorsque vous trouvez un "donc" dans la Bible, il vous faut trouver pourquoi il est là, car ce petit mot est toujours relié à quelque chose qui est dit avant. C'est l'exécution ou l'application pratique de quelque chose qui a été affirmé plus tôt.

Je pense que le "donc" au début du chapitre 12 fait référence à toute la liste des actes de foi accomplis dans le chapitre 11. Que devons-nous faire face à tous ces accomplissements ? La réponse est que nous devons courir avec persévérance la course qui se trouve devant nous. Cependant, le verset parle aussi de ces témoins quand il dit que nous avons une si grande nuée de témoins nous entourant. "Nous entourant", par là, je comprends au-dessus et tout autour de nous. C'est ma façon de voir les choses. Le mot "témoins" a deux implications qui sont stipulées ici. Tout d'abord, ceux qui attestent les victoires de la foi, ils sont témoins de ce que la foi peut faire. Deuxièmement, il nous donne l'image des spectateurs d'une course. Souvenez-vous que dans l'ancien temps, les Romains et les Grecs organisaient souvent des compétitions athlétiques où l'on courait dans un grand stade au milieu de grandes villes, avec des sièges pour des milliers de personnes venues de toute part. Donc l'image est que nous courons la course, mais tout autour de nous se trouvent les spectateurs dans les arènes, nous regardant, nous acclamant. Chaque fois que nous sommes découragés, nous levons les yeux et voyons Moïse. Et Moïse dit, "Je l'ai fait, alors tu peux le faire aussi. Tu peux le faire. Garde simplement tes yeux sur l'invisible, ne les détourne pas."

J'ai écrit ici une petite histoire que j'ai lue récemment dans un livre qui m'a vraiment touché. C'est l'histoire d'un joueur de cricket. Vous devez garder à l'esprit que le cricket fait partie de mon enfance, au contraire du baseball auquel je ne comprends rien. Ils ont des points communs, ces deux sports se jouent l'été, ce sont des jeux très lents. La plupart du temps se passe à rester debout à faire des choses et d'autres plutôt que de vraiment jouer. Je suis encore impressionné que les anglophones tolèrent l'un ou l'autre de ces sports. Mais peu importe ! J'ai grandi en jouant au cricket. Mes parents avaient l'habitude de dire qu'ils savaient en quelle saison nous étions d'après ce que je faisais avec les cailloux. Si je les frappais du pied, ils savaient que c'était l'hiver, si je les ramassais et que je les lançais, ils savaient que c'était l'été !

C'est donc l'histoire d'un homme qui était un joueur de cricket très doué et très connu. Croyez-moi, avant la Seconde Guerre mondiale, être un joueur de cricket talentueux revenait à être célèbre. Ceux qui représentaient l'Angleterre au cricket étaient tous les jours dans les journaux. Savez-vous qu'un grand joueur de cricket est devenu un formidable missionnaire, vous connaissez son nom ? C. T. Studd. Il jouait au cricket pour Cambridge et pour l'Angleterre. Dans les yeux des petits garçons, c'était la plus belle réussite.

Quoiqu'il en soit, ce joueur de cricket est devenu plus tard totalement aveugle, mais il avait un fils qui suivit ses pas et devint aussi un très bon joueur de cricket. Puis le père mourut, et un ou deux jours plus tard, il y avait un match de cricket, et tout le monde s'attendait à ce que le fils ne joue pas puisque son père venait de décéder. Mais bien au contraire, il fut présent et joua mieux que jamais. Ses amis lui demandèrent : Comment se fait-il que tu ais joué aussi bien juste après la mort de ton père ? Il répondit, "Parce que c'était la première fois que mon père m'a vu jouer." Je pense que cela résume bien l'image des témoins.

Pour courir la course avec succès, il y a deux choses que nous devons laisser de côté. L'une concerne les fardeaux inutiles, l'autre les péchés compromettants. Je crois que si vous vous mettez dans la peau d'un coureur, les péchés compromettants pourraient être des choses qui se trouvent autour de vos membres, en particulier vos jambes, et qui empêchent tout mouvement libre. Evidemment il est impossible de courir ainsi avec succès.

Mais les fardeaux inutiles seraient ces choses que l'on fourre dans sa poche. Il peut s'agir d'un couteau de scout ou d'argent ou d'autre chose. Je pense que lorsque nous regardons des coureurs professionnels, nous réalisons alors qu'ils ne se revêtent que du strict minimum, ils ne portent pas le moindre petit poids inutile, car cela ruinerait leur réussite.

Donc l'auteur d'Hébreux dit qu'il ne suffit pas d'abandonner nos péchés, nous devons nous en dessaisir. Ils nous engluent, nous lient, nous retiennent. Mais nous devons aussi laisser de côté nos fardeaux inutiles. Et j'ai écrit ici, "pensez à des exemples". J'en partagerai simplement quelques-uns avec vous. Ce à quoi je fais le plus attention, c'est mon esprit. Je ne charge pas mon esprit de choses inutiles. Je ne laisse pas d'autres personnes mettre leur bric-à-brac dans mon grenier. Je ne dis pas ceci comme un exemple, mais je ne pourrais pas regarder un programme télévisé, puis partir ensuite prêcher. Je ne pourrais pas le faire. Parce que je regarde si peu souvent la télévision qu'elle a un impact important sur moi. Je ne peux même pas dormir le soir après l'avoir regardée. Je suis différent de vous, et je ne dis pas que vous devriez être tous comme moi, mais c'est pour moi l'une des conditions dans ma vie pour être un bon enseignant. Je dois garder mon esprit clair, sans aucun fardeau inutile.

Qu'en est-il des bavardages excessifs ? Ce n'est pas vraiment un péché, mais cela peut complètement endormir votre spiritualité. Certaines personnes restent au téléphone toute la journée. J'en suis arrivé à détester le téléphone, ce n'est donc pas une tentation pour moi. Je ne suis pas du tout en train de dire que tout le monde devrait être comme moi.

Je ne suis pas en train de dire que tout le monde devrait être comme moi parce que beaucoup de gens ne le pourraient pas. Mais je me demande, si vous deviez vous asseoir et vous demander si vous n'êtes pas en train de transporter quelque chose dans votre poche tout en courant une course, qui sait ce que ce serait. Voyez-vous, il ne s'agit pas forcément d'un péché ; juste quelque chose qui vous empêche de courir de votre mieux. Je propose à ceux d'entre vous qui sont concernés de prendre un temps avec le Seigneur pour lui demander si vous portez quelque chose d'encombrant dans votre poche qui vous empêche de courir aussi bien que vous le devriez.

Prenons deux passages qui parlent aussi de la vie chrétienne comme d'une course. Le premier est un exemple des plus connus. 1 Corinthiens 9:24-27. Ce cher Paul, notez sa façon de commencer.

Ne savez-vous pas...

Vous pouvez être certains que lorsqu'il dit cela, c'est que la plupart des gens ne le savent pas. Ou du moins ils agissent comme s'ils ne le savaient pas.

Ne savez-vous pas que ceux qui courent dans le stade courent tous, mais qu'un seul remporte le prix ? Courez de manière à le remporter.

Les conditions pour gagner une course sont assez spécifiques. Soit nous les remplissons, soit nous ne les remplissons pas.

Tous ceux qui combattent s'imposent toute espèce d'abstinences.

Comme c'est vrai de nos athlètes modernes. Et ces abstinences concernent tous les domaines, les divertissements, les lectures. Un athlète compétent doit aller à la compétition avec le mental au beau fixe. En fait, certains disent que c'est même plus important que l'entraînement physique.

Je donne toujours l'exemple d'une danseuse de ballet, parce que c'est un domaine que je connaissais bien. Si vous voulez devenir une danseuse de ballet compétente, vous devez faire attention à ce que vous mangez, à vos relations, votre lecture, vous devez cultiver une certaine apparence, vous faire certains amis et vous interdire certains exercices. Vous ne devez pas nager parce que la nage ne développe pas les bons muscles. Il n'y a rien de mal dans la nage en elle-même, c'est juste que ça ne va pas avec la carrière de danseuse. J'ai connu des danseuses de ballet qui sont plus engagées envers leur carrière que certains chrétiens ne le sont envers leur chrétienté. Elles doivent commencer à l'âge de quatre ou cinq ans, au plus tard. Et à partir de là, pour les trente années suivantes, c'est une vie d'autodiscipline très rigoureuse.

Il n'y a pas d'autre moyen pour les chrétiens de réussir. Les conditions sont simples. Paul dit :

Et ils le font pour obtenir une couronne corruptible ; mais nous, faisons-le pour une couronne incorruptible.

Le mot traduit par "couronne" fait référence à la couronne de laurier qui était posée sur le front des vainqueurs aux Jeux Olympiques. Mais bien sûr, la couronne de laurier fanait après un jour ou deux. C'est pourquoi Paul dit que nous courons pour une couronne qui ne flétrira jamais. Il continue ensuite avec l'application :

Moi donc, je cours, non pas comme à l'aventure...

L'une des choses que vous ne pouvez vous permettre lorsque vous courez, c'est de vous retourner pour regarder derrière vous. Ce serait fatal. Or combien de chrétiens ne courent pas de leur mieux parce qu'ils se retournent constamment pour regarder quelque chose derrière eux ?

Je frappe, non pas comme battant l'air...

Je sais quel est mon but. Oh, pendant tant d'années où je me suis battu contre les forces du malin, j'étais comme un boxeur avec les yeux bandés frappant du poing, espérant que d'une manière ou d'une autre j'arriverais à toucher mon adversaire. Ce que je réussis très rarement. Puis Dieu m'ouvrit les yeux sur le monde spirituel invisible. Aujourd'hui, j'ai une assez bonne connaissance de ce vers quoi je me dirige, et généralement, je réussis à frapper juste.

Mais je traite durement mon corps, et je le tiens assujetti, de peur d'être moi-même désapprouvé, après avoir prêché aux autres.

Permettez-moi de faire cette remarque. Le corps est un merveilleux serviteur mais un maître terrible. C'est à vous de décider qui est le maître et qui est le serviteur.

Et puis dans Philippiens 3, une image très similaire, mais ici Paul parle à présent uniquement de lui-même. Verset 13-14 :

Frères, je ne pense pas l'avoir saisi ; mais je fais une chose : oubliant ce qui est en arrière et me portant vers ce qui est en avant, je cours vers le but, pour remporter le prix de la vocation céleste de Dieu en Jésus-Christ.

Notez que la tendance du texte est à nouveau tournée vers l'avant et vers le haut. Remarquez comme il est consciencieux pour dire qu'il ne regarde pas en arrière : il oublie ce qui est en arrière.

La première condition est l'endurance ou la persévérance. Prenons le passage noté ici, Romains 5:3-4.

Bien plus, nous nous glorifions même des afflictions...

Est-ce vrai pour vous ? Loué soit Dieu, je subis des afflictions ! Est-ce que vous dites cela ? Pourquoi se glorifiaient-ils dans leurs afflictions ? Parce qu'ils savaient ce qu'ils faisaient.

... sachant que l'affliction produit la persévérance...

Dois-je vous dire comment apprendre la persévérance ? En persévérant, il n'y a pas d'autre moyen.

Nous parlions à des amis chrétiens sur ce que nous avions dû subir dans notre maison cet été, quand le mur intérieur avait dû être démoli et reconstruit, et que toute la maison était sens dessus dessous et remplie de bruit et de poussière pendant deux mois. Ils nous demandèrent ensuite, qu'avez-vous appris ? J'ai réfléchi un instant puis j'ai répondu, "la patience". Il n'existe pas d'autre façon d'apprendre la patience, c'est ainsi, il faut que vous enduriez quelque chose. Continuons, Romains 5:4.

... la persévérance un caractère éprouvé...

C'est la meilleure traduction, mais il en existe de nombreuses autres différentes. Cependant, il y a une différence entre des personnes qui croient et des personnes qui ont prouvé qu'elles croient. C'est facile de dire que vous croyez en la guérison tant que vous n'êtes pas malades. Mais c'est quand vous tombez malades que vous savez si vous croyez vraiment en la guérison ou pas.

... et un caractère éprouvé l'espérance.

Ceux qui ont passé le test et sont ressortis victorieux deviennent des personnes optimistes. Gardez cela à l'esprit.

Nous prendrons un dernier verset dans Hébreux, je pense que nous avons juste le temps de le voir. Verset 2. Voilà comment nous devons nous comporter pendant la course.

Détournant nos regards vers celui qui suscite notre foi et la rend parfaite, Jésus, celui dont la joie était placée devant lui, mais qui endura la croix, méprisant la honte, et s'assit à la droite du trône de Dieu.

Donc, la clé du succès se trouve dans ces mots. Détourner nos regards de nos personnes pour les placer sur Jésus. J'ai noté une référence ici. Moïse endura comme voyant celui qui est invisible.

Jésus nous offre deux choses. L'exemple, la croix est le chemin vers le trône. Et l'inspiration, il est aussi compétent pour parfaire notre foi qu'il l'a été pour la susciter. Pourquoi ne pas prendre ces références par vous-mêmes. Ephésiens 2:4-6 qui dit que nous sommes morts avec lui, que nous avons été rendus vivants avec lui, ressuscités avec lui, et placés sur le trône avec lui. Souvenez-vous, la croix est le chemin vers le trône. Aucun autre chemin ne mène au trône. Et 2 Timothée 2:11 dit que si nous sommes morts avec lui, nous vivrons aussi avec lui.

Puis la dernière référence, Apocalypse 22:13, où Jésus dit, "Je suis l'alpha et l'oméga, le premier et le dernier, le commencement et la fin." L'accent est mis sur le fait qu'il commence tout et que c'est en lui que tout est rendu parfait et achevé. Ce qui est vrai pour notre expérience chrétienne. Elle commence avec lui et se termine avec lui. Tant que nous détournons les regards de nos personnes pour les tourner vers lui, nous restons victorieux.

LE DERNIER MOT DE DIEU

Vingt et unième message.

Hébreux 12:3-24

À la fin de notre dernière session, nous avions tout juste commencé le chapitre 12 d'Hébreux et nous nous étions arrêtés sur les deux premiers versets. Je lirai donc juste ces deux premiers versets et ferai quelques brefs commentaires pour rafraîchir votre mémoire, puis nous continuerons.

Nous donc aussi, puisque nous sommes environnés d'une si grande nuée de témoins, rejetons tout fardeau, et le péché qui nous enveloppe si facilement, et courons avec persévérance dans la carrière qui nous est ouverte, ayant les regards sur Jésus, qui suscite la foi et la mène à la perfection ; en échange de la joie qui lui était réservée, il a souffert la croix, méprisé l'ignominie, et s'est assis à la droite du trône de Dieu.

J'avais rapidement souligné que la vie chrétienne est semblable à une course. Il y a un parcours bien défini que nous devons suivre. Il ne s'agit pas juste d'un sprint, mais plutôt d'une sorte de marathon. L'une des principales conditions pour le réussir est de travailler l'endurance, la persévérance ou la résistance. Une autre condition consiste à détourner les yeux de soi-même pour les fixer sur Jésus et à trouver en lui le modèle et l'inspiration pour cette course.

Deux autres points que j'avais fait ressortir, c'est qu'il y a deux choses que nous devons laisser de côté. L'une est le péché qui nous enserre si facilement, et l'autre les fardeaux ou les charges. J'avais fait remarquer la dernière fois que les fardeaux ne sont pas forcément des péchés. Ils peuvent être des choses tout à fait neutres en elles-mêmes, mais si elles viennent nous empêcher de courir avec succès, alors nous devons les laisser de côté.

Je crois qu'il faut que vous compreniez que ces conditions sont très importantes. Je peux faire une partie du travail, je peux préparer le sol, mais c'est à vous de semer et d'arroser. J'aimerais donc vous inviter à être attentifs à ces fardeaux et à les laisser de côté. En réalité, j'ai moi-même pensé à un fardeau, donc j'ai moi aussi profité de cette leçon.

Nous allons maintenant continuer avec les versets 3 et 4. Je traduirai littéralement à partir du grec, sans chercher à parler avec élégance, et ensuite nous verrons les commentaires.

Car considérez celui qui a enduré une telle contradiction de la part des pécheurs envers lui-même, pour qu'aucune fatigue même infime ne vienne croître dans vos âmes. Vous n'avez pas encore résisté au combat contre le péché jusqu'au point de verser du sang...

Arrêtons-nous là et regardons mes notes sur ces deux versets. Tout d'abord, nous devons noter que Jésus est à nouveau le modèle, il est celui qui a enduré une grande contradiction de la part des pécheurs. Il a été très patient. Il aurait pu dire un mot et effacer leur existence, mais il ne l'a pas fait, il a enduré.

Nous voyons ensuite ici que, comme lui, nous vivons un combat contre le péché. Cela fait partie de la vie d'un chrétien, vous ne pouvez être un chrétien sans être impliqué dans ce combat. Cela va avec le fait d'être chrétien. Nous sommes engagés dans une guerre. Il n'y a pas de choix possible. La seule possibilité que nous ayons, est soit de gagner, soit de perdre. Il n'y a rien entre la victoire et la défaite. Ne pas gagner, c'est perdre.

J'aimerais prendre Romains 12:21, un passage des Ecritures très puissant. Le dernier verset de Romains 12 :

Ne te laisse pas vaincre par le mal, mais surmonte le mal par le bien.

Voyez-vous, il n'y a pas de solution intermédiaire. Vous ne pouvez dire, "Bon, je n'ai pas vaincu le mal, mais je ne suis pas vaincu." Je ne crois pas que cela soit possible dans le long terme. Si vous ne gagnez pas sur le mal, alors le mal vous vaincra. La seule chose qui soit suffisamment forte pour vaincre le mal, c'est le bien. Pour avoir la victoire, il faut donc un désir de bien positif. Non pas la neutralité, non pas une attitude de" Je ne fais rien de mal à personne" ou "Je suis aussi bon que les autres", mais un engagement positif envers le bien et une application du bien dans nos vies qui nous permette de vaincre le mal.

Si vous étudiez les promesses du Nouveau Testament, je pense que vous verrez qu'aucune promesse de bénédiction n'est faite, si ce n'est pour les vainqueurs. Si vous prenez le dernier livre du Nouveau Testament, le livre de l'Apocalypse, vous verrez que chaque promesse faite aux gens des sept Eglises était destinée aux vainqueurs. Nous devons donc faire face à la réalité de cette vie. C'est une chose sérieuse que la vie chrétienne. Ce n'est pas une promenade, c'est une course. Nous devons suivre les règles, nous devons remplir les conditions et nous devons être préparés à affronter le mal. Je suppose que plusieurs d'entre vous seront d'accord avec moi – je parle avec mon expérience de 70 ans de vie – qu'en bien des façons la puissance du mal aujourd'hui est bien plus évidente et bien plus active dans le monde qu'elle ne l'était quand j'étais jeune. Je crois que les forces de Satan intensifient leurs efforts pour détruire la race humaine, ce qui demande, en un certain sens, de notre part que nous intensifions également nos efforts.

Nous allons maintenant continuer avec les versets 5 et 6 qui traitent du sujet de la discipline divine. L'auteur continue ainsi :

Et vous avez oublié...

C'est l'un des tristes traits de caractère des Hébreux. Tant de fois ils ont oubliés, ils étaient lents à comprendre, ils ne se souvenaient pas. Et comme je l'ai déjà dit, mais il est peut-être nécessaire de le redire, en bien des façons la position des croyants hébreux au premier siècle est semblable à la position des chrétiens aujourd'hui. Ils avaient alors tous les avantages. Ils avaient un arrière-plan de foi véritable dans les Ecritures, ils comprenaient les principes de l'adoration de Dieu, ils comprenaient ses exigences de base de la justice. Et pourtant, ils étaient à la traîne derrière les croyants païens qui avaient cru plus tard et n'avaient pas tous leurs avantages.

Je pense particulièrement que les chrétiens pratiquants dans le monde occidental aujourd'hui se trouvent dans une situation assez similaire à celle des croyants hébreux au premier siècle. Aujourd'hui, c'est nous qui avons les avantages. Nous avons l'arrière-plan, nous avons la connaissance des Ecritures dans une certaine mesure, nous avons certaines règles de vie basées sur l'éthique chrétienne. Et pourtant, j'ai tendance à penser que si nous devions aller voir certaines églises dans le Tiers-monde aujourd'hui, nous verrions qu'avec beaucoup moins de connaissances, ils nous dépassent aisément.

Le problème vient de la complaisance, vraiment. Je pense que c'est un problème auquel nous devons réellement faire face. C'est une forme de mal. Nous devons vaincre la complaisance, et particulièrement ici en Floride. Je pense que l'esprit de cette partie du pays est un esprit de paganisme. Les gens viennent ici pour les vacances, ils veulent passer du bon temps, ils ne veulent pas être embêtés, et cet esprit et cette attitude tendent à prévaloir dans cette région. Cela aussi, nous devons le vaincre.

L'une des expressions-clés utilisées dans le Nouveau Testament est "raviviez". Raviviez les dons, raviviez les braises, ne laissez pas le feu s'éteindre.

Continuons avec le verset 5 :

Vous avez oublié l'exhortation qui vous parle [ou converse avec vous] *en tant que fils...*

Voilà un terme plutôt familial ; Dieu est en train de parler à sa famille.

Ceci est une citation du Proverbe 3:11-12, mais c'est une citation de la version Septante, cette version grecque faite vers le deuxième siècle avant Jésus-Christ. Vous remarquerez qu'il y a certaines différences entre cette version et la version française que nous avons dans l'Ancien Testament, laquelle est tirée de l'hébreu.

Vous avez oublié l'exhortation par laquelle Dieu vous parle comme à des fils, Mon fils, ne méprise pas la discipline du Seigneur, et ne perds pas courage [ou n'abandonne pas ou ne défaillis pas] *quand il te reprend ; car celui que le Seigneur aime, il le discipline, et il corrige chaque fils qu'il reçoit.*

Les Ecritures nous enseignent que Dieu discipline tous ceux qu'il reçoit comme fils. Je vous donne ici la référence citée par l'auteur ; nous ne la prendrons pas, Proverbe 3:11-12. La totalité des proverbes 3 et 4 est vraiment une instruction du père envers son fils. L'une des expressions-clés dans ces textes est, "mon fils, mon fils". Ce n'est pas adressé aux incroyants, c'est adressé aux fils et aux filles de Dieu. Les Ecritures nous enseignent que Dieu discipline tous ceux qu'il reçoit comme fils. Ce fait procure une motivation à l'endurance dans les temps difficiles. Autrement dit, lorsque nous sommes sous la discipline de Dieu, le mot-clé est "endurance". Ne perdez pas courage, ne défaillissez pas, n'abandonnez pas.

Et dans la référence notée ici, Romains 15:4, vous trouverez la motivation à l'endurance qui vient à nous premièrement par les Ecritures elles-mêmes. Lisons simplement ce verset :

Or, tout ce qui a été écrit d'avance...

Ce qui veut dire, écrit dans les Ecritures, quelles que soient celles données alors.

... l'a été pour notre instruction...

Nous devons garder cela à l'esprit. L'Ancien Testament tout entier est pour notre instruction.

... afin que, par la patience, et par la consolation que donnent les Ecritures, nous possédions l'espérance.

Donc l'un des grands objectifs des Ecritures est de nous donner de l'encouragement dans les moments difficiles. Mais l'encouragement n'est que pour ceux qui persévèrent. Notre contribution est donc la persévérance. La contribution de Dieu est l'encouragement pour ceux qui persévèrent. Et le résultat est l'espérance, que nous ayons l'espérance.

Ensuite, l'auteur d'Hébreux nous met en garde contre deux mauvaises attitudes. La première est le mépris ou la prise à la légère de la discipline de Dieu. Une attitude telle que : nous haussons les épaules et disons, "Et bien, je ne sais pas ce qui est mal, je ne comprends pas pourquoi Dieu ne m'aide pas, ne me bénit pas comme il faudrait. Mais je ne vais pas y prêter plus attention que cela." C'est l'une des mauvaises réactions vis-à-vis de la discipline de Dieu ; la traiter avec légèreté.

L'autre est plus ou moins l'inverse : défaillir, abandonner et dire, "Et bien, je n'en peux vraiment plus, je ne sais pas ce que Dieu a ensuite pour ma vie, mais j'abandonne ici." Nous sommes donc mis en garde contre ces deux réactions opposées, ces deux réponses à la discipline de Dieu.

Nous continuons ensuite avec le chapitre 12:7-8. Il commence par une courte phrase.

Endurez l'épreuve comme une discipline...

Je pense que c'est une traduction très éclairante. Lorsque vous faites face à une épreuve, considérez-la comme une discipline. Ne vous plaignez pas, n'abandonnez pas, ne l'ignorez pas. Prenez-la comme une discipline.

... car Dieu vous traite comme des fils ; car quel est le fils que le père ne discipline pas ? Mais si vous êtes sans discipline, à laquelle tous ont été participants, alors vous êtes des enfants illégitimes et vous n'êtes pas des fils.

Car la marque des fils est d'être disciplinés. Si nous nous plaignons de la discipline de Dieu, c'est que, dans les faits, nous demandons à Dieu de nous traiter comme des enfants illégitimes.

Nous devons interpréter l'épreuve comme une discipline de Dieu et y répondre comme il se doit. Refuser la discipline revient à demander d'être traités comme des enfants illégitimes. Notez que l'auteur a dit que tous les enfants de Dieu ont été participants de la discipline. Nous devons garder à l'esprit que cela s'applique en premier et avant tout à Jésus lui-même.

Prenons un instant Hébreux 5:8 que nous avons commenté lorsque nous l'avions vu. Revenons en arrière pour voir juste ce verset parlant de l'expérience de Jésus.

Il a appris, bien qu'il soit Fils, l'obéissance par les choses qu'il a souffertes.

Donc, même Jésus a été traité comme un Fils par le Père, il a été discipliné et a dû apprendre l'obéissance par les choses qu'il a souffertes. J'aimerais vous dire très simplement qu'il y a une seule façon d'apprendre l'obéissance, et c'est en obéissant. Vous pouvez être tout à fait volontaires, très zélés, très engagés. "Seigneur, je ferai tout ce que tu demandes." "Bien, voilà ce que je te demande. Voyons maintenant comment tu obéis." Il n'y a qu'une façon pour apprendre la persévérance, je pense l'avoir dit. C'est en persévérant. Vous pouvez être entièrement disposés et vraiment très engagés, mais cela ne signifie pas que vous n'ayez pas à passer par le processus, parce que c'est ce processus qui produit le résultat attendu.

Continuons avec les versets 9 et 10.

De plus, nous avions des pères de notre chair...

C'est-à-dire des pères naturels. Mais il est préférable d'utiliser le terme "chair", car il va être mis en opposition au terme "Esprit".

... nous avions des pères de notre chair, qui nous disciplinaient, et nous leur montrions du respect [nous les respections] ; ne devrions-nous donc pas être assujettis au Père des esprits, et vivre ? Car en effet, ils nous ont disciplinés pour un peu de temps selon leur meilleure compréhension [selon ce qu'ils trouvaient être bon], mais lui, pour notre propre bien, pour que nous puissions prendre part à sa sainteté.

Tirons quelques leçons de ce passage. Si nous respections nos pères humains, en dépit de leurs limites, nous devrions bien plus respecter notre Père céleste. Mon père était un bon père. Il n'était pas du tout strict en matière de discipline. Il m'a en quelque sorte laissé libre de trouver mon propre chemin dans la vie. Peut-être aurait-il dû me discipliner davantage. Néanmoins, en regardant en arrière, je peux voir qu'il s'est trompé sur certaines choses, mais je l'ai toujours respecté et j'honore sa mémoire aujourd'hui. Si donc, nous agissons ainsi envers notre père humain, l'auteur dit, combien plus nous devrions obéir, nous soumettre et honorer le Père de nos esprits.

Et ensuite il est dit, "et vivre". Un point qui m'a vraiment frappé. La clé de la vie est la soumission au Père des esprits. Rejeter sa discipline, refuser son conseil mène à la mort. Mais se soumettre à sa discipline, accepter son conseil mène à la vie. Voulez-vous vivre ? Je suis certain que oui. Alors, soyez assujettis au Père des esprits.

Nous trouvons ensuite dans ce passage une révélation très bénie qui nous apprend que la discipline de Dieu a pour but de nous faire partager sa sainteté. La sainteté est un aspect de la nature de Dieu qui ne se trouve nulle part ailleurs dans la création que dans la relation avec Dieu. Donc lorsque Dieu nous discipline pour produire en nous sa sainteté, maintes fois nous ne comprenons pas ce qu'il demande, parce que nous ne comprenons pas la nature de la sainteté.

Je regarde à ma propre expérience et je constate à quel point j'étais lent à comprendre ce que Dieu recherchait si souvent dans ma vie. Je pense que la discipline était parfois bien plus longue qu'elle n'aurait dû, simplement parce que j'étais lent à apprendre. Dieu veut reproduire en chacun de ses enfants sa propre sainteté. C'est le but de sa discipline. Nous devrions considérer ce désir qu'il a pour nous comme un privilège.

J'ai ensuite ajouté cette phrase qui est toujours aussi parlante pour moi. Dieu partage, mais Satan est un tyran. Dieu n'est pas assis sur le trône en disant, "Je suis là, et vous, vous restez là". Dieu dit, "Si je peux vous faire prendre part à ma sainteté, je partagerai mon trône avec vous." C'est juste une magnifique illustration de la différence entre l'attitude de Dieu et celle de Satan.

Et je l'ai illustré avec Romains 5:17, si vous voulez prendre un instant ce passage. Il se peut que la raison de mon choix ne soit pas tout de suite évidente pour vous, mais je vais essayer de m'expliquer. Romains 5:17 parle de la différence entre la juste obéissance de Christ et la transgression d'Adam, ainsi que la différence des résultats obtenus.

Si par l'offense d'un seul [c-à-d Adam] *la mort a régné par lui seul, à plus forte raison ceux qui reçoivent l'abondance de la grâce et du don de la justice régneront-ils dans la vie par Jésus-Christ seul.*

Vous voyez la différence ? La mort a régné comme un tyran. Satan est un tyran. Il domine. Il ne partage pas, il nous regarde de haut. Mais lorsque Jésus nous rend justes, il nous invite à régner dans la vie avec lui. Et Dieu nous discipline pour que nous partagions sa sainteté.

J'ai souvent dit à des jeunes hommes sur lesquels j'avais une certaine influence, "Si vous avez deux fois plus de succès que moi, j'en serais le plus heureux." Je n'ai aucun monopole sur ce que Dieu m'a donné. Si je peux tout transmettre, je le ferais. Et si vous pouvez faire plus avec que ce que j'ai fait, alors j'en serais d'autant plus béni. Je pense que c'est vraiment là l'attitude de Dieu. Il partage. Tout ce qu'il pourra bien transmettre, il le transmettra. Mais l'une des garanties est la sainteté. Sans la sainteté, si nous commençons par recevoir d'abord les autres attributs de Dieu, sa puissance et sa sagesse et sa connaissance ; ils nous détruiront. La sainteté est donc la garantie qui nous rend capable de recevoir les autres bénédictions que Dieu a pour nous.

Revenons à Hébreux, Hébreux 12:11. Ce passage nous donne la bonne réponse. Il est aussi très réaliste. Je pense avoir dit la dernière fois que la Bible est un livre très réaliste. Elle dit les choses telles qu'elles sont.

Car toute forme de discipline, pour le moment [ou pour le temps présent], *ne semble pas produire de la joie, mais de la souffrance ; mais elle produit plus tard un fruit paisible de justice pour ceux qui ont été exercés par elle.*

Je pense que l'un des signes évidents de l'immaturité chez un tout-petit est le fait qu'il ne peut voir au-delà du présent. Si sa mère va aux toilettes, l'enfant est pris de panique car il ne voit plus sa mère. Il ne peut accepter le fait qu'elle revienne dans une minute. Plus nous grandissons, plus nous sommes capables, en un sens, de sacrifier le présent pour le futur. Je considère cela comme une marque de maturité. Donc ce que Dieu veut dire, c'est que si nous sacrifions le présent, et supportons la douleur, nous serons très contents du résultat final. Le danger est, une fois encore, de lever les bras en l'air et de dire, "Je n'en peux plus de tout ceci". Vous ne savez pas quelle quantité vous devrez encore supporter. Vous êtes peut-être à cinq minutes du moment où la discipline doit s'arrêter. Mais si vous abandonnez cinq minutes trop tôt, vous perdrez tous les bénéfices. Et Dieu devra tout reprendre dès le début et recommencer tout le processus.

L'une de mes prières à Dieu est la suivante : "Seigneur, je réalise que j'ai beaucoup à apprendre, mais j'espère que je n'aurai pas à apprendre deux fois la même leçon." J'ai vu de jeunes personnes devoir apprendre la même leçon encore et encore et encore, et certains d'entre eux ne l'ont toujours pas comprise.

Quelle est alors la bonne réponse ? Le mot-clé est d'être "formé", et ce mot est le mot grec qui donne en français le mot "gymnaste, gymnastique...". Il est donc question d'un programme de discipline assez rigoureux. Tout gymnaste doit faire de nombreux exercices pour renforcer certains muscles, acquérir plus de flexibilité, etc. Il s'agit donc d'être rendu flexibles, soumis à Dieu, et non pas de garder le cou raide et de dire, "Dieu, je ne plierai pas". Et cela vient par l'entraînement. Si vous ne voulez pas être entraînés, vous n'atteindrez pas le résultat.

Ainsi, la souffrance temporaire produit une justice permanente. Voyez-vous, il est naïf de croire que la vie chrétienne passe outre la souffrance. Je pense qu'il y a une certaine tendance dans certains groupes du mouvement charismatique à avoir cette attitude : "Maintenant que je suis chrétien, je sais que je n'aurais plus à souffrir si j'ai suffisamment de foi." Et bien, en fait, les personnes du Nouveau Testament qui avaient le plus de foi me semblent être celles qui ont le plus souffert. Je ne sais pas comment vous lisez le Nouveau

Testament, mais je pense à Paul qui était un homme d'une foi extraordinaire. Et bien, il y a peu de chrétiens contemporains qui ont souffert ne serait-ce qu'un dixième de ce qu'il a souffert.

Je pense l'avoir déjà cité avant, mais je le répète à nouveau. Il y a un proverbe français qui dit, "Il faut souffrir pour être beau". Je pense sincèrement qu'il y a une certaine vérité là-dedans. J'ai vu certaines personnes traverser certaines choses, et je les ai vues ressortir bien plus belles qu'elles ne l'étaient avant. Il y a une certaine superficialité assez facile à créer. C'est principalement du maquillage spirituel. Mais dans les moments vraiment difficiles, celui-ci s'efface. Cependant, il existe une beauté profonde intérieure qui n'est pas superficielle, qui ne peut être appliquée et ne peut être effacée. Elle ne vient que par la soumission à la discipline de Dieu.

Continuons avec les versets 12-13. Nous arrivons maintenant à un "donc". Vous vous souvenez de ce que j'ai dit sur les "donc" ? Il vous faut trouver la raison de sa présence.

Donc, redressez les mains molles [ou les mains qui pendent molles] *et les genoux qui ne* [en fait, le terme grec est "paralysés "] *fonctionnent plus...*

Vous savez, quand vous vous trouvez réellement dans un état de choc, qu'arrive-t-il à vos genoux ? Ils commencent à s'entrechoquer, et vous trébuchez en cherchant un endroit où vous asseoir.

Donc, redressez les mains qui pendent molles, et les genoux qui ont perdu leur force, et faites suivre à vos pieds une ligne droite [ce qui est une citation tirée du Proverbe 4], *afin que ce qui est boiteux ne soit pas déboîté* [ou que le membre boiteux ne soit pas déboîté], *mais au contraire qu'il guérisse.*

Ces versets donnent en fait l'application du passage que nous venons d'étudier ce soir. Le "donc" nous rappelle l'essentiel, parce que nous allons entrer dans un nouveau sujet après ces versets. Tout d'abord, il parle de deux choses, les mains et les genoux. Il y a certains principes, je crois, dans l'interprétation des Ecritures. Par exemple, lorsqu'il est question de votre oreille, il s'agit de ce que l'on entend. Lorsqu'il est question de vos doigts ou de vos mains, il s'agit de ce que vous faites. Quand il est question de vos jambes ou de vos pieds, il s'agit de votre façon de marcher dans la vie. Par exemple, le souverain sacrificateur dans l'ancienne alliance devait être oint de sang et d'huile sur son oreille droite, son pouce et son gros orteil droits. Cela peut paraître plutôt étrange pour certaines personnes, mais d'après mon approche des Ecritures, je pense que cela veut dire qu'il doit être très prudent par rapport à ce qu'il entend, il doit faire correctement ce qu'il a à faire, et il doit marcher dans le droit chemin. Donc dans ce passage, lorsqu'il est dit de redresser les mains molles et de renforcer les genoux défaillants, cela fait référence à ce que nous faisons et à notre façon de marcher dans la vie. Nous devons mettre de la puissance, de la détermination dans ce que nous faisons et dans notre façon de marcher.

Je pense que dans un certain sens, peut-être que le concept-clé ici est la détermination. Je n'abandonne pas, je ne rebrousse pas chemin, je ne dévie pas. Je reste sur le chemin de la volonté de Dieu, qui est cette ligne droite préparée devant moi. Tout ceci, je pense, est exprimé par ces mots, "redressez vos mains et vos genoux".

Gardez à l'esprit, continue-t-il de dire, que le chemin que vous suivez va affecter les autres. Certains vous suivront peut-être. Et s'ils sont boiteux et que vous ne marchez pas sur un chemin droit, un chemin plat, leur déhanchement peut amener le membre boiteux à se déboîter complètement. Nous devons donc garder à nouveau à l'esprit que nous sommes responsables de la façon dont nous vivons, car notre vie affecte sans aucun doute celle des autres. Parfois, certaines personnes nous observent sans que nous en ayons conscience et selon nos actes, elles seront influencées à agir en bien ou en mal.

Nous avançons maintenant jusqu'au verset 14, qui est en quelque sorte un verset lien. Il résume d'une certaine façon ce qui a été vu avant, mais il parle aussi de ce qui va venir après. Nous allons d'abord nous arrêter à ce verset, et ensuite nous verrons le passage qu'il introduit. Dieu demande deux objectifs : la paix et la sainteté. Ce ne sont pas des options. Il est dit ici, "Poursuivez la paix". "Poursuivre "est un mot très puissant. Je n'ai pas traduit le verset, je vais le faire.

Poursuivez la paix avec tout le monde, et la sanctification sans laquelle personne ne verra le Seigneur.

Nous devons donc poursuivre la paix et la sainteté. Je pense que les deux vont ensemble. Je pense qu'il est difficile de concevoir une sainteté séparée de la paix. Ce qui nous impose en quelque sorte une obligation, mais une obligation limitée à ce qui est possible. Je pense qu'il est important que nous lisions Romains 12:18. Vous remarquerez qu'il y a une correspondance considérable entre Romains 12 et Hébreux 12. Je pense que c'est la troisième fois que nous nous référons au chapitre 12, et probablement pas la dernière.

S'il est possible, autant que cela dépend de vous, soyez en paix avec tous les hommes.

La Bible est un livre réaliste. Elle reconnaît qu'il y a des moments où vous ne pouvez être en paix avec certaines personnes, parce que celles-ci ne veulent pas la paix. Ce verset ne nous met donc pas dans cette position impossible d'essayer d'atteindre la paix, quand cela n'est pas possible. Mais il est dit, "tant que cela dépend de vous", tant que vous le pouvez, poursuivez la paix et la sainteté. Et l'auteur d'Hébreux termine ce verset 14 avec ces mots très forts :

Sans la sainteté, personne ne verra le Seigneur.

Nous pourrions prendre un instant le passage des Béatitudes dans Matthieu 5:8.

Heureux ceux qui ont le cœur pur, car ils verront Dieu.

Donc pour voir Dieu, il faut avoir un cœur pur. Je pense que l'auteur d'Hébreux veut de la même façon dire que sans la sainteté personne ne verra le Seigneur. Et voilà mon commentaire à ce propos : Aucun type de soi-disant salut qui ne pratique pas la sainteté n'est acceptable.

Certaines personnes ont une vie chrétienne si compartimentée que parfois elles sont sauvées, et à un autre moment plus tard elles sont sanctifiées. Mais même si elles ne sont pas sanctifiées, elles sont quand même sauvées. Je pense que c'est une doctrine dangereuse parce qu'il est dit que sans la sainteté, sans être sanctifiés, nous ne verrons pas le Seigneur. Quel avantage y a t il à proclamer le salut, si cela ne vous qualifie pas pour voir le Seigneur ? Je crois néanmoins qu'il y a une expérience de sanctification, cela fait partie de l'enseignement du Nouveau Testament. Je pense seulement que certaines personnes se contentent du minimum. Quel est le minimum que je dois faire pour être sauvé ? Je pense que si vous avez cette attitude, il est très peu probable que vous soyez sauvés. Je pense que cette attitude est à ce point mauvaise et contraire à Dieu, que vous n'obtiendrez rien ainsi.

Je me souviens il y a quelques années, et je dois le dire assez discrètement, avoir entendu une femme chrétienne américaine bien connue donner son témoignage. C'était à Londres. Je ne connaissais pas pour alors la chrétienté américaine. Elle dit quelque chose qui m'a tout simplement surpris. C'était une femme très douce et très agréable. Elle dit ceci, "Je suis venue au Seigneur assez tôt dans ma vie. Je l'avais reçu comme Sauveur, mais je ne l'avais pas couronné comme Seigneur". Alors, mon esprit doctrinal a commencé à réfléchir à cela. Je me suis dit, "Comment est-ce possible ?" "Est-ce possible ?" Car il est dit dans Romains 10 que pour être sauvé, il faut croire en son cœur que Dieu l'a ressuscité des morts et confesser qu'il est Seigneur. Je ne crois pas que l'on puisse être sauvé sans que Jésus soit notre Seigneur.

Je connais maintenant un peu mieux la chrétienté américaine et je peux assez bien comprendre son vécu. Elle est, d'ailleurs, devenue une merveilleuse servante du Seigneur. C'est juste que je ne pense pas que c'était une bonne présentation de la vérité biblique. Je ne pense pas qu'il puisse y avoir de salut sans sainteté. Je ne pense pas qu'il puisse y avoir de salut sans reconnaître le Seigneur en tant que tel. Voyez-vous, nous allons arriver plus loin dans ce chapitre au royaume que Jésus nous a invités à partager avec lui, royaume dans lequel il est roi. Je crois que la Bible enseigne qu'à moins que Jésus ne soit le roi, il ne peut y avoir de justice. Ceux qui ne sont pas dirigés par Jésus ne sont pas justes parce que de par notre nature, nous sommes rebelles. Et à moins d'être soumis au Seigneur, nous n'avons aucune véritable justice.

Nous lirons le verset 15, puis nous avancerons. Hébreux 12:15.

Veillez [ou faites attention] *de peur que quelqu'un ne se prive de la grâce de Dieu ; à ce qu'aucune racine d'amertume naissante n'offense* [ou ne cause de troubles] *et que par-là beaucoup soient souillés.*

J'ai dit, "beaucoup ", alors que la version grecque dit, "la multitude", ce qui est presque comme la plupart d'entre eux soient souillés. Cet avertissement nous met donc en garde contre le fait de se priver de la grâce de Dieu, car cette attitude donne naissance à une racine d'amertume et cause du trouble pour beaucoup, et beaucoup en sont souillés. Il nous faut prendre le passage auquel ce verset fait référence dans l'Ancien Testament, dans Deutéronome 29:18-21. Ce passage-là donne l'un des avertissements les plus terrifiants du jugement imminent de Dieu que je connaisse de toute la Bible. Je l'ai relu ce soir et j'étais assez stupéfait de la puissance qui y est contenue. Deutéronome 29:18-21. Ce sont les paroles de Moïse, et je ne reviendrai pas sur le début de sa phrase car elle est très longue, mais nous commencerons au verset 18, dans la version Darby :

… de peur qu'il n'y ait parmi vous homme, ou femme, ou famille, ou tribu, dont le coeur se détourne aujourd'hui d'avec l'Eternel, notre Dieu, pour aller servir les dieux de ces nations ; de peur qu'il n'y ait parmi vous une racine qui produise du poison et de l'absinthe,

C'est le passage auquel Hébreux 12 fait référence, "une racine qui produise du poison et de l'absinthe." Mais j'aimerais que vous notiez que la racine est une personne, une personne qui se détourne de la véritable foi en Dieu et va servir d'autres dieux, ce qui serait très fréquemment dans notre culture contemporaine de l'occultisme. Ecoutez ce que Moïse dit ensuite.

… et qu'il n'arrive que quelqu'un, en entendant les paroles de ce serment, ne se bénisse dans son coeur, disant, J'aurai la paix, lors même que je marcherai dans l'obstination de mon coeur afin de détruire ce qui est arrosé et ce qui est

altéré.

L'Hébreux dit littéralement, "Il se bénit dans son cœur." Autrement dit, "je vais bien, cela ne s'applique pas à moi, je suis bien." Il dit :

La conséquence en est que cela ne détruit pas seulement la terre sèche, mais aussi la terre verte, fertile. J'aimerais vous dire que Dieu regarde cela bien plus sérieusement que la plupart d'entre nous. Ecoutez ensuite ce qui suit, c'est assez effrayant.

L'Eternel ne voudra pas lui pardonner, mais la colère de l'Eternel et sa jalousie fumeront alors contre cet homme ; et toute la malédiction qui est écrite dans ce livre reposera sur lui ; et l'Eternel effacera son nom de dessous les cieux ;

Et si vous prenez le chapitre précédent, les malédictions sont nombreuses. Toute la dernière partie du chapitre 28 est constituée uniquement de malédictions.

... et l'Eternel le séparera de toutes les tribus d'Israël pour le malheur, selon toutes les malédictions de l'alliance qui est écrite dans ce livre de la loi.

C'est une déclaration de jugement effrayante portée sur toute personne qui appartient au peuple de l'alliance de Dieu, mais se tourne vers un autre dieu. Une telle personne, il ou elle, est décrite comme une racine d'amertume qui porte de l'absinthe, c'est du poison. Et il est dit que non seulement une telle personne se détourne de la voie de Dieu, mais qu'en plus elle entraîne nombre d'autres à errer avec elle et que beaucoup sont souillées à cause de cela.

Vous pourriez aussi prendre les deux autres. D'abord 2 Timothée 3:5, qui termine une longue liste d'adjectifs caractérisant toutes sortes de corruption qui émergeront au sein de l'humanité dans les derniers jours. Parlant de telles personnes, il est dit :

Ayant l'apparence de la piété, mais reniant ce qui en fait la force. Eloigne-toi de ces hommes-là.

Voilà un terme très fort, "éloigne-toi d'eux", n'aie rien à voir avec eux.

Et vous pourriez également prendre dans Ecclésiaste 9:18, si vous savez où se trouve Ecclésiaste. Un livre généralement peu lu.

La sagesse vaut mieux que les instruments de guerre ; mais un seul pécheur détruit beaucoup de bien."

Nous avons ce dicton qui dit, "une pomme pourrie gâte toutes les autres". Il y a donc là un avertissement contre un certain type de personne qui par sa présence et son influence corrompt beaucoup d'autres. Voyez-vous par rapport à ce que je viens de dire, que c'est un thème que l'on retrouve tout au long de la Bible.

Nous continuons maintenant avec le verset suivant, où nous verrons quelque chose d'assez remarquable, car il s'agit des exemples d'une telle racine. Nous sommes donc à Hébreux 12, verset 16. C'est vraiment intéressant, je ne vais pas me répéter à nouveau, mais ce verset est écrit en grec, mais par quelqu'un qui pense en hébreux. En effet, la construction n'est pas du tout grecque, mais bien hébraïque. En hébreux, comme certains d'entre vous le savent, on enlève le mot "est". En grec, on ne peut le faire. Mais continuellement, cet auteur omet le "est" et il faut le rajouter. Voilà qui nous montre très clairement que celui qui a écrit cette épître était hébreu. Il pensait en hébreu et écrivait en grec.

Qu'il n'y ait aucun fornicateur [ou personne immorale]...

Et c'est un exemple d'une racine amère. Une influence corruptrice est une personne immorale. Je dois dire qu'au cours de mon ministère, j'ai vu cela se produire. J'ai vu une personne immorale tolérée et entraîner les autres à la destruction. Ce n'est pas un avertissement inutile.

... ou personne profane comme Esaü, qui pour un repas a vendu son droit d'aînesse.

Ou ses droits en tant que premier-né, ce serait mieux. Ce qui m'impressionne, c'est le deuxième exemple d'une racine amère, le genre de personnes que l'on ne devrait pas tolérer. Nous pourrions tous comprendre avec notre arrière-plan d'éthique chrétienne qu'une personne immorale ne devrait pas être tolérée au sein du peuple de Dieu. Mais nous avons ici un autre type de personne, la personne profane. À qui penseriez-vous comme exemple d'une personne profane ? Les Ecritures nous donnent l'exemple d'Esaü et je pense que cela doit réellement nous amener à réfléchir parce qu'Esaü n'était pas une personne immorale. Il avait épousé deux femmes, mais il était légalement marié. Pourquoi est-il considéré comme un exemple de quelque chose qui ne doit pas être toléré ? Qu'a-t-il fait ? Il a méprisé ce que Dieu lui avait donné. Il n'a jamais fait aucun mal, simplement il n'était pas intéressé par un quelconque héritage spirituel.

Il y a certains passages concernant Esaü qui sont vraiment étonnants. Commençons par prendre l'histoire, dans l'Ancien Testament à Genèse 25:27, et jusqu'à la fin du chapitre. Ayant vécu dans le pays d'Israël, ce texte me parle vraiment parce que je peux imaginer la scène. Je me l'imagine davantage dans une culture arabe que dans une culture juive d'aujourd'hui, parce qu'en Israël, les Arabes conservent probablement, à bien des égards, davantage de la culture biblique que certains aspects de la culture juive.

Ces enfants grandirent [c-à-d Esaü et Jacob]. *Esaü devint un habile chasseur, un homme des champs ; mais Jacob fut un homme tranquille, qui restait sous les tentes. Isaac aimait Esaü parce qu'il mangeait du gibier...*

Vous vous souvenez que j'ai dit que j'avais préparé un jour un sermon sur la façon dont une mauvaise attitude envers la nourriture a corrompu la vie de famille d'Isaac ? Et bien, voilà l'exemple. Il aimait Esaü parce qu'il mangeait du gibier.

... et Rebecca aimait Jacob.

Permettez-moi de dire ceci, et plusieurs vont l'apprécier. Rebecca est la première 'maman juive'. Elle est le véritable modèle. Et elle allait arranger l'avenir de leur famille, quoi qu'il arrive.

Comme Jacob faisait cuire un potage, Esaü revint des champs, accablé de fatigue. Et Esaü dit à Jacob : Laisse-moi, je te prie, manger de ce roux, de ce roux-là, car je suis fatigué. C'est pour cela qu'on a donné à Esaü le nom d'Edom [parce qu'Edom est le terme pour "roux"]. *Jacob dit : Vends-moi aujourd'hui ton droit d'aînesse. Esaü répondit : Voici, je m'en vais mourir ; à quoi me sert ce droit d'aînesse ?* [J'ai si faim, je vais mourir]. *Et Jacob dit : Jure-le-moi d'abord. Il le lui jura, et il vendit son droit d'aînesse à Jacob. Alors Jacob donna à Esaü du pain et du potage de lentilles...*

Voilà ce qui est si parlant pour moi, parce que parmi les Arabes encore aujourd'hui, et aussi parmi les Juifs orientaux, c'est ce qu'on appelle en arabe" chorba 'addas". C'est une soupe faite de lentilles et lorsque nous habitions dans ce pays en 1946, ou dans ces environs-là, nous avions une servante arabe Jameela qui faisait la plus délicieuse soupe de lentilles "chorba addas". Ça a une odeur très forte. Je veux dire, quand vous vous trouvez dans la maison, et que vous avez faim, tout ce à quoi vous pouvez penser, c'est à cette soupe de lentilles. Vous voyez là cette chose rouge frémissant à petit feu et votre bouche commence à saliver, votre sens des valeurs disparaît et tout ce à quoi vous pensez, c'est à cette soupe de lentilles. Je ne veux pas par là justifier Esaü, mais je peux comprendre sa réaction.

Il mangea et but, puis se leva et s'en alla.

Et enfin ce petit commentaire à la fin du verset, que vous ne pouvez manquer.

C'est ainsi qu'Esaü méprisa le droit d'aînesse.

C'est pour cela qu'il est considéré comme un exemple de personne profane, le genre de personne qu'il est dangereux d'avoir au sein du peuple de Dieu. Et je répète encore que j'ai vu de telles personnes au sein du peuple de Dieu, dont la compagnie a été nuisible.

Esau n'attacha aucune importance à l'héritage promis à Abraham et à Isaac. Il y avait droit, puisqu'il était le premier-né de quelques minutes. Mon commentaire suivant est que Dieu déteste ce genre d'attitude. Prenons un instant dans Malachie 1:2-3. L'Eternel fait des remontrances à Israël, les descendants de Jacob.

Je vous ai aimés, dit l'Eternel. Et vous dites : En quoi nous as-tu aimés ? [et voici maintenant la réponse de l'Eternel] *Esaü n'est-il pas le frère de Jacob ? dit l'Eternel. Cependant j'ai aimé Jacob, et j'ai eu de la haine pour Esaü.*

L'une des choses essentielles dans la vie spirituelle est d'avoir les critères de valeur de Dieu, mais si on les rejette, Dieu dit qu'Il déteste cette attitude. Esaü n'était pas immoral, il n'était pas un voleur. C'était un bon garçon. La plupart des gens aujourd'hui le considèreraient comme le gentil, et Jacob comme le méchant, le talon. Son nom signifie "talon".

J'aimerais souligner qu'une fois que Jacob a obtenu le droit d'aînesse du premier-né, il avait légalement droit à la bénédiction qui allait avec. Donc tout ce qu'il a fait, en obtenant la bénédiction, c'était de s'assurer qu'il recevait ce dont il avait légalement droit. Je ne suis pas en train de justifier ce qu'il a fait à son frère, mais je veux juste souligner que la bénédiction était légalement la sienne et que le Saint-Esprit y a prophétiquement porté témoignage, parce qu'une fois qu'Isaac avait prononcé la bénédiction sur lui, même s'il pensait que c'était Esaü, il savait qu'il ne pouvait revenir sur cette bénédiction.

Le problème avec Rebecca et Jacob – et c'est le problème de certains d'entre nous – c'est qu'ils ne pouvaient laisser Dieu agir seul. Il fallait qu'ils l'aident. Et aider Dieu est une chose dangereuse à faire, parce que si vous lisez bien l'histoire, vous verrez que presque immédiatement après Jacob devient un fugitif et passe les vingt années suivantes loin de son héritage à travailler pour son oncle. Et de ce que je comprends, Rebecca n'a jamais revu le fils qu'elle aimait. Que ceci soit un avertissement. Si Dieu vous met quelque chose sur votre chemin, n'essayez pas d'œuvrer tout seul par des moyens charnels pour l'obtenir. Ayez la foi de laisser Dieu agir lui-même.

J'aimerais à nouveau souligner la différence qu'il y a entre les critères de Dieu et ceux qui sont acceptés dans notre monde aujourd'hui. Voyez-vous, en un certain sens, si Dieu vous a donné quelque chose qu'il croit être très précieux et que vous le méprisiez, que faites-vous en réalité ? Vous le méprisez et vous l'insultez. Je crois donc nécessaire de nous examiner, afin qu'aucun de nous n'ait l'attitude d'Esaü, que quand Dieu met à notre disposition les richesses insondables de Christ, nous ne haussions pas les épaules en disant, "C'est bien joli, mais j'ai d'autres choses à faire". Car cette attitude-là est véritablement celle d'Esaü.

Continuons avec le verset 17.

Car vous savez que même après, lorsqu'il souhaita hériter de la bénédiction, il fut rejeté [il fut considéré impropre]*, car il ne put trouver d'endroit de repentance, bien que l'ayant demandé dans les larmes.*

Du fait des genres en grec, "endroit" est au masculin, et "repentance" au féminin. Si vous connaissez des langues qui ont des genres, telles que le français, l'italien ou l'allemand, alors vous comprendrez. Du fait de ces genres, le grec rend clair le fait qu'Esaü recherchait la bénédiction, et non la repentance. Il voulait outrepasser la repentance mais recevoir quand même la bénédiction. Voilà encore un avertissement. Si vous sortez de la volonté de Dieu, il n'y a qu'une façon de revenir en arrière, et c'est la repentance. Vous ne pouvez dire, "Dieu, j'ai commis une faute. Mais peu importe, c'est quand même à moi." Dieu dit, "Non". Il n'y a pas de marche arrière si vous outrepassez la repentance.

L'un des plus grands besoins dans l'Eglise contemporaine, c'est une véritable compréhension de la repentance. Je suis arrivé à la conclusion, lorsque je conseillais les gens – ce que je ne fais plus trop aujourd'hui – que si ceux-ci savaient ce qu'était réellement la repentance et la pratiquaient, la moitié des problèmes rencontrés n'existeraient pas. Leurs problèmes sont généralement dus au fait qu'il n'y a pas chez eux de véritable repentance.

Le terme "repentance "que nous avons ici en grec veut dire, "changer de pensée". Ce n'est pas une émotion. Elle peut être accompagnée d'émotion, ou pas. Mais l'émotion n'est pas l'essentiel. Esaü était très émotif. Il sanglota et pleura, mais il ne vint pas à la repentance.

Pour continuer, nous prendrons tout d'abord les passages en référence aux versets 18-24. Il est question de la septième comparaison, ici entre le Mont Sinaï et le Mont Sion. Le Mont Sinaï était l'endroit où l'alliance de la loi fut donnée. Le Mont Sion représente le lieu de la nouvelle alliance en Jésus. Lisons les passages notés en référence. Nous commencerons d'abord par les versets 18-21. Ici, l'auteur décrit ce qui était impliquée dans l'alliance de la loi représentée par le Mont Sinaï. Il dit :

Vous n'êtes pas venus à une montagne [ou à quelque chose]...

Ensuite, il énumère sept caractéristiques de la scène du Mont Sinaï.

... vous n'êtes pas venus à quelque chose que l'on peut toucher, qui brûle de feu, ni de l'obscurité, ni de l'obscurité noire, ni de la tempête, ou de la sonnerie d'une trompette, ni du bruit des paroles, que ceux qui les entendirent supplièrent qu'aucun autre mot ne soit ajouté. Car ils ne pouvaient endurer ce qui était commandé, [c'est ce qui est commandé] *: même si une bête touche la montagne, elle sera lapidée. Et le spectacle était si effrayant que Moïse dit, Je suis extrêmement apeuré et je tremble.*

Nous nous arrêtons là, voilà la scène du Mont Sinaï. Je pense qu'il nous faut nous arrêter là pour y regarder de plus près. Permettez-moi de lire d'abord mes notes. Le Mont Sinaï représente l'alliance de la loi basée sur des sacrifices et des règles charnels. Je pense que le mot-clé ici est, "perceptible". Il s'agit du domaine de ce qui pouvait être touché, appréhendé par les sens. Il y est question de sept caractéristiques physiquement perceptibles. Si vous comptez toutes les caractéristiques qui viennent en sept, je pense que vous serez étonné. Numéro un, c'était "tangible". Numéro deux, c'était un "feu embrasé". Numéro trois, il y avait de "l'obscurité". Numéro quatre – je préfère inverser les choses : obscurité, noirceur, tornade, souffle de trompette et paroles audibles qui terrifiaient ceux qui les entendaient.

J'ai ensuite rajouté ce commentaire qui est très important : notez que la loi ne rapprocha pas le peuple de Dieu. Au contraire, elle le gardait à distance. C'est un fait très important à retenir.

Prenons maintenant cette description dans Exode 19. Nous lirons les versets 16-25 assez rapidement.

Le troisième jour au matin, il y eut des coups de tonnerre, des éclairs, et une épaisse nuée sur la montagne ; le son de la trompette retenti fortement ; et tout le peuple qui était dans le camp fut saisi d'épouvante. Moïse fit sortir le peuple du camp, à la rencontre de Dieu ; et ils se placèrent au bas de la montagne. Le mont Sinaï était tout en fumée, parce que l'Eternel y était descendu au milieu du feu ; cette fumée s'élevait comme la fumée d'une fournaise, et toute la montagne tremblait avec violence. Le son de la trompette retentissait de plus en plus fortement. Moïse parlait, et Dieu lui répondait à haute voix.

Vous voyez l'insistance mise sur le tonnerre, le feu, la fumée, le tremblement de la montagne ?

Ainsi l'Eternel descendit sur le mont Sinaï, sur le sommet de la montagne ; l'Eternel appela Moïse sur le sommet de la montagne. Et Moïse monta. L'Eternel dit à Moïse : Descends, fais au peuple la défense expresse de se précipiter vers l'Eternel, pour regarder, de peur qu'un grand nombre d'entre eux ne périssent. Que les sacrificateurs, qui s'approchent de l'Eternel, se sanctifient aussi, de peur que l'Eternel ne les frappe de mort. Moïse dit à l'Eternel : Le peuple ne pourra pas monter sur le mont Sinaï, car tu nous en as fait la défense expresse, en disant : Fixe des limites autour de la montagne, et sanctifie-la. L'Eternel lui dit : Va, descends ; tu monteras ensuite avec Aaron ; mais que les sacrificateurs et le peuple ne se précipitent point pour monter vers l'Eternel, de peur qu'il ne les frappe de mort. Moïse descendit vers le peuple, et lui dit ces choses.

Cette scène tout entière a lieu dans le domaine de ce qui peut être perçu par les sens. C'était redoutable, effrayant, et peu accueillant. Et comme je l'ai déjà dit, son but était de garder le peuple éloigné, non pas de les rapprocher.

Nous continuons avec le passage qui décrit le Mont Sion. Nous devons garder à l'esprit que selon les révélations du Nouveau Testament, il y a deux monts Sion. L'un est celui qui se trouve actuellement sur terre près de la ville de Jérusalem. L'autre est ce que nous appelons le Mont Sion céleste. Lisons maintenant Hébreux 12:22-24.

Mais vous êtes venus au Mont Sion et à la ville du Dieu vivant, la Jérusalem céleste, et vers une myriade d'anges, en assemblée festive...

Il y a deux façons de traduire cela, tout dépend de l'endroit où vous placez la virgule. Mais pour moi, cela a bien plus de sens ainsi : des myriades d'anges en assemblée festive.

... et vers l'église des premiers-nés qui sont inscrits au ciel, et vers Dieu, le juge de tout, et vers les esprits d'hommes justes qui ont été rendus parfaits, et vers Jésus, le médiateur de la nouvelle alliance, et vers le sang de l'aspersion qui parle mieux que celui d'Abel.

Nous allons maintenant voir les caractéristiques du siège de la Nouvelle Alliance. Je vais lire mes notes parce que je ne peux les améliorer. Le Mont Sion représente tout ce qui est rendu disponible par la Nouvelle Alliance en Christ. Et il a sept caractéristiques spirituellement décelables. Notez la différence entre ce qui est physiquement perceptible, marque du Mont Sinaï, et ce qui est spirituellement décelable, marque du Mont Sion. La première caractéristique, c'est qu'il s'agit de la ville de Dieu, de la Jérusalem céleste. Cela fait référence à Galates 4:26. Ce serait intéressant de prendre ce passage. Nous lirons à partir du verset 25 pour avoir le contexte. Paul utilise ici les deux femmes d'Abraham comme analogies des deux alliances. Hagar, la femme esclave, une analogie de l'alliance faite au Mont Sinaï, et Sara, la femme libre, la mère du fils de la promesse comme analogie de la Nouvelle Alliance. Voici ce qu'il dit :

Car Agar, c'est le Mont Sinaï en Arabie, et elle correspond à la Jérusalem actuelle, qui est dans la servitude avec ses enfants. [verset 26] *Mais la Jérusalem d'en haut est libre, c'est notre mère.*

Dans Hébreux 12, ce n'est pas une image de la Jérusalem terrestre que nous avons, mais de la Jérusalem céleste, la Jérusalem d'en haut qui est libre.

La deuxième caractéristique du Mont Sion concerne ces myriades d'anges en assemblée festive. Cela me surprend vraiment. Notez que les Ecritures disent que nous y sommes venus. Ce n'est pas du futur. Il ne s'agit pas du physique, car il n'est pas question du physique ou de ce qui est physiquement perceptible. Ici, c'est dans l'Esprit. Lorsque nous nous rassemblons pour adorer, nous venons au Mont Sion céleste. Je crois que c'est pour cela que Paul donne des instructions sur la façon dont nous devrions nous comporter, à cause des anges. Je pense que nous devrions garder à l'esprit que nous sommes alors en présence d'anges, et nous devrions faire ce qui aide les anges à se sentir à l'aise, non ce qui les embarrasse.

La troisième caractéristique est le rassemblement des premiers-nés, ceux qui sont nés de nouveau par le Saint-Esprit à travers la foi en Jésus. C'est-à-dire, l'Eglise du Nouveau Testament inscrite dans les cieux. Remarquez que le registre de l'Eglise du Nouveau Testament n'est pas conservé sur terre. Il y a sur terre de nombreux registres d'Eglises qui ont certains buts, mais le fait d'avoir son nom écrit sur le registre d'une Eglise sur terre ne garantit pas qu'il soit écrit sur le registre céleste.

Prenons les passages mentionnés ici, d'abord Jacques 1:18. Il est question de Dieu et de la façon dont il nous a fait entrer dans sa famille et a fait de nous ses enfants.

Il nous a engendrés selon sa volonté, par la parole de vérité [engendrés dans la nouvelle naissance], afin que nous soyons en quelque sorte les prémices de ses créatures.

Vous voyez ? Le monde n'a pas encore été changé. Il va être modifié selon les desseins de Dieu, et nous serons les premiers fruits, la garantie que la moisson suivra. Nous qui sommes maintenant déjà nés de nouveau par l'Esprit de Dieu.

Prenons maintenant Luc 10:20. Les disciples viennent juste de dire à Jésus à quel point ils sont heureux de pouvoir chasser des démons en son nom. Il en prend note, mais il leur donne un avertissement.

Cependant, ne vous réjouissez pas de ce que les esprits vous sont soumis ; mais réjouissez-vous de ce que vos noms sont écrits dans les cieux.

Il veut dire, "Lorsque vous êtes devenus mes disciples, que vous êtes nés de nouveau par l'Esprit de Dieu, vos noms ont été inscrits dans les cieux."

Le troisième passage se trouve dans Apocalypse 21:27, où il est question de la Jérusalem céleste.

Il n'entrera chez elle rien de souillé, ni personne qui se livre à l'abomination et au mensonge ; il n'entrera personne que ceux qui sont écrits dans le livre de vie de l'Agneau.

Nous avons donc trois fois cette image du registre du peuple de Dieu conservé dans les cieux.

La quatrième caractéristique du Mont Sion au ciel est Dieu, le juge de tout. Je pense que c'est assez significatif qu'il apparaisse juste au milieu de l'énumération, au numéro quatre. Il y a trois caractéristiques avant, et trois après. Je pense que nous devons tous garder à l'esprit que Dieu est toujours le juge de tout. Je pense que les chrétiens ont parfois tendance à oublier que Dieu n'est pas seulement un sauveur, mais également un juge. Il est le juge de tout.

Bien, mais s'il n'y avait pas ce qui suit, nous n'aurions aucun espoir de jamais obtenir l'accès à cette ville. Si cela s'arrêtait à Dieu, le juge de tout, nous serions tous exclus. Mais voyez-vous, d'autres choses sont ajoutées. La caractéristique suivante concerne les esprits des hommes justes qui ont été rendus parfaits. C'est-à-dire, je pense, les grands saints de l'Ancien Testament. Revenons un instant sur la fin d'Hébreux 11, là où il est question des héros de la foi, versets 39 et 40 :

Tous ceux-là, à la foi desquels il a été rendu témoignage, n'ont pas obtenu ce qui leur était promis, Dieu ayant en vue quelque chose de meilleur pour nous, afin qu'ils ne parviennent pas sans nous à la perfection.

Tant que Jésus n'était pas mort sur la croix et n'était pas ressuscité des morts, le chemin ne leur avait pas été ouvert. Ce n'est qu'à présent qu'ils peuvent entrer avec nous par l'Esprit dans la Nouvelle Jérusalem.

La sixième caractéristique du Mont Sion, la sixième présence est celle de Jésus, le médiateur de la nouvelle alliance. Du fait de cette Nouvelle Alliance, nous comprenons qu'il nous faut la septième caractéristique, l'aspersion du sang de Jésus. Et ce n'est qu'avec cette aspersion du sang que nous pouvons y accéder. Si cela s'arrêtait à Dieu, le juge de tout, nous n'y aurions pas accès.

Prenons encore deux passages. Tout d'abord, dans Hébreux 9:23-25, que nous avons déjà commenté auparavant, là où il est question de la nécessité du sang pour la purification des choses qui appartiennent à Dieu.

Il était donc nécessaire, puisque les images des choses qui sont dans les cieux devaient être purifiées de cette manière [par le sang du sacrifice], que les choses célestes elles-mêmes le soient par des sacrifices plus excellents que ceux-là. Car Christ n'est pas entré dans un sanctuaire fait de main d'homme, en imitation du véritable, mais il est entré dans le ciel même, afin de comparaître maintenant pour nous devant la face de Dieu. Et ce n'est pas pour s'offrir lui-même plusieurs fois qu'il y est entré, comme le souverain sacrificateur entre chaque année dans le sanctuaire mais pour offrir un autre sang que le sien.

Ce passage implique que Jésus est entré dans le sanctuaire céleste avec son propre sang ; c'est ce que dit l'auteur d'Hébreux : le sang de l'aspersion de Jésus parle mieux que celui d'Abel.

Si nous revenons maintenant sur le récit de Caïn et Abel dans Genèse 4 – nous nous souvenons de l'histoire, nous n'avons pas besoin de la relire – nous voyons comment Caïn, pris de jalousie à cause de la foi et de la justice d'Abel, a tué son frère ; puis comment il nia sa responsabilité lorsque Dieu lui demanda des comptes. Verset 9 :

L'Eternel dit à Caïn : Où est ton frère Abel ? Il répondit : Je ne sais pas ; suis-je le gardien de mon frère ? Et Dieu dit : Qu'as-tu fait ? La voix du sang de ton frère crie de la terre jusqu'à moi.

Le sang versé d'Abel criait à Dieu de la terre pour réclamer vengeance, justice. Il avait été aspergé sur la terre. Mais le sang de Jésus aspergé dans les cieux crie à Dieu pour obtenir miséricorde et pardon.

Pour ma part, je trouve toujours important de me souvenir que le sang parle continuellement dans la présence de Dieu. Même quand je ne prie pas, même quand je ne suis pas extrêmement spirituel, le sang est toujours là plaidant ma cause pour obtenir miséricorde et pardon. Et j'en suis bien heureux.

Revenons à Hébreux 12, où nous prendrons un tout dernier verset avant de terminer cette session. Verset 25.

Faites attention à ne pas rejeter celui qui parle. Car s'ils n'échappèrent pas, ceux qui rejetèrent sur terre celui qui parlait pour Dieu...

Il y a là un mot qui signifie "parler pour Dieu". Il est utilisé dans le grec séculier pour parler d'une "réponse à un oracle".

... combien moins nous échapperons, nous qui rejetons [ou nous détournons de] *celui qui parle des cieux.*

Parce que nous avons une meilleure alliance, grâce à tout ce que Dieu a fait pour nous, l'auteur d'Hébreux nous dit de faire attention à notre attitude. Je pense que son esprit revenait à Esaü. Ne soyez pas comme Esaü qui méprisa ce que Dieu lui offrait. Traitez-le avec respect, réalisez ce qu'il en a coûté pour acheter votre rédemption et marchez prudemment. Je pense devoir le répéter, je ne crois pas que ce message soit suffisamment souvent entendu dans notre chrétienté contemporaine. Nous présentons vraiment une fausse image de Dieu si nous parlons uniquement de sa miséricorde, de son pardon et de sa grâce.

Paul dit dans Romains, "Considère donc la bonté et la sévérité de Dieu". Une pièce de monnaie, dont l'un des côtés est effacé, n'a plus de validité. Je pense qu'il en va de même de notre présentation de Dieu. Si nous effaçons le côté sévère et ne présentons que le côté bon, la pièce n'a plus de validité. Elle est fausse. Je ne dis pas cela pour condamner qui que ce soit, mais si vous lisez la fin de ce chapitre, ce que nous ferons la prochaine fois, vous verrez qu'il y est question de la façon dont nous devons servir Dieu. Et les termes employés sont, "révérence" et "respect".

LE DERNIER MOT DE DIEU

Vingt-deuxième message.

Hébreux 12:25-29 – 13:6

Nous commençons avec le verset 25 que je relirai d'abord en grec, et ensuite nous l'étudierons.

Veillez à ne pas refuser [ou ignorer ou rejeter] *celui qui parle. Car s'ils n'échappèrent pas sur la terre ceux qui rejetèrent celui qui parla...*

Et le terme utilisé veut dire spécifiquement "parler la parole de Dieu". Ce n'est pas un terme ordinaire, c'est un mot qui signifie "parler en tant que Dieu" ou "parler en tant que représentant de Dieu". C'est un mot pour lequel nous n'avons aucune véritable correspondance dans la langue française. En grec séculier, ce terme était utilisé pour parler de la réponse donnée par un oracle. Par exemple, le célèbre oracle à Delphi. Quand l'oracle sortit, c'est ce terme qui fut utilisé. Il est toujours utilisé pour un message qui vient soit de Dieu, soit qui prétend en venir. Continuons ce verset 25.

... combien plus nous n'échapperons pas, nous qui nous détournons de celui qui parle des cieux.

Bon, ce n'est pas du français correct. Vous ne dites pas, "combien plus nous n'échapperons", vous dites, "combien moins échapperons-nous." Mais c'est la différence entre ces deux langues. Je vais relire parce que je me suis interrompu avant d'avoir fini.

Veillez à ne pas [ou tenez compte de ne pas] *rejeter celui qui parle, car s'ils n'ont pas échappé ceux qui rejetaient celui qui parle pour Dieu* [ou comme Dieu] *sur la terre, combien plus n'échapperons-nous pas, nous qui nous détournons de celui qui parle des cieux.*

Ce passage fait partie de ces messages véhiculés dans toute l'épître aux Hébreux par une série d'avertissements. Je ne connais aucun autre livre dans le Nouveau Testament – et même dans toute la Bible – qui n'adresse davantage d'avertissements sérieux au peuple de Dieu que dans ce livre. Nous avons regardé toute une série de tels passages, cinq passages d'avertissements sérieux. C'est simplement un résumé. S'ils n'ont pas obtenu miséricorde, ceux qui rejetaient l'alliance faite sur terre, alors ceux qui refusent l'alliance faite aux cieux, peuvent encore moins s'attendre à l'obtenir. Donc l'alliance faite aux cieux nous offre les plus grandes bénédictions. Mais cela s'accompagne aussi de la possibilité d'un jugement plus sévère si nous la rejetons. Je pense que c'est toujours vrai dans la vie. Plus la bénédiction est grande, plus le jugement est grand si l'on rejette la bénédiction.

Ensuite, l'auteur continue avec les deux versets suivants, 26 et 27, pour parler de deux tremblements de la terre. Le premier a eu lieu lorsque l'alliance de la loi fut donnée sur le Mont Sinaï, et que toute la montagne tremblait; il y a eu un tremblement de terre. Mais le second est prédit et n'a pas encore eu lieu. Il est prédit dans Aggée. Donc dans ce passage, l'auteur cite Aggée. Je lis maintenant les versets 26 et 27.

Dont la voix secoua alors la terre, mais maintenant il a promis, disant, Encore une fois, je secouerai non seulement la terre, mais aussi les cieux.

Et ensuite l'auteur commente la signification de ces mots "une fois encore". C'est un exemple parmi beaucoup d'autres, par lequel nous voyons combien il est important de réaliser les véritables nuances de signification qui se trouvent dans les Ecritures. Il prend le terme "une fois" et amplifie sa signification. Ces mots "une fois encore" indiquent la suppression des choses qui seront secouées comme les choses qui sont faites, afin que les choses qui ne peuvent être secouées puissent rester. Donc ce que l'auteur veut dire, c'est que ces mots "une fois encore" indiquent une chose définitive. Quand cela arrivera, ce sera la fin. Ce n'est pas encore arrivé, mais c'est prédit par le prophète Aggée.

Tout d'abord, nous avons besoin de prendre un instant dans Exode, si vous voulez bien, dans Exode 19:18 pour voir que ce que l'auteur d'Hébreux dit est vrai, que le Mont Sinaï a été secoué, qu'il y a bien eu un tremblement de terre.

Le mont Sinaï était tout en fumée, parce que l'Eternel y était descendu au milieu du feu ; cette fumée s'élevait comme la fumée d'une fournaise, et toute la montagne tremblait avec violence.

Donc toute la montagne tremblait.

Les paroles prophétiques de Dieu parlent d'une apogée, au cours de laquelle la terre et les cieux seront secoués. Ceci est prédit dans Aggée 2:6.

Car ainsi parle l'Eternel des armées : Encore un peu de temps, et j'ébranlerai les cieux et la terre, la mer et le sec.

Je vais tout faire trembler. Une fois de plus, dans peu de temps. Dans peu de temps, selon la mesure de temps de Dieu. Je trouve qu'il est extrêmement important que nous tous croyants, nous réalisions que la terre telle qu'elle est aujourd'hui, et tout ce qu'elle contient, tout ce que nous voyons est temporaire. Encore une bonne raison de ne pas trop s'attacher aux choses de la terre. Elles sont temporaires. Je pense qu'il y a de nombreux passages bibliques qui montrent que tous les cataclysmes et les soulèvements qui ont pris place jusqu'ici ne sont que les prémices de désastres plus importants qui vont suivre. Et je pourrais facilement croire : dans pas très longtemps. C'est mon opinion personnelle. Je ne sais ce qu'il en est pour vous, mais je ressens très fortement que les choses telles qu'elles sont aujourd'hui ne vont pas durer ainsi longtemps. Je ne pense pas qu'elles le puissent, je pense qu'elles finiront de toutes façons par s'effondrer.

Lorsque nous partons, Ruth et moi, vivre six mois en dehors des Etats-Unis, nous avons toujours comme un choc de culture à notre retour. Il faut se réajuster, tout est si superficiel. Tout change si vite, vous ne revenez pas dans le même pays que vous avez quitté six mois plus tôt. Tout est si instable et qui sait véritablement où trouver de la stabilité dans ce monde temporaire, matériel ? Je ne crois pas que cela existe ici-bas.

Prenons d'autres passages qui parlent du caractère temporaire des cieux et de la terre. Nous prendrons tout d'abord le Psaume 102:27. Le verset 26 parle de la terre et des cieux. Il s'adresse au Seigneur.

Tu as anciennement fondé la terre, et les cieux sont l'ouvrage de tes mains.

Il est question ici de la terre et des cieux. Verset 26 :

Ils périront, mais tu subsisteras ; ils s'useront tous comme un vêtement ; tu les changeras comme un habit, et ils seront changés.

N'est-ce pas très parlant ? Un jour, le Seigneur va tout simplement enlever les cieux, les supprimer et quelque chose d'autre viendra prendre sa place.

La seule chose permanente est le Seigneur lui-même et ce qui lui est associé. Verset 28 :

Mais toi, tu restes le même, et tes années ne finiront point.

Loué soit Dieu pour le verset 29.

Les fils de tes serviteurs habiteront leur pays, et leur postérité s'affermira devant toi.

Donc seuls ceux qui ont une relation personnelle avec le Seigneur ont la promesse de la permanence.

Et ensuite dans Esaïe 51:6 :

Levez les yeux vers le ciel, et regardez en bas sur la terre! Car les cieux s'évanouiront comme une fumée, la terre tombera en lambeaux comme un vêtement, et ses habitants périront comme des mouches ; Mais [Merci Seigneur pour ce "mais"] *mon salut durera éternellement, et ma justice n'aura point de fin.*

Et ensuite, dans le Nouveau Testament, il y a plusieurs avertissements clairs, mais nous n'en prendrons que quelques-uns. Matthieu 24:29. Jésus décrit ici les événements et les tendances qui marqueront la fin imminente du siècle présent. C'est le thème de Matthieu 24. Et si jamais vous voulez étudier ce qu'ils appellent l'eschatologie, un terme théologique long et compliqué qui comprend l'étude des événements à la fin des siècles ou qui mettront un terme aux siècles, vous devriez alors commencer par Matthieu 24. C'est en quelque sorte la base de toute prophétie eschatologique. Et ensuite viennent s'ajouter à cette base toutes les autres prophéties. Matthieu 24:29:

Aussitôt après ces jours de détresse...

Jésus venait juste de parler d'une tribulation qui sera si intense qu'il n'y a jamais rien eu de tel avant et qu'il n'y aura rien de semblable après, elle sera unique. Et nous n'avons pas encore, tel que je le comprends, vu cette tribulation. Donc il dit ensuite :

... aussitôt après ces jours de détresse, le soleil s'obscurcira, la lune ne donnera plus sa lumière, les étoiles tomberont du ciel, et les puissances des cieux seront ébranlées.

Voilà donc encore une prédiction claire d'un tremblement des choses sur la terre et dans les cieux.

Ensuite, la chose qui suit, et qu'il est important de voir :

Alors le signe du Fils de l'homme paraîtra dans le ciel, toutes les tribus de la terre se lamenteront, et elles verront le Fils de l'homme venant sur les nuées du ciel avec puissance et une grande gloire.

Il y a donc trois phases successives qui se suivent l'une après l'autre apparemment rapidement. Tout d'abord, cette grande tribulation. Ensuite, le tremblement du ciel et de la terre. Et enfin, l'apparition visible du Fils de l'homme, le Seigneur Jésus-Christ.

Nous prendrons ensuite un autre passage, dans 2 Pierre 3:7. Pierre souligne le contraste entre ce qui est à venir et ce qui s'est produit lors du déluge au temps de Noé. Et il dit aux versets 6-7 :

Et que par ces choses le monde d'alors périt, submergé par l'eau ; mais, par la même parole, les cieux et la terre d'à présent sont gardés et réservés pour le feu, pour le jour du jugement et de la ruine des hommes impies.

Voyez-vous, la terre elle-même va passer par un double baptême. Un baptême d'eau qu'elle a déjà expérimenté et un baptême de feu qui est encore à venir.

Ensuite au verset 10 :

Le jour du Seigneur viendra comme un voleur ; en ce jour, les cieux passeront avec fracas, les éléments embrasés se dissoudront, et la terre avec les œuvres qu'elle renferme sera consumée.

Sans entrer dans les détails, à la lumière du grec d'origine, voici une description claire d'une sorte de fusion atomique comme ce pouvait être appelé dans le langage d'alors. Les mots utilisés sont principalement des termes scientifiques.

Pierre donne ensuite une application personnelle aux versets 11 et 12.

Puisque tout cela est en voie de dissolution, combien votre conduite et votre piété doivent être saintes...

Autrement dit, n'attachez pas votre affection aux choses de la terre, car elles ne sont pas permanentes.

... attendez et hâtez l'avènement du jour de Dieu, jour à cause duquel les cieux enflammés se dissoudront et les éléments embrasés se fondront!

Il s'agit vraiment d'une explosion nucléaire. Je ne dis pas qu'il y aura une explosion nucléaire, je dis juste que c'est à cela que se rapprochent le plus les termes du Nouveau Testament de cette époque pour décrire quelque chose de similaire à une explosion nucléaire. Je ne crois pas que cette explosion sera déclenchée par l'homme, je pense que c'est l'activité nucléaire de Dieu que nous entrevoyons là.

Mon commentaire personnel là-dessus est que nous avons besoin d'apprendre que le visible et le matériel sont temporaires. L'invisible et le spirituel sont permanents. C'est totalement à l'opposé de notre façon de penser parce que nos esprits ont été corrompus par la chute de l'homme. Nous ne voyons pas les choses telles qu'elles sont vraiment. Nos valeurs sont fausses.

Prenons un instant un passage qui me revient continuellement ces jours-ci, 2 Corinthiens 4:17-18.

Car nos légères afflictions du moment présent produisent pour nous, au-delà de toute mesure, un poids éternel de gloire...

Notez le contraste existant dans ce verset entre le momentané et l'éternel.

... parce que nous regardons, non point aux choses visibles, mais à celles qui sont invisibles...

Notez aussi que l'affliction nous fait du bien si nous gardons nos yeux tournés dans la bonne direction. Si nous détournons nos yeux de l'invisible, alors nous endurons toujours l'affliction mais elle ne nous fait aucun bien. Cependant l'affliction nous fait du bien si nous sommes enfants de Dieu et il le permet, si nous regardons aux choses qui ne se voient pas et non aux choses qui se voient. Voici encore ce commentaire :

... car les choses visibles sont passagères [ou temporaires] *; et les invisibles sont éternelles.*

Autrement dit, les choses réelles sont les choses qu'on ne voit pas. Les choses que nous voyons, que nous voyons avec nos yeux, que nous touchons avec nos mains, ne sont pas vraiment réelles. Elles sont passagères, elles sont temporaires.

Il faut réellement une importante révolution dans l'esprit de chaque descendant d'Adam pour reconnaître cela, car la chute d'Adam a fait transférer sa confiance de l'invisible vers le visible. Si vous lisez la description de la tentation d'Ève, lorsqu'elle vit que l'arbre avait certains attraits, elle abandonna sa foi en la parole de Dieu, qu'elle connaissait bien, et mit sa foi dans ce qu'elle voyait. Voilà la cause de la chute.

L'objectif de la rédemption, c'est d'inverser le processus. Renoncer à sa foi ultime dans le visible pour placer sa foi ultime dans la parole invisible de Dieu.

Mais il n'y a personne pour qui ce ne soit pas une révolution. Je crois que c'est une révolution qui n'est possible que par la grâce de Dieu. Et cela ne peut fonctionner que si nous gardons nos cœurs et nos esprits ancrés sur l'Ecriture. Nous ne pouvons nous permettre de laisser ce monde avoir un impact trop important sur nous, car si cela arrive, nous perdrons notre sens des proportions. Cela ne veut pas dire que nous ne sommes plus dans le monde, nous devons vivre une vie réaliste, nous devons rester éveillés aux choses qui se passent dans le monde; mais nous ne pouvons nous permettre de laisser le monde avoir la priorité sur les choses invisibles. Et souvenez-vous, la foi se situe dans le domaine des choses invisibles. La foi vient de ce qu'on entend. Si vous ne passez pas du temps dans l'invisible, vous n'aurez pas beaucoup de foi. Et si vous n'avez pas beaucoup de foi, vous n'aurez pas beaucoup de bénédictions, car la foi est le canal des bénédictions.

J'aimerais aussi faire un commentaire sur un autre point qui est juste l'étape suivante. Rappelez-vous que l'univers est premièrement spirituel, et ensuite seulement matériel. C'est tout le contraire de notre façon de penser. Vous pouvez regarder le passage noté ici, je ne pense pas que nous le prendrons. Genèse 1:1:

Au commencement, Dieu...

C'est là que tout a commencé. Or Dieu n'est pas matériel, il est spirituel.

Psaume 33:6.

Les cieux ont été faits par la parole de l'Eternel, et toute leur armée par le souffle de sa bouche.

L'impulsion créative initiale venait de la parole invisible de Dieu et de l'Esprit invisible de Dieu. Non pas des choses matérielles, mais des choses spirituelles.

Et Jean 4:24.

Dieu est esprit.

Ou Dieu est un esprit. Rappelez-vous cela. Les choses matérielles, visibles, temporaires sont secondaires. Les choses invisibles, éternelles, spirituelles sont primordiales. Et comme je l'ai dit, et je le redis encore, cela demande un incroyable ajustement mental pour beaucoup d'entre nous. C'est contraire à notre nature de descendants d'Adam.

Revenons maintenant à notre texte d'Hébreux pour prendre le verset suivant qui est le dixième passage avec un "faisons". C'est au verset 28. Nous en avons déjà vu neuf, et nous voyons maintenant le dixième, où il est dit, "montrons notre reconnaissance" ou "ayons grâce". Je veux juste souligner ces mots. Nous sommes maintenant aux deux derniers versets de ce chapitre, versets 28 et 29. Je vais d'abord les lire à partir du grec, ensuite nous regarderons mes commentaires.

C'est pourquoi, recevant un royaume inébranlable, montrons notre reconnaissance...

En grec, "montrer sa reconnaissance" est l'expression normale pour dire "merci" ou pour être reconnaissant. Et je pense que j'avais souligné ce point, que dans la plupart des langues romanes, le français, l'italien, l'espagnol et d'autres encore, ce terme existe encore. Par exemple, ceux d'entre vous qui connaissent l'italien savent que "merci" se dit "grazie", qui vient directement du mot "grâce". Je ne peux prononcer le mot espagnol pour "merci", mais il est très semblable. Et le terme français est "grâce", le même mot qu'en anglais. Et "Thanks to God" en anglais se dit "grâce à Dieu" en français.

Mais laissez-moi vous dire ceci, il faut de la grâce pour être reconnaissant. Le saviez-vous? Lorsque je me trouvais en Afrique Orientale – et beaucoup d'entre vous savent que j'ai adopté une fille africaine – j'ai découvert que dans sa tribu, ils n'avaient aucun mot pour dire "merci". Comment imaginer ne pas pouvoir dire "merci" ? Et j'ai alors réalisé que ce n'est que dans les endroits où les gens ont eu connaissance de la Bible qu'ils ont appris à dire "merci". Ça fait partie de la grâce de Dieu.

Nous allons maintenant continuer avec la traduction.

... montrons notre reconnaissance [montrons de la gratitude], *par laquelle* [ou à travers laquelle] *nous puissions servir* [ou adorer, le terme utilisé englobe les deux significations] *Dieu d'une façon qui lui plaise avec révérence et crainte.*

La plupart des traductions, lorsqu'il est question de traduire "avoir crainte de Dieu" changent le mot et le remplacent la plupart du temps par "respect", et c'est à peu près ça, mais pour autant cela ne change pas le fait que Dieu doit être craint. Soyons francs à ce propos. La plupart d'entre nous, si nous devions être conduits face à face devant Dieu – même si nous étions sûrs d'être sauvés – notre première réaction serait la crainte. J'ai une étude faite sur la crainte du Seigneur, et je remercie Dieu d'avoir pu la donner.[12] Si vous n'avez jamais fait de recherche à ce sujet, je vous suggère de prendre une concordance et de voir ce que la Bible a à dire sur la crainte du Seigneur. Je ne connais aucun attribut de la vie spirituelle qui soit associé à de plus grandes bénédictions que la crainte du Seigneur.

J'ai reçu le salut grâce au témoignage d'un couple chrétien qui m'avait invité chez eux en 1941, après avoir assisté à un culte. Je remercie Dieu pour eux, parce que s'ils ne m'avaient pas invité, je n'aurais probablement jamais rencontré le Seigneur. Ils étaient en bien des façons un exemple à suivre, cependant cet homme avait dans l'idée qu'une fois que l'on devient chrétien, il n'y a plus de place pour la crainte. Même pour la crainte du Seigneur. Et après que je sois rentré à la fin de la Seconde Guerre mondiale, nous en avons discuté. C'était difficile pour moi de le contester, car il était pour moi un peu comme un père spirituel, mais je lui ai dit que non, ce n'était pas vrai. Sans entrer dans les détails, la fin de sa vie a été assez tragique. Je suis certain qu'il est avec le Seigneur, mais il n'a pas terminé sa vie victorieusement, comme il aurait pu. Je crois vraiment que c'était à cause de cette malheureuse idée qu'il avait de pouvoir être dispensé de la crainte du Seigneur. Croyez-moi, vous ne le pouvez pas. Vous ne pouvez servir Dieu de façon acceptable sans révérence ni crainte. Si vous voulez dire "respect", ça va aussi, si ce n'est que ce mot n'a pas exactement le même impact.

Je me souviens qu'il m'avait demandé ce qu'était la crainte du Seigneur. Je n'avais pas de réponse toute prête à donner, mais j'avais répondu de façon impromptue ceci: c'est comme de se tenir tout en haut d'une très haute falaise et que vous regardez des centaines de mètres plus bas à une plage rocheuse et aux vagues. Vous savez que vous n'allez pas vous jeter, mais vous savez aussi ce qui arriverait si vous vous jetiez. C'est la meilleure et la plus simple description que je puisse donner de ce qu'est la crainte du Seigneur. Si j'ai aujourd'hui une quelconque crainte en la bénédiction du Seigneur, et je remercie Dieu de l'avoir, je pense que l'une des principales raisons est que j'ai cherché à cultiver cette crainte du Seigneur dans ma vie.

Jésus nous accorde une place dans son royaume qui est inébranlable. Prenons la référence notée ici, Luc 22:29-30. Nous commencerons au verset 28.

---

[12] Publié en tant que livre avec le titre "La crainte du Seigneur", n.d.t.

Vous, vous êtes ceux qui avez persévéré avec moi dans mes épreuves ...

Parfois quand je regarde à mes étudiants après trois années, je ressens l'envie de dire la même chose. J'aimerais pouvoir partir en disant ceci :

... c'est pourquoi je dispose du royaume en votre faveur, comme mon Père en a disposé en ma faveur, afin que vous mangiez et buviez à ma table dans mon royaume, et que vous soyez assis sur des trônes, pour juger les douze tribus d'Israël.

Donc Jésus offre à ceux qui le suivent une place d'honneur dans son royaume. Il ne sera pas le seul à avoir un trône. Les douze apôtres vont avoir leurs trônes, chacun d'eux. Ils vont avoir le privilège de juger les douze tribus d'Israël.

Ce royaume est spirituel, mais pas amorphe. Vous savez ce que signifie le mot "amorphe" ? Une bien triste signification, car c'est pourtant un bon mot. Le mot grec pour "forme", une forme visible, c'est "morpha", auquel on rajoute le préfixe "a", et voilà un mot qui signifie tout l'opposé de "forme". Donc "amorphe" signifie "sans forme". Je suis certain que ceux d'entre vous qui ont des connaissances en sciences – ce que je n'ai pas – savent qu'il existe une science de la morphologie, qui est l'étude des formes. Bien, ce que je veux dire, c'est que le royaume de Dieu est spirituel, il est invisible à l'œil humain, mais il n'est pas amorphe. Je pense que de nombreuses personnes ont un problème avec ça. Ce n'est pas uniquement une sorte de brouillard flou. Je veux dire, lorsque vous passez de cette vie à la vie éternelle, j'espère simplement qu'il y a quelque chose de plus que cela qui nous attend. J'en ai le ferme espoir et l'assurance aussi.

J'ajoute ensuite que Dieu lui-même a une forme spécifique. Jean 5:37. Jésus est en train de parler aux pharisiens et aux chefs religieux, et il dit :

Et le Père qui m'a envoyé a rendu lui-même témoignage de moi. Vous n'avez jamais entendu sa voix, vous n'avez point vu sa face.

Donc Dieu a une voix qui peut être entendue, et j'ai entendu une fois la voix de Dieu dans ma vie. J'ai entendu Dieu parler de façon audible. Dieu a une forme qui peut être vue – non pas avec nos yeux naturels – mais Il peut être vu. Cette phrase "vous n'avez point vu sa face" n'aurait aucun sens sinon, s'Il ne pouvait être vu. Jésus dit donc implicitement, "J'ai vu sa face et j'ai entendu sa voix." J'espère ne pas vous avoir troublés avec cela, mais, en un sens, si je l'ai fait, cela vous fera peut-être du bien à longue échéance.

Voyez-vous, je dois avouer que je me sens désolé pour les gens qui pensent au ciel comme à une sorte de brouillard. Le ciel est beaucoup plus réel que la terre, c'est ce que j'ai dit plus tôt. L'invisible, le spirituel, l'éternel sont les choses réelles. Les choses terrestres disparaîtront.

Ce royaume est basé sur la justice accompagnée d'une paix et d'une joie données par le Saint-Esprit. Romains 14:17.

Car le royaume de Dieu, ce n'est pas le manger et le boire, mais la justice, la paix et la joie, par le Saint-Esprit.

L'ordre est important. La justice passe en premier. Sans la justice, il n'y a pas de paix, et pas de joie non plus. La Bible dit qu'il n'y a pas de paix pour le méchant.

La véritable justice ne se trouve que là où Dieu règne. Tant que vous n'êtes pas sous le règne de Dieu, vous êtes un rebelle, et il n'y a pas de justice pour vous. Vous pouvez être très religieux, vous pouvez observer la règle d'or, vous pouvez faire toutes sortes de bonnes choses, mais si vous êtes toujours un rebelle, vous n'êtes pas sous la gouvernance de Dieu. Ce n'est que dans le royaume de Dieu que vous pouvez être sous la gouvernance de Dieu. Ce n'est donc que dans le royaume de Dieu que vous pouvez avoir la véritable justice, car en dehors vous êtes un rebelle. Vous pouvez être un rebelle religieux, vous pouvez être un rebelle respectable, mais vous restez un rebelle car vous refusez la gouvernance du Créateur et Roi de l'univers.

Au moment présent, le royaume de Dieu est ici. Jésus a dit à son époque, "le royaume de Dieu est parmi vous". Mais il n'est pas encore manifesté sous une forme qui puisse être appréhendée par les sens des incroyants. Un jour, je crois que ce le sera. Mais il est toujours là. Partout où Jésus est vraiment, le Seigneur, le royaume de Dieu est là. Et alors, il y a justice, paix et joie.

Si jamais, vous manquez de paix et de joie, permettez-moi de vous suggérer de vérifier votre justice. Je rencontre de nombreux chrétiens qui recherchent la paix et la joie. Je leur dis qu'ils gaspillent vraiment leurs efforts. Concentrez-vous sur la justice et le reste suivra.

Ce royaume est le thème central de l'Evangile. Nous allons prendre quelques passages. C'est très important. C'est un fait qui a été longtemps négligé par la plupart des chrétiens. L'Evangile, ou la bonne nouvelle, c'est la bonne nouvelle du royaume.[13] Autrement dit, c'est la bonne nouvelle

---

[13] Voir le livre de Derek Prince "La bonne nouvelle du Royaume", n.d.t.

qu'un jour Dieu va régner. C'est la bonne nouvelle que Dieu est toujours désireux de régner maintenant sur ceux qui croient en Jésus et qui lui soumettent leurs vies. Voyez-vous, sans Dieu pour régner, la terre est vouée au chaos, à la misère et à la frustration. La seule solution aux problèmes de la terre est l'établissement du royaume de Dieu. La bonne nouvelle est que Dieu veut le faire. Si j'étais Dieu, j'y aurais réfléchi à deux fois. Peut-être l'a-t-il fait ! Quoiqu'il en soit, merci Seigneur, Il a pris sa décision. Marc 1:14-15.

Après que Jean eut été livré, Jésus alla dans la Galilée, prêchant l'Evangile de Dieu.

Notez l'Evangile de Dieu. LE Evangile de Dieu.

Il disait : Le temps est accompli, et le royaume de Dieu est proche.

C'est la bonne nouvelle. Dieu est prêt à établir son royaume.

Repentez-vous, et croyez à la bonne nouvelle.

Je crois personnellement qu'à cette époque-là, le royaume de Dieu n'était pas proche. Si la nation juive avait rempli les conditions, s'était repentie et avait cru, le royaume de Dieu aurait été établi. Je crois que le royaume de Dieu s'est rapproché depuis, mais il ne sera établi que lorsque les gens auront rempli les conditions. Je ne crois pas que le royaume de Dieu soit lointain et distant. Je crois que si l'Eglise se réveillait, faisait son travail et se repentait, le royaume de Dieu pourrait être là en quelques décennies. Ceux qui tiennent éloigné le royaume de Dieu ne sont pas les incroyants, c'est le peuple de Dieu.

Dans le passage que nous avons lu dans 2 Pierre 3:12, il est dit : "Attendez et hâtez l'avènement du jour de Dieu." Comment le hâtons-nous ? Par l'obéissance, en faisant les choses qui sont demandées pour faire venir le royaume.

Prenons Matthieu 4:23.

Jésus parcourait toute la Galilée, enseignant dans les synagogues, prêchant la bonne nouvelle du royaume, et guérissant toute maladie et toute infirmité parmi le peuple.

Vous voyez que là où Dieu règne, il n'y a plus de place pour la maladie. Il n'y aura pas de maladie au ciel. Dieu a banni la maladie de sa présence pour toujours. Elle ne reviendra jamais dans la présence de Dieu. Et vous trouverez presque partout dans le Nouveau Testament, que là où l'Evangile du royaume est proclamé, il est attesté par des guérisons, des miracles et des démons qui sont chassés.

Voyons un autre passage dans Matthieu, Matthieu 6:10. Ce verset fait partie de ce que nous appelons la prière du Seigneur. Le verset 9 est l'introduction.

Notre Père qui es aux cieux! Que ton nom soit sanctifié.

Ce sont des mots empreints de respect. C'est une approche de Dieu avec la bonne attitude et la reconnaissance de qui il est. La partie suivante de la prière est une association au but de Dieu. Nous n'avons pas le droit de prier à moins de nous être associés au but de Dieu.

Que ton règne vienne...

C'est la première chose que nous devons prier. Nous devons laisser de côté nos propres caprices, désirs, ambitions et envies, et nous associer à ce qui importe à Dieu. Que ton règne vienne. Ensuite :

Que ta volonté soit faite sur la terre comme au ciel.

C'est le but de l'avènement du royaume de Dieu, que sa volonté soit faite sur la terre tout comme elle l'est au ciel. Je pense personnellement que lorsqu'un chrétien est véritablement soumis à Jésus-Christ dans sa seigneurie, la volonté de Dieu est alors faite sur la terre aussi parfaitement qu'elle est faite au ciel. Ce n'est pas une impossibilité. Mais gardez à l'esprit quel est le but de Dieu.

Ensuite Matthieu 6:33. Ce sont là quelques directives à suivre pour les disciples.

Cherchez premièrement le royaume et la justice de Dieu ; et toutes ces choses vous seront données par-dessus.

C'est une question de priorités. Quelle est la priorité numéro un dans votre vie ? Jésus dit que ce devrait être le royaume de Dieu. Si cela devient pour vous la priorité numéro un, Dieu s'occupera de vos besoins dans la vie.

Je ne vais pas demander de réponse personnelle, mais je pense que chacun d'entre nous devrait se demander si le royaume de Dieu est la priorité numéro un dans sa vie. Si ce n'est pas le cas, A, vous êtes désobéissant ; B, vous passez à côté de quelque chose parce que c'est ainsi qu'il faut vivre et avoir la vie. Et si vous vous associez véritablement à ce que vous savez être le but de Dieu sur la terre, ce n'est pas difficile d'imaginer que Dieu prendra soin de vous. Après tout, c'est lui qui contrôle tout. Je crois honnêtement que la façon la plus sûre de mener sa vie, c'est de rechercher premièrement le royaume de Dieu. Je ne dis pas cela comme de simples et belles paroles religieuses, c'est un conseil très pratique. Si vous voulez agir ainsi, demandez à Dieu de vous montrer ce que cela implique dans votre vie, dans votre situation.

Ensuite, Matthieu 24:14, où il est question de la fin des temps, des choses qui mèneront à la fin. Les disciples avaient demandé à Jésus au début de ce chapitre ce que serait le signe annonciateur de son avènement et de la fin des temps. Voici sa réponse.

Cette bonne nouvelle du royaume sera prêchée dans le monde entier, pour servir de témoignage à toutes les nations. Alors viendra la fin.

Notez que le message de l'Evangile reste le même jusqu'à la fin. C'est toujours l'Evangile du royaume. Nous devons dire au monde que le royaume de Dieu est proche. Je crois que ça devrait être la priorité numéro un de l'Eglise aujourd'hui. D'aller dire aux gens que le royaume de Dieu est proche.

Un autre passage maintenant dans Colossiens 1:13-14.

Il [Dieu] *nous a délivrés de la puissance des ténèbres et nous a transportés dans le royaume de son Fils bien-aimé, en qui nous avons la rédemption, le pardon des péchés.*

Lorsque nous sommes rachetés et que nos péchés sont pardonnés, nous appartenons au royaume de Dieu. Tant que nos péchés ne sont pas pardonnés, nous ne pouvons être dans le royaume de Dieu. Dieu nous a délivrés de la puissance des ténèbres. Le terme "puissance" suggère la tyrannie, le territoire, la domination. Il nous a transportés, nous a déplacés. 'Transférés', dit la version de Jérusalem, dans le royaume de son Fils bien-aimé.

Dans le Psaume 103, il est écrit :

Son règne domine sur toutes choses.

C'est à cela que nous appartenons. Au royaume qui domine toutes choses. Non pas dans l'avenir, mais déjà maintenant dans le temps présent.

L'auteur d'Hébreux nous a rappelé que c'est un privilège que nous avons de partager le royaume de Dieu. Nous recevons un royaume qui ne peut être ébranlé, à la différence de tous les royaumes de ce monde qui peuvent être ébranlés, et dont la plupart sont ébranlés. L'auteur nous dit ensuite, que la réponse appropriée de notre part est d'être reconnaissants, de montrer notre gratitude.

Enfin dans ce dernier verset du chapitre 12 que je viens juste de traduire, il établit deux conditions pour servir dans le royaume : révérence et respect, ou crainte. Nous avons discuté de la signification de la crainte dans notre relation avec le Seigneur. Il donne ensuite une raison pour laquelle nous devrions servir Dieu avec révérence et crainte. La raison est que notre Dieu est un feu dévorant. Ce n'est pas à une petite statue dans une église que nous avons affaire, ni à un concept théologique. Ce n'est même pas à une doctrine que nous avons affaire. Nous avons affaire à une personne très puissante, juste et terrible, la personne de Dieu.

Mon commentaire ici : le feu de Dieu consumera toute hypocrisie et tout ce qui est charnel. Prenons les deux références notées ici. Esaïe 33:14, un verset exceptionnel. Je l'ai lu il y a quelques années de cela, et il m'a captivé, et depuis, je n'ai jamais cessé d'être impressionné par ce verset assez particulier. Nous ne reviendrons pas sur le contexte, ce serait trop long.

Les pécheurs sont effrayés dans Sion, un tremblement saisit les impies.

Sont ensuite écrites les paroles de ces personnes qui sont effrayées, car elles viennent de faire une découverte soudaine. Cette découverte est que Dieu est un feu dévorant. Voici ce qu'il est dit :

Qui de nous pourra rester auprès d'un feu dévorant ? Qui de nous pourra rester auprès de flammes éternelles ?

Ces paroles indiquent, je pense, qu'il y a de nombreuses personnes qui ont pris Dieu comme acquis. Elles ont une sorte de relation copain-copain avec le Seigneur et elles ne réalisent pas qu'elles ont affaire à un feu. Et apparemment à un certain moment, ces personnes seront terriblement effrayées par Dieu. Et elles diront alors, "Qui parmi nous peut habiter auprès d'un feu éternel, d'un feu dévorant ?" Nous devons être attentifs à cet avertissement.

Ensuite dans le Nouveau Testament, dans Matthieu 3:11-12. Ces versets se situent dans le passage où Jean-Baptiste introduit le ministère de Jésus.

Moi, je vous baptise d'eau, pour vous amener à la repentance ; mais celui qui vient après moi est plus puissant que moi, et je ne suis pas digne de porter ses souliers. Lui, il vous baptisera du Saint-Esprit et de feu.

Notez ici l'élément du feu. Personnellement, je ne vois pas cela comme deux baptêmes distincts. Certaines personnes ont enseigné cela, un baptême avec le Saint-Esprit et un autre avec le feu. Moi, je vois le baptême avec le feu comme le baptême dans le Saint-Esprit, étant donné que quand le Saint-Esprit est venu au jour de la Pentecôte, il est venu sous la forme de langues de feu.

Remarquez le contraste avec Jésus. Le Saint-Esprit était venu comme une colombe. Il n'y avait pas eu besoin de feu. Mais pour l'Eglise, il s'est tout d'abord présenté sous la forme de langues de feu. L'une des actions de la langue de feu, c'est qu'elle purifie nos langues. Et la plupart des langues du peuple de Dieu ont un besoin urgent d'être purifiées.

Il continue ensuite au verset 12 :

Il a son van à la main ; il nettoiera son aire, et il amassera son blé dans le grenier...

C'est l'image d'un homme qui amasse le grain qui a été rassemblé. Ils amassent toujours le grain dans des greniers en Israël aujourd'hui. Nous habitions juste à côté d'un grenier, dans la ville de Ramallah, il y a des années de cela. Ils travaillent comme ceci – je suis sûr que vous savez comment ils font – le grain est empilé. Ils ont des ventilateurs et ils ramassent le grain, le lancent en l'air, et l'air soufflé chasse la paille, mais le grain, qui est plus lourd, retombe à sa place. Ainsi, quand tout est fini, le grain est séparé de la paille. Donc Jean-Baptiste explique que Jésus fera comme eux, il ira dans son grenier, commencera par jeter le grain en l'air et le vent chassera la paille, mais le grain restera épuré sur le sol. Peut-être certains d'entre vous se sentent en ce moment ballottés de haut en bas. Le vent souffle sur vous. Gardez à l'esprit que le Seigneur est à l'œuvre et qu'Il veut se débarrasser de la paille.

Bien, d'après ce que je comprends, même si je ne suis pas expert en agriculture, la paille accompagne inévitablement le grain. Vous ne pouvez avoir de grain sans paille. Donc la paille n'est pas forcément le péché, mais c'est la nature charnelle, c'est l'enveloppe dans laquelle est contenu le grain. Donc l'un des procédés du Seigneur, lorsqu'il s'occupe de son peuple, c'est de garder le grain et de se débarrasser de l'enveloppe, de la nature charnelle.

Dans une des paraboles se trouvant dans Matthieu 13, Jésus parle de l'ivraie ou des mauvaises herbes. Ce ne sont pas de bons grains, mais des contrefaçons, et elles sont jetées toutes entières dans le four de la colère et du jugement de Dieu. Mais le grain, que Dieu recherche, est trié grâce au souffle du ventilateur, de façon à ce que le grain soit retenu, mais que la paille soit enlevée. Tout ceci est inclus dans la présentation de Jésus en tant que baptiseur dans le Saint-Esprit. Quand il viendra en tant que baptiseur, voilà certaines des choses qu'il va faire. Je suis certain que nombre d'entre vous ici ont déjà réalisé cela. Le baptême dans le Saint-Esprit n'a pas forcément pour but de rendre la vie facile, mais d'accomplir les buts de Dieu dans nos vies.

Nous commençons maintenant le chapitre 13. Il s'agit du septième passage d'application pratique. Ce qui indique qu'il y en a eu six avant, et c'est le dernier. J'ai déjà écrit pour chaque passage concerné l'application pratique qui en ressortait. Nous pourrions les reprendre rapidement, je pense que cela nous ferait du bien de nous rafraîchir la mémoire.

Le premier était un accès confiant à Dieu. Le deuxième était d'avancer dans la maturité ou la perfection. Le troisième était le besoin de zèle, de foi et de patience. Le quatrième était de s'approcher de Dieu, de tenir ferme, de s'assembler et de s'encourager mutuellement. Le cinquième était de se souvenir et d'endurer. Le sixième était de persévérer, d'endurer la discipline, d'être fort, de poursuivre la paix et la sainteté. Nous arrivons maintenant au dernier passage d'application pratique. Et l'application se trouvant dans ces 25 versets comme je l'ai brièvement résumée, c'est l'amour, la sainteté, la soumission et la prière. L'on pourrait être bien plus vaste, ce n'est qu'un petit aperçu.

Nous allons maintenant prendre le chapitre 13:1. C'est un verset très court. En fait, en grec, il n'a que trois mots.

Que l'amour des frères continue.

Un jour, quelqu'un a posé cette simple question, "Quand cela a-t-il commencé ?" En tous cas, dans l'Eglise primitive, il était présent, il était là, et l'auteur dit, "Que cela continue !"

Je vais donner quelques commentaires concernant le verset 1. C'est la première application pratique de toute vérité se trouvant dans le Nouveau Testament. Nous devons garder cela à l'esprit continuellement. La première condition de tous les chrétiens est d'aimer nos frères croyants. Et si nous laissons ce point devenir secondaire, nous nous écartons du but fixé par

Dieu. Je vous donnerai juste deux passages à lire en rapport avec cela. Jean 13:34-35. Jésus dit :

Je vous donne un commandement nouveau...

Moïse donna aux enfants d'Israël dix commandements, le judaïsme en a 613 ; mais Jésus dit, "Je vais simplifier tout cela, je vais vous donner un seul commandement."

Je vous donne un commandement nouveau : Aimez-vous les uns les autres ; comme je vous ai aimés, vous aussi, aimez-vous les uns les autres.

Il est vain de parler du fait d'être disciple ou de prêcher des sermons élaborés sur ce sujet, si nous passons à côté de ce premier commandement. Et quiconque voit des chrétiens qui ne s'aiment pas mutuellement a tout à fait le droit, un droit donné par le Seigneur lui-même, de dire que ce ne sont pas des disciples. Nous n'allons pas nous attarder sur ce sujet, mais c'est important, et vous remarquerez que dans ce dernier passage d'application, c'était ici la première application.

L'autre passage que je vous suggère de prendre un instant se trouve dans 1 Timothée 1:5.

Le but de cette recommandation, c'est un amour venant d'un cœur pur, d'une bonne conscience, et d'une foi sincère.

C'est très important. Le but, le but de notre instruction, c'est l'amour. Le but vers lequel nous nous dirigeons par tout notre enseignement, notre prédication et notre ministère est résumé en un seul mot : l'amour. Si nous n'y parvenons pas, alors cela veut dire que tout notre enseignement et notre prédication ont été vains. Il est tellement important que ceux qui dirigent des congrégations ou ont des positions de responsabilité dans le corps de Christ vérifient où ils en sont par rapport à l'amour. Est-ce que j'enseigne les gens à s'aimer ? Est-ce que j'aime les gens, est-ce qu'ils m'aiment, est-ce qu'ils s'aiment les uns les autres ? Si ce n'est pas le cas, alors je perds mon temps.

Paul établit trois conditions pour ce type d'amour, au verset 5 de 1 Timothée 1 : un cœur pur, une bonne conscience et une foi sincère. Plus loin dans cette épître, il parle de deux faux enseignants qui donnent un mauvais enseignement en ce qui concerne la résurrection et ont perdu leur foi parce qu'ils n'avaient pas gardé une bonne conscience. Voyez-vous, votre être intérieur, si vous ne gardez pas une bonne conscience, entraîne une fissure. De cette fissure s'écoule le contenu spirituel de votre vie. Donc les trois conditions pour maintenir l'amour sont un cœur pur, une bonne conscience et une foi sincère.

Ensuite Paul continue en soulignant que ceux qui s'éloignent de ces objectifs ne font que perdre leur temps, ils font beaucoup parler d'eux, mais n'accomplissent rien de significatif. Si nous tous – moi y compris – nous comprenions véritablement cela, l'Eglise changerait en une nuit, croyez-moi. De nombreuses activités religieuses cesseraient sur le champ – pour le plus grand bien du peuple de Dieu. Je ne crois pas être cynique, je pense que quiconque est habitué à l'Eglise telle qu'elle est dans le monde aujourd'hui doit admettre que c'est principalement là le problème.

Bien qu'il n'y ait que trois mots en grec, n'ignorons pas cette première application. Certaines des choses les plus importantes sont dites en de très courtes phrases.

Continuons avec le verset 2. Hébreux 13:2 :

N'oubliez pas l'hospitalité [ou d'héberger des étrangers], *car ainsi* [ou à travers cela] *certains ont hébergé des anges sans le savoir.*

Dans toute loterie, il est possible de remporter un prix. Vous ne pouvez savoir, si en étant hospitalier, vous n'hébergerez pas un jour un ange. Je ne peux m'arrêter sur ce point ce soir, mais je pense connaître des croyants qui ont hébergé des anges.

Permettez-moi de faire quelques commentaires sur l'hospitalité. L'hospitalité est un ministère 'charismatique' vital. Je mets "charismatique" entre guillemets parce que dans 1 Pierre 4:8-10, Pierre utilise en fait le terme "charisma". Je pense que de nombreuses personnes qui se disent charismatiques n'ont pas réalisé que cela fait partie du rôle d'un charismatique. 1 Pierre 4:8-10.

Avant tout, ayez les uns pour les autres un ardent amour, car l'amour couvre une multitude de péchés.

Notez que l'accent est mis ici sur l'amour. Dans le verset suivant, le verset 9, nous trouvons une expression de l'amour :

Exercez l'hospitalité les uns envers les autres, sans murmures.

Ou sans ronchonner, je pense que c'est un peu mieux. Et ensuite au verset 10 :

Comme de bons dispensateurs des diverses grâces de Dieu, que chacun de vous mette au service des autres le don qu'il a reçu.

Ce mot "don", c'est "charisma" en grec. Il fait particulièrement référence à l'idée de faire preuve d'hospitalité. C'est un charisme, un don particulier que Dieu donne à certaines personnes. C'est un don très important. J'aimerais faire un bref témoignage personnel. Si un certain couple n'avait pas fait preuve de ce don, je crois que je n'aurais jamais rencontré le Seigneur. La toute première fois où j'ai assisté à un culte pendant lequel j'ai entendu l'Evangile prêché, c'était un culte pentecôtiste. Je ne le savais pas, je ne savais même pas que cela existait. J'avais alors 24 ans. Je ne savais même pas que les baptistes existaient ! Tout cela m'était étranger. J'avais grandi dans une Eglise anglicane et je ne connaissais aucun autre type d'Eglise. Pendant ce culte, de nombreuses choses ont été faites qui ont brusqué ma sensibilité. Ils avaient des livres de chants rouges, ils frappaient dans les mains, certaines personnes lisaient des versets, puis ils les chantaient deux fois. Je pense vous avoir déjà raconté cette histoire, mais quand le prédicateur commença à parler, il était comme ces prédicateurs qui croient en la démonstration des choses, il mit en scène un dialogue imaginaire entre le roi Saül et le jeune berger David. Il souligna, se basant sur les Ecritures, que le roi Saül était largement plus grand que les autres, et donc dans son dialogue, quand il mimait Saül il montait sur un banc au bout de l'estrade et regardait vers le bas, là où il se trouvait quand il mimait David. Ensuite, il descendait pour mimer David, et regardait vers le haut là où il avait été sur le banc. Bien, je suivais donc attentivement, mais alors qu'il était au milieu d'une allocution passionnée dans le rôle du roi Saül, le banc sur lequel il était se renversa, et il tomba sur l'estrade dans un grand bruit sourd !

En fait, à la fin de tout cela, je dois dire que j'étais personnellement assez confus. J'étais aussi effrayé. J'avais peur de ce qui m'attendait. Et ensuite, ils firent ce que nous connaissons comme l'appel. Je n'avais encore jamais été dans une Eglise où quelqu'un faisait un appel. J'étais extrêmement gêné et indigné qu'on puisse ainsi me demander de lever la main devant tant de personnes. Je savais que c'était à moi qu'il s'adressait ! J'étais assis là dans un silence de pierre, il n'y avait aucune musique de fond, rien que le silence. Les minutes s'écoulaient et je me suis dit qu'il fallait que quelque chose se passe. Il y avait deux voix qui me parlaient indistinctement. L'une dans mon oreille gauche me disait, "Si tu lèves maintenant la main devant toutes ces vieilles femmes alors que tu es un soldat en uniforme, tu auras l'air vraiment ridicule." En même temps, l'autre voix disait dans l'autre oreille, "Si c'est quelque chose de bon, pourquoi ne pourrais-tu pas l'avoir ?" Je ne pouvais répondre, j'étais comme paralysé.

C'est alors que la chose la plus étonnante et la plus inattendue se produisit. Je vis mon propre bras droit s'élever, sachant bien que ce n'était pas moi qui l'avais fait. J'étais vraiment effrayé ! Je me demandais ce qu'il m'arrivait ? C'était ce qu'ils semblaient attendre, que je lève mon bras! Ils poussèrent un soupir de soulagement et le culte continua. Mais par la suite, personne ne vint me conseiller, me parler. Tout ce qu'ils avaient voulu, c'était que je lève le bras. Je serais probablement parti de là pour ne jamais y revenir si un couple âgé qui tenait une pension près de l'église n'avaient invité ces deux soldats, mon ami et moi, à rester pour le souper. Grâce à cela, le Seigneur put mettre la main sur moi. C'était là un exemple simple, personnel de l'importance dans le ministère de la pratique de ce don de l'hospitalité.

Permettez-moi de souligner que l'auteur d'Hébreux dit que certains ont hébergé des anges sans le savoir. Vous pouvez trouver des exemples dans Genèse 18 et 19. Au chapitre 18, Abraham était un jour assis à la porte de sa tente quand trois hommes apparurent. Avec l'hospitalité caractéristique du Moyen-Orient, il les fit entrer immédiatement et leur donna ce qu'il avait de mieux. Et il se trouva, par la suite, que l'un de ses trois hommes était le Seigneur lui-même, et les deux autres des anges.

Dans Genèse 19, à Sodome, deux anges sont venus vers Lot. Le Seigneur n'était pas là. Il n'honora pas Sodome de sa présence. Mais comme Lot hébergea les deux anges croyant que c'était des étrangers ayant besoin d'hospitalité, il fut délivré de Sodome. C'est donc là une leçon très pratique.

Je vais vous parler d'une personne qui, je crois, n'hébergea pas exactement un ange, mais eut un contact avec un ange. Ce même couple qui m'avait invité avait une fille qui s'appelait Marie. Elle devait avoir environ 30 ans à l'époque et était plutôt simple : pas de façon embarrassante, mais juste un peu simple. Alors que je passais du temps dans la communion fraternelle avec ces personnes au fil des semaines suivantes, ils me racontèrent certaines des extraordinaires histoires de leurs expériences avec Dieu. Il y avait eu un temps où le mari avait fait une dépression nerveuse et n'avait pu travailler pendant plusieurs semaines. Ils me racontèrent qu'ils vécurent de cacao pendant des jours, mais que cette denrée finit par s'épuiser aussi. Un jour que Marie sortit dans le jardin, à l'arrière de la maison, il y avait là un homme bien habillé. C'était avant la Première Guerre mondiale, vous comprenez, ou dans ces environs-là. Il portait un très beau costume avec une chaîne de montre à sa veste, et alors que Marie passait la porte, il dit, "Voici…" et il lui donna une certaine quantité d'argent, disons cinq shillings, ce qui représentait pas mal d'argent pour l'époque. "Prends ça." Elle revint vers la maison, et ils achetèrent de la nourriture qui leur permit de tenir un certain temps.

Quelques jours plus tard, l'homme était à nouveau là, il vint à nouveau à sa rencontre et lui donna encore de l'argent. Cela continua un certain temps. Puis un jour que l'homme était encore là, il lui dit, "Voici encore un peu d'argent pour toi, et après cela, tu n'auras plus besoin que je t'en donne." Ce fut la dernière fois qu'elle le vit. Je suis personnellement convaincu que c'était un ange. Je trouvais également intéressant le fait qu'il soit bien habillé. J'imagine que sa chaîne de montre accrochée à sa veste était en or. Après tout, les anges doivent bien être habillés de quelque chose, n'est-ce pas ?

Nous continuons avec le verset 13:3. Je ne sais si vous avez déjà remarqué le nombre de fois où il est écrit "souvenez-vous" ou "n'oubliez pas" dans ces chapitres. L'un de nos plus grands problèmes est l'oubli. Il est dit ici au verset 2, "n'oubliez pas", et maintenant au verset 3, "souvenez-vous."

Souvenez-vous des prisonniers, ou de ceux qui sont dans les liens, comme étant liés avec eux, et de ceux qui sont maltraités, comme si vous étiez aussi vous-même dans un corps.

Voilà encore une autre application importante de l'enseignement donné plus tôt. Je vais lire mes commentaires. Nous devons nous identifier avec ceux qui sont emprisonnés ou persécutés – particulièrement nos frères dans la foi. Et plus encore aujourd'hui dans ce monde où nos frères croyants sont sous des gouvernements marxistes ou musulmans. Ils sont probablement des millions à vivre ainsi. Je vous ai donné ici quelques passages. Matthieu 25:36-43. Tel que je le comprends, cette dernière parabole prophétique ou parole de Jésus donnée avant de subir sa passion, dernière parole publique, fait référence à la fin des temps. Il dit à ceux qu'il a invité à partager son royaume, la nation de brebis – je ne vais pas reprendre la parabole – il dit au verset 34 :

Venez, vous qui êtes bénis de mon Père ; prenez possession du royaume qui vous a été préparé dès la fondation du monde.

Il donne ensuite un certain nombre de raisons. Il dit :

Car j'ai eu faim, et vous m'avez donné à boire ; j'étais étranger, et vous m'avez recueilli ; j'étais nu, et vous m'avez vêtu ; j'étais malade, et vous m'avez rendu visite ; j'étais en prison, et vous êtes venus vers moi.

Ensuite, les gens auxquels il s'adresse lui demandent, "Seigneur, quand t'avons-nous fait cela ?" Et il répond, "Quand vous l'avez fait à l'un de ces plus petits de mes frères, c'est à moi que vous l'avez fait." Voilà un exemple.

Ensuite, au verset 43, il s'adresse à ceux qui seront rejetés. Les raisons de ce rejet sont leur manquement à faire ces choses.

J'étais étranger, et vous ne m'avez pas recueilli ; j'étais nu, et vous ne m'avez pas vêtu ; j'étais malade et en prison, et vous ne m'avez pas rendu visite.

Il n'y a là aucune neutralité, aucune place pour l'indifférence. Jésus dit encore ailleurs, "Celui qui n'est pas avec moi est contre moi, et celui qui n'assemble pas avec moi disperse". "Assembler" revient à faire ces choses énumérées plus haut, "disperser" revient à ne pas les faire.

Bien entendu, nous ne pouvons faire toutes ces choses, mais quand Dieu nous indique à chacun comment suivre son modèle, alors il nous faut le faire. Ce n'est pas ce genre de personnes qui manquent aujourd'hui dans le monde, croyez-moi. Si vous cherchez une opportunité, vous la trouverez.

Regardons aussi dans Hébreux. Nous avons déjà lu ce passage, mais prenons-le à nouveau. Hébreux 10:32-34, au sujet des croyants juifs.

Souvenez-vous de ces premiers jours, où, après avoir été éclairés, vous avez soutenu un grand combat au milieu de souffrances, d'une part, exposés comme en spectacle aux opprobres et aux afflictions, et de l'autre, vous associant à ceux dont la position était la même.

Parfois ce n'est pas nous qui sommes maltraités, mais nous devons nous associer à ceux qui sont ainsi traités.

En effet, vous avez eu de la compassion pour les prisonniers, et vous avez accepté avec joie l'enlèvement de vos biens, sachant que vous avez des biens meilleurs et qui durent toujours.

Nous trouvons un autre dans 2 Timothée 1:16-18. Ici, Paul est en prison attendant une probable exécution, et bon nombre de ces anciens amis et associés l'ont oublié. Mais, vers la fin du chapitre il se rappelle d'un homme qui l'a marqué, et qui s'appelait Onésiphore. Verset 16 :

Que le Seigneur répande sa miséricorde sur la maison d'Onésiphore, car il m'a souvent consolé, et il n'a pas eu honte de mes chaînes...

Il n'a pas eu honte de moi lorsque j'étais en prison.

... au contraire, lorsqu'il est venu à Rome, il m'a cherché avec beaucoup d'empressement, et il m'a trouvé...

J'aime ces mots, "et il m'a trouvé". Il aurait pu entreprendre des recherches, et puis dire, "Bon, ça ne sert à rien, je ne sais pas où se trouve Paul." Au contraire, il l'a cherché jusqu'à ce qu'il le trouve. Et donc voici le commentaire de Paul :

Que le Seigneur lui donne d'obtenir miséricorde auprès du Seigneur en ce jour-là. Tu sais mieux que personne combien de services il m'a rendus à Éphèse.

J'ai répété à de nombreuses reprises que le Seigneur n'a pas pour habitude de descendre de son trône pour venir confronter une personne. Il vient à nous sous divers déguisements. Il peut prendre l'apparence d'un prisonnier souffrant ou d'un enfant malade ou qui sait. Mais la façon dont nous répondons à cette personne dans le besoin, est considérée comme notre réponse envers lui.

Laissez-moi juste lire le dernier commentaire sur le verset 3 de Hébreux. Tant que nous sommes dans notre corps, nous pouvons nous trouver dans la même situation. Le point crucial de cette phrase étant, "comme étant aussi vous-mêmes dans un corps." Vous pouvez être la prochaine personne ayant besoin de miséricorde. Dans le monde d'aujourd'hui, je pense que cela pourrait être vrai de n'importe qui.

Hébreux 13:4. Nous en venons maintenant au sujet du mariage.

Le mariage est honorable en tout, et le lit du mariage ne doit être corrompu...

Ou, c'est plus probablement une injonction.

Que le mariage soit honoré de tous, et que le lit du mariage soit gardé de toute corruption ; car Dieu jugera les fornicateurs et les adultères.

L'application ici est la sainteté du mariage. Nous remarquons deux mots qui sont utilisés ici et qui peuvent être traduits différemment, ils ont cependant une signification de base bien spécifique. "Fornicateur" ou "fornication" est une immoralité qui n'implique pas une violation de l'alliance du mariage. L'"adultère" est une immoralité qui implique une violation de l'alliance du mariage. Donc, Dieu juge l'adultère plus sérieusement que la fornication. Mais il juge toute immoralité sexuelle. C'est un message que nous avons besoin d'entendre parce qu'il y a de très nombreuses personnes dans le monde aujourd'hui – et aussi dans l'Eglise – qui croient vraiment que Dieu sourit à l'immoralité sexuelle. En voyageant d'Eglise en Eglise, comme je le fais, vous seriez surpris par le nombre d'exemples d'immoralité auxquels je suis confronté dans l'Eglise lorsque je rencontre des gens qui me demandent de prier pour eux. C'est un message qui doit être continuellement émis. Dieu jugera l'immoralité. Il lui est impossible d'agir autrement.

Nous continuons maintenant avec un autre message important aux versets 5 et 6 qui concerne l'argent. Je vais les traduire. Combien d'entre vous croient que l'argent n'est pas important ? Et bien, en général, les gens ne disent cela qu'à l'Eglise. Aussitôt qu'ils sont ressortis de l'église, ils agissent comme si l'argent était très important. Peut-être qu'ici, les gens n'attachent aucune réelle importance à l'argent, mais c'est une exception, ce n'est pas la règle. Personnellement, je pense que l'argent est important. Tout d'abord, je crois qu'il est utile ; nous en avons besoin pour beaucoup de choses. Ensuite, je pense que c'est l'attitude que nous avons envers l'argent qui est critique dans ce sens qu'elle détermine quelle sorte de personne nous sommes. Voyez-vous, les Ecritures disent que la convoitise est de l'idolâtrie. Nous pouvons faire de l'argent une idole. De nombreuses personnes, je pense, le font. Et certaines d'entre elles sont, je crois, dans l'Eglise.

Nous allons maintenant lire les versets 5 et 6. Ils sont très succincts en grec, car il n'y a pas de verbe "être". Je ne peux vous le traduire tel quel, car cela n'aurait aucun sens.

Que votre conduite soit exempte de convoitise [ou exempte de l'amour de l'argent], *étant satisfait de ce qui est à votre disposition ; car lui-même a dit, Je ne vous laisserai jamais, ni ne vous abandonnerai jamais, nous pouvons donc dire avec confiance, Le Seigneur est mon aide, je n'aurai pas peur. Que peut faire l'homme ?*

Donc, une fois que nous avons l'assurance du Seigneur qu'il ne nous laissera jamais, ni ne nous abandonnera pas, c'est alors une raison suffisante pour être satisfait. En fait, nous insultons en quelque sorte le Seigneur en disant, "Seigneur, je suis heureux que tu sois avec moi, mais j'aimerais avoir l'assurance sur tel ou tel point." Dieu dit, "Ma présence, en dernier recours, est suffisante." Si vous l'avez, c'est tout ce dont vous avez besoin.

J'aimerais que vous preniez les quelques passages notés ici. Le premier se trouve dans 1 Timothée 6:10.

Car l'amour de l'argent est une racine de tous les maux ; et quelques-uns, en étant possédés, se sont égarés loin de la foi, et se sont jetés eux-mêmes dans bien des tourments.

L'amour de l'argent est la racine de tous les maux. Une fois que nous le laissons entrer dans nos vies, il en ressortira toutes sortes de maux, de tentations et de souffrances.

Le véritable remède consiste, comme je l'ai déjà dit, à rechercher d'abord le royaume de Dieu et toutes ces choses vous seront données en plus. Choisissez bien vos priorités. Dieu sait que nous avons besoin de ces choses, ce n'est qu'une question de priorités.

Prenons maintenant un passage nous montrant l'assurance de la présence du Seigneur. Genèse 15:1.

Après ces événements...

Et ces événements faisaient référence à la bataille à laquelle Abraham avait dû faire face pour délivrer Lot. Il se trouvait donc peut-être dans une position où il se demandait où était sa sécurité. Il est écrit :

Je préfère cette autre traduction donnée par la version Darby. "moi, je suis ton bouclier et ta très grande récompense.". Dans d'autres mots : "Lorsque tu as moi, tu as la protection, tu as tout ce dont tu as besoin."

Et ensuite dans Josué 1:5 qui est le verset cité dans Hébreux.

Nul ne tiendra devant toi, tant que tu vivras. Je serai avec toi, comme j'ai été avec Moïse ; je ne te délaisserai point, je ne t'abandonnerai point.

La garantie essentielle est à nouveau la présence du Seigneur dans nos vies.

Nous pourrions ensuite prendre un instant le Psaume 23:1, lequel est bien connu de la plupart d'entre nous.

L'Eternel est mon berger : je ne manquerai de rien.

Aucune autre garantie n'est nécessaire, si ce n'est d'avoir le Seigneur. Si j'ai le Seigneur, il prend soin de tous mes besoins.
Ensuite le passage tiré du Psaume 118:6.

L'Eternel est pour moi, je ne crains rien : que peuvent me faire des hommes ?

C'est cela que nous avons vraiment besoin de savoir : le Seigneur est avec nous. Il n'y a donc aucune raison de craindre. Que peut nous faire un homme si Dieu est avec nous ? Dans Romains 8, Paul dit que si Dieu est pour nous, qui sera contre nous ?

Nous arrivons maintenant au thème suivant se trouvant dans les versets 7 et 8, notre attitude envers les responsables instaurés par Dieu. Je traduirai ces versets, puis nous ferons quelques commentaires.

Souvenez-vous de ceux qui vous conduisent qui vous ont annoncé la parole de Dieu ; et vu la fin du chemin de leur vie, imitez leur foi. Jésus-Christ hier et aujourd'hui le même, et pour toujours.

L'essentiel de cette exhortation est notre attitude envers les responsables que Dieu nous a donnés. Celle-ci, aussi, doit être correcte. Ceci nous est affirmé par deux verbes : souvenez-vous et imitez. Qu'est-ce que cela implique de se souvenir de nos responsables ? Je suggère trois choses : le respect, la prière et le soutien financier. Ensuite imitez, suivez leur exemple.

Mais nous ne pouvons ignorer le verset suivant qui dit, "Jésus-Christ est le même hier, aujourd'hui et pour toujours." Leur exemple, le résultat de leur foi est Jésus. C'est pourquoi il nous est dit de les imiter.

Lors de ma prochaine étude, je parlerai des conditions des responsables, du type de responsables que nous sommes exhortés à suivre. Nous ne sommes pas exhortés à suivre tous les pasteurs, ou responsables d'Eglises ou les ouvriers chrétiens. La Bible est très spécifique sur le type de personnes que nous sommes exhortés à suivre. Leurs vies doivent nous pointer vers Jésus.

Nous terminons ici cette session, et continuerons la prochaine fois, Dieu voulant.

LE DERNIER MOT DE DIEU

Vingt-troisième message.

Hébreux 13:7-25

Nous continuons maintenant avec Hébreux 13:7-8. Nous avions juste survolé ces versets à la fin de notre dernière session. Nous allons reprendre à partir de là, je vais donc les traduire de nouveau. Verset 7 :

Souvenez-vous de ceux qui vous conduisent, de ceux qui vous ont annoncé la parole de Dieu ; et vu le résultat de leur façon de vivre, imitez leur foi.

Le verset suivant est seul. Je ne peux expliquer les particularités du grec, mais ce verset n'est pas lié au verset précédent et n'a pas vraiment de lien avec le verset suivant. Il est simplement là, tout seul, et il n'a pas de verbe "être" conjugué. Il est juste écrit :

Jésus-Christ hier et aujourd'hui le même, et pour toujours.

Je le répète de nouveau.

Jésus-Christ hier et aujourd'hui le même, et pour toujours.

Il est en quelque sorte le lien entre le verset précédent et le verset qui suit, mais pour autant il se tient là tout seul. Je vais traduire le verset qui suit, le verset 9, et ensuite nous ferons quelques commentaires à son sujet. Je pense que le lien n'est d'ailleurs, de prime abord, pas évident.

Ne vous laissez pas emporter [ou écarter] *par divers enseignements étrangers* [ou doctrines] *; car il est bon pour le cœur d'être établi* [ou fortifié ou affermi] *par la grâce, non par les aliments, par lesquels ceux qui s'y sont attachés* [ou qui ont été occupé avec] *n'ont pas été aidés.*

Revenons un instant à l'emplacement du verset 8. Si vous êtes une personne à la mémoire plutôt courte, mais qui aimez mémoriser les Ecritures, alors je vous suggère de mémoriser Hébreux 13:8. "Jésus-Christ hier et aujourd'hui le même, et pour toujours." Je crois qu'il a un lien avec le verset précédent, dans lequel l'auteur dit, "Imitez la foi de vos responsables, observant le résultat de leur façon de vivre." Quel est le résultat de leur façon de vivre ? C'est Jésus-Christ hier et aujourd'hui et pour toujours le même. Autrement dit, l'une des responsabilités des responsables spirituels du peuple Dieu est de vous montrer par leur façon de vivre le Christ éternel, immuable.

C'est en ce sens que ce verset est relié au précédent.

Je pense que ceci est très important. Nous verrons plus tard qu'il n'est pas demandé d'imiter ou d'obéir à tous les responsables spirituels. Ce chapitre établit très clairement les conditions que doivent remplir les responsables spirituels que nous devons imiter et suivre.

Continuons avec le verset 9, lequel nous avertit contre divers enseignements étrangers, particulièrement liés à la nourriture. Je pense que ceci fait également suite au verset 8, car l'auteur dit par là que Jésus-Christ est le seul fondement de la foi chrétienne et qu'il ne change jamais. Ne soyez pas trop changeants, ne changez pas constamment d'objectif. Il existe, je pense, un bon nombre de personnes dans le corps de Christ aujourd'hui qui sont toujours intéressées par la toute dernière doctrine ou la toute dernière révélation. Or ici, l'auteur nous met en un certain sens en garde contre cette attitude d'être constamment à la recherche de quelque chose de nouveau et d'étranger.

Quand ma première épouse rencontra le Seigneur, alors qu'elle était enseignante au Danemark, elle devint le centre d'intérêt de toute l'école – et c'était une grande école. Les gens lui disaient, "Quoi de neuf aujourd'hui ?" Elle répondait toujours la même chose : la grâce de Dieu est nouvelle chaque jour. C'est une bonne façon d'éviter de se laisser emporter par un nouvel intérêt en quelque chose d'autre. Gardez à l'esprit que Jésus ne change pas. Sa grâce ne change pas ; la meilleure nouvelle est la vraie nouvelle.

Si vous prenez un instant 1 Corinthiens 3:11, vous verrez alors ce que je veux dire au sujet du fondement de la foi chrétienne.

Car personne ne peut poser un autre fondement que celui qui a été posé, savoir Jésus-Christ.

Le fondement de la chrétienté est déjà posé, il n'y a pas d'autres options, de possibilités de changement, rien n'a besoin d'être ajusté ou révisé, nous avons seulement à bâtir sur ce fondement. Ceci est vrai pour l'Eglise de manière générale ; mais cela vaut aussi pour chacune de nos vies. La seule vie sûre et stable est celle qui est bâtie sur Jésus-Christ, le même hier, aujourd'hui et pour toujours.

En ce qui concerne l'avertissement contre les enseignements nouveaux et étrangers, prenons un instant dans Ephésiens 4. Ce chapitre, verset 11, énumère les cinq principaux ministères que Christ a établis dans le corps pour l'édification du corps. Au verset 13, Paul expose alors le but de ces ministères, ce vers quoi nous nous dirigeons.

Jusqu'à ce que nous soyons tous parvenus à l'unité de la foi et de la connaissance du Fils de Dieu, à l'état d'homme fait, à la mesure de la stature parfaite de Christ.

Nous nous dirigeons donc vers la maturité, la complétude, l'âge adulte.

Paul donne ensuite l'alternative, si nous ne nous plaçons pas sous ces ministères et ne recevons pas ce qu'ils ont à nous donner.

Ainsi, nous ne serons plus des enfants, flottants et emportés à tout vent de doctrine, par la tromperie des hommes, par leur ruse dans les moyens de séductions.

Je crois que ce sont là les deux options dans la vie chrétienne. Soit vous grandissez dans la maturité, soit vous êtes de ceux qui ne grandissent jamais, vous restez perpétuellement un bébé, vous êtes de ceux dont la croissance spirituelle est arrêtée et vous êtes constamment ballottés par de nouvelles doctrines étrangères, tout comme un navire sans ancre est ballotté par le vent et les vagues. Chacun d'entre nous doit véritablement déterminer dans sa propre vie quel type de chrétien il ou elle va être. Allons-nous faire partie de ceux qui sont toujours à la recherche de quelque chose de nouveau, de spectaculaire et d'excitant, ou bien notre but est-il de grandir dans la stabilité et la maturité ?

Au fil des ans, j'ai rencontré de nombreux chrétiens qui étaient constamment à la recherche de quelque chose de nouveau, recherchant toujours le spectaculaire. Je dois dire, la fin de chacun d'eux a plutôt été décevante. Loué soit Dieu, de nouvelles vérités sont continuellement portées à la lumière par le Saint-Esprit et Dieu fait des choses spectaculaires. Mais notre vie doit être fondée sur Jésus-Christ, le Christ immuable.

Ensuite, l'auteur d'Hébreux nous invite à ne pas être trop intéressés par les choses telles que les lois sur l'alimentation.

Ne vous laissez pas emporter par divers enseignements étrangers ; car il est bon pour le cœur d'être établi par la grâce, non par les aliments, par lesquels ceux qui s'en sont occupés n'ont tiré aucun bénéfice.

Je dois être très affable et charitable dans ce que je vais dire, mais vivant plus de la moitié de l'année à Jérusalem, nous sommes continuellement en contact avec des Juifs, des Juifs orthodoxes, qui sont vraiment premièrement occupés par les lois sur les aliments, c'est leur principale préoccupation. Ça et le respect du sabbat. Je les aime vraiment beaucoup et je respecte leurs convictions, mais je dois dire que cela ne les a vraiment pas aidés beaucoup.

Et ici, l'auteur d'Hébreux les avertit dix-neuf siècles avant que ce n'est pas sur cela qu'il faut se fonder.

Il y a toujours une tendance parmi les chrétiens à être trop impliqués dans des choses telles que les lois alimentaires. J'aimerais dire que je crois personnellement qu'il faut manger des aliments sains et bons pour la santé. Je n'aime pas vraiment la nourriture industrielle. Mais je n'en fais pas une affaire de religion, c'est juste une question de garder mon corps en bonne santé de façon pratique. Il est important de faire la distinction entre les deux.

La grâce ne vient pas par le type d'aliments que nous mangeons, voilà ce que veut dire l'auteur. Souvenez-vous, c'est de la grâce dont nous avons besoin.

Regardons trois passages, en commençant avec Jean 1:17. Je n'ai pas besoin de le prendre, je le connais par cœur.

Car la loi a été donnée par Moïse, la grâce et la vérité sont venues par Jésus-Christ.

Notez la différence. Vous pouvez choisir la loi, ou vous pouvez choisir la grâce. Mais la grâce ne vient pas par la loi. La grâce vient par Jésus-Christ.

Ensuite Ephésiens 2:8, un autre passage que je connais par cœur.

Car c'est par la grâce que vous êtes sauvés, par le moyen de la foi. Et cela ne vient pas de vous, c'est le don de Dieu.

C'est par la grâce à travers la foi que nous sommes sauvés. Ne laissez jamais rien vous éloigner de cette base. Par la grâce à travers la foi.

Et enfin un avertissement spécifique dans 1 Timothée 4:1-3.

Mais l'Esprit dit expressément que, dans les derniers temps, quelques-uns abandonneront la foi, pour s'attacher à des esprits séducteurs et à des doctrines de démons, par l'hypocrisie de faux docteurs portant la marque de la flétrissure dans leur propre conscience...

Ce sont des mots très forts. Alors, quelles sont les doctrines typiques des démons ? Deux sont mentionnées. Verset 3 :

... ils prescrivent de ne pas se marier, et de s'abstenir d'aliments que Dieu a créés pour qu'ils soient pris avec actions de grâce par ceux qui sont fidèles et qui ont connu la vérité.

Nous sommes donc ici mis en garde de ne pas, je dirais, être super spirituels en nous imposant une quelconque abstinence que Dieu ne demande pas, qu'il s'agisse de la vie maritale ou de certains aliments. Je dois dire que pour autant, au cours des années, de ces 20 dernières années, j'ai rencontré de nombreux chrétiens qui se sont laissés aller dans une super spiritualité. Je dois vous dire que pour ma part, je n'ai aucunement l'ambition de devenir super spirituel. Mon ambition consiste tout simplement à garder les pieds sur terre et à obéir à la simple parole écrite de Dieu. La super spiritualité est un piège. Et en réalité, lorsque vous y réfléchissez, vous vous rendez compte qu'elle ne sert que l'orgueil humain.

Je crois, enfin c'est mon opinion personnelle, que l'erreur vient toujours par l'orgueil. L'orgueil est l'élément qui ouvre la porte pour laisser l'erreur entrer dans nos vies. Du fait de mon implication dans le Moyen-Orient, je me suis souvent demandé ce qu'il y avait d'attrayant dans la religion musulmane, dans l'Islam ? Elle n'a jamais rendu quiconque heureux, elle n'a jamais rien fait de bien à personne. C'est une religion d'esclavage extrême, surtout pour les femmes qui sont traitées pire que des esclaves. Et pourtant, elle tient liée des centaines de millions de personnes. Savez-vous quelle a été ma conclusion ? Elle est attrayante parce qu'elle sert l'orgueil humain. Vous pouvez faire quelque chose pour obtenir la faveur de Dieu. Voyez-vous, le message de la croix annihile tout orgueil humain, puisqu'il est dit qu'aucune bonne œuvre que l'on puisse faire ne nous fera gagner la faveur de Dieu. C'est pour cela que la croix est un message impopulaire. De ce message découle toutes les bénédictions de temps et d'éternité, mais les gens le rejettent parce qu'il crève le ballon de l'orgueil humain, sans rien nous laisser dont nous pourrions nous vanter. Paul dit, "Pour ce qui me concerne, loin de moi la pensée de me glorifier d'autre chose que de la croix de notre Seigneur Jésus-Christ."

Bien, nous devons avancer. Nous arrivons maintenant à deux versets assez compliqués. Le verset 10 parle du fait de ne pas être préoccupé par la nourriture pour le corps. L'auteur continue ensuite par ceci :

Nous avons un autel, duquel ils n'ont rien le droit de manger, ceux qui servent au tabernacle.

Pour comprendre cela, comme pour beaucoup de passages dans Hébreux, il est nécessaire de connaître l'Ancien Testament. Il y est fait une référence à Nombres 4. L'autel représente la source de toute véritable grâce. La grâce vient par Jésus-Christ à travers la croix, et par aucun autre moyen. Le tabernacle représente les apparences physiques. Voyez-vous, l'un des problèmes des chrétiens hébreux, c'est qu'ils étaient encore attachés aux apparences physiques. Sous la loi lévitique, il y avait eu une séparation entre les Kehathites, qui s'occupaient de l'autel, les Guerschomites et les Merarites, qui étaient responsables des ustensiles et de la structure du tabernacle. Ce sont là les trois principales branches des Lévites : les Kehathites, les Guerschomites et les Merarites.

Quand le tabernacle fut emmené dans le désert pendant 40 ans, chaque groupe avait sa propre tâche spécifique qui lui avait été allouée. Chaque groupe était responsable de certaines choses à faire. Si vous prenez un instant Nombres 4, nous allons rapidement voir les responsabilités de ces trois groupes. Commençant au verset 2 :

Compte les fils de Kehath...

C'est le premier groupe des Lévites. Verset 4 :

Voici les fonctions des fils de Kehath...

Verset 5 :

... au départ du camp, Aaron et ses fils viendront démonter le voile, et ils en couvriront l'arche du témoignage...

Le verset 6 énumère de quelles façons ils devront couvrir l'arche. Verset 7 :

... ils étendront un drap bleu sur la table des pains de proposition...

Ou pains de présence. Et ensuite au verset 9 :

... ils prendront un drap bleu, et ils couvriront le chandelier...

Verset 11 :

... ils étendront un drap bleu sur l'autel d'or...

Et verset 13 et suivants :

... ils ôteront les cendres de l'autel...

Donc ils s'occupaient de l'autel et de tous les ustensiles les plus sacrés dans le tabernacle. Ceux-ci étaient tellement sacrés qu'ils n'avaient pas le droit de les voir. Seuls Aaron et ses fils étaient autorisés à les voir. Aaron et ses fils couvraient les éléments sacrés, et ensuite les Kehathites venaient pour les porter. Ils avaient la tâche la plus sacrée de tous les Lévites.

Ensuite au verset 22, les Guerschomites.

Compte aussi les fils de Guerschom...

Verset 24 :

Voici les fonctions des familles des Guerschomites...

Verset 25 :

... ils porteront les tapis du tabernacle et la tente d'assignation...

Verset 26 :

... les toiles du parvis et le rideau de l'entrée de la porte du parvis...

Ils portaient donc tous les rideaux et toutes les toiles. Et ensuite au verset 29, nous arrivons à la tâche des Merarites :

Tu feras le dénombrement des fils de Merari, selon leurs familles...

Verset 31 :

Voici ce qui est remis à leurs soins ... les planches du tabernacle, ses barres, ses colonnes, ses bases...

Vous voyez donc que chaque groupe avait un fardeau différent à porter. Les Guerschomites et les Merarites pouvaient les mettre sur des chars, mais les Kehathites devaient les porter sur leurs épaules parce que leur fardeau était trop sacré pour être mis sur un char. Vous vous souvenez de la tragédie qui est arrivée quand David permit que l'arche soit mise sur un char. Donc bien que ce soit des éléments plus petits qu'ils avaient à porter, leur fardeau était plus lourd puisqu'ils devaient le porter sur leurs épaules.

Bien, ce que l'auteur veut dire avec ce verset, c'est que si vous voulez vous occuper de l'autel – or seuls ceux qui devaient s'occuper de l'autel pouvaient manger les sacrifices de l'autel – si vous voulez être l'un de ceux qui s'occupent de l'autel, ne vous occupez pas du tabernacle et de ses ustensiles. C'est une façon typiquement talmudique juive de dire, "Ne servez pas le corps, servez l'esprit. Ne soyez pas l'esclave de votre corps, ne soyez pas l'esclave des choses matérielles parce que si vous l'êtes, vous n'avez pas le droit de vous occuper de l'autel, duquel découle la grâce". J'espère que j'ai réussi à rendre les choses claires pour vous.

Si vous connaissez un peu – mais je suppose que la plupart d'entre vous n'en connaissent rien – la façon talmudique d'interpréter les Ecritures, vous pouvez alors voir que l'épître aux Hébreux a été écrite par un véritable Juif religieux. Il croyait en Jésus mais il raisonnait et pensait certainement comme un spécialiste du talmud. Je pense que c'est pour cette raison qu'il y a autant d'avocats juifs, parce que toute leur formation consiste à s'entraîner à analyser, et dans un certain sens, à pinailler. Mais tout cela est l'entraînement parfait pour devenir avocat.

Je dois aussi dire que, d'après mon expérience, les avocats ont tendance à comprendre l'Evangile mieux que d'autres personnes parce qu'il y a un élément légal très présent dans la vérité de l'Evangile.

Nous devons continuer avec Hébreux 13:11. Voici un autre modèle tiré des services du sacerdoce lévitique. Verset 11 :

Car ces bêtes dont le sang est porté par le souverain sacrificateur comme sacrifice pour le péché dans le lieu saint, leurs corps sont entièrement brûlés en dehors du camp.

Ici encore, ce que l'auteur est en train de faire, c'est d'essayer de nous faire prendre conscience de la différence entre ce qui est vraiment saint et ce qui est profane, et de faire attention à ce que nos priorités soient bonnes.

Nous avons parlé de la séparation entre les Kehathites, les Guerschomites et les Merarites. Nous allons maintenant parler d'une séparation similaire entre le sang des bêtes pris pour les offrandes du péché, et qui était amené par le souverain sacrificateur dans le Saint des Saints, et leurs corps qui étaient brûlés en dehors du camp. Nous devons faire la différence entre ce qui appartient au Saint des Saints et ce qui appartient à la partie extérieure du camp. Il y avait une constante accusation de la loi contre les enfants d'Israël, en particulier contre le sacrificateur, parce qu'ils n'observaient pas cette distinction entre le saint et le profane. On retrouve cela tout au long de l'Ancien Testament. Il existe un problème similaire chez les chrétiens. Dans le domaine spirituel, nous devons être sensibles à ce qui appartient au Saint des Saints et à ce qui appartient à cette partie extérieure au camp, et surtout ne pas mélanger les deux.

Prenons un instant dans Lévitique 16. Il y a un long moment de cela, nous avons passé un certain temps sur ce chapitre, certains d'entre vous s'en souviendront. Il s'agit du chapitre concernant les ordonnances pour le Jour de l'Expiation. Lévitique 16, commençant au verset 11.

Aaron offrira son taureau expiatoire...

Il devra l'abattre, etc. Verset 12 :

Il prendra un brasier plein de charbons ardents ôtés de dessus l'autel devant l'Eternel, et de deux poignées de parfum odoriférant en poudre... [verset 13] *il mettra le parfum sur le feu devant l'Eternel...* [verset 14] *Il prendra du sang du taureau, et il fera l'aspersion avec son doigt sur le devant du propitiatoire vers l'orient ; il fera avec son doigt sept fois l'aspersion du sang devant le propitiatoire.*

C'est ce qu'est en train de dire l'auteur d'Hébreux. Le sang des bêtes offertes pour le sacrifice des péchés du sacrificateur et du peuple au Jour de l'Expiation était porté au-delà du second voile pour être mené dans le lieu très saint et aspergé là dans la présence du Seigneur. C'était le seul moment où une fois par an quelqu'un pouvait dépasser ce second voile. C'est une préfiguration de Jésus faisant l'expiation pour nous et amenant Son sang dans la présence de Dieu comme propitiation pour nos péchés.

Il est également dit au verset 15 qu'il égorgera le bouc expiatoire et fera la même chose avec son sang. Donc, le sang du taureau et du bouc était amené par le souverain sacrificateur dans le lieu saint.

Alors qu'advenait-il des corps ? Lisons les versets 27 et 28 de Lévitique 16 :

On emportera hors du camp le taureau expiatoire et le bouc expiatoire dont on a porté le sang dans le sanctuaire pour faire l'expiation, et l'on brûlera au feu leurs peaux, leur chair et leurs excréments.

Tout est entièrement brûlé, rien n'est gardé. Et l'homme qui s'occupe de cela doit en être sanctifié après. Verset 28 :

Celui qui les brûlera lavera ses vêtements, et lavera son corps dans l'eau ; après cela, il rentrera dans le camp.

Ceci nous montre très clairement combien le péché est sale. Il n'y a aucun moyen de le rendre propre, il n'est pas possible de lui laisser une place dans le camp. Il doit être emporté hors du camp et brûlé. Ce que l'auteur d'Hébreux veut dire, c'est, rappelez-vous que le sang appartient au Saint des Saints, mais que le corps du taureau ou du bouc doit être brûlé à l'extérieur. Autrement dit, le sang pourvoit à la propitiation pour le péché, mais si nous sommes impliqués et que nous mettons le physique et le matériel à la place que le sang devrait avoir, nous profanons la présence du Seigneur.

Je ne sais pas quel effet tout ceci a sur vous. Soit vous êtes enthousiasmés par ces images du tabernacle, que ce soit dans Exode, Lévitique ou Nombres ; soit vous vous demandez pourquoi ces images ont été mises dans la Bible. Leur effet sur moi me fait toujours prendre conscience de la demande de sainteté totale que Dieu exige de son peuple. Je ne sais pas si vous pourriez trouver une façon plus claire d'exprimer à quel point le péché est totalement inacceptable pour Dieu que le fait de voir que ces animaux, dont le sang était amené dans le lieu saint pour le péché, les cadavres de ces animaux devaient être entièrement brûlés hors du camp, et celui qui devait les brûler devait se laver entièrement avant de pouvoir revenir dans le camp. C'est une ordonnance physique, mais qui a une signification spirituelle profonde.

Nous continuons avec le verset 12 de Hébreux 13. Appliquant la vérité du verset 11, l'auteur continue ainsi :

C'est pourquoi aussi Jésus, afin qu'il puisse sanctifier le peuple par son propre sang, souffrit hors de la porte.

Donc lorsque Jésus devint l'offrande pour le péché du monde, non seulement pour Israël, mais pour le monde entier, ceci a été caractérisé par le fait qu'ils le conduisirent hors de la ville pour le crucifier, tout comme le corps du taureau était mené hors du camp pour être brûlé.

Le fait que Jésus devint l'offrande pour notre péché a été attesté par le fait qu'Il a été conduit hors de la ville pour être crucifié. De même, le fait qu'il a été fait malédiction pour nous a été attesté par sa crucifixion sur une croix. Voyez-vous, un Juif qui connaissait les écrits de l'Ancien Testament et avait une certaine compréhension spirituelle, aurait pu comprendre par les événements qui entraînèrent la crucifixion de Jésus la véritable signification de ce qui était en train de se produire. Prenez un instant Deutéronome 21:22-23.

Si l'on fait mourir un homme qui a commis un crime digne de mort, et que tu l'aies pendu à un bois...

Et gardez à l'esprit qu'en hébreu le terme pour "arbre" est aussi bien utilisé pour un arbre qui grandit que pour un arbre qui a été abattu. Il peut donc aussi s'agir d'un gibet. Verset 23 :

... son cadavre ne passera point la nuit sur le bois ; mais tu l'enterreras le jour même (car celui qui est pendu est un objet de malédiction auprès de Dieu).

Le fait que Jésus ait été mis sur une croix témoignait pour ceux qui avaient une connaissance des Ecritures qu'il avait été fait malédiction. Tout d'abord, il a été fait péché, et comme la malédiction suit toujours le péché, il a été fait malédiction.

Prenez un instant dans Galates 3:13-14. J'ai prêché sur ce passage dimanche dernier à Lakeland, sur le fait d'identifier les malédictions et d'en être délivré. Le culte était diffusé sur leur station radio et une femme de Tampa l'a entendu. Elle s'est sentie tellement convaincue qu'elle a fait demi-tour pour venir à l'église obtenir de l'aide. Il lui a fallu une heure pour arriver. Heureusement, c'était un culte qui dura environ trois heures, donc elle arriva à temps. Mais j'ai été vraiment impressionné que ce message puisse à ce point toucher une personne qu'elle fasse demi-tour pour venir à l'église. C'était donc sur ce passage-ci que je prêchais.

Christ nous a rachetés de la malédiction de la loi, étant devenu malédiction pour nous – car il est écrit : Maudit est quiconque est pendu au bois – afin que la bénédiction d'Abraham ait pour les païens son accomplissement en Jésus-Christ...

Donc Paul dit que le fait que Jésus ait été mis sur la croix indiquait qu'Il avait été fait malédiction. Il a été fait malédiction afin de pouvoir nous délivrer de la malédiction. Il a été fait péché afin que nous puissions recevoir Sa justice. Il a été fait malédiction afin que nous puissions hériter des bénédictions.

Revenons maintenant à Hébreux 13:12. De plus, Son sang aspergé dans le sanctuaire céleste nous donne accès à Dieu. Nous allons prendre deux passages dans Hébreux que nous avons déjà étudiés, mais cela nous rafraîchira la mémoire. Hébreux 9:23-25, où il est dit que le tabernacle terrestre est une copie du tabernacle céleste.

Il était donc nécessaire, puisque les images des choses qui sont dans les cieux devaient être purifiées de cette manière [par le sang des animaux], *que les choses célestes elles-mêmes le soient par des sacrifices plus excellents que ceux-là. Car Christ n'est pas entré dans un sanctuaire fait de main d'homme, en imitation du véritable, mais il est entré dans le ciel même, afin de comparaître maintenant pour nous devant la face de Dieu. Et ce n'est pas pour s'offrir lui-même plusieurs fois qu'il y est entré, comme le souverain sacrificateur entre chaque année dans le sanctuaire mais pour offrir un autre sang que le sien.*

Donc le message est que le Christ est entré avec Son propre sang dans le lieu saint au ciel.

Ensuite dans Hébreux 10:19 et versets suivants :

Ainsi donc, frères, nous avons, au moyen du sang de Jésus, une libre entrée dans le sanctuaire par la route nouvelle et vivante qu'il a inaugurée pour nous au travers du voile, c'est-à-dire de sa chair...

Vous voyez donc que l'accomplissement exact des images de l'Ancien Testament s'est fait à travers la mort et la résurrection de Jésus.

Nous arrivons maintenant au verset 13 qui contient notre onzième passage "faisons". Dans l'analyse de l'épître que j'ai faite tout au début, j'avais stipulé, entre autres choses, qu'il y avait douze passages "faisons". C'est l'une des caractéristiques de l'épître aux Hébreux. Chapitre 13 : le verset 13 est donc le onzième passage "faisons". **Sortons pour aller à lui**. Et pendant que nous y sommes, nous pourrions tout aussi bien mentionner le douzième passage qui arrive deux versets plus loin, Hébreux 13:15 : **offrons un sacrifice de louanges**.

Bien, revenons à Hébreux 13:13.

C'est pourquoi, sortons pour aller à lui hors du camp, portant son opprobre.

En tant que disciples de Jésus, nous devons nous attendre à partager l'opprobre lié à sa croix. Le symbole le plus méprisé dans le monde romain était la croix. Elle était utilisée pour exécuter des personnes qui n'étaient pas citoyens romains. Les citoyens romains n'étaient pas crucifiés. C'est pour cela que suivant la tradition, Pierre a été crucifié la tête en bas, alors que Paul a été exécuté étant donné qu'il était citoyen romain. Il a été décapité. C'était la tradition, que je crois crédible. Je dis cela parce qu'il est difficile pour nous de comprendre sinon à quel point la croix était répugnante pour les citoyens romains. En effet, nous sommes habitués à nos époques où les gens portent de petites croix autour du cou ou ornent diverses choses avec des croix. Mais, gardez à l'esprit que la signification de la croix était bien différente à l'époque du Nouveau Testament, c'était l'emblème de la honte la plus détestée, méprisée et crainte. Mais, Jésus porta sa croix, et ça aussi, c'était normal. Quand une personne allait être crucifiée, elle devait prendre la poutre transversale de la croix – pas toute la croix, mais la poutre transversale – et la mettre sur ses épaules. Et cette personne devait la porter jusqu'au lieu de l'exécution, et c'est ce qui est arrivé à Jésus.

Prenons deux passages qui font référence à la croix. Luc 9:23.

Puis il [Jésus] dit à tous...

Notez s'il vous plaît le "tous", il n'y avait pas d'exception.

... si quelqu'un veut venir après moi, qu'il renonce à lui-même, qu'il se charge

chaque jour de sa croix, et qu'il me suive.

Donc prendre sa croix chaque jour revient à prendre chaque jour la route qui mène à l'exécution. J'ai entendu Charles Simpson dire, "Quelle est votre croix ? C'est l'endroit où votre volonté et celle de Dieu se croisent. C'est aussi l'endroit où vous devez mourir." Attendez-vous donc chaque jour à mourir. Paul dit, "Voici, chaque jour, je suis exposé à la mort." Prenez votre croix, l'endroit où votre volonté et celle de Dieu se croiseront, et soyez préparés à mourir à vous-mêmes. Renoncez à vous-mêmes, prenez votre croix et suivez-moi.

Vous ne pouvez suivre Jésus à moins de prendre d'abord votre croix. Ce n'est pas possible autrement. La première étape doit être de prendre votre croix.

J'ai souvent constaté dans mon propre ministère que le moment qui me convient le moins est souvent le temps où Dieu a tendance à bénir le plus. Lorsque c'est le moment le moins opportun et que le cœur n'y est pas, qu'il y a plein de raisons qui me poussent à ne pas le faire, c'est pourtant le moment de le faire. Dieu ne peut bénir que de cette façon. Dieu ne peut pas bénir la chair humaine ; elle est corrompue. La chair doit être mise à mort avant que les bénédictions de Dieu ne viennent dans notre vie.

La croix est aussi bien le lieu de l'exécution que le lieu de la libération. C'est le seul endroit où l'on peut se débarrasser de notre aspect charnel et de notre propre plaisir.

Prenons maintenant l'autre passage, dans Galates 5:11.

Pour moi, frères, si je prêche encore la circoncision, pourquoi suis-je encore persécuté ? Le scandale de la croix est donc aboli !

Ce verset va vraiment dans le sens de ce que nous venons de voir, l'attrait de l'orgueil humain. Voyez-vous, la croix enlève toute possibilité d'orgueil humain, il ne reste rien dont on puisse se vanter. Vous voyez cette image de la croix dans la honte et l'agonie où Il paye notre dette, ne nous laissant rien à revendiquer devant Dieu. Paul dit que s'il ajoutait autre chose, les gens n'objecteraient pas. S'il disait, oui, Jésus est mort sur la croix pour que vous soyez réconciliés avec Dieu, mais il ne faut pas seulement croire en lui, il faut aussi être circoncis. Il dit qu'alors ses frères juifs ne le critiqueraient pas. La raison pour laquelle il est persécuté, c'est parce qu'il dit qu'il n'y a rien de plus que la croix, il n'y a pas d'autre possibilité, et rien d'autre n'est nécessaire. La croix est unique, elle est toute suffisante.

Je sens vraiment en arrivant à la fin de cette étude que d'une certaine façon, Dieu – à ce qu'il me semble du moins – insiste sur l'unicité et la centralité de la croix. Je pense que c'était, en un sens, probablement le problème de ces chrétiens hébreux. Ils croyaient en Jésus, ils croyaient en sa crucifixion, mais ils voulaient autre chose. Voyez-vous, Dieu ne viendra pas à vous sur cette base. Dieu dit qu'il n'y a qu'une seule chose que nous puissions revendiquer, et c'est la croix. Si nous ajoutons quoi que ce soit d'autre, alors elle n'est certes plus une pierre d'achoppement, mais elle perd également toute sa puissance.

Continuons, je pense que nous pouvons prendre encore un verset – et nous le devons. C'est le verset 14. Hébreux 13 :14.

Car nous n'avons pas ici une cité permanente, mais nous cherchons celle qui est à venir.

Ce verset nous ramène bien entendu à Abraham dans Hébreux 11:9-10, que nous allons reprendre rapidement.

C'est par la foi qu'il [c.-à-d., Abraham] *vint s'établir dans la terre promise comme dans une terre étrangère, habitant sous des tentes, ainsi qu'Isaac et Jacob, les cohéritiers de la même promesse. Car il attendait la cité qui a de solides fondements, celle dont Dieu est l'architecte et le constructeur.*

Ce que l'auteur d'Hébreux veut dire, c'est que si vous vous sentez chez vous dans ce monde, alors c'est que vous n'êtes pas dans l'attente d'un autre monde. Le témoignage d'Abraham, ainsi que ceux d'Isaac et de Jacob, montre qu'ils ne considéraient pas cette terre comme un lieu permanent ; ils ne construisirent pas de maisons, ils plantèrent seulement leurs tentes. Ils ont toujours dit qu'ils étaient étrangers, d'ailleurs. Un mot est constamment utilisé dans le livre de la Genèse pour parler d'Abraham, d'Isaac et de Jacob : "voyageur", c'est-à-dire quelqu'un qui se trouve à un endroit, mais pas de façon permanente.

Je pense que nous pourrions aussi voir les deux versets suivants. C'est donc ici le douzième passage "faisons". Ce sont les versets 15 et 16. Avez-vous noté la succession de "c'est pourquoi "et "alors donc"? Presque chaque phrase commence par un "c'est pourquoi" ou un "alors donc" ou des mots similaires.

Par lui, donc, offrons un sacrifice de louange continuellement à Dieu, c'est-à-dire le fruit de nos lèvres qui confessent son nom. Mais de faire le bien et de partager, n'oubliez pas [ne négligez pas], *car Dieu prend plaisir à de tels sacrifices.*

Nous avons là trois sacrifices que nous devons offrir en tant que chrétiens.

Ce ne sont pas des sacrifices physiques, il ne s'agit pas d'animaux. Quels sont ces trois sacrifices ? Tout d'abord, la louange. Ensuite, faire le bien. Et enfin, partager avec ceux qui sont dans le besoin ce que nous avons. Donc, le premier, la louange. Nous louons Dieu parce qu'il est digne, même quand nous ne sommes pas prêts à le faire. Il est très important de comprendre que la louange ne doit pas venir de vos sentiments, mais de vos convictions. Prenons rapidement le Psaume 100:4-5. Il y est question de notre approche de Dieu.

Entrez dans ses portes avec des louanges, dans ses parvis avec des cantiques ! Célébrez-le, bénissez son nom !

Il nous est demandé de venir à Dieu avec des louanges et des cantiques. Voilà les sacrifices qui nous font admettre en sa présence.

Notez les raisons au verset 5 :

Car l'Eternel est bon ; sa bonté dure toujours, et sa fidélité de génération en génération.

Trois raisons pour louer le Seigneur qui ne dépendent pas du tout de nos sentiments ou des circonstances. Quoi que ce soit que nous ressentions, quelles que soient les circonstances, ce fait reste vrai : le Seigneur est bon. Sa bonté dure à toujours, Sa fidélité dure de génération en génération. Si nous croyons vraiment cela, alors nous le louerons. La louange est un sacrifice qui nous coûte quelque chose. Plus elle nous coûte, je pense, plus Dieu l'apprécie.

Prenons aussi le passage cité par l'auteur d'Hébreux qui se trouve dans Esaïe 57:18-19. Il y est question de la restauration de Jacob, c'est-à-dire des descendants d'Israël. Ce passage parle de Jacob comme de quelqu'un qui a oublié Dieu et qui a suivi sa propre voie en se détournant de Dieu, mais qui doit être guéri et réconcilié. Voici ce que dit le Seigneur :

J'ai vu ses voies, et je le guérirai ; je lui servirai de guide, et je le consolerai, lui et ceux qui pleurent avec lui. Je mettrai la louange sur les lèvres.

C'est la traduction donnée, mais je préfère la version littérale, qui parle du fruit des lèvres, ce dont parle également l'auteur d'Hébreux.

... mettrai le fruit sur les lèvres. Paix, paix à celui qui est loin et à celui qui est près ! dit l'Eternel.

Donc quand Dieu nous guérit, nous restaure en sa faveur, Il crée le fruit de nos lèvres, c'est-à-dire la confession de son nom. Je pense qu'il est très important que nous apprenions à confesser le nom de Jésus. Lorsque nous prions, nous affirmons que Jésus-Christ est Seigneur, nous affirmons qu'Il est le Roi des rois, qu'il est notre Seigneur. Plus nous le magnifions et confessons son nom, plus nous avons accès en sa présence.

Voyons aussi, rapidement, les deux autres sacrifices. Faire le bien. Comparons avec Galates 6:9-10.

Ne nous lassons pas de faire le bien ; car nous moissonnerons au temps convenable, si nous ne nous relâchons pas.

Gardez à l'esprit que vous pouvez faire le bien et ne pas moissonner si vous vous relâchez. Donc, vous devez tenir bon. Sinon, vous pouvez perdre la moisson que vous avez récoltée.

Ainsi donc, pendant que nous en avons l'occasion, pratiquons le bien envers tous, et surtout envers les frères en la foi.

C'est le deuxième sacrifice, c'est-à-dire faire le bien.

Le troisième concerne le partage, nous allons prendre rapidement dans Romains 12:8-10. Romains 12:6-8 énumère huit différents dons charismatiques. Vous pourrez regarder la liste par vous-mêmes. Au milieu du verset 8, il est dit :

... que celui qui donne le fasse avec libéralité...

Ou générosité. Le mot traduit par "donne" signifie littéralement "partage". Et encore au verset 13 de Romains 12 :

Pourvoyez aux besoins des saints. Exercez l'hospitalité.

Ce sont là les trois sacrifices appropriés à tout moment pour les chrétiens aujourd'hui: louer, faire le bien et partager.

Nous continuons donc tout naturellement avec le verset 17. Je vais commencer par le traduire.

Obéissez à vos responsables [ou à ceux qui vous dirigent], *et cédez* [ou soumettez-vous] *; car ils passent eux-mêmes des nuits sans sommeil* [ou restent éveillés ou veillent] *pour vos âmes, comme étant ceux qui devront en rendre compte* [de vos âmes]. *Afin qu'ils le fassent avec joie et non avec des grognements* [ou des gémissements], *car cela ne vous serait d'aucun avantage.*

Avant que nous fassions quelque commentaire que ce soit là-dessus, permettez-moi de vous poser une question personnelle. Êtes-vous de ceux qui ont quelqu'un pour veiller sur leur âme ? Ou bien êtes-vous une âme seule qui n'a personne pour veiller sur elle ? C'est vraiment un don important venant de Dieu pour la plupart des chrétiens – il y a des chrétiens qui se trouvent dans des situations où cela n'est pas possible. Mais pour la majeure partie des chrétiens, je pense qu'il est très important d'avoir quelqu'un pour veiller sur votre âme, et de savoir de qui il s'agit et que ces personnes vous connaissent également, car vous ne pouvez pas concrètement rendre compte pour quelqu'un si vous ne savez pas que vous en êtes responsable. Il y a donc une responsabilité à double sens pour celui qui veille et pour celui sur qui l'on veille.

Je vous assure que s'il se trouve quelqu'un qui est capable de veiller sur votre âme et qui veut le faire, vous seriez bien stupides de ne pas l'accepter.

Ce verset établit deux autres conditions en lien avec le rôle des responsables. Nous en avions déjà deux par rapport à ce thème dans un verset précédent, le verset 7. Revenons un instant sur le verset 7.

Souvenez-vous de vos conducteurs qui vous ont annoncé la parole de Dieu ; considérez quelle a été la fin de leur vie, et imitez leur foi. Jésus-Christ est le même hier, aujourd'hui, et éternellement.

Donc si vous rassemblez ces deux versets, les versets 7 et 17, vous noterez tout d'abord une chose presque universelle dans le Nouveau Testament concernant la vie de l'Eglise, à savoir que les responsables sont "pluriel". Je vous mets au défi de trouver un seul endroit dans le Nouveau Testament où il est question d'un responsable d'Eglise. Je ne dis pas que ce n'est pas possible, mais je garantis que la plupart d'entre vous ne pourraient pas en trouver.

J'ai eu l'occasion de faire un exposé différent en rapport avec ce thème, alors j'ai simplement mis par écrit de mémoire tous les passages auxquels je pouvais penser dans lesquels les responsables d'Eglise, d'une Eglise locale, y sont mentionnés au pluriel. J'en ai trouvé 21. Je doute que vous puissiez en trouver un seul qui utilise le singulier. Je n'ai pas l'intention de m'attarder sur ce sujet, mais il souligne ce principe important que la direction humaine d'une congrégation locale, dans le Nouveau Testament, est normalement collective. Il existe une direction au singulier, mais dans le domaine invisible, et il s'agit alors de Jésus. Il est la tête, mais en dessous de lui, dans la plupart des Eglises, celles qui sont mentionnées dans le Nouveau Testament, il y a une pluralité de sous bergers humains. Si cela vous intéresse, vérifiez vous-mêmes. Si vous avez une concordance ou une Bible avec des références dans la marge et un peu de temps devant vous, vous pouvez trouver tout cela par vous-mêmes.

Pris ensemble, Hébreux 13:7 et 13:17 révèlent cinq marques du type de responsables spirituels auxquels vous devez vous soumettre. Ceci est extrêmement important. Numéro un, ils nous apportent la parole de Dieu. Numéro deux, ils sont un exemple de foi que l'on doit imiter. Merci de noter, pas un exemple d'incroyance. Trois, pris du verset 8, leurs vies doivent nous montrer le Christ immuable. Quatre, ils veillent constamment sur nos âmes. Et cinq, ils sont responsables de nous devant Dieu. Les mots utilisés montrent qu'ils prennent cette responsabilité très au sérieux.

Je suis passé devant le bâtiment d'une église méthodiste quelque part dans les Carolines il y a quelques temps de cela, un très grand bâtiment. Une personne qui connaissait cette Eglise et ses membres m'expliqua qu'elle fonctionnait de façon assez inhabituelle. Le pasteur – car il s'agissait "d'un" pasteur – n'allait nulle part ou ne voyait personne avant 10h du matin, à moins que ce ne soit d'une extrême urgence. Il passait les trois premières heures de la journée à prier pour les membres de sa congrégation. Et il avait une photographie de chaque membre de sa congrégation. Au fur et à mesure qu'il passait les photographies, il priait pour ces personnes. Je ne suis pas en train de suggérer que tout le monde devrait agir ainsi, mais il semble évident que cet homme prenait ses responsabilités très au sérieux.

J'aimerais vous suggérer, comme je l'ai dit plus tôt, qu'il est dans votre meilleur intérêt de vous soumettre à de tels responsables. Si vous avez de tels responsables disponibles pour vous, vous devriez remercier Dieu pour eux chaque jour parce qu'il n'y en a pas beaucoup de semblables dans le monde aujourd'hui.

Mais, et j'aimerais insister sur ce fait, les Ecritures ne nous demandent pas de nous soumettre à des responsables religieux, chez qui ces qualités font défaut. Les Ecritures ne nous disent pas de nous soumettre à nos responsables d'Eglise, sans tenir compte de ce qu'ils font. Soumettez-vous à vos responsables si leurs actes suivent les directives des Ecritures.

Il y a quelques années de cela, j'étais impliqué dans un camp, dans lequel Dieu était vraiment à l'œuvre parmi les jeunes, les adolescents, etc. Dieu en toucha plusieurs, les sauva de façon merveilleuse, délivra certains de la drogue, les remplit du Saint-Esprit. Ensuite, ils retournèrent vers leur "Eglise" et le pasteur de leur Eglise – si je vous donnais son titre vous sauriez de quelle sorte d'Eglise il s'agit – condamna tout ce qui venait de se produire, versa de l'eau froide sur eux et fit tout ce qu'il put pour défaire l'œuvre que Dieu avait faite en eux. Les gens me dirent alors, "Il faut bien qu'ils obéissent à leur responsable". Je répondis, "Certes non, il faut qu'ils obéissent à un responsable qui a les qualifications spirituelles requises". Quelqu'un qui est un exemple de foi, et non d'incrédulité. Quelqu'un qui leur montre le Christ immuable, quelqu'un qui se préoccupe véritablement de leur âme, etc.

J'aimerais que vous voyiez à quel point la parole de Dieu est circonspecte. Elle n'impose pas aux chrétiens d'obéir à des responsables qui sont de faux bergers. Mais lorsqu'il s'agit de véritables responsables, alors les Ecritures nous chargent d'une responsabilité très sérieuse.

Continuons avec les versets 18 et 19.

Priez pour nous, car nous croyons [ou nous sommes persuadés] *que nous avons une bonne conscience, désirant vivre justement* [ou honorablement peut-être]. *Mais je vous implore d'autant plus de le faire, afin que je vous sois rendu au plus tôt.*

Nous pouvons conclure par ces paroles et d'autres passages encore que cette lettre a probablement été écrite pendant que l'homme qui l'écrivait se trouvait en prison à cause de l'Evangile. Un certain nombre de lettres du Nouveau Testament ont été écrites par des personnes se trouvant en prison. Par exemple, Ephésiens, Philippiens, 1 et 2 Timothée, Philémon et Hébreux. Ce n'est donc pas toujours une honte d'être en prison, tout dépend de la raison pour laquelle on y est.

L'auteur demande donc de prier pour lui en tant que responsable spirituel. Il dit, "Prier pour nous parce que nous croyons que nous avons une bonne conscience, désirant nous conduire de façon honorable en toutes choses." Notez qu'il dit que l'une des raisons pour lesquelles ils doivent prier pour eux, c'est qu'ils ont une bonne conscience. Là encore, je pense que nous devons être pleins de discernement par rapport aux personnes pour lesquelles nous prions. Le premier objet de prière pour les chrétiens d'alors était le gouvernement sous lequel ils vivaient. Ensuite, les ministres de l'Evangile. La prière pour les malades et autres personnes venait plus tard – non pas qu'elle n'avait pas sa place, mais vous savez vous ne pouvez rester qu'un certain temps dans la prière. Chacun a ses limites que ce soit physiquement ou en terme de temps.

Je vous recommande de conduire vos prières dans le bon tunnel. Je suis certain que bon nombre d'entre vous ont des membres de leurs familles qui sont une souffrance et un problème, et pour lesquels vous priez. C'est bien. Mais ne passez pas tout votre temps à prier pour les gens à problème, parce que cela reviendrait à déverser une grande quantité de liquide dans un petit tuyau. La majeure partie sera en quelque sorte gaspillée. Ce que l'auteur veut dire de lui, c'est, "Nous sommes un bon tuyau, nous pouvons en contenir beaucoup. Nous menons une vie telle que cela nous permet de recevoir toutes les prières que vous faites pour nous. Ce n'est pas du gaspillage, ça ne débordera pas." Je pense que parfois, si vous êtes sensibles lorsque vous priez, et bien quand vous priez pour quelqu'un, alors vous savez si cette personne est un bon récepteur de prières ou pas. Il y a certains membres de ma famille – je ne vais certainement pas les mentionner – qui sont vraiment de bons récepteurs de prières. À chaque fois que nous prions pour eux, il se passe quelque chose. Pour d'autres, vous êtes presque obligés de forcer la prière. Certains d'entre vous sourient, vous avez peut-être l'impression de connaître un cas similaire. Mais j'espère que vous n'êtes pas un cas similaire !

Je pense que c'est un principe important. Etant moi-même un ministre de l'Evangile, je sais à quel point la prière nous est nécessaire. Lorsque je débutais dans mon rôle et que j'étais un peu plus vaniteux, si je réussissais quelque chose, je disais souvent, "C'est ça, ça marche de mieux en mieux !". Mais maintenant, quand cela m'arrive, je me dis, "Je me demande qui priait pour moi." J'ai appris que notre succès est directement proportionnel aux prières qui nous soutiennent. Et donc, pour ceux qui ne sont pas dans "le ministère", j'aimerais vous suggérer d'investir ainsi vos prières : priez pour les responsables qui dirigent correctement, qui ont des vies honorables, qui sont de bons tunnels pour recevoir toutes les prières qui sont faites pour eux. Et ce tunnel dirigera ces prières là où elles porteront du fruit pour le royaume de Dieu.

Prenons simplement l'exemple de Paul. Il demandait presque toujours aux gens à qui il écrivait de prier pour lui. Je suis heureux de vous apprendre que dans nos lettres de nouvelles, Ruth et moi faisons presque toujours pareil. Parfois je me dis, "Est-ce que je le demande trop ?" Mais je me dis ensuite, "Non, c'est nécessaire de le demander."

Prenez un instant dans Ephésiens 6:18-19.

Faites en tout temps par l'Esprit toutes sortes de prières et de supplications. Veillez à cela avec une entière persévérance, et priez pour tous les saints.

Nous devons prier pour tous les saints. Aucun saint ne doit être laissé de côté. Puis il continue plus spécifiquement en disant ceci :

Priez pour moi, afin qu'il me soit donné, quand j'ouvre la bouche, de faire connaître hardiment et librement le mystère de l'Evangile.

Notez qu'il demande là deux choses en particulier. La parole, afin qu'il ait la capacité de dire ce qu'il sait qu'il faut qu'il dise. Et la hardiesse.
Prenons maintenant dans Colossiens 4:2-4.

Persévérez dans la prière, veillez-y [ou restez éveillés pour cela] *avec actions de grâce. Priez en même temps pour nous, afin que Dieu nous ouvre une porte pour la parole, en sorte que je puisse annoncer le mystère de Christ, pour lequel je suis dans les chaînes, et le faire connaître comme je dois en parler.*

Notez que sa demande de prière est légèrement différente : il demande de prier pour que Dieu ouvre une porte. Il ne prie pas tant pour la hardiesse que pour la clarté. Je peux vraiment m'identifier dans cette demande de prière, parce que si j'ai une ambition, c'est bien d'avoir la capacité de rendre clair le message de la parole de Dieu. Si je devais choisir un mot pour représenter mon ambition personnelle, ce serait celui-là.

J'ai reçu des nouvelles l'autre jour que je vais vous partager. Beaucoup d'entre vous savent que mon programme radio "*Aujourd'hui avec Derek Prince*" est déjà diffusé en Chine, cependant il est traduit en chinois pour pouvoir être lu et diffusé en chinois dans toute la Chine communiste. Et bien, il faut savoir que si vous voulez œuvrer en Chine et que vous n'êtes pas chinois, vous devez prendre un nom chinois. Vous n'avez aucun autre moyen d'accéder là-bas. Un nom chinois m'a donc été attribué. Je n'avais pas le choix, mais si je l'avais eu, je n'aurais pu en choisir de meilleur. Je ne prononce pas très bien le chinois, mais mon nom chinois est apparemment *Ye Guang Ming*. Et si vous vous demandez ce que ce nom signifie, il veut dire "lumière claire". C'est mon nom en chinois. Si jamais je vais en Chine, ils ne diront pas, "Voici Derek Prince", ils diront, "Voici *Ye Guang Ming*."

Je n'aurais vraiment pas pu penser à un nom décrivant mieux que celui-là ce que j'espérais que mon émission soit pour la Chine.

Nous allons encore juste prendre un autre passage dans 1 Thessaloniciens 5:25. C'est un très court verset.

Frères, priez pour nous.

Il était probablement à court d'encre, ou quelque chose dans ce genre! Mais il ne voulait surtout pas oublier d'écrire cela.

Je vais lire mon commentaire, puis ensuite nous avancerons. La prière pour les serviteurs de l'Evangile est à la fois un devoir et un privilège pour les membres du corps de Christ, spécialement dans des moments de besoins particuliers. Comme, par exemple, le cas de Paul lorsqu'il était en prison.

Nous allons maintenant faire un petit résumé de ce chapitre 13, en partant du verset 1 jusqu'au verset 19. Notons les principaux aspects de la vie chrétienne qui en ressortent. Nous verrons qu'il y a quatorze instructions basiques, fondées sur les vérités spirituelles qui ont été exposées. Presque toutes les lettres du Nouveau Testament fonctionnent ainsi, elles présentent une vérité spirituelle, et ensuite à la fin, elles donnent des instructions pratiques pour savoir comment mettre en œuvre ces vérités dans nos vies. Si vous étudiez la plupart des épîtres, c'est ainsi qu'elles fonctionnent. Je pense qu'il est important de comprendre que la vérité de la parole de Dieu n'a jamais pour but de rester simplement une théorie ou une théologie. Personnellement, j'émets, pour être honnête, de grandes réserves en ce qui concerne la théologie, parce que bien souvent elle ne dépasse pas le domaine de l'enseignement scolaire ou de la théorie abstraite. Je ne crois pas qu'il y ait quoi que ce soit dans la Bible qui justifie cela. Toute vérité dans la Bible devrait, d'une manière ou d'une autre, refléter notre façon de vivre.

Nous allons maintenant parcourir ces quatorze instructions pratiques basées sur la révélation d'Hébreux, à savoir que Jésus-Christ est notre souverain sacrificateur, et tout ce qui est lié à cette révélation. Tout d'abord, en un seul mot, un mot important, l'amour. Souvenez-vous, sans l'amour, tout le reste est vide.

*Deux, l'hospitalité.
*Trois, s'identifier aux prisonniers et à ceux qui sont persécutés.
*Quatre, observer la sainteté dans le mariage et la pureté sexuelle.
*Cinq, une bonne attitude envers l'argent et une liberté face à la convoitise.
*Six, une confiance dans la toute suffisance du Seigneur.
*Sept, une bonne attitude envers les responsables placés par Dieu en deux mots : se souvenir et imiter.
*Huit, éviter tout nouvel enseignement étranger qui annule la grâce de Dieu. Permettez-moi de dire que j'ai passé du temps à essayer de trouver une phrase correcte pour résumer cet enseignement.
*Neuf, faire de la chair la servante de l'Esprit, et non l'inverse.
*Dix, s'attendre à porter l'opprobre de la croix.
*Onze, vivre comme des étrangers dans ce monde attendant la cité qui n'a pas encore été manifestée.
*Douze, offrir les trois sacrifices : louer, faire le bien et partager.
*Treize, à nouveau une attitude correcte envers les responsables résumée en deux mots : obéir et se soumettre. Notez ceci : obéir est une action extérieure, se soumettre est une attitude intérieure. Certaines personnes obéissent sans se soumettre. C'était le cas du frère aîné dans l'histoire du fils prodigue. Il obéit, mais il ne se soumit jamais. Vous saisissez ? Son manque de soumission est devenu évident quand il s'est montré jaloux de son frère. Et il est aussi possible d'être soumis, mais de dire, en toute conscience, "Je ne peux obéir".
*Et quatorze, priez pour les serviteurs de l'Evangile.

Bien, maintenant une petite application pratique personnelle. Je vais lire cette liste de nouveau sans m'arrêter pour faire de commentaire. J'invite chacun de vous à faire un petit contrôle intérieur. En fait, ce serait une bonne chose si vous vérifiez si pour chaque point vous pouvez dire, "Oui, j'agis ainsi". Si ce n'est pas toujours le cas, à vous de trouver pourquoi. Pendant que nous lisons cette liste, regardez quelques instants au-dedans de vous.

*Numéro un, l'amour.
*Numéro deux, l'hospitalité.
*Numéro trois, s'identifier avec les prisonniers et ceux qui sont persécutés.
*Numéro quatre, sainteté dans le mariage et pureté sexuelle.
*Numéro cinq, une bonne attitude face à l'argent et une liberté face à la convoitise.
*Numéro six, une confiance en la toute suffisance du Seigneur.
*Numéro sept, une bonne attitude envers les responsables placés par Dieu. Se souvenir et imiter.
*Numéro huit, éviter tout nouvel enseignement étranger qui annule la grâce de Dieu.
*Numéro neuf, faire de la chair la servante de l'Esprit, et non l'inverse.
*Numéro dix, s'attendre à partager l'opprobre de la croix.
*Numéro onze, vivre comme des étrangers dans ce monde attendant la cité qui n'a pas encore été manifestée.
*Numéro douze, offrir les trois sacrifices : louer, faire le bien et partager.
*Numéro treize, une bonne attitude envers les responsables : obéir et se soumettre.
*Numéro quatorze, prier pour les serviteurs de l'Evangile.

Nous arrivons maintenant à la bénédiction finale, qui est une très belle bénédiction, aux versets 20 et 21.

Que le Dieu de paix, qui ramena d'entre les morts [ou rapporta d'entre les morts] *le grand berger des brebis à travers le sang de l'alliance éternelle* [ou par le sang de l'alliance éternelle], *c'est-à-dire, notre Seigneur Jésus, qu'il vous donne tout ce qui est bon pour faire sa volonté, faisant en vous ce qui plaît devant lui* [ou à sa vue], *à travers Jésus-Christ, à lui soit la gloire pour les siècles des siècles.*

Il y a au moins trois expressions différentes en grec qui peuvent être traduites par "pour toujours". J'aimerais vous les faire connaître, parce que chacune d'elle va plus loin que la précédente. Il y en a une qui dit, "pour le siècle". Ce qui veut dire tant que ce siècle durera. Une autre dit, "pour le siècle des siècles". Il s'agit alors d'un siècle fait de siècles, comme un siècle est normalement constitué d'années. Comprenne qui peut, si votre esprit vous le permet. Et voici le dernier, "pour les siècles des siècles". Il est absolument impossible pour l'esprit humain de comprendre ce qui est inclut dans cette expression. Quand je lis ces mots, je me sens bien, j'ai le sentiment que mon avenir est pris en main pour autant de temps que mon esprit peut mesurer.

Revenons à cette bénédiction. Le Dieu de paix nous offre la paix de Dieu. Prenons les passages mentionnés ici. Tout d'abord, Romains 15:33.

Que le Dieu de paix soit avec vous tous !

Notez qu'Il est le Dieu de paix et qu'en dehors de lui, il n'y a pas de paix. Jacques nous dit que toute grâce excellente et tout don parfait descendent d'en haut, du Père des lumières. Or l'un de ces dons excellents et parfaits est la paix. Il n'existe aucune autre source de paix absolue que Dieu lui-même. Il est le Dieu de paix.

Prenons ensuite un peu plus loin dans Romains 16:20, un verset extraordinaire.

Le Dieu de paix écrasera bientôt Satan sous vos pieds.

Notez qu'il offre la paix à tout son peuple, mais il n'offre pas la paix à satan. Satan n'a aucune chance d'avoir la paix. C'est un verset intéressant, laissez-moi juste faire un commentaire. Vous vous souvenez que cette épître a été écrite aux chrétiens se trouvant à Rome, le cœur de l'empire romain, aux environs des années cinquante après J. C. ou un peu plus tard. En moins de trois siècles, ils avaient anéanti satan de l'empire romain, ils étaient devenus la puissance dirigeante dans l'empire romain. Un miracle incroyable dans l'histoire, si vous réfléchissez à ceux qui étaient impliqués : une poignée de personnes méprisées et persécutées qui croyaient en un charpentier juif, mort sur une potence romaine, avait réussi à renverser l'empire romain. C'est un exemple incroyable de la suprématie de la puissance spirituelle sur la vie matérielle.

Nous voyons qu'aujourd'hui le monde est en plusieurs points dominé par des forces politiques puissantes et impitoyables. Mais en définitive, l'Eglise de Jésus-Christ est plus forte que toutes ces forces politiques. La puissance de Dieu est rendue parfaite dans la faiblesse. C'est quand l'Eglise et devenu puissante, qu'elle perdait sa véritable force.

Ensuite, Philippiens 4:7.

Et la paix de Dieu, qui surpasse toute intelligence, gardera vos cœurs et vos pensées en Jésus-Christ.

Donc, du Dieu de paix vient la paix de Dieu. C'est la protection de Dieu sur nos cœurs et nos pensées. Or il faut qu'ils soient protégés.

Quand vous recevez soudainement des mauvaises nouvelles inattendues – ce qui arrive à presque tout le monde à un moment ou un autre – comment réagissez-vous ? Est-ce que la paix de Dieu garde votre cœur et vos pensées dans un moment tel que celui-là ? C'est dans de tels moments que nous savons véritablement quelle mesure de paix nous avons en nous. Aucun d'entre nous ne peut jamais savoir à quel moment nous serons soudainement confrontés à une mauvaise nouvelle. Nombre d'entre vous peuvent regarder en arrière, à une tragédie, un accident, un deuil soudains. Comment avez-vous répondu ? C'est dans de tels moments que vous savez quelle est la mesure de votre foi. C'est alors que vous savez à quel point Dieu est réel pour vous.

Vous pouvez observer les gens religieux, ils adoptent un langage très correct, jusqu'à ce qu'un malheur arrive. Et alors, si souvent ils s'écroulent, parce que leur religion était uniquement une affaire de mots, non une réalité. Nous ne pouvons critiquer une personne qui tombe, mais il y a un remède, et c'est la paix de Dieu qui garde nos cœurs.

Nous devons continuer avec cette bénédiction. En ressuscitant Jésus d'entre les morts, Dieu démontra deux choses. Tout d'abord, sa puissance et sa fidélité. Ensuite, l'efficacité du sang de Jésus, car la résurrection s'est faite par le sang de l'alliance éternelle. Le sang était le symbole que le Dieu Tout-Puissant ne pouvait ignorer, le sang versé de son Fils.

Notez que Jésus est appelé le grand berger des brebis. Le grand berger. Il y a beaucoup de bergers, mais un seul grand berger. Ceci nous amène à un paradoxe, sur lequel j'aimerais attirer un instant votre attention. Prenez dans Jean 10:7, où nous trouvons la parabole des brebis.

Jésus leur dit encore : En vérité, en vérité, je vous le dis, je suis la porte des brebis.

Mais ensuite au verset 11, Il dit :

Je suis le bon berger.

C'est un paradoxe délibéré. Lorsque vous arrivez devant un paradoxe dans les Ecritures, vous devez chercher Dieu, car il y a une raison à cela. Comment est-ce que Jésus peut être à la fois la porte et le berger ? Et bien, je vais vous donner la réponse. Car je suis certain que c'est la réponse. Crucifié, Il est la porte, ressuscité, Il est le berger. Et vous remarquerez qu'Il est appelé le berger une fois qu'il a été ressuscité des morts. Si vous voulez avoir le Jésus ressuscité comme votre berger, vous devez entrer dans la bergerie par la porte du Jésus crucifié. Jésus dit dans la parabole que si quelqu'un essaie d'entrer d'une autre façon et ne passe pas par la porte, alors c'est un voleur et un mercenaire. Il n'est pas question ici du ciel, mais de l'ensemble du peuple de Dieu sur terre, la bergerie. Il est possible d'y entrer d'une autre manière, mais celui qui agit ainsi est alors un voleur ou un mercenaire. C'est un voleur parce qu'il essaie de s'approprier les bénédictions auxquelles il n'a aucun droit. Seuls ceux qui entrent par la porte ont le droit à l'héritage.

Continuons avec cette bénédiction, et revenons à Hébreux 13:20-21. Verset 21 nous dit ce que le Jésus ressuscité fera pour nous.

... vous rende capable de toute bonne œuvre pour l'accomplissement de sa volonté ; qu'il fasse en vous ce qui lui est agréable, par Jésus-Christ, auquel soit la gloire aux siècles des siècles.

Dieu peut nous équiper entièrement, mais à quatre conditions, qui sont toutes mentionnées ici : faire sa volonté, et pas nécessairement notre volonté ; faire ce qui lui est agréable, et non ce qui nous plaît à nous ; c'est à travers Jésus-Christ – et pas autrement – que ses bénédictions entrent dans nos vies ; et c'est pour sa gloire. Lorsque vous recherchez Dieu pour obtenir ses bénédictions dans votre vie, pour avoir son équipement et ce qu'il a en réserve pour vous, vous devez d'abord vérifier si vous remplissez les conditions requises. Êtes-vous en train de prier pour quelque chose pour faire sa volonté ? Recherchez-vous à faire ce qui lui plaît, et non ce qui vous plaît ? Recevez-vous ce qu'il a pour vous à travers Jésus-Christ, et est-ce que ce sera pour sa gloire que vous utiliserez ce qu'il vous donnera ?

Ensuite, comme je l'ai dit, "pour toujours" veut dire "pour les siècles des siècles".

Prenons maintenant Hébreux 13:22.

Je vous demande, frères...

Je vous supplie, je vous implore, ou je vous exhorte. Mais c'est davantage l'idée d'implorer que l'idée de commander.

... de supporter cette parole d'exhortation...

Ou d'instance, c'est de nouveau le même terme. Quel que soit le mot que vous utilisez en premier lieu, c'est le même que vous devez reprendre ici.

Je vous demande, frères, de supporter cette parole d'exhortation, après tout ce que je viens de vous écrire brièvement.

J'ai déjà commenté là-dessus avant. Treize chapitres, c'est considéré comme une courte lettre d'après les critères apostoliques, vous comprenez. Mon commentaire est le suivant : les apôtres du Nouveau Testament imploraient plus souvent qu'ils ne commandaient. D'après leurs critères, l'épître aux Hébreux était une courte lettre.

Je pense qu'il est très important de comprendre que les apôtres n'allaient pas ici et là donnant des ordres à tout le monde. Ils avaient une autorité, mais ils n'en usaient pas ainsi. Je reste toujours impressionné par le fait que lorsque Paul arriva sur l'île de Malte, après leur naufrage et qu'ils avaient besoin de combustible pour faire du feu, Paul était de ceux qui ramassaient du bois. C'est tellement typique. Il n'est pas resté en arrière en disant, "Vous, mes braves, allez ramasser du bois, moi, je suis un apôtre." Lui aussi était de ceux qui ramassèrent du bois.

Quelqu'un dit un jour, un serviteur de Dieu, un des mes amis qui avait grandi dans ce qu'on appelle l'Eglise Apostolique du pays de Galles – vous ne connaissez probablement pas cela ici : on y met l'accent sur les apôtres et les prophètes, et chaque Eglise doit avoir son apôtre et son prophète. Comme beaucoup de jeunes gens qui grandissent dans une ambiance religieuse assez légaliste, il devint rebelle. Plus tard, il revint à Dieu et il fit ce commentaire : il dit, "Un jour, j'ai réalisé que les apôtres n'étaient pas des personnes au-dessus de nous, nous maintenant en bas, mais que ces personnes étaient là dans les fondations pour nous soutenir." Voyez-vous, au niveau le plus bas de la Nouvelle Jérusalem se trouvent les apôtres. C'est vraiment très important, parce que je crois que nous allons voir de plus en plus de véritables ministères apostoliques sur terre. Et il est très important qu'ils restent liés à une véritable humilité.

Ensuite, les versets 23 et 24 donnent des nouvelles personnelles et des salutations. Verset 23 :

Vous savez que [ou acceptez la nouvelle que] *notre frère Timothée a été relâché, avec lequel, s'il vient bientôt, je vous verrai.* [verset 24] *Saluez tous les responsables et tous les saints.*

Notez que les responsables sont de nouveau au pluriel.

Ceux qui sont d'Italie vous saluent.

Les lettres du Nouveau Testament n'étaient jamais une théologie abstraite, mais toujours en lien avec les vies réelles de personnes réelles. Prenez un instant Romains 16 et regardez juste la liste de salutations à la fin de la lettre. L'épître aux Romains est la présentation doctrinale ou théologique de l'Evangile. Notez qu'elle se termine par un chapitre presque entièrement consacré à saluer des personnes. Nous n'avons pas le temps de le lire en entier, mais je prendrai juste les premiers versets. Commençant par le premier :

[Verset 1:] *Je vous recommande Phœbé, notre soeur.*
[Verset 3:] *Saluez Prisca et Aquilas.*
[Verset 5:] *Saluez Epaïnète.*
[Verset 6:] *Saluez Marie.*
[Verset 7:] *Saluez Andronicus et Junias.*
[Verset 8:] *Saluez Amplias.*
[Verset 9:] *Saluez Urbain et Stachys.*
[Verset 10:] *Saluez Apellès et la maison d'Aristobule.*
[Verset 11:] *Saluez Hérodion et la maison de Narcisse.*
[Verset 12:] *Saluez Tryphène et Tryphose* [des femmes], *Perside* [aussi une femme].
[Verset 13:] *Saluez Rufus.*
[Verset 14:] Sa*luez Asyncrite, Phlégon, Hermès, Patrobas, Hermas, et les frères qui sont avec eux.*

Vous vous dites peut-être que cet apôtre perd beaucoup de temps pour simplement mentionner des noms, n'est-ce pas ?

[Verset 15:] *Saluez Philologue et Julie, Nérée et sa sœur Olympe.*
[Verset 16:] *Saluez-vous les uns les autres par un saint baiser.*

J'ai compté ce soir dans ces versets qu'il y a 29 personnes qui sont individuellement spécifiées comme devant être saluées. Voilà ce qui nous montre très clairement combien Dieu se préoccupe de chacun d'entre nous. Nous ne sommes pas que des numéros. Lorsque je suis entré dans l'Armée britannique, j'ai perdu mon nom et je suis devenu un numéro. Et tant que je vivrai, je n'oublierai jamais ce numéro. 7385778. Ils m'ont pris mes vêtements personnels distinctifs et m'ont revêtu d'un uniforme. C'était très symbolique. J'étais, d'une certaine façon, dépourvu de mon identité. Dieu ne nous donne pas un numéro et il ne nous donne pas un uniforme. Chacun de nous est une personne pour Dieu et pour les vrais serviteurs de Dieu.

Ensuite, si vous prenez dans Romains 16:21-23, vous trouvez toutes les salutations des personnes qui sont avec Paul. Timothée, Lucius, Jason, Sosipater, Tertius, Gaïus, Eraste et Quartus, le frère. J'ai entendu quelqu'un dire un jour qu'en tant que jeune pasteur, il avait eu l'ambition de devenir vraiment quelque chose d'important dans sa dénomination. En avançant dans la vie, il en vint à l'idée que la meilleure chose qu'il puisse jamais être était un frère. Si vous faites le calcul, vous trouvez huit personnes qui donnent ici des salutations. Si vous additionnez le tout, il y a 37 personnes qui sont individuellement mentionnées dans tout ce chapitre. Ce n'est pas un hasard.

Nous arrivons au dernier verset, pouvez-vous le croire! Hébreux 13:25, un très court verset.

Que la grâce soit avec vous tous !

Une conclusion très appropriée puisque cette salutation finale résume le thème de cette épître. La grâce, et non la loi pure ou la religion. Et alors que je termine cette série d'études, permettez-moi de vous rappeler ce que je vous avais dit tout au début, le type de chrétiens qu'étaient les Hébreux. C'était des gens qui avaient un arrière-plan dans la foi, une connaissance de Dieu, une conscience des choses spirituelles, une connaissance des critères de Dieu. Ils avaient toutes les Ecritures à leur disposition. Le problème, c'est qu'ils avaient tout. Je vous avais suggéré alors que les rôles aujourd'hui sont inversés. Ce sont à présent les chrétiens de profession qui se retrouvent dans cette situation. Le problème des Hébreux était leur négligence : ils ne profitaient pas de toutes les bénédictions spirituelles que Dieu leur offrait et dont il les pourvoyait. Il me semble qu'aujourd'hui ce même problème se retrouve dans l'Eglise, en particulier en Amérique : ne pas être vraiment entièrement engagé, être entièrement et sérieusement disposé à prendre tout ce que Dieu offre.

Les chrétiens hébreux avaient tendance à être ainsi. Ils avaient la connaissance, la religion, les rituels, mais ils n'avaient pas une foi vivante. Or, il n'y a pas de substitut pour la foi vivante. Ce n'est pas un hasard si le grand chapitre sur la foi, Hébreux 11, a été écrit pour eux. Il me semble qu'une multitude de chrétiens pratiquants dans ce pays et dans le monde occidental se trouvent assez fortement dans la même situation. Connaissance, religion, rituels, mais où est la foi vivante ?

J'aimerais terminer cette étude – qui a été un véritable test d'endurance pour nous tous, mais un bon. J'aimerais donc la terminer en priant pour tous ceux qui ont entendu ces messages ou qui entendront ces messages parce qu'ils seront enregistrés, et qu'ils finiront certainement par parcourir le monde entier. Certains d'entre vous savent que nous travaillons sur un nouveau projet dans notre ministère pour rendre ce matériel d'enseignement disponible et gratuit pour le Tiers-monde, pour des responsables chrétiens aptes à le recevoir et des personnes ciblées. Qui peut donc savoir où ces enseignements arriveront ? Ils arriveront peut-être jusqu'à l'équateur, ou en Alaska, qui sait ?

Prions ensemble pour nous qui avons entendu ce message et pour tous ceux qui l'entendront. "Père céleste, nous voulons te remercier, alors que nous terminons cette longue série d'études sur l'épître aux Hébreux, pour toutes les richesses spirituelles, les richesses de vérité, de grâce et de foi que tu as mises à notre disposition. Seigneur, je prie d'abord pour moi-même et ensuite pour tous ceux qui ont entendu cet enseignement ou qui l'entendront, afin qu'ils ne reçoivent pas la grâce de Dieu en vain, mais que cette parole prenne profondément racine dans leurs cœurs, pénètre profondément chaque domaine : esprit, âme et corps. Fais ce qui doit être fait dans chaque vie. Qu'elle ne retourne pas à toi vide, mais qu'elle accomplisse ton désir et qu'elle prospère dans ce pour quoi tu l'as envoyée. Qu'elle révolutionne des hommes et des femmes dans le monde entier et qu'elle conduise leurs vies en conformité avec ta grande volonté pour eux. Et pour tout le bien qui est accompli, Seigneur, nous veillerons à ce que toute la gloire te soit donnée dans le nom de Jésus. Amen."

Que le Seigneur vous bénisse. Si je ne vous vois pas maintenant, je vous verrai dans le millénium.

TABLE DES MATIERES

1) Introduction — page 3
2) Hébreux 1:1-14 — page 26
3) Hébreux 2:1-18 — page 53
4) Annexe – Hébreux 2 — page 76
5) Hébreux 3:2-19 — page 103
6) Hébreux 4:1-16 — page 128
7) Hébreux 5:1 – 6:2 — page 155
8) Hébreux 6:1 – 6:6 — page 179
9) Hébreux 6:6 – 7:19 — page 203
10) Hébreux 7:20 – 28 — page 229
11) Rappel & Hébreux 8:1 – 8:7 — page 254
12) Hébreux 8:7 – 9:5 — page 277
13) Hébreux 9:5 – 10 — page 300
14) Hébreux 9:11 – 9:17 — page 324
15) Hébreux 9:18 – 10:22 — page 346
16) Hébreux 10:23 – 10:34 — page 369
17) Hébreux 10:35 – 11:2 — page 392
18) Hébreux 11:3 – 11:16 — page 414
19) Hébreux 11:17-27 — page 436
20) Hébreux 11:28-12:2 — page 460
21) Hébreux 12:3-24 — page 484
22) Hébreux 12:25-29 – 13:6 — page 507
23) Hébreux 13:7-25 — page 534

www.ingramcontent.com/pod-product-compliance
Lightning Source LLC
Chambersburg PA
CBHW071641160426
43195CB00012B/1319